W0087698

W. HENSEL R. HUDAK A. LEUTE J. MAYER

GARTEN!

DAS GRÜNE VON GU

GARTENPRAXIS SCHRITT FÜR SCHRITT

W. HENSEL R. HUDAK A. LEUTE J. MAYER

GARTEN!

DAS GRÜNE VON GU

GARTENPRAXIS SCHRITT FÜR SCHRITT

Das Einmaleins der Pflege

Den Garten anlegen und pflegen

Den Küchengarten anlegen und pflegen

Gewässer anlegen und pflegen

Das Einmaleins der Pflege

Balkon- und Kübelpflanzen pflegen

Pflanzen im Porträt

Zierpflanzen auswählen

Pflanzen im Porträt

Obst, Gemüse und Kräuter auswählen

Teichpflanzen auswählen

Balkon- und Kübelpflanzen auswählen

Das Einmaleins der Pflege

Den Gar

…en anlegen und pflegen

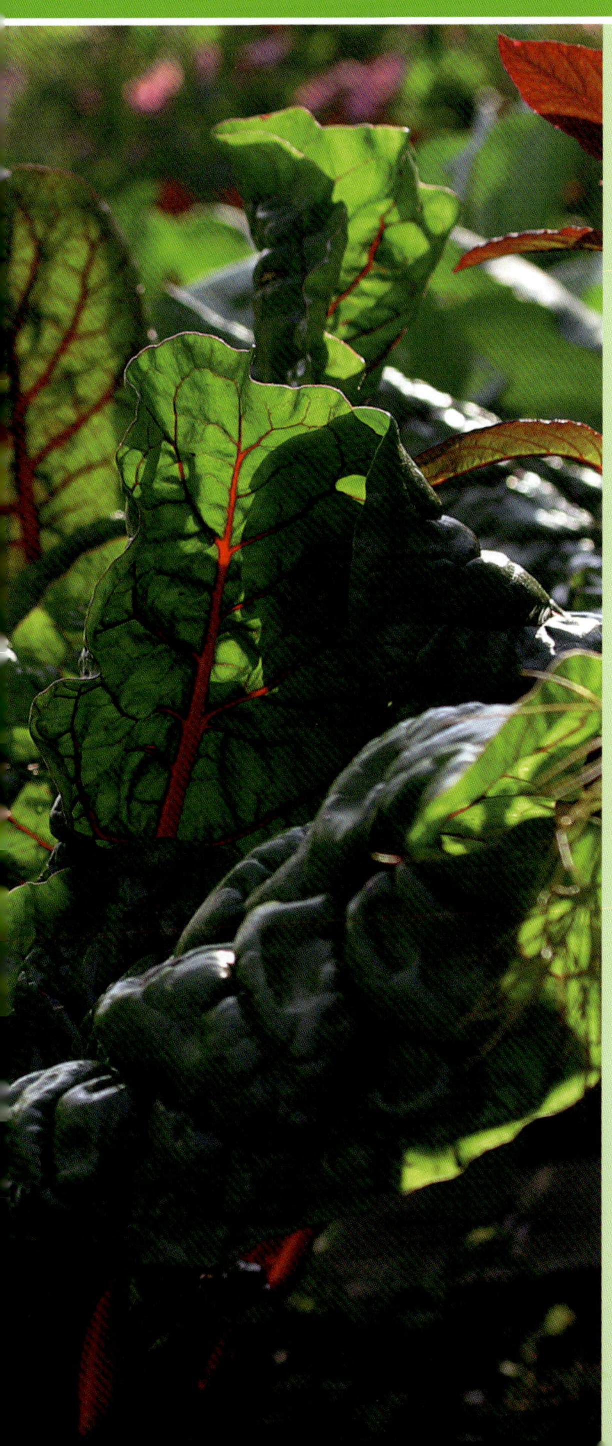

Guter Boden, gutes Wachstum

Manche Gärtner geraten regelrecht ins Schwärmen, wenn sie von den Qualitäten ihres Bodens berichten. In der Tat liefert der Boden die Grundlagen für jegliches Leben – nicht nur im Garten. Ein gepflegter, nährstoffreicher, lockerer Boden ist das beste »Kapital« für Ihre Pflanzen. Um das Wechselspiel zwischen mineralischen Voraussetzungen und den lebenden Bodenorganismen zu Ihren Gunsten auszunutzen, ist auch nur relativ wenig Aufwand erforderlich.

Unter Boden versteht man die nur wenige Handbreit tiefe, oberste Schicht der Erde. Boden bildet sich nur unter Mithilfe von Bakterien, Pilzen, Würmern, Insekten und vieler anderer lebender Organismen. Die Bodenbildung ist ein natürlicher Vorgang, der niemals zum Stillstand kommt: Alle »Abfälle«, die auf die Oberfläche gelangen, werden zerkleinert, zersetzt und fließen schließlich als organische Nährstoffe wieder in den Kreislauf ein. Der Boden bildet das Substrat für alle Pflanzen. Sie brauchen ihn, um sich mit ihren Wurzeln darin zu verankern, und nehmen Wasser und Nährstoffe aus ihm auf.

Guter oder schlechter Boden?

Die Qualität eines Bodens basiert auf zwei Faktoren: den mineralischen Voraussetzungen und dem Gehalt an organischen Nährstoffen. Der Mineraliengehalt eines Bodens ist abhängig vom Grundgestein, auf dem der Boden entstand. Sie können den Mineraliengehalt zwar durch gezielte Düngergaben (siehe Seite 46ff.) nachträglich beeinflussen, jedoch nicht grundsätzlich verändern. Viel mehr Einflussmöglichkeiten zur Bodenverbesserung haben Sie dagegen bei den organischen Bestandteilen des Bodens:

- Arbeiten Sie regelmäßig Kompost aus eigener Herstellung – oder zugekauften – in die oberste Bodenschicht ein und decken Sie die Beete mit Mulch ab. So bleibt der Boden feucht und locker, und Sie bieten den Bodenorganismen die besten Voraussetzungen, um ihre nützliche Arbeit zu tun.
- Verzichten Sie auf das Umgraben und beschränken Sie sich auf eine gründliche Bodenlockerung im Frühling.
- Jäten Sie regelmäßig Unkraut. Unkräuter entziehen dem Boden Wasser und Nährstoffe, die Ihre Zierpflanzen dringend benötigen. Kräftige, hohe Unkräuter treten außerdem in Lichtkonkurrenz zu den Gartenpflanzen.

Was für einen Boden habe ich?

Sie haben eine ganze Reihe von Möglichkeiten, den eigenen Gartenboden zu analysieren. Für den »Hausgebrauch« reicht es in der Regel, wenn Sie wissen, welchen Säuregrad (pH-Wert) der Boden hat (siehe Kasten) und um welche Art von Boden es sich handelt.

Diese Informationen erlauben dann Rückschlüsse auf die Auswahl der Zier- und Nutzpflanzen und helfen Ihnen, die richtigen Pflegemaßnahmen zu ergreifen.

Professionelle Hilfe bieten Institute für Bodenkunde an (die Adresse einer Einrichtung in Ihrer Nähe finden Sie im Internet oder auf Nachfrage in guten Gartencentern). Wenn Sie diesen Instituten eine Bodenprobe abliefern – gewöhnlich 0,5–1 kg Erde aus verschiedenen Stellen im Garten –, bekommen Sie eine detaillierte Angabe über die Art des Bodens, seine Zusammensetzung und den Mineraliengehalt. Manchmal wird auf Wunsch sogar ein Düngervorschlag mitgeliefert. Der Vorteil einer solchen Beratung ist die präzise Analyse der Bodeneigenschaften, die Sie sowohl bei der Pflanzenauswahl als auch bei der Auswahl des optimalen Düngers verwerten können.

So messen Sie den pH-Wert

Obwohl die meisten üblichen Gartenpflanzen einen gewissen Toleranzbereich besitzen, sollte man zumindest bei der Neuanlage eines Gartens den pH-Wert seines Bodens kennen. Zur Messung des pH-Wertes eignet sich am besten ein kommerzielles pH-Set, auf dem auch angegeben ist, wie man vorgehen muss. Eine preiswerte Alternative stellt pH-Papier (Lackmus-Papier aus der Apotheke) dar. Entnehmen Sie eine Bodenprobe aus ca. 20–30 cm Tiefe. Geben Sie die Erde in einen Becher mit Wasser und rühren Sie, bis die Erde aufgeschlämmt ist. Tunken Sie den Textstreifen in die Flüssigkeit und vergleichen Sie die Verfärbungen mit der pH-Skala.

So bestimmen Sie Ihre Bodenart

Die Bodenart richtet sich danach, aus wie vielen Anteilen grobem (Sand) und feinem Material (Ton) sie besteht. Dieses Mischungsverhältnis bestimmt die Fähigkeit des Bodens, Wasser und Mineralien (Dünger) festzuhalten. Damit Sie feststellen können, welche Art von Gartenboden Sie haben, entnehmen Sie einfach jeweils eine Erdprobe aus etwa 20 cm Tiefe und mischen etwas Wasser dazu. Die entstehende Masse sollte etwa so feucht wie Teig, aber nicht so matschig wie Brei sein. Mithilfe dieser feuchten Bodenprobe können Sie ganz einfach die drei wichtigsten Bodenarten bestimmen.

Was ist ein leichter Boden?

Leichte Böden zeichnen sich durch einen relativ hohen Sandanteil aus. Wenn Sie die feuchte Bodenprobe zwischen den Fingern reiben, dann spüren Sie deutlich die feinen Sandkörnchen. Aus solch einer Bodenprobe können Sie keine Kugel formen.

Leichte, sandige Böden sind nicht das Schlechteste, was Ihnen passieren kann. Sie sind locker, gut durchlüftet, und Regenwasser zieht ab, ohne dass Staunässe entsteht – allerdings ist genau dies auch der Nachteil sandiger Böden: Sie trocknen im Sommer relativ leicht aus und sind kaum in der Lage, mineralischen Dünger festzuhalten, da dieser durch den Regen ausgewaschen wird und im Grundwasser landet.

Einen leichten Boden können Sie auf verschiedene Art und Weise verbessern:

- Regelmäßig und großzügig Kompost einarbeiten. Er reichert sandige Böden mit organischem Material an, das mehr Wasser und Nährstoffe festhalten kann. Kommerziell angebotene Tonminerale oder spezielle, poröse Schaumstoffflocken erfüllen denselben Zweck.
- Eine kontinuierlich erneuerte Mulchdecke verhindert, dass Bodenwasser verdunstet.
- Leichte Böden nicht mineralisch düngen – der Dünger würde zu schnell ausgewaschen –, sondern mit einem organischen Langzeitdünger versorgen. Er zerfällt langsamer und gibt die Mineralien »portionsweise« ab.

Was ist ein mittlerer Boden?

In mittleren Böden sind Tone und Sand miteinander vermischt; je nach Verhältnis sind sie eher sandig oder eher tonig. Wenn Sie die feuchte Bodenprobe zwischen den

Die schwarze Bodenprobe (links) besteht ausschließlich aus Humus, die mittlere Probe stammt aus sandigem, die rechte aus lehmigem Boden.

Fingern zerreiben, spüren Sie zwar den rauen Sand, sehen aber auch die feinen Anteile, die sich als Schmutz in die Falten der Handflächen einlagern. Sie können aus der Bodenprobe Kugeln formen, die allerdings nicht besonders stabil sind und rasch wieder zerfallen.

Mittlere oder lehmige Böden sind optimale Gartenböden: Sie speichern Wasser und Nährstoffe, sind immer noch locker genug und lassen sich leicht bearbeiten. Bei der Bodenpflege kommt es in erster Linie darauf an, diese guten Eigenschaften zu bewahren. Eine Mulchdecke erhält die Feuchtigkeit im Boden, sparsam gegebener organischer Volldünger die Fruchtbarkeit. Im Frühling locker eingearbeiteter Kompost unterstreicht die guten Eigenschaften zusätzlich.

Was ist ein schwerer Boden?

In schweren Böden überwiegt der Ton. Die feuchte Bodenprobe bleibt an den Händen kleben – glänzende Oberflächen deuten dabei auf besonders hohen Tonanteil hin – und lässt sich problemlos zu stabilen Kugeln formen bzw. sogar zu »Würsten« ausrollen.

Leider haben Besitzer eines schweren Gartenbodens mit einem Problem zu kämpfen: Ton hält zwar hervorragend Mineralien und Wasser fest, lässt sich aber nur sehr schwer bearbeiten, neigt zu Staunässe und bildet in heißen Sommern fest verbackene Oberflächen, die schließlich in Trockenrissen auseinanderreißen. Auch die Pflanzen haben es in schweren Böden nicht leicht: Das Wachstum der meisten Wurzeln wird gehemmt, die Durchlüftung ist schlecht, und die Nährstoffe lösen sich nur schwer von den Tonmineralen.

Wenn Sie bereits beim Bau Ihres Hauses und/oder der Neuanlage eines Gartens sehen, dass Sie es mit schwerem Boden zu tun haben, sollten Sie in eine Dränage unter den Beeten investieren. Sie leitet überschüssiges Wasser ab und verbessert so die Bodeneigenschaften. Ansonsten bleibt Ihnen nichts übrig, als tonige Böden tiefgründig mit viel Sand zu vermischen, damit Sie einen mittleren Boden erhalten. Mischen Sie außerdem grobe, vorkompostierte Materialien (zerkleinerte Zweige, Stroh, Mist mit Einstreu) bei, um auf diese Weise die Durchlüftung des Bodens und die Nährstoffversorgung zu verbessern.

Das A und O: eine gute Bodenbearbeitung

Wie bereits gesagt, spielt die Qualität des Bodens eine entscheidende Rolle, dass die Pflanzen gedeihen und sich gut entwickeln. Neben den natürlichen Voraussetzungen, die Sie selbstverständlich nicht beeinflussen können, haben Sie jedoch viele Möglichkeiten, durch richtige Bodenbearbeitung positiv regulierend auf das Pflanzenwachstum einzuwirken.
So sollten Sie durch Auflockern des Bodens für einen sicheren Halt der Wurzeln und für eine gute Bodendurchlüftung sorgen. Durch regelmäßiges Mulchen oder Einarbeiten von Kompost in leichte Böden die Durchlässigkeit für Wasser senken und dadurch die Verdunstung reduzieren. Den Boden ausreichend mit Nährstoffen und Humus anreichern.

Das benötigen Sie

- Spaten
- Grabegabel
- Sauzahn
- Kultivator
- Hacke
- Mulchmaterial

Diese Zeit brauchen Sie

Umgraben: ca. 20 Minuten pro Quadratmeter

Boden lockern: 5–10 Minuten pro Quadratmeter

Der richtige Zeitpunkt

Umgraben: bei einem neuen Beet
Boden lockern: Frühling
Mulchen: Herbst und Frühling

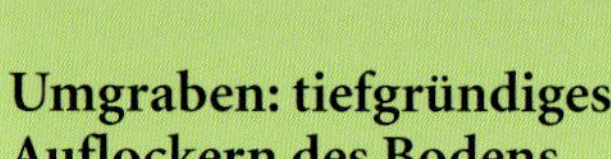

Umgraben: tiefgründiges Auflockern des Bodens

Beim Umgraben wird der Boden in Spatentiefe umgeworfen, d. h., sein Zusammenhalt wird gelockert, und die tieferen Bodenschichten gelangen an die Oberfläche. Diese Methode stört allerdings die natürliche Schichtung des Bodens und sollte daher nur durchgeführt werden, wenn ein neues Beet angelegt wird. Sehr tonhaltige und stark verfestigte Böden können durch tiefes Umgraben (zwei Spatentiefen) jedoch merklich verbessert werden.
Mein Tipp: Legen Sie die jeweils oberen Schollen zunächst zur Seite und stechen Sie dann die untere Lage um. Mit dieser Technik, dem sogenannten Rigolen, wird der Boden tiefgründig aufgelockert, das Wasser kann ablaufen, und Staunässe wird verhindert.

Im Frühling muss der Boden aufgelockert werden

Den Boden aufzulockern gehört zu den Arbeiten, die regelmäßig im Frühling durchgeführt werden müssen. Gemulchte Flächen lockern Sie am besten mit dem Sauzahn auf. Dieses sichelförmige Gartengerät schneidet sich in den Boden ein, ohne Zwiebeln oder Wurzeln zu schaden. Es reißt den Boden auf, die Schichten verbleiben aber in ungestörter Lagerung. Mit dem Sauzahn wird auch Dünger in den Boden eingearbeitet. In stark verdichteten Böden stößt der Sauzahn jedoch an seine Grenzen. Hier stechen Sie besser eine Grabegabel bis zum Anschlag in den Boden und rütteln sie hin und her. Diese Technik stört weder die Schichtung noch das Bodenleben, ist aber relativ aufwendig, da die Gabelstiche in handbreitem Abstand geführt werden müssen.

So durchlüften Sie die obersten Bodenschichten

Zur gründlichen Durchlüftung der obersten Bodenschichten habe ich die besten Erfahrungen mit dem Kultivator gemacht. Das ist eine spezielle Form von Ziehhacke, bei der die Zinken an den Spitzen wie kleine Pflugscharen verbreitert sind. Bei den meisten Modellen kann der Abstand zwischen den Zinken verändert und damit die Breite des Kultivators verstellt werden. Die Zinken greifen nicht sehr tief, sorgen aber bei kräftigem Zug für eine gründliche Lockerung und gute Durchlüftung der obersten Bodenschichten. Der Kultivator kann allerdings nicht in dicht bepflanzten Beeten eingesetzt werden, da er die Wurzeln schädigen würde. Dafür eignet er sich aber bestens, um z. B. Gemüsebeete im Frühling auf die Bepflanzung vorzubereiten.

Das tut dem Boden gut: regelmäßig aufhacken

Eine alte Gartenregel lautet: »Einmal aufgehackt, ist zweimal gegossen.« Hacken sollten Sie immer dann, wenn die Erdoberfläche durch Regen oder zu starkes Gießen verdichtet ist. Zum einen wird jetzt das Wasser im Boden durch feine Kanäle an die Oberfläche gesogen, wo es verdunstet, zum andern bekommen die feinen Wurzeln durch die lockere Erde wieder genügend Luft.
Hacken gibt es in ganz unterschiedlichen Ausführungen, mit breitem und schmalem Blatt. Sehr praktisch sind auch Doppelhacken mit Zinken auf einer und einem festen Blatt auf der anderen Seite. Damit lassen sich sowohl gröbere Schollen zerkleinern als auch Unkraut in den Reihen zwischen Zier- oder Gemüsepflanzen entfernen, ohne dass Sie sich mühsam bücken müssen.

Mulchen bringt dem Boden viele Vorteile

Das Mulchen wirkt sich in mehrerer Hinsicht positiv auf den Boden aus: Die Mulchschicht bewahrt die Bodenfeuchte, reduziert die Keimrate einjähriger Unkräuter und verhindert, dass der Regen den Boden verdichtet.
Als Mulchmaterial dienen Kompost, Laub, angetrockneter Grasschnitt und klein gehäckselte Zweige und Rindenstücke.
Mulchen Sie während der Vegetationsperiode in dünner Schicht zwischen Stauden, Gemüse oder unter Sträuchern. Achtung, unter dem Mulch halten sich aber auch gerne Schnecken auf! Dicker auftragen können Sie im Herbst: Verteilen Sie jetzt nach der Bodenlockerung den Mulch gleichmäßig auf der gesamten Fläche und arbeiten Sie ihn dann im Frühling in den Boden ein.

Kompost – das schwarze Gold des Gärtners

Kompostierbares

- Gartenabfälle (jedoch keine kranken Pflanzenteile oder samentragende Unkräuter)
- rohe (keinesfalls gekochte) Küchenabfälle
- trockener Rasenschnitt
- Blätter
- Schnittreste von Hecken und Gehölzen
- Stroh
- Mulchreste
- Pappe, Kaffeefilter und Papier (in Maßen)

Beim Kompostieren wird das organische Material aus Haus und Garten in seine Bestandteile zerlegt und in Form von Humus wieder nutzbar gemacht. Ein Komposthaufen ist also gewissermaßen ein biologischer Kreislauf im Kleinen. Da der eigentliche Verrottungsvorgang völlig ohne Zutun des Gärtners stattfindet, kommt es einzig darauf an, optimale Voraussetzungen für die Bodenlebewesen zu schaffen, die diese Arbeit erledigen.
Ein gut angelegter Komposthaufen stinkt nicht und macht kaum Arbeit. Wenn das kompostierbare Gut locker und gut durchlüftet bleibt und ausreichend mit Wasser versorgt wird, sackt es binnen weniger Monate zusammen, und Sie haben dann einen guten und darüber hinaus noch äußerst billigen Dünger für Ihre Blumen- und Gemüsebeete.

1. So legen Sie einen Komposthaufen an

Einen Komposthaufen kann man auf ganz unterschiedliche Weise anlegen, wichtig sind aber auf jeden Fall zwei Behälter: einen zum Sammeln des organischen Materials und einen zum Umsetzen, in dem der Kompost dann reifen (rotten) kann.
Sie könnten das Kompostmaterial einfach auf einen Haufen schichten, das benötigt allerdings viel Platz und sieht nicht gerade sehr schön aus. Besser sind Sammelbehälter aus Holzlatten oder Maschendraht. Bei wenig Platz bieten sich sogenannte Thermo-Komposter aus Kunststoff an (siehe Seite 19, Bild oben).
Legen Sie den Kompostplatz nicht zu klein an. Pro 100 m^2 Gartenfläche sollten etwa 3 m^2 Kompostfläche zur Verfügung stehen.
Außerdem muss der Sammelbehälter eine Verbindung zum Gartenboden haben, damit die das Material zersetzenden Bodenlebewesen (Regenwürmer, Käfer, Bakterien, Pilze) leichten Zugang finden. – Das gilt auch für den Thermo-Komposter!
Der Komposthaufen sollte bei jedem Wetter gut zugänglich sein und darf weder in der prallen Sonne noch im Vollschatten liegen.

 ***Expertentipp***

Wenn der Kompostplatz nicht an der Grundstücksgrenze liegt, vermeiden Sie Nachbarschaftsstreit.

2. Die Mischung macht's: So wird der Komposthaufen am besten befüllt

Verwenden Sie ausschließlich klein geschnittenes oder zerrissenes Material. Grob zerkleinerte Äste und Zweige sorgen für die nötige Durchlüftung. Ideal ist es, wenn Sie lockere und feinere Bestandteile gleichmäßig vermischen. Grasschnitt sollte vor dem Einfüllen angetrocknet sein, um Fäulnis zu verhindern.
Sie können die Kompostierung beschleunigen, wenn Sie entweder sogenannte käufliche »Kompoststarter« hinzugeben oder – wenn vorhanden – etwas fertigen Kompost vom alten Komposthaufen.

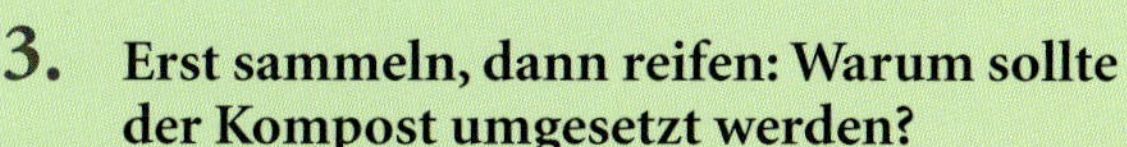

3. Erst sammeln, dann reifen: Warum sollte der Kompost umgesetzt werden?

Theoretisch könnten Sie einen Komposthaufen einfach sich selbst überlassen. Der Verrottungsprozess läuft jedoch weitaus effektiver ab, wenn Sie die gesammelten Gartenabfälle nach etwa 2–3 Monaten in eine zweite Kompostlege umschichten und dann ungestört lassen. Achten Sie wieder darauf, grobes und feines Material zu mischen. Die Reife des Komposts gelingt besonders gut, wenn Sie jeweils auf zwei Handbreit dieses Materials eine dünnere Lage mit Gartenerde/Kompost, etwas Steinmehl und ein wenig organischen Dünger aufschichten.

4. Wann ist der Kompost reif?

Spätestens nach einem halben Jahr ist der Kompost reif. Die feineren organischen Bestandteile sind zu dunklem, duftendem Humus geworden, der zur Verbesserung der Bodenqualität direkt auf die Beete aufgebracht werden kann. Da der reife Kompost immer noch gröbere Stücke enthält, sollten Sie ihn vor der Verwendung sieben. Ein grobes Kompostsieb lässt sich aus einem Holzrahmen und Maschendraht leicht selbst herstellen. Was nicht durch das Sieb fällt, kommt als grobes Lockermaterial wieder auf den Sammelkompost.

Was vor Aussaat und Pflanzung zu tun ist

Neben den routinemäßigen Pflegemaßnahmen, um die Bodengesundheit zu erhalten, muss der Boden immer dann besonders vorbereitet werden, wenn Pflanzmaßnahmen oder Aussaaten anstehen. In einem regelmäßig bepflanzten, gewachsenen Garten sind diese Arbeiten gewöhnlich räumlich begrenzt. In neuen Gärten dagegen, insbesondere wenn die Beete unmittelbar nach dem Bau eines Hauses auf »rohen« Grundstücken bepflanzt werden sollen, kann die Bodenvorbereitung ziemlich umfangreich werden.
Bevor Sie mit den eigentlichen Arbeiten beginnen, muss der Boden, wie auf Seite 16/17 dargestellt, gründlich aufbereitet und gelockert werden. Führen Sie die dort beschriebenen Arbeiten im Herbst durch und beginnen Sie mit der Bodenvorbereitung im Frühling des Folgejahres. Werden innerhalb eines bestehenden Beetes neue Stauden eingepflanzt oder Sommerblumen ausgesät, müssen Sie auf die Knie gehen und die Feinarbeiten mit Handgrubber und -rechen ausführen. Je früher Sie pflanzen, desto kleiner ist der Austrieb der etablierten Stauden und damit desto geringer die Gefahr, sie zu beschädigen.

1. Aufkommendes Unkraut entfernen

Um den Gartenpflanzen einen guten Start zu gewährleisten, müssen zunächst störende Unkräuter entfernt werden. Wenn der Boden im Vorherbst gemulcht worden war, treiben im Frühling vor allem die mehrjährigen Unkräuter aus, denn sie haben mithilfe eines Wurzelstocks überwintert.
Lassen Sie sich auf kleinen Flächen auf die Knie nieder, lockern Sie den Boden mit einem Handgrubber und ziehen Sie das Unkraut heraus, ggf. muss die Wurzel ausgegraben werden. Für größere Flächen ist eine Jätehacke praktischer und effektiver.

2. So bekommen Sie eine glatte Erdoberfläche

Lockern Sie den Boden mit einem Sauzahn auf und schieben Sie Reste des Mulchs beiseite (er kommt später wieder dünn aufs Beet). Ziehen Sie einen kleinen Grubber vorsichtig durch die obersten Bodenschichten.
Im Unterschied zum Kultivator hat der Grubber schmalere Zinken und reißt die Erde nur oberflächlich auf. Er dient vor allem dazu, die gröberen Schollen zu zerkleinern.

3. Krümeliger Boden sorgt für besseren Halt

Wenn eine Aussaat geplant ist, müssen die obersten Zentimeter des Bodens feinkrümelig sein, damit die zarten Würzelchen der auskeimenden Pflanzen sicheren Halt zwischen den Bodenteilchen finden. Außerdem sind bei einem krümeligen Boden die direkten Kapillarverbindungen (feinste Haarröhren) zwischen Bodenwasser und Luft unterbrochen, sodass die Verdunstung reduziert wird. Zum Zerkrümeln eignet sich die Sternfräse (auch Gartenwiesel genannt) sehr gut: Sie wird horizontal gezogen, reißt den Boden kurz unter der Oberfläche auf und zerkleinert die Bruchstücke mit sternförmigen Rädern.

4. Der Rechen gibt den letzten Schliff

Zum Zerkrümeln der obersten Bodenschicht reicht oftmals aber auch schon ein stabiler Gartenrechen aus Metall aus. Ziehen Sie mit dem Rechen über die mit dem Grubber behandelten Bereiche und zerkleinern Sie gröbere Schollen mit einem vorsichtigen Schlag. Achten Sie darauf, die Fläche so waagerecht wie möglich zu rechen, und wechseln Sie immer wieder die Streichrichtung, damit sich keine Senken bilden. Erst ganz zum Schluss wird ohne Druck die gesamte Fläche einheitlich glatt gerecht.

5. Aussaat und Pflanzung vorbereiten

Bevor Sie die nun gut vorbereitete Pflanzfläche mit Pflanzen bestücken oder Ihre Aussaat vornehmen, sollten Sie sich erst einmal grob die Fläche einteilen, damit nachher nichts zu dicht aufwächst oder größere Lücken entstehen. Legen Sie dazu die ausgewählten Pflanzen erst einmal so auf der Pflanzfläche aus, wie Sie sich die Verteilung vorgestellt haben, und kontrollieren Sie noch einmal, wie die erwünschte Kombination zur Geltung kommt. Noch können Sie problemlos umgruppieren!

Werkzeuge »fürs Grobe«: Grabgeräte

Im Verhältnis zu anderen Geräten kommen Grabgeräte eher selten zum Einsatz, werden dann aber stärker beansprucht. Es lohnt sich also, Qualitätsgeräte zu kaufen, die gut in der Hand liegen.
Spaten (manche haben einen T-Griff zur besseren Handhabung) zum Umgraben und Abstechen von Kanten
Schaufel zum Verteilen von Erde, Sand oder Kompost
Grabegabel zum Lockern (wer regelmäßig größere Stauden teilt, braucht zwei Grabegabeln)
Hacke zum groben Lockern des Bodens

Lockern, krümeln, glätten: Geräte zur Bodenbearbeitung

Diese mittelgroßen Gartengeräte werden regelmäßig und häufig gebraucht, vor allem, wenn Sie Ihre Beete öfter einmal anders bepflanzen. Entscheiden Sie sich für Qualität. Nehmen Sie das Gerät im Geschäft so in die Hand wie später im Garten und versuchen Sie, den Arbeitsablauf zu simulieren – unhandliche Griffe sind mehr als ärgerlich!
Sauzahn und **Kultivator** zur Bodenlockerung
Grubber zum Zerkleinern der Erdschollen
Rechen zum Glätten der Beetflächen

Alles im (am) Griff: Systemgeräte

Bei diesem Werkzeugtyp werden Handgriff und das eigentliche Werkzeug getrennt angeboten. Bei den Modellen renommierter Firmen werden die Werkzeuge durch kräftigen Druck in eine Führung am Stiel eingerastet und halten sicher fest.
Systemwerkzeuge sind teurer als Einzelwerkzeuge, sie sind aber in kleinen Gärten die bessere Alternative , da sie wenig Platz einnehmen und sich je nach Bedarf ergänzen lassen. Mit zwei langen und zwei kurzen Stielen haben Sie für jede Arbeit das richtige Gerät.

Zum Pflanzen und Unkrautentfernen: Kleingeräte

Für ganz bestimmte Arbeiten im Beet, bei der Bepflanzung von Kübeln und Töpfen braucht man einige wenige Kleingeräte. Diese müssen allerdings unbedingt gut in der Hand liegen, denn Nahtstellen oder Kanten im Griffbereich machen das Arbeiten rasch zur Qual, und Blasen sind vorprogrammiert. Gesunde Hände und lange Haltbarkeit sollten einen etwas höheren Preis wert sein.
Handschaufel zum Pflanzen, **Handgrubber** zum Lockern und Jäten
Pflanzholz und **Zwiebelpflanzer** für Zwiebeln und Knollen

Notwendige Gartengeräte

Zarte Blüte, dicker Ast: für alles das richtige Schnittwerkzeug

Messer, Scheren und Sägen braucht man im Garten häufiger, als man glaubt. Vom Abschneiden verblühter Blütenstände bis zum Entfernen morscher Zweige – für jede Schneidearbeit gibt es das passende Gerät.
Gartenschere für den Staudenschnitt und dünnere Strauchzweige
starke Astschere mit langen Schenkeln für dicke Zweige
Baumsäge für größere Gehölze
Heckenschere für Hecken- und Formschnitt
Gartenmesser (Hippe) zum Glätten von Wunden und zum Teilen von Wurzeln

Wasser, das Lebenselement der Pflanzen: Gießgeräte

Von der computergesteuerten Berieselungsanlage bis zur guten alten Gießkanne – das Angebot an Gießgeräten ist riesengroß.

Gießkanne mit Wechseltülle, absolut notwendig zum gezielten Wasser- oder Flüssigdüngerguss (Plastikkannen sehen zwar »billiger« aus, man spart aber beim Tragen das Gewicht einer Metallkanne)
Gartenschlauch mit Wandhalter oder Schlauchwagen zum flächenhaften Gießen
Tröpfelschläuche für sparsame Dauerbewässerung
Regner für den Rasen

Ohne Mühe kein Lohn: Rasenpflegegeräte

Zur Rasenpflege gibt es vielerlei arbeitserleichternde Geräte:
Rasenmäher in unterschiedlichen Ausführungen; mechanische Spindelmäher sind sehr schonend; elektrisch oder mit Benzinmotor für große Flächen, ein Fangkorb für den Schnitt gehört zum Standard
Kantenschneider (Schere oder Elektrogerät) für Perfektionisten
Fächerbesen oder feiner Rechen zum Entfernen des Rasenschnitts
Rasentrimmer schlagen hohe Kräuter mit einer Kunststoffsehne ab
Vertikutierer zum Durchlüften werden selten gebraucht und können geliehen werden

Kleine Helfer, große Wirkung: notwendiges Zubehör

Für den Anfang sollten Sie sich unbedingt folgendes Zubehör zulegen:
Handschuhe zum Schutz
Pflöcke und Spannschnur, um Grenzen und Saatreihen festzulegen
Bindedraht und Baumschnur zum Befestigen
Gummistiefel, denn manchmal muss – oder möchte – man auch nach einem Regenguss in den Garten gehen
Körbe als Universalgefäße
Schubkarre, wenn größere Materialmengen (Kompost!) anfallen

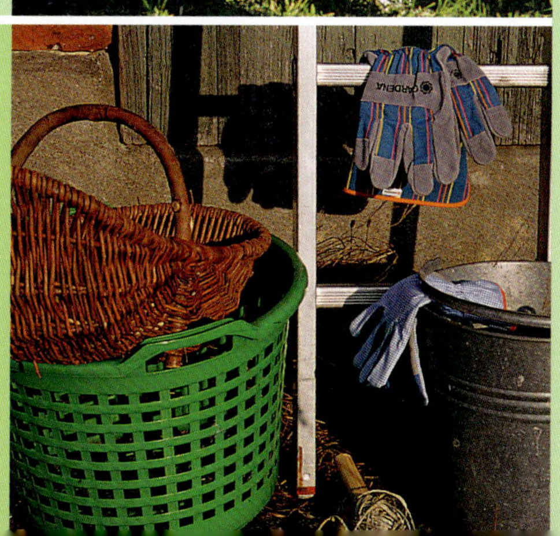

So pflanzen Sie richtig

Was für erfahrene Gärtner eine reine Freude ist, kann bei Garten-Neulingen durchaus in Stress ausarten: das Angebot eines Gartencenters. Dabei ist es gar nicht so schwierig, sich einen ersten Eindruck zu verschaffen: Zwiebelblumen machen am wenigsten Arbeit (manche Knollen schon mehr), Einjährige werden ausgesät, Stauden aus dem Container in den Gartenboden gesetzt – fast wie das Umtopfen einer Zimmerpflanze, und die meisten Gehölze kann auch ein Einsteiger leicht bewältigen.

Wer zum ersten Mal die spannende Aufgabe vor sich hat, ein Beet oder gar einen Garten zu bepflanzen, braucht vor allem Geduld im Vorfeld. Sofort in ein Gartencenter zu gehen und mitzunehmen, was gefällt, hat fast immer das Scheitern des Projektes zur Folge.

Gehölze bilden in der Regel das Grundgerüst eines Gartens. Aber überlegen Sie genau, welche und wie viele Gehölze Sie in Ihrem Garten haben möchten. Muss es wirklich ein großer Baum sein? Einer oder mehrere blühende Sträucher eignen sich oftmals besser als Blickpunkte und nehmen weniger Raum ein. Auch niedrige Obst- oder Zierbäume mit kleiner Krone können markante Akzente setzen und als Blickfänge dienen.

Und wie sieht es mit den Blütenpflanzen aus? Welche Art von Blumenbeet bevorzugen Sie? Bunt wie in einem Bauerngarten, edel und streng, Ton in Ton oder aufregend grell? Verschaffen Sie sich zunächst einen Überblick über das gängige Angebot und listen sich die für Sie interessanten Pflanzen erst einmal auf. Können Sie diesen Pflanzen auch den richtigen Standort anbieten?

Stellen Sie dann eine gezielte Einkaufsliste zusammen, und nehmen Sie sich Ihren Garten abschnittsweise vor, damit Sie alle neuen Pflanzen noch am selben Wochenende einpflanzen können. Ideal zum Pflanzen ist bedecktes, nicht zu sonniges Wetter.

- Nutzen Sie das reiche Frühlingsangebot, um Stauden und vorgezogene Einjährige einzukaufen.
- Gehölze mit nackten Wurzeln kommen im Herbst in die Erde (fast ausschließlich Heckengehölze).
- Gehölze und Stauden im Container können das ganze Jahr über gepflanzt werden.
- Zwiebeln werden je nach Blütezeit im Herbst oder Frühling gesteckt (Packungshinweise beachten).
- Rasen kann während der gesamten Vegetationsperiode gesät werden, am besten jedoch im Frühling.

Wegweiser durchs Pflanzenangebot

Pflanzen im Kunststoffcontainer als Angebotsform haben sich praktisch überall durchgesetzt. Der Container ist gleichzeitig Transportmittel und Blumentopf, was ihn für den Handel interessant macht. Da die Pflanzen in einem Container ein normales Wurzelwerk ausbilden, lassen sie sich einfach und mit relativ geringem Risiko einpflanzen – hier liegt der Vorteil für den Gärtner: Gut bewurzelte Pflanzen dürfen während der gesamten Vegetationsperiode eingepflanzt werden, sind also ideal für Spontankäufe und um sporadische Lücken zu füllen. Man braucht sie nicht sofort einzupflanzen, sondern darf sie einige Tage stehen lassen, z. B. um auf besseres Wetter zu warten (Gießen nicht vergessen!).

Was bei Containerpflanzen zu beachten ist

Obwohl Containerpflanzen das ganze Jahr über relativ leicht zu bekommen und auch zu pflanzen sind, sollten Sie vor dem Kauf einige Kriterien beachten:

- Das Wurzelwerk muss die Erde im Container durchdringen, darf aber nicht völlig verfilzt sein.
- Lässt sich die Pflanze bereits mit minimalem Aufwand aus der Erde ziehen, stammt sie vermutlich aus einer Stecklingsvermehrung und hat noch nicht genügend Wurzeln – besser nicht kaufen.
- Kommt Ihnen beim Ziehen an der Pflanze ein Wurzelwerk in kompakter, kubischer Form entgegen, zwischen dem man kaum noch Erde wahrnimmt, steht die Pflanze vermutlich bereits zu lange im Container – solche Exemplare sind zwar gewöhnlich durch langes Wässern und vorsichtiges Lichten der Wurzeln noch zu retten, besser wäre es jedoch, nach einer anderen Pflanze zu suchen.
- In Extremfällen wachsen die Wurzeln bereits aus dem Container heraus oder haben begonnen, ihn zu sprengen – auch auf solche Ware sollten Sie verzichten.

Ist das Wurzelwerk dicht, ohne jedoch den Containerraum völlig auszufüllen, dann haben Sie die ideale Gartenpflanze gefunden.

Ballen, wurzelnackt, Container?

Viele Baumschulen liefern ihre Gehölze noch immer in der bewährten Form mit umwickeltem Ballen. Im Unterschied zu Containergehölzen besteht hier nicht die Gefahr, eine Pflanze mit verfilztem Wurzelwerk zu kaufen. Um Austrocknung zu verhindern, müssen Ballengehölze jedoch rasch eingepflanzt oder zumindest mit Erde bedeckt und gewässert werden.

Sträucher mit nackten Wurzeln bekommen Sie nur während der Vegetationsruhe im Herbst oder im Vorfrühling. Für den besten Start nach dem Einpflanzen sollten Sie sie mehrere Stunden lang in einen Eimer mit Wasser stellen.

Pflanzen in Folie und Topfstreifen

Neben den Containerpflanzen treten die übrigen Angebotsformen etwas in den Hintergrund, haben aber dennoch ihre Berechtigung:

- Aus praktischen Gründen werden Kleinsträucher – häufig auch einfache Beetrosen – nicht im Container, sondern eingeschlagen in schwarze Folie angeboten. Hier gelten dieselben Kriterien wie bei den Containerpflanzen.
- Die sogenannten Mini-Container oder »Topfstreifen« aus Styropor oder kompostierbarem Material findet man regelmäßig als Behälter für vorgezogene Ein- oder Zweijährige. Hier sind aus Gründen des Umweltschutzes recycelbare Produkte vorzuziehen.

Ballenware und wurzelnackte Pflanzen

Bei Ballenpflanzen – fast ausschließlich bei Bäumen, seltener bei Sträuchern zu finden – wurde das Gehölz erst kurz vor dem Verkauf aus einem Beet in der Baumschule ausgestochen und die Erde um die Wurzeln durch eine Hülle aus Sackleinen geschützt. Ballenpflanzen gibt es nur während der »klassischen« Pflanzzeiten (Herbst bis Frühling). Sie sollten möglichst rasch eingepflanzt werden. Eine kurze Zwischenlagerung im Garten ist jedoch möglich. Dazu werden sie mit dem eingeschlagenen Ballen in eine flache Grube gelegt und mit Erde abgedeckt (Gießen!).
Schließlich gibt es noch die Gehölze mit nackten Wurzeln. Dabei handelt es sich z. B. um Heckensträucher, die als »Meterware« angeboten werden, aber durchaus auch um

Was beim Garten-Neuling noch Verwirrung und Stress auslöst – das überreiche Angebot an Pflanzen und Samen –, stellt sich mit etwas Erfahrung als faszinierende Anregungen für den eigenen Garten heraus.

wertvolle Rosen aus dem Katalog. Sie sollten ebenfalls rasch eingepflanzt werden, können aber wie Ballenware auch kurzzeitig zwischengelagert werden.

So wählen Sie Zwiebeln und Knollen gut aus

Zwiebeln und Knollen stecken in durchsichtigen, porösen Kunststoffbeuteln hinter einem Pappschild mit Bild der Pflanze und den Pflanzanweisungen. Zwiebeln und Knollen sind dankbare Gartenpflanzen, weil sie weder beim Einpflanzen noch bei der Pflege große Ansprüche stellen. Allerdings müssen die ausgewählten Zwiebeln und Knollen gesund und frisch sein. Machen Sie eine Druckprobe: Die Organe sollten sich fest und elastisch – keinesfalls weich und matschig – anfühlen. Sie dürfen weder sichtbaren Pilzbefall noch austreibende, grüne Stängel aufweisen.

Machen Sie einen kurzen Gesundheits-Check

In welcher Form Sie Ihre Pflanzen auch erwerben, den wahren Gartenspaß werden Sie nur dann erleben, wenn die gekauften Exemplare gesund sind. Machen Sie also vor dem Kauf einen kleinen Gesundheits-Check.

Besonders schwierig ist dies bei Gehölzen im Knospenzustand: Die Zweige sollten weder erkennbar trocken noch mit farbigen Pusteln bedeckt sein; auf vorsichtiges (!) Verbiegen sollten sie sich elastisch anfühlen – Abweichungen könnten auf Frost- oder Pilzschäden hindeuten. Letztlich ist der Kauf eines solchen Gehölzes jedoch Vertrauenssache. Gehen Sie daher in eine renommierte Gärtnerei und lassen Sie sich ausführlich beraten.

Achten Sie bei Containerpflanzen auf Folgendes:

- Stauden sollten kompakt und buschig wachsen, d. h., der Abstand zwischen den Blattansätzen darf nicht zu groß sein. »Geschossene« Stängelabschnitte (man nennt dies auch vergeilte Pflanzen) entstehen, wenn die Jungpflanzen nicht genügend Licht bekommen – oftmals erholen sie sich nicht mehr.
- Alle Blätter müssen kräftig grün aussehen und weder auf Ober- noch auf Unterseiten hellgrüne bis gelbe Flecken aufweisen. Solche sogenannten Chlorosen sind Zeichen von Mangelernährung, im schlimmsten Fall sogar von einer Krankheit, von der auch Nachbarn betroffen sein könnten.

Pflanzen im Zimmer vermehren

Werden Nutzpflanzen, wie Gemüse und Salate, oder Zierpflanzen, wie einjährige Sommerblumen, im Zimmer ausgesät, verschafft man ihnen einen guten Entwicklungsvorsprung gegenüber den Freilandpflanzen. Das Gleiche gilt in manchen Fällen auch für die Vermehrung über Stecklinge. Während man im Zimmer Temperatur und Feuchte steuern und konstant halten kann, müssen Freilandpflanzen mit den Bedingungen vorliebnehmen, die ihnen das Wetter bietet. Vorgezogene Pflanzen sind zudem preiswert, relativ problemlos und stehen – vor allem bei Aussaaten – schließlich in großer Menge zur Verfügung.
Der einzige Nachteil – und selbst das gilt nur eingeschränkt – wäre ihr Platzbedarf während der Anzucht: Sie brauchen mindestens eine breite Fensterbank, sofern Sie nicht über den Luxus eines kleinen Gewächshauses verfügen.

Das benötigen Sie

- Pflanzschale (mit passender Glasscheibe zum Abdecken) oder Mini-Gewächshaus
- Anzuchterde
- quellbare Samentöpfchen
- Pikierhölzchen, Holzspatel oder Bleistift
- Gießkanne mit feiner Tülle oder Wasserzerstäuber

Der richtige Zeitpunkt

Aussaatzeit, Aussaattemperatur, Keimdauer und die Abdeckhöhe der Samen mit Erde stehen auf den Packungen.

1a. Aussaat in der Schale

Für die Aussaat im Zimmer eignen sich sogenannte »Mini-Gewächshäuser« aus dem Gartencenter, aber auch größere, flache Schalen.
Wichtig ist das richtige Anzuchtsubstrat: Gartenerde enthält fast immer Pilzsporen, Krankheitskeime oder Unkrautsamen. Auch »Blumenerde« ist nicht geeignet, da sie mit Dünger versetzt wurde und das Wachstum der Keimwurzeln hemmen würde. Geeignet sind Komposterde, vermischt mit Sand, die allerdings im Backofen bei ca. 100 °C keimfrei gemacht werden muss, oder spezielle Anzuchterde.
Folgen Sie bei der Aussaat den Anweisungen auf den Samentütchen. Der Samen wird ausgestreut, vorsichtig angedrückt und ggf. mit Erde bedeckt; Gießen mit einem Zerstäuber und Abdecken mit einer Glasscheibe (Hölzchen zum Belüften).

1b. Aussaat in Jiffy-Töpfen

Unter dem Markennamen Jiffy werden kompostierbare Töpfe aus pflanzlichem Material angeboten, die eine besonders einfache Möglichkeit zur Aussaat darstellen. Man füllt die Töpfe mit Anzuchterde und gibt den Samen hinein. Diese Methode ist besonders gut für Pflanzen mit größeren Samenkörnern geeignet. Gießen Sie die Töpfe sparsam, aber regelmäßig, denn die Erde mit den Samen darf nie austrocknen. Sobald die Pflänzchen mehrere Blattstockwerke groß sind, werden sie ins Freiland (Packungshinweise beachten) ausgepflanzt.
Im Unterschied zur »klassischen« Aussaat in Schalen werden die Pflanzen im Jiffy-Topf nicht pikiert, sondern kommen mitsamt dem Topf in die Erde. Die Wurzeln können die Topfwand durchdringen und ins Erdreich einwachsen.

1c. Gießen Sie Samen und Sämlinge vorsichtig

Frisch ausgesäter Samen oder zarte Jungpflänzchen sind sehr empfindlich. Ein kräftiger Guss mit einer Gießkanne kann den Samen zur Seite schwemmen oder die Würzelchen der Sämlinge bloßlegen.
Benutzen Sie daher in der Frühphase der Pflanzenentwicklung unbedingt eine Wasserflasche mit Zerstäuber – sie werden auch als »Befeuchter« für Zimmerpflanzen angeboten. Sie zersprühen das Wasser nebelartig fein und feuchten die Erde nur an, ohne sie wegzuschwemmen. Sind die Pflanzen etwas größer geworden, sollten sie allerdings nicht mehr besprüht werden, sonst könnten sich Pilze auf den Blättern bilden. Benutzen Sie jetzt eine kleine Gießkanne mit feiner Tülle.

1d. So vereinzeln Sie zu dicht stehende Sämlinge

Bei der Anzucht in der Schale müssen die auskeimenden Pflänzchen, sobald sie erste Laubblätter oberhalb der Keimblätter ausbilden, vereinzelt (in der Gärtnersprache »pikiert«) werden, d. h., die gesündesten Pflänzchen werden entweder in Einzeltöpfe oder größere Schalen umgesetzt, damit sie genügend Raum haben, ihr Blatt- und Wurzelwerk zu entfalten. Fahren Sie dazu mit einem Pikierholz oder einem Holzspatel unter die Sämlinge und heben Sie vorsichtig ein Pflänzchen nach dem anderen aus der Erde.

2. Alternativ: Vermehrung über Stecklinge

Manche Zierpflanzen lassen sich besser bzw. schneller über Stecklinge vermehren. Dazu gehören Bergenien, Wolfsmilchgewächse (Euphorbien), Fetthenne, Lavendel, Salbei, Rosmarin und Thymian sowie Buchsbaum (im Bild zu sehen) und eine Reihe von Balkon- und Kübelpflanzen. Das Prinzip: Teile der Mutterpflanze, meist handelt es sich dabei um Triebspitzen, werden abgeschnitten und in Anzuchterde bewurzelt. Um sie dabei vor Austrocknung zu schützen, bringt man eine Folienhaube an, bis die Pflanze Wurzeln gebildet hat und sich wieder gut mit Wasser versorgen kann. Wie Sie Stecklinge richtig schneiden und bewurzeln, ist auf den Seiten 232/233 beschrieben.

So säen Sie direkt ins Freiland aus

Bei der Aussaat ins Freiland, auch Direktsaat genannt, umgeht man die Phase der Vorkultur und des Pikierens, der Arbeitsaufwand scheint also geringer zu sein. Allerdings ist die Keimung der Samen nun ausschließlich von den Wetterbedingungen abhängig, sodass zwangsläufig weniger Samenkörner auskeimen bzw. mehr Jungpflänzchen eingehen. Dennoch ist auch die Direktsaat eine bestens geeignete Methode, um freie Flächen im Beet rasch und preiswert zu »füllen«.
Für den Anfänger bietet der Fachhandel eine Reihe von vorbehandelten Samen an, die den Einstieg in diese Methode erleichtern. Entscheiden Sie sich am Anfang für verbreitete und bewährte Sorten (Qualitätssaatgut) und nicht gleich für eine wertvolle und vielleicht etwas heiklere Sorte.

 *Samen: Angebotsformen*

- **Einzelkörner:** häufigste Form, die Samen sollten allerdings in einer Keimschutzpackung liegen
- **pillierte Saat:** Samen, die von einer kugeligen Hülle mit Nährstoffen und Fungiziden umgeben sind (siehe Seite 96)
- **granulierte Saat:** mehrere kleine Samen in einer Hülle
- **Saatbänder und -vliese:** die Samen sind in einem festen Abstand auf Spezialpapier montiert
- **Sticks:** die Samen sind auf stäbchenförmigen Trägern angebracht

Saatrillen oder Reihensaat

Wer Gemüse oder Salate aussäen möchte, wird nicht um die Reihensaat herumkommen. Diese Methode erlaubt nicht nur ein besonders effektives Ausbringen der Samen: Da die Pflänzchen in Reihen auskeimen, lässt sich das Unkraut in den Zwischenräumen mit Jätehacke oder kleinem Grubber (beinahe) mühelos entfernen.
Spannen Sie zunächst eine Schnur über die geglättete Beetfläche (siehe Seite 20/21), um die Saatreihe zu kennzeichnen. Ziehen Sie dann mit der Ecke eines Rechens, einem Pflanzholz oder einem Stiel eine gerade Furche – wer viel sät, kann sich auch einen speziellen Furchenzieher anschaffen, mit dem mehrere Furchen auf einmal gezogen werden können. Streuen Sie jetzt die Samen gleichmäßig in die Rille, decken sie mit Erde ab und gießen vorsichtig an. Markieren Sie dann die Reihe mit einem Schildchen (Samentüte über einem Bambusstäbchen). Wenn Sie mehrere Reihen aussäen, sollten Sie mit dem Abdecken und Gießen so lange warten, bis die letzte Reihe fertig ist.
Sobald die ersten Sämlinge gut sichtbar sind, müssen sie vereinzelt werden, d. h., jedes der neuen Pflänzchen sollte genügend Platz haben, um sich frei entfalten zu können.
Im Blumenbeet wandeln Sie die Reihensaat etwas ab: Da gerade Linien zu streng wirken, ziehen Sie die Saatrillen »aus freier Hand«, sodass die Blumen in Bögen auswachsen.

 *Expertentipp*

Beachten Sie auch bei der Aussaat im Freiland unbedingt die Hinweise auf den Samentüten.

So säen Sie große Samen aus

Größere Samen, pilliertes oder granuliertes Saatgut werden in der Regel zu mehreren ausgelegt. Im Fachjargon spricht man von Horst- oder Dibbelsaat. Drücken Sie dazu kleinere Löcher in die Erde und füllen Sie dahinein jeweils 3–5 Samenkörner. Markieren Sie die »Saathorste« unauffällig mit einem Stöckchen.
Ein typisches Anwendungsbeispiel ist die Aussaat von Bohnen, die man zu Füßen einer Bohnenstange in die Erde legt. Auch in einem Staudenbeet ist eine Horstsaat oftmals sehr sinnvoll und ästhetisch ansprechend: Wenn zwischen den Stauden eine Lücke entsteht, sät man Einjährige in einem Horst aus. Sobald die Sämlinge »aufgelaufen« sind, werden sie bis auf 2–3 ausgezupft. Schließlich wird sich eine der Pflanzen als stärkste etablieren – die anderen werden umgepflanzt oder entfernt.

Säen mit Schwung

Bei der Breitsaat werden die Samenkörner ohne Saatrillen oder Löcher möglichst gleichmäßig auf einer sauber geglätteten Fläche verteilt. Der Name geht auf die Sämethode der Bauern zurück, die früher das Korn im breiten Wurf aus einem Tuch über die Fläche verteilten.
Für Anfänger ist diese Saattechnik nicht ganz leicht, da eine möglichst gleichmäßige Verteilung der Samen kaum zu erreichen ist. Nachdem die Samen ausgeworfen wurden, werden sie mit dem Rechen vorsichtig in die Erde geharkt und festgedrückt.
Breitsaat ist die Methode der Wahl, wenn neuer Rasen ausgesät wird, eignet sich aber auch, um Gründüngerpflanzen auf einer größeren Fläche zu verteilen.

Ganz einfach: das Saatband

Auf einem Saatband wurden die Samen bereits vom Hersteller im richtigen Abstand befestigt, sodass man das Band nur noch in eine vorbereitete Rille legen muss. Vor allem Salate und Gemüse sind als Saatbänder erhältlich, es gibt aber auch Blumensaatbänder, die sich hauptsächlich für Wegeinfassungen, Zaunbegrünungen oder Rabatten sehr gut eignen, da die Pflanzabstände und die Blumenmischung schon vorgegeben sind. Saatband-Pflanzen brauchen weder ausgelichtet noch vereinzelt zu werden – sehr bequem!
Das Band wird nach dem Ausbringen vorsichtig glatt gezogen, abgedeckt und gegossen. Das Papier verrottet mit der Zeit im Boden.
Nach demselben Prinzip funktionieren auch Saatvliese oder Sticks.

So kommen Sie zu einem schönen Rasen

Verschiedene Rasen

Rasensamen wird immer als Mischung verschiedener Grasarten angeboten:

Gebrauchsrasen ist die übliche Mischung, belastbar und hübsch zugleich.

Zierrasen wächst besonders dicht, reagiert aber empfindlich auf Belastung.

Sport- und Spielrasen ist stärker belastbar.

Schattenrasen enthält Arten, die auch bei Schwachlicht gedeihen.

Es wird wohl nur sehr wenige Gärten geben, die gänzlich ohne eine Rasenfläche auskommen. Der Rasen ist Zierde und Hintergrund, stellt für viele Gartenbesitzer aber auch eine intensiv genutzte Fläche dar. Informieren Sie sich noch vor Anlage der Rasenfläche genau, welcher Rasentyp am besten für Sie und Ihre Bedürfnisse geeignet ist (siehe links).
Die Vorbereitung des Untergrundes für die Aussaat eines Rasens entspricht der Beetvorbereitung (siehe Seite 20/21). Damit der Rasen später leichter zu pflegen ist, müssen alle Steine und Unkrautwurzeln gründlich entfernt werden. Die beste Zeit für einen neuen Rasen sind Spätfrühling und Spätsommer. Dass man eine frisch gesäte Rasenfläche nicht betreten darf, dürfte wohl selbstverständlich sein, aber auch Roll- und Plattenrasen müssen eine Weile lang nach dem Ausbringen geschont werden. Erkundigen Sie sich beim Anbieter nach den Fristen.

Rollrasen – der schnelle Weg zu einer schönen Grünfläche

Inzwischen wird Rollrasen von vielen größeren Gärtnereibetrieben (Landschaftsgärtner) und Gartencentern angeboten. Im Unterschied zur Aussaat handelt es sich dabei um gesunde, bereits bewurzelte Graspflanzen, die innerhalb kürzester Zeit anwachsen. Rollrasen kann bereits nach einer oder zwei Wochen vorsichtig belastet werden.
Als Bodenvorbereitung reicht Glätten und Aufrauen aus. Gießen Sie in der Anfangsphase mehr als üblich. Das Wasser muss die oberste Grasschicht durchdringen und den Boden darunter gut durchfeuchten.

Sattes Grün, Platte für Platte

In den Randbereichen größerer Rasenflächen, um komplizierte Linienführungen an den Rasenkanten auszuführen oder wenn es um kleine Rasenstücke geht, sind Rasenplatten praktischer und preiswerter als Rollrasen (beide Formen können natürlich auch ergänzend nebeneinander verwendet werden).
Sie werden nach derselben Vorbehandlung des Bodens ausgelegt und gegossen. Mit dem Betreten muss man allerdings etwas länger warten – die Wurzeln sollten zunächst gut eingewachsen sein, damit sich die Platten nicht mehr verschieben und die Ränder miteinander verwachsen.

1. Rasen aussäen: den Boden vorbereiten

Überprüfen Sie unbedingt mit Spannschnur und Wasserwaage, ob der Grund völlig eben ist; es dürfen keine Kuhlen entstehen, in denen sich Wasser ansammeln kann. Eine minimale Neigung ist dagegen durchaus empfehlenswert, weil starke Regengüsse leichter abfließen.
Leihen Sie sich eine Walze aus und planieren Sie die vorgesehene Rasenfläche (ersatzweise mit großen Brettern, die Sie unter die Füße schnallen). Es kommt nicht darauf an, den Boden zu verdichten, er soll nur völlig glatt sein, damit später alle Grassamen gleich tief liegen.

2. Achten Sie auf eine gleichmäßige Aussaat

Rauen Sie nun die gewalzte Oberfläche mit einem Rechen ganz leicht auf, damit die Samenkörner nicht obenauf liegen bleiben, sondern in die feinen Rechenrillen fallen. Hier finden die Keimwürzelchen gleich guten Halt. Damit die Grasfläche gleichmäßig aufläuft, sollten Sie sich einen Säwagen (oder einen Düngerstreuer) ausleihen. Vermischen Sie den Grassamen mit feinem Quarzsand und füllen Sie die Mischung in den Wagen, den Sie dann zügig und gleichmäßig über die Fläche rollen.

3. Sanft, aber regelmäßig wässern

Wenn Sie den Samen verteilt haben, sollten Sie ihn ohne Druck mit dem Rechen noch etwas einharken. Zum Abschluss wird die gesamte Fläche nochmals mit der Walze oder mit Brettern unter den Füßen angedrückt.
Achten Sie beim Gießen darauf, einen möglichst sanften Sprühstrahl zu verwenden, sonst schlämmen Sie die schön verteilten Samenkörner zu Horsten zusammen. Bis der erste grüne Flor erscheint, wird der Rasen regelmäßig, aber nicht zu viel gewässert. Es kommt vor allem darauf an, dass die Samenkörner nicht mehr austrocknen.

So legen Sie ein neues Beet an

Wenn zuvor genutzter Boden oder ein Rasenstück in Beete bzw. Pflanzflächen umgewandelt werden sollen, muss der Boden besonders gründlich und tiefreichend bearbeitet, eventuell auch verbessert werden. Auf Neubaugrundstücken, wo der Boden in der Bauphase reichlich strapaziert und teils übermäßig mit Bauschutt belastet wird, kann das Auftragen zugekauften Mutterbodens sinnvoll sein. Trotzdem sollten Sie auch den Boden darunter so gut wie möglich lockern. Manchmal ist es besser, eine Gartenbaufirma zu beauftragen, statt sich unnötig zu plagen, vor allem, wenn der Untergrund stark verdichtet ist.
Lassen Sie am besten frühzeitig eine Bodenuntersuchung durchführen; dann können Sie auch gleich geeignete Zuschlagsstoffe wie Kalk, Sand oder Tonmehl einarbeiten (siehe Seite 14/15).
Für frisch in Kultur genommene Böden kann ich auch eine Gründüngung mit tief wurzelnden Pflanzen empfehlen – oder den Anbau von Kartoffeln, wodurch der Boden ebenfalls gut gelockert wird. Dadurch kann sich zwar die vorgesehene Erstbepflanzung verzögern, doch die Geduld lohnt sich.

1. Umrisse festlegen und Grasnarbe abschälen

Nachdem Sie den optimalen Platz für die neuen Beete gewählt haben, stellt sich die Frage nach deren Größe und Form.

- Gemüsebeete sollten für eine optimale Besonnung möglichst in Nord-Süd-Richtung angelegt werden. Sie sind üblicherweise rechteckig; eine Breite von 1,2 m hat sich als günstig zum Bearbeiten erwiesen. Die Länge richtet sich nach dem Platz und der gewünschten Einteilung; in der Regel sind 1,8–2,2 m recht praktisch. Denken Sie auch an den Platzbedarf für Wege zwischen den Beeten (30–40 cm), eventuell auch an breitere Wege (mindestens 60 cm), die später mit Pflaster oder Platten befestigt werden.
- Ähnliche Vorüberlegungen sind auch bei Blumen-, Stauden- und Strauchbeeten oder -rabatten nötig. Bei Zierbeeten wirken geschwungene oder abgerundete Konturen meist ansprechender als strenge Rechtecke.

Stecken Sie die Beetflächen am besten mit Pflöcken und einer gespannten Schnur ab. Geben Sie an allen Seiten ein paar Zentimeter Zuschlag, wenn angrenzende Wege oder breite Einfassungen geplant sind, entsprechend mehr.

»Schälen« Sie nun bei Wiesen- oder Rasenflächen die Grasnarbe ab, indem Sie den Spaten in flachem Winkel kurz unterhalb des Wurzelfilzes einstechen. (Grassoden, vermischt mit anderen Abfällen, ergeben ein gutes Kompostmaterial.)

2. Graben Sie gründlich um

Stechen Sie zunächst an der Spannschnur entlang die Kanten möglichst tief ein und bewegen dabei den Spaten etwas vor und zurück, sodass eine klare Trennlinie zur angrenzenden Fläche entsteht. Nun wird das neue Beet umgegraben, wie auf den Seiten 16/17 beschrieben. Prüfen Sie dabei, wie stark der Boden unterhalb der ersten Spatenstiche verdichtet ist. Möglicherweise wird es nötig, den Oberboden auszuheben und den Unterboden z. B. mit einem Pickel zu lockern – oder aber 2–3 Spatenstiche tief umzugraben bzw. eine Firma mit entsprechenden Motorgeräten heranzuziehen.

3. Lockerung mit Schlaghacke und Krail

Unter einer flach abgeschälten Grasnarbe findet sich häufig eine schon recht annehmbare Erde, deren Erstbearbeitung mit Umgraben und Lockern im darauffolgenden Frühling schon erledigt ist. Sind die Schollen aber sehr fest und stark von Unkrautwurzeln durchzogen, dann kommt am besten gleich eine robuste Schlaghacke oder ein Krail mit kräftigen Zinken zum Einsatz.

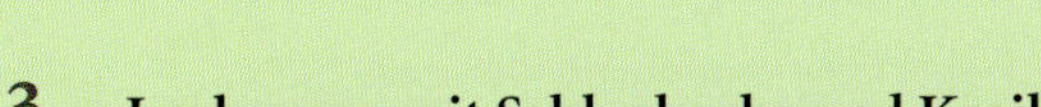

Expertentipp

Bei Flächen mit reichlich Wildwuchs sollten Sie am besten schon vor dem Umgraben mit Hacke und Krail dem Unkraut zu Leibe rücken.

4. Feste Beeteinfassungen

Falls Sie die Beete nur durch Festtreten der angrenzenden Pfade, mit einfachen Kanten oder durch Eingraben hochkant gestellter Platten oder Ziegelsteine abgrenzen möchten, können Sie das auch noch im Frühling tun. Ansonsten ist es besser, feste Einfassungen, etwa mit Pflastersteinen, Platten oder Holzpalisaden, bald nach der ersten Bodenbearbeitung vorzunehmen, da dann noch mal einiges an Erde bewegt wird. Platten und Pflaster werden stets in ein Sand- und Feinschotterbeet über leicht verdichtetem Untergrund verlegt.

Zwiebel- und Knollenpflanzen einsetzen

Trickreiche Zwiebeln

Zwiebeln, die als Gruppe in einem Kunststoffkorb versenkt werden, lassen sich nach dem Rückzug der Blätter mitsamt dem Korb leichter entnehmen und lagern.

Vor allem Hyazinthenzwiebeln können durch Wärmebehandlung im Zimmer frühzeitig zur Blüte gebracht werden (spezielle Treibgläser gibt es im Fachhandel).

Unterschiedlich tief eingegrabene Zwiebeln treiben nacheinander aus und verlängern so das Blütenschauspiel – ideal für Kübel.

Bis auf wenige »Luxus-Sorten« sind Zwiebeln und Knollen preiswert erhältlich und machen weder Schwierigkeiten beim Pflanzen noch bei der Pflege. Zwiebelblumen und die meisten Knollenpflanzen sind recht anspruchslos in Bezug auf den Boden, obwohl sie sandige Böden lieben. Das Einzige, was sie auf keinen Fall vertragen, sind jedoch staunasse Böden oder solche, die im Sommer sehr feucht bleiben. In diesem Fall verfaulen sie, können eingehen oder zumindest im Folgejahr mit schwacher Blüte reagieren. Daher sollten Sie vor der Pflanzung Ihren Boden auf Nässe prüfen und ggf. unter der Schicht, in der die Zwiebeln zu liegen kommen, etwas Sand oder feinen Kies einarbeiten.
Die zweite Entscheidung, die Sie treffen müssen, betrifft die Frage der Lagerung: Zwiebeln, die im Beet bleiben, kommen zwangsläufig mit dem sommerlichen Gießwasser in Berührung und laufen damit Gefahr zu verfaulen. Werden die Zwiebeln nach dem Rückzug ihrer Blätter dagegen entnommen und kühl und dunkel im Keller gelagert, vermeiden Sie dieses Problem.

So setzen Sie Zwiebeln mit dem Pflanzholz ein

Wenn Sie die Fragen von Standort und Lagerung geklärt haben, können Sie mit dem Pflanzen beginnen.
Alle Zwiebeln, die klein genug sind, werden mit einem Pflanzholz gesetzt. Dieses spitze Gerät bohrt ein kegelförmiges Loch in den Boden, in das jeweils eine Zwiebel gelegt wird. Achten Sie unbedingt darauf, die Zwiebeln mit den Wurzeln nach unten einzusetzen, und streben Sie eine möglichst natürliche Verteilung der Pflanzen an. Ein einfacher, aber wirkungsvoller Trick:
Lassen Sie die Zwiebeln oder kleine Steine aus der Hand auf den Boden gleiten und bohren Sie das Pflanzloch, wo immer eine Zwiebel hinfällt. Schließen Sie die Löcher erst dann, wenn Sie alle Zwiebeln in einem bestimmten Bereich gesetzt haben – so vermeiden Sie Überschneidungen. Sparen Sie sich in den ersten Jahren Ihrer Gärtnerkarriere die Mühe, die

Zwiebeln regelmäßig aus dem Boden zu nehmen und wieder einzusetzen. Kaufen Sie zunächst lieber preiswerte, robuste Sorten (einfache Osterglocken und Tulpen, Schneeglöckchen und Krokusse) und lassen Sie der Natur ihren Lauf.

Expertentipp

Markieren Sie den Standort der Zwiebeln und Knollen, die Sie im Herbst des Vorjahres einsetzen.

Arbeiten mit dem Zwiebelpflanzer

Größere Zwiebeln und Knollen werden besser mit einem speziellen Zwiebelpflanzer gesetzt, da das Pflanzholz zu kleine Löcher bohrt. Der Pflanzer wird in den Boden eingedreht, beim Hochheben bleibt die Erde in dem Metallring haften, sodass die Zwiebel oder Knolle in den Boden gesetzt werden kann. Durch leichtes Rütteln löst sich die Erde, und Sie können das Pflanzloch wieder verschließen.

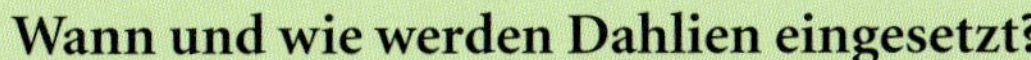

Expertentipp

Achten Sie beim Kauf eines Zwiebelpflanzers unbedingt auf einen glatten, gut geformten Griff.

Wann und wie werden Dahlien eingesetzt?

Dahlien sind wunderschöne Sommer- und Spätsommerblumen, die in zahlreichen Sorten angeboten werden. Die beste Pflanzzeit ist der Spätfrühling/Frühsommer, wenn keine Fröste mehr zu erwarten sind. Heben Sie mit der Pflanzschaufel ein Loch aus, das die länglichen Knollen aufnehmen kann: Es muss so tief sein, dass die Sprossansätze gerade noch herausschauen.
Da die empfindlichen Knollen die winterliche Kälte Mitteleuropas nicht vertragen, müssen sie im Spätherbst aus der Erde genommen und im Keller auf einer Sandkiste gelagert werden.

So kommen Sie zu einer bunten Frühlingswiese

Einfache, natürlich aussehende Zwiebelblumen verwandeln jeden Rasen in eine üppige Frühlingswiese. Die entsprechenden Zwiebeln werden entweder mit dem Pflanzholz oder in eine mit dem Spaten eingestochene Spalte direkt in den Rasen gesetzt. Drücken Sie die Grasnarbe anschließend fest. Die austreibenden Sprosse schieben sich im Frühling durch die Grasnarbe. Warten Sie mit dem Mähen, bis die Blätter der Zwiebel- und Knollenpflanzen verwelkt sind, weil sie erst dann genügend Nährstoffe für das nächste Jahr gespeichert haben.

Stauden richtig pflanzen

Was wäre ein Garten ohne die prachtvoll blühenden Stauden? Da sie Jahr für Jahr neu austreiben, gehören die Stauden zu den beherrschenden Zierelementen jedes Beetes – außerdem hält sich der Aufwand für die Pflege in einem vergleichsweise bescheidenen Rahmen. Damit Sie möglichst lange in den Genuss der jährlich wiederkehrenden Blüte kommen, lohnt es sich, die Pflanzung sorgfältig zu planen. Nutzen Sie die Gelegenheit, den Boden in der Umgebung der eingepflanzten Staude zu lockern und zu verbessern, und kaufen Sie möglichst nur so viele Stauden, wie Sie in einem Arbeitsgang verarbeiten können.

Das benötigen Sie

- Handschaufel oder Spaten
- Handgrubber
- Eimer mit Wasser
- Gießkanne
- Humus

Diese Zeit brauchen Sie

5–10 Minuten je Pflanze

Der richtige Zeitpunkt

Containerpflanzen ganzjährig; die beste Pflanzzeit ist aber im Frühling, an einem trüben Tag, ohne starke Sonneneinstrahlung.

1. Gezielt vorgehen

Wenn Sie ein Beet neu bepflanzen wollen, sollten Sie nicht einfach drauflospflanzen.
Stellen Sie die neuen Stauden samt Containern zunächst auf der vorgesehenen Fläche auf und versuchen Sie sich vorzustellen, wie sie später wirken werden. Arrangieren Sie so lange um, bis die Fläche optimal abgedeckt ist. Machen Sie aber nicht den Fehler, die vorhandenen Pflanzen gleichmäßig zu verteilen: Es ist besser, zunächst nur einen Teil des Beetes – den aber perfekt – zu bepflanzen, als später die entstandenen Lücken füllen zu müssen.
Markieren Sie die Pflanzstellen, heben Sie dann das Pflanzloch aus (etwa doppelt so breit und tief wie der Ballen) und lockern Sie die Wände des Pflanzlochs etwas auf.

2. Richtig pflanzen

Damit die Wurzeln nicht austrocknen, sollten Sie die Stauden aus dem Container nehmen und in einen Eimer mit Wasser stellen. Wenn Sie eine Staude zum Einpflanzen entnehmen, kommt die nächste ins Wasser – so wird jede Pflanze optimal mit Wasser versorgt.
Prüfen Sie vor dem Einsetzen, ob die Wurzeln locker sind, und reißen Sie ggf. mit der Hand allzu verfilztes Wurzelwerk vorsichtig auseinander. Füllen Sie den Boden des Pflanzlochs so weit mit Erde auf, bis die Staude etwa so tief steht wie vorher im Container.

Expertentipp

Die Arbeit geht besonders zügig voran, wenn jeweils 3–4 Stauden im Eimer stehen.

3. Staude mit Erde anfüllen

Füllen Sie nun um die Staude herum mit Erde auf. Halten Sie dazu die Staude mit einer Hand gut fest, damit sie gerade steht – noch können Sie ihre Stellung verändern.
Ein Wasserguss aus der Gießkanne sorgt dafür, dass die Erdteilchen zwischen die feinen Würzelchen geschwemmt werden. Die Erde sollte feucht, aber nicht nass sein. Geben Sie so lange Erde zu, bis das Pflanzloch um die Staude aufgefüllt ist und mit dem Beet bündig abschließt. Graben Sie bei kräftigen, hohen Stauden gleich einen Stützpfahl, an dem die Staude bei entsprechendem Wuchs angebunden werden kann, mit ein. Bei Systemstützen wird der Haltering später eingehängt und »wächst mit«.

4. Fester Stand ist wichtig

Drücken Sie die Erde um die eingepflanzte Staude gut an. Am besten gelingt das mit den Knöcheln einer zur Faust geballten Hand. Die Erde muss so fest angedrückt sein, dass der Wurzelballen – und damit die Staude – gut hält, aber dennoch locker genug für die auswachsenden Feinwurzeln bleibt. Zwangsläufig werden Sie beim Andrücken die Erde etwas eintiefen, also gleichen Sie die Grübchen mit etwas zusätzlicher Erde aus, damit beim Gießen oder Regnen keine Wasserlöcher entstehen. Bei kleinen Stauden kann nun gegossen werden (siehe rechts), für größere Stauden mit entsprechend tieferen Pflanzlöchern bietet es sich an, einen kleinen Kratersee (Erdwall) zu formen.

5. Gezielt angießen

Obwohl die Erde bereits feucht ist, muss die neu eingepflanzte Staude nochmals gegossen werden, denn das Gießwasser sickert durch die Erde in tiefere Schichten ab und wird von den Wurzeln dann nicht mehr erreicht. Gießen Sie ganz gezielt mit einer Gießkanne oder – sofern Sie viele Stauden eingepflanzt haben – mit einem Schlauch. Bis sich die Stauden nach einigen Tagen etabliert haben, werden sie regelmäßig gegossen. Kontrollieren Sie an heißen Tagen mehrmals täglich, damit die junge Staude keinesfalls austrocknet.

Expertentipp

Benetzen Sie beim Gießen die Blätter möglichst nicht, sonst könnten sich Pilze ausbreiten.

Sträucher pflanzen – gar nicht so schwer

Rosen richtig pflanzen

Das Pflanzloch muss groß genug sein, um die Wurzel oder den Containerballen gut aufzunehmen.

Lockern Sie den Boden des Lochs mindestens eine weitere Spatentiefe auf und arbeiten Sie Kompost ein; auch der Rand wird aufgelockert.

Achten Sie beim Einpflanzen darauf, dass die Veredelungsstelle (leichte Verdickung) etwa eine Handbreit unter der Erde liegt.

Sträucher bilden als Hecken, Solitäre, in Strauchbeeten oder Strauchgruppen das Rückgrat des Gartens. Sie sorgen mit Blättern, Blüten, Früchten oder ihrer Wuchsform für Abwechslung im Gartenjahr.

Damit Sträucher optimal gedeihen und ihre schöne Wuchsform entwickeln können, brauchen sie allerdings genügend Platz. Lassen Sie den Gehölzen auf jeden Fall ausreichend Raum zur freien Entfaltung und berücksichtigen Sie bereits beim Einkauf die Endgröße des gewünschten Strauches. Passt er auch dann noch problemlos in Ihren Garten? Erkundigen Sie sich beim Kauf unbedingt, ob und wie das Gehölz nach der Pflanzung beschnitten werden muss!

Gerade bei Sträuchern kommt es auf beste Qualität an. Kaufen Sie Ihre Sträucher daher vorrangig bei renommierten Gärtnereien oder in einer Baumschule, wo man sich um die Pflanzen kümmert. In vielen Baumärkten ist die preiswerte Containerware zwangsläufig nur »zwischengelagert«, bis sie zum Verbraucher und in den Garten kommt.

1. Gut gewässert ist halb gepflanzt

Stellen Sie den Wurzelballen des Gehölzes mindestens eine Stunde vor dem Auspflanzen in einen Eimer mit Wasser (Container vorher entfernen), damit sich die Wurzeln und die umgebende Erde vollsaugen. Der Vorgang ist abgeschlossen, wenn keine Luftbläschen mehr aufsteigen.

Expertentipp

Gehölze mit Ballen oder nackter Wurzel dürfen Sie ruhig in einer flachen Grube, die Wurzeln mit Erde bedeckt, wochenlang aufbewahren.

2. Wie groß muss das Pflanzloch sein?

Solange der Strauch wässert, können Sie das Pflanzloch ausheben. Es sollte doppelt so breit wie der Ballen sein und tief genug, um die gesamte Wurzel aufzunehmen. Lockern Sie auf jeden Fall den Boden und die Seitenwände des Lochs mit einer Grabegabel auf, damit die Wurzeln später leichter in das gewachsene Erdreich eindringen können. Vermischen Sie den Aushub mit Kompost (kein Torf, außer bei säureliebenden Sträuchern) und organischem Langzeitdünger (Hornspäne oder Hornmehl).

3. Sträucher einsetzen: zu zweit geht's leichter

Größere Sträucher pflanzt man am besten zu zweit: Einer hält den Strauch in Position, der andere führt die »Erdarbeiten« aus. Es ist wichtig, den Strauch genauso tief wie in der Baumschule einzupflanzen (auf Verfärbungslinie am Stamm achten), ggf. muss daher der Boden des Pflanzlochs mit der Erdmischung aufgefüllt werden. Bei Gehölzen mit Ballen wird nun das Ballentuch geöffnet und gelockert, braucht aber nicht unbedingt vollständig entfernt zu werden. Oftmals sitzt eine Lage tiefer noch ein Ballentuch, auch dieses muss geöffnet werden!

4. Sorgen Sie für einen guten Halt

Füllen Sie nun nach und nach die vorbereitete Erdmischung ein. Gießen Sie ab und zu mit der Gießkanne auf die aufgefüllte Erde, damit sie sich setzt und die Erdteilchen die Wurzeln vollständig umhüllen. Der Helfer sollte nach wie vor darauf achten, das Gehölz in Position zu halten, damit es später gerade steht. Durch leichtes Rütteln kann er mithelfen, die Erde um die Wurzeln zu verteilen. Zum Abschluss wird die Erde zunächst mit der Faust angedrückt und dann vorsichtig mit den Füßen rundum festgetreten.

5. Auf ausreichend Feuchtigkeit achten

Formen Sie mit der restlichen Erde eine Art Kraterwall um das Gehölz. Er dient dazu, jetzt und in der nahen Zukunft das Gießwasser zu halten. In der ersten Woche wird der neue Strauch viel, danach noch etwas häufiger als üblich gegossen, bis er angewachsen ist.
Zum Abschluss werden zierliche Sträucher mit einem Pfahl an der Windseite gestützt und mit einem Baumband (kein Draht!) festgebunden; auch erforderliche Schnittmaßnahmen werden jetzt durchgeführt.

Auch Bäume fangen klein an

Was für Sträucher gilt, gilt für Bäume umso mehr: Größe und Form eines Baumes prägen den Garten! Erkundigen Sie sich daher unbedingt nach der Endhöhe des »hübschen Bäumchens« im Container – es könnte glatt zu einem 20 m hohen Riesen auswachsen, der den gesamten Garten beschattet. Statt der klassischen Laubbäume sind häufig kleinkronige Obstbaumzüchtungen viel besser für einen kleinen Garten geeignet. Auf jeden Fall sollte sich der Baum in die Gestaltung des Gartens einfügen – prüfen Sie den vorgesehenen Standort mit einem Platzhalter und beobachten Sie den Tag über den Gang der Sonne, um den Schattenwurf zu ermitteln.

Das benötigen Sie

- Spaten für den Aushub
- Grabegabel zum Lockern des Bodens
- schwerer Hammer (Stützpfahl)
- Gießkanne oder Schlauch
- Gartenschere
- Kokosstrick oder Baumband
- Stützpfahl
- Humus
- Hornspäne

Diese Zeit brauchen Sie

ca. 2 Stunden pro Baum

Der richtige Zeitpunkt

Ballenware: Spätherbst bis Vorfrühling

Containerbäume: ganzjährig

1. Vorbereiten zum Pflanzen

Prüfen Sie ein letztes Mal, ob der Standort Ihren Vorstellungen entspricht: Stellen Sie den Baum an die vorgesehene Stelle und betrachten Sie ihn von der Terrasse aus.
Dann wird der Container entfernt und der Wurzelballen während der Grabarbeiten in einen Eimer mit Wasser gestellt. Das Pflanzloch sollte doppelt so breit wie der Ballen und so tief sein, dass es die gesamte Wurzel aufnehmen kann. Lockern Sie den Boden tiefgründig (etwa zwei Spatentiefen) und ebenso die Seitenwände des Pflanzlochs.

Expertentipp

Einen Baum pflanzt man am besten zu zweit: Einer hält ihn in Position, der andere setzt ihn ein.

2. Den Baum einsetzen

Vermischen Sie zuerst die ausgehobene Erde mit Kompost und einem organischen Langzeitdünger, wie Horn- oder Knochenspäne. Dann wird der Baum mit dem Ballen in das Loch gestellt. Da er in derselben Tiefe wie in der Baumschule wachsen sollte (nach Verfärbungen am Stamm suchen), muss der Boden ggf. mit dem vorbereiteten Erdgemisch aufgefüllt werden. Wenn die Höhe stimmt, wird das Sackleinen vom Ballen abgenommen (entfällt bei Containerbäumen). Benutzen Sie eine Schere oder ein Gartenmesser, um die Knoten zu lösen. Das Tuch muss nicht vollständig entfernt werden, die Wurzeln können das grobe Gewebe gut durchdringen.

3. Eine Stütze muss sein!

Ein Stützpfosten, bei größeren Bäumen sogar mehrere, ist unbedingt erforderlich, um den jungen Baum festzuhalten. Sein Wurzelwerk ist noch nicht ausreichend entwickelt, um dem Winddruck standzuhalten. Schlagen Sie den Pfosten vorsichtig auf der dem Wind zugewandten Seite ein und kontrollieren Sie, ob er senkrecht steht. Erst danach wird er endgültig in den Boden geschlagen. Sie können den Baum nun schon vorläufig befestigen oder aber abwarten, bis die Erde eingefüllt, aufgefüllt und festgetreten ist.

Expertentipp

Der Pfosten muss so lang sein, dass er etwa in Höhe der untersten Äste des gepflanzten Baumes endet.

4. Sorgen Sie für guten Stand

Benutzen Sie die gemischte Erde, um das Pflanzloch zu füllen. Zu Beginn können Sie die Position des Baumes noch verändern, daher lohnt sich etwas Geduld – wenn Sie Ihrem Augenmaß nicht vertrauen, benutzen Sie eine Wasserwaage.

Gießen Sie immer wieder Wasser aus einer Gießkanne zu, um die Erdteilchen zwischen die Wurzeln zu schlämmen, und rütteln Sie zur Unterstützung sanft am Baumstamm. Zum Abschluss wird die Erde zunächst mit der Faust, dann vorsichtig mit den Füßen festgetreten. Spätestens jetzt sollten Sie den Baum mit einem Kokosstrick oder einer speziellen Baumschleife am Stützpfahl fixieren. Binden Sie ihn aber nicht zu fest an, da sich seine Position noch geringfügig ändern kann.

5. Gießen Sie reichlich

Formen Sie einen Krater um die Baumscheibe, und lassen Sie aus dem Gartenschlauch reichlich Wasser einfließen. Wiederholen Sie diesen Vorgang so lange, bis das Wasser nicht mehr versickert.

Frisch gepflanzte Bäume werden in der ersten Woche reichlich, danach etwas weniger gegossen.

Etwa nach zwei Wochen sollten Sie die Befestigung am Stützpfosten überprüfen und ggf. nachziehen.

Und noch ein Tipp: Obwohl Containerpflanzen grundsätzlich ganzjährig gepflanzt werden können, ist die beste Pflanzzeit für Laubbäume ein frostfreier Tag im Herbst oder Frühling. Immergrüne werden dagegen besser im Spätfrühling oder Frühherbst gepflanzt.

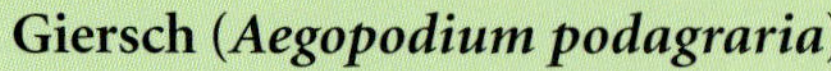

Giersch (*Aegopodium podagraria*)

Mehrjährige Pflanze, bis 90 cm hoch und breit; 5–10 cm lange, dreifach geteilte Blätter, wechselständig, umhüllen den Stängel mit einer auffallenden Scheide; kleine weiße Blüten in schirmartigen Dolden; auf nährstoffreichen Ton- und Lehmböden

Das können Sie tun:

Giersch hat ein verzweigtes, robustes Wurzelsystem und kann nicht einfach gejätet werden. Graben Sie die Wurzel vollständig mit der Grabgabel aus und entfernen Sie sofort jeden neuen Trieb.

Gewöhnliche Quecke (*Agropyron repens*)

Mehrjähriges Gras, bis 60 cm hoch und breit; schmale, in Büscheln stehende, meist schlaffe Blätter; bräunlich-grüne Ähren von Sommer bis Herbst; völlig anspruchslos an den Boden, daher weit verbreitet

Das können Sie tun:

Dieses Gras hat ein weit reichendes Wurzelsystem. Da sich aus jedem Bruchstück eine neue Pflanze entwickeln kann, ist es fast unmöglich, den Quecken Herr zu werden. Am besten komplett ausgraben und bei jedem Anzeichen von Gras erneut graben.

Hirtentäschel (*Capsella bursa-pastoris*)

Einjähriges Kraut, 25–35 cm hoch und breit; Blätter graugrün in einer grundständigen Rosette; kleine, vierzählige, unscheinbare Blüten; Früchte sehen wie kleine Herzchen aus; auf allen nährstoffreichen Böden

Das können Sie tun:

Hier kommt es darauf an, die Jungpflanzen zu jäten, noch bevor sie Samen bilden. Hebeln Sie ältere Pflanzen mit Handgrubber aus dem Boden. Pflanzen mit Samen gehören nicht (!) auf den Kompost.

Ackerwinde (*Convolvulus arvensis*)

Mehrjährige Pflanze, weit ausgebreitet über den Boden kriechend oder kletternd; Blätter wechselständig, pfeilförmig; Blüten auffallend weiß-rosa gestreift, trichterförmig, bis 25 mm lang; auf allen Böden

Das können Sie tun:

Sehr problematisches Unkraut, da die Wurzeln beim Jäten leicht zerreißen. Entfernen Sie alle Wurzelreste aus dem Boden und decken Sie bei neu geplanten Beeten die Erde mehrere Monate lang mit schwarzer Folie ab.

Unkraut erkennen und eindämmen

Einjähriges Rispengras (*Poa annua*)

Einjähriges Gras (Bestandteil von Rasenmischungen!), bis 30 cm hoch; schmale, hellgrüne Blätter; das ganze Jahr über grünliche bis braungelbe Blüten in Rispen

Das können Sie tun:

Ebenfalls problematisches Unkraut, das sich ständig neu aussät; man kann es nicht vernichten, sondern es nur durch Jäten eindämmen.

Kriechender Hahnenfuß (*Ranunculus repens*)

Mehrjährige Pflanze, 50 cm hoch, 30 cm breit; Blätter wechselständig, mit drei deutlichen Lappen; Blüten kräftig gelb; vor allem auf feuchten, schweren Böden

Das können Sie tun:

Der Kriechende Hahnenfuß vermehrt sich nicht nur über Samen, sondern auch über oberirdische Ausläufer, die sich an den Knoten bewurzeln; entfernen Sie also nicht nur die Mutterpflanze, sondern stechen Sie auch alle Tochterpflanzen ab.

Vogelmiere (*Stellaria media*)

Einjährige Pflanze, kriechend bis aufrecht, bis 35 cm hoch, 20 cm breit; Stängel mit einer Haarreihe; Blätter gegenständig, rundlich bis herzförmig; Blüten weiß, winzig, bis fast in den November hinein; wächst auf allen Böden

Das können Sie tun:

Dicht wuchernde Vogelmiere an der Basis abschneiden und verwelken lassen (wenn sie über Zierpflanzen wächst); sonst möglichst regelmäßig entfernen; lästig, aber nicht wirklich störend.

Löwenzahn (*Taraxacum officinale*)

Mehrjährige Staude; Blätter länglich, grob gezähnt; Blütenköpfchen buttergelb; fliegende Früchte (»Pusteblume«); die Pflanze enthält weißen, klebrigen Milchsaft; vor allem auf gemähten Rasenflächen

Das können Sie tun:

Wegen einer langen, tief reichenden Pfahlwurzel sehr widerspenstig; Wurzel mit einem alten Messer, Hohlmesser oder der Pflanzschaufel möglichst vollständig entfernen; Blüten vor der Aussaat abschneiden.

Etwas Pflege muss sein

Wenn die ersten Pflanzen ihren Platz gefunden haben, möchte man sich am liebsten zurücklehnen und genießen, was man geschaffen hat – Pflanzen wachsen doch von allein! Leider geht es nicht ganz so einfach: Ohne angemessene Pflege wird ein Garten früher oder später in den Zustand der Wildnis zurückfallen. Der Boden will gepflegt, gegossen und gedüngt, Stauden müssen gestützt, Gehölze ausgelichtet werden, der Rasen braucht den Mäher, und die Schädlinge machen auch keine Pause.

Der vermutlich größte Hemmschuh, die erforderlichen Pflegemaßnahmen im Garten auszuführen, ist unsere scharfe Trennung zwischen Arbeit und Freizeit. Wir arbeiten, um das notwendige Geld zu verdienen, und sehnen uns nach der Freizeit, in der wir entspannt und nichts tuend im Garten sitzen. Garten-»Arbeit« scheint dem zu widersprechen. »Schuften«? Ohne mich!
Verkehren Sie diese Einstellung einfach in ihr Gegenteil: Machen Sie die Arbeit in Ihrem Garten zu einem befriedigenden, entspannenden Bestandteil Ihrer Freizeit. Stellen Sie nicht den Aufwand in den Vordergrund, sondern betrachten Sie die Beschäftigung mit den Pflanzen als Freizeitvergnügen. Viele moderne Menschen benutzen regelmäßig Fitnessgeräte – warum nicht einmal die Grabegabel oder einen handbetriebenen Rasenmäher?
Es ist ein wunderbares Gefühl, nach einer halben Stunde Arbeit zurückzutreten und einen sauber beschnittenen Strauch zu betrachten. Er wird austreiben und Sie ein Jahr lang mit schöner Wuchsform, hübschen Blättern und prächtigen Blüten belohnen – erst jetzt kommt die Zeit für den Liegestuhl und das Genießen.
Auch die scheinbar mühevolle Arbeit des Unkrautjätens sollten Sie positiv sehen. Nehmen Sie sich nicht zu viel auf einmal vor, sondern fangen Sie in einer Ecke des Beetes an und arbeiten Sie sich langsam voran. Verbringen Sie diese Arbeitszeit gemeinsam mit Ihrem Partner. Mit jeder Minute kommen Sie Ihrem Ziel – einem prachtvoll blühenden Beet – ein Stückchen näher. Wenn Sie solche Arbeiten immer wieder aufschieben oder gar unterlassen, ist der Ärger über ein verwildertes Beet groß und trübt empfindlich das Freizeitvergnügen.
In der Tat ist die regelmäßige und jeweils relativ kurze Arbeit im Garten viel wirkungsvoller als gärtnerische Gewaltakte alle vier Wochen, die dann ein ganzes Wochenende erfordern und gewöhnlich im Frust enden.

Was so alles an Gartenarbeit anfällt

Bei der Pflege seiner Gartenpflanzen kann man schwer oder leicht, kompliziert oder einfach vorgehen. Spontane Menschen werden an einem Samstagvormittag in den Garten gehen und die Arbeiten aufnehmen, die ihnen gerade ins Auge springen. Systematiker erarbeiten genaue Pläne und arbeiten diese Schritt für Schritt ab. Der Weg zu einem perfekt gepflegten Garten liegt wie immer irgendwo in der Mitte. Notwendige, regelmäßig anfallende Arbeiten erledigt man am besten nach Plan, während andere durchaus nach Belieben – und Laune! – in Angriff genommen werden können. Jeder führt einen beruflichen und/oder privaten Terminkalender, warum also nicht auch einen für den Garten, in dem die wichtigsten Termine vermerkt sind?

Einmal jährlich anfallende Gartenarbeiten

Planen Sie langfristig voraus, denn einmal jährlich anfallende Arbeiten brauchen stets eine gewisse Zeit.

Der »Gang durch den Garten«

Gehen Sie zur Hauptblütezeit einmal täglich mit der Schere durch den Garten und schneiden Sie Verblühtes ab. Das ist weit mehr als eine »kosmetische« Maßnahme, denn fast alle Pflanzen treiben aus Seitenknospen eine zweite Blütengeneration aus. Sehen Sie bei der Gelegenheit auch gleich nach kranken Blättern oder vorwitzigen Unkräutern.

Der »Gang durch den Garten« dauert vielleicht 10 Minuten, doch dieser minimale Aufwand zahlt sich in Form prächtiger und gesunder Pflanzen mehr als aus.

- Einmal pro Jahr muss der Komposthaufen umgesetzt und der Kompost auf die Beete verteilt werden. Nehmen Sie sich dafür im beginnenden Frühling einen Tag Zeit, dann sind die austreibenden Pflanzen für die Kompostgabe besonders dankbar.
- Auch das Beschneiden der Bäume und Sträucher erfordert Sorgfalt und damit einen gewissen Zeitaufwand. Es macht keinen Sinn, diese Arbeit zu lange aufzuschieben – spätestens zu Beginn der Wuchsperiode müssen Sie damit fertig sein. Warten Sie einen frostfreien, klaren Tag im Frühwinter oder Vorfrühling ab und nehmen Sie sich Ihre Gehölze nach und nach vor.
- Da Stauden nach der Blütezeit geteilt werden, fällt diese Arbeit in eine Zeit, in der man sich seltener im Garten aufhält. Nutzen Sie die Gelegenheit, sich noch einmal ausgiebig mit den Pflanzen zu beschäftigen. Die Stauden werden bis zum Winter erste neue Wurzeln bilden und damit im Frühling bessere Startchancen haben.

Mehrmals jährlich anfallende Gartenarbeiten

Zu den mehrmals im Jahr anfallenden Arbeiten, die möglichst regelmäßig ausgeführt werden sollten, gehören vor allem das Düngen und das Mulchen.

Düngen: Da fast alle Pflanzen spezielle Ansprüche an die Nährstoffversorgung stellen, finden Sie bei den Pflanzenporträts die entsprechenden Angaben zum Düngerbedarf. Legen Sie sich eine Checkliste an, in der Sie die Düngezeiten für die jeweiligen Pflanzen eintragen und abhaken können. Es gibt jedoch einige Faustregeln, die für alle Pflanzen gelten:

- Einmal pro Jahr (ideal ist der Frühling) sollten Sie den Boden mit einer langfristig wirkenden Gabe organischen Düngers (z. B. Hornspäne oder Knochenmehl) nach Angaben des Herstellers versorgen. Gesteinsmehl ist zwar kein Dünger im eigentlichen Sinn, verbessert aber die Bodenqualität – es wird ebenfalls im Frühling ausgestreut.
- Dicht bepflanzte Beete (Stauden-, Schnittblumen- oder Gemüsebeete) freuen sich über eine zweite Düngung kurz vor der Hauptwachstums-/Blüteperiode; hierzu nimmt man am besten mineralische oder organische Volldünger.

Mulchen: Mehrmals pro Jahr kann bzw. sollte auch die Mulchschicht auf den Beeten erneuert werden. Vor allem in größeren Gärten fällt oft mehr Rasenschnitt an, als Kompost oder Biotonne fassen können.

- Verteilen Sie den Rasenschnitt oder zerkleinerte Unkräuter dünn auf den Beeten. Sie geben einen guten Sommer-Mulch ab. Der Boden bleibt feucht, und heftige Gewitterregen treffen nicht direkt auf den Boden auf.

Die wichtigste Pflegemaßnahme während der warmen Jahreszeit ist das regelmäßige Gießen – mit Gießkanne, Gartenschlauch oder ausgeklügeltem Bewässerungssystem.

- Auch das herabgefallene Herbstlaub kann unter Sträuchern und Bäumen ausgebreitet werden.
- Im Handel angebotener, feiner Rindenmulch verrottet sehr langsam. Er gehört im Herbst in dünner Schicht, im Frühling im Gemisch mit Humus auf die Beete. Auch Beerensträucher und Hecken sind für eine im Herbst und Frühling aufgebrachte Rindenmulchschicht sehr dankbar.
- Wenn Sie einen großen Garten mit zahlreichen Bäumen und Sträuchern besitzen, fallen regelmäßig größere Mengen an Zweigen an. In solchen Fällen lohnt sich die Anschaffung eines Schredders, um Material für Mulch und Kompost herzustellen (Ausleihe ist oft möglich).

Häufiger anfallende Gartenarbeiten

Folgende Gartenarbeiten fallen je nach Witterung mehr oder weniger häufig an:

- Dass ein Zierrasen einmal wöchentlich gemäht werden sollte, dürfte jedem Garten-Neuling bereits im ersten Jahr klar werden.
- Genauso wichtig ist jedoch, vor allem im Frühling, das regelmäßige Jäten im Beet, damit sich die Unkräuter (siehe Seite 44/45) gar nicht erst etablieren können. Entfernen Sie das Unkraut möglichst schon vor der Blüte, damit es keine Chance zur weiteren Verbreitung über Samen hat. Je gründlicher Sie diese mühevolle Arbeit erledigen, desto weniger Aufwand bereitet später das sommerliche Jäten.
- Vergessen Sie das Gießen nicht. Mit der Gießkanne können Sie gezielt einzelne Pflanzen bewässern; vor allem bleiben die Blätter trocken, was die Gefahr von Blattpilzen merklich reduziert. Bei größeren Rasen- oder Beetflächen lohnt sich jedoch die Anschaffung eines Bewässerungssystems (Regner oder perforierter Schlauch). Damit reduziert sich der Zeitaufwand enorm: Regner aufstellen, Wasser anschließen, fertig. Die beste Zeit für den Wasserguss ist der frühe Morgen oder späte Abend – nie tagsüber oder gar bei Sonnenschein.
- Unkraut in den Plattenfugen von Wegen und Sitzplätzen wird spätestens dann zum Problem, wenn die Wurzeln die Platten anheben. Je früher Sie hier jätend eingreifen, desto weniger Aufwand entsteht.
- Justieren Sie ab und zu die Stützen der Stauden nach; Wind und Regen sind nicht zu unterschätzen.

Gießen und Düngen – leicht gemacht

Düngerformen

Volldünger (»Blaukorn«) enthalten alle notwendigen Hauptnährstoffe für die Pflanzen.

Einzeldünger mit bestimmten Nährstoffen (Mineralien) werden von Fachleuten bei spezifischer Mangelernährung empfohlen.

Spezialdünger sind Volldünger für bestimmte Zwecke (Rasen-, Strauchdünger usw.).

Organische Langzeitdünger wie Hornspäne oder Knochenmehl geben ihre Nährstoffe sehr langsam an den Boden ab.

Wasser und mineralische Nährstoffe des Bodens sind neben Kohlendioxid und Sonnenenergie die einzigen Rohstoffe, die eine Pflanze benötigt. Während sich in der Natur stets genau jene Pflanzengesellschaft einstellt, die mit dem jeweiligen »Angebot« zurechtkommt, wählen wir unsere Gartenpflanzen selbstverständlich unter ästhetischen Gesichtspunkten aus. Daraus folgt – ebenso selbstverständlich –, dass wir die fehlenden Rohstoffe nachliefern müssen.
Gießen und Düngen gehören daher zu den regelmäßig wiederkehrenden und wichtigen Aufgaben der Pflanzenpflege.
Um weder zu viel noch zu wenig zu düngen, vor allem jedoch, um den richtigen Zeitpunkt nicht zu verpassen, bietet sich ein Gartentagebuch oder ein eigener Gartenkalender an, in dem alle Termine eingetragen sind und abgehakt werden.

Hilfsmittel Nummer eins: die Gießkanne

Die gute alte Gießkanne ist noch immer ein unverzichtbares Hilfsmittel bei der Gartenarbeit. Man kann – ohne Tülle – mit hartem, direktem Strahl viel Wasser auf eine Baumscheibe gießen oder – mit feinster Tülle – sanft die zarten Pflänzchen eines Frühbeetes bewässern. Man kann die Gießkanne auch mit Flüssigdünger oder mit Pflanzenbrühe befüllen und gezielt eine Kopfdüngung im Staudenbeet vornehmen bzw. eine Gemüsereihe vorbeugend gegen Pilzbefall übergießen.

Große Flächen leicht bewässern

Wenn es gilt, größere Flächen zu bewässern, insbesondere den Rasen, entscheidet man sich am besten für einen Regner. Rechteck-Regner (Schwenkregner) bewässern eine etwa rechteckige Fläche, während die Kreis- oder Impulsregner je nach Einstellung Kreissegmente bis zum Vollkreis bewässern. In normalen Gärten ist man gewöhnlich mit Schwenkregnern bestens bedient, die man an einen Systemschlauch anschließen kann. Sie verteilen das Wasser besonders gleichmäßig und sanft.

Bewässern mit »System«

Im Zeitalter der Computer macht die Chip-Technologie auch vor dem Garten nicht halt. Eine vollautomatische, computergesteuerte Bewässerungsanlage hat Vor- und Nachteile: Vorteilhaft ist ihre Verlässlichkeit; Nachteile sind neben dem Preis die immer noch formalen Abläufe (trotz Regensensor müssen Gießzeit und Wassermenge vorprogrammiert werden).

Expertentipp

Kaufen Sie alle Teile Ihres Bewässerungssystems von derselben Firma, damit alles zusammenpasst.

Zwei in einem: Gießstäbe und Gießpistolen

Gießköpfe, die wie eine Pistole geformt sind oder einem langen Gießstab ansitzen, stellen einen interessanten Kompromiss zwischen Gartenschlauch und Gießkanne dar: Sie können zielgenau wie mit einer Gießkanne einzelne Pflanzen oder Kübel bewässern, brauchen aber andererseits nicht ständig die Kanne nachzufüllen. Besonders praktisch, allerdings etwas teurer, sind Gießstäbe, die zu einem Bewässerungssystem gehören oder die mit einer Düngepatrone versorgt werden können.

Auf die Menge kommt es an: richtig düngen

Bis auf größere Rasenflächen, die man mit einem Düngerwagen versorgt, werden die Beete per Hand mit Dünger versorgt. Zu viel Dünger ist genauso schädlich wie zu wenig Dünger, daher sollten Sie sich unbedingt an die Packungsangaben halten. Benutzen Sie Messbecher (z. B. Campingtassen aus Plastik, deren Inhalt Sie gemessen haben) oder eine alte Waage, um die korrekte Düngermenge zu bestimmen. Harken Sie alle Arten von Dünger stets vorsichtig in den Boden ein.

Ein schöner Rasen braucht Pflege

Ein gepflegt aussehender Rasen entsteht nur dann, wenn Sie ihm regelmäßig Zeit widmen: Er muss gemäht und gedüngt, sollte von wuchernden Unkräutern und Moos befreit und einmal im Jahr gründlich vertikutiert werden. Zur Rasenpflege gehören aber auch die Behandlung von Problemzonen und die Kontrolle und Bearbeitung von Rasenkanten. Das hört sich nach sehr viel Arbeitsaufwand an. Mit guter Planung lässt sich der allerdings durchaus reduzieren: Wurzelbarrieren oder feste Rasenkanten aus Steinen ersparen die Kantenpflege, ein gut dränierter Untergrund in Verbindung mit Belüftung senkt die Vermoosungsgefahr, und wenn sich Teile der Rasenfläche als »wilde Wiese« entfalten dürfen, nimmt auch die zu mähende Fläche ab.

 *Das benötigen Sie*

- Mäher mit verstellbarer Schnitthöhe und Fangkorb
- Rechen zum Entfernen des Rasenschnitts
- Rasentrimmer
- Kantenschneider
- Vertikutierer (ggf. ausleihen)
- Spaten oder Kantenstecher

 *Der richtige Zeitpunkt*

Mähen: 1–2-mal pro Woche (Faustregel)

Problemzonen behandeln: nach Bedarf

Kantenstechen: im Frühling (im Sommer bei Bedarf)

Vertikutieren: Mai–September

Mähen: wann, wie und wie oft?

Die Gräser einer Rasenfläche müssen regelmäßig gemäht werden, damit sie sich optimal entwickeln können. Zierrasen (18–20 mm Höhe im Frühling und Herbst bzw. bei extremer Trockenheit, 12 mm im Sommer) wird häufiger gemäht als ein regelmäßig betretener Gebrauchsrasen (30 mm Höhe im Frühling und Herbst bzw. bei extremer Trockenheit, 25 mm im Sommer). Mähen Sie zunächst einen Randstreifen frei und führen Sie den Mäher anschließend Bahn für Bahn leicht überlappend über die Rasenfläche.

Bei häufigem Mähen mit Fangkorb dürfen die wenigen Grasreste ruhig in der Fläche liegen bleiben. Wird seltener oder gar ohne Fangkorb gemäht, sollten Sie die Grasreste, die sicherlich in größeren Mengen vorhanden sind, besser abrechen.

Problemzonen mähen

Überall dort, wo der normale Rasenmäher versagt, liegt eine Problemzone vor: an Rasenkanten, die nicht mit dem Mäher überfahren werden können, entlang von gepflasterten Wegen, an Treppen oder vor Mauern, in Winkeln oder am Hang. Sind diese Zonen überschaubar, reicht eine Handschere aus, leichter geht es aber mit einem elektrischen Rasenkantenschneider mit Akku. Müssen regelmäßig größere und für den Rasenmäher unzugängliche Flächen gemäht werden, sollten Sie sich für einen sogenannten Rasentrimmer entscheiden.

 *Expertentipp*

Besonders bequem sind Rasenkantenschneider mit ansteckbarem, langem Handgriff.

Achten Sie auf saubere Kanten

Alle Kanten, die frei und ohne Barriere in ein Beet übergehen, sollten regelmäßig gepflegt werden. Neben dem ästhetischen Aspekt hat dies einen handfesten Hintergrund: Gräser breiten sich sehr wirkungsvoll in die Beetfläche aus und unterdrücken das Wachstum der Stauden. Durch Randsteine, über die man mit dem Mäher hinwegfahren kann, oder eine eingegrabene Wurzelbarriere aus Kunststoff bzw. Metall wird dieser Aufwand enorm reduziert. Andernfalls sollten Sie – möglichst im Frühling – mit einem scharfen Spaten die Rasenkanten glätten. Noch effektiver lässt sich diese Arbeit mit einem speziellen Kantenstecher ausführen.
Markieren Sie auf jeden Fall vor dem Abstechen die Grenzlinie mit einer Schnur bzw. bei gebogenen Kanten mit ausgestreutem Sand.

Auch Gras möchte atmen

Durch das Vertikutieren wird der Rasenfilz (abgestorbene Pflanzenteile, die zwischen Graswurzeln und -blättern liegen bleiben) zerschnitten: Das Wasser kann besser abfließen, der Boden wird stärker durchlüftet. Motorbetriebene Vertikutierer sind zwar recht teuer, werden aber von vielen Fachhändlern verliehen – sie sind auf großen Flächen durch nichts zu ersetzen! Hand-Vertikutierer arbeiten weniger effektiv und erfordern etwas Kraftaufwand.
Eine weitere Maßnahme zur Rasenbelüftung ist das Aerifizieren, bei dem der Boden über die Graswurzelschicht hinaus belüftet und der Wasserabzug verbessert wird. Das geht mit »Nagelbrettern«, die unter die Füße geschnallt werden, oder einer Grabegabel mit schmalen Zinken, die in kurzen Abständen in den Boden gestochen wird.

Letzte Rettung für den Rasen

Ob durch Pilzbefall, Vermoosung, Absenkung einer Fläche oder durch eine andere Ursache, selbst eine gepflegte Rasenfläche ist nicht gegen Schäden gefeit.
Kleinere schadhafte Stellen lassen sich mit Rasenplatten, die Sie an einer schlecht einsehbaren Stelle in Ihrem Garten abstechen oder ausgraben, leicht ausbessern. Stechen Sie die schadhafte Stelle großzügig aus und entfernen Sie die Überreste der Wurzeln. Füllen Sie mit Erde auf, drücken Sie diese fest an und setzen Sie die Rasenplatte ein. Jetzt gut angießen und die Fläche feucht halten. Sind die Schäden großflächiger, ist es besser, neu auszusäen. Dazu verwendet man allerdings nicht den üblichen Grassamen, sondern spezielle Mischungen für Nachsaaten (Regenerationsrasen).

Stauden brauchen einen Halt

Das benötigen Sie

- Bambusstäbe (Sortiment verschiedener Dicken)
- Gartenschnur oder Bindedraht
- Stecksysteme nach Wahl
- Einzelstäbe mit verschiebbaren Ringen

Diese Zeit brauchen Sie

1–2 Minuten pro Staude

Der richtige Zeitpunkt

etwa ab Kniehöhe (verschiebbare Ringe so früh wie möglich)

Einige unserer wertvollen Zuchtstauden sind nicht mehr standfest genug, um aus eigener Kraft aufrecht stehen zu bleiben – zumindest halten sie heftigen Winden oder Sommergewittern nicht stand. Hier sollten Sie mit stützenden Maßnahmen für einen festen Stand sorgen, um Enttäuschungen vorzubeugen.

Mit einem Stecksystem können Sie entweder Einzelpflanzen, die in breiten, wuchtigen Horsten wachsen (z. B. Goldrute) oder dicht stehende Gruppen gleichartiger Pflanzen (z. B. hohe Glockenblumen, Phlox) stützen. Einzelstützen bieten sich für schmale, aufrecht wachsende Pflanzen wie Gladiolen oder Sonnenblumen an.

Pflanzenstützen lassen sich in zwei Kategorien einteilen: Unauffällige Modelle versuchen, vollständig hinter die Pflanzen zurückzutreten, während Schmuckstützen einen eigenen dekorativen Zauber entfalten.

Mit »System« stützen

Das Prinzip der Stecksysteme basiert auf der Austauschbarkeit senkrechter Stützen und waagerechter Streben.

Je nach Anbieter werden die Streben über Ringe oder Haken an den Stützen befestigt. Für welches System Sie sich entscheiden, ist letztlich eine Frage des Angebots, des Geldbeutels und des persönlichen Geschmacks.

Achten Sie jedoch auf jeden Fall auf stabile Verarbeitung und prüfen Sie, ob die Befestigungen für die Streben in der Höhe verstellbar sind. In der Höhe verschiebbare Systeme bieten den Vorteil, dass sie recht früh eingesteckt werden und mit den Pflanzen »mitwachsen« können.

Wird die Form der Streben Ihren Anforderungen gerecht (gerade und gebogene, kurze und lange Streben)? Ordnen sich Farbe und Ausführung der Stützen den Pflanzen unter, oder erscheinen sie wie Fremdkörper?

Eine preiswerte Alternative bieten selbst gebaute Pflanzengitter aus senkrechten und waagerechten Bambusstäben: Stecken Sie um die zu stützenden Stauden etwa fingerdicke Bambusstäbe so in den Boden, dass Quadrate von etwa 50–60 cm Seitenlänge entstehen. Daran werden nun mit Bindedraht waagerechte, dünnere Bambusstäbe in unterschiedlichen Höhen angebunden. Die wachsenden Pflanzen schieben sich dann von unten durch das Gitter und finden damit sehr guten Halt. Vielleicht müssen Sie hin und wieder noch ordnend eingreifen.

Preiswert und äußerst hilfreich: Bambusstäbe

Nicht ohne Grund waren und sind Bambusstäbe die perfekten Hilfsmittel im Garten. Ein guter Gärtner sollte stets einen ausreichenden Vorrat davon griffbereit haben. Sie sind preiswert, man bekommt sie in allen möglichen Stärken, und sie lassen sich mit einer einfachen Säge auf alle gewünschten Längen bringen – zudem passen sie in ihrer Natürlichkeit gut zu den Pflanzen.
Alle schmalen und hohen Stauden (z. B. Königskerzen, Rittersporn) kann man gut mit Bambusstäben stützen. Binden Sie die Pflanze mit Gartenschnur oder einer lockeren Schlinge aus Bindedraht an den Stab.

Einzelstäbe mit verschiebbaren Ringen

Dieses System hat in vielen Gärten den klassischen Bambusstab ersetzt, weil es unbestreitbare Vorteile besitzt: Die Stäbe sind in verschiedenen Höhen erhältlich, die Befestigung für die einhängbaren Stützringe ist in der Höhe verschiebbar, sodass man sie der wachsenden Staude anpassen kann. Schließlich werden die frei austauschbaren Stützringe in mehreren Durchmessern angeboten, d. h., man kann sie jeder Pflanzensituation anpassen.

 *Expertentipp*

Sonderangebote laufen schnell aus! Legen Sie sich gleich einen Vorrat an, oft gibt es später kein Zubehör mehr.

Nicht nur Stütze, sondern auch Zierde

Der Handel bietet eine Vielzahl von Pflanzenstützen an, die zusätzlich als Zierelement dienen. Dabei reicht die Spanne von einfachen Säulen oder Pyramiden bis hin zu solchen Rosenstäben mit Kugelschmuck (Bild). Da die Wirkung eines Beetes vom Zusammenspiel seiner Bestandteile abhängt, ist es durchaus lohnend, etwas mehr für eine Pflanzenstütze auszugeben. Sie übernimmt die wichtige Aufgabe eines Blickpunktes und sorgt sogar im Winter noch für Spannung. Allerdings sollte sie in Stil und Größe der Bepflanzung angepasst sein.

Bäume und Sträucher richtig stützen

Das benötigen Sie

- Holzpfosten (Durchmesser mindestens 6–8 cm)
- schwerer Hammer
- alter Gartenschlauch, kräftiger Draht als Manschette
- Kokosschnur, Baumband oder -schlinge, starker Draht

Diese Zeit brauchen Sie

zwischen 10 Minuten (Einzelpfahl) und 30–40 Minuten (Dreieckstützen)

Der richtige Zeitpunkt

während der Pflanzung

Obwohl uns Sträucher und vor allen Bäume häufig als Inbegriff von Gesundheit und Stabilität erscheinen, sind sie in ihrer Jugend im Verhältnis zur Größe recht fragil. Das liegt daran, dass die Wurzeln frisch gepflanzter Gehölze noch längst nicht die Ausdehnung erreicht haben, um Stamm bzw. Stämme und Krone zu stützen. Bei starken Winden kann die Hebelwirkung des Gehölzes so groß werden, dass die feinen, jungen Wurzeln zerreißen – mangelnde Wasser- und Nährstoffversorgung wären die Folge. Daher brauchen alle Bäume und große Sträucher in der Zeit vom Einpflanzen bis zum kräftigen Anwachsen (etwa 1 Jahr) unbedingt eine kräftige Stütze. Wie diese aussieht, hängt ganz von der Größe und Wuchsform des Gehölzes ab. Kontrollieren Sie alle paar Wochen den Sitz der Halteseile und Schlaufen. Stützen und Verbindungen sollten intakt und straff sein; Schlingen dürfen keinesfalls das Dickenwachstum einengen.

Wann reicht ein einziger Pfahl als Stütze?

Kleine bis mittelgroße Bäume (Faustregel: Stammdicke etwa Kinderarmdicke, Höhe bis 2 m) kommen in der Regel mit einem einzigen Pfahl aus. Da er bereits bei der Pflanzung tief eingeschlagen wurde (siehe Seite 43), ist er stabil genug, um den Baum zu halten. Die Wurzeln wachsen einfach um ihn herum und nehmen auch keinen Schaden, wenn er später entfernt wird.

Dreieckstütze für größere Bäume

Größere oder starken Winden ausgesetzte Bäume sollten mit drei stabilen Pfählen gestützt werden, die man im selben Abstand zum Baumstamm einschlägt. Am einfachsten geht das mit einem Schnurzirkel:
Wickeln Sie eine lockere Schlinge um den Baumstamm und ziehen Sie damit im Abstand von 40–60 cm einen Kreis um den Stamm. Dritteln Sie die Kreisfläche und schlagen Sie dann jeweils einen Pfahl ein. Legen Sie dann eine Manschette (z. B. kräftiger, durch einen Gartenschlauch gezogener Draht) um den Stamm, und spannen Sie von dort Drähte oder Stricke zu den Pfosten.

Koniferen brauchen eine etwas andere Stütze

Ein in Stammnähe eingeschlagener Stützpfahl würde die eng stehenden Zweige und den Ballen eines Nadelbaumes beschädigen und seine weitere Entwicklung behindern. Daher verwendet man bei Koniferen eine schräge Stütze. Sie wird so angeordnet, dass der Winddruck durch die Schräge aufgefangen wird, d. h., die Spitze des Pfostens weist in die Hauptwindrichtung. Schlagen Sie den Pfosten in einem Winkel von etwa 45° in den Boden; er sollte nahe am Stamm vorbeiführen. Befestigen Sie den Baumstamm locker mit einem Baumband oder Kokosstrick.

Weniger auffällig: Spannschnüre

Wem die Dreieckstützen aus Pfählen zu auffällig erscheinen, kann sich auch für Spannschnüre entscheiden. Verwenden Sie wieder den Schnurzirkel, und ziehen Sie im Abstand von 60–100 cm einen Kreis um den Baumstamm. Schlagen Sie auf dem Kreis in Dreiecksanordnung drei kurze, schräge Pflöcke in den Boden. An einer Gummimanschette um den Baumstamm werden starke Doppeldrähte befestigt und mit den Pflöcken verbunden. Spannen Sie die Drähte gleichmäßig mit einem Holzknebel (statt Drähten lassen sich auch Seile verwenden).

Die richtige Baumschlinge

Die Verbindung zwischen Stütze und Baumstamm muss stabil sein, darf aber den Baum nicht einschnüren. Baumschlingen aus Kunststoff werden mit einer Schlaufe erweitert oder verengt. Das sogenannte Baumband ist ein breites Gewebeband, das mehrfach um den Stamm gelegt und dann in einer Acht bis zum Stützpfahl geführt und angebunden wird (dieselbe Technik wendet man mit einem Kokosstrick an). Bei allen übrigen Materialien empfiehlt es sich, zunächst eine schützende Manschette um den Stamm zu legen.

Rosen wollen gut gepflegt sein

Es wäre vermessen zu behaupten, dass man Rosen mit minimalem Aufwand pflegen kann, daher sollten Sie sich vor dem Kauf unbedingt von einem Fachmann beraten lassen. Mit der Entscheidung für eine sogenannte geprüfte ADR-Rose darf man zumindest sicher sein, eine relativ robuste und krankheitsresistente Sorte zu erwerben.
Die Rosenpflege beginnt mit dem Düngen im Frühling, geht weiter mit dem Schnitt und Auslichten, setzt sich über das Entfernen von Verblühtem und die Behandlung von Krankheiten bis zum Aufhäufeln von Mulch im Spätherbst fort. Andererseits entschädigen uns die Rosen mit herrlichen Blüten und (meist) mit wundervollem Duft – Rosen können zur Passion werden!

Das benötigen Sie

- Astschere (ausschließlich für Rosen)
- Rosenvolldünger
- Kaliumdünger
- Mulch

Der richtige Zeitpunkt

Schnitt: im Vorfrühling

Düngen: im Frühling, Sommer und Herbst

Allgemeine Regeln zum Rosenschnitt

Rosen schneiden ist nicht ganz einfach. Sie sollten daher, wo immer das möglich ist, an einem praktischen Seminar zum Rosenschnitt teilnehmen oder sich zumindest einiges von einem erfahrenen Bekannten zeigen lassen.
Obwohl es je nach Rosengruppe Unterschiede beim Schnitt gibt, kann man zumindest einige allgemeine Regeln aufstellen:

- Verwenden Sie immer nur scharfe und saubere Astscheren.
- Führen Sie die Schnitte maximal 1 cm über einem Auge (im Winkel der Blattstiele) leicht schräg vom Auge weg, ohne es zu schädigen.
- Wenn sich keine Hagebutten bilden sollen, schneidet man Verblühtes bis zum nächsten, voll ausgebildeten Blatt zurück (schräg schneiden).
- Im Frühling müssen dann erfrorene Zweige vollständig bis ins lebende Holz abgeschnitten werden.
- Bei Strauchrosen kommt es vor allem darauf an, eine lockere Wuchsform aus einigen Haupttrieben zu erreichen, von denen die blütentragenden Seitenzweige austreiben. Schneiden Sie die jeweils sehr alten Triebe vorsichtig tief unten ab. Bei öfter blühenden Sorten werden außerdem die Haupttriebe etwas, die Seitentriebe stärker zurückgeschnitten. Wenn Sie fertig sind, sollte Ihre Rose keine quer wachsenden Triebe mehr haben und die übrigen Triebe fächerartig locker auseinanderstreben.
- Beetrosen werden im Frühling stärker zurückgeschnitten: Kräftige Triebe sollten noch 4–6 Augen, dünnere Triebe noch 3–4 Augen haben.

Wann und wie düngen?

Wenn Rosen in einem humus- und nährstoffreichen Boden wachsen, brauchen Sie nur 2–3-mal im Jahr zu düngen: Im Frühling (März/ April) sollten Sie einen Volldünger in den Boden einarbeiten. Sie können einen mineralischen oder organischen Dünger verwenden, er muss nur chloridfrei sein. Denselben Dünger, allerdings in geringerer Menge, gibt man kurz vor (organische Produkte) oder zum Ende (mineralische Produkte) der Hauptblütezeit. Bekommen die Rosen im September noch einen Kaliumdünger, reift das Holz besser aus und wird frosthärter.

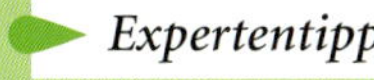
Expertentipp

Spezielle Rosendünger enthalten bereits alle Nährstoffe in der richtigen Zusammensetzung.

Was tun mit Wildtrieben?

Die meisten Rosen sind keine Wildarten mehr, sondern werden von den Zuchtbetrieben »veredelt«. Dabei pfropft man ein sogenanntes Edelreis (es bildet die erwünschten Blüten aus) auf den Wurzelstock einer robusten Wildart. Diese Veredelungsstelle erkennen Sie beim Einpflanzen als leichte Schwellung im unteren Bereich des Rosenstocks. Vielfach treiben aus der Unterlage unterhalb der Veredelungsstelle Wurzelschösslinge (»Wildtriebe«) aus. Diese sind meist deutlich wüchsiger als die aufgepfropfte Sorte, verbrauchen entsprechend viele Nährstoffe und sollten daher rasch entfernt werden. Schaben Sie dazu vorsichtig die Erde um den Wildtrieb weg und schneiden Sie ihn möglichst tief ab.

Der richtige Winterschutz

Viele unserer Gartenrosen sind frostgefährdet und sollten daher im Spätherbst einen – je nach Lage – mehr oder weniger starken Winterschutz bekommen.
Der einfachste Weg ist das Mulchen: Rosenbeete profitieren ohnehin von einer leichten Mulchabdeckung, daher braucht man diese im Spätherbst nur etwas zu »verdicken«: Häufeln Sie Mulch etwa 15–20 cm hoch über den unteren Bereich des Rosenstrauchs, um die Veredelungsstelle und Wurzel vor Frost zu schützen. Mehr Schutz bieten Stroh und eine locker darübergelegte Abdeckung aus Fichtenreisig.
Im Frühling, wenn sich die Erde wieder erwärmt, wird der Mulch beiseitegeschoben und gleichmäßig über dem Beet verteilt.

Kletterpflanzen stützen und befestigen

Kletterpflanzen sind ein unverzichtbarer Bestandteil des Gartens. Sie bringen Grün und Blüten in die dritte Dimension, dienen als Blickfänge und als Sichtschutz – und nehmen dennoch kaum Platz weg, da ihnen die Stämme und weit ausgebreiteten Zweige von Bäumen und Sträuchern fehlen. Daher sind Kletterpflanzen in kleineren Gärten ein vollgültiger Ersatz für einen Zierbaum oder einen großen Strauch. Die »Unterstützung«, die Kletterpflanzen zum Emporwachsen brauchen, sollte man nicht als Nachteil ansehen, sondern – ganz im Gegenteil – als gestalterisches Element in die Gartenplanung einbeziehen.

Jeder »klettert« anders

Spreizklimmer (Rosen, Winterjasmin) verhaken sich mit Stacheln oder anderen Organen. Sie benötigen waagerechte Drähte oder Stangen als Kletterhilfe.

Wurzelkletterer (Efeu, Kletterhortensie) haften sich mit Saugwurzeln direkt an der Unterlage fest.

Schlingpflanzen (Knöterich, Glyzine) umwinden senkrechte und waagerechte, stabile Stützen.

Blattstielranker (Waldrebe) halten sich mit Ranken an ihrer Unterlage fest. Sie brauchen ein gitterartiges Spalier aus dünnen Stäben.

Sprossranker (Wein, Wilder Wein) haben zu Ranken umgewandelte Seitentriebe. Sie bevorzugen senkrechte Kletterhilfen.

Das frei stehende Zierspalier – eine blühende Unterteilung

Gartencenter oder Baumärkte bieten die unterschiedlichsten Formen von frei stehenden Zierspalieren an. Manche werden sogar mit integriertem Pflanzkübel angeboten. Selbstverständlich kann sich ein geschickter Heimwerker ein frei stehendes Zierspalier auch in Eigenarbeit herstellen.

Bei der Bepflanzung müssen Sie nicht zwangsläufig nach einer der gängigen mehrjährigen Kletterpflanzen (Rosen, Waldrebe, Geißblatt) suchen. Im Samenregal finden Sie auch viele kletternde Einjährige (hier eine Schwarzäugige Susanne an einfachen Spanndrähten). Diese Pflanzen sind zum einen preiswerter, zum andern können Sie sich Jahr für Jahr an einem neuen Blütenschmuck erfreuen.

Rankgerüste – grüne und blühende Sichtschutzwände

Rankgerüste benutzt man meist als Sichtschutzwand. Im Unterschied zu den Zierspalieren tritt bei ihnen die Form hinter der Funktion zurück, da die Gerüste früher oder später vollständig von den Kletterpflanzen verdeckt werden. Bei dieser Prunkwinde, die sich am Bambusgerüst emporwindet, wird dies allerdings noch etwas dauern.

- Holzspaliere brauchen einen Schutzanstrich oder eine Imprägnierung, damit sie auch bei Regenwetter nicht verfaulen.
- Metallspaliere sollten verzinkt oder mit einem unauffällig gefärbten Kunststoffmantel versehen sein, der sie vor dem Durchrosten schützt.
- Spaliere aus Kunststoff müssen stabil genug ausgeführt sein, um das oftmals nicht unerhebliche Gewicht der Kletterpflanze zu tragen.

Der frei stehende Kletterbogen – ein schöner Blickfang

Von Pflanzen überwucherte Bögen sind seit Jahrhunderten geschätzte Gestaltungselemente im Garten. Ihr Stil reicht von rustikal bis zierlich-edel, ihr Bewuchs kann so üppig werden, dass er die Stütze beinahe zu erdrücken scheint, oder die Streben so vorsichtig umhüllen, dass sie markant in Erscheinung treten.
Ein Einzelbogen bildet einen starken Blickpunkt und sollte durch entsprechenden Pflanzenbewuchs (Kletterrose) betont werden. Zwei hintereinander stehende Bögen oder ein ganzer Bogengang bilden dagegen eine Achse – sie lenken den Blick entweder in die Ferne (Aussicht in die Landschaft) oder auf einen Blickpunkt im Garten.

Das Mauerspalier – Schutz für die Fassade

Mauerspaliere treten völlig hinter den Pflanzen (hier eine Clematis) zurück, die sie unterstützen. Kleinere Spaliere von einigen Quadratmetern Größe können Sie auch selbst bauen: Zur Befestigung des Spaliers müssen Sie zunächst stabile Dübel in die Mauer setzen, in die Sie dann rostfreie Metallschrauben oder Schraubhaken mit Abstandhaltern (Holzklötzchen oder Metallhülsen) einschrauben. Das Spalier sollte 6–10 cm Abstand von der Mauer haben. Als Faustregel für die Schraubdichte gilt etwa 40/50 x 40/50 cm.

Expertentipp

Hängen Sie kleinere Spaliere an Wandhaken auf, so können Sie die Wand kontrollieren und bei Bedarf sogar streichen.

Kleine Klettergerüste für die dritte Dimension

Klettergerüste im Beet oder auf einer Terrasse bieten die wundervolle Möglichkeit, Blüten in die dritte Dimension zu erheben und damit zauberhafte Blickpunkte von ganz eigenem Reiz zu schaffen.
Ob Sie dafür einen einfachen Stangen-Wigwam aus Bambusrohren selbst basteln oder eine Wicke an einem kunstvollen Ziergerüst emporranken lassen (siehe Bild), ist nur eine Frage des Stils. In einem locker gestalteten Bauerngarten oder Cottage-Garden sehen sogar Bohnenstangen mit kletternden Feuerbohnen hübsch aus. Voraussetzung für ein gelungenes, freies Klettergerüst ist natürlich, dass die Stütze das Gewicht der Pflanze tragen kann (großzügig dimensionieren).

So können Sie mehr Blütenpracht fördern

 *Das benötigen Sie*

- feine Schere zum Entspitzen
- Gartenschere
- Handschuhe
- mineralischer Volldünger
- Gießkanne

 *Der richtige Zeitpunkt*

Sommerblumen, Stauden: täglich Verblühtes entfernen

Rosen, Schmetterlingsstrauch: nach Bedarf verwelkte Blüten und Blütenstände abschneiden

Rhododendren: ständig verwelkte Blütenstände abdrehen

Ob und wie viele Blüten eine Pflanze ausbildet, ist einerseits von der genetischen Disposition und der Versorgung mit Nährstoffen, andererseits aber auch von bestimmten Pflegemaßnahmen abhängig. Dabei sind einfache Maßnahmen häufig besonders effektiv. Wer seinen Garten während der Hauptblütezeit regelmäßig betrachtet und kontrolliert, kann die Dauer der Blühperiode durch kleine Handgriffe beträchtlich ausdehnen.

Die wichtigste Voraussetzung für ein blütenreiches Beet sind jedoch kräftige, gesunde Pflanzen. Da viele Stauden nur eine begrenzte Lebensdauer haben, sollten sie regelmäßig geteilt und ab und zu ein neues Exemplar eingepflanzt werden – so ist eine reiche Blüte beinahe garantiert.

So kommen Sie zu buschigen und blütenreichen Pflanzen

Pflanzen wachsen mit einem oder mehreren Haupttrieben (Leittriebe) in die Höhe. Fällt der Leittrieb aus – z. B. durch Verletzung oder Tierfraß –, gäbe es weder Blüten noch Samen. Also bildet die Pflanze Seitentriebe, die die Blütenbildung übernehmen – dieses Phänomen können Sie nutzen:
Wenn Sie den Leittrieb einer Jungpflanze mit einer feinen Schere oder mit dem Daumennagel entfernen, geschieht das Gleiche: Nelken, Pelargonien und viele andere Sommerblumen wachsen durch das Entspitzen buschiger und setzen dadurch auch mehr Blüten an.

Schneiden Sie Verblühtes regelmäßig ab

In vielen Fällen, insbesondere bei Prachtstauden wie Rittersporn, Glockenblumen und zahlreichen Einjährigen, laufen ähnliche Prozesse ab, wenn die welkende Blüte entfernt wird, noch ehe die Samenbildung einsetzt. Gewissermaßen als Sicherungsmaßnahme bilden solche Pflanzen einen zweiten Flor – bei manchen Einjährigen binnen einiger Wochen. Um den richtigen Zeitpunkt nicht zu verpassen, sollten Sie jeden Abend mit einer Blumenschere in der Hand durch den Garten streifen und Verblühtes sofort entfernen.

So können Sie die Gehölzblüte fördern

Bei einigen blühenden Gehölzen, z. B. dem Schmetterlingsstrauch (*Buddleja*) oder den Rosen, ist es möglich, eine zweite Blüte anzuregen, da bei diesen Blütengehölzen die Knospen für die zweite Blütengeneration bereits in den Blattachseln angelegt sind. Schneiden Sie daher die Blütenstände, sobald sie zu welken beginnen, bis zum nächsten Laubblatt zurück.

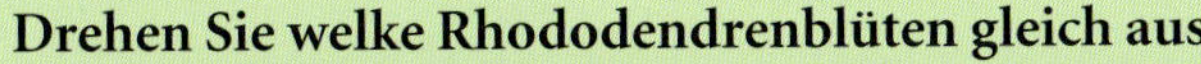

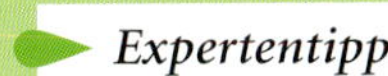

Expertentipp

Fragen Sie schon beim Kauf Ihrer Gehölze nach dem Blühverhalten der entsprechenden Art bzw. Sorte.

Drehen Sie welke Rhododendrenblüten gleich aus

Rhododendren und Azaleen bilden zwar keine Nachblüte aus, unterhalb jedes Blütenstandes entstehen aber zahlreiche neue Seitentriebe, die sich besser entwickeln, wenn die welken Blüten möglichst unmittelbar nach dem Verblühen entfernt werden.
Drehen Sie dazu den gesamten verblühten Blütenstand mit einer knickenden Bewegung ab (Handschuhe tragen!). Auf diese Weise behält der Strauch seine regelmäßig kuppelförmige Wuchsform und treibt auch im Folgejahr zahlreiche neue Blütenstände aus.

Düngen Sie nochmals in der Hauptblütezeit

Bei der sogenannten »Kopfdüngung« handelt es sich nicht etwa um einen Düngerguss »über den Kopf« der Pflanze, sondern es geht darum, ihr zur Zeit der Hauptblüte nochmals einen Schub frischer Nährstoffe zuzuführen. Im Unterschied zur Grunddüngung im Frühling, die möglichst mit organischem Langzeitdünger durchgeführt wird, benutzt man zur Kopfdüngung mineralische Dünger, die in Wasser gelöst und mit einer Gießkanne direkt um den Stängel herum ausgebracht werden.

Bäume und Sträucher richtig schneiden

Obwohl für die einzelnen Gehölzgruppen unterschiedliche Schnittregeln gelten, ist das Ziel immer gleich: Das Gehölz sollte sich in seiner natürlichen Größe und Wuchsform entwickeln dürfen und möglichst üppig blühen und fruchten.
Erkundigen Sie sich beim Kauf eines Gehölzes nach Folgendem:

- *Werden Blüten am Holz des letzten Jahres gebildet? Nicht dass Sie beim Schnitt die Blütenknospen entfernen.*
- *Verjüngt sich ein Strauch von der Basis her? Wenn ja, dürfen Sie auch kräftige Triebe abschneiden.*
- *Verträgt das Gehölz scharfen Rückschnitt, oder sollten nur erfrorene und störende Triebe entfernt werden?*

Das benötigen Sie

- Baumsäge, Gartenmesser, Astschere mit langen Griffen, Amboss-Schere, zweischneidige Schere, Heckenschere
- Wundverschlussmittel

Diese Zeit brauchen Sie

Ast absägen: ca. 30 Minuten
Strauch beschneiden: je nach Größe bis 1 Stunde
Hecke schneiden: ca. 20 Minuten je Heckenmeter

Der richtige Zeitpunkt

Spätherbst bis Vorfrühling an einem frostfreien Tag
Laubholzhecken: Herbst oder Frühling, Sommer
Immergrüne Hecken: Spätherbst bis Vorfrühling (Thuja und Fichte)

So sägen Sie einen Baumast ab

Wenn Äste von Bäumen abgesägt werden müssen, besteht immer eine hohe Verletzungsgefahr – für Gärtner und Baum. Gehen Sie vorsichtig und sorgfältig an die Arbeit.
Es kommt vorrangig darauf an, den Ast zu entfernen, ohne einen breiten Rindenstreifen aus dem Stamm zu reißen. In der Peripherie befinden sich nämlich jene Gewebe, die für das Dickenwachstum und die Bildung von Seitenzweigen verantwortlich sind.
Führen Sie den Schnitt von unten nach oben. Dünne Äste werden in einem Zug abgesägt, dickere zunächst bis zur Mitte. Ein zweiter Schnitt, weiter außen und von oben angesetzt, führt schließlich dazu, dass der Ast abbricht (zur Not vorsichtig nachhelfen). Zum Schluss wird der Aststummel dann direkt am Stamm abgesägt.

Versorgen Sie die Schnittfläche

Nach dem Schnitt sollten Sie die Wundränder und Schnittflächen mit einem scharfen Gartenmesser glätten und alle Splitter und Erhebungen bis auf die Rinde zurückschneiden. Durch unsaubere Wundränder oder offene Schnittflächen können Krankheitskeime oder Wasser (Fäulnisgefahr) eindringen.
Der Fachhandel bietet fertige Wundverschlüsse an, die aus der Tube direkt (kleinere Wunden, leicht zu handhaben) oder mit einem Pinsel aus einem Eimer aufgestrichen werden (lohnend für große Schnittflächen oder nach umfangreichen Schnittmaßnahmen). Achten Sie darauf, dass die Verschlussmasse auch die Randbereiche der Wunde lückenlos abdeckt.
Ein sauberer, glatter und dichter Wundverschluss ist die beste Lebensversicherung für Ihr Gehölz.

Dicke Äste schneiden

Eine normale Gartenschere stößt immer dann an ihre Grenzen, wenn die Äste zu dick werden: Sie werden dann nicht mehr sauber durchtrennt, sondern »abgequetscht«. Wer viele oder große Sträucher besitzt, sollte daher früher oder später in eine Astschere mit langen Hebelarmen investieren. Amboss-Scheren haben nur eine Schneide, die auf einen festen »Amboss« drückt. Sie schneiden dickere Zweige besonders gerade. Bei zweischneidigen Scheren bewegen sich die beiden Schneiden aneinander vorbei. Sie eignen sich vor allem in engen Winkeln zwischen Zweigen und Stamm. Zerfaserte Wundränder sind ein Zeichen für stumpfe Scheren. Schneiden Sie die Verletzungen mit dem Gartenmesser glatt und decken Sie sie mit Wundverschluss ab.

Dünnere Zweige schneiden

Zum Schneiden von dünnen Trieben und Zweigen sollten Sie auf jeden Fall eine gute, scharfe Gartenschere verwenden. Einfache Haushaltsscheren sind dafür nicht geeignet. Mit einem Amboss-Modell und einer zweischneidigen Schere mit gebogenen Schneiden für Astwinkel lassen sich alle Arbeiten erledigen. Halten Sie Ihre Scheren scharf und sauber (Harze oder Pflanzensäfte verkleben gelegentlich die Schneiden) und bewahren Sie die Werkzeuge – sicher vor Kinderhand – an einem trockenen Ort auf.

Expertentipp

Gelegentlich ein Tropfen Öl auf die beweglichen Teile Ihrer Scheren wirkt Wunder!

Der richtige Heckenschnitt

Bevor Sie mit dem Heckenschneiden beginnen, sollten Sie zunächst eine Richtschnur spannen – nur so erreichen Sie gerade Kanten und Flächen. Ob Sie die Hecke mit einer Hand- oder Motorschere schneiden, ist eine Frage der Heckengröße und Ihrer Kondition. Handscheren eignen sich auf jeden Fall zum Nachbessern und Glätten von Problemstellen (ganz unten, Oberkante, Seiten). Netzabhängige elektrische Scheren brauchen ein ausreichend langes Kabel (Gürtelschlaufe, -halterung verhindern, dass Sie versehentlich ins Kabel schneiden). Geräte mit Akkus machen Sie zwar unabhängig vom Netz, halten aber oft nicht besonders lange vor.

Pflanzen vermehren – leicht gemacht

Seine eigenen Pflanzen zu vermehren, ist eine unbeschreibliche Erfahrung. Da die erforderlichen Techniken nicht besonders schwer zu erlernen sind, kann man auch als Garten-Neuling relativ schnell und problemlos Beete mit den »Nachkommen« der eigenen Pflanzen füllen – was nebenbei auch die Kosten merklich senkt. Stauden behalten durch Teilung ihre Wüchsigkeit und Blühfreudigkeit, Stecklinge von Zier- und Nutzpflanzen (auch von Gehölzen) wachsen zu neuen Pflanzen heran, und mit dem Samen von Sommerblumen holen Sie sich Jahr für Jahr neue Blütenpracht ins Beet.

Das benötigen Sie

- Gartenmesser
- Grabegabeln
- Gartenschere für Stecklinge
- Anzuchterde, Blumentöpfe

Diese Zeit brauchen Sie

Wurzel teilen: mit Ausgraben 15 Minuten

Kopfstecklinge: 5 Minuten

Steckhölzer: 5 Minuten

Der richtige Zeitpunkt

Wurzel teilen: Spätsommer bis Frühling

Kopfstecklinge: Spätfrühling bis Sommer

Steckhölzer: Spätherbst

Zur Vermehrung und Verjüngung: Wurzeln teilen

Stauden werden nicht nur zur Vermehrung, sondern auch zur Verjüngung geteilt. Überalterte Stauden erkennen Sie daran, dass sie nicht mehr so üppig treiben und blühen oder sogar in der Mitte verkahlen – spätestens jetzt wird es Zeit, die Pflanze zu teilen.

Graben Sie die Staude mit einer Grabegabel aus der Erde (Spätsommer bis Frühling, an frostfreien Tagen) und brechen Sie äußere Teile mit deutlich sichtbaren Sprossansätzen heraus. Nur sie werden wieder eingepflanzt. Den verholzten Mittelteil des Wurzelwerks können Sie etwas zerkleinern und auf den Kompost werfen.

Reicht die Kraft Ihrer Hände nicht aus, benutzen Sie ein Gartenmesser oder zwei Grabegabeln.

Einfach und schnell: Vermehrung durch Kopfstecklinge

Diese Vermehrungsart funktioniert bei fast allen Stauden, aber auch vielen Gehölzen.

Suchen Sie ab Spätfrühling bis Sommer einen frischen End- oder Seitentrieb aus. Er sollte bereits 3–4 Etagen gesunder Blätter haben. Schneiden Sie ihn kurz unter einem Blattknoten mit Messer oder Schere ab, und entfernen Sie die untersten Blätter vorsichtig mit der Hand. Untersuchen Sie den Schnitt: Er sollte glatt und nicht gequetscht aussehen (hier entstehen leicht Fäulnisstellen).

Der Kopfsteckling wird entweder direkt in die Erde gesteckt oder kommt zunächst bis zur Bewurzelung in Wasser (siehe rechts). Stecklinge in Erde werden reichlich gegossen und gegen Austrocknung mit einer Folienhaube geschützt.

Gehölze vermehren: die alte Technik der Steckhölzer

Steckhölzer werden im Spätherbst, zur Vegetationsruhe, geschnitten. Wählen Sie Sprossstücke der vergangenen Jahre aus. Sie liegen unterhalb der weicheren Spitzen, sollten verholzt (braune Farbe, lassen sich nicht mehr leicht durchbiegen) und gerade sein und mehrere Augen (Seitenknospen) besitzen.
Führen Sie den oberen Schnitt gerade und etwa fingerbreit über einem Auge, den unteren Schnitt schräg unter einem Auge (markiert das untere Ende des Steckholzes).
Bis zum Frühling werden die Steckhölzer kühl und bis zur Hälfte in Sand (schräge Seite nach unten) gelagert. Dann steckt man sie in Anzuchterde, sodass nur die obersten Knospen herausschauen. Gut gießen und zum Erhalt der Luftfeuchtigkeit mit Folienhaube bedecken.

Leicht zu erkennen: Bewurzelung in Wasser

Sie können sowohl Kopfstecklinge als auch Steckhölzer bis zur Bewurzelung in Wasser stellen.
Achten Sie darauf, dass das Wasser nicht faulig wird, und ersetzen Sie es regelmäßig. Sobald die ersten guten Wurzeln sichtbar sind, können Sie den Steckling in einen Topf pflanzen. Zum Schutz gegen Austrocknung sollten Sie vor allem direkt nach dem Umpflanzen gut gießen und das Pflänzchen mit einer Folienhaube abdecken.

Expertentipp

Der Fachhandel bietet »Bewurzelungsmittel« an, die für gute und verstärkte Wurzelbildung sorgen.

Eine preiswerte Methode: Samen sammeln

Viele Einjährige, aber auch Stauden lassen sich leicht über Samen vermehren. Aus Kreuzungen entstandene Blumen (auf den Samentütchen als »F_1«-Samen gekennzeichnet) keimen allerdings gar nicht oder zu sehr unterschiedlich aussehenden »Töchtern« aus. Bei allen übrigen Pflanzen lohnt sich auf jeden Fall ein Versuch.
Ernten Sie nur reife Samen (häufig dunkel, immer trocken und hart). Bei besonders kleinen Samen sollten Sie am besten eine Papiertüte über den Fruchtstand stülpen. Biegen Sie ihn dann vorsichtig um (Abschneiden ist auch möglich) und klopfen Sie die Samen in die Tüte. Samen bis zur Aussaat trocken und kühl lagern. Beschriften nicht vergessen!

So beugen Sie Krankheiten vor

Das benötigen Sie

- Blumentöpfe für Ohrwürmer
- Nistkästen
- Pheromonfallen
- Gelbfallen
- Pflanzenstärkungsmittel
- Gesteinsmehl

Der richtige Zeitpunkt

Fallen: zur Paarungszeit der Insekten (Packungsangaben)

Pflanzenstärkung: ab dem ersten Blattaustrieb

Gesteinsmehl: nach dem Blattaustrieb

Ein absolut sicheres Mittel gegen Schädlinge und Krankheiten gibt es nicht! Allerdings lässt sich ein Garten so einrichten und pflegen, dass die Zahl der potenziellen Schadfälle so klein wie möglich und ihre Auswirkungen so gering wie möglich bleiben. Gesunder Boden, gut ernährte, aber nicht überdüngte und optimal gepflegte Pflanzen halten die meisten Schädlinge und Krankheiten zumindest im Rahmen. Damit schonen Sie nicht nur die Umwelt in Ihrem Garten, sondern tun sogar noch etwas für Ihren Geldbeutel, denn Spritzmittel sind teuer! Befolgen Sie bei allen scheinbar drohenden Gefahren die wichtigste Grundregel: Keine Panik! Halten Sie die Augen nach auffallenden Veränderungen offen und reagieren Sie erst dann. »Vorbeugende« Spitzmaßnahmen mit chemischen Mitteln sind nur in den seltensten Fällen notwendig (z. B. Mehltau bei Rosen).

Bunte Vielfalt, ein natürlicher Schutz

Jede Art von Monokultur ist anfälliger gegenüber Schädlingen als eine bunte Mischung verschiedenster Pflanzenarten und Pflanzenformen. In solchen Mischkulturen – nicht nur bei Nutzpflanzen – unterstützen sich die Pflanzen gegenseitig. Viele Pflanzen können sogar gezielt gegen Schädlinge eingesetzt und angepflanzt werden:
Knoblauch gegen Mäuse und Wühlmäuse, Studentenblumen gegen Wurzelälchen, Lavendel gegen Ameisen, Kapuzinerkresse gegen Blattläuse und Möhren gegen die Zwiebelfliege.

Schützen Sie die Nützlinge im Garten

Biogärtner schwärmen nicht zuletzt deswegen von bunter Vielfalt, weil dadurch die Nützlinge gefördert werden. Als Nützlinge gelten all jene Tiere, die sich über schädliche, also Pflanzen schädigende Tiere hermachen. Im kleinen, konventionellen Garten ist es vor allem eine Frage der Geduld, ob die Nützlinge die Oberhand gewinnen. Für Einsteiger empfiehlt sich daher das Prinzip des »so wenig wie möglich«: Verzichten Sie weitestgehend auf chemische Spritzmittel, und freuen Sie sich über jeden Marienkäfer oder Ohrwurm, über Schlupfwespen und Florfliegen.

Fördern Sie die Nützlinge im Garten

Statt einfach nur abzuwarten, können Sie aber auch aktiv in die Ansiedlung und Vermehrung von Nützlingen »investieren«, hier nur eine kleine Auswahl:
Hängen Sie für Ohrwürmer umgekehrte, mit Stroh gefüllte Blumentöpfe in die Bäume, richten Sie Igeln ein Winterquartier und Vögeln die geeigneten Nistmöglichkeiten ein. Gönnen Sie Käfern und Schlupfwespen eine wilde, »ungepflegte« Ecke mit alten Zweigen, Laub und Wildkräutern, und räuberische Spinnen finden Ritzen und Spalten in Natursteinmauern.

Äußerst wirksam: Pheromonfallen und Gelbtafeln

Besitzer von Obstgehölzen haben häufig unter Schädlingen zu leiden, denen man scheinbar nur durch Spritzmittel Herr wird. Wenn man jedoch rechtzeitig die Zahl der befruchtungsfähigen Tiere reduziert, nimmt auch die Menge der obstfressenden Larven ab.
Der Fachhandel bietet zu diesem Zweck Pheromonfallen (sie locken mit ihrem Duft paarungsbereite Falter-Männchen an) und sogenannte Gelbfallen an (sie wirken durch die gelbe Farbe, die viele Insekten anzieht). In beiden Fällen bleiben die Tiere auf Leimstreifen kleben.

Stärkung bedeutet Schutz

Selbstverständlich ist es auch möglich, die Pflanzen mithilfe von »Pflanzenstärkungsmitteln« (in vielen Gartencentern erhältlich) besser gegen Angriffe zu wappnen. Man sprüht sie einfach über die Pflanzen oder mischt sie dem Gießwasser bei. Eine recht effektive Methode ist das Stäuben mit Gesteinsmehl, das eigentlich der Bodenverbesserung dient: Die feinen Teilchen setzen sich in den Mundwerkzeugen und Atemöffnungen der Insekten fest und hindern die Tiere am Fressen.

Schädlinge gezielt bekämpfen

Auch die beste Vorbeugung kann nicht verhindern, dass es gelegentlich zu einem Schädlingsbefall kommt, über den man nicht mehr mit Geduld hinwegsehen kann. In solchen Fällen sollten Sie zunächst den Weg zum Fachhandel suchen und sich dort von einem kompetenten Mitarbeiter über Möglichkeiten und Risiken der angebotenen Bekämpfungsmittel aufklären lassen. In vielen Fällen kann man Schädlinge aber auch bekämpfen, ohne gleich zur »chemischen Keule« zu greifen. Eine Reihe von Präparaten, speziell für den Biogarten, wird aus pflanzlichen Rohstoffen hergestellt. Betrachten Sie chemische Spritzmittel immer nur als die letzte Lösung und wenden Sie sie unbedingt buchstabengetreu nach den Packungsanweisungen an.

 *Das benötigen Sie*

- Gummihandschuhe
- Seifenlösung
- Schneckenzaun
- Plastikbecher
- Leimringe
- Giftspritze und Pflanzenschutzmittel

 *Diese Zeit brauchen Sie*

Schneckenfallen eingraben: 2 Minuten

Leimring anbringen: 10 Minuten

 *Der richtige Zeitpunkt*

Blattläuse: tagsüber nach Bedarf

Schneckenfallen: abends

Leimringe: im Herbst

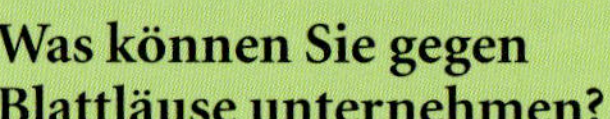

Was können Sie gegen Blattläuse unternehmen?

Obwohl Blattläuse ärgerlich und störend sind und die Pflanzen schwächen, stellen sie keine wirkliche Gefahr dar. Unterstützen Sie die Arbeit der Marienkäfer und ihrer Larven, indem Sie die Blattläuse unter leichtem Druck regelmäßig abstreifen. Benutzen Sie dazu einen Gummihandschuh und eine konzentrierte Mischung aus Wasser und Schmierseife (evtl. auch Geschirrspülmittel). Schütteln, Absprühen mit scharfem Wasserstrahl oder stark befallene Triebe mitsamt den Blattläusen abschneiden sind ebenfalls probate Mittel, bevor man zur Giftspritze greift. Biologische Mittel gegen Blattläuse werden auf der Basis von Pyrethrum oder Quassia hergestellt.

Schnecken – unermüdliche Fresser

Schnecken werden vor allem deswegen zur Plage, weil sie sich gerade die zartesten grünen Triebe aussuchen und damit schon die austreibenden Pflänzchen ernsthaft schädigen.
Es gibt die verschiedensten Wege, diesen Plagegeistern weitgehend Herr zu werden:
Schneckenzäune, Bierfallen (Becher in den Boden eingraben, abends zu 2/3 mit Bier füllen, morgens mitsamt der hineingefallenen Schnecken ausschütten), Anlocken und Absammeln oder Vergiften.

 *Expertentipp*

Wertvolle Stauden schützen Sie beim Austrieb am besten durch ein übergestülptes Einweckglas.

Führen Sie Schadinsekten auf den Leim

Nachdem die bewährte Methode der Leimringe lange Zeit vergessen schien, erlebt sie nun wieder eine Renaissance im Zier- und Nutzgarten. Leimringe helfen gegen alle Insekten, die auf Bäume klettern, um dort ihre Eier abzulegen (insbesondere der gefürchtete Frostspanner). Leimringe sind fertig zu kaufen. Sie werden im Spätherbst möglichst eng um die Baumstämme gelegt. Die aufkriechenden Insektenweibchen bleiben im Leim kleben und können keine Eier mehr ablegen, sodass die nächste Generation ausfällt.
Die von manchen Biogärtnern empfohlenen Fangringe aus Wellpappe sind nur dann effektiv, wenn sie regelmäßig kontrolliert und erneuert werden. Sie bieten allerdings den Vorteil, dass man gefangene Nützlinge wieder freisetzen kann.

Was Sie beim Einsatz von Spritzmitteln beachten sollten

Wenn Sie mit einem Spritzmittel gegen Schädlinge und Krankheitserreger (z. B. Pilze) vorgehen, sollte die Sicherheit an erster Stelle stehen: Halten Sie sich an alle (!) Anweisungen der Packungsbeilage (nicht umsonst stehen viele der Mittel im Fachhandel unter Verschluss).
Benutzen Sie die Spritzmittelbehälter nur zu diesem Zweck und reinigen Sie sie nach Gebrauch.
Spritzmittelreste dürfen niemals in den Ausguss oder das WC gekippt, sondern müssen vorschriftsmäßig entsorgt werden.
Halten Sie jegliche Spritzmittel unter gutem Verschluss; Kinder dürfen nie mit ihnen in Kontakt kommen!
Bringen Sie an windigen Tagen keine Spritzmittel aus.
Spritzen Sie überlegt und gezielt.

So entsorgen Sie kranke Pflanzenteile

Kranke Pflanzenteile gehören nicht auf den Kompost! So gut wie alle Erreger können ungünstige Perioden in Form von Dauerstadien überstehen und werden durch die üblichen Temperaturen in einem Komposthaufen nicht vernichtet.
Die sicherste Methode der Entsorgung wäre ein Feuer, in dem befallene Zweige und trockene Äste verbrannt werden. Allerdings verbieten es die Umweltverordnungen vieler Gemeinden oder einfach die Rücksicht auf den Nachbarn, auf diese Methode zurückzugreifen.
Stecken Sie entsprechende Abfälle daher in die Biotonne (in den Großkompostern der Entsorgungsbetriebe werden die entsprechenden Temperaturen gewöhnlich erreicht) oder fragen Sie bei Ihrer Gemeinde nach entsprechenden Entsorgungsstellen.

Pilzbefall, was tun?

Dass eine Pflanze oder Obst erkrankt ist, stellt auch ein Laie rasch und ohne Zögern fest. Viel schwieriger wird es, die Art der Krankheit zu bestimmen. Als Erreger kommen bei Pflanzen Pilze, Bakterien, aber auch Viren infrage. Obwohl auf dieser Doppelseite einige besonders verbreitete Krankheiten vorgestellt werden, sollten Sie sich bei stärkerem Befall unbedingt mit einem Spezialisten in Verbindung setzen, dem Sie befallene Pflanzenteile vorlegen. Zum Glück sind die meisten Krankheiten aber zeitlich und räumlich beschränkt, sodass eine Behandlung und Entsorgung der Überreste die Gartenlandschaft wieder ins Lot bringt. Bei Zierpflanzen hilft es häufig, die befallene Pflanze komplett zu entfernen und durch eine gänzlich andere Art zu ersetzen – so findet der Erreger keinen geeigneten Wirt mehr vor.

Von Pilzen verursacht: Echter und Falscher Mehltau

Der Echte und der Falsche Mehltau sind Pilzerkrankungen, die sich als weißlich-grauer Belag auf den Blättern zeigen. Beim Echten Mehltau bildet sich auf Ober- und Unterseite des Blattes ein weißer, mehliger Belag. Die Blätter rollen sich ein und verkümmern. Der Falsche Mehltau äußert sich mit weißem, filzigem Belag auf der Blattunterseite, während die Oberseiten fleckig erscheinen. Das können Sie tun: Zur Vorbeugung werden Schachtelhalmtee, Brennnesseljauche und biologische Stärkungsmittel empfohlen. Halten Sie die Blätter trocken (feuchte Blätter sind sehr anfällig gegen Falschen Mehltau) und entfernen Sie bei den ersten Anzeichen befallene Pflanzenteile. Der Fachhandel bietet Spritzpräparate an, die sich bei starkem Befall lohnen.

Noch ein Pilz: Malvenrost und andere Rosterkrankungen

Es gibt eine Reihe unterschiedlicher Rostpilze, einige haben sich auf bestimmte Pflanzenarten spezialisiert, andere sind in der Lage, im Sommer und Herbst den Wirt zu wechseln. Bei den Malven bzw. Stockrosen äußern sie sich als warzenartige, braune Pusteln auf der Blattunterseite: Die Blattoberseite ist gelblich-braun gefleckt. Zum Herbst hin bilden sich auf der Blattunterseite dann die schwarzen Sporenlager. Die Pflanze verliert frühzeitig ihre Blätter oder stirbt ganz ab.
Das können Sie tun: Eine wirksame Bekämpfung ist kaum möglich. Entfernen Sie befallene Blätter vollständig (ggf. die ganze Pflanze). Sammeln Sie alle herabgefallenen Blätter auf und vernichten Sie sie, denn die Pilze überwintern im Laub.

Rosenfäule: Grauschimmelpilze auf Rosen

Der Pilz *Botrytis cinerea*, der auch bei anderen Pflanzen den typischen Grauschimmel verursacht, äußert sich bei Rosen in einem relativ komplexen Schadbild (Stängel-, Blüten-, Knospenfäule). Insbesondere bei anhaltend feuchtem Wetter zeigen sich an Blütenknospen und Blüten graue bis braune, faulige Verfärbungen. Später im Jahr entstehen an den Stängeln stielchenartige Auswüchse.
Das können Sie tun: Der beste Schutz vor dieser Krankheit ist ein geeigneter, relativ trockener Standort und vorsichtiges Gießen (nicht über die Blätter). Auch Überdüngung mit zu viel Stickstoff kann den Pilzbefall fördern. Ist der Pilz erst einmal aufgetreten, sollten Sie befallene Pflanzenteile entfernen.
Der Fachhandel bietet vorbeugende Spritzmittel für Rosenbeete an.

Tulpenfeuer: Grauschimmelpilze bei Tulpen

Das erste Anzeichen des Schimmelpilzes (*Botrytis tulipae*) sind welke Blattspitzen und ein grauer, schimmeliger Belag, später auch Risse auf den Blättern. Die befallenen Tulpen zeigen ein gehemmtes, verkrüppeltes Wachstum. Sie sind kleiner als ihre gesunden Nachbarn, und die Blüten fehlen ganz oder sind missgebildet (siehe Bild).
Das können Sie tun: Da sich der Befall rasch ausbreitet, sollten Sie die befallenen Tulpen und ihre Nachbarn ausgraben und entsorgen (nicht im Kompost!).
Bei anderen Zwiebelpflanzen zeigen sich beim Ausgraben braune Flecken auf den Zwiebelschuppen, und bei genauem Hinsehen fällt ein filziges Pilzgeflecht auf (Pflanzen ebenfalls entsorgen).

Sclerotinia-Welke: Pilzbefall bei Dahlien

Auf nährstoffreichen, gut wasserdurchlässigen Böden und in der Sonne sind Dahlien gewöhnlich recht widerstandsfähig. Wenn sie dann noch trocken gelagert werden (bei 5–10 °C im Keller), treiben sie Jahr für Jahr wieder aus. Dennoch sind auch sie nicht gegen Krankheiten gefeit. Der Pilz *Sclerotinia* (im Bild auffälliger Belag auf der Knolle) äußert sich in Form von welkenden Trieben, die schließlich vollständig verdorren. Häufig treten auch weißlich faule Stellen im Stängel mit schwarzen Überdauerungsstadien (sogenannte »Sklerotien«) auf.
Das können Sie tun: Am sichersten ist es, die ganze Dahlie zu entsorgen, um eine Ausbreitung zu verhindern. In Dahlienbeeten kann der Bestand vorbeugend mit einem entsprechenden Pilzmittel gespritzt werden.

Gut gerüstet und fit für den Winter

Das benötigen Sie

- Mulch, Stroh, Fichtenreisig
- Bambusstäbe, Jutesäcke

Diese Zeit brauchen Sie

Abdecken: 5 Minuten
Kletterrosen verkleiden: 20 Minuten
»Zelt« für Sträucher: 30–40 Minuten
Ziergräser zusammenbinden: 10 Minuten

Der richtige Zeitpunkt

Spätherbst vor den ersten Frösten

Obwohl die meisten Gartenpflanzen einen durchschnittlichen Winter ohne größere Schutzmaßnahmen überstehen, lohnt sich bei empfindlichen Pflanzen ein gewisser Aufwand, um sie heil über die kalte Jahreszeit zu bringen.
Problematisch ist nicht nur die tiefste Temperatur der Jahreszeit, sondern auch starke Temperaturschwankungen. So kann die Sonne eine Kletterrose vor einer hellen Südwand bereits im Spätwinter so stark erwärmen, dass sie austreibt, in der folgenden Nacht dann jedoch erfriert. Zusätzlich zur Mulchauflage (siehe unten) können Sie im Staudenbeet ein Übriges tun:
Verzichten Sie einfach auf den Rückschnitt im Herbst. Die oberirdischen Teile legen sich dann schützend auf die Wurzeln der Stauden.

Benötigen Stauden einen Winterschutz?

Stauden überstehen die kalte Jahreszeit unterirdisch: In ihren Wurzeln sind alle Nährstoffe gespeichert, die sie zum Austreiben im nächsten Frühling brauchen. Werden sie im Herbst – wenn das Beet ohnehin mit einer Mulchschicht abgedeckt wird – mit etwas Mulch aufgehäufelt, dringt der Frost nicht so leicht in den Boden ein, und die feinen Wurzeln bleiben besser geschützt. Decken Sie empfindlichere Stauden noch zusätzlich mit einer Lage Stroh und Fichtenreisig ab.

Empfindliche und junge Sträucher schützen

Nachdem sich ein Strauch etabliert hat, kommt er gewöhnlich ohne Winterschutz aus – erfrorene Zweige werden im Frühling abgeschnitten.
In den ersten Jahren sollten Sie empfindlichere Sträucher jedoch vor der Kälte schützen. Packen Sie Stroh und Fichtenzweige zwischen das Geäst und legen Sie außen Fichtenzweige darüber.
Noch besseren Schutz bietet ein »Indianerzelt« aus festen Bambusstäben (oben zusammenbinden). Darüber kommt eine »Zeltplane« aus Jute (Sackleinen), die mit Bindedraht an den Stützen befestigt wird.

Ziergräser brauchen Wärme

Einige der schönsten Ziergräser stammen aus den Steppenregionen wärmerer Breiten und müssen vor Frost geschützt werden, damit die empfindlichen Teilungsgewebe nicht erfrieren. Legen Sie dazu im Spätherbst die Blätter wie ein Zelt kegelförmig zusammen (leicht eindrehen) und binden Sie sie mit einer Gartenschnur fest. Dieses »Polster« reicht gewöhnlich als Schutz aus.

Expertentipp

Noch sicherer wird die schützende Hülle, wenn sie zusätzlich mit einer Strohmatte umgeben wird.

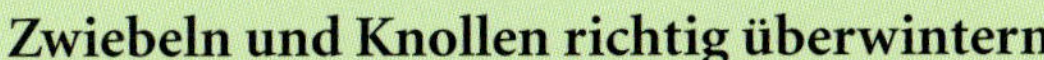

Zwiebeln und Knollen richtig überwintern

Viele Zwiebeln und Knollen (z. B. Narzissen, Tulpen, Krokusse, Schneeglöckchen, Traubenhyazinthen) kommen problemlos mit dem Winter zurecht, sofern sie in der richtigen Tiefe liegen. Andere Arten dagegen müssen im Herbst aus der Erde genommen werden (z. B. Dahlien und Gladiolen). Lassen Sie die anhaftende Erde zunächst trocknen, dann lässt sie sich leichter entfernen. Knollen werden am besten trocken im Keller (4–5 °C) gelagert; wenn sie auf Sand liegen, wird die Fäulnisgefahr reduziert (faule Exemplare sofort aussortieren!).

Die meisten Rosen brauchen einen Winterschutz

Wildrosen und die meisten einmal blühenden Strauchrosen brauchen keinen Winterschutz; zur Sicherheit können sie aber wie alle übrigen Beet- und Edelrosen mit aufgehäufeltem Mulch und einer Abdeckung aus Fichtenreisig abgesichert werden. Kletterrosen werden durch angehängte Fichtenzweige (überlappend) oder – besonders sicher – mit einer umgelegten Strohmatte vor Spätfrösten und austrocknenden Winden geschützt. Verwenden Sie auf keinen Fall Plastikhauben, die keine Luftzirkulation zulassen und wie ein Gewächshaus wirken.

Fördern Sie die Tierwelt im Garten

Ein Garten ohne Vogelgezwitscher wäre eine recht trostlose Angelegenheit. Und auch wenn sich Vögel manchmal durch Fressen von Samen, Picken an Jungpflanzen oder Früchten unbeliebt machen, sind sie doch meist gern gesehene Gartenbesucher. Vielen Gartenbesitzern macht es Freude, die gefiederten Gäste zu beobachten. Ebenso gehören etwa hübsch gefärbte Falter, schillernde Libellen, huschende Eidechsen, aus ihren Verstecken hervorlugende Igel oder an Bäumen hochflitzende Eichhörnchen zu den Gartenerlebnissen, an denen nicht nur Kinder viel Spaß haben.

Ein reichhaltiges Tierleben im Garten trägt aber auch dazu bei, dass sich Schädlinge nicht zu stark ausbreiten. Vögel, Igel, Spitzmäuse, Frösche, Kröten, Marienkäfer und etliche andere Tiere zählen zu den Nützlingen, die eifrig Schädlinge vertilgen (siehe auch Seite 68). Schon dies ist Grund genug, ihnen den Aufenthalt im Garten so angenehm wie möglich zu machen.

Nicht zuletzt leisten Sie auch einen Beitrag zum Naturschutz, wenn Sie Wildtiere in Ihrem Garten so gut wie möglich unterstützen. Denn jenseits solch grüner Refugien fehlt es ihnen häufig an geeigneten Lebens- und Überlebensbedingungen – tiergerecht angelegte Gärten werden deshalb immer wichtiger.

Artgerechte Niststätten für Vögel

Ungestörte Nistplätze sind bei den gefiederten Gartengästen besonders geschätzt. Die meisten bereitgestellten Nistkästen entsprechen allerdings am ehesten noch den Bedürfnissen von Meisen, Feldsperlingen und anderen kleinen Höhlenbrütern. Stare oder Wiedehopfe etwa brauchen geräumigere Kästen mit größeren Fluglöchern; Rotkehlchen und Zaunkönig bevorzugen Halbhöhlen, und für Mauersegler, Käuze und Schwalben sind Spezialnisthilfen erforderlich. Etlichen Singvögeln reichen aber auch schon Hecken und dichte Gebüsche zum Nisten aus. Zu diesen sogenannten Freibrütern zählen z. B. Grün- und Buchfink, Bachstelze und Girlitz.

- Bringen Sie neue Nistkästen am besten bereits im Herbst an. Sie werden dann oftmals schon von Vögeln als Winterquartier genutzt.
- Befestigen Sie die Kästen an einem nicht zu sonnigen Ort in 1,5–3 m Höhe sicher an Wänden, Bäumen oder speziell aufgestellten Pfosten. Das Flugloch sollte gen Südosten zeigen, der Kasten leicht nach vorn geneigt sein, sodass es nicht hineinregnen kann.
- Sorgen Sie dafür, dass keine Katzen an die Kästen kommen können.

Expertentipp

Informationen zu geeigneten Nisthilfen, Bezugsquellen und eventuell auch Tipps für den Selbstbau bieten Ihnen die örtlichen Vogel- und Naturschutzverbände.

Soll man Vögel im Winter füttern?

»Keinesfalls«, lautet die radikale Antwort mancher Experten. Tatsächlich wurden z. B. Stare mancherorts durch überreichliche Fütterung schon so verwöhnt, dass sie auf den Vogelzug in wärmere Regionen ganz verzichteten und im Frühling dann die besten Brutplätze besetzten. Doch bei geschlossener Schneedecke oder anhaltendem starkem Frost kann man Meisen & Co. durch zurückhaltende, artgerechte Fütterung durchaus sinnvoll helfen. Verwenden Sie nur geeignetes Fertigfutter aus dem Fachhandel und stellen Sie es an einem geschützten, trockenen und regelmäßig gereinigten Platz bereit.

Unterschlupf für allerlei Getier

Vögel, Igel, Spitzmäuse, Kröten, Zauneidechse, Blindschleiche, Marienkäfer und andere Nützlinge – all diesen Tieren können Sie auf einfache Weise einen Rückzugs- und Überwinterungsort schaffen: durch einen locker aufgeschichteten Holzhaufen aus Gehölzschnitt, abgebrochenen Zweigen und Wurzelstrünken, der in einer ruhigen Gartenecke platziert wird.

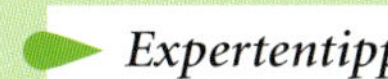

Expertentipp

Auch Steinhaufen werden von manchen Tieren, z. B. Eidechsen, gern als Unterschlupf angenommen.

Laubhaufen als Winterquartier

Anders als Totholz- oder Steinhaufen ist eine Laubaufschüttung keine Dauereinrichtung, bietet aber besonders Igeln einen »molligen« Überwinterungsort, der außerdem z. B. von Spitzmäusen, Fröschen und Kröten geschätzt wird. Auch dies ist eine Möglichkeit, größere Mengen an Falllaub, eventuell vermengt mit etwas Gehölzschnitt, sinnvoll zu nutzen.

Geräte gut warten – das rentiert sich

Für viele Gartenbesitzer gehört die Gerätepflege nicht gerade zu den Lieblingsarbeiten. Doch das gründliche Säubern und Warten der Werkzeuge erhöht deren Lebensdauer, zum Teil auch die Betriebssicherheit.
Ich weiß aus eigener Erfahrung, wie lästig es sein kann, wenn man gerade etwas Zeit zum Rasenschneiden hat – und dann springt der Mäher nicht an. Oder wenn der Elan im Frühling gleich gebremst wird, weil der bereits angeknackste Hackenstiel bricht.
Sorgfältiges Reinigen der Arbeitsgeräte bis hin zu Eimern oder Stecketiketten, hilft auch, der Übertragung hartnäckiger Krankheitserreger vorzubeugen. Besonders wichtig ist dies bei Anzuchtgefäßen sowie Pflanzenstützen.

Das benötigen Sie

- kräftige Kunststoffbürste, Drahtbürste, Lappen
- Wasser, evtl. Schmierseife, Essig (Essigwasser nicht erhitzen!)
- Schraubenzieher, Zange und ähnliches Werkzeug
- Pflegeöl, Schmieröl
- evtl. Wetzstein

Diese Zeit brauchen Sie

1–2 Stunden, je nach »Gerätepark«

Der richtige Zeitpunkt

am besten gleich zum Ende der Gartensaison

Handgeräte – so halten sie länger

Säubern Sie Spaten, Hacken und andere Handgeräte zunächst von anhaftenden Erdresten – von den Metallteilen ebenso wie von den Holzstielen. Eine kräftige Bürste, Lappen und Wasser leisten dabei gute Dienste. Reiben Sie dann die Metallteile trocken und fetten Sie sie ein (Pflanzenöl eignet sich gut). Leichten Rost können Sie zuvor mit einer Drahtbürste beseitigen, stärkeren mit einem Rostentferner. Überprüfen Sie auch, ob die Stiele noch in Ordnung sind und fest in der Halterung sitzen. Ein Leinölanstrich schützt unlackierte Stiele.

Expertentipp

Säubern Sie auch den Schubkarren und schmieren Sie die Radachse mit ein paar Tropfen Öl.

Schnittwerkzeug: Schärfe ist Trumpf

Gartenscheren, Messer und Sägeblätter sollten Sie nicht erst beim herbstlichen Aufräumen reinigen, sondern nach jedem Gebrauch gründlich abwischen, ggf. auch feucht oder mit Desinfektionsmittel (z. B. Alkohol), und dann trocken nachreiben. Doch Vorsicht an den Schnittflächen der Klingen – riskieren Sie keine Verletzungen.
Stumpfe Sägeblätter werden spätestens beim Herbstcheck ausgetauscht. Messer- und Scherenklingen können Sie selbst mit einem Wetz- bzw. Abziehstein schärfen. Ein Fachbetrieb bekommt das aber in der Regel sauberer hin, mit optimal geschliffenen Kanten.
Lagern Sie Gartenscheren am besten aufgeklappt, damit die Feder nicht ständig unter Spannung stehen muss und länger stramm bleibt.

Rasenmäher – hier lohnt sich Wartung besonders

Bei Motorgeräten macht sich natürlich alles bezahlt, was die Lebensdauer der relativ teuren Anschaffung verlängert. Zugleich ist hier die Betriebssicherheit entscheidend.
Es empfiehlt sich, wenigstens alle paar Jahre eine Wartung durch einen Fachbetrieb durchführen zu lassen. Achtung, ziehen Sie bei allen Arbeiten zuvor das Zündkabel ab bzw. den Netzstecker heraus!
Gras- und Erdreste in Mähwerk und Lüftungsschlitzen des Rasenmähers sollten nach jedem Mähen entfernt werden, besonders gründlich aber vor der Winterpause.
Überprüfen und reinigen Sie bei Benzinmotoren die Zündkerzen und kontrollieren Sie bei Elektromähern die Kabel. Beachten Sie ansonsten unbedingt die Wartungsempfehlungen des Herstellers.

Gießgeräte, Spritzen und Pumpen überwintern

Wenn Wasserreste in Gießkannen, Schläuchen und ähnlichem Zubehör verbleiben, drohen bei Frost Materialschäden bis hin zum Aufplatzen. Entleeren Sie deshalb Gießkannen und Schläuche komplett und bringen Sie sie frostfrei unter.
Auch Pflanzenschutzspritzen werden nach mehrmaligem Durchspülen mit klarem Wasser ganz entleert und frostfrei aufbewahrt.
Trocken und frostfrei – so sollten Sie auch Pumpen überwintern, mit Ausnahme von Unterwasserpumpen (Bedienungsanleitung beachten!).

Expertentipp

Befreien Sie Brausen- und sonstige Gießaufsätze wenn nötig von Kalkablagerungen und Schmutzresten.

Ordnung im Geräteschuppen: erfreut nicht nur das Auge

Der praktische Vorteil eines aufgeräumten Geräteschuppens liegt auf der Hand: Man muss nicht lange suchen, hat guten Zugriff auf alle Gerätschaften und vermeidet Unfallgefahren durch herumliegende oder umkippende Utensilien.

- An Hakenleisten oder Wandhalterungen lassen sich Stielgeräte und Schläuche übersichtlich und Platz sparend unterbringen.
- Kleine Steh- und Wandregale für Handgeräte, Töpfe und allerlei Zubehör sind eine lohnende Investition, ebenso ein paar Schubladen für Pflanzetiketten, Bindeschnur, Gartenmesser usw.
- Wenn Kinder im Haus sind, sollten Sie Pflanzenschutzmittel unbedingt in einem abschließbaren Wandschränkchen verstauen.

Den Küchenga

ten anlegen und pflegen

Gartenspaß durch gute Planung

Den eigenen Garten gestalten und pflegen ist heute für viele Menschen eine wohltuende Freizeitgestaltung. Liefert sie auch noch sichtbare »Erfolge« für die Küche, umso besser! Am meisten Spaß bringt Ihnen das Gartenvergnügen, wenn Sie planvoll vorgehen und sich vorab überlegen, welche Kräuter-, Obst- oder Gemüsearten am besten zu Ihren Vorlieben und Ansprüchen passen.

Hätten Sie's gewusst? Der Anbau von Obst und Gemüse liegt voll im Trend! Und das, obwohl die Gärten heute meist eher kleiner sind und man aus einem riesigen Angebot an Freizeitaktivitäten wählen kann. Im Vergleich mit gekauften Produkten ist selbst gezogenes Gemüse zwar preislich nicht wirklich günstiger, vor allem dann nicht, wenn man den Arbeitsaufwand einbezieht. Jedoch das Erlebnis, einen Salatkopf vom Samenkorn an beim Wachsen beobachtet zu haben, ist unbezahlbar!

Gesundheit aus dem eigenen Garten

Sicherlich hat auch ein steigendes Gesundheitsbewusstsein wesentlich dazu beigetragen, dem – weitgehend unbelasteten – Obst und Gemüse aus dem eigenen Garten wieder einen höheren Wert beizumessen. In Zeiten immer größerer Schadstoffbelastung der Umwelt ist es ein großer Vorteil, Obst und Gemüse ernten zu können, das nicht mit chemischen Spritzmitteln behandelt ist.

Frisch auf den Tisch

Wenn Ihnen nur wenig Anbaufläche zur Verfügung steht oder Sie keine Zeit für ausgiebigere Gartenpflege haben, dann kultivieren Sie Beerenobst und Gemüsearten, die besonders frisch verzehrt werden sollten und nicht lange haltbar sind, wie z. B. Salate und Radieschen. Auch bei Kräutern haben Sie einen »Frischevorteil«, da sie kurz vor dem Zubereiten geerntet ihre volle Würzkraft entfalten.

»Learning by Doing«

Beginnen Sie erst mit einigen wenigen und einfachen Kulturen, machen Sie einen Anbauplan vorneweg und haben Sie Geduld mit sich und den Pflanzen, denn gerade beim Gärtnern gilt der Grundsatz »Learning by Doing« – Sie werden von Jahr zu Jahr neue Erkenntnisse gewinnen und sich dann auch an »schwierige« Pflanzen wagen.

Was passt in meinen Garten?

Was sind Ihre Lieblingskräuter? Welches Gemüse schmeckt Ihnen am besten? Sind Sie ein Salat-Fan? Wie viel Zeit haben Sie übrig, Pflanzen im Garten oder auf dem Balkon zu hegen und zu pflegen? Wie groß ist Ihre Familie, und sind alle anderen Mitglieder auch Salat- und Gemüsefreunde? Haben Ihre Kinder eher Lust auf knackige Rohkost und leckere »Schnupperkräuter«? Neben diesen Vorüberlegungen zur Anlage eines Küchengartens müssen natürlich auch die Gegebenheiten vor Ort passen. Auch einige Grundlagen des »Gärtner-Einmaleins«, wie z. B. Pflanzenschutz und Pflanzenpflege, sollten Sie berücksichtigen. Doch keine Angst, nachdem im Hausgarten keine riesigen Flächen mit derselben Pflanzenart bestückt sind, halten sich Schädlingsbefall und Krankheiten weitgehend in Grenzen, und wenn Sie es richtig anstellen, bleiben Ihre Nutzgartenpflanzen fit, und Sie ernten Gesundheit pur!

Lust auf Neues?

Wie wäre es mit einem tropischen Schlinggewächs in Ihrem Küchengarten? Süßkartoffeln, botanisch gesehen nicht mit Kartoffeln verwandt, stammen ursprünglich aus Südamerika und wurden schon von den Inkas angebaut. Im Laufe des 16. Jahrhunderts wurde die von den Indianern »Batate« genannte Pflanze nach Europa gebracht. Süßkartoffeln werden wie Kartoffeln vor- und zubereitet. Besonders dekoratives Laub haben buntblättrige Süßkartoffeln wie z. B. die Sorten 'Marguerite', 'Variegata' und 'Blacky', die im Herbst eine beachtliche Menge an purpurroten, dickschaligen Knollen mit orangefarbigem Fruchtfleisch hervorbringen.

Gehen Sie planvoll vor

Bevor der neue Küchengarten entsteht, will alles gut durchdacht sein. Nehmen Sie sich in den Wintermonaten Zeit, den richtigen Standort in Ihrem Garten zu finden, Sorten und Arten auszuwählen und die Anbaureihenfolge zu planen.

- Beginnen Sie mit wenigen Beeten mit Ihren Lieblingsgemüsen und -kräutern, bevor Sie des Guten zu viel tun und der Garten nach kurzer Zeit nur mehr eine Last ist statt eine Lust.
- Sehen Sie zu, dass Gemüse- und Kräuterbeete nahe beim Haus liegen, damit Sie nicht für jeden einzelnen Salatkopf den Garten durchqueren müssen.
- Auch die Wege zum Kompost, zum Wasseranschluss oder zur Regenwassertonne sollten möglichst kurz sein.
- Wählen Sie für Kräuter- und Gemüsebeete einen möglichst sonnigen und geschützten Standort.
- Achten Sie außerdem darauf, dass die Gemüsebeete nicht im Schatten von großen (oder größer werdenden!) Bäumen und Sträuchern liegen.
- In der Hauptwindrichtung oder zur Straßenseite hin kann eine nicht zu hohe Hecke (z. B. Beerensträucher) als wirkungsvoller Schutz vor kalten Winden und Schadstoffen fungieren.
- Bepflanzen Sie die Beete nach dem Prinzip der Mischkultur (siehe Seite 88/89) und wählen Sie eine sinnvolle Fruchtfolge (siehe Seite 86/87) – damit schalten Sie viele Schädlinge und Pilzkrankheiten von vornherein aus.
- Kompostbereitung ist vielleicht nicht auf Anhieb jedermanns Sache. Führen Sie sich aber einmal vor Augen, dass Sie damit sowohl wertvollen Dünger zum Nulltarif bekommen als auch eine Menge organisches Abfallmaterial sinnvoll und praktisch entsorgen.
- Wenn Sie den Küchengarten neu anlegen, säen Sie vorher Gründüngung aus. Bienenfreund & Co. sind eine Erholungskur für jeden Boden.
- Selbst wenn Sie nur auf »Balkonien« gärtnern, können Sie Ihren Spaß an selbst gezogenem Gemüse und Kräutern haben. Salate, Radieschen und Mangold, Tomaten, Zucchini, Kürbis und Stangenbohnen lassen sich in Kästen, Töpfen oder Kübeln kultivieren, und Kräuter wachsen in Hängeampeln, Töpfen und Balkonkästen.

Kräuter machen's Ihnen leicht

Kräuter sind im Vergleich mit Gemüse und Salat einfacher und pflegeleichter im Anbau.

- Zum Beispiel ist ein sehr leichter, sandiger Boden, der für viele Gemüsearten erst »verbessert« werden muss, für

Wer bereits über etwas Gartenerfahrung und ausreichend Zeit verfügt, kann bei Gemüse, Salat und Kräutern aus dem Vollen schöpfen und einen vielfältigen und vielgestaltigen Küchengarten anlegen.

typische Sonnenkräuter wie Thymian, Rosmarin, Koriander oder Dill geradezu ideal.

- Haben Sie nur wenig Platz im Garten? Auch das ist für den Kräuteranbau kein Hindernis, denn meistens reicht pro Art eine Einzelpflanze aus, um den Bedarf an Salat- oder Speisewürze zu decken.
- Möchten Sie den wenigen Platz auf den Beeten doch lieber Möhren und Blumenkohl vorbehalten? Auch kein Problem, denn sogar im Ziergarten lassen sich viele Kräuter gut integrieren. Lavendel, Salbei und Ysop im Rosenbeet, Thymian und Majoran im Steingarten, Oregano, Zitronenmelisse und Minze in den Staudenpflanzungen.
- Oder haben Sie gar keinen Garten? Auch für Balkon- und Terrassengärtner eignen sich Kräuter bestens, einige lassen sich sogar eine ganze Zeit lang im Topf am Küchenfensterbrett zufriedenstellend kultivieren.

Wer die Wahl hat …

Das Gemüsesortiment ist nahezu riesig, und wenn Sie erst mal mit nur wenigen Beeten beginnen möchten, sind Sie anfangs vielleicht ratlos, wenn's ums Auswählen geht. Verschaffen Sie sich also zuerst einmal einen Überblick!

- Wollen Sie schnell erste Erfolge erzielen, wählen Sie Sommersalate oder unproblematische Schnellwachser wie Radieschen und Gartenkresse. Sie haben eine kurze Kulturzeit und sind relativ anspruchslos.
- Steht Ihnen auch im Winter der Sinn nach Frische aus dem Garten, bauen Sie Herbst- und Wintersalate an, die sich überwintern und dann schon sehr früh im Jahr bereits wieder ernten lassen.
- Haben Sie genug gärtnerische Ausdauer für Kulturen mit längeren Kulturzeiten und etwas höherem Pflegeaufwand, dann kultivieren Sie Wurzel-, Knollen-, Zwiebel- und Lagergemüse.
- Wollen Sie gut ausgereiftes mediterranes Gemüse und Fruchtgemüse ernten, brauchen Sie einen besonders warmen und sonnigen Platz, oder Sie helfen mit Folie, Vlies oder im Kleingewächshaus nach.
- Suchen Sie nach »neuen« Pflanzen sowohl für Ihr Gemüsebeet als auch für Ihre Küche, dann probieren Sie doch mal asiatische Gemüse, wie Pak Choi, oder neue Trendgemüse aus, z. B. buntstieligen Mangold.

Gärtnern nach Plan

Wenn Sie beim Pflanzen einige Grundregeln über die Pflanzenabfolge auf den Beeten beachten, werden Sie schon bald gut wachsendes und gesundes Gemüse in Ihrem Küchengarten ernten können.

Fruchtwechsel & Fruchtfolge

Der aufeinander folgende Anbau verschiedener Gemüsearten auf einem Beet über einen längeren Zeitraum hinweg wird als Fruchtfolge bezeichnet. Dabei sollten Sie wissen, dass einige Gemüsearten dem Boden viele Nährstoffe entziehen (Starkzehrer), andere dagegen nur ganz wenige (Schwachzehrer). Mit einer gut geplanten Bepflanzung können Sie dann einen entsprechenden Ausgleich auf dem Beet schaffen. So gehören z. B. die meisten Kräuter zu den Mittel- oder Schwachzehrern und eignen sich zum Nachbau nach stark nährstoffbedürftigen Gemüsen. Sie können sich auch gut die Beete mit richtigen »Nährstoff-Fressern« teilen. So ergänzen sich z. B. genügsamer Dill und stark zehrender Grünkohl hervorragend auf ein und demselben Beet.

Legen Sie einen Pflanzplan für Ihr Beet bzw. Ihren Garten an und schreiben Sie genau auf, was Sie wo gepflanzt haben. Dann können Sie im nächsten Jahr die Fruchtfolge ganz genau festlegen – auf das Gedächtnis ist ja nicht immer 100-prozentig Verlass. Wo im vergangenen Jahr »nährstoffhungriger« Rosenkohl stand, kommen dieses Jahr schwachzehrende Erbsen und Feldsalat hin und umgekehrt. Der Winter ist die beste Zeit, den Anbauplan fürs neue Jahr zu erstellen. Legen Sie fest, welche Gemüse- und Kräuterarten und -sorten Sie kultivieren wollen und auf welchen Beeten die Pflanzen in welcher zeitlichen Abfolge angebaut werden. Mit Hilfe der Tabellen über Stark- und Schwachzehrer und der günstigen Mischkulturnachbarn (siehe Seite 88) können Sie die optimale Pflanzenzusammenstellung für Ihre Gemüsebeete »austüfteln«.

Stark oder schwach zehrend?

Schwachzehrer sind Basilikum, Erbse, Feldsalat, Kresse, Radicchio, Radieschen, Rosmarin, Thymian und Ysop.
Mittelzehrer sind Busch- und Stangenbohnen, Bohnenkraut, Borretsch, Brokkoli, Dill, Endivie, Estragon, Fenchel, Grünkohl, Gurke, Kerbel, Knoblauch, Majoran, Mangold, Frühmöhre, Paprika, Petersilie, Kopf-, Pflück- und Schnittsalat, Salbei, Schnittlauch, Spinat und Zwiebel.
Starkzehrer sind Artischocke, Aubergine, Blumenkohl, Chinakohl, Kohlrabi, Kürbis, Lauch, Liebstöckel, Spätmöhre, Pfefferminze, Rettich, Rosenkohl, Rote Bete, Sellerie, Tomate, Zitronenmelisse und Zucchini.

Gönnen Sie dem Kohl eine Pause!

Aber nicht nur der Nährstoffentzug ist entscheidend für die Anbauplanung im Laufe der Jahre. So wie bei der Mischkultur (siehe Seite 88/89) bestimmte Pflanzenarten nebeneinander nicht gut wachsen, so reagieren manche Pflanzen mit Wuchsdepressionen und deutlichen Ertragsrückgängen, wenn sie im folgenden Jahr oder nur wenige Jahre später wieder auf demselben Beet angebaut werden. Wahrscheinlich wird diese »Unverträglichkeit« von verschiedenen Faktoren ausgelöst, wie Krankheiten, Schädlingen, Pflanzenrückständen im Boden, Wurzelausscheidungen und anderen Stoffwechselprodukten.

Viele Gemüsearten sind sich selbst nicht »grün«, d. h., sie reagieren besonders »allergisch« auf einen Nachbau mit sich selbst oder mit verwandten Arten. So sollte z. B. Brokkoli im Folgejahr nicht wieder auf demselben Beet angepflanzt werden und auch keine verwandten Kohlarten wie Kohlrabi oder Chinakohl. Eine Anbaupause von mindestens 3–4 Jahren an derselben Stelle wäre sinnvoll. Säen Sie in der Zwischenzeit auch mal Ringel- oder Studentenblumen auf den Gemüsebeeten an, dann helfen Sie dem Boden noch besser, sich von einer bestimmten Kultur wieder zu »erholen«.

Welche Gemüse gehören zusammen?

Die im Folgenden aufgeführten großen Familiengruppen, in denen die verschiedenen Gemüsearten untergebracht sind, geben Ihnen Aufschluss über die wichtigsten »Verwandtschaftsverhältnisse« im Küchengarten.

Genügsamer Salat ergänzt sich hervorragend mit hungrigem Kohlrabi und Wirsing, und für viele Kräuter finden sich dazwischen und drum herum noch passende Plätzchen.

Baldriangewächse: Feldsalat
Doldenblütler: Dill, Knollen- und Gewürzfenchel, Koriander, Liebstöckel, Möhre, Petersilie, Sellerie
Gänsefußgewächse: Mangold, Rote Bete, Spinat
Korbblütler: Artischocke, Eissalat, Endivie, Kopf-, Pflück- und Schnittsalate, Radicchio, Spargelsalat, Topinambur
Kreuzblütler: Blumenkohl, Brokkoli, Chinakohl, Essbarer Zierkohl, Gartenkresse, Grünkohl, Kohlrabi, Meerrettich, Pak Choi, Radieschen, Rettich, Rosenkohl, Rucola, Senf, Toskanischer Palmkohl
Kürbisgewächse: Gurke, Kürbis, Melone, Zucchini
Liliengewächse: Bärlauch, Knoblauch, Knobiflirt, Lauch, Schnittlauch, Zwiebel, Winterheckzwiebel
Nachtschattengewächse: Andenbeere, Aubergine, Chili, Paprika, Tomate
Schmetterlingsblütler: Bohnen, Erbsen

Was wächst wie lange auf dem Beet?

Gemüsearten, die das Beet am längsten beanspruchen, werden als »Hauptfrucht« bezeichnet. »Vorfrüchte« werden im Frühling vor der Hauptkultur angebaut, »Nachfrüchte« noch im Spätsommer oder Herbst, wenn die Hauptkultur bereits abgeerntet ist. »Zwischenfrüchte« stehen zusammen mit der Hauptkultur auf dem Beet. Sie können zu Anfang der Kultur die noch vorhandenen Lücken füllen, weil sie eine relativ kurze Kulturzeit haben. Denken Sie daher bei der Erstellung Ihres Anbauplans auch an die verschiedenen Kulturzeiten!

Vorfrucht: Erbsen, Kohlrabi, Kopfsalat, Radischen, Rettich, Spinat
Hauptfrucht: Blumenkohl, Bohnen, Gurken, Kürbis, Lauch, Möhren, Paprika, Rote Bete, Sellerie, Tomaten, Zucchini, Zwiebeln
Nachfrucht: Buschbohnen, Chinakohl, Endivie, Feldsalat, Grünkohl, Kohlrabi, Kopfsalat, Radieschen, Rettich, Rosenkohl, Rote Bete, Spinat
Zwischenfrucht: Feldsalat, Kopfsalat, Lauch, Radieschen, Rettich, Schnittsalat, Spinat

Nicht alle Gemüse- und Kräuterkulturen vertragen frische Kompostgaben, manche sind sogar regelrecht empfindlich dagegen. Ein Anbau als Nachfrucht löst auch dieses Problem zufriedenstellend.

Auf gute Nachbarschaft

In der Natur gibt es keine Monokulturen einer einzigen Pflanzenart, und dieses Prinzip hat sich der biologische Pflanzenbau abgeschaut und zunutze gemacht. In einer artenreichen, vielseitigen Pflanzengemeinschaft begünstigen sich verschiedene Arten gegenseitig im Hinblick auf Wachstum und Gesundheit und schlagen sogar noch die Schädlinge der Nachbarpflanze in die Flucht.

Die Mischung macht's!

Bei der Mischkultur werden daher unterschiedliche Gemüse und Kräuter nebeneinander auf einem Beet oder miteinander in einer Reihe angebaut. Viele dieser günstigen Partner vertreiben durch ihren arteigenen Geruch spezifische Feinde des Nachbarn.

- So fühlen sich beispielsweise Möhrenfliegen vom kräftigen Zwiebelduft abgeschreckt. Die Zwiebelfliege wiederum kann den aromatischen Duft des Möhrenkrauts »nicht riechen«.
- Ganz besonders »verwirrend« wirken auch die starken Aromen vieler Kräuter wie Lavendel, Salbei, Thymian oder Rosmarin auf viele Schädlinge und lenken sie so von ihrer Futterpflanze ab.
- Setzen Sie bitter-streng riechenden Wermut zwischen Schwarze Johannisbeersträucher, um einem Befall mit Johannisbeersäulenrost (Pilzkrankheit) vorzubeugen.
- Basilikum säen oder setzen Sie im Kleingewächshaus zwischen Tomatenpflanzen, dann ist das wärmeliebende Kraut vor Regen und Kälte sicher und kann mit seinem aromatischen Geruch mithelfen, Weiße Fliegen von den Tomaten fernzuhalten.
- Kerbelduft empfinden Läuse am Salat eher »unappetitlich«. Machen Sie sich diese Aversion zunutze und säen Sie das zarte grüne Kraut am besten gleich zwischen den jungen Salatpflanzen aus.
- Bohnen und Bohnenkraut, die in der Küche meist auch gemeinsam verwendet werden, pflanzen Sie im Garten am besten auch gleich nebeneinander, denn der stark aromatische Duft des Würzkrautes wirkt abschreckend auf die Schwarze Bohnenlaus.
- Säen Sie Dill zwischen Kohlgewächse, der kräftige Geruch des Doldenblütlers vertreibt Erdflöhe. Außerdem durchzieht der Dill mit seinem feinen Wurzelgeflecht den Boden so intensiv, dass dadurch die Nährstoffaufnahme der Kohlgewächse verbessert und gefördert wird.

Gute und schlechte Nachbarn

Gemüseart	Guter Nachbar	Schlechter Nachbar
Buschbohnen	Bohnenkraut, Kohlrabi, Kohlarten, Erdbeeren, Salat, Rote Bete, Salbei	Zwiebeln, Knoblauch, Lauch, Erbsen, Fenchel
Erbsen	Gurken, Kohlrabi, Kohlarten, Möhren, Fenchel, Salat, Zucchini	Bohnen, Lauch, Tomaten, Zwiebeln
Erdbeeren	Bohnen, Salat, Knoblauch, Zwiebeln	Kohlgewächse
Fenchel	Salbei, Gurken, Erbsen	Tomaten, Bohnen
Kohlgewächse	Salat, Lauch, Bohnen, Erbsen, Sellerie, Spinat, Rote Bete, Tomaten, Salbei, Dill, Koriander	Knoblauch, Zwiebeln, Erdbeeren
Kopfsalat	Buschbohnen, Möhren, Radieschen, Erbsen, Erdbeeren, Gurken, Kohlarten, Kohlrabi, Lauch, Tomaten, Pfefferminze, Kerbel, Kresse, Dill	Petersilie, Sellerie
Lauch	Möhren, Sellerie, Tomaten	Bohnen, Erbsen, Rote Bete
Mangold	Möhren, Kohlarten, Kohlrabi, Rettich	Rote Bete
Möhren	Lauch, Salat, Schnittlauch, Zwiebeln, Knoblauch, Pfefferminze, Salbei	Rote Bete
Petersilie	Studentenblume (Tagetes)	Kopfsalat
Radieschen/Rettich	Bohnen, Möhren, Kopfsalat	Gurken
Sellerie	Buschbohnen, Kohlrabi, Lauch	Kopfsalat
Tomaten	Buschbohnen, Möhren, Kohlrabi, Sellerie, Lauch, Spinat, Basilikum, Pfefferminze, Petersilie	Erbsen, Fenchel
Zwiebeln	Gurken, Möhren, Salat, Dill, Erdbeeren	Buschbohnen, Erbsen, Kohlarten

Hier wachsen Gemüsearten nebeneinander, die sich besonders »grün« sind, und die Studentenblumen sorgen zusätzlich für eine gute Bodengesundheit.

- Auch Spinat erleichtert – wahrscheinlich durch bestimmte Wurzelausscheidungen – benachbarten und nachfolgenden Gewächsen die Aufnahme von Nährstoffen aus dem Boden, weshalb er bei verschiedenen Mischkultursystemen sogar als Gründüngung angebaut wird.
- Die keimtötenden Inhaltsstoffe von Knoblauch und Zwiebel haben eine gute vorbeugende Wirkung gegen Pilzinfektionen. Zwischen Erdbeerpflanzen gesetzt, können sie diese vor einem Befall mit verschiedenen Schimmelpilzen schützen.

Mischkultur hilft Platz sparen

Mit günstigen Mischkultur-Kombinationen, die wechselseitig verschiedene Schädlinge vertreiben, gelingt es Ihnen außerdem ganz leicht, den vorhandenen Platz auf den Beeten nahezu optimal auszunutzen. Vor allem, wenn Sie nur einen kleinen Garten Ihr Eigen nennen, werden Sie diesen Aspekt sehr schnell schätzen.

- So beanspruchen z. B. schmale Lauchpflanzen nur wenig Platz in der Breite, weshalb sie gut zwischen die ausladenden Sträucher der Tomate gesetzt werden können.
- Auch schnell und langsam wachsende Gemüsearten ergänzen sich hervorragend. Während die schnellere Kultur heranwächst, braucht die langsamere noch nicht viel Standraum. Ist dies dann nach einigen Wochen doch der Fall, ist die andere Gemüseart schon geerntet. Kombinieren Sie z. B. frühe Blumenkohlsorten, die eine relativ kurze Vegetationszeit haben, mit langsam wachsendem Sellerie, dann haben Sie eine ideale Kombination!

»Pflanzliches Miteinander«

Die Mischung verschiedener Gemüse- und Kräuterarten auf einem Beet ist auch optisch durchaus reizvoll.

- Breitblättrige Arten wachsen neben schmallaubigen, aufrechte Gestalten neben niedrigen und breiten.
- Auch unterschiedliche Wuchseigenschaften – flach oder tief wurzelnd, stark oder schwach zehrend – bilden ein harmonisches Miteinander und beeinflussen sich gegenseitig günstig.
- Selbst Wurzelausscheidungen oder ätherische Öle spielen eine Rolle im pflanzlichen Miteinander. So kann jede Einzelpflanze die für sie geeignete »Nische« finden.

Leckeres Obst aus eigenem Anbau

»Köstliche Früchtchen« werden Sie schon bald ernten, wenn Sie sich für die Pflanzung von Obstgehölzen entschieden haben. Neben den verschiedenen Gemüsearten, die in erster Linie doch als reine Nutzpflanzen anzusehen sind, bereichern Obstgehölze den Garten auch in ihrer Eigenschaft als Zierpflanzen. Dieser Aspekt kommt vor allem im Frühling zur Geltung: Apfel-, Kirsch- und Pfirsichblüte liefern Jahr für Jahr ein wunderbares Schauspiel, das Sie sicher schon bald nicht mehr im Garten missen möchten. Beerensträucher finden selbst im kleinsten Gärtchen, auf Balkon oder Terrasse in Kästen und Kübeln noch Platz, und bei Kindern sind sie als süßes »Naschobst« besonders beliebt. Auch locken gerade Obstgehölze oft ein reges Tierleben in den Garten: Bienen, Hummeln, Schwebfliegen, Schmetterlinge, Singvögel, Igel und Eichhörnchen sind willkommene Besucher bei großen und kleinen Gartenliebhabern und helfen zudem oft auch noch bei der Bekämpfung lästiger Schädlinge.

Gut gepflegt wächst besser

Wer gesundes Obst ernten und auf chemischen Pflanzenschutz weitgehend verzichten möchte, kann mit der richtigen Pflege viel erreichen.

- In lockeren, luftigen Kronen trocknen Laub und Früchte nach Regen schneller ab und bieten Pilzkrankheiten weniger Angriffsmöglichkeiten. Gleichzeitig werden die Früchte rundum besonnt und können gleichmäßig ausreifen.
- Alljährlich im Herbst werden die ansonsten geliebten Obstbäume bei vielen Gartenbesitzern zum Ärgernis: als eifrige Produzenten von Falllaub! Dabei liefert das Laub von gesunden Obstbäumen wunderbares Kompostmaterial und somit preiswerten Dünger! Oder geben Sie es als Mulch auf Baumscheiben, Heckenstreifen und abgeräumte Gemüsebeete (Ausnahme: Walnusslaub).
- Schließlich müssen Sie für Obstbäume auch einen gewissen Arbeits- und Zeitaufwand für regelmäßig anfallende Schnittmaßnahmen einplanen. Den Pflanzschnitt macht Ihnen meist beim Kauf der Gärtner in der Baumschule; soll Ihr Baum aber gut und reichlich tragen, muss er weiterhin fachgerecht geschnitten werden. Falls Sie nicht gerade einen ambitionierten »Baum-Gärtner« in Ihrem Bekanntenkreis haben, besuchen Sie am besten (mehrmals!) einen Obstbaumschnittkurs, um sich vom Fachmann in die Geheimnisse der »Obstbaumschneiderei« einweihen zu lassen. Solche Kurse werden oft von Vereinen und Verbänden angeboten, manchmal auch von Baumschulen und Gärtnereien.

Kein Platz für Obstbäume?

Wenn Sie nur einen kleinen Garten haben, aber dennoch nicht auf frische Äpfel oder Birnen verzichten möchten, dann pflanzen Sie doch eine kleinwüchsige Halbstamm-Sorte, Spalierobst oder einen »Ballerina«-Baum. Einige Apfelsorten (fragen Sie in der Baumschule nach) eignen sich sehr gut zur Erziehung als frei stehende Spaliere, sie könnten also Hecken ersetzen oder als Unterteilungen dienen. Die etwas wärmebedürftigeren Birnen, Kirschen oder Aprikosen ziehen Sie am besten als Spalierobst im Schutz einer Mauer oder Wand.

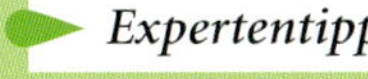
Expertentipp

Es gibt auch viele Obstbaumsorten, die sogar im Kübel gut gedeihen und ausreichend Früchte ansetzen.

Für Beeren ist immer Platz da

Beerensträucher sind oft mit wenig Standraum zufrieden, außerdem nicht sehr pflegeaufwendig und meist anspruchslos. Sie lassen sich leichter und schneller beernten als große Obstbäume, und ihre Früchte sind eine willkommene Zwischendurch-Nascherei in so mancher Gartenarbeitspause. Johannis- und Stachelbeeren bekommen Sie im Fachhandel sowohl als Sträucher als auch als Hochstämmchen. Nutzen Sie Beerensträucher als Hecke oder Begrenzung an einem Zaun entlang oder pflanzen Sie Hochstämmchen als hübschen Blickfang in die Mitte von Beeten und Rabatten. In Pflanztrögen und Kübeln sorgen sie auf Balkon und Terrasse für Sichtschutz und liefern obendrein schmackhafte Früchtchen.

Obst als Hausbegrünung

Mit einigen Kiwipflanzen (Sie brauchen mindestens zwei, da Kiwis männliche und weibliche Blüten auf verschiedenen Pflanzen tragen) oder einer Weinrebe in klimatisch günstigen Gegenden können Sie eine Mauer, Hauswand oder Pergola ansprechend begrünen und ernten zudem leckere Früchte.

Wählen Sie als Standort möglichst windgeschützte SO- und SW-Wände. Setzen Sie die Kletterer mindestens 20 cm von Wänden und Mauern entfernt ein und geben Sie ihnen ein Latten- oder Holzgerüst, an dem sie emporranken können.

Durch einen regelmäßigen fachgerechten Schnitt sorgen Sie dafür, dass die Kletterer einerseits üppig Früchte tragen und Ihnen andererseits nicht über den Kopf wachsen!

Auf die Sorte kommt es an

Nehmen Sie sich bei der Auswahl von Obstgehölzen ausreichend Zeit für die Vorabplanung – schließlich sind Obstbäume und Beerensträucher wesentlich langlebiger als andere Gartenkulturen und können mit einer Lebensdauer von mehreren Jahren oder gar Jahrzehnten aufwarten. Häufiges Umpflanzen bekommt ihnen nicht, und zudem hat auch die Anschaffung ihren Preis.
Wählen Sie also den Platz für Ihren Obstbaum sorgfältig aus und berücksichtigen Sie auch sein Wachstum in den folgenden Jahren. Passt ein großer Hochstamm in Ihren Garten, oder soll's doch lieber ein Halbstamm oder ein Ballerina-Baum sein? Oder wollen Sie eine Hecke oder eine Wandbegrünung aus Spalierobst ziehen? Steht der Obstbaum auch nicht zu nah am Haus oder an den Gemüsebeeten, wo er spätestens nach 4–5 Jahren zu viel Schatten wirft?
Ist die Frage der Baumgröße geklärt, haben Sie noch immer die Qual der Wahl: Das Sortiment an Obstsorten ist nahezu unüberschaubar. Verschaffen Sie sich in einer Baumschule, anhand von Katalogen oder im Internet erst einmal einen groben Überblick. Einzelne Sorten unterscheiden sich teilweise sehr stark in Bezug auf ihre Boden- und Temperaturansprüche, Wüchsigkeit, Reifezeit, Lagerfähigkeit, Anfälligkeit gegenüber Schädlingen und Krankheiten. Holen Sie sich am besten in einer Baumschule vor Ort fachlichen Rat und lassen Sie sich regional bewährte Sorten empfehlen.

Die Unterlage macht's

Fällt ein Apfelkern in fruchtbare Erde, kann daraus ein Apfelbäumchen heranwachsen. Die meisten Obstbäume in unseren Gärten sind allerdings nicht so entstanden. Sie bestehen aus einer Unterlage (Wurzelbildner) und einer Edelsorte. Das »künstliche« Zusammenbringen von Unterlage und Edelsorte heißt Veredlung (im Bild Veredlungsstelle). Sie wird mit verschiedenen Techniken in der Baumschule ausgeführt. Viele Edelsorten würden auf eigener Wurzel nur schwach und kümmerlich wachsen. Außerdem beeinflusst die Unterlage die Wuchsstärke des Baumes. Ob Spalier, Halb- oder Hochstamm – alles eine Frage der Unterlage!

Wann trägt mein Baum die ersten Früchte?

Auch die Lebensdauer eines Obstgehölzes wird von der Veredlungsunterlage bzw. der Wuchsform bestimmt. Je starkwüchsiger, umso langlebiger und umgekehrt. Ein Hochstamm kann also durchaus einige Jahrzehnte überdauern, ein Buschbaum hingegen ist oft schon nach einigen Jahren »erschöpft«. Gewissermaßen als »Ausgleich« beginnt bei niedrigen Baumformen die Ertragsphase deutlich früher: Von einem Apfel-Buschbaum ernten Sie wahrscheinlich schon nach 1–2 Jahren die ersten Äpfel, wohingegen Sie bei einem Hochstamm schon mal 5–6 Jahre Wartezeit in Kauf nehmen müssen.

Die richtige Sorte am richtigen Platz

Nicht jede Obstart oder -sorte gedeiht in jedem Garten. Obwohl moderne Sorten bereits um ein Vielfaches widerstandsfähiger gegen Krankheiten, Kälteeinwirkung und unzureichende Bodenverhältnisse sind, müssen Sie dennoch die regionalen Verhältnisse und die Bodenbeschaffenheit berücksichtigen. So gedeihen knackige Süßkirschen eben schlecht in schweren Lehmböden, edle Birnen brauchen viel Wärme, um zu schmelzender Süße heranzureifen, und ein Walnussbaum braucht viel Platz.

Pollenspender gefragt

Viele Obstarten bzw. -sorten sind selbstunfruchtbar, das heißt, sie brauchen zur Bestäubung und anschließenden Fruchtbildung den Pollen einer anderen Sorte. Dieser »Pollenspender« kann theoretisch auch in Nachbars Garten stehen, wichtig ist nur, dass es sich um eine passende Befruchtersorte handelt, die auch zum selben Zeitpunkt blüht. Auch viele Beerenobstarten bringen mehr Ertrag, wenn Sie verschiedene Sorten pflanzen.

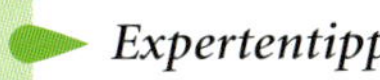

Ist Ihre Lieblingssorte selbstunfruchtbar, dann kaufen Sie gleich die passende Befruchtersorte dazu.

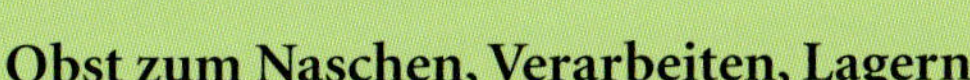

Obst zum Naschen, Verarbeiten, Lagern

Wenn Sie sich für eine Sorte entschieden haben, erkundigen Sie sich vor dem Kauf unbedingt nochmals genau, ob sie am geplanten Standort auch zufriedenstellend gedeihen kann, suchen Sie gegebenenfalls nach widerstandsfähigeren Alternativen. Berücksichtigen Sie auf jeden Fall auch die Reifezeit, wenn Sie mehrere Bäume oder Sträucher pflanzen wollen: Wählen Sie Sorten nach Reifezeit gestaffelt aus und mischen Sie Frischverzehr-Sorten mit Lagersorten, dann werden Sie nicht von einer »Obstschwemme« überrollt.

Einen Küchengarten anlegen

Ausgangspunkt vor Ort, wenn Sie mit der Anlage Ihres Küchengartens beginnen, ist immer der vorhandene Gartenboden und die Möglichkeiten, ihn zu verbessern.
Sie werden sehen: Arbeiten wie beispielsweise das Ausbringen von Mulch und Gründüngung und die Kompostbereitung, die im Moment vielleicht lästig und unnötig erscheinen, helfen Ihnen im Nachhinein beim Einsparen von Zeit und Geld.

Ganz egal, ob Sie einen kompletten Gemüse- und Obstgarten anlegen wollen, nur einzelne Beete oder gar nur einen Topfgarten, die Frage nach dem Zeitaufwand, dem richtigen Standort und der Aufteilung und Bepflanzung stellt sich in allen drei Fällen.

Wie viel Zeit wollen Sie investieren?

Je größer die Anlage, desto mehr Zeit müssen Sie natürlich in Pflegearbeiten investieren. Besondere Beetformen wie z. B. Hügel- oder Hochbeet sind in der Anlage zwar zeitaufwendiger und arbeitsintensiver, doch kommt Ihnen diese »Investition« später zugute, wenn Sie weitere Pflegearbeiten leichter ausführen können.

Für jeden Standort die passende Sorte

Auch wenn Sie sich mit Leib und Seele dem Gärtnern verschreiben, so können Sie doch nur anbauen, wozu der Boden und die klimatischen Verhältnisse in Ihrer Gegend sich eignen. Die große Sortenvielfalt und entsprechende Kulturmaßnahmen helfen Ihnen, für fast jeden Standort das Passende zu finden. Für sehr wärmebedürftige Gemüsearten lohnt sich – vor allem in klimatisch ungünstigen Gegenden – die Anschaffung von Folie oder Vlies oder sogar eines Kleingewächshauses.

Der beste Platz im Garten fürs Gemüsebeet?

Gemüse und Kräuter sollten immer einen besonders sonnigen, warmen und geschützten Platz erhalten. Manchmal ist es eine Gewissensfrage, ob Sie an solch bevorzugten Stellen im Garten wirklich ein Nutzpflanzenbeet oder nicht lieber doch einen Sitzplatz oder einen Wassergarten anlegen. Im Zweifelsfalle beschränken Sie sich auf Kräuter, die sich gut in Stauden- und Terrassenbeete integrieren lassen, und ziehen Sommergemüse und Salat auf einem Platz sparenden und sich selbst erwärmenden Hochbeet.

Pflanzen selbst aussäen oder kaufen?

Gerade im Frühling verlockt das nahezu überquellende Angebot an Jungpflanzen, Containerware und Sämereien in Gartencentern und Gärtnereien dazu, oft zu viel oder unbedacht oder genau das Falsche zu kaufen. Dann erweisen sich die Tomatenpflanzen als ausgerechnet diejenige Sorte, die nicht die gewünschten Resistenzen aufweist, aus dem »geplanten« Lagerapfel ist leider eine Frühsorte geworden, und die 20er-Multitopfplatte mit kleinen Salatpflänzchen liefert für den Single-Haushalt zu viel der grünen Köpfe.
Gehen Sie planvoll an den Pflanzenkauf heran und lassen Sie sich nicht von preiswerten Angeboten verführen.

Pflanzen aus der (Samen-)Tüte

Gemüse, Salate oder Kräuter selbst aus Samen anzuziehen, ist eine preiswerte, aber nicht immer ganze einfache und relativ zeitaufwendige Sache. Sie ist dann lohnenswert, wenn es sich um leicht keimende Samen handelt, die direkt ins Freie ausgesät und nicht mehr verpflanzt werden, oder um Pflanzen, von denen Sie auf jeden Fall eine größere Menge an Exemplaren benötigen, wie z. B. Bohnen und Erbsen (siehe Seite 28–31). Auch wer – vielleicht sogar im Kleingewächshaus – Tomaten, Paprika, Gurken und Auberginen in größeren Mengen von mindestens 10–15 Pflanzen anbaut, für den rentiert sich der Griff zur Samentüte. Sorten mit besonderen Merkmalen (groß-, klein-, buntfrüchtig) oder speziellen Resistenzen gibt es sowieso meist leichter als Samen denn als Jungpflanzen zu kaufen. Auch bei Möhren, Spinat, Kresse, Feldsalat und anderen Blatt- und Kopfsalaten ist Aussaat die Methode der Wahl, weil Sie von diesen Pflanzen meist viele brauchen, sei es für eine einmalige Aussaat oder für mehrere aufeinanderfolgende Saaten im Laufe einer Saison.

Pilliertes Saatgut – wozu?

Saatgut von Gemüsepflanzen wird heute oftmals in besonders aufbereiteter Form angeboten. Praktisch ist z. B. pilliertes Saatgut, bei dem die Samen von einer Hüllmasse in Form von gleichmäßig großen Pillen umgeben sind. Beim Kontakt mit Feuchtigkeit löst die Hüllmasse sich auf und gibt die Samen frei. Pilliertes Saatgut ist zwar meist deutlich teurer als normales, vereinfacht aber gerade bei sehr feinen und kleinen Samen die Aussaat enorm. Außerdem erreichen Sie dadurch auch eine verbesserte Qualität der geernteten Pflanzen.
Insbesondere bei Radieschen, Rettich, Möhren, Salat und Kohl lohnt sich ein Versuch mit den cleveren Saatpillen!

Einjährige Kräuter aussäen

Bei den Kräutern sind es in der Regel die Einjährigen, von denen Sie so große Mengen benötigen, dass sich eine Aussaat empfiehlt. Wenn allerdings die ausgesäte Petersilie zum wiederholten Male schlecht aufläuft, dann ärgern Sie sich nicht darüber – vielen Küchengärtnern ergeht es ähnlich! –, sondern kaufen und setzen stattdessen im nächsten Frühling bereits vorgezogenen Jungpflänzchen. Manche Pflanzen, wie Borretsch, Dill oder Ringelblumen, versamen sich bei günstigen Bedingungen sogar von selbst in Ihrem Garten, und Sie können sich den weiteren Kauf von Saatgut sparen. Auch einzelne Kopf- oder Pflücksalatpflanzen, die nicht geerntet werden, sondern so lange auf dem Beet stehen bleiben, bis sie blühen, eignen sich als Saatgutlieferanten. Ebenso Tomatenfrüchte, deren Kerne herausgenommen und getrocknet werden.
Ernten und verwenden Sie jedoch immer nur Samen von völlig gesunden Pflanzen.

Wann ist es ratsam, Jungpflanzen zu kaufen?

Vorgezogene Jungpflanzen von Gemüse und Salat werden mit Topfballen, in Multitopfplatten, Jiffy-Töpfe, Torfquelltöpfen, Ton- oder Plastiktöpfen angeboten. Hier lohnt es sich zuzugreifen, wenn es sich dabei um Pflanzen handelt, von denen Ihnen einzelne oder wenige Exemplare genügen, wie z. B. Artischocke, Blumenkohl, Grünkohl, Kürbis oder Zucchini. Auch wenn Sie kein Gewächshaus besitzen und Ihnen die Aussaat am Fensterbrett zu aufwendig ist, ist es besser, diejenigen Gemüsearten, die – zumindest im Frühling – nicht direkt ins Freie gesät werden können, als vorkultivierte Jungpflanzen zu erwerben.

Im Frühling bieten Gärtnereien und Gartencenter ein riesiges Sortiment an vorgezogenen Jungpflanzen an. Überlegen Sie rechtzeitig, was Sie kaufen wollen und welche Pflanzen Sie lieber selbst heranziehen.

Kräuter lieber selbst vermehren?

Kräuter in Töpfen können Sie fast das ganze Jahr über kaufen. Im zeitigen Frühling handelt es sich bei dem Sortiment der Gartencenter oft um angetriebene Ware, die für ein Auspflanzen im Garten eigentlich nicht genügend abgehärtet ist. Spät im Herbst sind die angebotenen Topfkräuter oft schon überständig und wachsen im Beet nicht mehr so gut an. Überlegen Sie also gut, ob der Kauf von Topfpflanzen sich wirklich lohnt.

Ausdauernde Kräuter wachsen meist über Jahre hinweg zuverlässig am passenden Standort, sodass Sie von diesen Pflanzen wahrscheinlich nur einzelne oder einige wenige Exemplare kaufen müssen und dann erst einmal ausgesorgt haben. Von Ihren Lieblingskräutern, die Sie besonders üppig verwenden wollen, können Sie außerdem meist ganz leicht selbst Jungpflanzen aus Stecklingen heranziehen oder große Exemplare teilen (siehe Seite 117) und sich so weitere Ausgaben sparen. Stoßen Sie beim Stöbern auf Gartenmärkten oder in Spezialgärtnereien allerdings auf besondere und selten angebotene Sorten, sollten Sie ruhig zugreifen – sonst ärgern Sie sich später, weil Sie genau »diesen« speziellen hellrosafarben blühenden Lavendel nachher nirgends mehr bekommen.

Wurzelware oder Obst aus dem Container?

Obstgehölze können Sie im Herbst und Frühling als Wurzelware kaufen, d. h., die Pflanzen wurden in der Baumschule bereits gerodet und sind mit den blanken Wurzeln meist zum Schutz vor Austrocknung locker in Erde eingeschlagen. Wenn Sie sie innerhalb der nächsten 24 Stunden einpflanzen (in der Zwischenzeit feucht und kühl halten), sind diese ballenlosen und vergleichsweise preisgünstigeren Obstgehölze ideal.

Mit einem in Jute eingebundenen Erdballen werden meist nur relativ große Gehölze angeboten; wenn Sie einzelne, bereits deutlich größere Solitärobstbäume pflanzen wollen, lohnt sich auch der wesentlich höhere Preis.

Bäume und Sträucher im Container hingegen liegen etwa im mittleren Preisbereich, können fast das ganze Jahr über gepflanzt werden, und auch wenn Sie sich mehrere Tage Zeit lassen bis zur Pflanzung, so ist das kein Problem, denn die Wurzeln sind im Topfballen geschützt.

So tun Sie etwas für Ihren Boden

Gründüngungspflanzen

- Bienenfreund (*Phacelia*)
- Gelbsenf
- Lupine
- Ringel- oder Studentenblume
- Sommerwicken
- Winterroggen (winterhart)
- Winterwicken (winterhart)

fertige Mischungen

- Alexandrinerklee, Perserklee
- Sperli-Gartenhumus
- Landsberger Gemenge (winterhart)

Breiten Sie eine Mulchschicht oder einen Bewuchs aus Gründüngungspflanzen über Ihre Gartenbeete, wenn Sie ihnen etwas Gutes tun wollen. Denn darunter kann sich optimal ein krümeliger, fruchtbarer Boden entwickeln, und nützliche Bodenlebewesen finden hier beste Lebensbedingungen.

Mulch oder Bewuchs mit Gründüngung schützen den Boden sowohl vor Verschlämmung durch heftige Niederschläge als auch vor starker Austrocknung bei sommerlicher Hitze. Außerdem liefern das organische Mulchmaterial und ganz besonders die Gründüngungspflanzen, nachdem sie abgestorben sind, wertvolle Nährstoffe für die Kulturpflanzen.

Auch die regelmäßige Versorgung mit Kompost und eine dem Boden angepasste Bodenbearbeitung nützen dem Boden, indem sie seine Belüftung, Belebung und Wasserspeicherfähigkeit fördern und verbessern *(siehe Seite 14–17).*

Mulchen – gewusst wie

Organisches Pflanzenmaterial, wie z. B. angetrockneter Grasschnitt, samenlose Unkräuter, Heu, Stroh, Laub oder halbverrotteter Kompost, eignen sich gut als schützende Abdeckung des offenen Bodens auf Beeten und anderen Pflanzflächen.

- Rindenmulch sollten Sie höchstens unter Obstgehölzen verwenden, er säuert in der Regel den Boden an.
- Zerkleinern Sie zu langes Mulchmaterial durch Häckseln oder Zerschneiden.
- Lassen Sie Rasenschnittgut erst gut antrocknen, bevor Sie es als Mulch auf die Beete geben, es könnte sonst leicht schimmeln und faulen.
- Mulchen Sie im Normalfall 2 cm bis maximal 5 cm hoch. Wenn Sie allerdings Probleme mit Schnecken oder Wühlmäusen im Garten haben, bringen Sie das Mulchmaterial nur dünn und dafür öfter aus, denn in einer dicken Mulchschicht finden beide Tierarten ausreichend Verstecke und die Schnecken auch guten Schutz vor Trockenheit.

- Erneuern Sie die Mulchschicht regelmäßig, wenn sie den Boden nicht mehr vollständig abdeckt.

Die Mulchschicht unterdrückt unerwünschten Unkrautbewuchs, erhält eine gute Bodenstruktur und eine gleichmäßige Bodenfeuchte, was Ihnen auch Gießwasser spart. Bei bodennahem Obst oder Gemüse wie Erdbeeren, Kürbis oder Zucchini bleibt das Erntegut außerdem auch nach heftigen Regengüssen sauber.

Gründüngung – »Wellness« für den Boden

Gönnen Sie ausgelaugten, schweren oder durch vorangegangene Bautätigkeit stark verdichteten Böden eine »Gründüngungs-Kur«, bevor Sie Gemüse oder Kräuter dort anpflanzen. Dazu säen Sie im Frühling (ab April) oder Herbst (bis spätestens August/September) einen Gründünger oder eine handelsübliche Gründüngungsmischung (siehe links) aus, deren Überreste Sie ca. 1/2 Jahr später entweder abhacken und untergraben oder einfach abmähen und entfernen. Der Boden ist nun feinkrümelig, locker und gut belebt, und Sie können die Fläche anschließend bepflanzen.

»Lebenselixier« Kompost

Zur Düngung verteilen Sie den Kompost im Frühling (März/April) bzw. kurz nach dem Pflanzen ca. 1–2 cm hoch auf Beeten und Pflanzflächen und arbeiten ihn anschließend flach ein. Um schlechte, d. h. humusarme Böden zu verbessern, gönnen Sie ihnen alle 2–3 Jahre im Winter oder zeitigen Frühling nochmals eine Düngung mit Kompost.

Expertentipp

Es dauert – je nach Witterung – etwa 12–15 Monate, bis Sie einen gut verrotteten, reifen Kompost haben.

Gut gelockert ist gut durchlüftet

Für einen »normalen« Gartenboden ist das gelegentliche Auflockern mit einer Grabegabel völlig ausreichend. Stechen Sie im Abstand von ca. 10 cm die Grabegabel immer wieder in den Boden und bewegen sie vor und zurück. Arbeiten Sie sich so streifenweise vor, bis Sie das ganze Beet oder die ganze Pflanzfläche durchgelockert haben. Auf diese Art und Weise schonen Sie die Bodenstruktur und auch das Bodenleben, das bei einer tiefen Bodenbearbeitung meist in Mitleidenschaft gezogen wird.

Gemüse auf dem Hügel

Das benötigen Sie

- Holzabfälle, Äste, Zweige, Strauchschnitt
- Rasensoden (mit den Wurzeln nach oben aufschichten)
- Laub (oder Stroh)
- halbverrotteter und fertiger Kompost

Diese Zeit brauchen Sie

- **Aufschichten:** 4–5 Stunden
- **Bepflanzen:** 1–2 Stunden

Der richtige Zeitpunkt

Herbst oder zeitig im Frühling

Eine originelle Gestaltungsidee und gleichzeitig ein wahrer »Wachstum-Turbo« für Gemüse und Salate ist ein Hügelbeet.
Ein solches Beet eignet sich auch ganz hervorragend für eine Bepflanzung nach dem Prinzip der Mischkultur (siehe Seite 88/89) und lässt sich damit vielfältig und abwechslungsreich gestalten. Insbesondere Frühgemüse oder ausgesprochen wärmebedürftige Gemüsearten, wie z. B. Tomaten und Paprika, fühlen sich an einem Platz in der Beetmitte ganz oben auf dem von unten erwärmten Hügel besonders wohl.
Achten Sie darauf, möglichst schnell eine »geschlossene« Pflanzung zu erreichen, d. h., es sollten keine großen Bodenflächen unbedeckt sein, weil sonst bei Regen leicht zu viel Erde abgeschwemmt wird. Die stetige Nährstoffnachlieferung aus dem verrottenden Material im Inneren lässt ohne Weiteres eine mehrmalige Bepflanzung in einem Jahr zu.

1. So beginnen Sie mit der Anlage eines Hügelbeetes

Die Neuanlage eines solchen aufgewölbten Beetes mit in mehreren Lagen übereinandergeschichtetem »Innenleben« macht zwar zunächst zusätzliche Arbeit, ist aber eine praktische Möglichkeit, in kleinen und v. a. schmalen Gärten ausreichend Pflanzfläche für verschiedene Gemüse zu bekommen. Besonders bei kühler, regenreicher Witterung macht sich ein weiterer Vorteil eines Hügelbeetes bezahlt: Ähnlich wie beim Komposthaufen entsteht in seinem Inneren durch die Verrottung des pflanzlichen Materials Wärme, die die Pflanzen schneller wachsen lässt. Durch die verschiedenen Schichten kann bei starken Regenfällen auch Wasser gut ablaufen, und es entsteht keine Staunässe. Auf einem Hügelbeet wachsen die Pflanzen daher besonders gut und schnell.

- Suchen Sie sich einen möglichst ebenen und sonnigen Platz im Garten für die Anlage eines Hügelbeetes aus.

- Das Beet sollte ca. 1,40 m breit sein; die Länge können Sie beliebig wählen – je nachdem, wie viel Platz Ihnen zur Verfügung steht.
- Messen Sie zuerst die Grundfläche aus und markieren sie mit Pflanzschnüren und Holzpflöcken.
- Heben Sie als nächstes entlang dieser Markierung nun den Boden etwa 25 cm tief aus.
- Die ausgehobene Erde lagern Sie am besten gleich neben der Beetfläche. Dann liegt sie später beim Auffüllen des Hochbeets gleich parat.

2. So schichten Sie das Material im Inneren auf

Füllen Sie zunächst eine 10–20 cm hohe Schicht Laub in die ausgehobene Grundfläche. Darauf geben Sie eine ebenso hohe Lage Holzabfälle. Am besten verwenden Sie hierfür Schnittgut vom Hecken- und Strauchschnitt (keine Nadelgehölze!). Zerkleinern Sie das Material so weit, dass es sich gut und nicht zu locker aufschichten lässt. Darauf schichten Sie nun eine weitere 10–20 cm dicke Lage Laub, die Sie schließlich mit den für die Grundfläche ausgestochenen Rasensoden abdecken. Zum Schluss folgt noch eine Schicht von halbverrottetem Kompost, ebenfalls ca. 10–20 cm stark.

3. So wird aus dem Haufen ein Hügel

Schließlich vermischen Sie die anfangs ausgehobene und seitlich deponierte Erde zur Hälfte mit fertigem Reifekompost und decken das Ganze 30–40 cm hoch mit diesem Erde-Kompost-Gemisch ab.
Der fertige »Hügel« soll in etwa eine Gesamthöhe von 80–100 cm haben. Damit Sie ihn anschließend gut bepflanzen können, glätten Sie die letzte Schicht mit Schaufel oder Spaten und Rechen, bis Sie ringsum eine ebene Pflanzfläche erhalten. Durch die laufende Zersetzung des Materials sackt das Beet allerdings jedes Jahr etwas ab und wird mit Kompost aufgefüllt. Nach 5–6 Jahren sollten Sie das Beet neu anlegen.

4. So bepflanzen Sie ein Hügelbeet

Da durch die verschiedenen Schichten auf einem Hügelbeet immer für einen guten Wasserabzug gesorgt ist, wachsen gegen Staunässe empfindliche Pflanzen hier besonders gut, z. B. Petersilie, Möhren, Rettiche und Salate. An den schräg abfallenden Seiten des Hügelbeetes tun Sie sich mit Aussaaten oft etwas schwer, da die Samen beim Gießen leicht heruntergewemmt werden oder aber vertrocknen. Setzen Sie hier vorgezogene Jungpflanzen und wählen Sie für Aussaaten den abgeflachten Hügel»kamm« oder den Fuß der seitlichen »Hänge«.

Quadratisch, praktisch, gut: das Hochbeet

Ein Hochbeet bietet Ihnen auf wenig Grundfläche viel Platz zum Pflanzen, und Sie machen sich auch noch weitere Vorteile zunutze:
So entfällt beim Pflanzen, Jäten oder Ernten das lästige Bücken, da die Kulturfläche in praktischer Höhe liegt. Außerdem entsteht durch die Zersetzung der verschiedenen Materialschichten im Inneren des Beetes Wärme, die die Pflanzen schneller erntereif werden lässt, weshalb Sie vom Hochbeet früher ernten können als von herkömmlichen Gemüsebeeten!
Durch das viele organische Material im Inneren sind Hochbeete besonders fruchtbar und können daher im Laufe eines Gartenjahres mehrmals bepflanzt werden.
Kleine Hochbeete, auf denen sie selbst pflanzen und ernten dürfen, eignen sich auch gut für Kinder, die das Pflanzenwachstum dann auf Augenhöhe verfolgen können.

 ***Das benötigen Sie***

- Kompostanlage aus Holz zum Selbstbau (im Gartencenter oder Baumarkt erhältlich)
- ggf. rostfreie Gewindestangen und passende Muttern
- evtl. feines Drahtgeflecht als Mäuseschutz

 ***Diese Zeit brauchen Sie***

- **Umrandung:** 1–2 Tage
- **Aufschichten:** 4–5 Stunden

 ***Der richtige Zeitpunkt***

Herbst oder zeitig im Frühling

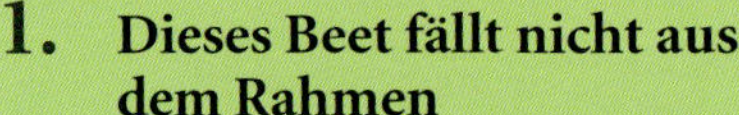

1. Dieses Beet fällt nicht aus dem Rahmen

Der günstigste Zeitpunkt, ein Hochbeet anzulegen, ist im Herbst (September/Oktober) oder im Frühling (April/Mai). Der Standort sollte möglichst sonnig gelegen sein. Stechen Sie zuerst eventuelle Grassoden ab und lagern Sie sie an der Seite. Ebnen Sie die Fläche grob ein und achten Sie darauf, dass der Untergrund nicht zu stark verfestigt oder verdichtet ist. Als einfaches und günstiges Baumaterial für die Umrandung können Sie Bretter oder starke Latten verwenden. Ganz einfach geht es mit fertig vorbereiteten Kompostanlagen (siehe Bild). Wenn Sie für die Seitenwände Bretter verwenden, können Sie darauf auch einen Maschendraht festnageln, an dem Sie später eine attraktive Begrünung aus Rank- oder Kletterpflanzen wachsen lassen können.

2. Die Umrandung fürs Hochbeet bauen

Damit sich die ganze Arbeit des Aufbauens und Aufschichtens auch lohnt, konzipieren Sie Ihr Hochbeet nicht zu klein und achten Sie darauf, dass es nach Möglichkeit von allen Seiten zugänglich ist.
Eine Breite von etwa 1, 20 m, eine Mindestlänge von 2 m und eine Höhe von ca. 80 cm haben sich in der Praxis sehr gut bewährt.
Markieren Sie die Grundfläche und heben dort den Boden ca. 25 cm tief aus. Dann bauen Sie die Seitenwände aus Brettern oder Rundhölzern drum herum und stabilisieren sie mit Palisaden oder starken Rundhölzern oder mit quer durchgeführten Gewindestangen.
Bei Wühlmausgefahr bauen Sie vor dem Aufschichten des weiteren Materials ein feinmaschiges Drahtgeflecht am Boden des Beetes ein.

3. Schicht für Schicht – das Innenleben eines Hochbeetes

Füllen Sie zuerst eine 10–20 cm hohe Laubschicht in die ausgehobene Grundfläche. Geben Sie darauf eine ebenso hohe Lage Holzabfälle, Hecken- oder Strauchschnitt. Zerkleinern Sie lange Äste und sperrige Zweige so weit, dass sie sich bequem aufschichten lassen (keine Nadelhölzer verwenden, sie »säuern« den Boden an). Nun fahren Sie fort und schichten eine weitere Lage Laub von 10–20 cm auf das bereits bestehende »Grundgerüst« und decken dieses mit den für die Grundfläche ausgestochenen Rasensoden ab.

Expertentipp

Hochbeete sind ideale Pflanzflächen für gehbehinderte Gartenliebhaber und Rollstuhlfahrer.

4. Der Deckel obendrauf: Erde-Kompost-Gemisch

Auf die Schichten aus Laub, Holzabfällen und Rasensoden kommt nun eine 10–20 cm dicke Schicht von halbverrottetem Kompost.
Vermischen Sie nun die anfangs ausgehobene und seitlich deponierte Erde zur Hälfte mit fertigem Reifekompost und decken das Ganze 30–40 cm hoch mit diesem Erde-Kompost-Gemisch ab.
Drücken Sie alle Schichten gut an, damit eine möglichst ebene Pflanzfläche entsteht, die nicht an einzelnen Stellen einsinkt oder nachgibt. Bedenken Sie, dass das Hochbeet durch die Zersetzung jedes Jahr etwas zusammensinkt und dann wieder mit Kompost aufgefüllt wird. Nach 5–6 Jahren werden Sie das Beet neu anlegen müssen.

5. Das Hochbeet bepflanzen – nicht bloß einmal im Jahr!

Auf dem Hochbeet wachsen die Salat- und Gemüsekulturen besonders schnell, weshalb es auch meist mehrmals im Jahr bepflanzt und beerntet werden kann. Im Frühsommer können Sie z. B. Salat und Lauch auf den praktischen Beeten anbauen und vielleicht noch einige leuchtende Ringelblumen dazwischensetzen.
Als Erstbepflanzung eignen sich auch Möhren, Radieschen, Mangold, Schnittsalat und Dill.
Die Kulturzeit der Gemüsearten ist im Vergleich mit herkömmlichen Beeten in der Regel um etwa 7–10 Tage kürzer.
Gießen Sie die Pflanzen gut an, da gerade am Anfang das Wasser auf den frisch aufgeschichteten Beeten oft schnell abläuft.

Einfach und effektiv – die Plastiktüte als Gewächshaus

Für kleinere Aussaaten am möglichst hellen und warmen Fensterbrett reichen schon ein Blumentopf und eine Plastiktüte. Stecken Sie 3–4 Holzstäbchen in den Topf, ziehen Sie die Plastiktüte darüber und befestigen Sie sie mit einem Gummiband. Die Tüte muss Luftlöcher haben, damit kein Schwitzwasser entsteht, das Fäulnis- und Schimmelbildung auslösen kann. Wenn die Samen ausgekeimt haben und die Keimlinge etwas gewachsen sind, entfernen Sie die Plastikhaube.
Auch für die Bewurzelung von Kräuterstecklingen ist die »gespannte Luft«, die unter der Tüte entsteht, ideal.

Gut »behütet«

Der Fachhandel bietet fertige Pflanzhütchen aus Kunststoff an, die Sie vielfältig und praktisch einsetzen können. Sie sind mit einer Lüftungsöffnung versehen und wirken durch das nur teilweise durchsichtige Material bei starker Sonneneinstrahlung auch gleich schattierend. Haben Sie im zeitigen Frühling einige erste Salatpflänzchen gesetzt, finden diese unter den Pflanzhütchen optimale Bedingungen. Auch wenn einzelnen, besonders kälteempfindlichen Jungpflanzen (z. B. Bohnen) kalte Spätfrostnächte drohen, bieten diese Hütchen einen wirkungsvollen Schutz – sie können kurzfristig aufgestellt und wieder entfernt werden.

Diese Folie wächst mit

Unter Loch- oder Schlitzfolien können Sie im Frühling z. B. Kopf- und Schnittsalat, Radieschen oder Rettich bis zu 3 Wochen früher ernten. Die Löcher oder Schlitze ermöglichen einen guten Luft- und Feuchtigkeitsaustausch, zudem dehnt sich die Schlitz- oder mitwachsende Folie beim Wachstum der Pflanzen zu einem tunnelartigen Dach aus, sodass auch stark wachsendes Gemüse nicht beengt wird. Legen Sie die Folien locker auf und fixieren Sie sie an den Rändern mit Brettern oder Steinen. Wenn die Pflanzen erntereif sind, nehmen Sie die Folie ab, am besten an einem bedeckten Tag, damit die Pflanzen sich an die »frische Luft« gewöhnen.

Mulchen mit Folie

Mulchen sorgt für optimalen Wasserhaushalt im Boden und eine gleichmäßige Bodenerwärmung, fördert das Bodenleben und unterdrückt Unkraut. Haben Sie kein organisches Mulchmaterial zur Verfügung, können Sie auch eine Mulchfolie aus dunklem Kunststoffmaterial verwenden. Vor allem sehr wärmeliebende Gemüsearten, wie z. B. Auberginen, Gurken, Knollenfenchel, Paprika oder Zucchini, aber auch Erdbeeren sind für die konstante Bodenwärme, die unter der schwarzen Folie entsteht, ausgesprochen dankbar. Mulchfolie gibt es ungelocht oder bereits mit Kreuzschnitten versehen, in die Sie dann die Pflanzen einsetzen können.

So verfrühen Sie die Erntezeit

Tomaten unter der Haube

Tomaten werden bei Anbau im Freien oftmals von Kraut- und Braunfäule oder anderen Pilzkrankheiten befallen. Einen Schutz bei regnerischem Wetter und in kühlen, feuchten Nächten bieten gelochte Folienhauben. Achten Sie jedoch darauf, dass sich unter ihnen kein Schwitzwasser, Staunässe oder Feuchtigkeit bilden, und nehmen Sie die Hauben bei gutem Wetter wieder ab. Vor allem während der Blütezeit der Tomaten sollten die Hauben tagsüber und bei schönem Wetter abgenommen werden, weil sonst den bestäubenden Insekten der Zugang zu den Blüten versperrt wird und sich aus unbestäubten Blüten keine Früchte entwickeln können.

Gemüse mit Tunnelblick

Eine praktische und wandelbare »Wärmestube« für Salat und Gemüse ist der Folientunnel. Über gebogene Metallstäbe wird eine PE-Folie oder Lochfolie gezogen und seitlich befestigt – fertig! Folientunnel sind schnell auf- und abgebaut. Zum Lüften und Ernten können Sie die Folie an den Seiten einfach hochschieben. Stellen Sie den Tunnel am besten in Ost-West-Richtung verlaufend auf, damit er auch bei starkem Wind nicht »abhebt«. Bei ausreichender Lüftung (unbedingt notwendig!) kann der Tunnel sogar bis zur Ernte über den Kulturen bleiben.

Das Frühbeet – preiswertes Mini-Gewächshaus

Bereits ab Mitte Februar, wenn's im Freiland noch zu kalt ist, können Sie in einem Frühbeet erste knackige Salate ziehen, im Spätherbst und Winter – sogar bei Schnee – frischen Feldsalat ernten. Wenn keine Wintersalate ihr Quartier im Frühbeet beziehen, dann nutzen Sie es doch im Herbst als Einschlag für Lagergemüse. Mit dem Gießen können Sie im Frühbeet meist sparsam sein, da die Erde dort eine gute und dauerhafte Feuchte entwickelt. Lüften Sie jedoch unbedingt regelmäßig und häufig!
Ein Frühbeet können Sie entweder selbst bauen oder im Fachhandel in verschiedenen Größen und Ausführungen kaufen.

Das Kleingewächshaus – die kostspielige Variante

Der Fachhandel bietet Gewächshäuser in den verschiedensten Größen und Ausstattungen an, fachgerecht aufgestellt oder zum Selbstbau – alles eine Frage des Geldbeutels. Wenn Sie jedoch ein Fan von mediterranem Gemüse sind oder fast das ganze Jahr über frischen Salat, Gemüse oder Kräuter ernten wollen, zudem noch den passende Platz im Garten haben, dann bietet sich ein Gewächshaus an. Ein Gewächshaus bietet auch im zeitigen Frühling ideale Bedingungen zur Pflanzenvermehrung und Jungpflanzenanzucht. Die erwärmte und mit Feuchtigkeit gesättigte Luft, wie sie unter Glas entsteht, sorgt für beste Wachstumsbedingungen.

Richtig pflanzen & pflegen

Nach der Anlage der ersten Beete und Pflanzflächen geht's ans Pflanzen von Bäumen und Sträuchern, Gemüse, Salat und Kräutern. Mit dem richtigen Know-how beim Gießen und Düngen und einigen grundlegenden Tipps aus dem »Gärtner-Einmaleins« gelingt selbst Garten-Neulingen der Einstieg in die Küchengartenpflege ganz leicht. Wenn Sie dann auch beim Ernten und Lagern auf richtige Zeitpunkte und passende Maßnahmen achten, können Sie nach Herzenslust die wohlverdienten Früchte Ihrer Arbeit genießen!

Nach der sachgerechten Pflanzung brauchen Obst, Gemüse und Kräuter einige Pflegemaßnahmen – die einen mehr, die anderen weniger.
Gießen – in den warmen Monaten eine der Hauptaufgaben des Küchengärtners – scheint ganz einfach zu sein: Hahn auf – Wasser marsch! Mit der Düngung sieht's da schon anders aus. Wie viel düngen? Womit? Wann? Muss man überhaupt düngen?
Auf den folgenden Seiten finden Sie zahlreiche Anleitungen und Tipps, die Ihnen helfen, damit es in Ihrem Küchengarten üppig wächst und prächtig gedeiht.

Bäume und Sträucher schneiden – etwas für Profis?

Den Pflanzschnitt an jungen Obstbäumen und Beerensträuchern sollten Sie gleich beim Kauf noch in der Baumschule machen lassen. Fachgerecht gepflanzt und versorgt, haben die Gehölze die besten Chancen, in Ihrem Garten gut anzuwachsen und zu gedeihen. Zumindest in den ersten Jahren sind weitere Schnittmaßnahmen unbedingt erforderlich, wenn Sie reichlich gesundes Obst ernten wollen. Am besten besuchen Sie (mehrmals!) einen Obstbaumschnittkurs, um sich vom Fachmann in die Geheimnisse des Obstbaumschnittes einweihen zu lassen.

Was tun gegen Blattlaus & Co.?

Die Zeiten, in denen jeder Hausgärtner beim Anblick der ersten Blattlaus die chemische Keule ausgefahren hat, sind vorbei. Hohe Schadstoffbelastungen in unserer Umwelt haben einen Umdenkprozess in Gang gesetzt. Lernen Sie die Vielzahl der Nützlinge im Garten kennen und schätzen. Greifen Sie schon vorbeugend zu Pflanzenbrühen, Kohlkragen und Gemüseschutznetzen und schaffen Sie bereits von Anfang an den Pflanzen zuträgliche Bedingungen, dann können Ihre Kinder und Sie auch bedenkenlos Beeren und Gemüse frisch aus dem Garten naschen.

Wann und wie viel gießen und düngen?

Wenn Sie das Gießen und Düngen richtig im Griff haben und einige Grundregeln beachten, sind Ihnen die ersten Erfolge in Ihrem Küchengarten bereits sicher.

Wasser marsch!

Halten Sie sich beim Gießen an folgende Faustregeln:

- Bei guter Bodenstruktur, wie sie durch regelmäßiges Hacken oder Mulchen entsteht, brauchen Sie weniger Gießwasser, bzw. das Wasser wird von den Pflanzen besser aufgenommen. Nicht umsonst heißt es: »Einmal gehackt ist zweimal gegossen!«
- Gießen Sie, wenn irgend möglich, in den kühlen Morgenstunden. Abends ginge das natürlich auch, aber wenn Boden und Pflanzen über Nacht feucht sind, lockt das vermehrt Schnecken und Schadpilze an.
- Wässern Sie gezielt auf den Boden um die einzelnen Pflanzen herum, anstatt den ganzen Bestand großflächig zu überbrausen. Sie sparen Wasser und vermeiden das Benetzen von Blättern und Blüten, was zur leichteren Ausbreitung von Pilzkrankheiten führen kann.
- Gießen Sie gründlich und durchdringend, damit auch tiefere Bodenschichten gut durchfeuchtet sind.
- Haben Sie die Möglichkeit zum Auffangen und Sammeln von Regenwasser, so nutzen Sie diese. Leicht abgestandenes Regenwasser ist eine sinnvolle und sparsame Alternative zum Wasser aus der Leitung.
- Schütten Sie bei Topfpflanzen überschüssiges Wasser, das sich im Untersetzer sammelt, nach einer halben Stunde wieder ab. So beugen Sie Staunässe und Wurzelfäulnis wirkungsvoll vor.
- Welk herabhängende Blätter sind bei Topfkräutern und -gemüse ein ernst zu nehmendes Alarmsignal für akuten Wassermangel. Bildet sich bereits ein deutlicher Spalt zwischen Topf und Wurzelballen, wird die Erde rissig und ist der Topf beim Anheben auffallend leicht, dann sollten Sie schnellstens reagieren! Stellen Sie als wirkungsvolle Sofortmaßnahme kleinere Gefäße in einen mit Wasser gefüllten Eimer und drücken ihn so lange unter Wasser, bis keine Luftblasen mehr aufsteigen.
- Wässern Sie frisch gepflanzte Obstbäume und -sträucher möglichst intensiv, bis sie zuverlässig angewachsen sind. Auch in heißen Sommermonaten sind die Gehölze für eine gelegentliche Wassergabe dankbar.

Bewässern mit »System«

Eine Tropfschlauchbewässerung, die mit einem automatischen Steuersystem gekoppelt wird, übernimmt im Zeitalter der Computer die Bewässerung Ihres Küchengartens. Vor allem in der Urlaubszeit können Sie damit den Pflanzen über »Durststrecken« hinweghelfen.
Wer sich eine vollautomatische, computergesteuerte Bewässerungsanlage anschafft, sollte jedoch ein gewisses Faible für die Chip-Technologie aufbringen, da trotz Regensensor Gießzeit und Wassermenge vorprogrammiert werden müssen. Kaufen Sie auf jeden Fall alle Teile Ihres Bewässerungssystems von derselben Firma, damit auch alles zusammenpasst.

Maßvoll düngen

Alle Grünpflanzen benötigen zum Wachsen und zur Ausbildung von Samen und Früchten verschiedene Nährstoffe in einem ausgewogenen Verhältnis.
Zu den wichtigsten Pflanzennährstoffen gehören Stickstoff (N), Phosphor (P), Calcium oder Kalk (Ca) und Magnesium (Mg). Außerdem werden auch noch sogenannte Spurennährstoffe wie Eisen (Fe), Kupfer (Cu), Zink (Zn) oder Bor (B) benötigt – allerdings nur in geringen Mengen.
Am passenden Naturstandort finden die Pflanzen meist ausreichend Nährstoffe, um ihr Überleben zu sichern. Im Gegensatz zu einem Pflanzenbestand in der freien Natur ist ein Garten jedoch eine intensiv genutzte Fläche. In relativ kurzer Zeit wollen Sie dort möglichst große Mengen gesunden und üppigen Gemüses oder Obstes ernten.
Durch die Ernte wiederum werden dem natürlichen Kreislauf organische Substanz und Nährstoffe entzogen. Diese müssen über eine gezielte Düngung nachgeliefert werden, sonst kümmern die Pflanzen, und die Erträge gehen im Laufe der Jahre deutlich zurück.

So schön kann eine Mischung aus Salaten, Blumen und Kräutern auf einem Beet aussehen. Mit der entsprechenden Pflege, dem richtigen Dünger und ausreichendem Gießen haben Sie lange viel Freude daran.

Die entsprechenden Nährstoffe sind sowohl in anorganischen (mineralischen) als auch in organischen Düngemitteln enthalten.

- **Organische Dünger** sind natürlichen Ursprungs. Dazu gehören z. B. Stallmist, Kompost, pflanzliches Mulchmaterial, Gründüngung, pflanzliche Düngejauchen und Fertigprodukte wie Horn-, Knochen- oder Blutmehl oder Guano. Ihre Wirkung setzt langsam ein, hält aber über einen längeren Zeitraum an.
- **Anorganische (mineralische) Dünger** werden chemisch hergestellt. Bei den im Fachhandel erhältlichen Düngern handelt es sich meist um Mehrnährstoffdünger, die die Hauptnährstoffe in einem ausgewogenen und genau festgelegten Verhältnis enthalten. Sie sind salz- bzw. chloridfrei und auch für salzempfindliche Kulturen wie Auberginen, Bohnen und viele Beerensträucher geeignet.

Die goldenen Düngeregeln!

- Düngen Sie nur an leicht bedeckten Tagen und auf feuchten Boden, damit an Blättern oder Wurzeln keine »Verbrennungen« durch Düngersalze entstehen.
- Versorgen Sie Ihre Pflanzen maximal bis Mitte/Ende August mit Dünger, danach ist Schluss! Einzige Ausnahme: Enthält Ihr Gartenboden zu wenig Kalium oder Kalk, dann geben Sie diesen als Vorratsdüngung im Herbst.
- Ermitteln Sie den möglichen Kalkbedarf mithilfe eines einfachen pH-Wert- oder Säuregrad-Tests.
- Beachten Sie stets die Angaben und Dosierungsanweisungen auf der Düngerpackung.
- Probieren Sie einmal die organischen kalibetonten Spezialdünger mit Langzeitwirkung aus, die es z. B. für Kürbisse, Paprika, Tomaten oder Zucchini gibt. Sie werden staunen, wie Geschmack, Süße und Lagerfähigkeit Ihres Gemüses zunehmen.
- Auch für Beerensträucher und Obstbäume sind im Handel organische kalibetonte Mehrnährstoffdünger erhältlich, die für kräftige Fruchtbildung, höheren Ertrag und besseren Geschmack sorgen.
- Versuchen Sie, durch den Einsatz von Kompost, Mulch, Gründüngung und anderen organischen Düngemitteln möglichst wenig Mineraldünger zu verwenden – das schont Ihren Geldbeutel und die Umwelt!

Tomaten – des Gärtners liebstes Kind

Das ganze Jahr über werden Tomaten aus verschiedensten Herkunftsländern in den Supermarktregalen angeboten. Es geht aber trotzdem nichts über den Geschmack und die Frische einer selbst angebauten Tomate!
Selbst Gartenbesitzer, die wenig Lust haben, Gemüse im Garten anzubauen, haben dennoch häufig irgendwo an einem sonnigen Plätzchen ein paar Tomatenpflanzen stehen. Und sei's in Töpfen oder Kübeln, für die sich kompakt wachsende und klein bleibende Buschtomaten besonders gut eignen. Vielleicht ist die Tomate aus dem eigenen Garten oder vom eigenen Balkon auch deshalb so beliebt, weil selbst ansonsten eher »gemüsekritisch« eingestellte Sprösslinge sehr gerne Kirsch- oder Cocktailtomaten naschen – am besten direkt vom Strauch!

 *Das benötigen Sie*

- Tomatenstützen aus Holz, Bambus, Kunststoff oder Metall
- Bast oder Sisalschnüre
- Tomatendünger
- Tomatenhauben

 *Der richtige Zeitpunkt*

pflanzen: ins Freie erst nach den »Eisheiligen«
stäben: kontinuierlich
ausgeizen: kontinuierlich
gießen: gut feucht halten
düngen: alle 3–4 Wochen

Tomaten richtig pflanzen

Wählen Sie für Ihre Tomatenpflanzen den sonnigsten und wärmsten Platz in Ihrem Küchengarten aus. Optimal ist auch ein Standort im Kübel an südlich gelegenen Haus- und Mauerwänden.
Lockern Sie den Boden vor dem Pflanzen gut auf und mischen Sie am besten reifen Kompost unter, um eine gute Nährstoffversorgung zu sichern. Gepflanzt wird in einem Abstand von 50 x 80 cm. Das Pflanzloch muss so groß sein, dass der Wurzelballen der Jungpflanze locker hineinpasst. Je tiefer Sie die Pflanze setzen, umso mehr Seitenwurzeln bilden sich.

 *Expertentipp*

Tomaten sind Tiefwurzler und lieben einen humosen und nährstoffreichen Boden.

Tomaten brauchen einen Halt

Ziehen Sie – außer bei Buschtomaten natürlich – nur einen Haupttrieb, der dann zahlreiche große und schmackhafte Früchte ausbildet. Dazu benötigen die Pflanzen eine gute Stütze, an der sie festgebunden und aufgeleitet werden können. Diesen Zweck erfüllen einfache Holz-, starke Bambus- oder auch Kunststoff- oder gewellte Metallstäbe, die Sie im Fachhandel erhalten.
Sie können die Stäbe entweder beim Pflanzen der Tomaten gleich mit ins Pflanzloch »einpflanzen« oder nachträglich neben den Jungpflanzen fest in den Boden stecken.
Verwenden Sie zum Festbinden Bast oder raue Sisalschnüre, keinesfalls Draht, der würde die fleischigen Triebe abschnüren oder sogar verletzen, wenn die Früchte erst einmal schwer an den Trieben hängen.

Wenig Blätter, viel Früchte

Wenn Sie die laufend in den Blattachseln entstehenden Seitentriebe regelmäßig ausbrechen (»ausgeizen«), verhindern Sie, dass sich die Pflanzen zu stark verzweigen und zu viele Nährstoffe in Blattmasse anstatt in Früchte investieren.
Kappen Sie auch die Spitze des Haupttriebes, sobald die ersten Früchte angesetzt werden (Ausnahme: Buschtomaten). Bei Freilandtomaten kommen meist nicht mehr als ca. 5 Blütentriebe zur Ausreife; kneifen Sie deshalb hier alle überzähligen Blütenansätze ab, damit die restlichen umso besser wachsen.
Wenn Sie nach und nach die untersten Blätter bis zu einer Höhe von maximal 40 cm entfernen, wird die Luftzirkulation im Bestand verbessert – Sie beugen einer Infektion mit Pilzkrankheiten vom Boden her vor.

Tomaten gießen & düngen

Tomaten wollen es gut feucht. Achten Sie beim Gießen darauf, dass nur der Boden unter den Tomaten, nicht aber die Blätter nass werden. Den höchsten Wasserbedarf haben Tomaten mit beginnender Fruchtreife. Vermeiden Sie jetzt starke Schwankungen bei der Wasserversorgung, weil die Früchte sonst leicht platzen. Wenn Sie vor der Pflanzung Kompost ausgebracht haben, genügen während der Wachstumszeit 1–3 Gaben eines handelsüblichen Voll- oder eines speziellen Tomatendüngers. Mitte August bekommen Ihre Tomatenpflanzen die letzte Düngegabe – dann ist Schluss!

Expertentipp

Neben den Pflanzen im Boden gesteckte Blumentöpfe (siehe Bild) sind gute Gießhilfen.

Tomaten brauchen Wärme

Wenn Sie Tomaten im Freien kultivieren, sollten Sie die sehr wärmebedürftigen Pflanzen vor kalten Temperaturen im Frühling schützen. Dazu bieten sich sogenannte Tomatenhauben aus PE-Folie an, die Sie im Fachhandel erhalten. Lüften Sie die Hauben immer wieder einmal für ein paar Stunden. Bei einer Dauerabdeckung kommt es leicht zu Schwitzwasserbildung und darauf folgenden Pilzkrankheiten oder bei starker Sonneneinstrahlung sogar zu Verbrennungen der Blätter.
Ab Ende August, wenn die größte Hitze vorbei ist, kommen die Folienhauben nochmals zum Einsatz. Jetzt sorgen sie für eine verstärkte Wärmeentwicklung und lassen so die Früchte an den Tomatenpflanzen früher und besonders gut ausreifen.

So wird aus dem Salat ein Kopf

Der hohe Anteil an Vitaminen und Mineralstoffen, stärkende Bitterstoffe und eine Menge gesundes Blattgrün rechtfertigen die große Beliebtheit von Kopfsalat, Radicchio & Co. Was Salat für Garteneinsteiger und Gartenerfahrene gleichermaßen interessant macht, ist seine kurze Kulturdauer, die Möglichkeiten zur Ernteverfrühung (siehe Seite 104/105), viele Sorten zum Spätsommer- und Herbstanbau sowie ein umfangreiches, oftmals farbenprächtiges Sortiment.
Salat sollte am besten täglich frisch geerntet werden. Pflanzen Sie daher immer nur so viel auf einmal an, wie Sie auch innerhalb von 10–12 Tagen verbrauchen. Aufgrund der ausgesprochen kurzen Kulturzeit von Salat (5–7 Wochen) können Sie durch ein ständiges Nachpflanzen im 2-Wochen-Rhythmus nahezu täglich knackige grüne Köpfe oder schnittfrischen Pflück- und Schnittsalat ernten!

Gute Partner

- Buschbohnen
- Dill
- Erbsen
- Erdbeeren
- Gurken
- Kerbel
- Kohlsorten
- Kohlrabi
- Erbsen
- Lauch
- Möhren
- Radieschen
- Tomaten

Salat – richtig gepflanzt

Da Salat nur wenige Nährstoffe braucht, können Sie ihn gut als Vor-, Zwischen- oder Nachfrucht in Ihren Anbauplan und Ihre Beete integrieren. Auch im Verein mit anderen Gemüsearten nach dem Prinzip der Mischkultur ist Salat ein beliebter Nachbar (siehe »Gute Partner«).
Salat reagiert empfindlich auf eine Überversorgung mit Stickstoff. Die Pflanzen werden dann besonders anfällig für Krankheiten und Schädlinge, und es kommt leicht zu einer Nitratbelastung des Ernteguts. Lassen Sie daher vor dem Pflanzen am besten den Nährstoffgehalt Ihres Bodens untersuchen (Adressen siehe Seite 465).
Salat, der große Köpfe bilden soll, wie z. B. Kopfsalat oder Endivie, braucht ausreichend Standraum auf den Beeten, um zufriedenstellend wachsen zu können. Wenn Sie die Pflanzen in mehreren Reihen nebeneinander setzen, ist der vorhandene Platz v. a. im kleineren Garten schnell ausgeschöpft, und gleichzeitig entstehen unbepflanzte Leerstellen zwischen den einzelnen Köpfen. Hier ist eine Platz sparende Verbandpflanzung (siehe Bild) ideal. Setzen Sie die Pflanzen einer Reihe nicht parallel zur Nachbarreihe, sondern immer versetzt auf die Lücke zwischen zwei Pflanzen, dann bringen Sie auf einem Beet deutlich mehr Salatköpfe unter. Außerdem können Sie auch die freien Flächen innerhalb der Reihen für kurzlebige Kulturen wie z. B. Gartenkresse oder Kerbel optimal nutzen.

Salat will hoch hinaus

Lockern Sie die Erde vor der Pflanzung gut auf und arbeiten Sie oberflächlich eine dünne Schicht (ca. 1 cm) verrotteten Kompost ein. Heben Sie ein kleines Loch, etwas größer als der Wurzel- bzw. Topfballen der Pflanze, aus und setzen diese ein. Salat muss hoch gepflanzt werden! Achten Sie darauf, dass die Keimblätter noch über der Erde stehen und der Wurzelhals nicht in der Erde sitzt. So beugen Sie einem Befall mit Salatfäule vor.
Bei Jungpflanzen mit Topfballen darf ruhig 1/3 des Ballens aus der Erde ragen. Selbst wenn sich einige Pflanzen nach dem Setzen umlegen, schadet das nicht. Eine alte und noch immer aktuelle Gärtnerregel lautet: »Salat muss im Winde wehen.« Schlämmen Sie dann mit der Gießkanne die feinen Wurzeln gut mit Erde ein.

Salat unter Glas und Folie

Wichtig ist ein regelmäßiges Lüften, sowohl im Gewächshaus als auch unter der Folienabdeckung, damit sich kein Schwitzwasser bildet, sonst kann es leicht zu Infektionen durch Schadpilze kommen.
Aufgrund der kurzen Tage und der geringeren Lichtintensität im Herbst und Frühling kommt es bei Salat unter Folie oder im Gewächshaus schnell zu einer unerwünschten Anreicherung von Nitrat in den Blättern. Um dies möglichst zu vermeiden, sollten Sie Salat erst nachmittags ernten, dann hat sich das in der nächtlichen Dunkelphase gebildete Nitrat weitgehend abgebaut.

Expertentipp

Salat ist ideal für die erste und letzte Nutzung im Jahr im Gewächshaus, Frühbeet oder unter Folie.

Gießen und gut »behüten«

Da beim Salat die Wurzeln nur verhältnismäßig flach ausgebreitet wachsen, können sie nicht in tiefere und feuchte Bodenschichten vordringen. Sie sind darauf angewiesen, in den oberen Bodenschichten ausreichend Feuchtigkeit vorzufinden. Halten Sie Ihre Salatpflanzen immer gleichmäßig feucht.
Gießen Sie auf die Erde rund um die Pflanzen und möglichst nicht direkt auf oder in die Salatköpfe, da es sonst schnell zu Pilzkrankheiten wie z. B. Salatfäulen kommen kann.
Die ersten Salatkulturen im Frühling werden manchmal von kalten Spätfrostnächten bedroht. Eine praktische Lösung bieten hier fertige Pflanzhütchen aus Kunststoff, die bei drohender Frostgefahr einzelne Pflanzen schützen und die leicht und schnell übergestülpt und wieder entfernt werden können.

Gemüse pflanzen & pflegen

Für das erfolgreiche Wachsen und Gedeihen der meisten Gemüsearten sind eine gleichmäßige Bodenfeuchtigkeit und eine gute Bodenstruktur ausschlaggebend. Mit den entsprechenden kulturtechnischen Maßnahmen bekommen Sie diese Faktoren in Ihrem Küchengarten leicht in den Griff. Wenn Sie Ihre Gemüsebeete regelmäßig gießen, hacken, mulchen und von Unkraut frei halten, haben Sie den größten Pflegeanteil bereits bewältigt. Rankende oder hoch wachsende Gemüsearten wie Bohnen und Erbsen oder Tomaten brauchen eine Rankhilfe oder müssen aufgeleitet und angebunden werden. Bei anderen Kulturen wie Lauch und Möhren empfiehlt sich ein Anhäufeln mit Sand oder Erde.

Kletterhilfen

Kletterhilfen für Erbsen:

- Reisig
- zwischen zwei Pfähle gespannter Draht oder Schnur (Abstand ca. 10 cm)
- ca. 80 cm hoher Maschendraht

Kletterhilfen für Bohnen:

- Holzstangen
- Metallstäbe
- gespannte Seile oder Schnüre
- Rankgitter aus Holz oder Metall

Kletterhilfen für Erbsen und Stangenbohnen

Spätestens wenn Erbsenpflänzchen 10 cm hoch sind, brauchen sie eine Hilfe (siehe »Kletterhilfen«), an der die Ranken sich festhalten und nach oben wachsen können, sonst fallen die Triebe auf den Boden und verheddern sich miteinander. Die Erbsenschoten werden schmutzig oder faulen am Boden.
Stangenbohnen benötigen etwa 2 m hohe Kletterhilfen, an denen sie sich emporwinden können. Manche Ranken brauchen gelegentlich etwas Nachhilfe – beachten Sie, dass sich Bohnen entgegen dem Uhrzeigersinn emporranken.

Expertentipp

Sie können Bohnenstangen auch in Form eines Wigwams aufstellen.

Was tun, wenn die Samen zu dicht aufgehen?

Bei der Reihenaussaat von Gemüse kommt es sehr oft vor, dass die aufgehenden Samen viel zu dicht stehen. Damit z. B. aus einer dicht stehenden Reihe langbeiniger Möhren- oder Radieschensämlinge tatsächlich einmal passable Möhren oder Radieschen werden, müssen Sie aktiv eingreifen: Zupfen Sie vorsichtig die überzähligen und zu eng stehenden Sämlinge heraus. Diese Prozedur müssen Sie im Laufe des Wachstums einige Male wiederholen, und zwar so lange, bis die übrigen Pflänzchen ausreichend Platz haben, eine schöne dicke Möhre oder ein kugelrundes Radieschen auszubilden. Beim Herausziehen lockert sich meist die umgebende Erde. Drücken Sie die verbleibenden Pflanzen also wieder etwas im Boden fest, damit sie unbeschadet weiterwachsen können.

So kommen Sie zu dicken, hellen Lauchstangen

Für die Entwicklung dicker und heller Lauchstangen sind Pflanztiefe und Pflanzweite entscheidend. Setzen Sie daher Ihre Lauchpflänzchen am besten in ca. 15 cm tiefe Furchen. Der Abstand zwischen den Reihen sollte 30–40 cm, der Abstand in der Reihe ca. 15 cm betragen. Häufeln Sie im Verlauf der weiteren Kultur immer wieder lockere Erde an der Stängelbasis der Pflanzen an. Beginnen Sie damit, wenn die Jungpflanzen voll entwickelt sind.
Bei anderen Gemüsearten wie z. B. Möhren wird ein Vergrünen des oberen Teils durch das Anhäufeln verhindert. Tomaten, Gurken, Bohnen oder Kohl bilden durch Anhäufeln mehr Wurzeln in Stängelnähe aus und bekommen dadurch eine bessere Standfestigkeit auf dem Beet.

Sorgen Sie für eine gute Durchlüftung des Bodens

Durch regelmäßiges oberflächliches Hacken verhindern Sie, dass der Boden rissig und hart wird oder nach starken Niederschlägen verschlämmen kann, und sorgen dafür, dass eine gleichmäßige Feuchtigkeit und Durchlüftung des Bodens erhalten bleibt. Verwenden Sie eine leichte Hacke oder einen Grubber.
Achten Sie beim Hacken darauf, dass Sie wirklich nur die oberste Bodenschicht (ca. 2 cm) lockern. Dann werden die nützlichen Bodenlebewesen, die in 10–15 cm Bodentiefe am stärksten vertreten sind, weder gestört noch geschädigt.

Expertentipp

Wenn Sie nicht so viel hacken wollen, dann mulchen Sie möglichst viel unbedeckten Boden.

Die Gießkanne: praktisch und altbewährt

Das Gießen gehört während der Hauptwachstumszeit zur täglichen Arbeit im Küchengarten. Wenn Sie nur einige wenige Beete oder einen kleinen Küchengarten zu versorgen haben, ist nach wie vor das Gießen per Gießkanne die praktischste Methode. Besser als das Wässern des ganzen Bestandes ist ein gezieltes Gießen jeder einzelnen Pflanze, möglichst auf die umgebende Erde und nicht über Blätter und Triebe. Sollen nährstoffbedürftige Kulturen im Sommer mittels einer »Kopfdüngung« nachgedüngt werden, so greifen Sie auch hier zur altbewährten Gießkanne, um schnell wirksame Mineraldünger, die im Wasser gelöst werden, bedarfsgerecht an die einzelnen Pflanzen auszubringen. Das gilt ebenso für stärkende Pflanzenbrühen und Pflanzenjauchen.

Kräuter pflanzen, pflegen & vermehren

Pflegefahrplan

einpflanzen: von April bis Oktober
aussäen: frostharte Kräuter von März bis August direkt ins Freie
gießen: typische »Sonnenkräuter« nur wenig, Topfkräuter nach Bedarf
düngen: im März/April mit Kompost oder organischem Dünger, im Mai/Juni nährstoffbedürftige Kräuter mit schnell wirkendem Mineral- oder Flüssigdünger
zurückschneiden: im April kurz vor dem Austrieb, nach der Blüte, krautige Pflanzen bei jeder Ernte
teilen: von April bis Oktober

Das Gros der Kräuter ist recht pflegeleicht. Wenn Sie beim Einpflanzen die nötige Sorgfalt walten lassen und in den darauffolgenden Tagen die Kräuter gut angießen, ist die meiste Arbeit bereits getan.
Viele Kräuter sind auch wahre »Hungerkünstler«, d. h., sie sind mit einem Minimum an Nährstoffen zufrieden, ja, sie benötigen geradezu solch magere Verhältnisse, um sich zu ihrer vollen Pracht zu entfalten. Was sie an ihren kargen Standorten allerdings dringend brauchen, ist möglichst viel Sonne und Wärme.
Haben Sie Ihren Kräutern einen Platz an der Sonne verschafft und sie gedeihen prächtig, dann verschenken Sie doch mal selbst gezogenen Kräuternachwuchs oder umranden Ihre Beete mit duftigen Kräuterhecken! Aus den eigenen Kräuterpflanzen selbst wieder Jungpflanzen zu ziehen, ist nicht nur praktisch und spart Geld – es macht vor allem viel Spaß!

Kräuter aus dem Topf richtig pflanzen

Lockern Sie die Erde im Beet mit einer Grabegabel auf und heben Sie ein Pflanzloch aus, das etwas größer als der Topfballen ist.
Wässern Sie in der Zwischenzeit die Topfpflanze (am besten 1/2 Stunde in einen mit Wasser gefüllten Eimer stellen), damit sie sich gut aus dem Topf löst und der Wurzelballen durchfeuchtet ist. Nehmen Sie die Pflanze dann aus dem Topf und lockern Sie stark durchwurzelte Topfballen etwas auf. Setzen Sie die Pflanze so tief ins Pflanzloch, wie sie vorher im Topf stand. Füllen Sie die ausgehobene Erde wieder ein und gießen Sie die Pflanze anschließend mit der Gießkanne ohne Tülle kräftig an.

Kräuter gießen und düngen – wie viel und wie oft?

Die Mehrzahl der Küchenkräuter ist ausgesprochen trockenheitsverträglich. Neben richtigen »Sonnenkindern« wie z. B. Lavendel, Salbei oder Rosmarin, die auch heiße Sommertage unbeschadet überstehen, gibt es die Gruppe der eher »krautig« wachsenden Pflanzen wie Pfefferminze oder Zitronenmelisse. Diese dürfen nicht völlig austrocknen – herabhängende Blätter machen schnell auf Wassermangel aufmerksam. Als Düngung reicht es für fast alle Kräuter aus, wenn Sie den Boden oder die Pflanzerde vor dem Pflanzen mit Kompost anreichern oder einen organischen Langzeitdünger (z. B. Hornspäne) ausbringen.

So bleiben Ihre Kräuter in Form

Alle Kräuter, die im unteren Teil verholzen, gehören zu den Halbsträuchern, die gelegentlich einen Rückschnitt brauchen, um ihre ansprechende Form zu behalten. Hierzu zählen z. B. Lavendel, Mehrjähriges Bohnenkraut, Rosmarin, Salbei, Thymian oder Ysop.
Greifen Sie zur Schere, wenn die Pflanzen nicht mehr kompakt, dicht und buschig aussehen, sondern im unteren Bereich verkahlen und/oder sehr hoch werden. Schneiden Sie am besten alle 2–3 Jahre im März/April, bevor die Pflanzen wieder kräftig austreiben, etwa 1/3 des Strauches zurück.

Aus eins mach zwei – Kräuter teilen

Ausgesprochen »krautig« wachsende Kräuter, wie Liebstöckel, Petersilie, Pfefferminze, Schnittlauch oder Zitronenmelisse, lassen sich ganz leicht »vervielfältigen«. Sie brauchen dafür lediglich einen Spaten oder ein scharfes Gartenmesser. Zerteilen Sie den Wurzelstock in zwei oder mehrere Einzelstücke, die Sie separat wieder einsetzen (gut angießen!). Der günstigste Zeitpunkt zum Teilen ist im Herbst (September/Oktober).

Expertentipp

Wenn es sich um kräftige Exemplare handelt, können Sie die Kräuter auch im April teilen.

Kräuter aus Stecklingen ziehen

Mehrjährige Kräuter können relativ leicht durch Stecklinge vermehrt werden. Verwenden Sie dazu nicht mehr ganz weiche, diesjährige Triebspitzen. Schneiden Sie den Steckling kurz unterhalb eines Blattes oder Blattpaares mit einem scharfen Messer oder der Gartenschere ab. Das abgeschnittene Triebstück sollte mindestens 3–4 Blattpaare haben. Füllen Sie einen Blumen- oder Jiffy-Topf randvoll mit Anzuchterde, stecken das Triebstück ein und stellen Sie den Topf hell und warm auf. Halten Sie dann die Erde gleichmäßig feucht.

Wintertipps für Kräuter und Gemüse

Im Winter ist die Gartensaison in der Regel beendet. Das stimmt nicht ganz, denn selbst im Winter können Sie noch einige Pflanzen kultivieren und ernten. Von einigen Gemüsearten gibt es Spät- oder Wintersorten, die oft noch bis in den Dezember hinein auf den Beeten stehen und geerntet werden können – insbesondere die Kohlgewächse tun sich hier mit einigen Vertretern hervor. Auch eine ganze Reihe von Wintersalaten liefern in der kalten Jahreszeit noch herzhaftes Grün.
Einen Winterschutz brauchen nur ausdauernde, aber nicht winterharte Kräuter und winterfeste Kräuter, die auf Balkon und Terrasse in Töpfen kultiviert werden.

Das schützt gegen Kälte

Mulch, Stroh, Laub, Reisig, Holzwolle, Vlies: zum Abdecken empfindlicher Pflanzen auf den Beeten wie z. B. Artischocke, Currykraut, Französischer Estragon

Reisig, Vlies, Folientunnel: zum Abdecken von Kulturen, die während der Wintermonate noch geerntet werden, wie z. B. Feldsalat

Strohmatten, Vlies: zum Einpacken kälteempfindlicher Topfkräuter wie z. B. Buntlaubiger Salbei, Französischer Estragon

Noppenfolie, Sackleinen, Styroporkisten: zum Schutz der Topfballen von Balkon- und Terrassenkräutern

Vitaminreicher Winterkohl

Beim Kohl gibt es spezielle Lager- oder Wintersorten, die bis Dezember frisch vom Beet geerntet werden können.
Säen Sie diese Sorten Ende April auf Anzuchtbeete im Freien aus. Setzen Sie die Jungpflanzen dann ab Mitte Mai bis Ende Juni an ihren endgültigen Platz. Insbesondere für Lagerkohl sind schwere Lehmböden mit hohem Humusanteil günstig. Denn eine entsprechende Nährstoffversorgung lässt das Kraut nicht nur kräftig wachsen, sondern wirkt sich auch ganz entscheidend auf die spätere Haltbarkeit und Lagerfähigkeit der Kohlköpfe aus.
Ernten Sie Winterkohl nicht vor Ende Oktober/Anfang November! Leichte Fröste schaden ihm nicht. Ernten Sie aber nicht bei Frost, da gefrorene Krautköpfe stundenlang zum Auftauen brauchen.

Knackiger Feldsalat

Feldsalat, der für die Winterernte vorgesehen ist, wird von Mitte August bis Mitte September direkt aufs Beet ausgesät.
Achten Sie beim Samenkauf darauf, entsprechende Wintersorten auszuwählen. Meist sind es die kompakt und rosettenartig wachsenden mit etwas kleineren Blättern, wie z. B. 'Dunkelgrüner Vollherziger' oder 'Verte de Cambrai/Cavallo'.
Feldsalat gedeiht fast in jeder humosen Gartenerde und ist meist mit den Nährstoffen zufrieden, die von der vorangegangenen Kultur noch im Boden sind. Um die Rosetten vor Kahlfrösten und intensiver Sonneneinstrahlung zu schützen, decken Sie, wenn kein Schnee liegt, das Beet etwa ab Mitte Dezember mit Reisig oder Gärtnervlies ab.

Kräuter in Töpfen überwintern

Bei Kräutern in Töpfen und Kübeln, die draußen überwintern, müssen Sie vor allem den Wurzelballen vor dem Durchfrieren bewahren. Wickeln Sie den Topf in Noppenfolie, Jute oder Strohmatten ein und stellen Sie ihn auf ein Brett oder eine Styroporplatte. Soll die Pflanze selbst auch geschützt werden, umwickeln Sie sie locker mit Gärtnervlies. Denken Sie daran, die Pflanzen gelegentlich etwas zu gießen (vor allem bei intensiver Wintersonne). Nicht ausreichend winterharte Kräuter überwintern Sie am besten in einem hellen, frostfreien (2–8 °C) Raum (siehe Bild).

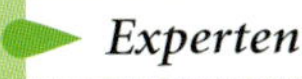

Expertentipp

Laubabwerfende Pflanzen, wie die Zitronenverbene, dürfen ruhig auch dunkler stehen.

Lauch überwintern

Lauch ist eigentlich eine zweijährige Pflanze, d. h., er ist im Grunde in der Lage, einen Winter zu überdauern, wenn Sie die richtigen Sorten wählen. Ausreichend winterfest sind z. B. 'Alaska', 'Blaugrüner Winter/Eskimo', 'Blaugrüner Winter/Natan'. Sie überstehen normalerweise Minustemperaturen von 15–20 °C gut.
Mit einer guten Reisigabdeckung oder noch besser einem Vlies- oder Folientunnel versehen, können sie dann von Dezember bis in den März/April hinein laufend frisch geerntet werden. Der Boden sollte allerdings nicht gefroren sein, weil die Lauchstangen beim Rausziehen sonst leicht abreißen.
Zum Winter hin ist Lauch übrigens besonders aromatisch, da viele seiner charakteristischen Inhalts- und Geschmacksstoffe dann zunehmen.

Schnittlauch antreiben

Wollen Sie an Weihnachten gern frischen Schnittlauch ernten? Dann graben Sie etwa Mitte September einige zweijährige Pflanzen aus und lagern Sie sie an einem trockenen Platz im Freien, z. B. in einem abgedeckten Frühbeet oder an einer geschützten Stelle unter einem Vordach. Selbst wenn die Pflanzen niedrige Temperaturen und Frost abbekommen oder die Wurzelballen sogar gefrieren – das schadet nicht! Kürzen Sie ab Mitte November die Wurzeln ein, schneiden die vergilbten Blätter ab und stellen die Wurzelballen anschließend ca. 12 Stunden in 35–40 °C warmes Wasser. Topfen Sie die Pflanzen dann ein, stellen Sie sie bei Zimmertemperatur an einen hellen Platz am Fenster und halten Sie sie gleichmäßig feucht. Innerhalb kurzer Zeit treibt appetitlich frisches Schnittlauchgrün!

Obstbäume pflanzen und pflegen

Pflegefahrplan

Gießen: in den ersten Jahren bei längerer Trockenheit und Hitze

Boden lockern: vor der Pflanzung, sonst nur in den ersten Jahren, am besten im Herbst (mit Grabegabel)

Mulchen: 1–3 cm hoch

Düngen: Kompost 1-2-mal jährlich (max. 10 cm) aufbringen oder organisch/mineralischen Volldünger im März/April flach einarbeiten

Schneiden: in den ersten 5–7 Jahren im Februar/März, danach alle 2–3 Jahre (sortenabhängig)

Obstbäume sind langlebige und nicht ganz billige Pflanzen, die im Laufe der Zeit auch eine nicht unerhebliche Größe erreichen können. Überlegen Sie daher gut, wo Sie die Bäume platzieren wollen. Bedenken Sie Beschattung, Laubfall und Grenzabstände. Können Sie auch in 10 Jahren noch in die Krone steigen, um saftige Birnen oder knackige Äpfel zu ernten, oder soll's dann doch lieber eine niedrige Sorte oder Spalierobst sein?

Obstbäume, die als Wurzelware mit blanken Wurzeln verkauft werden, beziehen am besten im Herbst oder Frühling ihr neues Zuhause. Weil die Bäume dann kein Laub mehr bzw. noch kein Laub tragen, verdunsten sie kaum Wasser und können so die Zeit, bis sich nach dem Pflanzen neue Wurzeln gebildet haben, besser überstehen. Gerade in den ersten Jahren nach der Pflanzung sollten Sie ein Auge auf die jungen Bäume haben. Schützen Sie sie vor Wildverbiss und Sonnenbrand, mulchen Sie auf den Flächen unter den Bäumen, gießen Sie bei länger anhaltender Trockenheit und sorgen Sie dafür, dass die Bäume regelmäßig im Spätwinter (Februar/März) fachgerecht geschnitten werden.

So pflanzen Sie einen Obstbaum

Das Pflanzloch muss so tief sein, dass die Wurzeln darin Platz haben, ohne umgeknickt zu werden, und dass die Veredlungsstelle etwa 10 cm über dem Boden liegt. Lockern Sie Wände und Untergrund auf, stellen Sie die Pflanze hinein und schlagen Sie einen Stützpfahl möglichst nahe am Stamm etwa 50 cm tief in den Boden. Füllen Sie nun Erde auf und drücken sie gut fest. Am besten schlämmen Sie die Erde zwischendurch immer wieder mit Wasser ein. Formen Sie dann einen Wall um die Pflanzstelle herum – er erleichtert als »Gießrand« das Bewässern. Gießen Sie anschließend nochmals durchdringend, ohne allerdings die Erde wieder auszuspülen.

Unterm Obstbaum blüht es

Setzen Sie Kapuzinerkresse, Ringelblumen, Studentenblumen oder Meerrettich auf die Baumscheiben der Obstbäume, damit der Boden nicht offen liegt und austrocknet oder verschlämmt. Den gleichen Zweck erfüllt zwar auch eine Mulchschicht, aber bei einer Bepflanzung können Sie sich noch an den bunten Blumen erfreuen. Außerdem hat die Blatt- und Blütenpracht weitere Vorzüge: Kapuzinerkresse hält Blutläuse fern, Ringelblume und Studentenblume vertreiben schädliche Fadenwürmer im Boden, und Meerrettich wirkt vorbeugend gegen Monilia-Fruchtfäule.

Obstbaumschnitt – wozu?

Sorgen Sie durch regelmäßigen Schnitt für ein lockeres, tragfähiges Kronengerüst, das überall gleichmäßig Licht und Sonne bekommt. Die Bäume fruchten länger, da sie zur laufenden Regeneration angeregt werden. Die Früchte reifen besser aus und bleiben gesünder, weil die Blätter nach Regen schneller abtrocknen.

Expertentipp

Obstbäume schneiden ist eine Sache der Praxis – lassen Sie sich das nötige Know-how vom Fachmann in speziellen Schnittkursen beibringen.

Schützen Sie die Rinde vor Verbiss

Liegt Ihr Garten am Ortsrand, in der Nähe des Waldes oder in der Nachbarschaft großer Parkflächen, sollten Sie junge Obstbäume gegen Wildverbiss schützen. Nur zu gerne knabbern Rehe, Hasen und Kaninchen die Rinde vom Stamm und den Ästen. Ein junger Baum erholt sich von diesem Schaden meist nicht mehr und geht ein. Im Fachhandel gibt es spiralig gewundene Kunststoffummantelungen für die Bäume, die kinderleicht und schnell angebracht werden können und wirkungsvoll vor den gierigen Feinschmeckern schützen. Sie können den Baum aber auch mit Jutebandagen umwickeln.

Obstbäume im weißen Kleid

Wenn im Winter tagsüber die Sonne scheint, heizt sich die dunkle Rinde der Bäume stark auf. Wenn es nachts dann friert, entsteht in Rinde und Holz ein starkes Temperaturgefälle. Dies führt oftmals dazu, dass die Rinde und oft der ganze Stamm aufplatzen (»Frostrisse«).
Ein heller Anstrich an Stamm und Kronenansatz (siehe Bild), der die intensiven Sonnenstrahlen reflektiert, beugt vor. Verwenden Sie Kalkmilch als Anstrich oder Fertigpräparate aus dem Fachhandel. Sie können die Stämme auch mit Bastmatten umwickeln.

Beerensträucher gut gepflanzt und gepflegt

Robuste Beerensorten

Brombeeren: 'Loch Ness'

Himbeeren: 'Autumn Bliss' (herbsttragend), 'Rubaca', 'Rumiloba', 'Heritage' (2 x tragend), 'Himbo Top' (2 x tragend)

Rote Johannisbeeren: 'Rotet', 'Rolan'

Schwarze Johannisbeeren: 'Ometa', 'Titania'

Weiße Johannisbeeren: 'Witte von Huisman'

Stachelbeeren: 'Invicta' (weiß), 'Remarka' (rot), 'Rixanta' (gelb), 'Rolonda' (rot)

Nicht jeder hat ausreichend Platz für einen Obstbaum. Für Johannis- oder Stachelbeeren, Himbeeren und Brombeeren findet sich aber immer irgendwo ein Plätzchen im Garten.

Nutzen Sie die Vielfalt des Sortiments und wählen Sie möglichst verschiedene Beerenarten und -sorten mit unterschiedlichen Reifezeiten aus. Das hat den Vorteil, dass Sie mehrere Wochen lang in Beerengenuss schwelgen können und nicht alles auf einmal ernten müssen. Achten Sie auf robuste und resistente Sorten!

Denken Sie beim Pflanzen daran, dass Sie die Sträucher beim Ernten und Pflegen auch von allen Seiten gut erreichen können.

Halten Sie die meist starkwüchsigen Beerensträucher im Zaum und lichten Sie sie regelmäßig kräftig aus – dann sind sie auch viel leichter zu beernten. Geben Sie Brombeeren und Himbeeren eine Kletter- und Standhilfe.

So pflanzen Sie einen Beerenstrauch

Ob Sie wurzelnackte, ballierte oder Containerware pflanzen, der Vorgang ist stets der gleiche:

- Heben Sie mit dem Spaten ein Loch aus, das tief genug ist, damit die Wurzeln ohne Umknicken darin Platz haben, und lockern Sie Wände und Untergrund des Pflanzlochs auf.
- Beerensträucher dürfen etwas tiefer gesetzt werden, als sie zuvor in der Baumschule oder im Topf standen, um bodennahe Neutriebe anzuregen.
- Halten Sie die Pflanze gerade und füllen Sie die ausgehobene Erde wieder ein. Wenn Sie den Aushub zuvor noch mit verrottetem Kompost vermischen, hat der Strauch für die erste Wachstumsphase bereits eine gute Starthilfe.
- Gießen Sie die aufgefüllte Erde immer wieder mit Wasser ein, damit die Wurzeln gut eingeschwämmt werden; das gilt vor allem für wurzelnackte Beerensträucher.

- Drücken Sie die Erde gut an.
- Formen Sie einen Wall um die Pflanzstelle herum, der später als »Gießrand« fungiert, und gießen Sie gut an – am besten mehrmals hintereinander, damit der Gießrand nicht abgeschwemmt wird.

Expertentipp

Beerensträucher im Container können das ganze Jahr über gepflanzt werden; wurzelnackte oder ballierte Sträucher pflanzt man am besten im Herbst oder Frühling.

So lichten Sie Johannisbeeren aus

Schneiden Sie die vorhandenen Leittriebe bei Schwarzen Johannisbeeren in den ersten Jahren im Frühling um ca. 1/3 zurück. Bei schwach wachsenden Sorten von Roten und Weißen Johannisbeeren kürzen Sie die Leittriebe um 1/3 bis 1/2 ein. Entfernen Sie im Februar/März schwache und herunterhängende Triebe und alle Basistriebe, die älter als 4 Jahre sind. Rote und Weiße Johannisbeeren fruchten hauptsächlich an zwei- und dreijährigen Trieben, weshalb eine gute Verzweigung wichtig ist. Schwarze Johannisbeeren fruchten an einjährigen Trieben (helle Rinde), die Sie bei der Ernte abschneiden sollten.

Himbeeren – ein- und zweimal tragende

Himbeerfrüchte entstehen meist an einjährigen Trieben. Schneiden Sie abgeerntete Triebe gleich nach der Ernte bodeneben ab. Entfernen Sie auch gleich absterbende und vertrocknende Triebe. Zweimal tragende Sorten fruchten bereits im Herbst des ersten Jahres im oberen Teil der Triebe. Schneiden Sie diesen Teil nach der Ernte ab. Lassen Sie den restlichen Trieb auf jeden Fall stehen, da er im nächsten Jahr im unteren Bereich Früchte trägt.

 *Expertentipp*

Bereits regelmäßig Früchte tragende Himbeeren sollten ca. 10 Triebe pro Pflanze haben.

Brombeeren brauchen geregelte Bahnen

Brombeeren bilden kräftige, bis über 2 m lange Triebe aus. Lenken Sie diese Wuchsfreudigkeit in geregelte Bahnen! Am besten spannen Sie zwischen zwei Holzpfosten 2–3 kräftige Drähte, die Sie in 40, 80 und 160 cm Höhe entlang der Beerensträucher ziehen.
An den Pflanzen belassen Sie im ersten Jahr 3–4, später maximal 6 kräftige Triebe und binden oder klammern diese an die gespannten Drähte. Diese Ranken werden im darauffolgenden Jahr Früchte tragen, da Brombeeren an den zweijährigen Trieben fruchten.

Süße Leckereien – Erdbeeren

Wenn die ganze Süße des Sommergartens in einer Frucht steckt – dann ist es die Erdbeere! Schon ein kleines Beet mit Erdbeeren liefert jährlich eine Fülle köstlicher Früchte, und bereits im Jahr nach der Pflanzung können Sie mit einer ansehnlichen Ernte rechnen. Am besten wachsen Erdbeeren auf humosen Lehmböden, die gut durchlüftet sind, sich schnell erwärmen und nach Regenfällen rasch wieder trocknen. Außerdem haben Erdbeeren eine Vorliebe für leicht saure Böden. Sie brauchen viel Licht und bevorzugen möglichst sonnige Plätze. Bei zu viel Schatten kümmern sie oft vor sich hin und sind besonders anfällig für verschiedene Pilzkrankheiten.

Richtig pflanzen

Wählen Sie zum Pflanzen einen bedeckten Tag und die frühen Vormittags- oder Abendstunden.
Legen Sie die Erdbeerpflanzen am besten entlang einer mit Schnur markierten Pflanzreihe aus und achten Sie in der Reihe auf ausreichende Pflanzabstände (25–35 cm).
Der Reihenabstand sollte 40–60 cm betragen, dann lassen sich die Pflanzen gut pflegen und ernten.
Heben Sie für jede Pflanze ein Loch aus, das so tief ist, dass die Wurzeln locker nach unten hängen können und weder umgeknickt noch hineingezwängt werden. Die Herzknospe sollte knapp über der Erde sitzen! Füllen Sie mit Erde auf und drücken Sie die Pflanze gut fest.
Gießen Sie danach reichlich mit der Gießkanne ohne Tülle um die Pflanze herum, damit die Wurzeln gut eingeschlämmt werden.

Tolle Nachbarn

Gerade Erdbeerfrüchte werden leider häufig Opfer verschiedener Mehltau- und Schimmelpilze. Aber keine Sorge, hier steht Ihnen neben der Auswahl resistenter Sorten, dem Pflanzen mit weiten Abständen und dem Mulchen des offenen Bodens noch ein weiteres vorbeugendes Mittel zur Verfügung: Setzen Sie einfach die richtigen Nachbarn zwischen die Erdbeerpflanzen! Das sind in diesem Fall Knoblauch oder Zwiebeln, deren intensiv duftende Lauchöle eine stark pilz- und keimtötende Wirkung haben (siehe vorderer Bildrand sowie Seite 88/89).
Mit ihren schlanken Trieben und Blättern beanspruchen die Vertreter der Lauchfamilie selbst auch nur wenig Standraum, weshalb sie gut zwischen den Erdbeerpflanzen wachsen können, ohne bei Pflege- oder Erntearbeiten zu stören.

1 x 1 der Erdbeerpflege

Pflanzen: von Juli bis August

Gießen: regelmäßig und häufig; nicht auf Laub, Blüten und Früchte gießen

Bodenpflege: nur ganz oberflächlich hacken, besser mit Stroh oder Rindenkompost mulchen oder mit Mulchfolie abdecken

Düngen: Ende Juli/Anfang August mit Kompost oder organischem Spezial-Volldünger

Kultur: spätestens nach 3 Jahren neue Kultur beginnen – Standort wechseln!

Erdbeeren im Mulchbett

Erdbeerpflanzen bilden zahlreiche Wurzeln aus, die fast ausschließlich dicht unter der Bodenoberfläche verlaufen. Bearbeiten Sie den Boden daher nur ganz flach, damit Sie die Wurzeln nicht verletzen, einfacher machen Sie es sich allerdings mit Mulchen. Eine Mulchschicht verhindert Unkrautwuchs zwischen den Erdbeerreihen und sorgt gleichzeitig für eine ausgewogene Bodenfeuchtigkeit, was den feinen, oberflächennahen Wurzeln sehr zugutekommt. Sie können mit Rindenkompost (weitgehend zersetzter Rindenmulch), Heu-, Laub- oder Holzhäcksel mulchen.

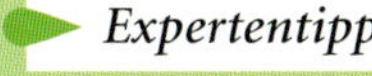
Expertentipp

Schwarze Mulchfolie aus Kunststoff eignet sich ebenso. Sie erhöht zudem noch die Bodentemperatur.

Gesunde Früchte auf Holzwolle

Wenn Sie gesunde Erdbeeren ohne Faulstellen ernten wollen, die auch nach einem sommerlichen Regenschauer nicht völlig schlammverkrustet sind, dann greifen Sie zu Holzwolle oder Stroh.

Decken Sie den Boden rund um die Erdbeerpflanzen nach dem Blühbeginn, noch besser bereits ab Mitte Mai dick mit Stroh oder Holzwolle ab. So bleiben die Früchte sauber und trocken, gleichzeitig schaffen Sie durch die Mulchwirkung ein gutes Bodenklima. Der Boden trocknet bei Hitze nicht so schnell aus und hält die Feuchtigkeit länger. Die Pflanzen haben deutlich weniger Stress.

Mit einer Holzwolle- oder Strohschicht beugen Sie auch dem Befall mit verschiedenen bodenbürtigen Schadpilzen, wie z. B. dem gefürchteten Grauschimmel, auf einfache und wirkungsvolle Weise vor.

Erdbeeren selbst vermehren

Eine Erdbeerpflanzung ist spätestens nach 3 Jahren »erschöpft« – Größe und Anzahl der Früchte gehen deutlich zurück. Sie sollten daher nach 2 Jahren an einem anderen Platz ein neues Erdbeerbeet anlegen.

Jungpflanzen für das neue Beet erhalten Sie ganz einfach: Erdbeerpflanzen bilden im Juni/Juli kleine Tochterpflanzen an langen oberirdischen Seitentrieben aus. Trennen Sie die jungen Pflänzchen (Ausläufer) von der Mutterpflanze ab, sobald sie kräftig und gut bewurzelt sind, und setzen Sie sie dann auf das neue Beet. Sie können die Ausläufer aber auch gleich in Töpfe hineinwachsen lassen, die Sie rund um die Mutterpflanze aufstellen. Gießen Sie den Erdbeernachwuchs in jedem Falle sehr gut: Die abgetrennten Jungpflanzen dürfen nie so trocken stehen, dass sie welken.

Ungebetene Gäste und Schadpilze

Inmitten all des Lebens, das sich im Küchengarten sozusagen von selbst einstellt, finden sich immer auch unerwünschte »Gäste« und Schadpilze, die dem Gartenbesitzer das Leben schwer machen können. Wer baut schon gerne Salat und Gemüse für Blattläuse oder Schnecken an? Oder wer ist erfreut, wenn Mehltau, Braunfäule oder Rostpilze auftreten? Andererseits lässt sich auch nicht mit Appetit aus dem eigenen Garten naschen und ernten, wenn dort die chemische Keule geschwungen wird. Durch gezielte Sortenauswahl, die richtigen Kulturmaßnahmen, eine ausgewogene Düngung und die Förderung von Nützlingen können Sie sehr viel dazu beitragen, dass sich Schädlinge und Krankheiten in Grenzen halten.

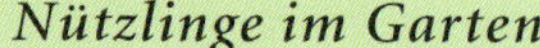

Nützlinge im Garten

- Fledermäuse
- Florfliegen, v. a. ihre Larven
- Frösche
- Igel
- Kröten
- Laufkäfer
- Marienkäfer, v. a. ihre Larven
- Ohrwürmer
- Raubmilben
- Raupenfliegen
- Schlupfwespen
- Schwebfliegen
- Vögel

Blattläuse rechtzeitig erkennen

Wer ein wachsames Auge hat, dem fallen die grünen oder schwarzen Lästlinge schnell auf: Befallene Blätter kräuseln sich oft ein, Triebspitzen verkümmern, und nicht selten entsteht ein klebriger Belag (Honigtau) auf den Pflanzen und darunter. Obwohl die Pflanzen durch das Saugen der Läuse geschwächt werden, gehen sie nur selten wirklich ein.
Streifen Sie die Läuse einfach von Hand von den Trieben, spritzen Sie die Läuse mit einem scharfen Wasserstrahl ab oder sprühen Sie befallene Pflanzenteile mit Brennnesseljauche (siehe Seite 128) ein.
Fördern Sie Nützlinge (siehe links)!

Expertentipp

Vermeiden Sie Stickstoffüberdüngung Ihrer Pflanzen – sie sind sonst besonders anfällig für Läuse!

Schnecken – nächtliche Räuber

Schnecken sind die besonderen »Freunde« jeden Gärtners. Großen Schaden richten vor allem die Nacktschnecken an, die sich bevorzugt nachts oder an Regentagen über junge Blätter, Triebe und Früchte hermachen. So mancher Gärtner erklärt ihnen den Krieg mittels Gartenschere. Sie können ihnen aber auch mit Schneckenzäunen, Schneckenkorn und Bierfallen oder durch Absammeln, Ausbringen von scharfem Sand oder Mulchen mit scharfkantigem Schilfhäcksel zu Leibe rücken.
Kulturmaßnahmen wie morgendliches Gießen, Einebnen der Saat- und Pflanzflächen und feinkrümelige Bodenbearbeitung schaffen ein zumindest schneckenunfreundliches Milieu. Nicht zuletzt sind Indische Laufenten, Igel und Kröten (!) große Schneckenvertilger.

Mehltau – Echter oder Falscher?

Mehltau ist ein Schadpilz, der stauende Luft und Feuchtigkeit liebt. Wenn die Blätter auf der Unterseite einen graubraunen Belag haben und nach kurzer Zeit absterben, handelt es sich um den Falschen Mehltau. Ein weißlich-mehliger, abwischbarer Belag blattoberseits, der auch bei trockener Witterung auftritt, deutet auf Echten Mehltau hin.
Nicht immer können Sie diese Schadpilze vollständig abwehren, da die Witterung eine entscheidende Rolle spielt. Aber viele Kulturmaßnahmen wirken vorbeugend:
Setzen Sie die Pflanzen nicht zu dicht. Benetzen Sie beim Gießen Blätter und Stängel möglichst nicht. Gießen Sie morgens. Achten Sie auf eine ausgewogene Düngung. Wählen Sie resistente Sorten. Entfernen Sie befallene Pflanzen und Pflanzenteile möglichst rasch.

Kraut- und Braunfäule

Die Kraut- und Braunfäule an Tomaten, Paprika und Auberginen ist ebenfalls das Werk eines Schadpilzes. Es erscheinen braune oder schwarze Flecken zuerst auf den älteren Blättern, später auch auf Stängeln und Früchten. Die Blätter verdorren oder verfaulen, das Fruchtfleisch wird erst hart, später faulig, zuletzt stirbt die ganze Pflanze ab.
Der Schadpilz breitet sich meist ab Ende Juni über staubfeine Sporen aus, die der Wind sehr weit trägt. Zum Keimen brauchen die Pilzsporen Feuchtigkeit. Gefahr besteht in der Regel nur dann, wenn die Pflanzen feucht sind. Schützen Sie Ihre Pflanzen daher vor Feuchtigkeit. Pflanzen Sie sie nicht zu dicht. Gießen Sie nur in den Boden. Spritzen Sie einmal pro Woche vorbeugend mit Schachtelhalmbrühe oder Knoblauchtee (siehe Seite 128).

Rost – auch ein Schadpilz

Bohnen, Lauch oder Pfefferminzpflanzen sind manchmal mit braunen oder schwarzen Pusteln und Flecken übersät. Hier haben sich Rostpilze niedergelassen. Die Pflanzen werden geschwächt, befallene Pflanzenteile sind meist nicht mehr zum Verzehr geeignet.
Wie viele andere Schadpilze werden auch Rostpilze durch den Wind verbreitet und fühlen sich bei feuchtwarmer Witterung so richtig wohl. Achten Sie auf große Pflanzabstände, damit eine gute Luftzirkulation vorhanden ist. Düngen Sie ausgewogen. Pflanzen Sie resistente Sorten. Entfernen Sie befallenes Pflanzenmaterial sofort – geben Sie es aber nicht auf den Kompost!
Vorbeugend wirken regelmäßige Spritzungen mit Schachtelhalmbrühe (siehe Seite 128).

Kommen Sie den Schädlingen zuvor

Pflanzenbrühen

Ackerschachtelhalmbrühe: vorbeugend alle 2 Wochen gegen Pilzerkrankungen, Verdünnung 1:5

Beinwelljauche: liefert Stickstoff und Kali, Verdünnung 1:20 (als Kopfdüngung)

Brennnesseljauche: liefert Stickstoff, wirkt gegen Läuse, Verdünnung 1:20

Knoblauchtee: wirkt unverdünnt gegen Pilzerkrankungen

Rainfarnbrühe: wirkt unverdünnt gegen Läuse und Milben und andere Insekten

Sobald zartes Gemüse und knackiger Salat im Küchengarten gedeihen, stellen sich oft auch viele unerwünschte »Mitesser« ein, denen die leckeren Gartenprodukte mindestens ebenso gut schmecken wie Ihnen. Doch keine Sorge – mit den passenden Methoden verderben Sie ihnen gezielt den Appetit, und das weitgehend auch ohne die Verwendung chemischer Pflanzenschutzmittel!
Mechanische Maßnahmen wie z. B. Fallen, Netze, Köder oder Schutzzäune sind äußerst wirkungsvoll, wenn sie zum richtigen Zeitpunkt eingesetzt werden. Informieren Sie sich daher, wann welcher Schädling aktiv ist, dann können Sie entsprechend reagieren.
Es gibt aber auch viele freiwillige Helfer, die Ihnen beim Dezimieren der Schädlinge helfen (siehe Seite 126). Fördern Sie diese Nützlinge in Ihrem Garten durch Pflanzenvielfalt, Nahrungsangebot, Rückzugsmöglichkeiten, Schlupfwinkel und den Verzicht auf chemische Pflanzenschutzmittel!

Pflanzenbrühen – stärkend und schützend

Für Ackerschachtelhalmbrühe brauchen Sie ca. 1 kg frisches (oder 200 g getrocknetes) Kraut. Weichen Sie die zerkleinerten Pflanzen 24 Stunden in 10 Liter kaltem Wasser ein, kochen das Ganze anschließend auf und lassen es ca. 30 Minuten köcheln. Abkühlen lassen und durch ein Sieb schütten – fertig!
Für Brennnesseljauche werden ca. 1 kg zerkleinerte Pflanzen mit 10 Liter Wasser angesetzt und 10–20 Tage stehen gelassen, bis die Jauche vergoren ist.
Knoblauchtee stellen Sie her, indem Sie ca. 70 g Knoblauchzehen zerkleinern, 1 Liter heißes Wasser darübergießen und das Ganze mindestens 5 Stunden ziehen lassen.

Die Mischung schützt

Bei der Mischkultur (siehe Seite 88/89) fördern und ergänzen sich verschiedene Gemüsearten nicht nur in ihrem Wachstum, sondern können auch ganz gezielt Schädlinge fernhalten. Meist geschieht das durch den pflanzeneigenen Geruch, der die Schädlinge abschreckt oder irritiert. Ein ideales Paar sind z. B. Möhren und Zwiebeln. Andere Pflanzen wiederum wirken durch ihre Wurzelausscheidungen oder ihre spezielle Art und Weise, den Boden intensiv zu durchwurzeln, positiv und fördernd auf die allgemeine Bodengesundheit. Zu ihnen zählen z. B. Ringelblumen, Studentenblumen und Lauch.

Großes Netz gegen kleine Fliegen

Kleine Gemüsefliegen, deren Larven an Bohnen, Kohlgewächsen, Lauch, Möhren, Radieschen, Rettichen und Zwiebeln fressen, können einem den Gartenspaß ziemlich verderben.
Spezielle feinmaschige Gemüseschutznetze schaffen hier Abhilfe. Breiten Sie sie gleich bei der Aussaat oder Pflanzung locker über die Beete und befestigen Sie sie am Rand mit Steinen oder Brettern. Bei höher werdendem Gemüse können Sie sie auch über Drahtbögen spannen. Auch andere anfliegende Schädlinge, wie z. B. Blattläuse und Kohlweißling, haben so keine Chance.

Bierfalle, Schneckenzaun, Absammeln ...

Gegen Schnecken hilft so manches – oder auch nicht. Probieren Sie das Mittel der Wahl für sich selbst aus. Manche schwören auf mit Bier gefüllte Becher, die im Boden eingesenkt werden. Beim Einsatz von Schneckenzäunen sollten Sie darauf achten, dass keine hohen Pflanzenteile drüberhängen und den Schnecken als »Brücke« dienen können. Sehr effektiv, jedoch zeitaufwendig ist das morgendliche Absammeln unter geschützten Plätzen.

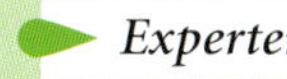 *Expertentipp*

Im Fachhandel gibt es inzwischen auch ein wirksames regenfestes und Nützlinge schonendes Schneckenkorn.

Verpassen Sie dem Kohlrabi einen Kragen!

Wenn Sie runde Scheiben aus Pappe oder Teerpappe, die Sie selbst herstellen oder fertig im Fachhandel beziehen können, eng sitzend um die Stängelbasis junger Kohl- und Kohlrabipflanzen legen, können Kohlfliegen ihre Eier nur weiter entfernt von den Pflanzen im Boden ablegen. Die schlüpfenden Larven sterben meist ab, bevor sie die »Futterquelle« erreichen.
Damit diese Maßnahme zuverlässig wirkt, müssen Sie die Kohlkragen etwa zu Beginn der Rosskastanienblüte anbringen, denn dann legen die Kohlfliegen ihre Eier ab.

Wenn der Wurm drin ist …

Verlieren Sie nicht gleich bei der ersten Blattlaus die Lust am Gärtnern, fördern Sie stattdessen Nützlinge und sorgen Sie für einen optimalen Gesundheitszustand Ihrer Pflanzen.
Ein sachgerechter Schnitt bei Obstbäumen fördert z. B. deutlich deren Widerstandsfähigkeit gegenüber Krankheiten und Schädlingen. In einer optimal geschnittenen Obstbaumkrone bekommen alle Partien genug Licht und Luft und trocknen nach Regen schnell und gleichmäßig ab.
Vermeiden Sie bei der Düngung ein »Zuviel« an Stickstoff, denn das führt zu übermäßigem Wachstum der Triebe, die dadurch wieder zu potenziellen Kandidaten für Läuse, Pilzkrankheiten & Co. werden.
Kaufen und pflanzen Sie nur Gehölze, die frei von Schädlingen und Krankheiten sind, und haben Sie immer ein Auge auf Ihre Pflanzen.

Resistente und robuste Obstsorten

Äpfel: 'Pilot', 'Piros', 'Pinova', 'Reanda', 'Reglindis', 'Remo', 'Retina', 'Rewena'

Birnen: 'Alexander Lukas', 'Frühe aus Trevaux', 'Gellerts Butterbirne'

Sauerkirschen: 'Karneol', 'Kobold', 'Ludwigs Frühe', 'Vowi'

Süßkirschen: 'Burlat', 'Sam', 'Vanda'

Zwetschgen: 'Elena','Hanita', 'Katinka', 'Presenta', 'Valjevka'

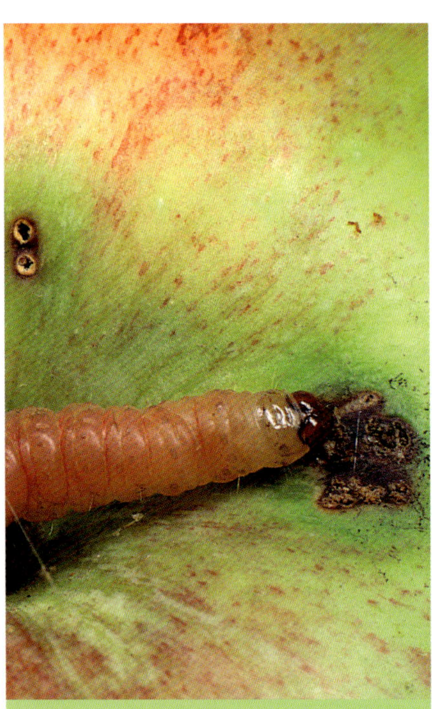

Apfelwickler

Bei dem »Wurm im Apfel« handelt es sich um das Raupenstadium eines kleinen Falters, des Apfelwicklers. Dieser ist von Ende Mai bis Anfang August in der Dämmerung unterwegs und legt seine Eier an Blättern und jungen Früchten ab. Die hellrote, ca. 2 cm große Raupe frisst sich ins Innere der Früchte ein und verlässt sie im Herbst, um in der Rinde zu überwintern und sich zu verpuppen. Bleibt wurmiges Fallobst im Herbst liegen, wandern die Raupen zurück auf die Bäume.
Sammeln Sie daher Fallobst immer auf. Bringen Sie von Ende Juni bis nach der Ernte ca. 20 cm über dem Boden am Baumstamm Wellkarton-Fanggürtel an und sammeln Sie wöchentlich darin verfangene Raupen ab. Fördern Sie natürliche Feinde wie Vögel und Fledermäuse und pflanzen Sie wenig anfällige Sorten.

Kirschfruchtfliege

Bei verwurmten Kirschen ist die Made der nur ca. 5 mm großen Kirschfruchtfliege die Ursache des Übels. Diese fliegt von Mitte Mai bis Juli und legt ihre Eier an den reifenden Kirschen ab. Die Maden fressen in den Früchten und verpuppen sich ab Juli im Boden, wo sie auch überwintern. Bei ausreichender Bodenerwärmung schlüpfen dann neue Kirschfruchtfliegen aus.
Durch einen Bewuchs auf den Baumscheiben können Sie eine frühe Erwärmung des Bodens hinauszögern, sodass die Fliegen erst schlüpfen, wenn die Kirschen das für sie interessante Stadium überschritten haben. Entfernen Sie unbedingt auch vorzeitig herabfallende Früchte und wurmiges Fallobst.
Früh reifende Kirschsorten und Bäume an luftigen Standorten sind kaum gefährdet.

Birnengitterrost

Erst kleine, dann größer werdende orangegelbe Flecken auf der Oberfläche von Birnenblättern sind ein Zeichen für den Befall mit dem Birnengitterrost. Im Herbst entstehen auf den Blattunterseiten höckerähnliche, braune Gebilde, aus denen sich staubfeine Pilzsporen verteilen und neue Infektionen hervorrufen. Vernichten (nicht kompostieren) Sie konsequent befallenes Falllaub. Was es im Hausgarten fast unmöglich macht, den Birnengitterrost auszurotten, ist ein besonderer »Trick« des Pilzes: Er überwintert auf Zierwacholder. Dort bildet er braune, klumpig-gallertartige Gebilde.

Expertentipp

Wenn Sie Birnbäume pflanzen wollen, sollte in der Nähe kein Zierwacholder angepflanzt sein.

Monilia-Fruchtfäule

Wer kennt sie nicht, die unschönen, eingetrockneten faulen Früchte, die nicht einmal herunterfallen, sondern oft monatelang einfach in den Kronen der Apfelbäume hängen bleiben? Diese »Fruchtmumien« fungieren dann im folgenden Frühling auch gleich als neue Infektionsherde des Monilia-Schimmelpilzes, der Kern- und Steinobst befällt.
Die Blüten welken, werden braun und vertrocknen, bleiben aber auch noch lange im Baum hängen. Spät befallene Früchte verschrumpeln oft erst auf dem Lager und werden schwarz. Der Pilz tritt verstärkt bei Regen und Wind zur Blütezeit oder nach Verletzung der Früchte auf. Entfernen Sie unbedingt sofort alle befallenen Früchte und Zweige. Kontrollieren Sie eingelagertes Obst regelmäßig auf faulende Früchte.

Grauschimmel

Beim Grauschimmel (Graufäule) handelt es sich um einen Schadpilz und typischen »Schwächeparasiten«. Haben Sie deshalb bei starkem Befall ein Augenmerk auf die Standort- und Wachstumsbedingungen der Pflanzen. Besonders anfällig sind überdüngte Pflanzen, ebenso Kulturen in sehr nassen Jahren oder nach Dauerregen.
Wählen Sie resistente Sorten aus. Setzen Sie Knoblauch zwischen die Erdbeerreihen. Sorgen Sie dafür, dass die Pflanzen nach Regen schnell wieder abtrocknen, indem Sie weite Pflanzabstände einhalten. Seien Sie sparsam mit der Stickstoffdüngung. Sorgen Sie für eine gute Bodenstruktur und schaffen Sie eine lockere Bodenbedeckung, z. B. durch Mulchen. Vernichten Sie befallene Pflanzenteile sofort (nicht auf den Kompost!).

Keine Chance für Obstschädlinge

Wer ist wann aktiv?

Apfelblütenstecher: Mitte März bis Mitte April

Apfelwickler: Mitte Mai bis Mitte Juni (1. Generation); Anfang Juli bis Anfang August (2. Generation)

Blattläuse: April bis Ende August

Frostspanner: Sept. bis Dez. (Falter), März bis Mai (Raupe)

Kirschfruchtfliege: Mai bis Juli

Pflaumenwickler: Mitte Mai bis Mitte Juni (1. Generation); Juli bis August (2. Generation)

Schildläuse: Juli/August

Spinnmilben: Mai bis Ende August

Wurmiges Obst hat schon manchem Hausgärtner den Appetit verdorben. Doch werfen Sie nicht gleich beim ersten Wurm im Apfel die Flinte ins Korn!
Gerade Obstbäume und -sträucher sind begehrte Lebensräume für eine Vielzahl tierischer Bewohner, und wenn Sie die nützlichen unter ihnen gezielt fördern, haben viele Schadinsekten das Nachsehen.
Einige Obstschädlinge lassen sich verhältnismäßig einfach mit dem Einsatz von Fanggürteln, Leimringen, Gelbtafeln oder Pheromonfallen im Zaum halten – wenn Sie sie zum richtigen Zeitpunkt einsetzen und fachgerecht warten.
Wenn Sie Ihre Obstgehölze wirkungsvoll schützen wollen, ist das Wichtigste jedoch eine regelmäßige Kontrolle Ihrer Pflanzen. Nur so können Sie erste Anzeichen von Schädlingsbefall frühzeitig erkennen und weiteren Schäden sinnvoll vorbeugen.

Holen Sie sich Nützlinge in den Garten

Haben Sie eine Meise oder besser mehrere in Ihrem Garten, dann haben Sie schon einen hervorragenden »Pflanzenschutzdienst«, was Schadinsekten wie Blattläuse, Raupen und Obstmaden betrifft. Bieten Sie daher ausreichend Nist- und Unterschlupfmöglichkeiten an, damit sich Meisen und andere Singvögel in Ihrem Garten heimisch fühlen. Passende Nistkästen für verschiedene Vogelarten gibt es als Bausätze zum Selbermachen oder bereits fertig im Fachhandel. Befestigen Sie die Kästen gut – am besten an einem Pfahl – und bringen Sie darunter einen »Katzenschutz« an. Natürliche Futterquellen und Nistmöglichkeiten für Vögel schaffen Sie, wenn Sie Sträucher pflanzen, die den Vögeln durch ihre Stacheln und Dornen sichere Verstecke bieten.
Im »Erdgeschoss« kann sich auch ein anderer »Nützling« – der Igel – ein geschütztes Quartier einrichten. Auch

wenn sich dieses Stacheltier hin und wieder an den Früchten des Gartens gütlich tut (siehe Bild), ist sein Nutzen für den Küchengärtner weitaus größer. Ein locker aufgeschichteter Haufen aus Gehölzschnitt und Laub in einer ruhigen Gartenecke bietet ihm tagsüber Schutz und das passende Quartier zum Überwintern. Steinhaufen oder Trockenmauern sind ideale Versteck- und Unterschlupfmöglichkeiten für Insekten fressende Tiere wie Blindschleiche, Eidechse, Kröte und Spitzmaus.

Kirschfruchtfliegen sehen gelb!

Kirschfruchtfliegen lassen sich leicht von gelben Kunststofftafeln anlocken, die mit Leim bestrichen sind, sodass die Fliegen kleben bleiben. Damit die Kirschen allerdings wirkungsvoll geschützt werden, müssen Sie die Leimtafeln rechtzeitig vor der Flugzeit der Insekten in die Bäume hängen. Das ist meist von Anfang Mai bis Ende Juni der Fall, wenn die Kirschen sich gerade von Gelb nach Rot verfärben. Genau in diesem Stadium werden sie von den Kirschfruchtfliegen zur Eiablage angesteuert. Hängen Sie je nach Baumgröße bis zu sechs solcher Fallen in jeden Baum – bevorzugt an der Südseite.

In die Falle gelockt

Verursacher von verwurmtem Obst sind meist die Raupen kleiner Falter wie Apfelwickler, Apfelschalenwickler oder Pflaumenwickler. Sie können mit Lockstofffallen aus Kunststoff gefangen werden, die im Inneren mit Leim beschichtet und mit einem Duftstoff versehen sind, der die männlichen Falter anlockt. Die Falter bleiben kleben und sterben – sie können nicht mehr für Nachwuchs sorgen.

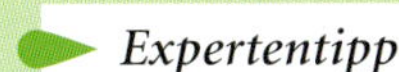
Expertentipp

Zur intensiven Bekämpfung von Obstmaden sind Fanggürtel oder im Handel erhältliche Nützlinge (Schlupfwespen) besser geeignet.

Auf den Leim gegangen

Die flügellosen Weibchen des Frostspanners, die im September/Oktober an den Obstbäumen hinaufklettern und dort ihre Eier ablegen, lassen sich mit Leimfallen fangen. Die Fallen können Sie aus festen Papierstreifen und Leim selbst herstellen oder fertig im Fachhandel kaufen. Wichtig ist, dass Sie sie in 1 m Höhe so fest am Stamm anbringen, dass keine Ritzen darunter entstehen.
Nehmen Sie die Leimringe im Dezember ab und verbrennen Sie sie, damit nicht unnütz andere Insekten daran kleben bleiben.

Endlich Erntezeit!

Sie haben Ihren Küchengarten über Wochen und Monate hinweg sorgsam gepflegt, gedüngt und gegossen, Schädlingen und Krankheiten den Kampf angesagt, gewonnen und verloren – endlich kommt der Zeitpunkt, für den Sie die ganze Mühe auf sich genommen haben: die Ernte!
Manche Gemüsearten sollten Sie in einem ganz bestimmten Reifestadium ernten, um den vollen Geschmack genießen zu können. Andere dagegen können Sie ruhigen Gewissens über längere Zeit auf den Beeten stehen lassen und nach und nach abernten.
Bei würzigen Kräutern hängt die Qualität bzw. der Aromagehalt von der Tageszeit ab, zu der sie geerntet werden. Manche von ihnen schmecken nur frisch gut, andere können ohne Weiteres eingefroren oder getrocknet werden, ohne an Aroma zu verlieren.
Welches Obst und Gemüse kann noch länger gelagert werden und wie?

Was eignet sich zum Lagern und wie lange?

Äpfel: Lagersorten 5–8 Monate
Birnen: Lagersorten 2–6 Monate
Quitten: bis zu 8 Wochen
Kohlgemüse: Lagersorten von Rot- und Weißkraut, Kohlrabi, Rosenkohl 2–4 Monate
Winterkürbis: bis zu 6 Monate
Wurzel- und Knollengemüse: Lagersorten von Möhre (6–7 Monate), Sellerie (3–4 Monate), Rote Bete (3–5 Monate), Knollenfenchel (4–8 Wochen)
Zwiebelgemüse: Lagerzwiebel und Knoblauch 6–7 Monate

Es kommt auf die Tageszeit an

Ernten Sie Würz- und Teekräuter am besten vormittags, dann sind Aroma und Würzkraft am besten. Bei mehrjährigen Kräutern können Sie mit einer Schere oder einem scharfen Messer Blätter, Triebspitzen oder ganze Triebe abschneiden.
Von einjährigen Kräutern, z. B. Basilikum, werden nur einzelne Blättchen oder Triebspitzen abgezupft. Wollen Sie die Kräuter aufbewahren und trocknen, sollten sie zum Erntezeitpunkt völlig trocken sein, damit sie später nicht schimmeln oder faulen. Breiten Sie zum Trocknen saubere und gesunde Blätter, Stängel, Blüten oder ganze Pflanzenteile an einem warmen, trockenen, schattigen Ort aus. Trocknen Sie Kräuter auf keinen Fall in der prallen Sonne oder bei großer Hitze. Sie verlieren sonst einen Großteil ihres aromatischen Öls – und damit Geschmack.

Warten Sie nicht zu lange

Warten Sie bei Zucchini nicht zu lange mit der Ernte und lassen Sie die Früchte nicht zu groß werden (das gilt auch für Gurken und Sommerkürbisse).
Zucchini sollten nicht viel länger als 15–20 cm sein – je kleiner sie geerntet werden, desto zarter sind Fleisch und Schale und desto weniger Kerne haben sie. Außerdem entwickeln sich bei laufender Ernte auch ständig neue, knackige kleine Zucchini an einer Pflanze.
Wenn Sie schon nach der Blütenbildung Holzwolle, Stroh oder Mulchfolie unter die Pflanze legen, dann ernten Sie einwandfreie Früchte, die weder verschmutzt, angefault noch angefressen sind.

Zwiebeln zum Einlagern

Ernten Sie Zwiebeln, die Sie einlagern wollen, sobald das Laub zu welken beginnt. Wählen Sie für die Zwiebelernte am besten einige möglichst trockene Tage aus. Dann können Sie die aus dem Boden genommenen Zwiebeln noch einige Tage gleich auf dem Beet liegen und dort trocknen lassen.

Binden Sie die Zwiebeln dann am Laub zu Bündeln oder kunstvollen Zöpfen zusammen und hängen Sie sie an einem trockenen, luftigen Platz auf.

Sind die Zwiebeln richtig trocken, dann lagern Sie sie an einem kühlen, trockenen Ort. Trockenen Zwiebeln schadet auch Frost nicht. Kontrollieren Sie immer wieder auf faulende Exemplare und sortieren Sie diese sofort aus. Bei hohen Temperaturen und hoher Luftfeuchtigkeit treiben die Zwiebeln schnell aus.

Äpfel sind eigen!

Äpfel brauchen einen luftigen und kühlen (2–6 °C) Platz mit etwa 90 % Luftfeuchte. Legen Sie die Früchte nach Möglichkeit einzeln auf Lattenrosten oder Holzwolle aus. Lagern Sie nur unbeschädigte, gesunde Früchte ein! Kontrollieren Sie sie regelmäßig. Lagern Sie Äpfel separat, da sie einen »Reifestoff« abgeben, der die Haltbarkeit anderer Früchte und Gemüse deutlich verringert. Birnen sind nur begrenzt lagerfähig, sie brauchen möglichst niedrige Temperaturen (2–3 °C). Vollreif geerntete Quitten können Sie in kühlen Räumen bis zu 10 Wochen lagern.

Expertentipp

Kleine Mengen Äpfel können Sie gut 4–8 Wochen in einem kühlen Raum in Plastikbeuteln mit Löchern lagern.

Gemüse im Keller

Am besten zur Gemüseeinlagerung ist ein möglichst kühler Kellerraum (4–10 °C) mit ca. 80 % Luftfeuchte. Kartoffeln brauchen es ziemlich dunkel, damit sie nicht frühzeitig zu keimen beginnen.

- Wurzelgemüse wie Karotten, Knollensellerie und Rote Bete halten sich besonders lange knackig, wenn Sie sie in eine Kiste mit feuchtem Sand legen.
- Winterkürbis hält sich bei etwas wärmeren Temperaturen (10–12 °C) bis zu 6 Monaten.
- Knoblauch lagern Sie am besten ziemlich kühl (-1 bis 0 °C), bei höheren Temperaturen treiben die Knollen leicht aus.
- Kohlköpfe können Sie dunkel und kühl in Körben oder Kisten im Keller aufbewahren.

Alles gelagerte Gemüse immer wieder einmal kontrollieren!

Gewa

ser anlegen und pflegen

Spiegelndes und plätscherndes Vergnügen

Worin liegt die Zauberkraft des Wassers? Ist es die fließende Bewegung, die selbst beim kleinsten Gartenbach niemals zu enden scheint? Ist es die glatte Wasserfläche, in der sich der Himmel spiegelt? Ist es der Gedanke an die Wildheit der Natur oder an die strenge Ruhe eines leise plätschernden Brunnens im Kreuzgang eines Klosters?
Jeder findet andere Antworten, wenn er sich einen Teich oder Bach im Garten anlegt oder auch nur ein kleines Wasserspiel aufstellt.

Was in der frühen Phase der Menschwerdung schiere Notwendigkeit war – sauberes Trinkwasser zu finden –, hat viele spätere Kulturen dazu veranlasst, Wasser mit einer mythologischen Bedeutung zu belegen. Das reicht von Flussgöttern, die fruchtbaren Schlamm brachten, über Quellgötter und -nymphen bis hin zur christlichen Taufe mit Wasser. Wer einen Teich oder einen Bachlauf anlegt oder einige Kübel mit Sumpfstauden bepflanzt, ist sich dieser Zusammenhänge zwar nicht unbedingt bewusst, die tief verwurzelte Wertschätzung von Wasser ist jedoch Teil unseres biologischen und kulturellen Erbes – Wasser ist Leben.

Wasser – faszinierend in vielen Formen

Der Faszination des Wassers kann sich kaum einer entziehen. Wasser ist ein äußerst flexibles Gestaltungselement, sowohl ruhend als auch fließend. Es wirkt aus sich heraus, bildet aber auch den Rahmen für verschiedenste Pflanzen und dekorativen Schmuck.

- Teiche überziehen sich bereits beim leisesten Windhauch mit gekräuselten Wellen, und das Spiegelbild des Himmels löst sich auf. Schwimmblätter und Seerosenblüten, vielleicht einige Fische, der harmonische Übergang zwischen Wasser und Uferbepflanzung bieten dem Auge immer wieder neue Ansichten und Haltepunkte. Die bunte Tierwelt, die sich mit der Zeit am Gartenteich einfindet, sorgt immer wieder für neue Überraschungen.
- Bäche, Kaskaden und Brunnen laden mit gurgelnden Geräuschen und fröhlichem Plätschern zum Ausruhen und Entspannen ein.
- Wasser ist sogar auf kleinstem Raum noch attraktiv: Sprudel- oder Mühlsteine sowie Wandbrunnen bieten optische und akustische Reize. In Kübeln wachsende Wasserpflanzen holen den Teich auf die Terrasse, ohne jedoch dessen Raum zu beanspruchen.

Das gewisse Etwas: Wasser im Garten

Teiche und Bachläufe prägen wie kaum ein anderes Element den Charakter und das Erscheinungsbild des Gartens. Ihre Anlage will gut überlegt sein: Sie ist je nach Größe mit umfangreichen Erdbewegungen verbunden. Eine einmal getroffene Entscheidung kann oft nur unter großem Aufwand rückgängig gemacht werden. Wollen Sie die gesamte zur Verfügung stehende Gartenfläche als »Wassergarten« gestalten? Oder wollen Sie das Wasser als ein Gestaltungselement neben anderen in Ihrem Garten integrieren?

Stehendes oder bewegtes Wasser?

Die Art des gewünschten Gewässers bestimmt ganz maßgeblich den späteren Charakter Ihres Gartens.

- **Ein natürlich wirkender Teich** braucht eine unregelmäßig fließende Umrissform und eine abgestufte Tiefenstruktur, die vom tiefen Wasser über Zwischenstufen bis ins Flachwasser reicht. Vielleicht schließen Sie sogar noch eine Sumpfzone an. Dass ein solcher Teich nicht auf kleinem Raum gestaltet werden kann, dürfte auch dem Einsteiger klar sein. Es macht außerdem wenig gestalterischen Sinn, einen »Naturteich« mitten in eine gepflegte Rasenfläche zu setzen, er braucht eine entsprechende Randbepflanzung, die ihn harmonisch in den Garten einbindet.
- **Reine Zierteiche** lassen sich auch auf kleinem Raum verwirklichen. Ihre Stärke ist die hohe Variabilität: Sie können als Blickpunkt in einer Wiese oder mit Wandbrunnen vor einer Mauer liegen. Lange, in Blickrichtung verlaufende, schmale Teichbecken lassen kleine Gärten größer erscheinen. Quer verlaufende Teiche wirken dagegen wie Riegel, die eine Fläche untergliedern. Ein erhöhter Rand aus Ziegelsteinen, der gleichzeitig als Sitzplatz dient, rückt den Zierteich in die Mitte des Geschehens. Flach mit dem Erdboden abschließende Zierteiche werden bei zurückhaltender Bepflanzung zu flächenhaften Elementen, gewissermaßen zu Beeten aus Wasser.
- **Wasserfälle, Kaskaden, Springbrunnen, Sprudel- oder Quellsteine** bereichern den Garten um das Element der Bewegung. Rauschendes, plätscherndes oder tröpfelndes Wasser kann je nach Stimmungslage sehr anregend oder beruhigend sein. Wasserfälle und Kaskaden, die in Kombination mit Teichen angelegt werden, vereinen den gestalterischen mit einem ökologischen Zweck: Sie reißen Luft unter Wasser und reichern es auf diese Weise mit Sauerstoff an. Springbrunnen sind eher frei stehend oder für Zierteiche geeignet.
- Langsamer fließende **Bäche** stellen einen guten Kompromiss zwischen ruhigem und rasch bewegtem Wasser dar: Als Fließgewässer haben sie dem Auge viel zu bieten, sind aber leise genug, um gestresste Gartenbesitzer nicht zu stören. Bei der Gestaltung reicht das Spektrum von naturnahen Bächen bis hin zu Wasserrinnen, die in festen Betten strömen und mehr als »fließende Zierteiche« in Erscheinung treten.
- Bleiben die **Mini-Teiche** in Kübeln und Bottichen auf der Terrasse oder neben Sitzplätzen im Garten. Sie sind besonders gut für noch unentschlossene Gärtner geeignet: Sie bekommen einen Eindruck von einer »echten« Wasserfläche, ohne sich bereits festlegen zu müssen.

Wassergarten oder Wasser im Garten?

Mit der Festlegung der Wasserfläche und dem Standort der geplanten Anlage im Garten werden die Weichen für die Gestaltung endgültig gestellt: Wollen Sie lieber einen Wassergarten oder doch eher Wasser im Garten?

Der Teich – ein Kunstwerk

Formale Wasseranlagen können regelrechte Kunstwerke sein. Randmaterial oder die Gestaltung der Wasserfläche machen sie zum integralen Bestandteil der Terrasse. Wasser und seine direkte Umgebung sollten eine Einheit bilden: Verwenden Sie dieselben Materialien wie für die Terrasse und dimensionieren Sie das Wasserbecken nicht zu groß – es muss sich einfügen, nicht dominieren. Gestalten Sie z. B. eine Fließstrecke durch zwei bis drei kleine Becken mit verbindenden Wasserrinnen und Kaskaden und setzen Sie die Bepflanzung zurückhaltend ein – flaches Wasser mit gewaschenem Kies sieht sogar ohne Pflanzen bestens aus.

Trotz seiner geschwungenen Form wirkt dieses Teichbecken sehr formal. Es passt damit hervorragend zu dem gepflegten Rasen und den sauber gestutzten Randpflanzen.

- Beim **Naturteich** entspricht die Größe der Wasserfläche nicht der endgültigen Teichanlage. Die Randbepflanzung und Einbindung des Teiches in die Umgebung vergrößern die Fläche merklich.
Beim Naturteich sollte der Betrachter direkt auf die Wasserfläche schauen können, der Hintergrund durch Pflanzen mit zunehmender Höhe abgeschlossen sein. In kleinen Gärten werden Naturteiche daher auf den Hauptsitzplatz hin orientiert, und die äußersten Hintergrundpflanzen stehen an der Gartengrenze. In größeren Gärten kann der Teich durch Gehölze (auch die Hintergrundbepflanzung) abgetrennt und somit aus der direkten Sichtachse genommen werden. Allerdings brauchen Sie hier unbedingt einen speziellen Sitzplatz am Teich.
- Der **Zierteich** ist immer nur so groß wie sein Umriss, es sei denn, Sie gestalten seinen Rand umfänglicher mit Steinen und Platten, Bohlen, Palisaden oder Holzdecks. Ähnlich wie Wasserspiele bildet er einen Blickpunkt überall dort, wo es Ihnen wünschenswert erscheint.
- Bei **Bächen und größeren Kaskaden** stellt sich die Situation etwas komplizierter dar. Als Faustregel können Sie für die Planung ansetzen: Je natürlicher, je länger und je gewundener der Bachlauf, desto größer die erforderliche Gesamtfläche. Versuchen Sie einen natürlichen Bachlauf so anzulegen, dass Sie seinem Verlauf mit den Augen folgen können, und meiden Sie lange »Geraden«.

Im und um den Teich herum

Ein Naturteich wird üppig mit heimischen Pflanzen bestückt und mit unterschiedlichen Fischen besetzt sein. Beim Zierteich wirkt eher die freie Wasserfläche oder die eine oder andere exotische Pflanze. Nur in Zierteichen ist auch Platz für exotische Fische, wie die immer beliebteren Koi-Karpfen. Gerade sie kommen in der spartanischen Umgebung eines formalen Zierteiches besonders wirkungsvoll zur Geltung.
Natürlich ist die Gestaltung eine ganz persönliche Sache. Sie können in Ihrem Naturteich selbstverständlich auch exotische Pflanzen unterbringen – wenn sie dort standortgerecht wachsen. Oder exotische Fische halten – wenn Sie damit leben können, dass Sie diese zwischen dem Pflanzenbewuchs kaum zu Gesicht bekommen werden.

Welche Teichform soll es sein?

Platzbedarf und Pflegeaufwand

Naturteich (Folie):
mit Umgebung ab 20 m²
2–5 Stunden pro Woche

Naturteich (Fertigelemente):
mit Umgebung ab 10 m²
2–3 Stunden pro Woche

Zierteich:
ab 1–2 m²
ab 1 Stunde pro Woche (mehr bei Reinigungsarbeiten)

Moortümpel:
ab 5–10 m²
1–2 Stunden pro Woche

Wer mit dem Gedanken an Wasser im Garten spielt, denkt in den meisten Fällen zuerst einmal an die Anlage eines Gartenteiches. Ausschlaggebend für die Wahl der Teichanlage ist in erster Linie die Gartengröße. Denken Sie aber auch an den Pflegebedarf – ungepflegtes Wasser ist keine Freude mehr!
Denken Sie an einen Naturteich, der mit einem abwechslungsreichen Biotop aufwartet und viele Tiere aus nah und fern anzieht, jedoch nicht gerade pflegeleicht ist? Oder an einen formalen Zierteich, der in der Hauptsache von der Wasserfläche und seiner architektonischen Gestaltung lebt? Soll sich der Teich auch zum Schwimmen eignen? Oder reicht Ihnen ein einfaches Sumpfbeet?
Für alle Bedürfnisse bietet der Fachhandel die unterschiedlichsten Möglichkeiten in allen Größen und Preisklassen an. Informieren Sie sich ausreichend und prüfen Sie, ob Standort und Teichgröße auch harmonieren.

Natur pur – der große Naturteich mit Folie

Damit sich ein Naturteich selbst regulieren kann und so wenig Pflege wie nötig beansprucht, braucht er aber mindestens 80–100 cm Tiefe und eine Fläche von 10 m². Das entspricht in etwa einem Kreis mit ca. 3, 6 m Durchmesser oder einem Quadrat mit ca. 3,2 m Seitenlänge. Da Schwimmblätter und Randbepflanzung die freie Wasserfläche mit der Zeit stärker einengen als erwartet, empfehle ich aber mindestens 4–5 m Durchmesser.
Folienteiche (siehe Seite 162–165) bieten die beste Möglichkeit, Teiche auf unebenem Gelände mit den verschiedensten Tiefenstufen und Formen anzulegen.

Lebendiger Schwimmteich statt steriler Pool

Wer viel Platz hat, der kann das Schöne mit dem Angenehmen verbinden: Etwa die Hälfte der Teichfläche ist zum Schwimmen ausgerichtet, die andere Hälfte dient der Wasserklärung. Ein Schwimmteich sollte mindestens 2 m tief und 50–200 m² groß sein (bei 100 m² stünde eine 5 x 10 m große Schwimmfläche zur Verfügung). Es ist praktisch, die flache Reinigungszone durch eine offene Unterwasserbarriere abzutrennen. Die Anlage ist nicht ganz einfach – hier brauchen Sie schon den Fachmann!

Fertigteiche – naturnah gestaltet und bepflanzt

Fertigteiche mit naturnaher Bepflanzung bilden insbesondere für Einsteiger einen guten Kompromiss zwischen Zierteichen und »echten« Naturteichen. Fertigteiche sind zwar immer noch an feste Formen gebunden, inzwischen bieten die Hersteller aber sehr viele unterschiedliche Formen an. Außerdem sind die Wannenkörper der Fertigteiche widerstandsfähiger gegen Steine, Wühlmäuse und Wurzeln als Folien. Da die Tiefenstufen bereits in den Wannen vorgesehen sind, wird auch die Planung und Bepflanzung erleichtert.

Zierteich – architektonisches Element

Beim Zierteich liegt der Schwerpunkt weniger auf der Bepflanzung als auf der gestalterischen Wirkung des Teichbeckens. Die Umrissform versucht nicht, die Natur nachzuzeichnen, sondern steht mit regelmäßigen Rechtecken oder Kreisen in bewusstem Kontrast zu den fließenden Formen der Pflanzen. Der Zierteich kann erhöht präsentiert werden (Palisaden, Steinmauer, Bohlen) oder direkt an einen Sitzplatz anschließen.

 *Expertentipp*

Ich empfehle Ihnen, sich in Zeitschriften und im Internet über die verschiedenen Stilrichtungen zu informieren.

Wenig freie Wasserfläche – das Sumpfbeet

Eine Mini-Sumpflandschaft mit oder ohne kleinem Wassertümpel über einer Folie im Untergrund realisiert nur einen Teil der Wasserlandschaft: Das freie Wasser wird ausgespart, der Gartenbesitzer profitiert aber von allen Vorteilen der Rand- und Sumpfzone mit ihren hübschen Blüten. Sumpfbeete sind bestens für Familien mit kleinen Kindern geeignet, weil hier die Gefahr auf ein Minimum reduziert wird. Wenn später doch noch ein Teich angelegt werden soll, kann das vorhandene Sumpfbeet relativ problemlos als Sumpfzone integriert werden.

Fließgewässer – mal langsam, mal schnell

Fließendes Wasser erweitert das Spektrum sinnlicher Erfahrungen noch um einiges. Vom leisen Gurgeln eines langsam fließenden Wiesenbaches, der sich seinen Weg zwischen Steinen bahnt, über das sanfte Plätschern einer flachen Kaskade bis hin zum Rauschen eines Wasserfalls, der sich aus 50 cm Höhe in ein Becken ergießt – jedes Fließgewässer macht ein charakteristisches Geräusch.
Um den Wasserkreislauf in Bewegung zu halten, brauchen Sie eine Pumpe und Rohrleitungen, dazu einen elektrischen Anschluss.

Kriterien für den Pumpenkauf

Welchen Zweck soll die Pumpe erfüllen?
Erforderlich, weil manche Pumpen zu schwach für einen Bachlauf sind.

Wie breit und wie lang soll der Bach werden?
Diese Daten bestimmen Fördermenge und Leistung der Pumpe sowie Volumen des Auffangbeckens.

Wie hoch ist das Gefälle?
Die absolute Höhe zwischen Austrittspunkt des Wassers und dem Spiegel des Auffangbeckens.

Wie lang ist die Strecke der Leitung?
Gemeint ist die Entfernung zwischen Wasserauffangbecken und »Quelle« – je kürzer, desto besser.

Welchen Durchmesser hat die Leitung zwischen Pumpe und Quelle?
Diesen Wert kann der Händler ermitteln.

Quelle und Quellsteine – kinderfreundlicher Genuss

Eine zwischen Feldsteinen oder aus einem »Quellhang« hervorbrechende Quelle ist ein wunderschöner Ort, um in Ruhe zu lesen bzw. die Kinder im Sommer planschen und mit Wasser spritzen zu lassen.
Alle Arten von Quellen – auch in Verbindung mit kurzen Wasserläufen – gehören zu den besonders kinderfreundlichen Wasseranlagen. Wegen des kurzen Transportweges und der geringen Wassermenge reicht eine Pumpe mit geringer Leistung (vielfach im Set mit Schlauch und Düsen angeboten).

Expertentipp

Es gibt kein ästhetisches Konzept für Wasser im Garten, das die Gefährdung von Kindern rechtfertigt!

Der ruhige Wiesenbach – Romantik pur

In ebenen Gärten lässt sich ein langsam fließender Bachlauf mit sanft geschwungenen Kurven, flachem Gefälle und wechselnden Breiten am besten mit einem Folienbach realisieren. Führen Sie den Bach in großem Bogen mit zwei bis drei Kurven von der Quelle zum Auffangbecken. Bauen Sie schmale und breitere Abschnitte ein (hier finden später Sumpfpflanzen Platz), und lassen Sie das Wasser um Hindernisse wie Steine fließen, damit Wirbel und kleine Strömungen entstehen.
Der Eindruck langsam fließenden Wassers entsteht aber nur dann, wenn das Gefälle 1–2 % nicht überschreitet (Höhendifferenz 5–10 cm auf 5 m Bachlauf). Vergessen Sie nicht, einen Sitzplatz zum Genießen einzuplanen!

Der Kaskadenbach – aus Fertigteilen schnell gebaut

Wenn Sie es nicht ganz so ruhig fließen lassen wollen, dann bietet sich ein Bachlauf aus Elementen in Schalenbauweise an, die auf einfachem Sand- oder Magerbeton-Untergrund übereinandergestapelt werden (siehe Seite 166/167). Ein solcher Kaskadenbach sieht im Rohzustand zwar »künstlich« aus, ändert sein Erscheinungsbild aber vollständig, sobald Wasser fließt. Wird die Randbepflanzung mit überneigenden Stauden (Farne, Funkien, Gräser usw.) gestaltet, verschwinden die harten Kanten der Fertigteile, und der Bach stürzt über scheinbar natürliche Kaskaden ab. Legen Sie bei der Anlage eines Kaskadenbaches den »Quellhügel« nicht wie einen Fremdkörper an, sondern versuchen Sie, die Quelle z. B. zwischen Gehölzen hervorbrechen zu lassen.

Der schnell fließende Bach – für steileres Gelände

Wenn Sie ein Hanggrundstück oder ein etwas steileres Gelände im Garten haben, dann bietet sich natürlich die Anlage eines »Gebirgsbaches« an. Ähnlich wie beim Wiesenbach sollte der Bach nicht in gerader Strecke fließen. Lassen Sie kurze, hangparallele Fließstrecken in Staustufen enden und bauen Sie – je nach Bachlänge und Gefälle – immer wieder Rückhaltebecken ein. Hier kommt das Wasser zur Ruhe, und hier können auch Wasserpflanzen wurzeln.

Expertentipp

Gebirgsbäche wirken natürlicher, wenn das Wasser immer wieder hinter Bewuchs verschwindet, um an anderer Stelle hervorzubrechen.

Der Wasserfall am Teich – ökologisch wertvoll

Ein Wasserfall direkt in den Teich erfüllt zwei wichtige Aufgaben: Er plätschert anregend und reißt gleichzeitig ständig Luft ins Wasser, verbessert also die Wasserqualität. Da das fallende Wasser die Teichfläche aufwühlt, eignet er sich allerdings nur für größere Teiche oder Teiche ohne Schwimmblattpflanzen. Die Fallhöhe des Wasserfalls sollte nicht mehr als 30–40 cm betragen. Wasserfälle bieten sich überall dort an, wo ohnehin ein Bachlauf vorgesehen ist. In diesem Fall fungiert der Teich als Auffangbecken und ist Standort der Pumpe für den Bachkreislauf. Wenn Sie den Wasserfall ausschließlich als dekoratives Element (ohne Bachlauf) einsetzen möchten, sollte die Quelle hinter Pflanzen verschwinden.

Wasser im Kleinformat – Freude für alle

Wer im Garten nur wenig Platz hat, um den Traum vom Teich oder vom fließenden Bachlauf zu verwirklichen, oder wer Kleinkinder im Haus oder in der Nachbarschaft hat, der muss trotzdem nicht auf das Spiel mit dem Wasser verzichten.
Mit etwas Fantasie lässt sich auch auf kleinem Raum und kindersicher ein mehr oder weniger permanenter Wassergarten einrichten.
Bei kleinen und Kleinstanlagen sollte das Element »Wasser« durch Position und/oder Gestaltung jedoch vollständig im Blickpunkt des Betrachters stehen und den Aufenthalt im Garten oder auf der Terrasse bereichern: Das kann ein ungewöhnliches Wassergefäß sein, eine attraktive Pflanzung, ein prominent aufgestellter Sprudelstein, ein skurriler Springbrunnen, ein witziger Wasserspeier oder eine architektonisch auffällige Wassersäule.

Sprudelndes Wasser en miniature

Sprudelsteine lassen sich auf kleinster Fläche unterbringen. Das austretende Wasser sorgt für Frische und Bewegung. Der Sprudler steht in einem flachen Becken (Wasserreservoir), der Sprudelauslauf ist direkt an eine Pumpe angeschlossen. Ein Wasserstrahl dringt im Stein nach oben, fließt über ihn hinweg und gelangt wieder ins Reservoir. Über die Zusammenstellung der Teile brauchen Sie nicht lange zu grübeln – sie werden vielerorts in verschiedensten Versionen als Komplett-Set angeboten (von Findling bis Kunstobjekt).

Expertentipp

Füllen Sie das Wasserbecken mit Kieselsteinen, dann ist der Sprudler absolut kindersicher.

Mini-Teiche: den Wassergarten auf die Terrasse geholt

Viele Wasser- und Sumpfpflanzen können auch in Gefäßen gehalten werden. Wenn Sie wasserdichte Gefäße oder Einsätze verwenden, eignet sich jede Art von Behälter als Mini-Teich. Sie können den Mini-Wassergarten in ganz verschiedenen Stilen gestalten: Tropische Seerosen in glasierten, asiatisch ornamentierten Kübeln, dazu ein Papyrus oder die straffen Blätter von Sumpfschwertlilien erzeugen fernöstliches Flair. Üppig über den Rand wuchernde Sumpfpflanzen in einfachen Terrakottatöpfen oder Krügen mit bäuerlichen Mustern verwischen den Unterschied zwischen Land- und Wasserpflanzen. Zinkwannen und Holzfässer sind nicht nur rustikal-attraktiv, sondern bieten viel Platz für verschiedenste Wasserpflanzen.

Wasserpflanzen »hautnah«: der Terrassenteich

Wer eine große Terrasse, aber einen kleinen Garten besitzt, der kann sich den Teich auch auf die Terrasse holen – mit einem auf die Terrasse gestellten Teichbecken in Fertigbauweise oder einem in die Terrasse eingelassenen Teichbecken.
Das aufgestellte Teichbecken können Sie mit Palisaden oder waagerechten Holzbohlen, Natur- oder Ziegelsteinen, Betonformsteinen, Mosaiksteinen oder Metall verkleiden – ganz wie es Ihnen gefällt und wie es zum Stil des Hauses und Ihrer Terrasse passt; achten Sie aber auf Stabilität.

Expertentipp

Im Terrassenteich lassen sich bei guter Pflege auch einige Fische halten. Achten Sie auf Winterschutz!

Wasser aus der Wand, laut oder leise plätschernd

Beim Wandbrunnen scheiden sich die Geister, hier steht in der Regel der dekorative Aspekt mehr im Vordergrund als das fließende Wasser. Selbstverständlich ruft ein einfaches, geknicktes Rohr im Betrachter eine völlig andere Wirkung hervor als ein wuchtiger Löwenkopf aus Bronze, aus dessen geöffnetem Maul das Wasser strömt.
Bei jedem Wandbrunnen gibt es zwei wichtige Aspekte – die Fallhöhe des Wassers und das Auffangbecken. Die Fallhöhe bestimmt die Lautstärke des »Wasserfalls«, das Auffangbecken sollte zum Stil des Brunnens passen. Der Einbau eines Wandbrunnens macht übrigens kaum Schwierigkeiten, da er wie ein Sprudelbrunnen mit einem geschlossenen Wasserkreislauf funktioniert.

Der Springbrunnen – Wasserquelle oder Kunstwerk?

Springbrunnen auf der Terrasse oder im Blickpunkt eines Sitzplatzes überschreiten die Grenze vom Wasserspiel zur Skulptur. In der Tat reicht das Angebot von preiswerten Mini-Anlagen aus dem Baumarkt bis hin zu Einzelstücken aus Künstlerhand, die mehr kosten können als ein mittlerer Gartenteich. Da die Wahl eines Brunnens ausschließlich vom persönlichen Geschmack abhängt, ist es schwierig, allgemeingültige Tipps zu geben. Immerhin wirken Springbrunnen umso zurückhaltender, je stärker das Wasser im Vordergrund steht. Am anderen Ende des Spektrums stehen Springbrunnen in Form von Figuren, mit vielen Düsen und/oder auffällig gestalteten Auffangbecken.

Sicherheit geht vor!

Sicherheit gehört zu den Themen, die jeder anspricht und leider nur wenige wirklich beachten.
Ein unbeaufsichtigt spielendes Kleinkind kann bereits in einer handtiefen »Pfütze« oder einem großen Kübel ertrinken, und auch größere Kinder unterschätzen die Gefahr einer Wasserfläche, wenn sie versuchen, einen verirrten Spielball aus dem Wasser zu fischen. Stege und Brücken ohne Geländer sind bei Tag und trockener Witterung sicherlich ungefährlich – wie sieht es aber im Dunkeln oder an einem taunassen Morgen aus? Und wie kommt eine neugierige Katze, die nach einem Fisch geangelt hat und ins Wasser gefallen ist, wieder aus dem Teich? Beachten Sie daher immer alle Aspekte der Sicherheit – beim Bau und beim Betrieb Ihres Wassergartens.

Wasser im Garten – ein Risiko für Kinder

Gleich vorweg: Einen vollständig kindersicheren Wassergarten gibt es nicht! Sie können die Gefahren allerdings auf ein Minimum reduzieren, wenn Sie die Anlage mechanisch sichern und vor allem Kleinkinder niemals ohne Aufsicht spielen lassen.

- Eine geringe Wassertiefe allein ist kein ausreichender Schutz, da Kleinkinder durch die Schockreaktion bereits in einem nur wenige Zentimeter tiefen Wasser ertrinken können.
- Auch wenn ein Zaun mitten im Garten nicht jedermanns Sache ist, ist er die sicherste Alternative. Bauen Sie nur senkrechte Latten oder stabile Metallgitter ein (Kleinkinder dürfen nicht den Kopf durchstecken) und sichern Sie das/die Tor/e durch Schlösser. Kinder dürfen den Zaun nicht übersteigen können (Mindesthöhe 80 cm).
- Direkt unter der Wasseroberfläche verlegte, starre Teichgitter (durch Verzinken oder Kunststoffmantel vor Rost geschützt) bieten einen relativ sicheren Schutz für kleine Kinder. Einfache Baugitter, wie sie zur Monierung von Beton dienen, erfüllen diesen Zweck nicht: Der Gitterabstand ist zu groß, das Material rostet, und sie sind zu nachgiebig. Das Gitter muss (am besten vom Fachmann) so befestigt werden, dass es nicht kippen oder verrutschen kann.
- Selbst wenn Sie keine eigenen Kinder haben, sind Sie verpflichtet, Wasseranlagen so zu sichern, dass eine Gefährdung von vornherein ausgeschlossen ist (Verkehrssicherungspflicht). Sichern Sie daher den Eingang in Ihren Garten durch einen Zaun, eine unzugängliche Hecke und verschließbare Tore ab.

So wird Ihr Teich sicherer

In allen Teichgärten:

flache Uferzone einrichten, damit Tiere rausklettern können

Brücken mit Geländer versehen

Elektroanlagen vom Fachmann installieren lassen

In Gärten mit Kindern:

um große Teiche einen stabilen Zaun einrichten

bei Teichen bis ca. 10 m² Teichgitter einbauen

Beaufsichtigung der Kinder

Eine Sache für den Fachmann: Strom im Garten

Wie überall müssen alle elektrischen Geräte wie Lampen und Pumpen den elektrischen Sicherheitsstandards entsprechen. Kaufen Sie nur Geräte mit amtlichem Prüfsiegel (TÜV, GS). (Erd)Kabel, Stecker und Schalter müssen für die speziellen Belastungen im Freilandbetrieb zugelassen sein. Lassen Sie die Elektroinstallationen am besten von einem Fachbetrieb ausführen – dann kann nichts schiefgehen! Bestehen Sie auf dem Einbau eines Fehlerstromschutzschalters, der den Stromkreis bei Wassereinbruch, defekten Geräten und Kabelschäden sofort unterbricht, und lassen Sie alle Kabel in festen Kunststoffrohren verlegen.

Potenzielle Gefahrenquellen erkennen und vermeiden

Verzichten Sie im Bereich von Wasserflächen konsequent auf glatte Oberflächen, die bei feuchtem Wetter leicht rutschig werden. Wählen Sie raue Steinbeläge und Holz, dessen Oberfläche durch Rillen griffiger gemacht wurde.
Auch Stege und Brücken können problematisch sein. Sie müssen auf stabile Unterlagen gesetzt werden und das gewählte Material den Belastungen standhalten. Während Trittsteine durch einen Flachwasserbereich bei Fehltritten allenfalls nasse Füße verursachen, brauchen »echte« Brücken unbedingt ein Geländer.

Expertentipp

Algen, die sich auf Brücken und Wegen ansiedeln, lassen sich mit dem Dampfstrahler leicht entfernen.

Das flache Ufer, rettender Ausstieg für Tiere

Wasser fasziniert nicht nur den Menschen, es zieht auch zahlreiche Tiere an. Bringen Sie deshalb einen sicheren »Ausstieg« an – auch eine ungeübte Katze auf Fischjagd könnte ins Wasser plumpsen. Lassen Sie am besten einen Uferbereich sehr flach auslaufen, etwa in Form eines kiesbedeckten Ufers, das sich ca. 15–20 cm tief ins Flachwasser fortsetzt. Hier können ins Wasser gefallene Tiere den Teich relativ leicht wieder verlassen. An solchen flachen Wasserstellen finden sich auch gerne Vögel zum Trinken und Baden ein. Eine andere Möglichkeit wäre ein Brett, ein starker Ast oder eine Wurzel, die sich dekorativ wie eine Leiter zwischen der Uferbepflanzung ins Wasser schiebt.

Gut aufgehoben: Körbe und Pflanztaschen

In Körben und Pflanztaschen sind Wasserpflanzen gut aufgehoben und können gezielt in den Teich gesetzt oder am Teichrand befestigt werden. **Feste Körbe** aus Kunststoff mit Gitterwänden dämmen das Wurzelwerk und/oder Ausläufer schnell wachsender Pflanzen ein. In ihnen lassen sich die Pflanzen auch im Winter aus dem Wasser nehmen. **Softkörbe** gibt es aus Plastik oder Kokosfaser. Sie werden mit Erde gefüllt und mit einem Band zugezogen. **Pflanztaschen** aus Kokosfaser werden am Teichrand befestigt und ins Wasser gehängt. **Böschungsmatten** bedecken eine größere Fläche und werden mit und ohne eingearbeitete Pflanztaschen angeboten.

Was Sie zum Pflanzen benötigen: Erde und Handwerkszeug

Teichpflanzen werden ausschließlich in spezielle, nährstoffarme **Teicherde** gepflanzt; alternativ können Sie Lehm und Sand im Verhältnis 1:3 mischen. Seerosen gedeihen besser in **Seerosenerde** – sie enthält mehr Nährstoffe. Halten Sie zum Abdecken der Erde genügend Kieselsteine bereit (mindestens so groß wie Dicke Bohnen).

Zum Pflanzen benötigen Sie eine **Pflanzschaufel**, um Erde einzufüllen und Löcher zu graben (Ufer), ein **Pflanzholz** für Zwiebelgewächse, einen **Handgrubber** zum Lockern und ein **Gartenmesser**, um eventuell beschädigte Wurzeln abzuschneiden.

Pflanzen schneiden und ausputzen: geeignete Schnittwerkzeuge

Zur Pflege der Teichpflanzen können Sie Ihre üblichen Gartengeräte benutzen. Es gibt allerdings besondere **Teichscheren** mit langen Griffen, mit denen Sie ins Wasser »greifen« können, ohne hineinsteigen zu müssen. Für die Arbeiten an Land brauchen Sie eine **Gartenschere** (zweischneidiges Modell, »Bypass-Schere«) und eine kleine **Astschere** für Zweige. Zum Teilen von Stauden empfiehlt sich außerdem ein kräftiges **Gartenmesser** (Hippe). Zum Herausholen der Pflanzkörbe können Sie sich das **Angelgerät** selbst herstellen (Stiel und Haken aus dickem Draht).

Entfernen von Algen, Blättern und Bodenschlamm per Hand

Auch in einem gut ausbalancierten Teich lässt sich eine kurzfristige Massenvermehrung von Algen oder Schwimmpflanzen niemals ganz ausschließen. Wenn Sie rasch reagieren, sinken die organischen Bestandteile nicht ab. Schwimmende Pflanzen, Blätter und oberflächliche Algen werden mit einem feinmaschigen **Kescher** abgefischt, bei Fadenalgen hat sich ein einfacher **Gartenrechen** bewährt. Ein im Herbst aufgespanntes **Netz** verhindert, dass Laub ins Wasser fällt und zu Boden sinkt. Kleinere Mengen Bodenschlamm entfernen Sie am besten mit einem **Küchensieb**, das mit Isolierband an einem Stiel befestigt wird.

Geräte und Zubehör zur Teichpflege

Säubern von Grund und Oberfläche: Teichsauger und Skimmer

In flachen Teichen, wo der Boden gut sichtbar ist – insbesondere in formalen Zierteichen mit hellem Kieselbelag –, wirken Schmutzteilchen und Beläge sehr störend. Hier helfen spezielle **Teichsauger**, die mehrere Liter Schlamm aufsaugen können; aber auch die meisten **Großsauger** (Industriesauger) für den Gartenbedarf tun hier gute Dienste.
Damit es gar nicht erst zu starkem Bodenschlamm kommt, setzen Sie **Skimmer** ein. Diese Geräte werden ins Wasser gesetzt und saugen Algen, Pollen und Blätter von der Oberfläche ab.

Wie geht's dem Wasser: Messgeräte und Sets

Ein Teich im Gleichgewicht sollte nicht von außen beeinflusst werden – hier reicht die Tellerprobe: Ein Teller ist in 30 cm Tiefe noch sichtbar! Trotzdem wollen Sie sicherlich hin und wieder etwas über die Werte Ihres Wassers wissen. In den handelsüblichen **Test-Sets** sind je nach Preislage neben einem pH-Messstreifen auch Chemikalien zur Bestimmung von Wasserhärte, Nitratgehalt u. a. Werten enthalten. Achten Sie beim Kauf auf eine gute Arbeitsanleitung. Ein unverzichtbares Hilfsmittel ist ein **Wasserthermometer**, da der Sauerstoffgehalt des Wassers mit steigenden Temperaturen abnimmt (wichtig, wenn Sie Fische im Teich haben!).

Wasser für den Teich und seine Pflanzen

Gießen am Teich scheint keinen Sinn zu machen, aber natürlich müssen die Teichrandpflanzen genauso mit Wasser versorgt werden wie jede andere Beetpflanze auch. Somit gehören **Wasserschlauch** und **Gießkanne** auch zur Standardausstattung eines Wassergärtners. An heißen Sommertagen kann die Verdunstung von der Wasseroberfläche bzw. die Transpiration über die oberirdischen Teile der Wasserpflanzen beträchtliche Ausmaße annehmen, der sinkende Wasserspiegel muss über langsam zulaufendes Wasser aus dem Schlauch wieder erhöht werden. Das gilt auch für Fließgewässer mit geschlossenem Wasserkreislauf.

Notwendiges Zubehör zur Fischpflege

Heimische Fische in einem großen Naturteich, der an einer Stelle tiefer ist als 80 cm (Schlammbildung berücksichtigen!), kommen ohne Pflege aus. In Zierteichen müssen Wasserqualität und Sauerstoffgehalt gemessen, eingestellt und die Fische gefüttert werden.
Benutzen Sie einen **Futterring** und füttern Sie vorzugsweise **Lebendfutter** (oder tiefgekühlte Insektenlarven).
Setzen Sie im Spätherbst einen **Eisfreihalter** auf das Wasser, um einen minimalen Gasaustausch zu ermöglichen.
Wasserheizungen sind nur bei exotischen Fischen im Zierteich nötig.

Gartenteich oder Bachlauf?

Schon die Planung eines Wassergartens ist eine äußerst spannende Sache, an der die ganze Familie teilhaben kann. Besuchen Sie die entsprechenden Freianlagen in Gartencentern und fragen Sie Nachbarn oder Freunde nach ihren Erfahrungen. Spielen Sie mehrere Möglichkeiten durch, ehe Sie endgültig entscheiden. Nehmen Sie sich auf alle Fälle genügend Zeit, wenn Sie ein größeres Gewässer planen! Jede voreilige oder unüberlegte Entscheidung könnte sich später rächen!

Sie können Ihren Bach oder Teich natürlich so gestalten und anlegen, wie es Ihnen gefällt. Damit Sie aber auch die gebührende Freude an der Wasserlandschaft haben, sollten Sie sich vor allem Gedanken über den optimalen Standort machen. Haben Sie vom Haus bzw. der Terrasse aus einen freien Blick auf den Teich? Ist die Lage auch sonnig genug? Was würde der Nachbar zu lautem Froschgequake sagen? Können Sie das Gewässer auch kindersicher anlegen?

Vom Plan zur Realität

Zeichnen Sie zunächst Lage und Größe der geplanten Anlage in einen Plan Ihres Gartens ein. Übertragen Sie dann den »Plan-Wassergarten« auf den Gartenboden: Legen Sie einen Gartenschlauch aus oder spannen Sie Gartenschnur zwischen kleinen Pflöcken. Wie stellt sich Ihr Plan nun in der Realität dar?

Rechnen Sie an den Rückseiten des Teiches noch 1–1,5 m (mit Sträuchern bis 3 m) breite Pflanzflächen hinzu und korrigieren Sie ggf. die Lage Ihres »Schlauchteiches«. Kalkulieren Sie den Umfang des Teiches – wenn möglich – lieber großzügig, denn die von den Seiten einwachsenden Uferpflanzen werden die sichtbare Wasserfläche schon bald einengen. Richten Sie auf jeden Fall einen gut zugänglichen, nicht bepflanzten Uferbereich ein (z. B. mit Platten belegen) – von hier aus können Sie dann leichter die notwendigen Pflegemaßnahmen durchführen.

Bedenken Sie unbedingt, wie Sie den Teich ausheben wollen und was Sie mit dem Aushub machen. Schon ein 1 m tiefer Teich von ca. 3 m Durchmesser liefert etwa 3–4 m^3 Erde! Kleinere Teiche können Sie mit dem Spaten ausheben und mit der Erde eine Bachlandschaft modellieren, bei größeren Teichen brauchen Sie einen Mini-Bagger und müssen wahrscheinlich den Aushub abtransportieren lassen. Ist das am geplanten Standort möglich?

Von der Planung zur Praxis

Vor dem Vergnügen kommt die Arbeit – bei größeren Anlagen ist außerdem Organisationstalent gefragt: Wann muss der Minibagger bestellt werden? Wo wird die abgetragene Muttererde (Oberboden) zwischengelagert? Wohin kommt der eigentliche Aushub (Garten oder zum Abtransport)? Wie viel Material (Folien, Sand, Steine für die Randgestaltung usw.) muss bestellt und angeliefert werden? Und schließlich die entscheidende Frage: Wollen Sie den Wassergarten selbst anlegen oder von einem Gartenbaubetrieb einrichten lassen?

Für einen handwerklich geschickten Gartenbesitzer ist der Teichbau kein unlösbares Problem, und der freudige Stolz nach getaner Arbeit wiegt Schweiß und Muskelkater mehr als auf. Andererseits sollte man seine Freizeit und Möglichkeiten realistisch und ehrlich bewerten – lieber einen professionell erbauten Teich bepflanzen und pflegen, als sich zu übernehmen.

Folie ist nicht gleich Folie

PVC (Polyvinylchlorid): preiswerte Teichfolie in Schwarz, Grün, Blau oder Beige, 0,5–2 mm stark; relativ einfach zu verarbeiten und zu reparieren (Heißluftpistole, Schweißmittel, Folienkleber); nur »regeneratfreie« Folie ist beständig gegen dauerhafte Sonnenstrahlung.

PE (Polyethylen) bzw. PE-LD: umweltfreundlich, recyclebar, frost- und UV-beständig; etwas starrer als PVC , nur in Schwarz erhältlich, 0,5–1 mm stark; kann mit Heißluftpistole und Kleber verarbeitet werden.

EPDM (Kautschuk): teuerste Folie, sehr reißfest, äußerst flexibel, beständig gegen Hitze, Frost, UV-Strahlung und Wurzeldruck; umweltneutral.

Wo ist der beste Platz für den Wassergarten?

Wo der gestalterisch »beste Platz« für eine Wasseranlage ist, müssen Sie schon selbst entscheiden, es gibt allerdings einige Faktoren, die Sie grundsätzlich beachten sollten:

- **Die Geländeform:** Während ein Zierteich an beliebiger Stelle im Garten liegen darf, gehören Naturteiche stets an die tiefste Stelle. In geneigten und Hanggrundstücken gebietet dies bereits die Praxis, da andernfalls massive Stützkonstruktionen erforderlich wären. Aber auch in ebenem Gelände erwartet der Betrachter das Wasser in einer »Senke« – so wie er es aus der Natur kennt. Daher sollte zumindest ein Teil des Aushubs dazu verwendet werden, den Randbereich des Teiches als sanft ansteigenden Hang zu modellieren. Aus der Sicht des Betrachters scheint sich das Wasser dann zu Füßen einer Steigung gesammelt zu haben. Wenn Teiche in Verbindung mit einem Bachlauf angelegt werden, ergibt sich die natürliche Situation aus Gefällstrecke, Bachlauf und Sammelbecken noch zwangloser.
- **Licht und Schatten:** Am idealen Standort liegt der Teich am Vor- und/oder Nachmittag in der Sonne (5–6 Stunden pro Tag) und wird während der heißen Mittagszeit vom Haus oder von Bäumen auf mindestens einem Drittel seiner Fläche beschattet. Teiche in der prallen Mittagssonne heizen sich zu stark auf, der Sauerstoffgehalt sinkt, Tiere und Wasserpflanzen werden nicht ausreichend mit Sauerstoff versorgt. Liegt der Teich dagegen zu lange im Schatten, gedeihen weder Seerosen noch viele der attraktiven Teichrandpflanzen. In einem neuen Garten sollten Sie daher entweder südlich des Teiches einen Baum pflanzen, dessen Krone den Teich beschattet, oder den Teich im Hausschatten anlegen. In gewachsenen Gärten wird der Teich in die vorhandenen Schattenflächen eingegliedert. Übrigens kann zur Not auch ein etwas dichterer Besatz mit Schwimmblattpflanzen für beschattetes Wasser sorgen. Obwohl das fließende Wasser eines Baches für gewisse Kühlung sorgt, bleiben auch Bäche teilweise beschattet.
- **Bäume und Sträucher:** Gehölze liefern zwar den bereits angesprochenen Schatten, können andererseits aber auch Probleme bereiten. Blätter, Nadeln und Blütenstaub fallen ins Wasser und müssen regelmäßig entsorgt werden, sonst sammelt sich zu viel organischer Abfall am Teichboden an. Wurzeln könnten eine Teichfolie beschädigen oder zu den Teichrandpflanzen in Wurzelkonkurrenz treten.
- **Wasserbewegung:** Wird ein Teich weder durch einen Bacheinlauf noch eine Sprudelpumpe mit Sauerstoff angereichert, leiden Fische und Pflanzen. Bei genügend

Terrasse, Wasser und Bepflanzung bilden eine gekonnte, harmonische Einheit. Dank des auf Stelzen stehenden Holzdecks schwebt der Betrachter beim Kaffee im Wortsinne »über den Wassern«.

großen Anlagen muss daher der Wind auf die Wasseroberfläche einwirken können. Er sorgt für eine gewisse Wasserzirkulation und lässt kühleres, sauerstoffreiches Tiefenwasser aufsteigen.

- **Sitzplätze:** Eine Wasserlandschaft ohne nahen Sitzplatz wäre verfehlt. Berücksichtigen Sie daher in gewachsenen Gärten die Blickrichtungen von dem/den Sitzplatz/-plätzen aus und planen Sie in neuen Gärten unbedingt einen hübschen Sitzplatz und einen geeigneten Zuweg ein.

Wann wird das Gewässer am besten angelegt?

Der beste Zeitpunkt ist ein trockener Tag im späten Frühling: Es ist nicht mehr zu kalt zum Arbeiten, das eingefüllte Wasser friert nicht ein und kann sich beruhigen, bis im April/Mai (Hinweise auf den Pflanzencontainern beachten!) die ersten Wasserpflanzen eingepflanzt werden. Auch der Sommerurlaub kann zum Bau einer Wasseranlage genutzt werden. Für viele Wasserpflanzen ist jetzt aber die Zeit zum Anwachsen bis zum Winter zu kurz. Sie können sie dann erst im folgenden Frühling und Frühsommer einsetzen und bis dahin Pflanzenkataloge wälzen. Der Herbst lässt zwar noch Grabarbeiten zu, auch das Wasser kann eingefüllt werden, mit der Bepflanzung sollten Sie aber besser bis zum nächsten Frühling warten. Andererseits wachsen im Herbst gepflanzte Gehölze für die Umgebung der Wasseranlage gut an.

Wie geht man vor?

Wichtig ist ein möglichst präziser Zeitplan! Da bei größeren, in Eigenbau entstehenden Anlagen mehrere Tage Bauzeit angesetzt werden müssen, sollte man einige Urlaubstage bzw. mehrere Wochenenden ansetzen. Klären Sie rechtzeitig ab, welche Lieferzeiten für feste Becken bzw. zugeschnittene Folien bestehen. Organisieren Sie ggf. den Abtransport des Aushubs, und fragen Sie nach, wo Sie in Ihrer Umgebung einen Mini-Bagger leihen können (für einen bestimmten Zeitpunkt vorbestellen). Diese Daten stellen das Grundgerüst für den Zeitplan dar. Bestellen Sie Folie oder Teichbecken, und bitten Sie rechtzeitig Freunde und Bekannte um Hilfe, denn die meisten Arbeiten sind nicht alleine durchführbar. Wenn Sie gemeinsam anpacken, dann geht vieles leichter.

Kleine Gewässerökologie für Wassergärtner

Teichpflanzen müssen mit ganz anderen Voraussetzungen fertig werden, als ihre Verwandten an Land: Der Auftrieb des Wassers macht kräftige, stützende Stängel unnötig, daher sitzen beispielsweise die relativ schweren Schwimmblätter an nachgiebigen Stielen, einige Pflanzen treiben sogar völlig frei im Wasser.
Wasser ist keine Mangelware, es braucht daher nicht mit ausgedehntem Wurzelwerk der Erde entzogen zu werden. Andererseits müssen Wasserpflanzen dem Wasser Sauerstoff (für die Atmung) und Kohlendioxid (für die Fotosynthese) entziehen. Im Wasser stehen beide Stoffe in geringerer Konzentration als in der Luft zur Verfügung. Aus diesem Grund wachsen viele Flachwasser- und Sumpfpflanzen besonders üppig: Sie versorgen sich mit reichlich Wasser aus dem Teich und den Gasen aus der Luft.
So weit zu den grundsätzlichen Unterschieden zwischen Teich- und »normalen« Gartenpflanzen. Um den Teich später optimal pflegen zu können, brauchen Sie als angehender Wassergärtner auch ein paar Grundkenntnisse in Gewässerökologie – wirklich nur grundlegendes Wissen.

Hilfe, der Teich kippt um!

In jedem Teich reichern sich organische Abfälle am Boden an. Sie werden von Bakterien unter Sauerstoffverbrauch in mehreren Stufen bis zum Nitrat abgebaut. Nitrat dient als Nährstoff für Pflanzen, wird aber auch von anderen Bakterien zum »unschädlichen« Stickstoff abgebaut.
Bei Teichen im biologischen Gleichgewicht halten sich Nitrataufbau und Nitratverbrauch die Waage. Ist das Nährstoffangebot jedoch zu hoch, steigt der Nitratgehalt im Wasser, und die Algen nehmen zu (Algenblüte). Sie sinken zu Boden und heizen den Kreislauf weiter an, bis schließlich aus dem immer dicker werdenden Faulschlamm schwefelhaltige Gase aufsteigen.

Das geheimnisvolle »biologische Gleichgewicht«

Jede biologische Lebensgemeinschaft ist ein offenes System, in das Stoffe von außen einfließen (z. B. Mineralien, Kohlendioxid), die von den Mitgliedern der Lebensgemeinschaft verarbeitet werden. Innerhalb des Systems sind die einzelnen Mitglieder wechselseitig voneinander abhängig: Die Pflanzen produzieren Sauerstoff und dienen als Nahrung für Tiere. Fleisch fressende Tiere fressen die Pflanzenfresser, und wenn ein Tier oder eine Pflanze stirbt, warten schon die Nutznießer auf die Überreste. Solange alle Mitglieder einer solchen Lebensgemeinschaft störungsfrei neben- und miteinander existieren und gedeihen, ist das System im »biologischen Gleichgewicht«. Leider stellt sich ein solches Gleichgewicht auf natürliche Weise im Gartenteich nur selten ein – er ist in den meisten Fällen einfach zu klein. Der Wassergärtner muss daher lernen, Störungen des Gleichgewichts zu erkennen und zu beheben (siehe Seite 194/195). Trübes Wasser, übermäßiger Algenwuchs, unangenehmer Geruch sind sichere Zeichen, dass etwas nicht stimmt.
Das Prinzip des biologischen Gleichgewichts wird am Sauerstoffgehalt des Wassers besonders deutlich: Im Wasser ist rund 20-mal weniger Sauerstoff gelöst als in der Luft. Wenn sich das Wasser im Sommer erwärmt, sinkt der Sauerstoffgehalt, in kühlem Wasser steigt er an.
In einem großen Naturteich produzieren Wasserpflanzen genügend Sauerstoff für relativ wenige Fische, außerdem treibt der Wind immer wieder sauerstoffreicheres Tiefenwasser nach oben. In kleinen bis mittleren Gartenteichen schwimmen dagegen gewöhnlich mehr Fische herum, als das Wasser verkraften kann – hier müssen Sprudelpumpen, Oxidatoren oder ein plätschernder Wasserzulauf den nötigen Sauerstoff nachliefern.

Gestaffelte Wassertiefen sorgen für Vielfalt

Je größer ein Teich ist, desto besser kann er ohne umfangreiche technische Hilfsmittel im Gleichgewicht gehalten werden – das gilt selbstverständlich nicht für Zierteiche. Dabei kommt es aber nicht allein auf die Teichfläche, sondern auch auf eine gestaffelte Tiefengliederung an.

- Die **Tiefwasserzone** oder **Seerosenzone** beginnt ab etwa 50 cm Wassertiefe, sollte an einer Stelle aber mindestens 80–100 cm Tiefe erreichen. Der Flächenanteil dieser Zone am Gesamtteich beträgt im Idealfall etwa 20 %.

In einem gesunden, intakten Gewässer finden sowohl Pflanzen als auch Tiere den ihnen zusagenden Lebensraum und fühlen sich wohl. Der Wassergärtner greift nur bei Störungen ein.

Die Tiefwasserzone bleibt auch im Sommer merklich kühler als das Oberwasser. Neben den Seerosen fühlen sich hier auch die Sauerstoff produzierenden Schwimmpflanzen wohl. Fische überstehen schadlos den Winter, weil der Teich nicht so tief zufriert. Am Grund der Tiefwasserzone reichert sich im Laufe der Zeit organisches Material an, das aus dem Teich selbst oder dem Garten (Blätter, Blüten, Pollen usw.) stammt. Dieses Material wird von den Zersetzern wieder in mineralische Nährstoffe umgewandelt – so die Theorie. Tatsächlich besteht jedoch in kleineren Teichen die konkrete Gefahr, dass es zur Bildung von Faulgasen kommt (siehe Kasten Seite 156).

- Die **Flachwasserzone** erstreckt sich von etwa 20 cm Wassertiefe bis zum Beginn des tiefen Wassers. In der Natur bildet sie sich über Flachstellen und Bodenwellen, im Gartenteich wird sie durch eine »Schulter« beim Ausheben des Folienteiches künstlich erzeugt. In Fertigteichen ist sie bereits vorgegeben. Ihr Flächenanteil beträgt etwa 40 %. Um genügend Platz für Pflanzen zu haben, sollten die Stufen mindestens 40–50 cm breit sein. Der Wasserkörper bleibt auch im Sommer noch relativ kühl, und die Fotosynthese in den Unterwasserblättern der Pflanzen reichert das Wasser mit Sauerstoff an. Das in diesem Bereich wachsende Schilf und Röhricht (es erstreckt sich bis in die Flachwasserbereiche der Sumpfzone) wirkt wie ein biologischer Filter und sorgt z. B. in Schwimmteichen für eine Verbesserung der Wasserqualität.
- Etwa gleich groß sollte die **Sumpfzone** (40 % Flächenanteil) sein, der Übergang zwischen dem nassen Element und dem Land. Sie reicht von der Kapillarsperre bis 20 cm Wassertiefe und kann in den äußeren Bereichen durchaus trockenfallen. Die hier wachsenden Sumpfpflanzen gehören zum Schönsten, was eine blühende Teichlandschaft zu bieten hat. Die Sumpfzone ist vor allem der für Kinder interessanteste Teil der Teichlandschaft, weil sich hier Libellen, Schmetterlinge und Wasserkäfer aufhalten und Frösche ablaichen.
- Der **Uferrand** (im Gartenteich außerhalb der Kapillarsperre) gehört nicht mehr im eigentlichen Sinn zum Gartenteich. In der Natur bietet er vielen besonders angepassten Pflanzen einen Lebensraum, denn der Boden ist immer noch relativ feucht.

Der Fertigteich aus dem Baukasten

Das benötigen Sie

- Sand (Körnung 0/2)
- Schnur, Pflöcke oder Gartenschlauch, Grabwerkzeuge und Schaufel, Plane für den Aushub, Schubkarre, Stampfer, Wasserwaage und Kanthölzer (eines muss quer über das Becken reichen)

Diese Zeit brauchen Sie

Für ein 2–3 m² großes Becken brauchen zwei Personen einen Tag; am zweiten Tag werden der restliche Sand eingeschlämmt und die Arbeiten vollendet.

Wer eine schnelle und relativ einfache Lösung für einen Teich sucht, der ist mit einem Fertigteich gut bedient. Zur Auswahl stehen Fertigteiche in den verschiedensten Größen und Formen.
Kleinere Fertigteiche und viele der kombinierbaren Elemente bestehen aus schwarz eingefärbtem Polyethylen (PE). Dieses Material ist relativ leicht und sehr haltbar. Es kann von Laien gut transportiert und bewegt werden und nimmt Stöße nicht übel. Die Garantiefrist sollte 10 Jahre betragen!
Große Teichbecken sind dagegen oft aus Kunststoff gefertigt, der mit Glasfasern verstärkt wurde (GFK) – aus demselben Material werden auch Boote hergestellt. GFK-Teichbecken sind relativ schwer. Hier braucht es schon den Fachmann für den Transport, das Abladen und den Einbau im Garten. Prüfen Sie unbedingt vorher, ob das Becken auch komplikationslos an die geplante Stelle im Garten gebracht werden kann. Passt das Becken durch alle Durchgänge und Wendeflächen?

1. So kommen Sie zu einer passgenauen Grube

Die Grube muss passend zur Form des Fertigteichbeckens ausgehoben werden. Stellen Sie dazu das Teichbecken auf das Gras (siehe Bild) und markieren Sie auf dem Boden den Rand des Beckens mit einem Gartenschlauch oder mit Schnur und Pflöcken. Stellen Sie dann das Becken beiseite und geben Sie rundum noch 10–15 cm zu, damit Sie das Becken problemlos einsetzen können. Legen Sie das Becken nicht umgestülpt auf den Boden, das ergibt einen spiegelverkehrten Abdruck!

2. So legen Sie die einzelnen Tiefenstufen fest

Um die Tiefenzone markieren zu können, müssen Sie die Teichfläche etwa eine Handbreit tief ausgraben und einebnen. Darauf stellen Sie dann das Becken und machen einen Abdruck des Bodens. Graben Sie entlang des Abdrucks so weit herunter, wie die Tiefenzone hoch ist (rundum wieder 10–15 cm zugeben, in der Tiefe 10 cm). Bei Becken mit mehreren Tiefenstufen Becken immer wieder einstellen, Abdruck machen und Stufe für Stufe von innen nach außen graben. Jede Tiefenstufe muss etwa 10 cm tiefer sein als der zugehörige Beckenboden. Zum Schluss muss das Becken locker in der Grube stehen.

3. Der Untergrund muss ganz eben sein

Entfernen Sie nun eventuelle Steine und Wurzeln, glätten Sie die schräg abfallenden Stufen und ebnen Sie den Boden gut ein. Legen Sie dann zwei Kanthölzer (4 x 10 cm) auf den Boden (Abstand in Wasserwaagen-Länge). Prüfen Sie mit der Wasserwaage, ob sie waagerecht liegen. Füllen Sie den Boden der Tiefwasserzone mit Sand bis auf die Höhe der Oberkante der Kanthölzer auf und stampfen ihn gut fest. Ziehen Sie mit einem Richtscheit die Sandfläche in Höhe Oberkante-Kanthölzer glatt. Wenn der Untergrund waagerecht und verfestigt ist, vorsichtig die Kanthölzer herausnehmen.

4. Setzen Sie das Teichbecken vorsichtig ein

Stellen Sie das Becken vorsichtig in die Grube. Es darf nicht abrutschen und die Sandschicht beschädigen. Prüfen Sie, ob das Becken auch waagerecht steht: Legen Sie dazu das lange Kantholz über den Beckenrand und messen Sie in mehreren Richtungen mit der Wasserwaage nach. Gleichen Sie ggf. mit Sand aus. Wenn alles stimmt, füllen Sie das Becken zu etwa einem Drittel mit Wasser.

Expertentipp

Wenn Sie jetzt »schludern«, scheint die Wasserfläche später schief zu stehen, und der Kunststoffrand bleibt an einer Seite sichtbar.

5. Schlämmen Sie das Teichbecken gut ein!

Schaufeln Sie nun vorsichtig zwischen Beckenrand und Erde Sand ein, ohne das Becken zu verschieben. Schlämmen Sie den Sand mit einem weichen Wasserstrahl gut in die Hohlräume ein. Arbeiten Sie rundum und gleichmäßig, d. h.: Sand einfüllen, mit Wasser einschlämmen, zum nächsten Abschnitt übergehen. Schlämmen Sie so lange ein, bis die Sandschicht etwa bis zum Beginn der Flachwasserzone reicht. Jetzt muss sich der Sand erst einmal über Nacht setzen. Fahren Sie am Folgetag fort, bis die Sandschicht bis zum Beckenrand reicht.

Fertigteiche – einmal anders

 *Das benötigen Sie*

- Fertigteich oder flache Becken
- Materialien wie auf Seite 158
- Zement
- Platten oder Holz für den Rand (Zierteich)
- Palisaden oder Steine, um einen Hang abzufangen (Hangteich)
- Brunnenpumpe (Set)

 *Diese Zeit brauchen Sie*

wie Seite 158; hinzu kommt die Zeit für die Gestaltung des Randes

Fertigteiche können auch sehr gut in bestehende Ensembles, seien es Terrassen oder Sitzplätze, Hanggärten oder formale Ziergärten, eingebaut werden.
In der Tat werden sie heute überall dort eingesetzt, wo man früher einen Betonteich gegossen hätte. Sie sind gut zu handhaben, daher stellt ihr Einbau auch für Laien kein unlösbares Problem dar. Allerdings sollten Sie sich vor dem Kauf genau beraten lassen, denn nicht jeder Beckentyp ist für jeden Standort geeignet. Beginnen Sie zur Sicherheit »auf dem Papier«! Ein einfaches Rechteck/Quadrat im richtigen Maßstab ist rasch aus Pappe ausgeschnitten und lässt sich beliebig auf einem Gartenplan verschieben. Können Sie sich immer noch nicht entscheiden? Dann legen Sie den Teich doch als 1:1-Kopie aus Pappe (z. B. aufgefaltete Umzugskartons) direkt im Garten aus, bis Sie die perfekte Position gefunden haben – erst dann greifen Sie zum Spaten. Folgen Sie beim Einbau den Schritten, die auf Seite 158/159 vorgestellt werden.

Festgemauert in der Erden ...

Mithilfe von Fertigteichen lassen sich herrliche Arrangements komponieren, die im Idealfall wie aus einem Guss wirken. Hier übernimmt ein kleines, kreisrundes Teichbecken die Funktion eines Blickpunktes genau im Zentrum eines ungewöhnlichen Sitzplatzes. Erfahrene Heimwerker können derartige Konstruktionen selbst errichten, alle übrigen sollten die Mauerarbeiten besser einem Fachmann übertragen.

- Zeichnen Sie zunächst mit dem Schnurzirkel den Außenkreis des Sitzplatzes auf den Boden (Stab ins Zentrum einschlagen; gespannte Schnur mit dem geplanten Radius darum herumziehen).
- Lassen Sie den Stab in der Mitte stecken und verkürzen Sie die Schnur um die Breite der Sitzfläche (50–70 cm).
- Durch eine weitere Verkürzung markieren Sie später die Außenlinie des Beckens.
- Nun wird der Graben für das Mauerfundament ausgehoben und das Fundament gegossen.
- Während Sie den Boden für den Untergrund des Belages auskoffern und anlegen (gestampfter Kies und Sand), sollte der Zirkelstab stehen bleiben, sonst müssen Sie später den inneren der drei konzentrischen Kreise rekonstruieren.
- Wenn Sie das Becken vorher eingraben möchten, wird es erst nach Abschluss der Fläche endgültig nivelliert.

Zierteiche brauchen eine geometrische Form

Wählen Sie für Zierteiche rechteckige, quadratische, kreisförmige oder ovale Fertigbecken (Einbau siehe Seite 158/159). Verdecken Sie den Plastikrand mit Naturstein- oder Betonplatten. Die Platten dürfen aber nicht direkt aufliegen, sonst könnte der Kunststoffrand unter der Belastung beschädigt werden. Setzen Sie daher parallel der Teichkante entweder Kantsteine (Leistensteine) in Beton oder gießen Sie ein Betonfundament, das den Druck der Platten aufnimmt. Für einige Teichbecken werden schon Metallprofile zum Aufschieben auf den Rand angeboten, die ebenfalls den Druck aufnehmen.

Ein Wasserbecken an der Terrasse

Wenn Ihre Terrasse gleichsam über dem Wasser »schweben« soll, dann sollten Sie das Teichbecken unmittelbar an der Terrasse einbauen. Gießen Sie direkt neben dem Teichbecken ein Betonfundament, auf dem eine waagerechte Holzbohle als Unterlage für die Terrasse lagert. Auf dieser Unterkonstruktion können Sie dann die Terrassenbretter mehrere Zentimeter weit über die Wasseroberfläche ragen lassen.

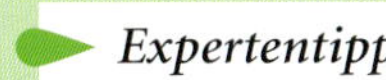

Expertentipp

Diese Teichform ist für spielende Kinder äußerst gefährlich und daher für Familien mit Kindern nicht geeignet!

Flache Becken als Basis für Wassersäulen

Seit der Fachhandel Plätscherbrunnen, Sprudelsteine oder Springbrunnen im Set anbietet (Pumpen, Schlauchmaterial, Düsen usw.), ist der Einbau auch für Laien kein Problem mehr. Richten Sie zuerst das Becken auf einer Sandschicht waagerecht aus. Fixieren Sie es mit eingeschlämmtem Sand. Installieren Sie das Pumpensystem nach Anleitung und geben Sie das Füllmaterial (z. B. Schmuckkies) ins Becken. Der Schmuckkies im Becken muss regelmäßig gereinigt werden.

So bereiten Sie einen Folienteich vor

Folienteiche haben den Vorteil, dass sie weitaus individueller gstaltet werden können als Fertigteiche.
Da sich die Folie unter dem Wasserdruck dem Untergrund anschmiegt, müssen die Grab- und Nivellierungsarbeiten nicht ganz so präzise wie beim Fertigteich ausgeführt werden. Dafür ist etwas mehr Aufwand erforderlich, den Untergrund vorzubereiten und die Fläche von Folie und Vlies zu bestimmen (siehe Schritt 5 und nächste Doppelseite).
Für kleine Teiche können Sie die Folie von der Rolle kaufen und selbst zuschneiden. Die Folie für größere Teiche wird firmenseitig zugeschnitten und verschweißt.
Entweder bestellen Sie die Teichfolie für eine feste Teichgröße/-tiefe (dann müssen Sie sich beim Graben an dieses Maß halten), oder Sie heben zuerst die Grube aus, bestimmen die erforderliche Foliengröße und breiten die Folie später aus (Lieferzeiten beachten!).

Das benötigen Sie

- Grabwerkzeuge oder Mini-Bagger
- Plane für den Aushub
- Schnur und Zollstock oder Bandmaß
- Gartenschlauch
- Schubkarre
- Wasserwaage (optimal sind Laser-Wasserwaagen)
- lange Leisten
- Stampfer, bei sehr großen Teichen Rüttelmaschine

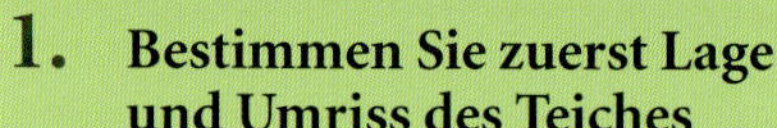

1. Bestimmen Sie zuerst Lage und Umriss des Teiches

Mit einem Gartenschlauch lässt sich der Umriss Ihres Teiches am besten auslegen. Seine etwas festere Form eignet sich besser für Bögen und Schwünge als eine Schnur. Je sanfter nämlich die Schwünge des Teichrandes ausfallen, desto geringer ist die Gefahr einer späteren Faltenbildung beim Auslegen der Teichfolie.
Wenn die Größes des Teiches und seine Form Ihren Vorstellungen entsprechen, streuen Sie den Umriss mit Sand ab.
Für Laien ist diese Vorgehensweise besser als der Teichbau nach genauen Planvorgaben. Sie behalten die Kontrolle über die Größe, können sogar noch Änderungen einbringen. Bestellen Sie die Folie erst dann, wenn Teichgröße und -tiefe so sind, wie Sie es sich vorstellen.

2. Was beim Ausheben des Teiches zu beachten ist

Heben Sie zunächst die Grasnarbe ab. Können Sie die Grasstücke zum Ausbessern des Rasens verwenden? Schaufeln Sie den nun folgenden humusreichen Mutterboden auf eine Folie. Sie können ihn sicherlich gut als Pflanzsubstrat verwenden.
Beginnen Sie bei einer Tiefe von ca. 20–30 cm damit, Tiefenzonen einzurichten (siehe Bild oben), und arbeiten Sie sich langsam bis zur Tiefwasserzone vor. Der Flächenanteil der Flachwasserzone (20–50 cm Tiefe) beträgt etwa zwei Fünftel. Die Tiefwasserzone sollte mindestens 80 cm Wassertiefe haben (siehe Seite 156/157) und etwa ein Fünftel der Gesamtwasserfläche betragen. Geben Sie zu den geplanten Tiefen mindestens noch 15–20 cm hinzu – für die Sandschicht unter der Folie und das Substrat im Teich.

3. Untergrund glätten und Tiefenzonen ausbauen

Wenn Sie die grobe Richtung des Teiches und seiner Tiefenzonen angelegt haben, geht's an die Feinarbeit: Modellieren und glätten Sie einzelne Tiefenzonen und die Hänge bis zum Teichgrund. Entfernen Sie alle großen und spitzen Steine und schneiden Sie Wurzeln heraus.
Ein idealer Hang fällt nicht senkrecht, sondern leicht geneigt zur Tiefe hin ab. Gleichen Sie den Flächenverlust durch die Schrägung ggf. aus, indem Sie die restlichen zwei Fünftel der Gesamtfläche, die Sumpfzone (bis 20 cm + 15–20 cm tief), nach außen hin erweitern. Legen Sie an den Übergängen der Schultern zum Hang jeweils einen kleinen Erdwall an, damit später das Substrat nicht ausgewaschen wird. Verdichten Sie den Untergrund mit dem Stampfer.

4. Kapillarsperre und Überlauf vorbereiten

Bei direkter Verbindung zwischen Teichwasser und Erde steigt der Verdunstungsverlust stark an – Abhilfe schafft eine Kapillarsperre. Andererseits kann der Teich bei Starkregen überfließen. Er braucht also einen Überlauf. Legen Sie deshalb etwa 20 cm vom Teichrand entfernt einen 15–20 cm tiefen und breiten Graben an. Mit grobem Kies verfüllt, dient er später als Kapillarsperre.
Ein Dränagerohr mit Abfluss in eine Sickergrube nimmt überschüssiges Wasser auf.

Expertentipp

Nach meiner Erfahrung kann man in kleinen Teichen den Überlauf durch eine flach auslaufende Sumpfzone ersetzen. Füllen Sie verdunstetes Wasser nach.

5. Foliengröße bestimmen und Rand nivellieren

Zum Abschluss der vorbereitenden Arbeiten können Sie nun die Größe der benötigten Folie bestimmen: Legen Sie ein flexibles Maßband über die größte Breite und die Länge der Teichgrube (siehe Bild) und notieren Sie die Werte. Das funktioniert auch mit einer Schnur, deren Länge Sie anschließend mit einem Zollstock ausmessen.
Längen- und Breitenwert dienen als Grundlage für die Berechnung (siehe nächste Seite). Zum Abschluss der Arbeiten wird eine lange Leiste an mehreren Stellen über den Teich gelegt und mit der Wasserwaage bestimmt, ob der Rand überall gleich hoch ist. Wenn nicht, können Sie das durch Aufschütten mit etwas Erdaushub ausgleichen.

So wird der Folienteich fertiggestellt

Die Teichgrube für den Folienteich ist ausgehoben, die Tiefenstufen und Hänge geglättet, nivelliert und verfestigt, und rund um den Teich zieht sich eine Kapillarsperre.
In dieser Bauphase erscheint dem Bauherrn das Teichbecken erfahrungsgemäß viel zu groß. Wenn sich die Randbepflanzung aber erst einmal entwickelt hat, »schrumpft« der Teich auf vertretbare Größe ein. Tatsächlich wünschen sich viele Teichbesitzer später, sie hätten den Teich doch noch größer angelegt.
Jetzt ist die letzte Gelegenheit, Größe und Form des Teiches noch zu ändern! Je nach Größe kaufen Sie die Folie als Meterware oder lassen sie vom Hersteller verkleben. Bei Teichen mit kompliziertem Grundriss (Engstellen, Weitungen, Bögen) sollten Sie dem Händler einen Plan mit Tiefenangaben vorlegen, dann passt die Folie genauer.

Das benötigen Sie

- Teichfolie
  Größe der Teichfolie: gemessene Länge x Breite (+ jeweils 60 cm Randzuschlag); die notwendige Stärke ergibt sich aus der Teichgröße. Hier weiß der Händler Bescheid.
- Teichvlies zum Unterlegen (so viel wie Teichfolie)
- Sand
- Kies für die Kapillarsperre
- Teichsubstrat für die Flachwasserzone
- Schere (zum Zuschneiden)

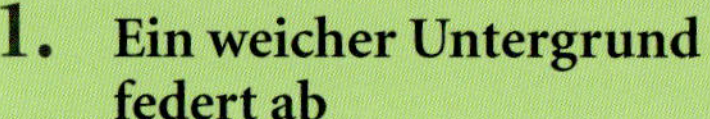

1. Ein weicher Untergrund federt ab

Damit die durch das Wasser an den Boden gedrückte Folie nicht durch eventuell noch vorhandene Steine oder Wurzeln durchstoßen werden kann, werden Boden und Hänge mit 10–15 cm Sand überdeckt.
Beginnen Sie in der Tiefwasserzone und arbeiten Sie sich nach außen vor. Der Sand lässt sich besser verarbeiten, wenn er nach dem Ausbringen mit einem fein sprühenden Wasserstrahl durchfeuchtet wird. Glätten Sie die Sandfläche mit einer Schaufel und stampfen Sie sie gut fest. Vor allem auf den schrägen Hängen rutscht der Sand leicht ab; gehen Sie hier vorsichtig zu Werke und füttern Sie ggf. etwas Sand nach.

2. Vlies – zusätzlicher Schutz von unten

Auf die Sandschicht aufgelegtes Teichvlies bildet eine leicht zu verlegende, widerstandsfähige, schützende Unterlage für die Teichfolie. Das Vlies wird in Bahnen geliefert, muss also nicht zugeschnitten werden.
Am einfachsten geht das Verlegen zu zweit: Fassen Sie das Ende einer Bahn an und gehen Sie an den Längsseiten seitlich am Teich vorbei bis zur Mitte – Vlies absinken lassen. Treten Sie vorsichtig auf das Vlies, ohne die Sandschicht zu beschädigen, und drücken Sie es den Konturen an. Die nächste(n) Bahn(en) werden mit mindestens 20 cm Überlappung aufgelegt, bis die Teichenden erreicht sind. Je weniger Falten das Vlies bildet, desto einfacher ist die Folie darauf zu verlegen.

3. Passen Sie die Folie eng an die Teichmulde an

Das Verlegen der Teichfolie geht nur mit Helfern und klappt am besten an warmen Tagen, dann ist die Folie am geschmeidigsten! Breiten Sie die Folie in der richtigen Orientierung neben dem Teich aus und ziehen Sie dann die Folie vorsichtig über den Teich. Achten Sie darauf, dass weder das Vlies verrutscht noch die Sandschicht beschädigt wird. Nach Vorgaben verklebte Folie für größere Teiche kann auch in die Tiefenzone gelegt und Falz für Falz nach außen hin ausgeklappt werden.

Expertentipp

Heben Sie Folienreste für eventuelle Reparaturen auf und vermerken Sie die genauen Herstellerdaten für eventuelle Nachbestellungen.

4. So passt sich die Folie noch besser an

Wenn die Folie verlegt ist, darf sie nur noch barfuß oder auf Socken betreten werden.
Glätten Sie große Falten so gut wie möglich und ziehen Sie die Folie glatt über Kanten und Hänge.
Füllen Sie den Teich dann langsam etwa zu einem Drittel mit Wasser. Dabei drücken sich die Falten dem Untergrund an, und die Folie wird vom Rand her noch stärker in den Teich gezogen. Lassen Sie das Wasser mindestens einen Tag lang im Teich stehen, bevor Sie das Teichsubstrat auf den Tiefenstufen ausbreiten und weiteres Wasser auffüllen.
Jetzt ist die beste Zeit, um Bachzuläufe und alle Arten von Kabelschächten (für Elektroinstallationen, Wasserrohre für Pumpen usw.) anzulegen.

5. Endarbeit: Kapillarsperre fertigstellen

Nachdem sich das Wasser beruhigt hat, wird die Folie durch den Graben der Kapillarsperre gezogen und mit grobem Kies aufgefüllt. Der Kies hält die Folie in Position. Die Poren zwischen den Kieselsteinen sind zu groß, um das Wasser wie in einer Kapillare »auszusaugen«.
Ziehen Sie auf der vom Teich abgewandten Seite der Sperre die Folie hoch und bedecken bzw. verdecken Sie sie mit großen Steinen. Es darf keine direkte Verbindung zwischen Wasser und Erdreich geben! Wenn ein Überlauf geplant ist, muss der Wall zur Wasserfläche an dieser Stelle etwas tiefer gelegt werden, damit das Wasser nur hier überfließt.
Später werden die Blätter der Teichrandpflanzen den Graben überwachsen und kaschieren.

So legen Sie einen Bachlauf an

Auch wenn der Bachlauf im Mittelpunkt des Interesses stehen soll, brauchen Sie auf jeden Fall ein Auffangbecken (Rückhaltebecken), das die Pumpe oder deren Ansaugstutzen aufnimmt. Dimensionieren Sie dieses Reservoir nicht zu klein, denn die Wassermenge muss ausreichen, um Rohre und den gesamten Bach mit Wasser zu füllen. Wird die Pumpe eingeschaltet, sinkt der Wasserspiegel im Reservoir so lange ab, bis sich Rohre und Bachlauf gefüllt haben (ggf. Wasser nachfüllen). Ein Bachlauf von 5 m Länge mit kleinen Zwischenbecken braucht ein Auffangbecken von rund 400–500 l Fassungsvermögen. Lassen Sie sich den genauen Wert vom Händler berechnen, bei dem Sie die Pumpe kaufen (siehe Seite 144/145).

Das benötigen Sie

- Grabwerkzeuge
- Leisten
- Wasserwaage
- Sand, Kies und Feldsteine
- Folie (Meterware) mit Vlies oder fertige Bachschalen
- Stampfer
- Pumpe und Zuleitungen

Diese Zeit brauchen Sie

Kalkulieren Sie mit Helfern zwei Wochenenden für einen 2–3 m langen Bachlauf ein.

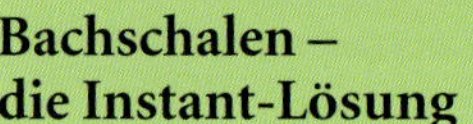

Bachschalen – die Instant-Lösung

Legen Sie die Bachschalen in der gewünschten Form im Garten aus und graben Sie dann zuerst das Rückhaltebecken. Modellieren Sie daraufhin mit dem Aushub Schale für Schale den Untergrund des Baches. Die einzelne Bachschale braucht ein sanft geneigtes Gefälle (durch die Bauweise vorgegeben, damit das Wasser später problemlos bergab fließt). Stampfen Sie den Untergrund fest, schichten Sie Sand darauf und passen Sie die unterste Schale genau ein. Dann ist die nächsthöhere an der Reihe. Ihr Auslauf ragt einige Zentimeter über. Zum Schluss werden die Leitungen von der Pumpe bis zur Quelle verlegt und der Bachlauf und Rand mit Feldsteinen dekoriert.

Betonierte Bachläufe – die Dauerlösung

Am Hang sind Bachbetten aus Beton eine gute Lösung: Der Untergrund lässt sich aufrauen. Sie können Steine eingießen, an denen sich das Wasser brechen soll, Buchten, Bögen und Steilkanten anlegen.
Graben Sie den Bachlauf aus und verlegen Sie darin die Schalbretter. Dann wird die Bachschale ausgegossen (mit Moniereisen gegen Reißen im Frost sichern). Den weichen Beton können Sie mit der Kelle noch unregelmäßig ausformen (Gruben, Rillen, Staustufen) und/oder Steine eindrücken.

Expertentipp

Einen sicheren Untergrund für schmale Abschnitte bilden fertige U-Formsteine, die eingegraben und mit Beton ausgegossen werden.

Der Wiesenbach – ein Bachlauf aus Folie

Für ruhig fließende Wiesenbäche ohne größere Gefälle eignet sich Folie am besten.
Graben Sie den Bachlauf in gewünschter Form aus und glätten Sie den Boden. Legen Sie wie beim Folienteich (siehe Seite 164/165) eine Schutzschicht aus Sand und Vlies an und breiten Sie darüber die Folie. Die Folie im Bachlauf sollte am Rand mindestens 10–15 cm überstehen. Glätten Sie die Folie und achten Sie darauf, dass sie an keiner Stelle auf scharfkantigem Untergrund liegt oder große Falten wirft.
Lassen Sie nun einen kräftigen Strahl Leitungswasser aus dem Schlauch durch den Bach fließen und überprüfen Sie den reibungslosen Wasserfluss – noch sind Änderungen möglich.

Der Bach am Hang – Folie über Staustufen

Formen Sie den Bachgrund direkt in den Hang. Stampfen Sie eine Sandschicht ein und decken Sie alles mit Vlies und dann mit Folie ab. Sollte das Gelände steiler werden, müssen Sie Staustufen einbauen, sonst schießt das Wasser zu schnell »zu Tal«. Staustufen aus Betonformsteinen haben eine raue Oberfläche. Legen Sie hier zusätzlich einen Streifen Vlies auf, bevor Sie das durchgehende Vlies und die Folie auflegen. Machen Sie jetzt einen Wasser-Probelauf. Platzieren Sie größere Steine in den Bach und beobachten Sie, ob sich das Wasser natürlich bricht. Vermeiden Sie allzu regelmäßige Anordnungen.
Wenn das Wasser gut läuft, decken Sie die Folie im Bachlauf mit Kieselsteinen ab. Legen Sie größere Steine als Hindernis und Dekoration dazwischen. Sand ist nicht geeignet, er würde abgespült werden.
Graben Sie nach Verlegen des Bachlaufes (das gilt auch für den Wiesenbach) die Schächte für die Zuleitungen und bauen Sie die Pumpe und Rohre ein. Ist alles angeschlossen, dann lassen Sie den Bach einen Tag lang laufen. Decken Sie den Folienrand mit größeren Steinen ab, die ihn auch gleichzeitig befestigen. Die Steinsetzungen sollten möglichst natürlich aussehen. Lassen Sie genügend Lücken für die Randbepflanzung – sie sollte sich über den Bachlauf neigen dürfen.

Expertentipp

Wählen Sie die sichtbaren Steine in einheitlichem Stil, damit der Bachlauf nicht zu unruhig wird!

Wasser auf kleinstem Raum

Flächenbedarf und Voraussetzungen

- **Sumpfbeet:**
  2–3 m² (besser größer), Sonne
  Teichfolie
- **Moorbeet:**
  1–2 m², Sonne
  Teichfolie oder Becken
  Torf
- **Mini-Bach und durchbohrter Stein:**
  1–2 m², Sonne bis Schatten
  Becken oder Teichfolie
  Pumpen-Set mit Düse(n)

Sie können durchaus die Vorzüge einer Wasserlandschaft genießen, ohne einen ausladenden Teich oder einen weitschweifigen Bach anlegen zu müssen.
Ich möchte jedem Gartenbesitzer, der zum Teich tendiert, sich aber noch nicht ganz sicher ist, Folgendes raten: Legen Sie sich zunächst ein Sumpfbeet an. Der Aufwand ist relativ gering. Es lässt sich wieder entfernen oder später in einen Teich integrieren. Vor allem jedoch können Sie die Vorzüge eines Wassergartens beinahe auf dem Trockenen genießen.
Sollten Sie dagegen eher für fließendes Wasser plädieren, dann empfehle ich einen plätschernden Brunnen. Damit holen Sie sich den akustischen Reiz des Wassers mit minimalem Aufwand in den Garten. Später könnte ein solcher Brunnen als Quelle für einen Bachlauf oder Zulauf für einen Teich dienen.

Ein blühender Sumpf im Garten – das Sumpfbeet

Soll das Sumpfbeet ausschließlich einige interessante Pflanzen der Sumpfzone aufnehmen, kommen Sie mit 2–3 m² Fläche aus; sollten Sie jedoch ein Sumpfbiotop mit kleinen Wassertümpeln für Amphibien planen, rechnen Sie besser mit rund 10 m².
Sumpfbeete brauchen einen sonnigen Standort, damit die Pflanzen optimal gedeihen. Ein Wasseranschluss in der Nähe erspart die Lauferei mit der Gießkanne.
Stecken Sie den Umriss mit einer Schnur auf dem Gartenboden ab. Am besten wirken leicht geschwungene Umrissformen – bei kleinen Beeten z. B. eine unregelmäßige Nierenform. Heben Sie eine 30–40 cm tiefe Grube mit schräg abfallenden Wänden aus (für ein Biotop an zwei bis drei Stellen etwa 50–60 cm). Entfernen Sie Wurzeln und spitze Steine, füllen Sie eine Sandschicht ein und verdichten Sie diese. Legen Sie die Grube mit Vlies

und Teichfolie aus. Bei kleinen Anlagen können Sie auf die Kapillarsperre (siehe Seite 165) verzichten, bei größeren beugt sie dem Wasserverlust vor. Füllen Sie das Sumpfbecken mit Teichsubstrat, das an einigen Stellen zu kleinen Mulden vertieft wird. Hier sammeln sich Wasserpfützen, die Ihren Sumpf besonders natürlich erscheinen lassen. Als zusätzliche Dekoration dienen einige Feldsteine oder eine alte Wurzel.
Für die Bepflanzung kommen alle Pflanzen der Sumpfzone infrage.

Etwas für Spezialisten – das Moorbeet

Pflanzen, die im Moor wachsen, brauchen einen sauren Boden. Füllen Sie die mit Folie ausgekleidete Grube mit reinem Torf und bauen Sie eine Kapillarsperre ein. Beim Moorbeet ist es ganz wichtig, das Substrat stets feucht zu halten. Da das Leitungswasser in vielen Regionen zu kalkhaltig ist (neutralisiert die Bodensäure), darf aber nur mit Regenwasser gegossen werden. Erkundigen Sie sich vorher, welcher Fachbetrieb in Ihrer Region Moorpflanzen anbietet. Zu wirklichen Schätzen werden Moorbeete, in denen Insekten fressende Pflanzen, wie hier z. B. Sonnentau- oder Fettkrautarten, wachsen.

Fließgewässer auf kleinstem Raum

Für Fließgewässer auf kleinstem Raum brauchen Sie nur einen kleinen Fertigteich, eine Pumpe, Rohrleitung und Ausflussdüse. Hier wurde die Ausflussdüse in ein Bambusrohr montiert, um japanisches Flair zu erzeugen. Das Wasser kann aber auch aus alten Pumpenrohren, liegenden Krügen, Figuren, Keramikbecken, halbierten Holzstämmen, über einen flachen Naturstein oder mit unsichtbarer Düse zwischen Feldsteinen fließen.

Expertentipp

Die Größe des Teichbeckens muss der Pumpleistung angepasst sein, ansonsten sind Sie in der Gestaltung völlig frei.

Wasser, das aus Steinen fließt

Echte Mühlsteine als »Wassersprudler« sind Kostbarkeiten. Nach dem gleichen Prinzip funktionieren Natur- oder Kunststeine mit zentraler Öffnung in variablen Formen. Da der Förderweg für das Wasser sehr kurz ist, kommen Sie mit einer kleinen Pumpe aus. Sofern das System nicht ohnehin als Set verkauft wird, brauchen Sie ein Teichbecken, dessen Durchmesser etwas größer ist als der Stein. Legen Sie den durchbohrten Stein auf einen stabilen Sockel über das Becken. Die Pumpe steht im Becken oder in einer weiten Bohrung des Steins.

Die (fast) Unsichtbaren – Kleinkrebse

Diese durchscheinenden Winzlinge sind 1–2 mm groß (das Bild zeigt den Wasserfloh *Daphnia pulex*) und daher mit bloßem Auge gerade noch zu erkennen. Sie ernähren sich von tierischen und pflanzlichen Schwebteilchen im Wasser (Plankton). In den natürlichen Nahrungsketten spielen sie ihre Rolle als Nahrung für Klein- und Jungfische.

Gießen Sie eine Wasserprobe in eine flache Glasschale. Mit etwas Glück können Sie Ihren Kindern diese Kleinlebewesen zeigen (eine gute Lupe reicht; besser ist ein kleines Mikroskop).

Und sie fliegen doch – Wasserkäfer

Gelbrandkäfer (*Dytiscus marginalis*) werden bis 35 mm lang. Sie legen ihre Eier in Wasserpflanzen ab. Die Larven leben im Wasser. Die erwachsenen Käfer tauchen sehr gut, können aber auch fliegen. Sie ernähren sich von Insektenlarven, Kaulquappen und kleinen Jungfischen.

Die bis 7 mm großen Taumelkäfer (*Gyrinus substriatus,* siehe Bild) verraten sich durch ihre schnellen Bewegungen auf der Wasseroberfläche. Sie können aber auch sehr gut fliegen. Sie ernähren sich von auf die Wasseroberfläche gefallenen Insekten. Die Taumelkäfer kleben ihre Eier auf die Oberfläche von Wasserpflanzen.

Sie gehen auf dem Wasser – Wasserläufer

Die 1–2 cm großen Wasserläufer (*Gerris lacustris*) gehören zu den Wasserwanzen. Da sie sehr leicht sind und ihr Gewicht auf vier weit ausgebreitete Beine verteilen, können sie auf der gespannten Oberfläche des Wassers laufen. Mit den beiden vorderen Beinen fangen sie Insekten, die sich auf dem Wasser aufhalten. Sie legen ihre Eier unter Wasser an Pflanzen ab. Die Larven entwickeln sich nach einigen Häutungen zum erwachsenen Tier. Zu den Wasserwanzen gehört auch der Rückenschwimmer (*Notonecta glauca*), der sich allerdings eher in großen Naturteichen einstellt.

Glitzernde Schönheiten – Libellen

Libellen stellen sich regelmäßig an Gartenteichen ein, sobald sich das Pflanzenleben entwickelt. Es sind Räuber, die fliegende Insekten jagen. Libellen können ausgezeichnet fliegen. Sie schießen pfeilschnell umher und stehen dann wieder fast wie Hubschrauber in der Luft.

Wenn Sie die einzelnen Arten bestimmen möchten, sollten Sie zu einem Bestimmungsbuch greifen. Die hier abgebildete Blaugrüne Mosaikjungfer (*Aeshna cyanea*) gehört zu den Großlibellen. Sie wird 11 cm lang und legt ihre Eier an Land ab. Ihre Larven leben im Wasser.

»Wilde« Gäste stellen sich ein

Auf schleimiger Spur – Wasserschnecken

Schnecken erfüllen in der Ökologie eines Gartenteiches eine wichtige Funktion: Sie raspeln die Algenschichten ab. Allerdings reicht die Anzahl der Schnecken in einem Gartenteich nicht aus, um die Algen wirklich in Schach zu halten – dafür vermehren sich die Algen im Sommer einfach zu stark. Besonders günstig wirken sich die Posthornschnecken (*Planorbarius corneus*) aus (Bild, bis 3 cm groß). Sie überwintern am Teichgrund, vermehren sich aber nur unter günstigen Bedingungen.
Die vitaleren Schlammschnecken (*Lymnaea* sp.) machen sich leider auch über zarte Wasserpflanzen her.

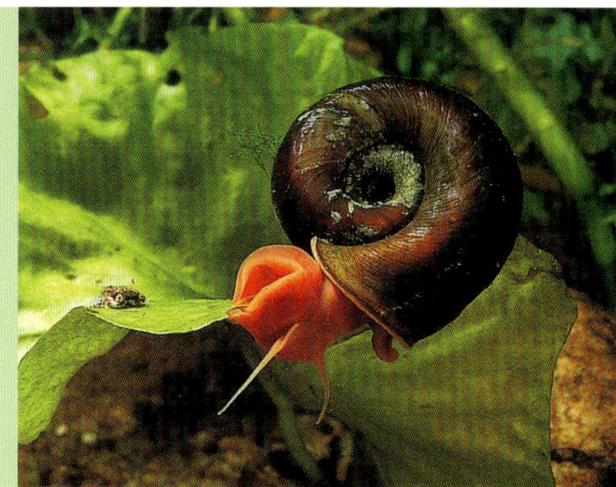

Im Wasser und an Land – Molche

Mit Geduld und etwas Glück – und wenn der Teich nicht gerade in einer Innenstadt-Siedlung liegt – stellen sich Molche ein. Der Teichmolch (*Triturus vulgaris*) ist relativ häufig, der Kammmolch (*Triturus cristatus*, Bild) kommt seltener vor. Beide stellen sich zur Paarungszeit ein, dann kleben die Weibchen ihre Eier auf die Blätter von Wasserpflanzen. Die Larven bleiben bis zur vollständigen Entwicklung im Wasser, dann gehen sie bis zur Paarungszeit im nächsten Frühling an Land. Die prächtige Färbung tragen Molche nur während der Brautwerbung.

Quaken und Hüpfen – Frösche und Kröten

Alle Frösche und Kröten sind für die Ablage ihrer Eier (Laich) an Wasser gebunden. In Gartenteichen stellen sich der Grüne Wasserfrosch (*Rana esculenta*, Bild) und manchmal auch Erdkröten (*Bufo bufo*) ein. Während die Frösche auch als erwachsene Tiere im Wasser bleiben und sich im Winter in den Schlamm eingraben, sind Erdkröten Landtiere. Sie sind im Garten hochwillkommen, da sie neben Insekten auch Schnecken und Raupen verzehren. Mit einer »wilden« Ecke, in der locker gelagerte Steine, Äste und Zweige aufgeschichtet werden, schaffen Sie ihnen einen guten Lebensraum.

Baden und Trinken – Vögel am und im Wasser

Vögel sind keine direkten Teichbewohner, sieht man von Enten ab, die sich vielleicht auf sehr großen Naturteichen einstellen. Allerdings nehmen die Singvögel des Gartens einen Teich sehr gerne an, um dort ihr Gefieder zu pflegen, zu trinken oder zwischen den Uferpflanzen nach Insekten zu suchen (im Bild ein badender Eichelhäher).
Legen Sie daher bei Naturteichen eine flache, mit Steinen ausgelegte Zone am Ufer an – hier können auch Tiere entkommen, die aus Versehen ins Wasser gefallen sind.

Die Arbeiten des Wassergärtners

Wenn im Frühling Schwertlilien und Sumpfdotterblumen die Teichränder und Bachläufe zieren, im Sommer auf der Wasserfläche traumhaft schöne Seerosen erblühen oder im Herbst der Blutweiderich sich mit zahlreichen rotvioletten Blütenkerzen schmückt, dann geht dem Wassergärtner das Herz auf. All diese Pracht entsteht aber nicht von ungefähr. Hier bedarf es eines wachsamen Auges und sorgfältiger (gelegentlich schweißtreibender) Pflege.

Auch wenn sich Wasserpflanzen auf den ersten Blick kaum von den »normalen« Gartenpflanzen unterscheiden, werden sie anders gepflanzt, brauchen eine spezielle bzw. gar keine Düngung, im Einzelfall besonderen Winterschutz und sind anfällig gegenüber anderen Schädlingen. Der größte Unterschied zwischen Wasser- und Landpflanzen ist allerdings das Substrat, in dem sie wachsen. Während sich Erdboden nur langsam verändert, kann sich die Qualität von Teichwasser relativ schnell und durchgreifend verschlechtern. Pflege der Pflanzen am und im Teich bedeutet daher immer auch Pflege des Wassers.

Im oder unter Wasser oder am Gewässerrand?

Bei der Bepflanzung eines Teiches oder Bachrandes stehen Ihnen für die verschiedenen Tiefenzonen ganz spezielle Pflanzen zur Verfügung. Das tiefe Wasser ist auch ein gutes Beispiel für die ökologischen Zwänge, denen sich ein Wassergärtner beugen muss. Unterwasserpflanzen können zwar nicht mit attraktiven Blüten »punkten«, sind aber unbedingt nötig, um das Wasser mit Sauerstoff anzureichern – verzichtet man darauf, muss für mechanischen Ausgleich gesorgt werden.

Um den verschiedenen Standortansprüchen gerecht zu werden, enthalten die Info-Schilder der Teichpflanzen die Angabe, in welcher Tiefe sie gedeihen (siehe auch Pflanzenporträts ab Seite 374). Wer sich genau an diese Vorgaben hält, spart sich später viel Ärger.

Häufig wird auch der Fehler gemacht, Garten- statt Teicherde als Pflanzsubstrat zu verwenden. Von dem Dünger in der Gartenerde profitieren aber vor allem Algen und Mikroorganismen, die Ihren Teich in eine grüne Suppe verwandeln können.

Sie sehen also, auch wenn Sie ein versierter (Land)Gärtner sind, als Wassergärtner gibt's noch einiges zu lernen!

Wassergärten wollen gut gepflegt sein

Zur Pflege eines Wassergartens gehört nicht nur das richtige Einsetzen der Pflanzen und ihre Pflege (siehe Seite 176–185), sondern auch das regelmäßige Prüfen der Wasserqualität (siehe Seite 194/195) und das Warten der erforderlichen Teichtechnik (siehe Seite 196/197). Und eingesetzte Fische müssen gefüttert und auf eventuelle Schäden begutachtet werden (siehe Seite 188/189).

Gut geplant und gut gepflegt: die Bepflanzung

Die Pflegearbeiten an Teichen und Bächen beginnen mit dem richtigen Einsetzen der Wasserpflanzen. Während Sie bei der Bepflanzung eines guten Gartenbodens mit einem minimalen Aufwand (Erde ist vorhanden, Pflanzgeräte schnell zur Hand) auskommen, erfordert die Bepflanzung von Teichen eine gewisse Planung.

- Nur in den seltensten Fällen wird man die Pflanzen des Tief-, Mittel- und Flachwassers einfach in Bodensubstrat pflanzen: Viele von ihnen breiten sich dann unkontrolliert aus oder wuchern. Exotische Seerosen brauchen ein spezielles Substrat und müssen über Winter ins Haus gebracht werden. Pflegemaßnahmen sind leichter zu erledigen, wenn die Pflanzen in Körben sitzen.
- Sie brauchen spezielle, nährstoffarme Teicherde oder müssen sie selbst aus Lehm und Sand im Verhältnis 1:3 anmischen.
- Sorgen Sie für ausreichend Körbe, Pflanztaschen und Vlies als Unterlage.
- Wenn Sie Teichboden und/oder Tiefenstufen dennoch direkt bepflanzen möchten, wäre eine geschlossene Lage aus Teicherde zu nährstoffreich. Mischen Sie Sand und feinen Kies und füllen Sie Teicherde nur dort ein, wo tatsächlich Pflanzen wachsen.
- Später fallen die üblichen Pflegemaßnahmen an, wie Verblühtes abschneiden, Teilen, Zurückschneiden, Winterschutz oder Schädlingsbefall bzw. Krankheiten kontrollieren (siehe Seite 184/185 und Seite 200/201).
- Bachläufe sind in Bezug auf ihre Bepflanzung weniger pflegebedürftig, da im eigentlichen Bach nur wenige Pflanzen wachsen. Für die ruhigen Randzonen gelten dieselben Maßnahmen wie für die Sumpfzone eines Teiches (siehe Seite 182/183).

Wasserqualität prüfen und Technik warten

Zur Pflege einer Wasseranlage gehört neben der Sorge um die Pflanzen zusätzlich die Kontrolle der Wasserqualität und die Wartung der Technik. Die Pflege des Wassers richtet sich nach Größe und Art des Teiches und seinem Alter. Bei Bachläufen müssen Pumpe, Leitungen und Filter häufiger gewartet werden.

Der neu angelegte Teich und seine »Wartung«

Häufig entscheidet sich bereits im ersten Jahr, ob man zum begeisterten Teichgärtner wird oder nicht. Wenn das Wasser eingefüllt und die Pflanzen eingesetzt wurden, ist der Teich keineswegs eine große Freude: Das Wasser ist trüb, der Bewuchs spärlich, an einigen Stellen ist auch noch Folie zu sehen. Im Laufe der Zeit setzen sich mechanische Schwebeteilchen und Schwebalgen, die das Wasser noch trüben, jedoch auf dem Boden ab, und das Wasser wird klar.

- Fast zwangsläufig stellen sich in neuen Teichen Schwebalgen ein, deren Verbreitungseinheiten vom Wind angeweht werden. Wer jetzt verzweifelt und versucht, das Wasser auszutauschen, macht einen schwerwiegenden Fehler. Warten Sie ab! Es dauert etwas, bis sich das Gleichgewicht

Was ist eigentlich Wasserhärte?

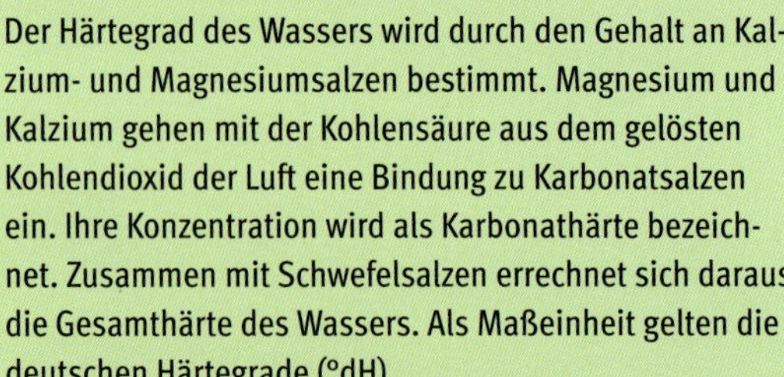

Der Härtegrad des Wassers wird durch den Gehalt an Kalzium- und Magnesiumsalzen bestimmt. Magnesium und Kalzium gehen mit der Kohlensäure aus dem gelösten Kohlendioxid der Luft eine Bindung zu Karbonatsalzen ein. Ihre Konzentration wird als Karbonathärte bezeichnet. Zusammen mit Schwefelsalzen errechnet sich daraus die Gesamthärte des Wassers. Als Maßeinheit gelten die deutschen Härtegrade (°dH).

»Weiches« Wasser (z. B. Regenwasser) hat eine Gesamthärte von 4–8 °dH , »hartes« Wasser (kalkreiches Leitungswasser) liegt bei über 18 °dH.

Die Idealwerte eines Teiches liegen bei etwa 9–17 °dH.

Nur in einem gepflegten und nicht zu dicht bepflanzten Teich kommen Accessoires wie diese Plastiken, Schwimmkugeln und die Beleuchtung optimal zur Geltung.

im Teich einstellt. Messen Sie pH-Wert (siehe Seite 194) und Wasserhärte und stellen Sie den pH-Wert ggf. auf Werte unter 6,9 ein (z. B. durch ein Torfsäckchen aus dem Fachhandel). Haben Sie den Teich mit Wasser aus der Leitung gefüllt, könnte die Wasserhärte zu hoch sein (siehe Kasten Seite 174). Den Härtegrad Ihres Leitungswassers erfahren Sie bei Ihrem Wasserwerk. Durch Zugabe von Regenwasser oder einem chemischen Enthärtungsmittel (nur für kleine Teiche!) können Sie die Härte senken.

- Wenn die Temperaturen steigen, vermehren sich die auf der Oberfläche schwimmenden Wasserlinsen und Fadenalgen oftmals stark. Beides ein Anzeichen für einen relativ hohen Nährstoffgehalt des Wassers. Entfernen Sie die Wasserlinsen mit einem feinen Kescher, die fädigen Algen mit einem Rechen.

Der Teich hat sich etabliert

Ab dem zweiten Jahr sollten »katastrophale« Ereignisse seltener auftreten.

- Kontrollieren Sie im Frühling und Sommer pH-Wert, Wasserhärte und Nitratgehalt (siehe Seite 156/157).
- Entfernen Sie weiterhin Fadenalgen und Wasserlinsen.
- Achten Sie darauf, dass auch die Unterwasser- und Schwimmblattpflanzen nicht überhandnehmen.
- Sofern das nicht bereits bei der Anlage des Teiches geschehen ist, sollten Sie in großen Sumpfzonen einige Trittsteine verlegen und den freien Uferbereich für die Wasserpflege durch Platten oder ein Holzdeck trittsicher machen.
- Wenn Sie Fische einsetzen möchten, ist das zweite Jahr der beste Zeitpunkt: Ihr Teich hat seine Kinderkrankheiten überwunden, die Fische finden bereits ein einigermaßen stabiles Biotop vor.
- Spannen Sie im Herbst ein Blätternetz auf (eine jährliche Arbeit) oder fangen Sie Blätter mit einem Kescher von der Oberfläche ab.
- Organisches Material, das auf den Boden des Teiches absinkt, bildet mit der Zeit eine Schlammschicht. Entfernen Sie diese von Zeit zu Zeit. In kleinen Teichen lässt sich der Schlamm mit einem stabilen Kescher oder einem Schlammsauger vom Ufer aus entfernen; größere Teiche müssen mit Watstiefeln begangen und gesäubert werden.

So setzen Sie Tiefwasserpflanzen ein

Das benötigen Sie

- Gitterkörbe, Teichvlies, Teicherde, Sand und Kieselsteine
- Wassereimer, Pflanzschaufel, Gartenschere, Schere, nicht rostender Draht
- Besenstiel oder Rechen mit Schnur oder Drähten (»Galgen«)

Diese Zeit brauchen Sie

ca. 20–30 Minuten je Korb

Der richtige Zeitpunkt

April–Mai, während der Teich mit Wasser befüllt wird

Pflanzen für die Tiefwasserzone, wie z. B. Seerosen, werden am besten in handelsübliche Teichkörbe (Gitterkörbe) gesetzt. Die Körbe grenzen das wuchsfreudige Rhizom ein, das sich sonst sehr schnell über den ganzen Teichuntergrund ausbreiten würde. Außerdem ist es später relativ leicht möglich, die Körbe zu entnehmen, um die Pflanzen auszuputzen oder zu teilen. Nicht winterharte Seerosen können im Korb aus dem Wasser genommen und im Haus überwintert werden. In großen Naturteichen (über 15–20 m²) bietet es sich allerdings eher an, die Tiefwasserpflanzen direkt in ein Bodensubstrat zu setzen, damit sie sich frei ausbreiten können. Hier wären Körbe für die Ausbildung eines biologischen Gleichgewichts sogar hinderlich.
Wenn Sie die Bepflanzung bei erst halb vollem Teich vornehmen, lassen sich die Körbe besser manipulieren.

1. Pflanzkörbe auswählen und vorbereiten

Erkundigen Sie sich beim Kauf der Pflanzen für die Tiefwasserzone nach der benötigten Korbgröße. Kaufen Sie im Zweifelsfalle lieber einen etwas zu großen Korb, damit sich die Pflanze später gut etablieren kann.
Sehr feinmaschige Körbe kommen ohne Vlies aus, bei den Gitterkörben mit groben Maschen muss ein Teichvlies eingelegt werden, damit die Erde nicht ausgespült wird. Breiten Sie auf den Boden des Korbes eine 3–4 cm dicke Schicht Kieselsteine als Beschwerung aus und legen Sie den Korb mit Vlies aus.

2. Nicht vergessen: Der Pflanzkorb kommt an den Haken!

Bevor Sie nun etwas Teicherde bzw. Seerosensubstrat einfüllen, sollten Sie sich aus nicht rostendem Draht zwei breite, starre Bügel zurechtbiegen, die Sie am Rand des Pflanzkorbes befestigen (oben verbinden, wegen der Stabilität!). Hier haken Sie beim Einsetzen bzw. später beim Herausnehmen Ihre »Angel« an. Alternativ bieten sich Schnüre aus Kokosfasern an, die an den vier Ecken befestigt werden. Sie lassen sich allerdings beim Herausnehmen nicht ganz so leicht »einfangen«.

3. Ein Korb – eine Pflanze

Setzen Sie pro Korb immer nur eine Pflanze ein. Schneiden Sie vorsichtig eventuell verfaulte, zerdrückte oder beschädigte Wurzeln und Stängel ab und setzen Sie die Pflanze auf die Substratschicht. Füllen Sie mit Teicherde/Seerosensubstrat auf und gießen Sie reichlich mit Teichwasser, um die Erde einzuschlämmen und gleichzeitig das Substrat gründlich durchzufeuchten.
Füllen Sie die Erde bis kurz unter den Rand des Gitterkorbes ein. Vorsichtig mit der Faust festdrücken.

4. So wird der Pflanzkorb fertiggestellt

Schneiden Sie das Vlies am Rand bis auf etwa eine Handbreit ab und schlagen Sie es locker nach innen. Decken Sie das Substrat nun mit einer Schicht Sand, dann mit Kieselsteinen ab. Sand und Vlies halten die Teicherde im Korb zurück, die Kiesel dienen zusätzlich als Beschwerung. Stellen Sie den bepflanzten Korb ins Flachwasser, bis keine Luftblasen mehr aufsteigen.

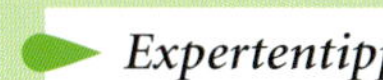

Expertentipp

Schneiden Sie das Vlies an den Ecken bis zum Korbrand ein, dann lässt es sich besser nach innen einschlagen.

5. Ab ins tiefe Wasser

Haken Sie die Bügel des Pflanzkorbes nun in Ihre »Angel« (ein Rechen tut's auch) ein und lassen Sie den Korb langsam und vorsichtig an seinen Platz ins Wasser sinken. Prüfen Sie an Land, ob der Korb auch fest sitzt. Ein nachlässig befestigter Korb kann ins Wasser fallen – dann müssen Sie ihn herausfischen und neu bepflanzen.
Bei kleineren Teichen und warmem Wetter (sicherheitshalber) können Sie auch eine Aluminiumleiter quer über den Teich legen, sich bäuchlings darauflegen und den Korb mit den Armen auf den Grund versenken.

Tiefenstufen und Rand bepflanzen

Einige der Pflanzen, die im Mittel- bis Flachwasser wachsen, neigen sehr stark zum Wuchern – beispielsweise viele Röhrichtpflanzen.
Um den Bewuchs eines kleinen Teiches unter Kontrolle zu halten, empfehle ich daher, auch auf den Tiefenstufen Pflanzkörbe einzusetzen: Empfindliche Stauden können zum Winter entnommen werden; eventuell mit Nachbarn verflochtene Wurzeln lassen sich durchtrennen. Auch das Umsetzen oder der Austausch einer Staude ist (relativ) problemlos möglich.
In größeren Teichen können Sie die Pflanzen direkt ins Substrat auf den Tiefenstufen pflanzen. Auch Fertigteiche mit eingearbeiteten Pflanzflächen (Wall zum tieferen Wasser) können direkt bepflanzt werden.

 *Das benötigen Sie*

- Böschungsmatten für die Randbepflanzung (dazu Heringe, Gummihammer), Gitterkörbe, Softkörbe, Teichvlies, flacher Stein
- Teicherde, Sand und Kieselsteine
- Wassereimer, Pflanzschaufel, Gartenschere, Schere, ggf. Bindedraht oder Schnur

 *Diese Zeit brauchen Sie*

ca. 10–20 Minuten je Pflanze (Böschungsmatten dauern etwas länger)

 *Der richtige Zeitpunkt*

April–Mai, während der Teich mit Wasser befüllt wird

Unterwasserpflanzen – gut verankert

Unterwasserpflanzen brauchen eigentlich gar nicht »gepflanzt« zu werden: Man legt sie einfach ins Wasser und wartet ab.
Günstiger ist es allerdings, sie an einen flachen Stein zu binden und absinken zu lassen. Diese Methode funktioniert sowohl im Mittel- wie im Tiefwasser.
Bei Teichen mit Bodensubstrat lassen sich auf diese Weise auch nachträglich noch Wasserpflanzen gezielt an bestimmte Stellen platzieren.

 *Expertentipp*

Für wüchsigere Stauden nimmt man besser Rasengittersteine oder Ziegelsteine mit Öffnungen. Sie sind schwer, und die Pflanze lässt sich besser daran befestigen.

So stürzen Pflanzen am Teichrand nicht ab

Böschungsmatten aus Naturfasern (Sisal, Jute) mit oder ohne Pflanztaschen werden immer dann gebraucht, wenn der Hang zwischen zwei Tiefenstufen zu steil ist, um Substrat oder einen Pflanzkorb aufzunehmen. Im tieferen Wasser verdecken sie bald die Teichfolie, da sich zwischen ihren Poren relativ schnell Schwebstoffe ansammeln. Außerdem sind sie bestens geeignet, um einen steileren Uferbereich zu bepflanzen.
Beschweren Sie die Böschungsmatte im tieferen Wasser mit größeren Steinen (siehe Bild), damit sie vorerst nicht aufschwimmen kann. Am Ufer wird die Matte mit Heringen aus Hartplastik im Boden des Teichrandes verankert.

In die Tasche gesteckt – Pflanzen an der Teichböschung

Setzen Sie die Pflanzen, die ins tiefere Wasser kommen, entweder in Pflanztaschen oder schieben Sie die Wurzeln einfach vorsichtig zwischen die Lücken der Fasern. Sie verankern sich nach einiger Zeit von selbst. Beschweren Sie die Pflanztaschen, die direkt am Teichrand hängen, mit einigen Steinen, damit sie nicht auftreiben, solange die Pflanze noch klein ist. In locker eingestreuten Lavasteinen können sich die Wurzeln besser verankern.
Sie können die Staude etwas fixieren, indem Sie den Rand der Pflanztasche mit Drahthaken oder Schnur zusammenziehen.
Eine zusätzliche Versorgung mit Teicherde ist nicht erforderlich.

Stufen bepflanzen – gut kaschiert in »weichen« Körben

Stufen können Sie nur dann direkt bepflanzen, wenn Sie beim Folienteich einen Wall angelegt haben, der ein Ausschwemmen der Erde verhindert, oder das Teichbecken vorgeformte Pflanzstufen hat. Wenn nicht, müssen Sie Pflanzgefäße oder Pflanztaschen einsetzen. Eine gute Alternative für den Flachwasserbereich, wo die starren Formen eines Gitterkorbes störend wirken, sind die sogenannten Softkörbe. Sie bestehen aus flexiblem, fein gelochtem Plastik (Vlies ist nicht erforderlich) und werden wie Gitterkörbe bepflanzt (siehe Seite 176/177). Zum Abschluss zieht man sie oben zu.
Da sie weich sind, schmiegen sie sich dem Untergrund gut an und fallen kaum auf. Das Gleiche gilt für »Körbe« aus Kokosgewebe.

So können Sie unschöne Teichränder kaschieren

Wo das Teichufer direkt an das tiefe Wasser grenzt, darf die Bepflanzung nicht zu dicht und üppig sein. Hier entnehmen Sie ja Wasserproben oder führen wichtige Wartungsarbeiten aus. Sofern dieser Bereich nicht gänzlich pflanzenfrei gelassen wird (Bohlen, Deck, Steinplatten) oder der Teichrand mit praktischer und unauffälliger Steinfolie bedeckt ist, bieten sich kriechende Pflanzen (im Bild Pfennigkraut *Lysimachia nummularia*) als natürlich wirkende Lösung an. Ihre Ausläufer wuchern über den Rand und kaschieren ihn.

Expertentipp

Um den Rand zu kaschieren, können Sie jeden Bodendecker nehmen – es muss nicht unbedingt eine Teichpflanze sein.

Der schönste Bereich – die Sumpfzone

Das benötigen Sie

- Sand, Lehm, Torf, Mischbottich, Schaufel, Pflanzschaufel, Gartenschere, Gießkanne, Steine zur Dekoration bzw. als Barriere, Wurzelsperre/-barriere, Kunststofftopf mit Löchern oder Teichkorb mit feinen Poren

Diese Zeit brauchen Sie

Pflanzzeit je Staude 15–20 Minuten (mit Barriere/Sperre 5–10 Minuten länger)

Der richtige Zeitpunkt

April–Mai, während der Teich mit Wasser befüllt wird

In der Sumpfzone wachsen derart schöne Pflanzen, dass sie eigentlich immer zu klein gerät. Sollten Sie zu bescheiden geplant haben, denken Sie ruhig über eine Vergrößerung Ihrer Sumpfzone nach.
Charakteristisch für die Pflanzen dieser Zone ist der dauerhaft feuchte Boden mit hohem Wasserstand. Das erreichen Sie, wenn eine Verbindung zwischen Teichwasser und Sumpf besteht. Andernfalls muss das Substrat wie in einem isolierten Sumpfgarten gesondert gegossen werden. Selbst in guten Gartencentern ist das Angebot für Sumpfpflanzen zwangsläufig begrenzt – es gibt einfach relativ wenige Stauden, die mit den »Füßen« im Feuchten stehen mögen. Allerdings liegt in dieser Überschaubarkeit auch der Reiz für Wassergärtner.

Der »übliche Weg« – Vorbereitung und Einpflanzen

Als ständig durchfeuchteter Bereich nimmt die Sumpfzone eine Zwischenstellung zwischen dem Wasser- und dem Landgarten ein. Sollte der Boden Ihrer Sumpfzone nicht durch einen Schutzwall zum Wasser hin abgesperrt sein, können Sie mit einer Barriere aus Feldsteinen verhindern, dass zu viel nährstoffreiches Substrat in den Teich gespült wird.
Mischen Sie als Substrat zwei Teile Sand mit je einem Teil Lehm und Torf in einem Bottich an. Ideal sind die großen Mischbottiche, die von Maurern benutzt werden. Feuchten Sie dann das Substrat gut an. Verteilen Sie das Gemisch in der Sumpfzone – wenn nötig in mehreren Etappen. Warten Sie mit dem Bepflanzen mindestens einen Tag ab. So kann sich ein Gleichgewicht zwischen Teichwasser und Sumpfzone einstellen. Da das Sumpfsubstrat wie ein Schwamm wirkt, sinkt der Wasserspiegel kleiner Teiche möglicherweise ab und muss aufgefüllt werden.
Tauchen Sie die Sumpfpflanzen vor dem Einpflanzen so lange unter Wasser, bis der Wurzelballen vollständig nass ist, also keine Luftblasen mehr aufsteigen.

Graben Sie mit einer Handschaufel (Pflanzschaufel) ein passendes Loch, breiten Sie die Wurzeln aus und füllen Sie das Pflanzloch wieder auf. Pflanzen, die stark wuchern, benötigen eine Wurzelsperre oder -barriere (siehe Seite 181)!

Bis hierher und nicht weiter – Wurzelsperre

Stark wuchernde Pflanzen, dazu gehört z. B. der Bambus, werden direkt ins Substrat gesetzt (siehe Seite 180). Dämmen Sie ihre Ausbreitung aber durch eine Wurzelsperre ein. Wurzelsperren bestehen üblicherweise aus starkem Plastikband, das beim Einpflanzen ringförmig um die Staude in den Boden eingesteckt wird.

Expertentipp

Noch besser ist es, Bereiche mit wuchernden Stauden bereits beim Bau des Folienteiches durch Wälle von der übrigen Sumpfzone abzutrennen.

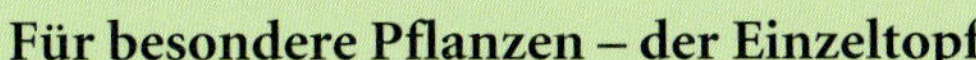

Für besondere Pflanzen – der Einzeltopf

Bei manchen Pflanzen ist es durchaus sinnvoll, sie gesondert in einen Kunststofftopf oder Teichkorb zu pflanzen. Das gilt beispielsweise für schwachwüchsige Stauden, deren Wurzelraum auf diese Weise ungestört bleibt. Auch im umgekehrten Fall – Staude mit stark kriechendem Rhizom – erleichtert eine mechanische Einschränkung die Pflege und schützt die Nachbarpflanzen. Schließlich gibt es noch den Fall der unterschiedlichen Ansprüche: In einen Topf gepflanzt, kann der pH-Wert des Pflanzsubstrats gezielt eingestellt werden.

Fast wie im normalen Garten – Randbepflanzung

Teichrandpflanzen werden wie normale Gartenstauden eingesetzt: Loch ausheben, Boden und Ränder auflockern, gut angefeuchtete Staude hineinsetzen, Erde auffüllen und kräftig angießen.
Achten Sie auf einen gewissen Abstand zur Folie, damit sie nicht aus Versehen beschädigt wird. Während es bei Stauden nur selten Probleme gibt, sollten Sie bei Gehölzen unbedingt die Endbreite berücksichtigen. Halten Sie etwa den Abstand der halben Wuchsbreite von der Folie ein, damit die Zweige nicht zu weit übers Wasser reichen.

Teichlandschaft en miniature

Das benötigen Sie

- Kübel (wasserdicht oder mit wasserdichtem Einsatz), Gitterkörbe, Teichvlies, Teicherde oder Sand : Lehm (3:1), Kieselsteine (»Betonkies«), Pflanzschaufel, Gartenschere, Regenwasser aus der Tonne

Diese Zeit brauchen Sie

abhängig von Gefäßgröße und Zahl der eingesetzten Pflanzen, mindestens jedoch 30 Minuten

Der richtige Zeitpunkt

April–Mai

Wer keinen Platz für einen Teich im Garten hat, der muss auf eine Wasserlandschaft nicht unbedingt verzichten: Teichpflanzen lassen sich ohne größere Probleme auch in Kübel pflanzen. Hierzu müssen jedoch zwei Voraussetzungen gegeben sein: Wassertiefe und Standort müssen stimmen.

Da der Teich als Rahmen fehlt, kommt dem Gefäß eine große Bedeutung zu – immerhin wird es genauso zum Blickpunkt wie die darin wachsenden Pflanzen. Solange Sie einen wasserdichten Einsatz verwenden, eignen sich in der Tat alle nur denkbaren Gefäße als »Teich«.

Für tropische Pflanzen sind Mini-Teiche ohnehin die bessere Alternative, da die Pflanzen hierin viel besser vor den Unbilden des Wetters geschützt werden können und sich auch viel einfacher ins Winterquartier transportieren lassen.

1. Das gilt für alle Gefäße – die Pflanzung vorbereiten

Halten Sie die gekauften Stauden während der Vorbereitung der Pflanzgefäße gut feucht. Reinigen Sie zunächst das Gefäß bzw. den Einsatz gründlich, denn an der Wand setzen sich leicht Bakterien und Krankheitskeime fest.

Wenn Sie das Gefäß bepflanzen, sollten direkt eingesetzte Pflanzen in etwa der gleichen Tiefenzone wachsen. Sie können das Bodenniveau aber auch mit Ziegelsteinen entsprechend »anheben«.

Füllen Sie zuerst eine Lage Kieselsteine und dann eine Schicht Teicherde ein. Denken Sie daran, dass Seerosen ein spezielles Substrat benötigen.

2. Erst den Standort auswählen – dann Wasser einfüllen!

Setzen Sie nun den Wurzelballen bzw. das Rhizom der Seerose ein und füllen Sie mit Teicherde/Seerosensubstrat auf. Drücken Sie die Oberfläche fest und schichten Sie Kies darüber. Stellen Sie einen Teller auf den Kies und lassen Sie das Wasser über diesen Teller einlaufen, damit Kies und Substrat nicht weggeschwemmt werden. Ein Liter Wasser wiegt 1 kg! Schon ein mittelgroßer Behälter kann leicht einen Zentner wiegen! Füllen Sie also erst Wasser ein, wenn der richtige Standort für den Mini-Teich genau feststeht!

So gestalten Sie eine kleine Wasserlandschaft

Für eine abwechslungsreiche Bepflanzung benötigen Sie unterschiedliche Wassertiefen. Diese erreichen Sie entweder, wenn Sie die einzelnen Gitterkörbe auf verschieden hohe Ziegelsteine stellen, oder wenn Sie ein Tiefenprofil aus Kieselsteinen formen (siehe Bild). Für diesen Fall gibt es auch einen speziell für den Kübel angefertigten Inneneinsatz, da sich der Kies ja sonst verschieben könnte.

Expertentipp

Mit einer Schwimmpflanze (z. B. Muschelblume) komplettiert, wirkt der Wassergarten noch schöner.

Tropen auf der Terrasse – Seerosen

In einem üblichen Gartenteich wäre die Pflege tropischer und subtropischer Seerosen mit viel Aufwand verbunden. Im Teich auf der Terrasse geht das viel einfacher. Und eine ganze Reihe von Zwergseerosen braucht keine große Wassertiefe (im Fachgeschäft nachfragen!). Vielleicht haben Sie ja sogar das passende Gefäß für tropisches Flair? Pflanzen Sie die Seerose in einen Gitterkorb (siehe Seite 176/177), stellen Sie diesen dann in Ihren Behälter und füllen Sie mit weichem Wasser auf.
Wenn Sie vorher schon Regenwasser sammeln, dann haben Sie das beste Wasser für Ihre tropische Seerose.

Robust, dankbar und schön – Schwertlilien

Schwertlilien gehören zu den dankbarsten Stauden für den Mini-Wassergarten. Ihre großen, wohlgeformten und oft auch gemusterten Blüten zeigen sich erst aus der Nähe in voller Schönheit. Geeignet sind alle Arten für das Flachwasser (z. B. *Iris laevigata, I. pseudacorus, I. versicolor* und ihre Sorten). Beschweren Sie wieder einen Gitterkorb, geben Sie magere Teicherde dazu und legen Sie das Rhizom flach aus; mit Erde bedecken und mit Kies abdecken. Schwertlilien vertragen auch die Wassertropfen eines Wasserspiels.

Teichpflanzen pflegen und vermehren

Grundsätzlich fallen im Wassergarten dieselben Pflegemaßnahmen wie im »Landgarten« an, wegen des nassen Elements müssen Sie allerdings mit etwas anderer Ausrüstung an den Start gehen – und bei wärmerem Wetter (falls Sie doch einmal ins kühle Nass abrutschen sollten).
Da sich wuchernde Pflanzen bei guten Bedingungen sehr stark ausbreiten, gilt den kriechenden und Rhizompflanzen besondere Aufmerksamkeit.
Zurückschneiden, Teilen und Ausputzen machen im Teich spürbar weniger Arbeit, wenn die Stauden in Körben wachsen, die zur Bearbeitung einfach entnommen und anschließend zurückgestellt werden.

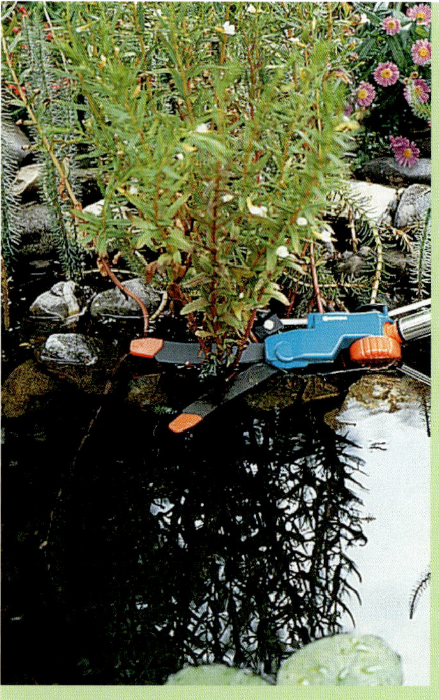

Das benötigen Sie

- Pflanzschaufel, Spaten und Grabegabel, Gartenmesser, Gartenschere, Teichschere mit Teleskopgriff, Aktivkohle, Teichsubstrat (für Seerosen mit Spezialdünger oder Hornspänen), Besenstiel oder Rechen mit Haken aus Draht als »Angel«

Diese Zeit brauchen Sie

bei Stauden, deren Ausläufer oder Wurzeln stark verfilzt sind, 30–40 Minuten; Teilen einer Seerose ca. 30 Minuten

Der richtige Zeitpunkt

Ausputzen und wuchernde Ausläufer entfernen nach Bedarf (auch im Sommer!)
Teilen im Frühling oder Herbst

Damit nicht alles zuwuchert – Ausschneiden und Ausputzen

Viele Pflanzen des flachen Wassers neigen zum Wuchern. Lässt man die Stauden gewähren, wuchern sie rasch ganze Zonen des Teiches zu. Wenn Sie solche Pflanzen regelmäßig entfernen, entziehen Sie Biomasse, was sich wiederum günstig auf den Nährstoffgehalt des Wassers auswirkt und die Gefahr der Verschlammung reduziert.
Greifen Sie vom Ufer aus zu und entfernen Sie stark wuchernde Pflanzen, aber auch abgestorbene und überschüssige Triebe.
Helfen Sie mit einer Schere oder einem Gartenmesser nach, sonst könnte es passieren, dass Sie zu viel Schaden im verfilzten Wurzelwerk anrichten oder beim Ausreißen sogar die Teichfolie beschädigen.

Einfacher zu pflegen – Pflanzen in Körben

In kleinen Teichen mit klarem Wasser können Sie oftmals wuchernde Wurzeln, Rhizome und/oder Unterwasserblätter, aber auch Uferrandpflanzen mit einer Teleskopschere vom Ufer aus abschneiden.
Stehen die Stauden des flachen und mitteltiefen Wassers in Gitterkörben, lassen sich alle Pflegemaßnahmen meist einfacher durchführen:
Sie packen den Korb mit einer »Angel« an seinen Bügeln (siehe Seite 177) und heben ihn aus dem Wasser. Hat sich das Wurzelwerk allerdings schon stark ausgebreitet, bleibt Ihnen nichts übrig, als ins Wasser zu steigen und die Verfilzungen mit einer Schere durchzutrennen.

Schilf und Röhricht schneiden – aber nicht alles auf einmal

Schilf und Röhricht gehören zu den Pflanzen des Wassergartens, die sich über Ausläufer stark verbreiten. Andererseits bilden ihre hohlen Stängel Winterquartiere für manche Insekten und helfen dabei, den Teichrand eisfrei zu halten.
Lichten Sie daher im Sommer nur einen Teil der Pflanzen aus, der Rest bleibt den Winter über stehen. Schneiden Sie dann im zeitigen Frühling vorsichtig die alten Überwassertriebe ab.

Expertentipp

Durchtrennen Sie Röhrichtpflanzen immer oberhalb des Wasserspiegels, sonst dringt Wasser ein, und die Stauden könnten faulen.

So bleiben Seerosen und Iris kräftig und blühen besser

Wenn Sie Rhizompflanzen alle paar Jahre teilen, dann breiten sie sich zum einen nicht so stark aus, zum andern wird die Einzelpflanze kräftiger und blüht besser.
Heben Sie den Pflanzkorb mit der »Angel« aus dem Wasser. Haben sich die Rhizome und ihre Wurzeln schon zu stark ausgebreitet, müssen Sie die Verbindungen vorher mit einer Schere durchtrennen.
Teilen Sie das Rhizom mit einem scharfen, sauberen Messer – am besten klappt das mit kurzen Seitenästen. Stäuben Sie zum Schutz vor Infektionen die Schnittflächen mit Aktivkohle ein und setzen Sie die Rhizomstücke einzeln in mit neuem Substrat gefüllte Pflanzkörbe. Mischen Sie Seerosendünger oder Hornspäne bei.

Stauden in der Randzone – leicht vermehrt durch Teilung

Stauden im Bereich der Sumpfzone, im Uferrandbereich oder der Teichumgebung, die zu groß oder unschön geworden sind, werden am besten durch Teilung »verjüngt«.
Graben Sie den Wurzelballen aus und zerteilen Sie ihn mit dem Spaten oder einem Gartenmesser. Entfernen Sie verholzte, beschädigte oder unschöne Teile und setzen Sie nur intakte Stücke mit Wurzeln und anhaftenden Stängeln wieder ein.
In der Sumpfzone können sich die Wurzeln benachbarter Stauden durchdringen. Hebeln Sie die Staude hier vorsichtig mit einer Grabegabel hoch und trennen Sie die Wurzelverbindungen mit einer Schere. Jetzt können Sie den Ballen vollständig ausgraben und teilen.

Fische einsetzen und pflegen

Das benötigen Sie

- Wassereimer mit festem Verschluss
- Kescher
- Fischfutter nach Angaben des Fachhändlers
- ggf. Futterring
- Wasserfilter
- Oxidator oder Sprudelpumpe
- Eisfreihalter oder Teichheizung

In einem großen Naturteich (15–20 m² Wasserfläche und mehr) stellt sich nach einigen Jahren gewöhnlich ein relativ stabiles biologisches Gleichgewicht ein (siehe Seite 156). Sofern die Voraussetzungen gegeben sind, vermehren sich die eingesetzten Fische in so einem Teich entsprechend dem Nahrungsangebot. Sie halten Pflanzenwuchs und Insekten unter Kontrolle, während die Fischbrut von fleischfressenden Fischen und Insekten vertilgt wird. Wasserpflanzen liefern ihnen den benötigten Sauerstoff.

Leider stellen sich diese paradiesischen Zustände in üblichen Gartenteichen nur selten ein – sie sind zu klein und fast immer auch zu dicht besetzt. Hier muss der Teichbesitzer regelnd und schützend eingreifen:

Die Wasserqualität sollte regelmäßig kontrolliert und ggf. durch Zusätze (Fachgeschäfte, wie Zoohandlungen) verbessert werden. Vor allem im Sommer ist ein zusätzlicher Sauerstoffeintrag (Sprudelpumpe) erforderlich.

Fische kommen und gehen – Besatz und Austausch

Lassen Sie sich beim Besatz Ihres Teiches mit Fischen in einem Zoofachgeschäft beraten. Geben Sie dazu Lage des Teiches, Größe und Tiefe an, dann kann der Fachmann Sie am besten beraten.

- Fachgeschäfte verkaufen ihre Fische in stabilen Transportbeuteln, die mit einem »Schuss« Sauerstoff angereichert werden. Achten Sie darauf, dass der Transportbeutel nur zu etwa einem Drittel mit Wasser gefüllt wird.
- Fahren Sie gleich heim.
- Schütten Sie das Wasser mit den Fischen zunächst vorsichtig in eine Wanne oder einen großen Eimer und gießen Sie alle 10 Minuten etwas von Ihrem Teichwasser hinzu. So gewöhnen sich die Fische an die Temperatur, den pH-Wert und die Zusammensetzung ihres Wassers.
- Erst nach 1–2 Stunden werden die Fische mitsamt dem Wasser vorsichtig in den Teich entlassen: Tauchen Sie die Wanne/den Eimer seitlich ins Wasser ein, dann schwimmen die Fische von allein in ihr neues Zuhause.

- Wenn Sie Fische entnehmen, weil der Besatz zu dicht wird, Sie einige Exemplare umsetzen oder verschenken möchten – verwenden Sie einen Kescher. Berühren Sie niemals die Schuppen mit trockenen Händen.
- Zum längeren Transport eignen sich am besten Eimer mit gut verschließbaren Deckeln. Füllen Sie den Eimer nur zu einem Drittel mit Teichwasser.

Fische füttern – ja oder nein?

Fische füttern ist nur dann erforderlich, wenn im Teich mehr Fische leben, als er aus sich heraus versorgen kann.

- Besorgen Sie sich die passende Futtermischung im Fachgeschäft (Flocken oder tiefgefrorenes Lebendfutter).
- Versuchen Sie, die Fische immer zur gleichen Zeit zu füttern, damit sie sich daran gewöhnen können.
- Streuen Sie nur eine kleine Futtermenge auf das Wasser (ein Futterring ist empfehlenswert) und warten Sie ab, bis alles verzehrt ist. Erst dann folgt die nächste Portion.
- Geben Sie nur so viel Futter, wie die Fische innerhalb von 10 Minuten auffressen.

Die Könige der Teichfische – Koi-Karpfen

Koi-Karpfen stellen besondere Ansprüche an Pflege und Futter. Sie brauchen vollkommen klares Wasser mit hohem Sauerstoffgehalt. Da man sie wegen der Beobachtung gerne in relativ flachen Teichen hält, müssen eine Filteranlage und eine zusätzliche Sauerstoffversorgung (Oxidator) eingebaut werden. In vielen Regionen sind die Winter zu kalt. Nehmen Sie die Kois aus dem Teich und überwintern Sie sie im Aquarium.

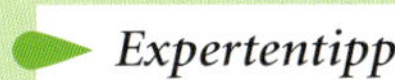

Expertentipp

Bevor Sie viel Geld für Kois ausgeben, sollten Sie sich unbedingt über den Pflegeaufwand informieren.

Vom Eise befreit ...

Sieht man einmal von den Exoten ab, kommen die meisten Fische gut über den Winter, wenn Ihr Teich tiefer als 80 cm ist. Die Fische ziehen sich in diese eisfreie Tiefenzone zurück und stellen ihren Stoffwechsel fast völlig ein. Ein Eisfreihalter sichert den Gasaustausch – vor allem den Abzug von Faulgasen – auch im Winter. Er wird im Spätherbst auf das Wasser gesetzt, an der tiefsten Stelle mit einem Steinanker fixiert und beschwert. Auch schwimmende Teichheizer mit Temperaturfühler oder kleine Sprudelpumpen halten eine Stelle eisfrei.

Ein Ausflug zu den Fischen

Goldfisch

Carassius auratus

Größe: bis 30 cm
Laichzeit: März–Mai

Aussehen: Jungfische grauschwarz (Wildfarbe), ab dem zweiten Jahr je nach Zuchtform sattrot, rot-weiß gefleckt, auch bizarre Körperformen (»Schleierschwanz«)
Nahrung: Allesfresser
Lebensweise: nicht heimisch; sehr widerstandsfähig gegen Sauerstoffmangel, hohe Temperaturen und Krankheiten; wenig scheu, ruhig, liebt die Sonne; die Weibchen legen bis zu 4000 Eier ins freie Wasser, wo sie dann von den Männchen befruchtet werden
Besatz: je nach Teichgröße 5–7 Jungfische, auf Männchen und Weibchen achten
Besonderheiten: vertragen sich mit anderen Fischen; der Nachteil von Goldfischen ist ihre hohe Aktivität: sie wühlen den Boden auf, sodass das Wasser trüb wird

Graskarpfen

Ctenopharyngodon idella

Größe: bis 60 cm
Laichzeit: Hochsommer

Aussehen: lang gestreckt, schmal, große Schuppen, grün-braun-grau schillernd
Nahrung: Pflanzenfresser; sehr guter Algenvertilger; macht sich über alle Wasserpflanzen her, braucht täglich etwa sein Körpergewicht an Pflanzen; kann problemlos mit Grasschnitt gefüttert werden
Lebensweise: nicht heimisch; sehr sonnenverträglich, braucht warmes Wasser über 26 °C, um sich zu vermehren
Besatz: ein Jungfisch pro m^2 Teichfläche
Besonderheiten: Graskarpfen sind bestens geeignet, um in sehr (!) großen Naturteichen den Algen- und anderen Pflanzenwuchs unter Kontrolle zu halten (sie fressen sogar Rasenschnitt und Wasserlinsen); in kleinen Teichen machen sie sich allerdings über die Seerosen her und sind also dafür nicht zu empfehlen

Koi-Karpfen

Cyprinus carpio

Größe: bis 1 m
Laichzeit: Mai–Juli

Aussehen: schlank, in sehr vielen Farbspielen gezüchtet, sehr individuelle Färbung, kaum ein Tier gleicht dem anderen; Männchen sind schlanker als Weibchen
Nahrung: Allesfresser, Pflanzen, Würmer, Schnecken, Fischbrut; optimal ist eine kommerzielle Futtermischung
Lebensweise: nicht heimisch; gründelt; braucht absolut sauberes Teichwasser; Überwinterung im Teich nur in über 2 m Wassertiefe möglich, daher Überwinterung im Keller (kühl, wenig füttern)
Besatz: mindestens 2–3 Tiere
Besonderheiten: sehr zutraulich, lässt sich aus der Hand füttern; Kois werden sehr groß und sind daher nur für Liebhaber oder Besitzer großer Teiche zu empfehlen; seltene Farbvarianten sind teuer

winterhart

sollte im Haus überwintern

muss regelmäßig gefüttert werden

nur für große Teiche

Moderlieschen

Leucaspidus delineatus

Größe: 8–10 cm
Laichzeit: April–Mai

Aussehen: schlank, mit silbrig glänzenden Schuppen und bläulichem Schimmer
Nahrung: alle Arten von Kleinlebewesen (Krebse, Insekten und Insektenlarven)
Lebensweise: heimischer Schwarmfisch, zwischen Wasserpflanzen an der Oberfläche; Laichschnüre an den Stängeln von Wasserpflanzen
Besatz: mindestens 7–12 Tiere
Besonderheiten: Brutpflege, das Männchen bewacht den Laich und fächelt ihm sauerstoffreiches Wasser zu; der einzelne Fisch ist eher unscheinbar, in Schwärmen jedoch ein hübscher Anblick

Beziehen Sie auch heimische Fische nur vom Fachhändler (keine Wildfänge), um keine Krankheiten einzuschleppen.

Goldorfe

Leuciscus idus

Größe: 25–30 (50) cm
Laichzeit: April–Juli

Aussehen: ähnlich dem Goldfisch, die Färbung ist aber zarter orangerot, schlank; Zuchtformen in verschiedenen Farbspielen (Gletscher-Orfen mit dunklem Rücken)
Nahrung: Allesfresser, sammelt die Nahrung direkt von der Wasseroberfläche ein; frisst auch Wasserlinsen und kleine Pflanzenteile
Lebensweise: heimischer Schwarmfisch; lebhafter als der Goldfisch, schwimmt bei Störungen blitzartig in Verstecke, kommt aber rasch wieder hervor; erfolgreiches Laichen nur in großen Teichen
Besatz: 5–10 Tiere; der Teich sollte mindestens 8–10 m^2 groß sein, damit sie Schwärme bilden können
Besonderheiten: da die Goldorfen an der Wasseroberfläche nach Mückenlarven suchen, reduzieren sie die Zahl der Stechmücken im Garten

Bitterling

Rhodeus sericeus

Größe: 5–9 cm
Laichzeit: April–Juni

Aussehen: hochrückig, seitlich abgeflacht, Schuppen silbrig glänzend; Männchen zur Laichzeit mit rotem Bauch und Brust, Flanken blaugrün; Weibchen mit langer Legeröhre
Nahrung: Allesfresser, frisst aber vorwiegend Pflanzen (Algen, dünne Pflanzenteile) und Insekten
Lebensweise: heimischer Karpfenfisch mit interessanter Enwicklung: braucht zur Fortpflanzung Teichmuscheln, die Weibchen legen ihre Eier in die Muscheln ab, die Muschel nimmt die Spermien zur Befruchtung mit dem Atemwasser auf; die etwa 1 cm langen Jungfische verlassen die Muschel nach 4–5 Wochen
Besatz: zusammen mit Teichmuscheln 7–10 Tiere
Besonderheiten: sehr interessantes Beobachtungsobjekt zur Balzzeit, wenn die bunten Männchen eine Muschel als Revier verteidigen

 winterhart
 sollte im Haus überwintern
 muss regelmäßig gefüttert werden
 nur für große Teiche

Technik rund um Teich und Bach

Streng genommen käme ein stehendes Gewässer völlig ohne technische Hilfsmittel aus – wenn es im biologischen Gleichgewicht ist (siehe Seite 156/157). Leider ist dieser erstrebenswerte Zustand keine Selbstverständlichkeit. Zu geringes Wasservolumen, zu viele Fische, ungünstige Lage, vernachlässigter Bewuchs … es gibt viele Faktoren, die das ungetrübte Wasserglück stören können. Daher werden wohl die meisten Teichbesitzer früher oder später zu technischen Hilfsmitteln greifen, um Wasserqualität und »Performance« ihres Wassergartens zu verbessern. Bei einem fließenden Gewässer kommt man ohnehin nicht ohne Technik aus.

Kleines Pumpen-ABC

Filterpumpe:
Spezialpumpe, die Wasser in einen Filter transportiert

Gartenpumpe:
Elektromotor (Kohlebürstenmotor); erzeugt hohen Druck und fördert viel Wasser (für Bäche); selbstansaugend; verbraucht viel Strom

Tauchpumpe:
Pumpe unter dem Wasserspiegel; geringer Installationsaufwand

Teichpumpe:
Elektromotor; langlebig; etwas geringere Förderleistung als Gartenpumpen (für Bäche); meist nicht selbstansaugend; verbraucht wenig Strom

Alles in Bewegung – Pumpensysteme

Das Angebot an Pumpen ist verwirrend! Lassen Sie sich daher in einem guten Fachgeschäft beraten. »Super-Sonderangebote« aus dem Baumarkt könnten Schnäppchen sein, erweisen sich aber oft als Fehlkauf.
Während man für einen Bachlauf Pumpen braucht, um den Wasserkreislauf anzutreiben, versorgen sie am Teich Filtersysteme oder Wasserspiele. Erkundigen Sie sich danach, wie laut die Pumpe ist, wie viel Strom sie verbraucht, welche Schmutzteilchengröße sie durchlässt und ob sie als Bach- bzw. Filterpumpe eingesetzt werden kann.

Expertentipp

Pumpen oder Ansaugrohre gehören auf eine Unterlage, niemals direkt in den Bodenschlamm.

Damit der Sauerstoff nicht ausgeht – sanfte Belüftungssysteme

Die Versorgung des Teichwassers mit Sauerstoff ist zwar unbedingt erforderlich, aber nicht zwangsläufig mit hohem technischem Aufwand verbunden. Oxidatoren sind Sauerstoffspender, die ohne Strom funktionieren. Sie bestehen aus speziellem Keramikmaterial, werden mit Wasserstoffperoxid (H_2O_2) befüllt und ins Wasser versenkt. Dort geben sie kontinuierlich Sauerstoff ab.
Obwohl die Füllung eines Oxidators im Sommer nach etwa 2 Monaten ersetzt werden muss (verbrauchte Geräte treiben auf), sind sie in kleinen Teichen eine gute und unauffällige Alternative zu Pumpen.
In Teichen ohne Fische reichen die Unterwasserpflanzen aus. Auch ein Bachlauf, der in den Teich plätschert, reißt Sauerstoff ins Wasser.

Wenn der Sauerstoff knapp wird – Luft aus der Pumpe

Hohe sommerliche Temperaturen und ein dichter Fischbesatz bringen den Sauerstoffgehalt eines Teiches rasch an die erträgliche Grenze – hier hilft nur eine »künstliche Lunge«. Am einfachsten geht das mit einer Belüftungspumpe, die Luft ansaugt und ans Teichwasser abgibt. Solche Pumpen können mit Schaumdüsen kombiniert werden, sodass mit dem Nutzen sogar noch ein Wasserspiel verbunden wird. Membranpumpen in Verbindung mit einem versenkten Ausströmstein funktionieren wie im Aquarium, müssen allerdings für den Gebrauch im Freien zugelassen sein.
Bei sehr großem Luftbedarf, etwa bei einem flachen, mit vielen Koi-Karpfen besetzten Teich, empfiehlt sich der Kauf eines kleinen Kompressors mit Ausströmstein.

Sauberes Wasser ist gesundes Wasser – Filtersysteme

Vielfach reichen eine Röhrichtzone oder ein flacher Bachzulauf als natürlicher Filter aus. Ist das Teichwasser trotzdem regelmäßig getrübt oder verschmutzt, brauchen Sie jedoch einen Filter.
Ein Innenfilter (Tauchpumpe mit untergetauchter Filtereinheit) steht völlig unter Wasser. Die Pumpe saugt das Wasser durch den Filter an und gibt es gereinigt wieder ab. Innenfilter arbeiten sehr effektiv, lassen sich aber nur aufwendig säubern.
Bei den Außenfiltern steht nur die Pumpe im Wasser. Sie pumpt das verschmutzte Wasser in die Filtereinheit, von dort fließt es gereinigt in den Teich zurück. Die Filtertonne kann zwischen Pflanzen versteckt oder im Boden vergraben werden.

Mit Licht gegen die Algen – der UV-Klärer

Obwohl der Name zu versprechen scheint, das Wasser zu klären, haben diese Geräte nur eine einzige Funktion: Das von ihnen ausgesandte UV-Licht kann alle Arten von Zellen töten. Damit bekämpft ein UV-Klärer nicht nur einzellige Schwebalgen, sondern auch bakterielle Keime. Da ultraviolettes Licht keinen Unterschied zwischen nützlichen und schädlichen Mikroorganismen macht, darf das Gerät nicht dauerhaft angeschaltet bleiben, sonst verwandeln Sie Ihren Teich in ein »keimfreies« Gewässer. UV-Klärer werden als Einzelgeräte oder in Kombination mit Filtern angeboten. Ideal sind Systeme im Bypass-Betrieb, bei denen ein Teil des Wassers durch den Filter (nützliche Mikroben überleben), ein anderer durch den UV-Klärer fließt.

Teichtechnik braucht Wartung und Pflege

 *Das benötigen Sie*

- Betriebsanleitungen, ggf. Schraubenzieher, ggf. Ersatzteile (Verschleißteile), Dichtungsfett, Bürste, Eimer oder Bottich, um die Pumpe aufzunehmen

 *Der richtige Zeitpunkt*

Frühling:
Pumpe(n) und Filter einsetzen

Sommer:
einmal monatlich Pumpenvorfilter und Filtersysteme säubern

Spätherbst:
Pumpe(n) und Filter entnehmen

Alle technischen Bestandteile eines Wassergartens müssen regelmäßig überprüft und gewartet, bei Bedarf natürlich auch repariert werden. Allerdings ist der Gartenteich keine Spielwiese für Hobbybastler. Alle mit Strom betriebenen Geräte, ihre Zuleitungen, Schalter und Stecker sind besonders abgesichert und dürfen nicht verändert werden. Bei den meisten Pumpen sind beispielsweise bestimmte Bereiche durch eine Versiegelung über den Schrauben geschützt: Wird das Siegel beschädigt, erlöschen jegliche Garantie- und Schadenersatzansprüche!
Die wichtigste Regel für Pumpen im Wassergarten lautet: Heben Sie die Betriebsanleitung gut auf und richten Sie sich danach! Wer erinnert sich nach einem »wasserlosen« Winter noch daran, wie der Vorfilter abgebaut oder die Pumpenkammer gereinigt wird?
Und denken Sie immer daran: Alle Wartungsarbeiten an elektrischen Leitungen und Geräten nur bei ausgezogenem Stecker durchführen!
Fest verlegte Anschlüsse, z. B. in Pumpenschächten, erst dann überprüfen, wenn die Sicherungen ausgeschaltet sind!

Pumpen pflegen und warten

- Nehmen Sie die Pumpe im Herbst aus dem Wasser. Auch außer Wasser stehende Pumpen einräumen! Eine Pumpe, deren Inneres vereist, kann irreversibel beschädigt werden.
- Reinigen Sie sie gründlich und stellen Sie das Gerät in einem frostfreien Keller in einen Bottich oder Eimer mit Wasser. Steht eine Pumpe den ganzen Winter auf dem Trockenen, könnte sich die Welle festsetzen.
- Drehen Sie im Frühling vorsichtig (die Pumpe darf nicht angeschlossen sein) am Laufrad, um die Gängigkeit zu überprüfen. Dann kommt die Pumpe wieder ins Wasser.
- Obwohl moderne Pumpen durchweg wartungsfreundlich sind, droht auch ihnen Gefahr durch grobe Schmutz- und Pflanzenteilchen. Zur Sicherheit sollten Sie den Vorfilter der Pumpe regelmäßig von Schmutz befreien (Betriebsanleitung beachten!). Jedes zweite Mal wird die Pumpenkammer geöffnet und gesäubert.
- Defekte Verschleißteile, alte Filter, leckende Dichtungen, Laufräder oder Filtergehäuse sollten Sie nur dann in Eigenarbeit ersetzen, wenn dies in der Betriebsanleitung vorgesehen ist – ansonsten gehen Sie mit dem Gerät zum Fachhandel.

 *Expertentipp*

Bringen Sie am Griff einer Tauchpumpe eine feste Drahtschlinge oder eine Kette an. So lässt sich die Pumpe einfacher entnehmen.

Filterpflege: reinigen und/oder austauschen

Reinigen Sie mechanische Filter (Bürsten, Schwämme, Matten) gut unter klarem, fließendem Wasser. Wechseln Sie völlig verschmutzte Einsätze aus.
In biologischen Filtern wachsen Mikroorganismen auf Lavagranulat oder anderen Trägern. Spülen Sie die Filter gut aus und tauschen Sie sie nach Vorgaben des Herstellers aus. Einige Filter enthalten eine zusätzliche »naturchemische« Kammer mit Zeolith. Dieses entgiftet das Wasser, bindet Nährstoffe, muss aber nach einiger Zeit regeneriert werden. Dazu legt man es in eine gesättigte Kochsalzlösung (Herstellerangaben beachten).

Relativ wartungsfrei: Rohrleitungen

Rohrleitungen für Sprudelbrunnen oder als Zu- bzw. Ableitungen zu Filteranlagen kommen im Wesentlichen ohne Wartung aus. Bauen Sie im Herbst oberirdisch verlaufende Rohre und Schläuche aus und überwintern Sie sie trocken. Fetten Sie Schraubverbindungen und Dichtungen im Frühling leicht ein und tauschen Sie defekte Teile aus. Entleeren Sie fest verlegte, unterirdische Rohrleitungen im Herbst, damit sie nicht durch Eis gesprengt werden. Sollte einmal ein Rohr verstopfen, versuchen Sie die Sperre mit einem eingeführten Wasserschlauch zu lösen. Nehmen Sie auf keinen Fall ein chemisches Haushaltsmittel, allenfalls eine mechanische Klempner-Schraube.

Stromleitungen und Anschlüsse warten

Pumpen und Filterpumpen sind nach deutscher DIN-Norm mit einem wassergeschützten Kabel ohne offene, metallische Schrauben versehen. Versuchen Sie niemals auf eigene Faust, Verlängerungen oder Mehrfachsteckdosen aus Einzelteilen zusammenzuschrauben!
Verwenden Sie ausschließlich für das Freiland zugelassene Feuchtigkeitskabel und -stecker.
Prüfen Sie beim Einbau der elektrischen Geräte im Frühling, ob die Steckerverbindungen sauber sind. Tauschen Sie korrodierte Teile gegen neue aus.

Ist das Wasser gut, ist der Teich gesund!

Das benötigen Sie

- Komplett-Set zur Bestimmung der Wasserqualität oder pH-Teststreifen; Set zur Bestimmung der Wasserhärte, ggf. auch Test-Set für Nitratgehalt, Wasserbottich für Fische, Kescher, Sieb und Teichsauger, diverse Präparate als Zusatzstoffe

Der richtige Zeitpunkt

pH- und Härtemessung im Frühling, dann alle 2 Wochen im Sommer; Teichreinigung im September/Oktober; Zusatzstoffe nach Packungsanweisungen

Sie können sich auf unterschiedliche Weise von der Qualität Ihres Teichwassers überzeugen: grob durch sinnliche Wahrnehmungen wie Sehen und Riechen und fein durch chemische Analyse.

Gesundes Wasser ist klar und ungetrübt und riecht nicht. Eventuell im Teich schwimmende Fische machen einen lebhaften Eindruck. Wenn ein heller Gegenstand (Teller) etwa unterarmtief unter Wasser deutlich zu sehen ist, stimmen die äußeren Bedingungen. Allerdings sagen derartige »sinnlichen« Methoden nicht alles. Sie können weder sehen, wie sauer oder basisch das Wasser ist noch welche anderen Inhaltsstoffe es enthält. Daher gehört die chemische Wasseruntersuchung zu den regelmäßigen Pflegemaßnahmen an Teich und Bach. Wenn Sie die Untersuchungen nicht selbst machen wollen, dann wenden Sie sich an ein Labor. Auch manche Gartencenter bieten inzwischen eine Wasseranalyse an.

Und so entnehmen Sie eine Probe: Öffnen Sie eine verschlossene Flasche unter Wasser und lassen Sie sie vorsichtig volllaufen. Lassen Sie die Wasserprobe dann so schnell wie möglich untersuchen.

Sauer oder basisch – den pH-Wert messen

Der pH-Wert gibt an, ob das Wasser sauer oder basisch ist. Die Skala reicht von 0–14. Bei einem Wert von pH 7 ist das Wasser neutral, unter 7–0 ist es sauer, über 7–14 basisch. Der ideale Wert für das Teichwasser liegt bei pH 6–7.

Da saurer Regen, Laubfall und andere Faktoren den pH-Wert des Wassers verändern, sollte er regelmäßig gemessen werden. Verwenden Sie dazu ein handelsübliches pH-Set oder einen Teststreifen. Sie werden einfach ins Wasser getaucht und der pH-Wert mithilfe einer Farbskala ermittelt.

Mittel zum Heben oder Senken des pH-Wertes – je nach Ihren Messungen – gibt es im Fachhandel.

Hartes Wasser, weiches Wasser – die Wasserhärte ermitteln

Gartenteiche brauchen mittelhartes Wasser von 9–17 °dH. Auch zur Messung der Wasserhärte gibt es Mess-Sets. Man misst die Wasserhärte (siehe Seite 174) nach einer Indikatormethode. Folgen Sie den Anweisungen des Mess-Sets. Meist wird eine Wasserprobe durch Zugabe eines sogenannten Puffers (flüssig oder als Tablette) vorbehandelt und ein Indikator eingetropft, bis ein Farbumschlag eintritt. Die Menge des Indikators gibt dann die Wasserhärte an. Liegt der Wert wesentlich unter 9 °dH oder über 17 °dH, dann müssen Sie wieder mit chemischen Mitteln Einfluss nehmen.

Der Wasserwechsel – die letzte Rettung

Das Wasser zu wechseln ist keine Lösung für bessere Wasserqualität. Manchmal bleibt allerdings keine Wahl. Pumpen Sie vorsichtig etwa ein Drittel Wasser ab. Entfernen Sie groben Schmutz und Schlamm zunächst mechanisch (feines Sieb), dann mit einem Teichsauger und schneiden Sie wucherndes Wurzelwerk zurück. Füllen Sie dann wieder mit frischem Leitungswasser auf: Binden Sie dazu den Wasserschlauch an einen mit Steinen beschwerten Eimer und lassen Sie das Wasser langsam über den Rand des versenkten Eimers einfließen – so werden weder Wurzeln ausgespült noch Substrat aufgewühlt.

Nützliche und unnütze Chemie

Es gibt eine beinah unüberschaubare Vielzahl von Mittelchen, die dem Wassergärtner bei der Teichpflege helfen sollen. Hilfreich sind verschiedene Kombipräparate, die in neuen Teichen den pH-Wert des Wassers stabilisieren. Oder konzentrierte Nährlösungen mit Mikroorganismen, die den Bodenschlamm biologisch abbauen. Auch Mittel zum Algenstopp können Hilfe bringen.

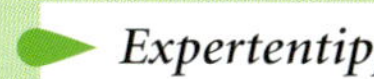 *Expertentipp*

Fragen Sie Bekannte nach ihren Erfahrungen. Tipps aus »erster Hand« sind (meist) ehrlicher als Werbebotschaften!

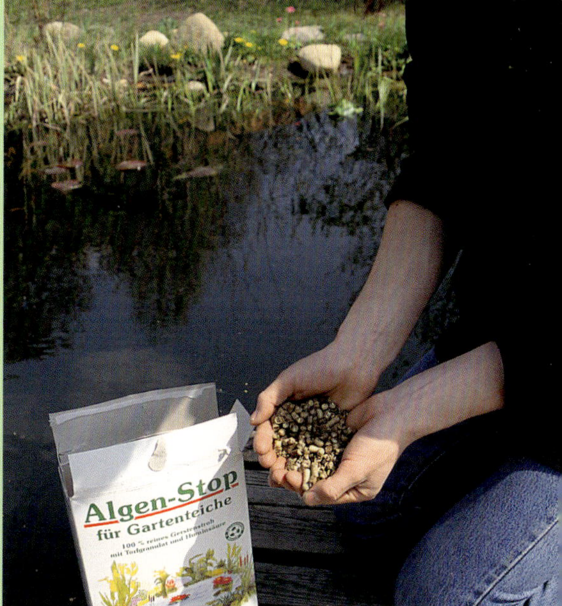

Wenn den Fischen die Luft ausgeht

Reichern Sie Ihren Teich am besten regelmäßig und vorbeugend mit Sauerstoff an:
Füllen Sie verdunstetes Wasser mit der Sprühdüse aus dem Schlauch nach, lassen Sie einen Bach in den Teich fließen oder richten Sie eine Sprudeldüse oder einen Springbrunnen ein.
Bei akuten Notfällen können auch Sauerstoff freisetzende Tabletten oder Konzentrate kurzfristig helfen.

Technische Probleme – was tun?

Das benötigen Sie

- Folienreparatur: Reparatur-Set je nach Folie
- Bachreparatur: Gartenschlauch, Ersatzschläuche/Rohre, Spannungsprüfer
- Skimmereinbau: Gerät und Zubehör je nach Einbauanleitung, Steine zum Beschweren

Diese Zeit brauchen Sie

Folienreparatur: mit Lecksuche 5–6 Stunden (verteilt auf 2–3 Tage)

Bachreparatur: je nach Länge der Rohrleitungen 3–4 Stunden

Skimmereinbau: mehrere Stunden

Manche der auftretenden Probleme sind mit gesundem Menschen(Gärtner)-verstand zu lösen, z. B. verstopfte Düsen (Ausbauen, mit klarem Wasser reinigen) oder Rohrleitungen (Durchspülen mit Gartenschlauch), leckende Dichtungen (Einfetten) oder freiliegende Folie (Rand bepflanzen oder abdecken).

Es gibt jedoch in Wassergärten immer wieder Schwierigkeiten technischer Art, die etwas Erfahrung verlangen. Versuchen Sie solche Fälle nicht auf eigene Faust zu lösen, sondern wenden Sie sich an ein Fachgeschäft. Insbesondere wenn elektrische Geräte beteiligt sind, richtet man als Laie oft irreparable Schäden an – von der Gefahr ganz zu schweigen!

Heben Sie alle Garantiekarten, Betriebsanleitungen und Materialproben von Folien auf; das erleichtert Sofortmaßnahmen und die Lösung von Problemen enorm – vor allem, wenn Sie das Problem einem Experten schildern möchten.

Der Wasserstand im Folienteich sinkt regelmäßig ab

In heißen Sommern verdunstet immer eine bestimmte Menge an Wasser – das ist normal und nicht beunruhigend. Sinkt der Wasserspiegel allerdings auch kurz nach dem Befüllen immer wieder ab, kommen zwei Ursachen infrage:

1. Die Kapillarsperre wurde falsch eingebaut oder ist verschlammt. Das Wasser wird über die Barriere ins Erdreich gesogen, sodass der Wasserspiegel sinkt, bis er unterhalb des inneren Walls steht. Abhilfe schafft hier nur eine neu konstruierte Kapillarsperre. Auch Schlammteilchen, die sich zwischen und über den Kieselsteinen ansammeln, oder Pflanzen, die über die Sperre wachsen, wirken wie eine Brücke, die das Wasser aus dem Teich saugt. Hier hilft: Steine ausräumen und säubern und/oder über die Barriere wuchernde Pflanzen entfernen.

2. Die Folie könnte beschädigt sein. Markieren Sie mit wasserdichtem

Folienstift das Niveau, bis zu dem das Wasser absinkt. Füllen Sie nur wenig mehr Wasser auf und stäuben Sie einen Löffel Mehl auf das Wasser. Gewöhnlich verformt die Sogwirkung des Lochs das Mehl zu einem Keil. Wie ein Leck am sichersten geflickt wird, hängt von dem Material ab: PVC wird z. B. geklebt oder verschweißt, PE geklebt. Bei kleineren Teichen ist es in den meisten Fällen sicherer, eine neue Folie über die sauber ausgeräumte alte Folie zu verlegen.

Der Wasserfluss versiegt

Prüfen Sie zunächst, ob die elektrische Anlage in Ordnung ist. Sollten Kontakte oder die Pumpe defekt sein, hilft nur der Kundendienst.
Wenn die Pumpe läuft, könnten Zulauf, Ablauf oder die Pumpe selbst verstopft sein. Schalten Sie die Pumpe aus. Spülen Sie alle Rohr-/Schlauchleitungen mit einem kräftigen Wasserstrahl aus dem Gartenschlauch durch (gegen die Fließrichtung). Bei geknickten Schlauchstücken ist die Bruchgefahr recht hoch – besser komplett austauschen. Danach Vorfilter der Pumpe reinigen und Pumpe mit einem Wasserstrahl durchspülen.

Die Wasseroberfläche ist mit Blütenstaub bedeckt

Mit Keschern und Netzen lässt sich dieser feine Staub nicht abfischen. Dauerhafte Abhilfe schafft hier nur ein Oberflächenabsauger, ein sogenannter Skimmer. Er wird ins Wasser gesetzt und an eine Pumpe angeschlossen (Kombinationen mit Filtern sind möglich). Die Pumpe saugt das Oberflächenwasser – und damit Staub, Blütenstaub und kleine Blätter – über eine Art Teller in einen Sammelbehälter, der regelmäßig entleert werden muss.

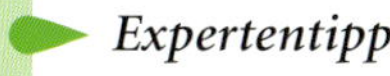

Expertentipp

Am Teichrand eingesetzte, »professionelle« Skimmer lohnen nur in sehr großen Teichen.

So kaschieren Sie die unschöne Filtertonne

Auf den Filter zu verzichten, weil die Filtertonne unschön aussieht, ist die falsche Entscheidung. Legen Sie stattdessen einen Bachlauf zur Vorklärung an. Verlagern Sie die Filtertonne in den Quellbereich (versteckt hinter Erdhügel und Pflanzen). Lesen Sie in der Pumpenbeschreibung (»Pumpenkennlinie«) nach, ob Ihre bisherige Pumpe in der Lage ist, genügend Wasser auf die geplante Quellhöhe zu fördern. Bauen Sie in den Bachlauf flache, breite Pflanzzonen mit Binsen und Zwerg-Rohrkolben ein – sie wirken wie ein biologisches Klärwerk.

Biologische Probleme und ihre Lösung

Das benötigen Sie

- Zuschlagstoffe zum Einstellen von pH-Wert und Wasserhärte (Fachhandel)
- Konzentrat mit Mikroorganismen (zum Abbau von Schlamm)
- ggf. Membranpumpe (zur Anreicherung des Wassers mit Sauerstoff)
- Kescher
- Rechen oder Wickelstab für Fadenalgen
- Teichsauger
- Laubnetz (Herbst)

Biologische Probleme sind oft schwierig zu lösen, da sie zumeist schleichend beginnen und sich dann innerhalb relativ kurzer Zeit beinahe explosionsartig entwickeln können.
Die beste Lösung für Schwierigkeiten dieser Art ist daher eine kontinuierliche Beobachtung. Lernen Sie Ihren Blick nicht nur für die Schönheiten Ihres Wassergartens, sondern auch für seine Ökologie zu schärfen. Vielfach kommen und gehen »biologische« Probleme mit den Jahreszeiten – Kenntnis führt hier zu der erforderlichen Gelassenheit und hilft dabei, Panikreaktionen zu vermeiden.
Regelmäßige Wasserproben, gute Sauerstoffversorgung und ein angemessener Fischbesatz (Fischkot ist nährstoffreich!) helfen Ihnen dabei, die biologische »Gesundheit« des Teiches zu erhalten.

Das Teichwasser färbt sich grün

Dieses »Algenblüte« genannte Phänomen tritt vor allem bei neuen Teichen auf, deren Wasser noch zu viele Nährstoffe enthält. Algenblüte kommt und vergeht in Zyklen und ist kein Anlass für Beunruhigung. Erst wenn auch in den Folgejahren regelmäßig Algenblüten auftreten, sollten Sie etwas unternehmen. Messen Sie den Nitratgehalt. Entziehen Sie dem Wasser Nährstoffe durch Unterwasserpflanzen wie Tausendblatt. Sorgen Sie für Sauerstoffeintrag (Bachlauf, Sprudelpumpe) und stellen Sie pH-Wert und Wasserhärte ein. Chemische Algenpräparate helfen nur kurzfristig, da die toten Algen absinken und wieder in den Nährstoffkreislauf einfließen.

An der Oberfläche sammeln sich Algenmatten und Wasserlinsen

Wasserlinsen werden gerne am Gefieder von Vögeln oder mit Wasserpflanzen eingeschleppt. Sie vermehren sich massenhaft, wenn sie genügend Nährstoffe vorfinden. Neben den gegen Algenblüte beschriebenen Maßnahmen angeln Sie die Wasserlinsen mit einem feinen Kescher, die Fadenalgen mit einem Rechen oder Wickelstab aus dem Wasser. Damit entfernen Sie Biomasse aus dem Teich. Auch wenn diese wiederkehrende Arbeit lästig wird – sie ist das beste Mittel, den Teich langfristig an Nährstoffen zu verarmen.

Die Wasserqualität hat sich verändert

Einen zu hohen pH-Wert (über 8,5) können Sie langfristig durch Torfsäckchen im Wasser, kurzfristig durch pH-senkende Präparate korrigieren. Ein zu niedriger pH-Wert (unter 6,5) lässt sich durch ein alkalisierendes Mittel einstellen.
Ist das Wasser zu hart (Gesamthärte über 10 °dH), geben Sie am besten weiches Regenwasser in den Teich. Liegt die Gesamthärte unter 4 °dH, hilft nur ein spezielles Präparat, das die Härte anhebt.
Die Karbonathärte können Sie mit Säurebildnern absenken und mit sogenannten Kalkreaktoren anheben.

Auf der Wasseroberfläche sammelt sich Schaum

Der Schaum ist Anzeichen für einen zu hohen Anteil organischer Substanz im Wasser. Kurzfristige Abhilfe schafft hier ein gezielter Wasseraustausch (etwa ein Drittel). Langfristig müssen Sie allerdings den Teich an Nährstoffen verarmen, d. h.: Entschlammen, Sauerstoffzufuhr erhöhen, das Herbstlaub in Netzen abfangen, den pH-Wert absenken, ein Konzentrat aus Mikroorganismen zugeben, die den biologischen Abbau fördern.

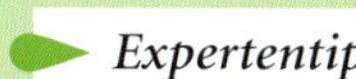

Expertentipp

Setzen Sie wuchernde, tropische Schwimmpflanzen ein. Sie verbrauchen sehr viele Nährstoffe.

Aus dem Wasser steigen übel riechende Blasen auf

Dieses Phänomen stellt den Super-GAU für jeden Teichbesitzer dar. Die nach Schwefelwasserstoff riechenden Gase stammen aus Faulschlamm am Teichboden. Hier muss schleunigst etwas unternommen werden, sonst ist Ihr Teich und alles Leben darin verloren. Machen Sie einen Wasserwechsel (siehe Seite 195). Räumen Sie den Teichgrund weitestgehend aus und benutzen Sie zusätzlich einen Teichsauger. Geben Sie ein Präparat mit abbauenden Mikroorganismen ins neue Wasser und sprudeln Sie mit einer Membranpumpe reichlich Sauerstoff hinzu.

Was tun bei Schädlingen und Krankheiten?

Ein Teich mit gemischter Bepflanzung, gesunden Pflanzen und einer guten Wasserqualität kann einen gewissen Schädlingsdruck ohne Weiteres aushalten. Bei starkem Befall sollten Sie allerdings mit einem befallenen Pflanzenteil in ein Fachgeschäft gehen und um Rat fragen.
Beachten Sie aber: Fast alle Insektizide (selbst die »biologischen« auf Pyrethrum-Basis) können auch andere Wassertiere schädigen! Setzen Sie daher nicht kritiklos dieselben Mittel ein wie für »Landpflanzen«, sondern besorgen Sie sich speziell für Wassergärten geeignete Präparate.
Es wäre vermessen zu glauben, alle potenziellen Bedrohungen für Wasserpflanzen auf einer Doppelseite abhandeln zu können. Das ist Thema für ein ganzes Buch. Hier werden stellvertretend nur einige wichtige Phänomene genannt.

Das benötigen Sie

- Gummihandschuhe (Küchenhandschuhe) zum Absammeln
- Seifenlauge
- biologisch verträgliche Insektizide

Der richtige Zeitpunkt

regelmäßige Kontrolle das ganze Jahr über; bei Erkennen eines Befalls sofort!

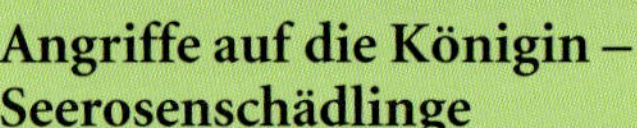

Angriffe auf die Königin – Seerosenschädlinge

Seerosen werden vor allem durch Seerosenblattkäfer und Seerosenzünsler bedroht.

- Die nur wenige Millimeter großen, dunklen Larven der Blattkäfer nagen Gänge und Löcher in die Oberseiten der Schwimmblätter – bis zum Absterben. Man erkennt den Befall ab Mai/Juni an den Fraßspuren und den gelben Eierhäufchen auf den Blättern. Sammeln Sie die Eier ab und entfernen Sie stark befallene Blätter.
- Auch die Larven der Zünsler nagen die Blätter an, hinterlassen aber Löcher am Rand und in der Mitte. Die Larven heften sich an die ausgeschnittenen »Blatt-Boote« und verpuppen sich. Sammeln Sie die Raupen ab oder halten Sie Goldorfen im Teich – sie mögen Zünslerlarven.

Blattläuse im Wasser – hier fehlen natürliche Feinde!

An Seerosen saugen spezielle schwarze Blattläuse (*Rhopalosiphon nymphaeae*), die nahe stehende Rosengehölze (z. B. Pflaumen, Kirschen, Schlehen) als Zwischenwirte besiedeln. Leider fallen diese Schädlinge nur selten natürlichen Feinden zum Opfer, denn Marienkäfer oder Florfliegen fliegen kaum über Wasserflächen. Da die Blattläuse mit einer Wachsschicht bedeckt sind, nützt auch Abspritzen mit dem Schlauch nichts. Sie können sie allenfalls absammeln oder mit Insektiziden bereits auf ihren Zwischenwirten bekämpfen.
Die anderen Pflanzen am Teich haben unter den »üblichen« Blattläusen zu leiden. Diese können im Anfangsstadium vorsichtig mit Seifenlauge abgestreift werden.

Wasserschnecken – schädlich oder nützlich?

Im Teich leben mehrere Arten von Wasserschnecken.
Zur Plage kann die weit verbreitete Spitzschlammschnecke (*Lymnaea stagnalis,* siehe Bild) werden, obwohl sie gewöhnlich nur geringe Schäden anrichtet. Sie nagt nicht nur totes Pflanzenmaterial, sondern auch frische Triebe an. Die Schnecken kleben ihre Eier an die Unterseite von Schwimmblättern. Hier kann man sie gut absammeln. Eine wirkungsvolle Alternative sind ins Wasser gelegte »Lockblätter«, die mitsamt ihren Besuchern entnommen werden.

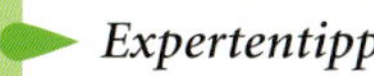

Expertentipp

Posthornschnecken, gut an ihren auffallend geformten Häusern zu erkennen, sind Nützlinge. Sie säubern den Teichgrund!

Pilzkrankheiten bei Wasserpflanzen – eher selten

Zum Glück gehören die allgegenwärtigen Pilzkrankheiten bei Wasserpflanzen eher zu den Ausnahmen. Gut zu erkennen ist die Knollenfäule der Seerosen, die sich in vergilbenden und später absterbenden Blättern äußert. Heben Sie den Korb mit dem Rhizom aus dem Wasser und suchen Sie nach schwarzen Verfärbungen – großräumig abschneiden oder zur Sicherheit die gesamte Pflanze entsorgen.
Brandpilze können z. B. bei Schwertlilien (siehe Bild) und Froschlöffel auftreten. Sie rufen auf den befallenen Blättern Punkte bis Flecken hervor. Schneiden Sie die befallenen Pflanzenteile ab. Vernichten Sie alle Reste alter Schwertlilien vor dem Winter, denn die Pilzsporen können hieran überdauern.

Gelbe Blätter – ein Zeichen für Eisenmangel?

Das Wasser sollte, so gut es geht, an Nährstoffen arm sein – das haben Sie jetzt schon öfter gehört. Manchmal muss man aber auch »düngen«. Wasser enthält gewöhnlich nur sehr wenig Eisen, daher kann dieses Spurenelement zum Mangelfaktor werden, was sich in gelben Blättern äußert. Hier hilft ein eisenreicher Spezialdünger. Der Dünger darf aber keinesfalls ins Wasser gelangen, sondern muss gezielt in die Körbe gestreut werden.
Verwenden Sie am besten Hornspäne oder einen speziellen Teichdünger, der seine Mineralien nur langsam abgibt.

Balkon- und

Kübelpflanzen pflegen

Blütenpracht – kein Zauberwerk

Blütenpracht vom Frühling bis zum Herbst, bunter Blattschmuck und zierende Früchte bis in den Winter hinein, sogar Schmackhaftes aus dem Balkonkasten für die Küche – das alles ist kein Zauberwerk. Mit ein wenig Know-how und mäßigem, aber regelmäßigem Pflegeaufwand können Sie Ihren Balkon oder Ihre Terrasse fast rund ums Jahr in eine blühende Oase verwandeln. Im Mittelpunkt steht natürlich der Sommer, wenn Balkon und Terrasse als »grünes Wohnzimmer« genutzt werden.

Mit etwas Pflanzenwissen, sachgerechter Pflege und gestalterischen Ideen lassen sich wunderschöne Balkon- und Terrassenträume verwirklichen. Selbst als Einsteiger muss man dabei nicht allzu bescheiden sein und darf sich ruhig an die Umsetzung »kühner« Träume wagen. Es ist ja auch kein Drama, wenn nicht gleich alles auf Anhieb so gelingt, wie es soll – vieles kann man noch im Lauf des Sommers ändern oder nachpflanzen. Die meisten Balkonblumen sind ohnehin einjährig, sodass Sie mit jeder Saison einen komplett neuen Versuch haben und auf diese Weise erste Erfahrungen – gute wie schlechte – im Folgejahr gleich berücksichtigen können. Bei Kübelpflanzen und anderen Mehrjährigen schmerzen Ausfälle allerdings schon etwas mehr. Beugen Sie eventuellen Misserfolgen am besten bereits durch genügend Sorgfalt bei der Pflanzenauswahl vor.

Pflanzenspaß durch gute Startbedingungen

Die passenden Pflanzen für die vorhandenen Standortverhältnisse, praxistaugliche Pflanzgefäße, die sicher aufgestellt und befestigt werden, gute Blumen- und Topferde – das sind die besten Voraussetzungen für üppiges Blühen und Gedeihen. Werden schließlich die Kästen, Töpfe, Ampeln und Kübel so bepflanzt, dass sich alle Gewächse gut entwickeln können, haben Sie schon einmal für einen optimalen Start gesorgt. Achten Sie gerade bei den ersten Balkon-Versuchen darauf, dass Sie sich nicht zu viel vornehmen und der Aufwand überschaubar ist. Das betrifft sowohl die Anzahl der Pflanzen als auch ihren jeweiligen Pflegebedarf. Sie brauchen sich nun keinesfalls auf vielfach bewährte Pflanzen wie Pelargonien, Hängepetunien, Harfenstrauch oder Wandelröschen zu beschränken. Doch diese recht robusten Arten sind verlässliche Stützen der Bepflanzung, um die herum Sie dann ausgefallenere, auch etwas empfindlichere Arten gruppieren können.

Was gedeiht bei mir?

Ob Blütenschmuck für Balkonkästen und Ampeln oder Attraktives für Töpfe, Kübel und Tröge – beim Angebot herrscht wahrlich kein Mangel. Eine umfangreiche Auswahl geeigneter Pflanzen stellt Ihnen der Porträtteil ab Seite 404 vor. Zu einem schnellen Überblick über die wichtigsten Pflanzengruppen verhelfen die Seiten 272, 406, 432 und 448. Dort finden Sie auch Hinweise zu speziellen Auswahlkriterien.

Die allererste Frage beim Auswählen von Balkon- und Kübelpflanzen sollte natürlich lauten: »Was gefällt mir am besten?« Das betrifft nicht nur die einzelnen Balkon- und Kübelpflanzen, sondern auch Pflanzenkombinationen und Arrangements.

Doch idealerweise sollte damit gleich die Frage nach den Standort- und Pflegeansprüchen der bevorzugten Schönheiten Hand in Hand gehen. So kommen Sie recht zielsicher und zuverlässig zu Bepflanzungen, an denen Sie wirklich Freude haben.

Regenfeste Blütenpracht?

In regenreichen Regionen und Sommern fällt der Balkonspaß manchmal sprichwörtlich ins Wasser, weil das häufige Nass von oben die Blüten stark beeinträchtigt und schnell unansehnlich werden lässt. Doch es gibt einige Balkonpflanzen, denen das relativ wenig ausmacht. Hierzu gehören Goldtaler, Fächerblume, Elfensporn, moderne Hängepetunien und Hängeverbenen sowie Studentenblumen. Bei Letzteren sind sogar die gefüllten Sorten noch recht regenverträglich – denn sonst gilt im Allgemeinen, dass gefüllte Blüten bei häufigen Güssen schneller unansehnlich werden, weil die bei ihnen dicht gedrängten Blütenblätter nur langsam abtrocknen.

Welche Standortansprüche muss ich beachten?

Pflanzen brauchen zum Gedeihen in erster Linie mehr oder weniger viel Licht und Wärme. Beobachten Sie deshalb zunächst, wie viel Sonne Ihr Balkon oder Ihre Terrasse abbekommt. Grundsätzlich entscheidet darüber natürlich die Lage zu den Himmelsrichtungen – die Dauer der direkten Sonneneinstrahlung nimmt ja im Allgemeinen von Süd über West und Ost nach Nord ab. Nachbargebäude, große Bäume, Vorbauten oder Überdachungen können jedoch die Lichtverhältnisse entscheidend beeinflussen. Schließlich haben einzelne Balkone und Terrassen oft auch unterschiedlich helle Stellplätze zu bieten, sodass man z. B. für dunkle Ecken nach Pflanzen suchen muss, die mit weniger Licht zurechtkommen.

Nach ihrem Lichtbedarf werden die Pflanzen üblicherweise in drei Kategorien eingeteilt:

- **Pflanzen für sonnige Standorte** mit überwiegend direkter Einstrahlung; wobei vielen dieser Pflanzen im Hochsommer eine Beschattung um die Mittagszeit besser bekommt als ganztägig pralle Sonne.
- **Pflanzen für halbschattige Standorte**, d. h. für Plätze, die etwa die Hälfte des Tages keine Sonne abbekommen oder über viele Stunden leicht beschattet sind.
- **Pflanzen für schattige Standorte**, an denen höchstens für wenige Stunden direktes Sonnenlicht einfällt.

Beim Lichtbedarf gibt es oft fließende Übergänge, etliche Arten vertragen z. B. Sonne wie Halbschatten. Und oftmals gedeihen für Sonne ausgewiesene Pflanzen durchaus noch an schattigeren Plätzen, blühen dann aber meist spärlicher.

Wie stark Wind oder Regen auf Ihrem Balkon oder Ihrer Terrasse einwirken können, spielt beim Auswählen der Pflanzen ebenfalls eine Rolle, denn manche Pflanzen reagieren auf solche Wetterfaktoren sehr empfindlich (Hinweise dazu finden Sie in den Pflanzenporträts).

Mehr Sonne können Sie zwar nicht auf Ihren Balkon oder die Terrasse zaubern, doch die anderen Standortbedingungen lassen sich oftmals durch recht einfache Maßnahmen verbessern:

- Besonders kälte- oder windempfindliche Pflanzen sollten einen geschützten Platz nahe der Hauswand oder z. B. unter einem Dachvorsprung bekommen.
- Mit Sichtschutzelementen, Umspannungen oder auch einer grünen Wand aus unempfindlichen Kletterpflanzen können Sie unerwünschten Wind und Regen »aussperren« oder abmildern. Ohne Einschränkung des Lichteinfalls geht das allerdings nur, wenn Sie den Balkon oder die Terrasse teilweise verglasen.

Wo nur wenig Sonne hingelangt, sind schattenverträgliche Schönheiten wie Fuchsien, Astilben und Funkien die beste Wahl und sorgen zuverlässig für attraktiven Pflanzenschmuck.

- Schutz vor sengender Mittagssonne ist besonders auf Süd- oder Südwestbalkonen und -terrassen empfehlenswert. Hier lohnt sich auf jeden Fall die Anschaffung einer Markise oder eines guten Sonnenschirms.
- Weiß gestrichene Wände und weißes Mobiliar haben nicht nur eine optisch aufhellende Wirkung: Auf sonnenarmen Balkonen erhöhen sie ein wenig die pflanzenverfügbare Lichtmenge. Umgekehrt strahlen helle Wände bei starker Besonnung zusätzlich Wärme ab; das kann zu pflanzenschädlichem Hitzestau und erhöhter Schädlingsanfälligkeit führen.

Was Sie noch bedenken sollten

Neben der Frage nach dem möglichst optimalen Standort gibt es noch einige weitere wichtige Gesichtspunkte:
Platzbedarf: Schöpft man beim Pflanzenkauf aus dem Vollen, wird es nicht nur auf einem 5-Quadratmeter-Balkon schnell eng. Lassen Sie sich trotzdem nicht dazu verleiten, Gefäße zu dicht zu stellen und zu bepflanzen. Denn dann könnten sich die Pflanzen bald gegenseitig in die Quere kommen und Schädlinge sowie Krankheiten leichter ausbreiten. Unter einer allzu üppigen Pflanzenausstattung leidet manchmal auch der Komfort, z. B. wegen eingeschränkter Beweglichkeit, und nicht zuletzt der optische Gesamteindruck.
Kübelpflanzen und Topfgehölze: Hier sollten Sie vor dem Kauf besonders den späteren Höhen- und Breitenwuchs berücksichtigen und damit den alljährlich zunehmenden Platzbedarf. Exotische Kübelpflanzen und empfindliche Topfgehölze brauchen zudem ein geeignetes Überwinterungsquartier (siehe Seite 256/257).
Pflanzen mit »Nebenwirkungen«: Die im Porträtteil mit Giftsymbolen gekennzeichneten Pflanzen verlangen nicht nur besondere Vorsicht beim Umgang (am besten Handschuhe tragen, hinterher Hände waschen). Manche von ihnen können zudem allergische Hautreaktionen auslösen. Intensive Düfte, etwa von Engelstrompete oder Hyazinthen, werden nicht immer als angenehm empfunden und verursachen bei manchem sogar Kopfschmerzen.
Kindgerechte Bepflanzung: Wo kleine Kinder im Haus sind, sollte auf giftige Pflanzen verzichtet werden, am besten auch auf alle Gewächse mit Stacheln oder Dornen.

Für jede Pflanze das passende Gefäß

Pflanzgefäße für Balkon und Terrasse sind oft weit mehr als Behältnisse für Wurzeln und Erde. Sie können die Pflanzen auf ganz unterschiedliche Weise zur Geltung bringen, und attraktive Töpfe oder Kübel entfalten als Gestaltungselemente eigenständige Wirkung. Doch so schön ein Gefäß auch sein mag, es muss gewährleistet sein, dass es den Pflanzen und besonders deren Wurzelwerk gute Voraussetzungen für ein gesundes Wachstum bietet.

Daneben gibt es natürlich auch ganz praktische Gesichtspunkte, angefangen vom Preis über das Gewicht bis hin zur Wetterbeständigkeit. Darüber hinaus entscheidet aber auch der persönliche Geschmack darüber, welche Materialien, Farben und Formen Sie verwenden. Bei allen Materialien (siehe Übersicht) konnte ich immer wieder feststellen, dass sich Mehrkosten für bessere Qualität meist durch längere Haltbarkeit bezahlt machen, gerade auch bei den Kunststoffkästen.

Welche Gefäße gibt es?

Je nach Verwendung und Bepflanzung kommen unterschiedliche Gefäße infrage, die alle zu einer vielfältigen, abwechslungsreichen Gestaltung beitragen können.

Balkon- oder Blumenkästen gibt es in Längen zwischen 40 und 120 cm. Damit die Pflanzen und ihre Wurzeln genügend Platz haben, sollten die Kästen mindestens 15 cm hoch und 18 cm tief bzw. breit sein, für eine mehrreihige Bepflanzung besser 20–25 cm. Sie müssen dazu aber auch genügend breite Kastenhalter finden (siehe Seite 220).

Schalen sind breite, mehr oder weniger flache Gefäße, meist rund mit 30–50 cm Durchmesser. Sie sollten in der Mitte wenigstens 15 cm, besser noch 20 cm hoch sein, damit sich die Wurzeln gut entwickeln können.

Töpfe und Kübel: In diese Kategorie fällt eine ganze Reihe unterschiedlicher Behältnisse. Die üblichen runden Ton- oder Plastiktöpfe sind höher als breit, mit Größen, die nach dem Durchmesser oben angegeben werden, von 4 bis fast 60 cm. Bei großen Töpfen spricht man von Kübeln. Darunter finden sich auch im Querschnitt vier- oder sechseckige Formen, bauchige Gefäße, die in der Mitte am breitesten sind, oder sehr schmale, hohe Behältnisse.

Tröge: Der Übergang von großen, breiten, eckigen Kübeln oder Schalen zu Trögen ist oft fließend. »Klassisch« ist der Einsatz von (schweren) Trögen aus Natur- oder Kunststein z. B. auf Terrassen, für Dauerbepflanzungen mit kleinen Gehölzen und mehrjährigen Stauden.

Ampeln: Gefäße zum Aufhängen an Decken, Wänden, Holzstreben oder Fallrohren. Meist handelt es sich um leichte Kunststofftöpfe oder -schalen mit Metallhalterungen. Wandampeln oder -töpfe können auch aus Ton oder Terrakotta sein. Für eine gemischte Bepflanzung sollten die Ampeln wenigstens 20 cm Durchmesser haben.

Hanging Baskets (Hängekörbe): spezielle Form der Blumenampeln; großmaschige Draht-, Metall- oder Kunst-

Die wichtigsten Gefäßmaterialien im Überblick

Material	Eigenschaften
Kunststoff	leicht, preiswert, relativ bruchfest, gut zu reinigen
Ton	schwer, nicht bruchfest, kaum frostfest; günstiger Luftaustausch über die porösen Wände; Verdunstung über die Gefäßwand erfordert häufigeres Gießen, kann aber Staunässe vorbeugen
Terrakotta	dickwandig, sehr attraktiv, oft mit Verzierungen; bei mehrfacher Brennung und hochpreisiger Qualität weitgehend frosttfest
glasierter Ton	durch Glasierung entfallen Vor- wie Nachteile der porösen Tonwandungen; meist mehr oder weniger frostfest in vielen Farben erhältlich
Holz	mittelschwer, frostfest; erhöht aufstellen, um Fäulnis zu vermeiden, Gefäße evtl. mit Kunststoff auskleiden
Eternit (Faserzement)	relativ schwer, preiswert, atmungsaktiv, frostbeständig, nicht stoßfest; bunter Anstrich mit pflanzenverträglichen Farben möglich
Metall	stabil, frostfest, leicht bis schwer; sofern nicht innen emailliert oder beschichtet, mit Folie auslegen, da sonst pflanzenschädliche Stoffe freigesetzt werden können; an vollsonnigen Plätzen ungünstig, da Wurzelüberhitzung möglich

stoffkörbe, mit meist 25–50 cm Durchmesser, die rundum reizvoll bepflanzt werden können.
Fast alle der genannten Behältnisse, auch Ampeln, sind mittlerweile als **Wasserspeichergefäße** erhältlich. Bei diesen dient der untere, durch eine Zwischenwand abgetrennte Teil als Wasserreservoir, das man über einen Einfüllstutzen auffüllt. Über Ansaugkegel, Dochte, Spezialvliese oder Lamellen wird das Wasser dann nach und nach an die Erde im oberen Gefäßbereich und damit an die Pflanzenwurzeln abgegeben. So können Sie sich selbst in heißen Sommern einige Tage das Gießen sparen.
Die Gefäße sollten mit Wasserstandsanzeiger und einer Überlaufvorrichtung ausgestattet sein.

Worauf Sie unbedingt achten müssen

Um zu pflanzen- und zugleich praxistauglichen Gefäßen zu kommen, sollten Sie folgende Punkte bei der Auswahl berücksichtigen:

- Alle Gefäße müssen Abzugslöcher an der Gefäßunterseite oder entsprechende Vorstanzungen zum Durchstoßen haben, damit überschüssiges Wasser ablaufen kann, andernfalls drohen Staunässe und Wurzelfäulnis. Eine Ausnahme bilden natürlich Behältnisse für Wasser- oder Sumpfpflanzen. Bei Ampeln ist allerdings das herabtropfende Wasser problematisch, weshalb nur manche Modelle mit Überlauföffnungen angeboten werden. Sie können Hängegewächse aber auch in Töpfe mit Abzugsloch pflanzen, die Sie dann in größere, unten geschlossene Hängegefäße einsetzen. Hierbei empfiehlt sich Blähton zwischen Topf und Ampelgefäß als Dränageschicht.
- Die Gefäßgröße sollte der Pflanzengröße und Wuchsform angepasst sein und darf nicht zu klein gewählt werden. Zu großzügig sollten die Gefäße allerdings auch nicht ausfallen: Es reicht, wenn der Wurzelballen bequem Platz findet und sich rundum jeweils noch einige Zentimeter frische Erde einfüllen lassen.
- Das Gewicht des Pflanzgefäßes ist eine Frage der Größe sowie des Materials. Schwere Gefäße sind standfester, aber unbequem zu transportieren. Denken Sie auch an die Belastbarkeit von Balkongeländer und -boden. Schon große, lange Balkonkästen haben ein beachtliches Gewicht, wenn die Erde feucht ist. Berücksichtigen Sie, dass gerade Wasserspeichergefäße recht schwer sind.
- Ungewöhnlich geformte oder gefärbte Gefäße sind zwar oft besonders attraktiv, haben aber manchmal ihre Tücken. Extrem bauchige Gefäße z. B. erweisen sich häufig als recht unbequem, sobald es ans Umtopfen geht. Hohe, schlanke Amphoren oder schmale Blechtöpfe neigen bei stärkeren Winden zum Umfallen. Schwarze Gefäße sind an sehr sonnigen Plätzen nachteilig, weil die dunkle Farbe die Strahlung absorbiert; im Hochsommer wird das manchen Pflanzen regelrecht zu heiß.
- Schauen Sie sich beim Kauf der Pflanzgefäße am besten auch gleich nach geeigneten Befestigungsvorrichtungen (siehe Seite 220/221, 222/223) um. Auch genügend große und stabile Untersetzer, Kübelroller für große Töpfe sowie Kübelfüße für eine erhöhte Aufstellung zwecks besserem Wasserablauf gehören zum wichtigen und praktischen Zubehör.

Verschiedene Gefäßformen und -materialien unterstreichen die Pflanzen auf ganz unterschiedliche Weise.

Tipps für Pflanzenkauf und Substratwahl

Zugegeben – ich kaufe manchmal selbst gern Pflanzen nach Lust und Laune ein, ohne vorher bis ins Letzte zu überlegen, ob ich ihnen optimale Standorte bieten kann oder ob sie zur Gestaltung passen. Doch stets nehme ich mir die Zeit, die Pflanzen beim Einkauf genau zu betrachten. Sorgfältig ausgesuchte, gesunde Pflanzen machen später am meisten Spaß und am wenigsten Arbeit. Und in hochwertigen Erden, auch Substrate genannt, gedeihen sie am besten. Jungpflanzen für jede Balkonsaison werden oft in Super- und Baumärkten angeboten, häufig recht preiswert und mit akzeptabler Qualität. Doch die Gewähr für optimale Pflege von der Anzucht bis zum Verkauf und sachkundige Beratung – das bietet nur der Fachhandel. Zudem ist hier die Auswahl meist größer und beschränkt sich nicht nur auf die allerüblichsten Arten.

Pflanzenkauf-Termine

Hauptangebotszeiten für Balkonpflanzen:

- Frühlingsbepflanzung: Februar/März
- Sommerbepflanzung: April/Mai
- Herbstbepflanzung: September
- Winterbepflanzung: Oktober

Günstige Kauftermine

- für Kübelpflanzen: Mai, Juni
- für Topfgehölze und winterharte Stauden: ab März/April

»Zeitgemäßer« Einkauf bringt die größte Auswahl

Nach Beginn der nebenstehend genannten Hauptverkaufszeiten finden Sie in der Regel das größte Angebot an Balkon- und Kübelpflanzen und sind damit auch gut im »Timing«, was die Pflanztermine betrifft.
Besonders zeitig angebotene und blühende Exemplare werden häufig mit allerlei gärtnerischem Aufwand im geheizten Gewächshaus vorgezogen. Auf Balkon und Terrasse enttäuschen sie dann öfter, weil sie nicht robust genug sind oder die verfrühte Blütenpracht eben auch vorzeitig »verpufft«.
Bei Sommerblumen hat sich der klassische Pflanztermin ab Mitte Mai (nach den »Eisheiligen«) bewährt. Deutlich früher gekaufte Pflanzen müssen notfalls geschützt untergebracht werden, sollten nachts nochmals Spätfröste auftreten.

Machen Sie einen gründlichen »Pflanzen-Check«

Sehen Sie sich die gewünschten Pflanzen am Verkaufsort ganz genau an, auch die Blattunterseiten. Staksiger Wuchs, gelbe oder braune Blattränder, stark aufgehellte, fleckige oder schlaffe Blätter – das alles können Anzeichen mangelnder Pflege oder gar von Krankheits- und Schädlingsbefall sein. Solche Pflanzen brauchen Sie gar nicht erst mit heimzunehmen.
Auch Wurzeln, die schon weit aus dem Abzugsloch herauswachsen oder fast den Verkaufstopf sprengen, sind keine Empfehlung.
Bevorzugen Sie kompakte, gut verzweigte Pflanzen mit gesundem, kräftig grünem Blattwerk und Balkonblumen, die reichlich Knospen zeigen.

Prüfen Sie Kübelpflanzen besonders sorgfältig

Kübelpflanzen und Topfgehölze sind eine längerfristige Anschaffung und oft nicht ganz billig, Sie sollten sie daher besonders sorgfältig begutachten. Bitten Sie im Zweifelsfall den Verkäufer bzw. Gärtner, den Topf zu entfernen, damit Sie sich den Topfballen anschauen können: Er sollte gut durchwurzelt sein, mit saftigen, eher hellen Wurzeln und ohne Faulstellen. Ist der Verkaufstopf schon recht eng, können Sie beim Kauf im Frühling, notfalls auch noch im Sommer, gleich umtopfen. Wählen Sie das neue Gefäß so, dass je nach Pflanzengröße zwischen Wurzelballen und Gefäßwand 2–4 cm Platz bleiben. Die meisten Kübelpflanzen dürfen erst ab Mitte Mai ins Freie gebracht werden, kälteverträglichere Topfgehölze können schon ab März nach draußen.

Sparen Sie nicht an der Substratqualität

Sicher, notfalls tut es auch eine x-beliebige Blumenerde – doch wenn man mehrmals gute, etwas teurere Substrate ausprobiert hat, merkt man doch deutliche Unterschiede. Qualitätserden bleiben lange strukturstabil, speichern Nährstoffe und Wasser gut, vernässen aber nicht so schnell und puffern bis zu einem gewissen Grad Extreme jeder Art ab. Ganz besonders empfehlen sich hochwertige Substrate, z. B. sogenannte Einheitserden, für Kübelpflanzen und andere Mehrjährige. Für Balkon- und Kübelpflanzen gibt es mittlerweile auch torffreie Qualitätssubstrate, die sich in der Praxis gut bewährt haben. Durch ihre Verwendung kann man einen kleinen, aber nicht unwichtigen Beitrag zur Erhaltung bedrohter Moorlandschaften leisten.

Sind bestimmte Spezialerden notwendig?

In jedem Fall empfehlenswert sind Rhododendron- oder Azaleensubstrate, nicht nur für Rhododendren, sondern auch für andere Pflanzen, die den Kalkgehalt normaler Erden nicht vertragen und deshalb saure Substrate brauchen. Auch Zitruspflanzen bevorzugen saure oder eigens für sie ausgewiesene Substrate. Spezielle Petunienerde erweist sich vor allem bei starkwüchsigen Hängepetunien und Zauberglöckchen als vorteilhaft und verringert das durch Eisenmangel hervorgerufene Aufhellen der Blätter.

Pelargonien, auch Geranien genannt, gedeihen zwar in jeder guten Balkonerde, die sogenannten Geranienerden sind aber besonders hochwertige Mischungen, die sich auch für andere nährstoffliebende Pflanzen gut eignen.

Balkonpflanzen gekonnt anordnen

Munteres Drauflospflanzen kann durchaus zu attraktiven, besonders lebendig wirkenden Balkonkästen führen. Doch häufig geht diese Methode auch schief. Durch gezielteres Anordnen ist viel eher gewährleistet, dass sich alle Pflanzen später gut entwickeln und zu einem stimmigen Gesamtbild beitragen.
Kombinieren Sie nur Pflanzen mit ähnlichen Ansprüchen an Licht und Wasserversorgung. Auch der Nährstoffbedarf der einzelnen Pflanzen sollte nicht allzu unterschiedlich sein, obwohl man dies durch gezieltes Düngen etwas ausgleichen kann.
Beachten Sie stets die jeweils nötigen Pflanzabstände, wie sie im Porträtteil (ab Seite 406) genannt sind. Gönnen Sie zarten Pflanzen etwas zusätzlichen »Sicherheitsabstand« zu stark- und breitwüchsigen Arten oder pflanzen Sie Letztere gleich ganz getrennt bzw. nur mit robusteren Gewächsen zusammen. Machen Sie sich keine Gedanken, wenn die Kästen gleich nach dem Einpflanzen noch etwas spärlich aussehen – die Lücken schließen sich in der Regel bald.
Beim Bepflanzen der Balkonkästen gehen Praxis und Gestaltung Hand in Hand, denn zum einen sollen die Pflanzen optimal wachsen, zum andern streben wir Kombinationen an, die zu echten »Hinguckern« werden. Dabei ist neben der hier beschriebenen Anordnung der Wuchsformen natürlich besonders die Farbzusammenstellung entscheidend.

Zweireihige Bepflanzung für breite Balkonkästen

Wenn die Kästen breit bzw. tief genug sind (wenigstens 18–20 cm, besser noch mehr), können Sie die Pflanzen in zwei Reihen anordnen: In die hintere Reihe kommen hohe Arten wie Aufrechte Pelargonien, Fuchsien oder Vanilleblumen. Die vordere Reihe bepflanzt man mit kleineren, kompakten Arten wie Leberbalsam oder mit Hängepflanzen, etwa Hängeverbene oder Schneeflockenblume. Setzen Sie dabei die Pflanzen der vorderen Reihe jeweils so ein, dass sie in der Mitte (»auf Lücke«) zwischen zwei der hinteren Pflanzen zu stehen kommen. Von oben gesehen sind sie dann in Dreiecksform angeordnet.
Von diesem Grundprinzip ausgehend, sind natürlich vielfältige Varianten möglich. Gern verwendet man z. B. für die Seitenpositionen hinten opulente Hängepflanzen wie Petunien oder Zauberglöckchen. Solche Arten können auch die ganze Kastenseite einnehmen, indem man sie genau auf Mitte zwischen hinterem und vorderem Kastenrand pflanzt. Sie können aber auch als zentrale Blickpunkte eingesetzt werden, wenn ihre langen Triebe üppig in der Kastenmitte herunterwallen.

In geräumigen Kästen ist sogar eine dreireihige Anordung möglich: hinten hohe, davor mittelgroße Arten und ganz am vorderen Kastenrand kleine Hängepflanzen. Pflanzen Sie diese dann wieder versetzt, d. h. auf Lücke zur Reihe dahinter ein.

Einreihige Bepflanzung für schmale Balkonkästen oder starkwüchsige Pflanzen

Eine einreihige Anordnung empfiehlt sich bei schmalen Kästen mit geringer Tiefe für sehr starkwüchsige Arten und für Winterbepflanzungen mit immergrünen Zwerggehölzen. Durch Kombination aufrechter, halb hängender und hängender, langtriebiger Pflanzen können Sie ein sehr abwechslungsreiches Bild erzielen. Auch Kästen mit Pflanzen nur einer Art in verschiedenen Blütenfarben oder Ton in Ton können eine große Wirkung entfalten. Die Pflanzreihe muss nicht schnurgerade sein, hängende Arten z. B. kann man etwas weiter nach vorn setzen.

Symmetrie erzeugt Harmonie und verstärkt die Wirkung einzelner Pflanzen

Ob ein- oder zweireihig, bei einer symmetrischen Anordnung sind beide Kastenhälften (fast) spiegelbildlich, sowohl in der Anordnung der Wuchshöhen und -formen als auch der Blütenfarben. Zwei verschiedene Grundprinzipien mit vielen Variationsmöglichkeiten:

1. Die höchsten Pflanzen stehen in der Mitte, nach beiden Seiten schafft man eine abfallende Linie mit niedrigeren Arten und schließlich Hängepflanzen.
2. In der linken und rechten Hälfte bildet jeweils dieselbe hochwüchsige, markante Pflanze den Mittelpunkt oder »rutscht« sogar ganz an den seitlichen Rand.

Eine asymmetrische Anordnung sorgt für Spannung

Hierbei verschieben Sie den optischen Schwerpunkt, also die größte oder eindrucksvollste Pflanze, zu einer Seite hin. Die Begleitpflanzen können wieder zu beiden Seiten so in der Höhe gestaffelt werden, dass sich abfallende Linien ergeben, die nun aber ungleich lang sind. Wirkungsvolle Asymmetrie entsteht auch, wenn in der einen Kastenhälfte eine aufrechte, buschige Art das Bild dominiert, in der anderen dagegen eine prächtige Hängepflanze.

So bepflanzen Sie einen Balkonkasten

Das benötigen Sie

- Balkonkästen
- Blumenerde, Substrat
- Dränagematerial (Kies, Blähton, Tonscherben)
- evtl. Bewässerungsvliese, Langzeitdünger

Diese Zeit brauchen Sie

20–30 Minuten je Kasten

Der richtige Zeitpunkt

Mai, für Saisonbepflanzungen März bzw. September/Oktober

Wenn die Kästen gleich ihren Bestimmungsort schmücken sollen, wählen Sie zum Pflanzen bevorzugt mäßig warme Tage mit leicht bedecktem Himmel. Noch besser ist es, die bepflanzten Balkonkästen zunächst geschützt und leicht beschattet aufzustellen und sie erst allmählich draußen abzuhärten. Das empfiehlt sich besonders, wenn man mit dem Pflanzen sehr früh dran ist. Denn der bewährte Termin für den endgültigen Frischluftaufenthalt liegt nach wie vor Mitte Mai (»nach den Eisheiligen«). Ich ließ mich selbst schon manchmal durch warmes Aprilwetter verleiten, die Kästen vorzeitig ins Freie zu stellen, um mich dann über Schäden nach kühlen Mainächten zu ärgern.

Reinigen Sie zuvor bereits benutzte Kästen mit Wasser, Schmierseife und einer kräftigen Bürste; gegen Kalkbeläge hilft lauwarmes Essigwasser. Kästen aus unglasiertem Ton legen Sie am besten zuerst 1–2 Tage komplett in ein Wasserbad, damit die porösen Wände dem Substrat später keine Feuchtigkeit entziehen.

1. Für guten Wasserabfluss sorgen

Bei manchen Kästen müssen als Erstes die vorgestanzten Abzugslöcher an der Unterseite vorsichtig durchstoßen werden. Das Dränagematerial dient dazu, ein Verstopfen dieser Löcher und somit Staunässe im Kasten zu vermeiden. Legen Sie dazu z. B. Tonscherben über den Abzugslöchern aus. Sie können aber auch den ganzen Kastenboden mit leichtem Material wie Blähton abdecken, das sorgt für einen besonders guten Wasserabfluss. Eine Alternative sind Bewässerungsmatten oder -vliese, die auf dem Kastenboden ausgebreitet werden. Sie saugen Gieß- und Regenwasser auf, geben es nach und nach an die Wurzeln ab und reduzieren so den Gießaufwand.

2. Erde einfüllen und Pflanzanordnung festlegen

Bevor Sie die erste Erdschicht einfüllen, können Sie dem Substrat gleich einen Langzeitdünger untermischen, eine Maßnahme, die sich vor allem bei Arten mit hohem Nährstoffbedarf empfiehlt. Füllen Sie den Kasten dann etwa zur Hälfte mit Erde auf und drücken Sie diese leicht an. Trockenes Substrat wird am besten gleich etwas angefeuchtet.

Nun sollten Sie die Pflanzen – zunächst noch im Topf – im halbvollen Kasten so aufstellen, wie sie später gepflanzt werden sollen, um die geplante Anordnung (siehe Seite 212/213) zu überprüfen.

3. Pflanzen einsetzen

Nehmen Sie die Pflanzen behutsam aus ihren Töpfen; evtl. müssen Sie dazu die umgekehrt gehaltenen Töpfe vorsichtig an der Hand oder am Kastenrand aufstoßen. Feuchten Sie trockene Ballen vor dem Einsetzen gründlich an und lockern Sie stark zusammengepresstes Wurzelwerk vorsichtig auf.

Expertentipp

Nehmen Sie beim Einsetzen einen Zollstock zu Hilfe; man neigt doch gern dazu, bei den Abständen etwas zu »schummeln«.

4. Erde auffüllen

Füllen Sie zunächst noch Erde unter den Wurzelballen ein, um die Pflanzen so auszurichten, dass sich die Ballenoberfläche später etwa 2 cm unter dem oberen Kastenrand befindet. »Unterfüttern« Sie ruhig etwas mehr Erde, weil sich das Ganze später noch leicht absenkt.
Füllen Sie gleich nach dem Einsetzen jeder Pflanze auch seitlich jeweils etwas Substrat ein, das Sie leicht andrücken, um die Pflanzen zu stabilisieren. Füllen Sie zum Schluss die Lücken zwischen den Pflanzen mit Erde, gleichen Sie Unebenheiten aus und drücken Sie die Oberfläche etwas fest, sodass oben 2 cm als Gießrand bleiben.

5. Richtig und gründlich angießen

Nach dem Pflanzen müssen Sie die Erde kräftig durchfeuchten. Ich gieße dazu stets ohne Brauseaufsatz zwischen die Pflanzen, und das in mehreren Wassergaben mit kleinen Pausen, sodass kaum Wasser auf der Substratoberfläche stehen bleibt, sondern vollständig versickert. Stellen Sie den Kasten am besten etwas erhöht auf, damit überschüssiges Gießwasser gut ablaufen kann. Beim Wässern setzt sich die Erde meist noch etwas; eventuell entstehende Mulden füllen Sie am besten gleich wieder mit Substrat auf.

Hanging Baskets – Blütenpracht rundum

»Typisch englisch« sind diese allseits bepflanzten Hängekörbe, die in Großbritannien eine lange Tradition haben. Wenn sie im Sommer rundum mit Blüten und wallenden Trieben bedeckt sind, ergeben sie einen herrlichen Anblick. Mehr oder weniger hängende Gewächse spielen bei der Bepflanzung die Hauptrolle. An den Seiten, vor allem im unteren Bereich, setzt man bevorzugt langtriebige Hängepflanzen ein. Darüber – immer noch seitlich – können dann etwas überhängende bis buschige Pflanzen kommen. Die Korboberseite wird zumindest an den Rändern mit leicht bis stark hängenden Pflanzen bestückt.
Soll der Korb so tief aufgehängt werden, dass man die Oberseite betrachten kann, können auch auffällige aufrechte Arten die Mitte oben krönen.

Das benötigen Sie

- Hängekorb mit Aufhängekette und stabilem Haken
- Kokos- oder Kartoneinlagen, ersatzweise Moos, Filz oder Sisalmatten zum Auskleiden
- kräftige Kunststofffolie
- gutes Substrat
- evtl. Langzeitdünger

Diese Zeit brauchen Sie

30–60 Minuten

Der richtige Zeitpunkt

Mai, für Herbstbepflanzung September/Oktober

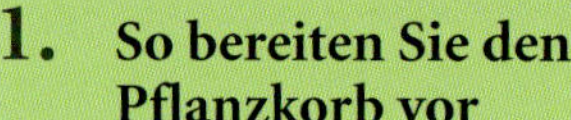

1. So bereiten Sie den Pflanzkorb vor

Am besten lässt sich arbeiten, wenn man den Korb auf einen Eimer oder großen Topf stellt. Oft werden Hanging Baskets schon mit passenden Kokos- oder Kartoneinsätzen angeboten, die man auch separat kaufen kann. Andernfalls verwendet man selbst zugeschnittene Kokos- oder Filzmatten oder Sphagnum-Moos (in Blumenläden oder im Bonsai-Fachhandel erhältlich). Damit werden die Korbwandungen rundum ausgekleidet. Gerade bei Verwendung von Moos empfiehlt sich innen zusätzlich eine kräftige Folie, die das Herausrieseln von Erde verhindert; durch ein unten eingeschnittenes kleines Loch kann Überschusswasser ablaufen.

2. Tricks und Kniffe für das seitliche Bepflanzen

Befüllen Sie jetzt den Korb mindestens zur Hälfte mit Erde für die seitlich einzusetzenden Pflanzen. Ich empfehle Ihnen, gleich einen Langzeitdünger unter die Erde zu mischen. Schneiden Sie nun an den vorgesehenen Stellen an der Seite vorsichtig Schlitze bzw. Löcher in das Auslegematerial. Das »Einfädeln« der Wurzelballen wird manchmal zum Geduldsspiel. Es gelingt am besten, wenn die Ballen zuvor gut angefeuchtet werden, was sich ohnehin empfiehlt. Pfiffige Gärtner haben sich einen Trick einfallen lassen, der das Ganze erleichtert: Die ganzen Pflanzen werden der Länge nach mit einer recht dicken, starren Folie umwickelt. In dieser »Röhre« lassen sich die Pflanzen leicht in die seitlichen Öffnungen einschieben.

3. Korbseiten bepflanzen – mit Fingerspitzengefühl

Schieben Sie die eingetüteten Pflanzen mit den Erdballen voran behutsam durch die Löcher. Jetzt zeigt sich gleich der Vorteil der Tütenmethode: Selbst wenn man etwas »ruckeln« muss, fällt der Ballen nicht auseinander. Drücken Sie die Ballen nun so weit hinein, dass sie sich vollständig innerhalb der Korbwandung befinden und später komplett mit Erde bedeckt sind. Ziehen Sie dann vorsichtig die Folie heraus.

Expertentipp

Wählen Sie für die seitliche Bepflanzung möglichst kleine Jungpflanzen mit schmalen Erdballen.

4. So bereiten Sie die Bepflanzung der Korboberseite vor

Füllen Sie nun zunächst so viel Substrat auf, dass alle Wurzeln der seitlichen Pflanzen gut abgedeckt sind. Drücken Sie dabei die Erde um die Ballen herum etwas an, damit sie einen guten Halt bekommen. Trockenes Substrat wird gleich angefeuchtet, eine Lage Moos darüber hat sich als günstig erwiesen. Danach kommt die Erde für die Pflanzen oben an die Reihe, zunächst nur so viel, dass diese in der richtigen Höhe, bis knapp unter dem Korbrand, zu stehen kommen.

Expertentipp

Bei zu groß geschnittenen Löchern ist Moos zum Fixieren der Pflanzen hilfreich.

5. Oben bepflanzen, angießen, aufhängen – genießen

Beim Einsetzen der Pflanzen für die Korboberseite gehen Sie so vor wie beim Bepflanzen von Balkonkästen (Seite 214/215). Legen Sie am besten einen Gießrand von 2–3 cm an, damit das Wasser später nicht so leicht überläuft. Füllen Sie die restliche Erde bis zu dieser Höhe auf, schneiden Sie überstehende Ränder der Auslegefolie ab und gießen Sie den Hanging Basket gründlich an. Am Bestimmungsort aufgehängt wird er am besten erst, wenn das Substrat nach mehrmaligem Gießen gründlich durchfeuchtet ist und lose Erdsowie Moosreste herausgespült sind. Dann werden Sie auch gleich feststellen, dass der Korb schon ein beachtliches Gewicht haben kann, weshalb eine sichere Aufhängung (Seite 222/223) nötig ist.

Kübelpflanzen richtig ein- und umtopfen

 **Das benötigen Sie**

- neuer Topf/Kübel (2–8 cm breiter als der vorherige)
- gutes Substrat
- Dränagematerial
- Langzeitdünger

 **Diese Zeit brauchen Sie**

15–20 Minuten je Pflanze

 **Der richtige Zeitpunkt**

März bis Ende Mai; anfangs jährlich, später alle 2–3 Jahre

Die regelmäßige Versorgung mit frischer Erde wirkt bei den meisten Kübelpflanzen und Topfgehölzen wie ein Lebenselixier. Sie erweist sich manchmal sogar als Lösung bei scheinbar unerklärlichen Wuchsproblemen oder Blühunwilligkeit. Warten Sie also mit dem Umtopfen nicht, bis die Wurzeln aus dem Gefäß herausquellen, und versorgen Sie Ihre Pflanzen des Öfteren mit neuem Substrat.
Es gibt aber auch Ausnahmen: Schmucklilien (Agapanthus) und ältere Rosmarinpflanzen z. B. wollen so selten wie möglich umgetopft werden.
Wenn Sie gebrauchte Gefäße zum Eintopfen verwenden, dann müssen Sie diese vorher gründlich reinigen. Tongefäße sollten 1–2 Stunden lang gut gewässert werden, da sie sonst der Pflanzerde sehr schnell die Feuchtigkeit entziehen.

Wann muss eine neu gekaufte Kübelpflanze umgetopft werden?

Oft werden Kübelpflanzen schon in genügend großen, ansehnlichen Gefäßen verkauft, sodass das erste Umtopfen noch Zeit hat. Wenn jedoch der Ballen im Verkaufstopf völlig durchwurzelt ist, dann gönnen Sie der Neuanschaffung sobald wie möglich ein größeres Gefäß und frische Erde. Doch ab Spätsommer sollten Sie besser nicht mehr umtopfen, weil dann das Wurzelwachstum nachlässt – warten Sie im Zweifelsfall bis zum nächsten Frühling.
Der neue Topf sollte so groß sein, dass 2–4 cm Platz zwischen Wurzelballen und Gefäßwand bleibt. In den Folgejahren topft man je nach Wuchsstärke der Pflanze alle 1–2 Jahre um.

So topfen Sie richtig ein

Tonscherben über dem Wasserabzugsloch, bei großen Töpfen besser noch eine 2–3 cm hohe Dränageschicht (Scherben, Blähton, Kies), sorgen später für guten Wasserabfluss. Dem Substrat kann man gleich Langzeitdünger beimengen. Bei sehr staunässeempfindlichen Arten mischen Sie auch noch etwas Sand oder Kies unter. Geben Sie dann so viel Erde in den Topf, dass die Ballenoberfläche der Kübelpflanze 2–3 cm unter dem Gefäßrand zu stehen kommt – also in der Höhe des späteren Gießrands. Füllen Sie dann seitlich die restliche Erde auf, drücken Sie die Oberfläche an und gießen Sie abschließend gründlich.

Tipps und Tricks zum Umtopfen älterer Pflanzen

Wenn der Erdballen schon stark durchwurzelt ist, hilft beim Austopfen oft nur noch ein kräftiges Messer, um die Wurzeln rundum von der Topfwand abzulösen. Es kann auch vorkommen, dass Sie den Topf zerschlagen oder zerschneiden müssen, um die Pflanze freizubekommen. Packen Sie die Pflanzen beim Herausheben unten, am stabilsten Teil der Stammbasis an; große Exemplare lassen sich leichter umtopfen, wenn man sie oben locker zusammenbindet. Das neue Gefäß sollte bei älteren Pflanzen 4–8 cm breiter sein als der vorherige Topf.

Was tun, wenn kein Topf mehr passt?

In der Regel kürzt man nur überlange Wurzeln ein und schneidet abgestorbene Spitzen weg. Doch wenn Kübelpflanzen irgendwann so groß sind, dass sich kaum noch ein passender Topf findet, kann man auch einen starken Wurzelschnitt riskieren.
Schneiden Sie zuerst unten mit einem scharfen Messer eine mehrere Zentimeter dicke Scheibe ab und machen Sie dann an den Seiten 2–3 keilförmige Einschnitte. So können Sie genügend frische Erde einfüllen, ohne dass ein größerer Topf nötig wird. Aber Vorsicht, das Verfahren empfiehlt sich nur bei Pflanzen mit dichtem, gut entwickeltem, gesundem Wurzelwerk. Bewährt hat es sich z. B. bei Engelstrompeten.

Hochstämmchen mit buntem »Unterwuchs«

Sehr reizvoll ist gerade bei Hochstämmchen eine Unterpflanzung mit Sommerblumen oder Stauden, besonders mit Hängepflanzen. Wählen Sie bei noch jungen Kübelpflanzen keine allzu starkwüchsigen Begleiter. Licht-, Wasser- und Nährstoffansprüche sollten in etwa zusammenpassen. Verwenden Sie einen etwas breiteren Kübel, wenn Sie mehrere Pflanzen dazusetzen wollen, und pflanzen Sie diese von der Mitte her nach außen ein. Achten Sie beim Einsetzen darauf, die Wurzeln der Kübelpflanzen möglichst wenig zu verletzen.

Balkonkästen sicher befestigen

Wenn bei milder Maiwitterung die Balkonkästen nach draußen kommen, liegt der Gedanke an sommerliche Gewitterstürme in weiter Ferne. Doch damit müssen Sie leider rechnen, ebenso mit Regengüssen, die das Substrat vernässen und besonders schwer machen, oder auch mit diversen Unachtsamkeiten der Balkonbenutzer. Wappnen Sie sich für solche Fälle, indem Sie die Kästen so stabil wie möglich anbringen.
Bei besonderen Befestigungsproblemen oder -wünschen lohnt sich ein Streifzug durch verschiedene Garten- und Baumärkte oder auch im Internet. Es gibt allerhand Speziallösungen, die nebenbei interessante Gestaltungen ermöglichen. Zudem finden sich im Heimwerkerbedarf manchmal Befestigungshilfen, die zwar nicht für Balkonkästen gedacht sind, sich aber gut »zweckentfremden« lassen.
Denken Sie vor dem Aufhängen und Anbringen der Kästen auch an das eventuell herablaufende Gieß- und Regenwasser. Wenn Sie keine Überkästen oder Untersetzer verwenden können oder wollen, muss das Wasser aus den Abzugslöchern so ablaufen können, dass es weder Schäden am Inventar anrichtet noch andere Leute belästigt.

Bewährte Lösungen zum Befestigen am Geländer

Zum Anbringen von Balkonkästen an Geländern oder Brüstungen können Sie in der Regel die handelsüblichen verstellbaren Kastenhalter, verzinkt oder farbig beschichtet, verwenden. Sie sind meist für Geländer- oder Mauerbreiten bis 14 cm ausgelegt und eignen sich für 20 cm, manchmal auch 22 cm Kastenbreite. Für noch breitere Kästen müssen Sie allerdings oft nach Spezialanfertigungen suchen, falls der Verkäufer nicht gleich passende Halterungen mit anbietet. Besonders vorteilhaft, gerade wenn die Kästen nach außen aufgehängt werden, sind Halterungsmodelle, die oben nochmals eine verstellbare Schiene haben. Diese kommt dann über der Kastenoberfläche zu stehen und dient als zusätzliche Kippsicherung. Ähnlich funktionieren spezielle Kasten-Niederhalter oder Sturmsicherungen. Wenn Sie Ihre Kästen nicht hängen, sondern auf der Brüstung aufsetzen wollen, empfehlen sich Kastenhalterungen in H-Form. Des Weiteren bietet der gut sortierte Fachhandel Halterungen an, mit denen Sie Kästen auch an senkrechten Geländerstreben in beliebiger Höhe befestigen können. Für die schweren Ton- und Terrakottakästen, Eternit- oder Wasserspeichergefäße benötigen Sie besonders solide Halterungen. Hier sollten Sie auch darauf achten, dass die Befestigungselemente wie Schrauben und Dübel stabil und kräftig sind.

Drahtüberkörbe – eine pfiffige Lösung für Kästen und Töpfe

Stahldrahtkörbe in Kastenform lassen sich mit passenden Metallschienen, -scheiben oder -haken aus dem Baumarkt fast überall sicher befestigen. Der Balkonkasten wird dann einfach hineingestellt.
Sie können in solch einem Korb aber auch mehrere Töpfe nebeneinander unterbringen (siehe Seite 222).

Expertentipp

Genügend große Körbe bieten zudem die Möglichkeit, Untersetzer zu verwenden.

Kästen und Töpfe an Fenstern und Wänden

Für Fensterbänke mit genügend großem, vorstehendem Sims eignen sich Kastenhalter mit sogenannter Ecksicherung oder Blumenkastensicherung – einer seitlichen »Nase«, die das Wegrutschen oder -kippen verhindert. Für die Befestigung am oder unter dem Fenster sowie an Mauern hat sich der Spezial-Fachhandel so einiges einfallen lassen, von Fensterhaltern mit verstellbaren »Teleskop«-Armen bis zur Befestigung ohne Bohren und Schrauben. Wo Sie bohren und dübeln dürfen, können Sie für die Anbringung an der Wand bzw. unterhalb des Fensters auch stabile Regalsysteme verwenden, soweit die Materialien für den Außenbereich geeignet sind.

Preiswert und einfach zu befestigen: ein Überkasten aus Holz

Ein Überkasten aus Holz, in dem nicht nur der bepflanzte Kunststoffblumenkasten, sondern auch noch ein Untersetzer Platz findet, bietet den Vorteil, dass Sie an ihm einfach und beliebig Haken anbringen können. Beidseits zwei Schraubhaken, über stabile Ketten mit zwei gut verankerten Wandhaken links und rechts des Fensters verbunden, der Kasten durch Keile unterseits stabilisiert – fertig ist die individuelle Anbringung, die sich ganz nach Bedarf variieren lässt.

Viel Platz für Töpfe und Ampeln

Töpfe müssen nicht immer nur auf dem Boden oder einer Blumenbank stehen – mithilfe verschiedener Hängevorrichtungen können sie auch andere Ebenen Ihres Balkons oder der Terrasse erobern und sich z. B. den »Luftraum« mit Hanging Baskets oder Ampeln teilen. Aber was hoch hängt, kann freilich auch fallen, teils mit verheerenden Folgen – sichere Anbringung ist deshalb oberstes Gebot. Wie schon bei der Befestigung von Balkonkästen erwähnt, kann man durch geduldiges Stöbern im Angebot besonders gute und interessante Aufhängelösungen finden. Ob Garten- und Baumärkte, Gärtnereien, Blumenläden oder Versender von Garten- und Heimwerkerbedarf – der Fachhandel hat den speziellen Reiz vielfältiger und unkonventioneller Pflanzenaufhängungen erkannt und auf den Bedarf mit entsprechenden Lösungen reagiert.

 ***Das benötigen Sie***

- Halterungen
- Draht und Drahtschere
- Bohrmaschine, Hammer, Bleistift zum Anzeichnen
- Dübel, Schrauben, Haken
- Lattenstücke zur Unterlegung oder als Abstandhalter
- Gips samt Becher und Spachtel, besonders für stark belastete Dübel

 ***Diese Zeit brauchen Sie***

15–30 Minuten für Aufhängung mit Bohren und Dübeln

Töpfe am Geländer

Solche Topfhalter werden mit ihren Bügeln einfach ans Geländer gehängt. An windexponierten Stellen sollten Sie sie allerdings zusätzlich mit etwas Draht festbinden. Angeboten werden sie meist mit Durchmessern zwischen 18 und 22 cm. Sie bestehen in der Regel aus beschichtetem Stahldraht und haben einen integrierten Bodenteller, der gleichzeitig als Untersetzer dient.
An Balkongeländern mit Querstreben können Sie mit diesen Halterungen Blumentöpfe überall dort anbringen, wo sich die Bügel einhängen lassen: Auf diese Weise lassen sich mit einigen verschieden bepflanzten Töpfen sehr reizvolle Arrangements inszenieren.

Topfparade im breiten Topfhalter

Im Handel gibt es auch breitere Topfhalter, in denen zwei oder gar drei Töpfe nebeneinander Platz finden. Dieselbe Möglichkeit bieten rechteckige, kastenförmige Drahtkörbe (Seite 221). Oder Sie nehmen einfach einen leeren Balkonkasten und stellen die bepflanzten Töpfe hinein. Das Schöne daran: Einzeln in Töpfe gesetzt, lassen sich Gewächse zueinandergesellen, die sich bei gemeinsamer Pflanzung im Kasten nicht miteinander vertragen oder die sehr unterschiedliche Wasser- und Nährstoffansprüche haben. Außerdem können früh verblühte oder kränkelnde Pflanzen besonders leicht ausgetauscht werden.

Ampeln in luftiger Höhe

Ampeln und Hängekörbe wirken am schönsten, wenn die Triebe der Hängepflanzen in luftiger Höhe pendeln. Wenn nicht gerade ein passend hoher Geländer- oder Pergolabalken zur Verfügung steht, muss die Decke angebohrt werden – sofern es deren Material und der eventuelle Vermieter erlauben. Tauschen Sie im Zweifelsfall die mitgelieferten Befestigungen und Hängeketten gegen solidere Utensilien (z. B. größere Dübel, Haken, Schrauben) aus dem Baumarkt aus, denn gerade an der Decke muss alles bombenfest sitzen. Bei etwas »fragwürdigen« Decken schrauben Sie besser zuerst eine dicke, kurze Latte an, die Sie mit mehreren (eingegipsten) Dübeln befestigen. In die kommt dann ein stabiler Schraubhaken für die Ampel. So verteilt sich das Gewicht auf mehrere Befestigungspunkte.

Pflanzen an der Wand

Wandampeln oder Wandtöpfe haben bereits Löcher oder andere Vorrichtungen, über die sie direkt an der Mauer angeschraubt werden. Das Gleiche gilt für Topfhalter, die für die Anbringung an der Fassade vorgesehen sind.
Üppig bepflanzte Ampeln oder Hanging Baskets brauchen natürlich wesentlich mehr Abstand von der Wand. Für solche Zwecke gibt es Seitenwandaufhängungen mit langen Armen, die oft sehr dekorativ gestaltet sind. Achten Sie auch bei der Wandaufhängung auf eine besonders stabile Befestigung.

Expertentipp

Bei Bedarf können Sie auch hier – wie bei den Ampeln – schmale Latten als Abstandhalter unterlegen.

Zusätzliche Pflanzflächen

Balkongeländer, Decke, Wand – damit sind die Aufhängemöglichkeiten für Töpfe und Ampeln noch lange nicht erschöpft. Für Regenfallrohre z. B. bietet der Fachhandel spezielle Fallrohr-Pflanztöpfe an. Rank- oder Sichtschutzgitter verwandeln sich in blühende Abschirmungen, wenn Sie in verschiedenen Höhen Töpfe mit Topfhaltern und Ampeln aufhängen. Auf dieselbe Weise lassen sich Wände begrünen und als zusätzliche Pflanzflächen nutzen, wenn Sie daran ein stabiles Holz- oder Stahldrahtgitter befestigen. Das muss freilich solide an der Mauer verankert werden. Dübeln Sie am besten zuerst einige dicke Holzklötze oder Latten als Abstandhalter an, auf die Sie das Gitter dann aufschrauben.

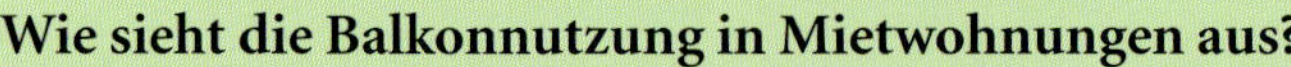

Wie sieht die Balkonnutzung in Mietwohnungen aus?

Wenn der Mietvertrag nichts anderes besagt, können Sie den Balkon beliebig nutzen und gestalten – solange nicht die Mietsache beschädigt oder Mitmieter beeinträchtigt werden. Auch die Störung des »architektonisch-ästhetischen Gesamteindrucks« kann zum Streitpunkt werden.

So können Sie vorbeugen:

Klären Sie potenziell kritische Punkte vorsichtshalber mit dem Vermieter ab, so z. B. das Anbringen von Rankgittern; ebenso außergewöhnliche Gestaltungen wie etwa eine naturnahe Bepflanzung.

Wie tragfähig ist der Balkon?

Schwere Gefäße (z. B. Kübelpflanzen, große Ziergehölze, Miniteiche) können im Verein mit massiven Bodenbelägen und Möbeln Balkonboden und Stützkonstruktion stark belasten oder gar überlasten.

So können Sie vorbeugen:

Beachten Sie die allgemeine Höchstgrenze von 250 kg pro Quadratmeter, die freilich je nach Konstruktion auch niedriger ausfallen kann. Lassen Sie im Zweifelsfall die Statik und Tragfähigkeit Ihres Balkons durch einen Bauingenieur überprüfen.

Verursachen Kletterpflanzen Schäden?

Kletterer mit Haftwurzeln wie Efeu können bei nicht ganz intaktem Putz die Fassade schädigen; kräftige Ranken, z. B. vom Schlingknöterich, können Regenrinnen verstopfen oder sogar eindrücken.

So können Sie vorbeugen:

Leiten Sie Wurzelkletterer nicht direkt an der Wand, sondern an einem Rankgerüst mit Abstandshaltern hoch. Halten Sie starkwüchsige Arten regelmäßig mit der Schere im Zaum.

Sind Ihre Pflanzgefäße stabil genug befestigt?

Spätestens bei Sturm rächen sich Nachlässigkeiten bei der Befestigung von Kästen, Töpfen, Hängekörben und Ampeln. Herabfallende Gefäße verursachen nicht selten Schäden oder sind gar für Passanten gefährlich!

So können Sie vorbeugen:

Befestigen Sie alle Pflanzgefäße sorgfältig und bringen Sie Kästen in höheren Etagen und an windexponierten Stellen besser nur nach innen an. Kontrollieren Sie immer wieder einmal die Halterungen.

Sicherheits- und Rechtsfragen

Was tun, wenn Gießwasser überläuft?

Herablaufendes Gießwasser führt auf Dauer zu Fassadenschäden und kann zu Ärger mit Nachbarn oder Passanten führen.

So können Sie vorbeugen:

Gießen Sie mit Fingerspitzengefühl und verwenden Sie, wo immer möglich, Untersetzer, Übertöpfe bzw. wie Übertöpfe genutzte größere Kästen (ohne Ablauflöcher). Leeren Sie volle Untersetzer, z. B. nach Regen, bald aus, das bekommt auch den Pflanzen besser.

Was ist bei Pflanzenschutzmitteln zu beachten?

Pflanzenschutzmittel, auch solche auf pflanzlicher Basis, enthalten oft Giftstoffe, die Menschen und Umwelt schädigen können. Bienengefährliche Mittel verbieten sich bei blühenden Pflanzen von selbst.

So können Sie vorbeugen:

Verzichten Sie möglichst ganz auf hochgiftige Präparate und bevorzugen Sie sanfte Mittel und Methoden. Halten Sie sich streng an die Gebrauchsanleitungen. Bewahren Sie alle Pflanzenschutzmittel für Kinder unzugänglich auf!

Welche Gefahren drohen durch Pflanzen?

Einige schöne und beliebte Pflanzen sind hochgiftig, andere können Hautreizungen und sonstige allergische Reaktionen verursachen. Bei bestachelten bzw. bedornten Pflanzen droht Verletzungsgefahr.

So können Sie vorbeugen:

Verzichten Sie auf hochgiftige, stachelige oder bedornte Pflanzen, wenn kleine Kinder im Haus sind. Tragen Sie bei Arbeiten an giftigen, hautreizenden oder bewehrten Pflanzen Handschuhe. Erneuern Sie Ihre Tetanusimpfung regelmäßig.

Wie lässt sich das Überheben vermeiden?

Große Kübelpflanzen, Topfgehölze und Pflanzschalen haben ein beachtliches Gewicht, das leider ab und zu bewegt werden muss. Das kann zu Rückenschmerzen oder gar Unfällen führen, wenn man sich übernimmt.

So können Sie vorbeugen:

Transportieren Sie schwere Kübel nur zu zweit und nutzen Sie Hilfen wie Sackkarre, Kübelroller oder Traggurte. Treppenabsätze lassen sich durch Auflegen von Dielen als »Transportschienen« leichter überwinden.

Pflanzen selbst anziehen

Das erste »Eigengewächs«, das man selbst angezogen hat – dies ist stets ein besonderes Erlebnis für Pflanzenfans und solche, die dabei sind, es zu werden. Tatsächlich fasziniert es immer wieder zu beobachten, wie aus Samen oder Triebstücken komplett neue Pflanzen heranwachsen. Und die selbst vermehrten Exemplare wachsen einem oft auch richtig ans Herz, vor allem bei den Kübelpflanzen: Das ist dann nicht nur »der«, sondern »mein« Oleander.

Es macht Spaß – und das ist schon ein ausreichender Grund für die eigene Anzucht, auch wenn die käuflichen Jungpflanzen oft so preiswert sind, dass sich der Aufwand nicht unbedingt rechnet. Allerdings können Sie auf diese Weise auch zu Arten und gezielt ausgewählten Sorten kommen, die Sie als fertige Pflanzen kaum im Handel finden. Wirklich Spaß macht das Ganze freilich nur, wenn es gelingt. Sie sollten deshalb bestimmte Voraussetzungen kennen und beachten (siehe Seite 228/229) und sich darauf einstellen, dass Sämlinge und Jungpflanzen besonders regelmäßige Zuwendung erfordern.
Für erste Saatversuche bieten sich unproblematische Arten wie Ringelblume, Kapuzinerkresse oder Portulakröschen an. Die Stecklingsvermehrung ist z. B. bei Engelstrompete, Oleander und Strauchmargerite recht einfach.

Welche Vermehrungsarten gibt es?

Grundsätzlich unterscheidet man:
Generative (geschlechtliche) Vermehrung: Vermehrung über Samen. Sie spielt vor allem eine Rolle bei den kurzlebigen Balkonblumen, bei Gemüse und manchen Kräutern. Teils kann man sogar direkt in die Kästen oder Töpfe säen. Meist empfiehlt sich aber die warme, geschützte Anzucht – das sogenannte Vorziehen – mit späterem Verpflanzen. Die Samenvermehrung von Gehölzen, zu denen die meisten Kübelpflanzen gehören, ist dagegen oft schwierig, langwierig oder sogar unmöglich.
Vegetative (ungeschlechtliche) Vermehrung: Hierbei entstehen neue Pflanzen aus Teilstücken, die man von der Mutterpflanze abtrennt. Durch Stecklinge, seltener durch Teilung, Ausläufer oder Abmoosen, kommt man recht schnell zu blühfähigen Pflanzen, weshalb solche Verfahren bei Kübelpflanzen bevorzugt werden. Eine Spezialmethode der vegetativen Vermehrung ist die Veredlung, die man als Laie kaum selbst durchführen kann.

Die Pflanzen-Kinderstube

Feuchtigkeit, Wärme, Licht und Luft – das braucht der Pflanzennachwuchs ganz besonders, aber im Laufe seiner Entwicklung oft in unterschiedlichem Ausmaß und stets mit viel Fingerspitzengefühl dosiert. Diese Faktoren stehen deshalb auch im Mittelpunkt bei vielen der nachfolgenden Tipps zu Praxis und Zubehör. Ein weiterer sehr wichtiger Punkt: Sauberkeit ist oberstes Gebot! So sollten Anzuchtgefäße und sämtliches Zubehör nach Gebrauch sorgfältig gereinigt werden, da eventuelle Krankheitskeime – z. B. in Erdresten – den Spaß an der eigenen Anzucht gründlich verderben können. Die zarten, stets feucht gehaltenen Jungpflänzchen sind nämlich für bestimmte Pilzkrankheiten äußerst anfällig.

Der richtige Platz

Nicht für jede Vermehrungsmethode ist ein besonders geschützter Ort erforderlich. Doch die Samenanzucht und die Stecklingsvermehrung im Frühling, die zu den wichtigsten Verfahren gehören, »funktionieren« nur im mehr oder weniger beheizten Zimmer (sofern man nicht gerade über ein beheizbares Kleingewächshaus verfügt). Dazu einige Hinweise:

- Da spätestens nach Aufgang der Samen viel Licht gebraucht wird, kommt vor allem ein Fensterplatz infrage. Doch Vorsicht, meiden Sie möglichst Südfenster: Voll besonnte Standorte sind ungünstig.
- Bei zu dunklem Stand wachsen die Pflänzchen zwar an, doch die Triebe werden bald lang, dünn und staksig und die Blätter fahl – man nennt das »Vergeilen«. Falls Sie nur einen mäßig hellen Fensterplatz zur Verfügung haben, warten Sie im Frühling am besten jeweils die spätesten Termine ab, wenn an den schon längeren, weniger trüben Tagen mehr Licht einfällt. Bei großem Interesse an der Pflanzenvermehrung kann sich die Anschaffung einer speziellen Vermehrungsleuchte aus dem Fachhandel lohnen.
- Zu Beginn werden oft hohe Temperaturen gebraucht, die Fensterbank mit darunter befindlichem Heizkörper ist dann ideal. Da gerade »kalte Füße« schlecht vertragen werden, legen Sie bei unbeheizten und eventuell noch kühlen Fensterbänken aus Stein oder Metall Styroporplatten unter. Ein weiterer schädlicher Kältefaktor, den man vermeiden sollte, ist Zugluft.
- Auch gegen Kälte hat der Fachhandel hilfreiches Zubehör zu bieten, nämlich beheizbare Mini- oder Zimmer-Gewächshäuser.
- Nachdem sich Sämlinge, Stecklinge oder anderweitig gewonnene Jungpflanzen gut entwickelt haben, ist es mit der Gemütlichkeit auf der warmen Fensterbank vorbei. Dann brauchen Sie einen immer noch möglichst hellen, aber etwas kühleren Platz, an dem die noch jungen Wurzeln nicht durch übermäßige Wärme von unten strapaziert werden. Für im Spätsommer gewonnene Stecklinge oder im Sommer gesäte Zweijährige wird über Winter sogar ein heller Standort um nur 5–10 °C benötigt.

Gutes Saatgut, gute Pflanzen

Verwenden Sie möglichst nur Qualitäts-Saatgut, der Mehrpreis macht sich oft durch besseres, recht sicheres Anwachsen bezahlt. Achten Sie beim Einkauf auf:

- einwandfreie, am besten keimgeschützte Verpackung (mit Innenhülle),
- Abpackdatum bzw. Haltbarkeitsdauer.

Bevorzugen Sie im Zweifelsfall stets Samenpäckchen, deren Aufschrift über alles Wissenswerte genau Auskunft gibt: Haltbarkeit, Keimtemperatur, Lichtkeimer oder Samen, die abgedeckt werden müssen, Hinweise zur Kultur.

Geeignete Anzuchtsubstrate

Zur Aussaat oder Anzucht von Stecklingen benötigen Sie ein Substrat, das nährstoffarm ist, da die jungen Pflänzchen keine hohen Salzkonzentrationen vertragen. Außerdem sollte es frei von Krankheitskeimen, fein gekörnt und trotzdem strukturstabil sein. Solche Substrate sind unter den Namen Anzucht- oder Vermehrungserde, Einheitserde Typ 0 oder VM, TKS 0 oder 1 im Handel.

Zum Pikieren können Sie Varianten mit leicht erhöhtem Nährstoffgehalt verwenden, die meist eigens dafür ausgewiesen sind.

Torfquelltöpfe eignen sich vor allem für größere Samen. Am besten stellt man sie in eine Anzuchtschale mit Wasserabzugslöchern und Untersetzer; so sind sie einfach feucht zu halten.

Und wenn der Verkaufsständer mit den Samentüten direkt hinter einer großen Scheibe, auf die die Sonne »knallt«, oder an einem feuchten Platz steht, machen Sie darum einen großen Bogen: Zu viel Wärme und Feuchtigkeit können das Saatgut beeinträchtigen – das sollten Sie übrigens auch beim Aufbewahren zu Hause beachten. Bei sachgemäßer Lagerung bleiben die Samen der meisten Arten 2–3 Jahre gut keimfähig. Verschließen Sie angebrochene, nicht ganz aufgebrauchte Packungen gut und verstauen Sie die Päckchen trocken und am besten dunkel in einem Schraubglas. So aufbewahrt, lassen sich die restlichen Samen normalerweise noch 1–2 Jahre verwenden.

Hilfreiches Zubehör zur Pflanzenanzucht

Mini-Gewächshäuser und Vermehrungsleuchten wurden bereits erwähnt. Hinweise auf weiteres nützliches Zubehör finden Sie auf den folgenden Seiten jeweils bei den verschiedenen Vermehrungsmethoden.
Erwähnen möchte ich hier aber gerne noch einige pfiffige Angebote, die manche Händler speziell für die Anzucht in ihrem Programm führen:

Saatscheiben und Saatbänder: Scheiben oder Bänder, bei denen die Samen auf Spezialpapier gleich im richtigen Abstand angeordnet sind, findet man vor allem bei Kräutern und Gemüse. Sie ersparen das spätere Ausdünnen oder Verpflanzen zu eng stehender Sämlinge. Kräuter-Saatscheiben, meist mit 10 cm Durchmesser, gibt es teils auch mit Samenmischungen aus verschiedenen Arten, z. B. mit verschiedenen mediterranen Kräutern. Man legt sie einfach in Töpfen oder Kästen aufs Substrat, deckt sie mit ein wenig Erde ab und hält das Ganze gleichmäßig gut feucht.
Verrottende Töpfe: Töpfe aus Torf oder Pappe, die einfach mitsamt den Pflanzen eingesetzt werden können und dann allmählich im Endgefäß verrotten. Sie können sie zum Pikieren von Sämlingen ebenso verwenden wie für das Eintopfen von Stecklingen.
Torfquelltöpfe: Flach zusammengepresste, tablettenartige Saattöpfe, die nach gründlichem Wässern auf ein Mehrfaches ihrer Höhe aufquellen. Man legt je einen Samen in die dafür vorgesehene Mulde. Die Pflänzchen können später mitsamt den Quelltöpfen gepflanzt werden.

So gelingt die Anzucht aus Samen

Für die Samenanzucht haben sich flache Schalen aus Kunststoff bewährt, die man oft schon mit passender durchsichtiger Abdeckhaube erhält. Große Samen und einjährige Kletterer säen Sie dagegen besser einzeln oder zu wenigen in kleine Töpfe.
Für die Anzucht von einjährigen Blumen, Gemüsen und Kräutern sind meist 18–20 °C optimal. Besonders viel Wärme (20–24 °C) brauchen samenvermehrbare Pelargonien, Feuersalbei, Tomaten, Zucchini und manche Kräuter wie Oregano. Ausgesprochen kühl mögen es dagegen Blaue Mauritius, Elfenspiegel, Flammenblume (Phlox), Kapuzinerkresse, Pantoffelblume, Ringelblume und Sommeraster: Sie keimen am besten bei etwa 15 °C.
In der Regel dauert es von der Aussaat bis zur Keimung 1–3 Wochen.

 ***Das benötigen Sie***

- Saatgut
- Anzuchtschale, Abdeckhaube
- Aussaaterde, Pikiererde
- Töpfe mit 6–10 cm zum Pikieren

 ***Diese Zeit brauchen Sie***

- für die Aussaat: 15–20 Minuten je Anzuchtschale
- fürs Pikieren: 20–30 Minuten je Anzuchtschale

 ***Der richtige Zeitpunkt***

- Einjährige im Februar/März, Zweijährige im Juni/Juli
- Pikieren: 2–6 Wochen nach der Aussaat

1. So säen Sie möglichst gleichmäßig aus

Befüllen Sie zunächst die Anzuchtschale mit Aussaaterde – nicht ganz voll, oben sollte ein Gießrand von 1 cm bleiben. Stoßen Sie nach dem Einfüllen die Schale leicht auf, damit sich die Erde gut setzt. Ebnen Sie dann die Oberfläche mit einem Brettchen und drücken Sie dabei die Erde leicht an.
Nun werden die Samen möglichst gleichmäßig und nicht allzu dicht auf der Oberfläche verteilt. Beim Ausstreuen direkt aus der Samentüte gelingt das nicht immer so gut. Besser geht es, wenn Sie die Samen zwischen Zeigefinger, Mittelfinger und Daumen nehmen und verteilen, indem Sie die Finger gegeneinanderreiben. Oder Sie verwenden einen gefalteten Karton als Sähilfe.
Größere Samen können gezielt mit 1–2 cm Abstand ausgelegt werden.

2. So keimen die Samen am besten

Drücken Sie die ausgestreuten Samen mit einem Brettchen leicht an, damit sie beim Keimen guten Kontakt mit der Erde haben. Bei den Samen von Arten, die sogenannte Lichtkeimer sind, reicht das schon; sie dürfen höchstens noch hauchfein mit Erde überstreut werden. Das sind aber Ausnahmen, auf die jeweils im Porträtteil unter der Rubrik »Vorziehen« hingewiesen wird (steht meist auch auf der Samenpackung). Die Samen aller anderen Arten, sogenannte Dunkelkeimer, werden mit Erde abgedeckt, am besten durch gleichmäßiges Überstreuen mit einem Sieb. Als Faustregel gilt: mindestens so hoch abdecken, wie die Samen dick sind, aber maximal mit einer Erdschicht in dreifacher Samendicke. Drücken Sie auch die aufgestreute Erde hinterher leicht an.

3. Halten Sie den Anzuchtkasten gut feucht

Das Substrat sollte nun gut durchfeuchtet werden. Das geht am besten mit einem Wasserzerstäuber, denn der feine Sprühnebel schwemmt Samen und Abdeckerde nicht weg. Sorgen Sie auch in den folgenden Tagen und Wochen dafür, dass das Substrat nie austrocknet, aber halten Sie es nicht »klatschnass«. Die Abdeckhaube – ersatzweise eine über das Saatgefäß gelegte Glasscheibe oder Folie – schützt vor Verdunstung. Stellen Sie die Anzuchtgefäße an einem warmen, hellen, aber nicht direkt besonnten Platz auf.

Expertentipp

Kennzeichnen Sie alle Aussaaten mit beschrifteten Etiketten, um Verwechslungen vorzubeugen.

4. Die keimenden Pflänzchen brauchen Luft

Sobald sich die ersten Keimlinge durch grüne Spitzen bemerkbar machen, brauchen die Saaten ausreichend Luft. Sie können dazu die Verdunstungshaube oder andere Abdeckungen mithilfe kleiner Holzstäbchen hochstemmen oder tagsüber stundenweise ganz abnehmen. Achten Sie jedoch darauf, dass die kleinen Pflänzchen keine kalte Zugluft abbekommen!
Nach dem vollständigen Aufgang aller Sämlinge wird die Abdeckung komplett entfernt. Halten Sie dann die Sämlinge nicht mehr ganz so feucht, lassen Sie aber das Substrat keinesfalls austrocknen. Die Anzuchtgefäße müssen nun unbedingt hell stehen, doch nach wie vor möglichst nicht in der prallen Sonne.

5. Zu eng stehende Sämlinge verpflanzen (pikieren)

Wenn die Sämlinge größer geworden sind und zu eng stehen, werden sie entweder einzeln in Töpfe oder mit 4–5 cm Abstand in neue Schalen bzw. Kisten umgesetzt. Verwenden Sie dazu spezielle Pikier- oder Vermehrungserde, normale Substrate sind zu nährstoffreich. Der beste Zeitpunkt zum Pikieren ist gekommen, wenn sich über den beiden Keimblättern (oft rundlich) das erste richtige Laubblattpaar entfaltet hat (ca. 2–6 Wochen nach der Aussaat). Verpflanzen Sie vorzugsweise die kräftigsten Sämlinge. Beim Lockern der Wurzeln und Heraushebeln leistet ein Pikierholz gute Dienste. Drücken Sie nach dem Einsetzen der Sämlinge die Erde rundum an und gießen Sie gründlich. Stellen Sie die Pflanzgefäße nun auch ein paar Grad kühler auf.

Stecklingsvermehrung – leicht gemacht

 Das benötigen Sie

- scharfes, sauberes Messer
- Anzucht-, Vermehrungserde
- Töpfe mit 8–12 cm Durchmesser
- Abdeckhaube, -folie
- Gießkanne, Wasserzerstäuber
- evtl. Bewurzelungspuder (Fachhandel)

 Diese Zeit brauchen Sie

10–20 Minuten je Steckling

 Der richtige Zeitpunkt

je nach Art Frühling, Spätsommer oder Herbst

Stecklinge sind beblätterte Triebstücke, die sich beim »Stecken« ins Substrat bewurzeln. Sie können von verschiedenen Sprossteilen gut entwickelter Pflanzen gewonnen werden:
Am häufigsten verwendet man abgeschnittene Spitzen von Haupt- oder Seitentrieben der Mutterpflanze, die sogenannten Kopfstecklinge.
Bei manchen Pflanzen bewurzeln sich Teilstücke aus der Mitte eines Triebs genauso gut oder sogar noch besser. Sie werden als Trieb-, Teil- oder – bei verholzenden Pflanzen – als Stammstecklinge bezeichnet.
Die seltener verwendeten Grundstecklinge schießlich sind Teilstücke, die von einem Triebteil nahe der Pflanzenbasis geschnitten werden.
Je nach Pflanzenart entwickeln sich entweder halbreife, also halb verholzte, oder krautige, weiche Stecklinge besser. Die halbreifen Stecklinge schneidet man bevorzugt im Spätsommer oder Herbst, die krautigen im Frühling.

1. Wie werden Stecklinge geschnitten?

Schneiden Sie Stecklinge stets von gesunden, wüchsigen, besonders reich blühenden Mutterpflanzen. Verwenden Sie keine bereits blühenden Triebe und brechen Sie eventuell vorhandene Blütenknospen in den Blattachseln der Stecklinge nachher vorsichtig aus. Krautige Stecklinge schneidet man mit etwa 10 cm Länge und 4–5 Blättern bzw. Blattpaaren, halbreife Stecklinge etwas länger (bis 20 cm). Trennen Sie die Stecklinge mit einem möglichst glatten, schräg geführten Schnitt kurz unterhalb eines Blattknotens (verdickte Ansatzstelle des Blattstiels) ab. (Das Bild zeigt den Schnitt eines Oleander-Kopfstecklings im Spätsommer.)

2. Manche mögen's nass: Bewurzelung im Wasser

Manche Kopfstecklinge (im Bild Engelstrompete) treiben besonders willig Wurzeln, wenn man sie zunächst in Wasser stellt, so etwa Oleander, Fleißiges Lieschen und Buntnessel.
Stellen Sie die Stecklinge so ins Glas, dass etwa 3–5 cm des unteren Endes mit Wasser bedeckt sind. Wenn sich die ersten kräftigen Wurzeln gebildet haben, sollten Sie mit dem Eintopfen in Erde nicht zu lange warten. Lange, dünne Wasserwurzeln brechen leicht ab, und sie gewöhnen sich auch nicht mehr so gut an das Substrat.

3. Stecklinge fachgerecht eintopfen

Entfernen Sie zunächst das unterste Blatt bzw. Blattpaar und stecken Sie dann das Triebstück (hier ein Pelargoniensteckling) so tief in die Erde, dass der nächste verbliebene Blattansatz kurz über der Oberfläche zu stehen kommt. Drücken Sie nach dem Stecken dann die Erde rundum etwas an. Oben sollte ein Gießrand von etwa 1 cm bleiben.

Expertentipp

Bei Trieb- und Stammstecklingen muss man aufpassen, dass tatsächlich das untere Ende in die Erde kommt.

4. Achten Sie auf gleichmäßige Feuchtigkeit

Halten Sie die Erde von Anfang an gleichmäßig, aber mäßig feucht. Wird sie zu nass, können die Stecklinge faulen. Bis sich die ersten Wurzeln gebildet haben, ist eine hohe Luftfeuchtigkeit besonders wichtig. Dafür sorgen Sie am besten mit einem Verdunstungsschutz, z. B. einer Kunststoffhaube oder einem Folienbeutel, der über ein Drahtgerüst im Topf gespannt wird.

Expertentipp

Anzuchtkisten mit Abdeckhaube sind auch prima geeignet, um die Stecklingstöpfe darin aufzustellen.

5. Zum Bewurzeln braucht es Wärme

Stellen Sie die Töpfe oder Anzuchtschalen an einem hellen, warmen Platz ohne direkte Sonneneinstrahlung auf. Wichtig ist für die Bewurzelung vor allem Wärme von unten. Eine kühle Steinfensterbank z. B. ist ein denkbar ungeeigneter Standort. Krautige Stecklinge bewurzeln sich oft schon nach 2–4 Wochen, bei halbreifen kann es etwas länger dauern. Zarter Blattaustrieb zeigt an, wenn es so weit ist. Jetzt können Sie den Verdunstungsschutz immer häufiger zum Lüften abnehmen und schließlich ganz entfernen.

Besondere Wege zum Pflanzennachwuchs

Manche Pflanzen machen es uns besonders leicht: Sie können ganz einfach durch Teilen des Wurzelstocks oder das Abnehmen von selbst bewurzelten Tochterpflanzen (so genannte Kindel) bzw. Ausläufern vermehrt werden. Eine etwas anspruchsvollere Vermehrungsart ist das Abmoosen. Es wird bevorzugt bei verholzenden Pflanzen angewendet, die sich schlecht oder gar nicht über Stecklinge vermehren lassen. Diese Methode wird vor allem bei Zimmerpflanzen angewandt, ist aber auch bei Drachenbaum, Engelstrompete, Kamelie, Oleander oder Roseneibisch möglich.

Das benötigen Sie

- Töpfe
- Anzuchterde, normales Substrat
- sauberes, scharfes Messer
- Spaten
- fürs Abmoosen Sphagnum-Moos, Hölzchen oder kleine Steine, dunkle Kunststofffolie, Schnur oder Bast

Diese Zeit brauchen Sie

je nach Verfahren 10–30 Minuten

Der richtige Zeitpunkt

Teilung: meist Frühling

Kindel, Ausläufer: Frühling bis Sommer

Abmoosen: Frühsommer

Einfache Vermehrung durch Teilen des Wurzelstocks

Auf diese Weise lassen sich vor allem Topfstauden vermehren, die aus dem Wurzelstock neue Triebe bilden, etwa Astilben oder Kissenastern, außerdem manche mehrjährige Kräuter und Kübelpflanzen wie Schmucklilie (*Agapanthus*) und Bambus. Der optimale Termin dafür ist meist der Frühling, gleich beim Umtopfen. Zeitig blühende Arten dagegen teilen Sie besser direkt nach der Blüte. Nehmen Sie dazu die Pflanzen aus dem Topf und teilen Sie den Wurzelballen in zwei oder mehr Teilstücke mit mehreren Blättern bzw. Triebknospen. Zartes Wurzelwerk lässt sich mit den Händen auseinanderziehen. Für dicke Wurzelstöcke (Rhizome) brauchen Sie ein scharfes Messer oder gar einen Spaten. Gießen Sie nach dem Einpflanzen gründlich an.

Kindel und Ausläufer abnehmen und einsetzen

Einige Pflanzenarten bilden willig und reichlich Kindel, vor allem, wenn sie im genügend großen Topf stehen. Dazu zählen Aloe und Agave. Warten Sie, bis diese am Fuß der Aloe entstehenden Tochterpflänzchen (Kindel) groß genug sind und eigene Wurzeln entwickelt haben. Dann können Sie die Kindel vorsichtig ablösen und in separate Töpfe setzen. Mischen Sie der Erde für den Nachwuchs reichlich Sand unter. Auch ältere Feigenbäume und Palmlilien (Yuccas) bringen zuweilen kindelähnliche Ausläufer bzw. Ableger hervor, die Sie vorsichtig ablösen und separat eintopfen können. Ausläufer bilden sich schließlich auch bei vielen Erdbeersorten. Sie werden Ende Juli/August abgetrennt und eingepflanzt.

1. Abmoosen: Schnittstelle vorbereiten

Im Grunde erhalten Sie durch das Abmoosen eine Art großen Kopfsteckling, der sich bereits an der Mutterpflanze bewurzelt hat. Wählen Sie zunächst den Teil des Stamms oder eines kräftigen Seitentriebs aus, den Sie später abtrennen wollen. Dort, wo sich die Wurzeln bilden sollen, entfernen Sie zunächst alle Blätter, die bis zu 10 cm darüber oder darunter stehen. Dann schneiden Sie den Trieb mit einem scharfen Messer ein, und zwar schräg von unten und so tief, dass er bis knapp in die Mitte des Sprosses reicht. Klemmen Sie dann ein Holzstückchen oder einen kleinen Stein ein, damit die Schnittstelle nicht wieder zuwächst, und überstäuben Sie die Schnittflächen am besten noch mit etwas Bewurzelungspulver (im Fachhandel erhältlich).

2. Schnittstelle zum Bewurzeln fertig machen

Der nächste Schritt gab dieser Vermehrungsmethode ihren Namen: Der Schnittbereich muss nun rundum gut mit Sphagnum-Moos (im Fachhandel erhältlich) umhüllt werden. Das Moos sorgt für gleichbleibende Feuchtigkeit, die die Wurzelbildung fördert, und dient den ersten Wurzeln als Substrat.
Binden Sie zuerst unterhalb der Schnittstelle ein Stück dunkle Kunststofffolie so an, dass sich ihr oberer Teil wie eine Manschette großzügig um den Schnittbereich legen lässt. Füllen Sie dann das angefeuchtete Moos ein und befestigen Sie schließlich die Folienmanschette oben.

3. Schnittstelle auf Bewurzelung überprüfen

Sorgen Sie dafür, dass das Moos jetzt stets feucht bleibt. Die Pflanze sollte deshalb auch nicht in der prallen Sonne stehen.
Nun kann es schon etliche Wochen dauern, bis sich an der Schnittstelle Wurzeln gebildet haben. Um das zu überprüfen, müssen Sie die Folienmanschette gelegentlich lösen, was zwischendurch ohnehin nötig wird, um das Moos nachzufeuchten.
Wenn sich ausreichend Wurzeln gebildet haben, schneiden Sie das Triebstück direkt unterhalb des Wurzelwerks ab und pflanzen es ein.

Der Nachwuchs will gepflegt sein

Der Pflanzennachwuchs braucht besondere Aufmerksamkeit und Pflege. Ganz junge Pflänzchen benötigen vor allem eine erhöhte Luftfeuchtigkeit, aber auch wenn sie schon gut ausgebildete Wurzeln haben, ist gelegentliches Übersprühen vorteilhaft, vor allem in beheizten Räumen. Gegossen wird nur mäßig, aber regelmäßig, sobald die oberste Substratschicht etwas trockener ist. Bilden die Pflanzen dann Seitentriebe und reichlich Blattwerk und legen fast sichtbar im Wuchs zu, dann dürfen sie mit einer schwach dosierten Flüssigdüngung versorgt werden. Pflanzen, die noch längere Zeit auf das endgültige Einpflanzen warten müssen, können bei guter Entwicklung in normales Substrat umgetopft werden. Die darin enthaltenen Nährstoffe reichen in der Regel 6–8 Wochen. Kontrollieren Sie die Pflanzen unbedingt regelmäßig auf Krankheiten und entfernen Sie befallene Exemplare umgehend.

Das benötigen Sie

- Abdeckhaube, -folie, Einmachglas
- Wasserzerstäuber
- Gießkanne
- sauberes, scharfes Messer
- evtl. Flüssigdünger
- größere Kisten zum Transport nach draußen

Diese Zeit brauchen Sie

unterschiedlich, aber möglichst täglich ein paar Minuten zum Nachsehen und für die nötige Pflege reservieren

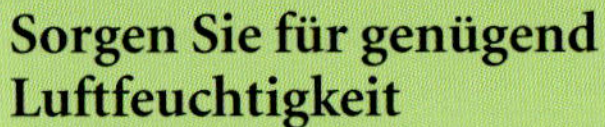

Sorgen Sie für genügend Luftfeuchtigkeit

Es wurde bereits bei den einzelnen Vermehrungsmethoden darauf hingewiesen, kann aber gar nicht oft genug erwähnt werden: Solange die Pflanzen, ob Sämlinge oder Stecklinge, noch kein »anständiges« Wurzelwerk entwickelt haben, muss man sie davor bewahren, dass über Blatt- und Substratoberflächen allzu viel Wasser verdunstet.
Günstiger als häufiges Übersprühen ist die sogenannte »gespannte« Luft unter einer rundum geschlossenen Abdeckung (Folienhaube, umgestülptes großes Einmachglas u. Ä.) mit stets gleich bleibender, hoher Feuchtigkeit. Wichtig ist, dass die Abdeckungen möglichst viel Licht durchlassen und dann bei weiterer Entwicklung der Pflanzen rechtzeitig abgenommen werden.

Vorwitzige Jungpflanzen entspitzen

Das Entspitzen oder Stutzen zielt darauf ab, kompakte, buschige Jungpflanzen mit guter Verzweigung zu erhalten. Oft »schießen« die Pflanzen nach dem Pikieren oder erfolgreicher Stecklingsbewurzelung geradezu in die Höhe, die ganze Kraft geht gewissermaßen in die Spitzenknospe. Um das zu vermeiden, kann man bei vielen Arten die Spitzenknospe des Haupttriebs abkneifen oder die Triebspitze abschneiden, wenn die Pflanzen etwa 10 cm hoch sind. Bei den Pflanzenporträts finden Sie jeweils Hinweise darauf, wo dies besonders empfehlenswert ist. Freilich müssen dafür infrage kommende Pflanzen zur Verzweigung fähig sein und dazu Seitenknospen in den Blattachseln bilden. Bei Palmen z. B. ist das nicht möglich.

So erreichen Sie einen noch buschigeren Wuchs

Eine noch bessere Verzweigung erreicht man, wenn man auch die Spitzen der kräftigsten Seitentriebe entfernt, sobald die Jungpflanzen noch etwas größer sind. Dies hat sich z. B. bei Feuersalbei, Fuchsien, Kapaster, Löwenmäulchen, Roseneibisch, Strauchmargerite oder Vanilleblume bewährt.

Wenn Sie sich nicht ganz sicher sind, testen Sie das zunächst nur an ein oder zwei Pflanzen der jeweiligen Art und beobachten Sie die Entwicklung. Denn übermäßig »zerrupfen« sollte man seine Jungpflanzen nicht.

Expertentipp

Für einen kompakten Wuchs ist auch ein heller, nicht allzu warmer Standort wichtig.

Gewöhnen Sie Jungpflanzen langsam ans Freie

Ab Mitte Mai wird es für Sommerblumen und Kübelpflanzen ernst: Jetzt sollen sie draußen Balkon und Terrasse zieren, müssen kühlere Tage und Nächte ebenso aushalten wie eventuell grelle Sonne, kräftige Winde oder länger anhaltenden Regen. Und das, nachdem die Junggpflanzen über Wochen besonders behütet herangewachsen sind.

Das war nötig, doch nun sollten Sie die Pflanzen langsam auf das rauere Klima vorbereiten. Am besten stellen Sie sie schon ab etwa Anfang April – noch drinnen im Haus – allmählich etwas kühler. Ab Mitte April dürfen sie bei mildem Wetter dann schon tagsüber einige Stunden draußen Frischluft schnuppern. Wählen Sie dafür anfangs einen windgeschützten, leicht beschatteten Platz, etwa in der Nähe der Hauswand oder in einem überdachten Teil des Balkons bzw. der Terrasse. Allerdings musste ich auch schon feststellen, dass sich teilumbaute Freiflächen manchmal als regelrechte Windkanäle erweisen – für zarte Jungpflanzen ist das dann kein geeigneter Ort.

Was Sie im Spätsommer oder Herbst vermehrt haben, etwa aus halbreifen Stecklingen, können Sie – sobald sich die Jungpflanzen gut entwickelt haben – bis zum ersten Freilandaufenthalt im Folgejahr hell und kühl überwintern. Für Kübelpflanzen gelten dann jeweils die im Porträtteil genannten Überwinterungstemperaturen älterer Exemplare. Meiden Sie aber bei jungen Pflanzen möglichst die Extremwerte der empfohlenen Temperaturbereiche.

Richtig gepflegt blüht es besser

Ein wesentlicher Teil der Pflanzenpflege wurde bereits beschrieben: durchdachte Pflanzen- und Standortwahl, gut entwickelte Jungpflanzen, geeignete Erden und Gefäße, sorgfältiges Ein- und Umpflanzen – das alles schafft beste Voraussetzungen für Pflanzenspaß ohne allzu großen Pflegeaufwand. Wenn Sie dann beim Gießen, Düngen und bei sonstigen Handgriffen ein wenig auf die Ansprüche Ihrer Pfleglinge achten, danken sie es mit gesundem Wuchs und herrlicher Blütenpracht.

Ein Leben im Topf oder Balkonkasten hat für die Pflanzen Vor- und Nachteile. Oft wachsen sie auf Balkon und Terrasse etwas geschützter als in Garten und Natur, Mehrjährige können den Winter drinnen ganz ohne Kälte- und Froststress verbringen. Zudem genießen die einzelnen Pflanzen häufig mehr Aufmerksamkeit und Fürsorge als ihre »Kollegen« im Freien. Das ist aber auch nötig, denn die Schönheiten im Gefäß können ihre Wurzeln nicht einfach weiter austrecken, wenn es ihnen an Wasser und Nährstoffen mangelt. Sie müssen mit dem begrenzten Topfsubstrat vorliebnehmen und sollen dabei oft noch wahre Blühwunder vollbringen.
Und Kübelpflanzen, die wärmeren Gefilden entstammen, können bei uns zwar dank ihrer »Mobilität« am frostfreien Winterplatz überleben. Doch die bis zu 6 Monate, die sie recht unnatürlich im Haus oder Schuppen verbringen, bedeuten für sie nicht selten eine Strapaze.

Lernen Sie von den Pflanzen, was sie benötigen

Wenn Sie das eben Gesagte ein wenig im Hinterkopf behalten, wird so manche Pflegemaßnahme verständlicher und in der Praxis noch etwas einfühlsamer und mit dem richtigen Fingerspitzengefühl umgesetzt. Freilich kann man trotzdem nicht immer ideale Standortverhältnisse und optimale Pflege bieten – es ist halt manchmal auch eine Zeitfrage. Und bei allen nötigen Verrichtungen dürfen die Mußestunden auf Balkon und Terrasse nicht zu kurz kommen, um sich schlicht an den Pflanzen zu erfreuen. Wobei ich selbst immer wieder feststelle, dass gerade dies zur guten Pflege beiträgt und zum Teil den sogenannten »grünen Daumen« ausmacht: Pflanzen verraten beim »genießerischen« Betrachten mehr über ihre ganz speziellen Wünsche, als es jedes Buch vermag. Beobachtet man ihre Entwicklung, lernt man viel darüber, wie sich einzelne Pflegemaßnahmen auswirken.

Womit, wie viel und wann gießen?

Schlappe Blätter, braune Blattspitzen, hängende Triebe, welke Blüten, abgeworfene Knospen – mangelndes Gießen macht sich rasch bemerkbar. Doch auch eine zu gut gemeinte Bewässerung kann ähnliche Auswirkungen haben. Wenn die Erde im Gefäß ständig zu nass gehalten wird oder überschüssiges Wasser nicht ablaufen kann (Staunässe), nehmen früher oder später die Wurzeln Schaden. Typische Anzeichen sind Wachstumsstockungen, fahle Blattfärbung und kleine Blüten.

Ist jedes Wasser zum Gießen geeignet?

Üblicherweise wird zum Gießen normales Leitungswasser verwendet. Dieses ist jedoch vielerorts – bedingt durch Kalk und andere mineralische Beimengungen – sehr hart, was etliche Pflanzen schlecht vertragen. Kalkempfindliche Arten wie Rhododendren und Kamelien werden schon durch mittelhartes Wasser (ab 8 °dH = Grad deutscher Härte) beeinträchtigt; die Folgen sind Kümmerwuchs, gelbe Blätter oder Knospen- und Blütenabwurf. Zudem wirkt im Hochsommer das kalte Nass aus der Leitung auf empfindliche Pflanzen geradezu schockartig.
Hier können Sie auf verschiedene Weise vorbeugen und für Abhilfe sorgen:

- Befüllen Sie die Kannen nach dem Gießen gleich wieder; dann setzt sich ein Teil des Kalks unten ab, gleichzeitig wird das Wasser vorgewärmt.
- Gießen Sie möglichst mit Regenwasser, wenn Sie Platz für eine Sammeltonne haben. Achten Sie jedoch darauf, dass nach längerer Trockenheit nicht unbedingt der erste Schwung aus der Regenrinne in die Tonne läuft, denn er enthält auf dem Dach angesammelten Schmutz und Schadstoffe.
- Setzen Sie geeignete Wasseraufbereitungsmittel aus dem Garten- oder Teichfachhandel ein, um das Nass für kalkempfindliche Arten zu enthärten. Das empfiehlt sich auch generell, wenn die Wasserhärte über 20 °dH liegt (lässt sich beim zuständigen Wasserversorger erfragen).

Wer gießt im Urlaub?

Automatische Bewässerungssysteme sparen nicht nur Zeit und Wasser: Wenn alles richtig vorbereitet und eingestellt ist, müssen Sie sich auch bei einem längeren Sommerurlaub keine Sorgen um Ihre Pflanzen machen. Allerdings sollte sich das System schon einige Zeit vorher im Praxistest auf Ihrem Balkon oder Ihrer Terrasse bewährt haben. Und es kann auch nichts schaden, wenn während Ihrer Abwesenheit Freunde oder nette Nachbarn ab und zu nach dem Rechten sehen.

Wie viel gießen?

Die nötigen Gießmengen hängen natürlich von der jeweiligen Pflanzenart und von Jahreszeit bzw. Witterung ab. Sie können sich dabei an den Symbolen im Porträt-Kapitel (Seite 274/275) orientieren:
Viel gießen bedeutet, dass an heißen Sommertagen täglich gegossen werden muss, teils sogar mehrmals. Gießen Sie, sobald die Substratoberfläche abgetrocknet ist, und halten Sie die Erde während der Wachstumszeit recht feucht, aber nicht nass.
Mäßig gießen: Hier genügt eine möglichst gleichmäßige »milde« Feuchte, d. h., die oberste Substratschicht kann auch mal ein paar Tage trocken sein, wenn sich die Erde darunter noch feucht anfühlt.
Wenig gießen heißt, dass das Substrat nicht völlig austrocknen, aber nur ganz leicht feucht sein darf.
Die Substratfeuchte können Sie am besten mit dem Finger prüfen, indem Sie ihn vorsichtig nahe des Gefäßrands in die Erde stecken.
Allerdings werden Pflanzen erfahrungsgemäß eher »totgegossen«, als dass sie durch Trockenheit eingehen. Von zeitweisem Wassermangel können sich die meisten Pflanzen oft wieder erholen, von Wurzelschäden durch anhaltende Vernässung jedoch kaum.
Manchmal lässt sich sogar eine fast vertrocknete Pflanze noch retten, wenn Sie den Topfballen samt Gefäß einige Zeit in einen großen Eimer mit Wasser stellen, und zwar so lange, bis keine Luftbläschen mehr aufsteigen.

Für das muntere Blühen und Wachsen brauchen die Pflanzen regelmäßige Wassergaben. Mit ein wenig Fingerspitzengefühl können Sie dem Vertrocknen ebenso einfach vorbeugen wie allzu starker Vernässung.

So gießen Sie richtig

Das Wasser soll möglichst schnell und ohne größere Verluste an seinen Bestimmungsort, nämlich zu den Wurzeln, gelangen. Dazu ein paar wichtige Tipps:

- Gießen Sie ohne Brauseaufsatz direkt in den Wurzelbereich. Die Pflanzen, vor allem ihre Blüten, sollten kaum benetzt werden. Ausnahme: An sehr heißen Tagen tut vielen Gewächsen eine morgendliche Blattdusche gut.
- Gießen Sie Ihre Pflanzen nie in der prallen Sonne (hohe Verdunstung, Brennglaswirkung der Wassertropfen auf den Blättern). Gießen Sie an heißen Tagen nur morgens oder/und abends, an kühleren Tagen möglichst nur am Vormittag.
- Bei hoch aufgestellten Ampelpflanzen erleichtern handliche Kannen (5 oder 2,5 Liter) und eine (standsichere) Haushaltsleiter zielgenaues Gießen ohne Tropfwasser.

Wasser im Untersetzer oder Übertopf?

Überschüssiges Gieß- oder Regenwasser, das sich im Untersetzer oder Übertopf ansammelt, sollten Sie baldmöglichst ausschütten, denn die allermeisten Balkon- und Kübelpflanzen vertragen keine »nassen Füße«. An besonders heißen Tagen ist das zwar nicht ganz so eilig, das »Fußbad« sollte aber nicht zum Dauerzustand werden. Wichtigste Ausnahme ist der Oleander: Ihm bekommt es gut, wenn Sie an warmen Sommertagen stets etwas Wasser in den Untersetzer geben.

Ganz bequem: die automatische Bewässerung

Wenn Sie Ihren Balkon oder Ihre Terrasse regelmäßig mit vielen Pflanzen schmücken, kann sich die Anschaffung eines Bewässerungssystems durchaus lohnen.
Bei den meisten Verfahren übernehmen Tropfer, die man neben den Pflanzen in die Erde steckt, die zielgenaue Wasserversorgung. Sie werden über Verteilerrohre oder -schläuche mit dem Wasserhahn oder einem großen Vorratsbehälter verbunden. Feuchtefühler, die Rückmeldung an einen Bewässerungscomputer geben oder direkt die Wasserabgabe der Tropfstellen regulieren, sorgen für eine pflanzen- und wetterangepasste Wasserabgabe.
Solche Systeme werden meist in Einzelkomponenten angeboten, die Sie individuell zusammenstellen können.

Wann, wie und womit düngen?

Balkon- und Kübelpflanzen sind auf den begrenzten Nährstoffvorrat in ihrer Pflanzerde angewiesen. Der muss früher oder später durch Düngung ergänzt werden, je nach Art in unterschiedlichen Intervallen. Nährstoffmangel zeigt sich meist an gelb werdenden Blättern sowie nachlassender Wuchs- und Blühfreude. Im Porträtteil ist unter der Rubrik »Pflegen« jeweils angegeben, in welchen Abständen die Pflanze am besten mit Dünger versorgt wird.

Verwenden Sie nur ausgewiesene Balkon- oder Kübelpflanzendünger, da diese alle nötigen Haupt- und Spurennährstoffe in geeigneter Zusammensetzung enthalten. Spezialdünger für bestimmte Pflanzengruppen sind oft sinnvoll, besonders für Kalkempfindliche wie Rhododendren und Hängepetunien. Überdüngung kann ernsthafte Schäden anrichten – beachten Sie unbedingt die Dosierungsangaben auf den Packungen und verabreichen Sie im Zweifelsfall lieber etwas weniger. Stellen Sie bei Pflanzen, die überwintert werden sollen, die Düngung ab Anfang August ein.

Langzeitdünger: Reserve für den ganzen Sommer

Die üblichen Langzeit- oder Depotdünger bestehen aus Nährstoffkörnern oder -kugeln, die mit Harz oder ähnlichen Substanzen umhüllt sind. Sie setzen die Nährstoffe in Abhängigkeit von Temperatur und Substratfeuchtigkeit nur allmählich frei. Bei Pflanzen mit mittlerem Nährstoffbedarf reicht der Düngevorrat bis zu 6 Monate, starkwüchsige Pflanzen jedoch brauchen oft ab Sommer Nachschub.

Aber auch Festdünger auf organischer Basis (Foto) haben eine Langzeitwirkung. Sie kommen ganz ohne künstliche Umhüllung aus, da die Nährstoffe organisch gebunden sind. Sie werden ebenfalls erst nach und nach freigesetzt. Eine Gabe reicht selbst bei Starkzehrern für etliche Wochen. Vorteilhaft ist außerdem, dass kaum die Gefahr einer Überdüngung besteht.

Langzeitdünger können Sie schon vor dem Einpflanzen oder Umtopfen dem Substrat untermischen oder nachträglich wie normalen Festdünger oberflächlich einarbeiten. Bei Kübelpflanzen mit geringem Nährstoffbedarf kann die lang anhaltende Nachlieferung allerdings die Überwinterungsfähigkeit beeinträchtigen. Hier sollten Sie Dünger mit ausgeprägter Langzeitwirkung gleich im März einbringen, spätestens aber im April. Organische Dünger dagegen lassen sich bei Kübelpflanzen und Topfgehölzen noch bis etwa Anfang Juli verabreichen.

Flüssigdünger – besonders einfach zu verwenden

Auch wenn Sie keinen Langzeitdünger verwenden, können Sie sich mit dem Düngen anfangs Zeit lassen: Gutes Substrat enthält einen Nährstoffvorrat, der für die ersten 4–6 Wochen reicht. Mit Flüssigdünger können Sie besonders einfach für Nachschub sorgen: Er wird in Wasser gegeben und mit der Gießkanne ausgebracht. Gießen Sie ohne Brauseaufsatz direkt in den Wurzelbereich.

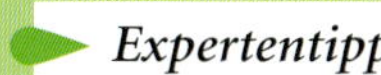

Expertentipp

Geben Sie den Dünger – auch den flüssigen – stets nur auf angefeuchtetes Substrat.

So arbeiten Sie Festdünger ein

Balkon- und Kübelpflanzendünger gibt es auch in fester, gekörnter Form. Solche Dünger werden in gleichmäßiger Verteilung auf der Substratoberfläche ausgestreut und mit einem kleinen Handrechen oder Handkultivator oder mit einer Gabel leicht eingearbeitet. Passen Sie auf, dass Sie dabei die Wurzeln nicht beschädigen, und gießen Sie danach gründlich.

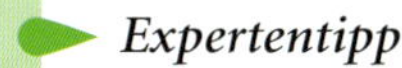

Expertentipp

Verwenden Sie kein »Blaukorn« oder ähnliche Gartendünger. Für Balkonpflanzen ist deren Nährstoffzusammensetzung nicht optimal.

Eisenmangel: wenn die Blätter hell werden

Typisches Anzeichen für Eisenmangel ist die Aufhellung zunächst der jüngeren Blätter, wobei aber die Blattadern grün bleiben. Ursache: Die Aufnahme des wichtigen Nährstoffs Eisen wird indirekt durch einen zu hohen Kalkgehalt im Substrat blockiert. Spezielle Eisendünger können kurzfristig Abhilfe schaffen. Sie werden als Flüssigdünger eingesetzt, können teils auch auf die Blätter gesprüht werden. Nachhaltig können Sie das Problem allerdings nur durch Verwendung von enthärtetem Wasser und Umtopfen lösen.

So blüht es schöner und länger

Es gibt neben dem Gießen und Düngen noch die eine oder andere empfehlenswerte Maßnahme, die dafür sorgt, dass Ihre Pflanzen gesund, wüchsig und blühfreudig bleiben. Meist handelt es sich tatsächlich nur um kleine Handgriffe, die man mit der Zeit oft eher als Lust denn als Last empfindet, da sie schnell Wirkung zeigen und die Pflanzenpracht gut in Form halten.
Eine Formfrage ist z. B. auch der Schnitt wüchsiger Hänge- und Kletterpflanzen: Hier können Sie zwischendurch ruhig mal beherzt zur Schere greifen und störende oder überlange Triebe einkürzen. In gemischten Ampeln und vor allem in Hanging Baskets lassen sich so auch besonders konkurrenzstarke Arten im Zaum halten, ehe sie alles andere überwuchern.

 ***Das benötigen Sie***

- Gartenschere, scharfes Messer
- Pflanzenstützen
- Gärtnerschnur oder Bindebast
- kleine Handhacke, -kultivator oder alte Gabel
- Blähton, Kies oder Splitt als Mulchmaterial

 ***Diese Zeit brauchen Sie***

je nach Pflanzenzahl täglich im Schnitt 15–30 Minuten

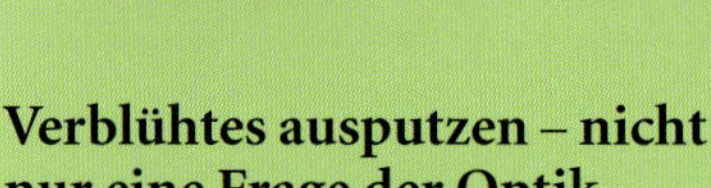

Verblühtes ausputzen – nicht nur eine Frage der Optik

Wenn Sie wenigstens alle paar Tage welke Blüten oder Blütenstände entfernen, sehen Ihre Pflanzen nicht nur schöner aus, sie setzen oft auch williger neue Knospen an.
Häufig lässt sich Verwelktes einfach abzupfen oder mit den Fingernägeln abkneifen. Wenn jedoch die Blütenstiele so fest anhaften, dass dabei Verletzungen benachbarter Pflanzenteile drohen, nehmen Sie besser eine Schere zur Hilfe.
Bei Pelargonien können Sie die Stiele verwelkter Blütenstände direkt an ihrer Ansatzstelle am Trieb packen und ausbrechen. Selbstreinigende Hängepelargonien-Sorten ersparen diese Arbeit. Auch einige andere Pflanzen werfen welke Blüten von selbst ab oder verdecken sie unter üppigen Trieben, so etwa Fächerblume und Schneeflockenblume.

Entfernen Sie auch welke und beschädigte Pflanzenteile

Gelbe oder welke Blätter nimmt man am besten mitsamt den Stielen an ihrer verdickten Ansatzstelle (dem Blattknoten) am Trieb weg. Wie bei den Blüten kann das je nach »Zähigkeit« der Verbindung durch Abzupfen, Abbrechen oder Abschneiden geschehen.
Auch abgeknickte oder anderweitig beschädigte Triebe sollten Sie möglichst bald wegschneiden oder bis in den unverletzten Bereich zurückschneiden. Solche Maßnahmen können vor allem nach einem Unwetter nötig werden.
Beim Ausputzen geht es nicht nur um die Optik: Dies alles – das Entfernen welker Blüten inbegriffen – hilft, Infektionen durch Krankheiten vorzubeugen.

Zurückschneiden verhilft manchmal zur Nachblüte

Manche Balkonblumen, z. B. Männertreu und Duftsteinrich, legen nach dem ersten Hauptflor im Juni/Juli eine Blühpause ein. Ein Rückschnitt der abgeblühten Triebe um gut ein Drittel fördert dann den Austrieb neuer Blütenknospen. Auch bei verschiedenen Margeriten hilft diese Maßnahme: Sie werden allerdings nur etwa um ein Viertel ihrer Trieblänge eingekürzt. Ansonsten ist es besser, nur die verblühten Triebe beim Ausputzen etwas stärker zurückzuschneiden, sollte die Ausbildung neuer Blüten nachlassen.

Expertentipp

Versorgen Sie die Pflanzen nach dem Rückschnitt gleich mit einer Düngung.

Halt für hohe Pflanzen: Stützen und Aufbinden

Hochwüchsige Pflanzen sollten Sie besonders an windigen Standorten frühzeitig mit einer Stütze versehen, vor allem wenig verzweigte Arten, Hochstämmchen und Pflanzen mit großen, schweren Blütenständen oder Früchten. Dafür eignen sich besonders die leichten, aber stabilen Bambus- oder Tonkinstäbe. Man drückt sie vorsichtig mit etwas Abstand vom Stängel bzw. Stamm möglichst tief in die Erde. Binden Sie die Pflanzen dann in Abständen von etwa 30 cm mit einer lockeren Achterschleife an, um Einschnürungen vorzubeugen (siehe Bild). Solche Achterschleifen empfehlen sich bei allen Bindearbeiten, z. B. auch beim Aufleiten von Kletterpflanzen.

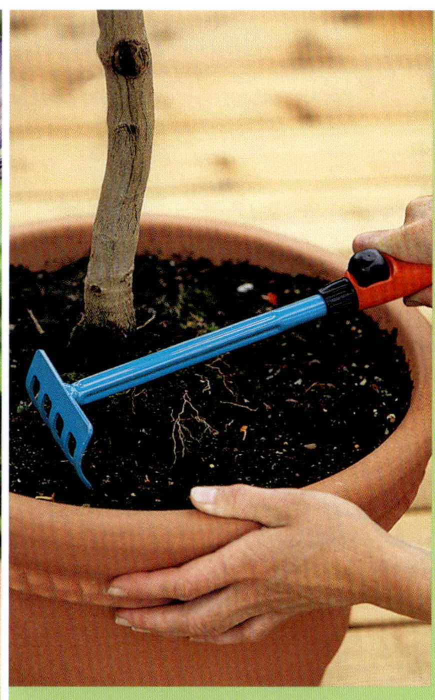

Lockern Sie verkrustete Oberflächen auf

Selbst Gartenbesitzer, für die das regelmäßige Lockern des Bodens im Garten ganz selbstverständlich ist, sind oft ganz erstaunt, wenn man ihnen dasselbe für die Topferde vorschlägt. Doch tatsächlich verkrustet ja auch die unbedeckte Erdoberfläche in größeren Gefäßen durch das Wechselspiel von Feuchte und Trockenheit.
Das vorsichtige Auflockern der Erde mit kleinen Handgeräten (Kultivator) oder einer alten Gabel verbessert Wasseraufnahme und Durchlüftung und beugt der Vermoosung vor.

Expertentipp

Auch eine etwa 1 cm dicke Schicht aus Blähton, feinem Kies oder Splitt hält die Oberfläche locker und setzt zudem die Verdunstung herab.

Was tun bei Krankheiten und Schädlingen?

Das benötigen Sie

- für die Gerätereinigung: Lappen, Drahtbürste, Wasser, Schmierseife, evtl. Essig, Desinfektionsmittel
- Gartenschere, scharfes Messer
- Papier-(Küchen)tücher
- alte Zahnbürste
- Auffanggefäß für abgestreifte oder abgesammelte Schädlinge
- Hand- oder Rückenspritze
- Wasserzerstäuber
- für die jeweilige Anwendung zugelassene Pflanzenschutzmittel

Geeignete Standortwahl, gesunde Jungpflanzen und gute Pflege sind die wichtigsten Vorbeugungsmaßnahmen gegen Plagegeister, von denen die häufigsten auf den folgenden Seiten vorgestellt werden.

Zur guten Vorbeugung zählt zudem der regelmäßige, prüfende Blick auf die Pfleglinge: Je früher Sie Schädlinge und Krankheiten entdecken, desto leichter lassen sie sich meist bekämpfen. Wenn der Griff zu Pflanzenschutzmitteln jedoch unvermeidbar erscheint, verwenden Sie bevorzugt Präparate, die für Warmblüter ungiftig sind und Bienen sowie andere Nützlinge schonen. Besonders giftige Mittel werden heute kaum noch verkauft, aber auch »sanfte« und pflanzliche Präparate sind nicht unbedingt harmlos und verlangen beim Einsatz entsprechende Vorsicht und Umsicht.

Manchmal ist es aber auch die einfachste und sinnvollste Lösung, befallene Exemplare früh zu entfernen und gegen gesunde Pflanzen auszutauschen. Das beugt zudem weiteren Infektionen vor.

Sauberkeit beugt Krankheiten und Schädlingen vor

Reinigen Sie alle Gerätschaften und Utensilien, die mit Pflanzen in Berührung kommen, gleich nach Gebrauch – inklusive Gefäße. Sorgfältiges Abwischen oder Abwaschen z. B. von Scheren- und Messerklingen oder Pflanzenstützen kann schon einer Krankheitsverbreitung vorbeugen, da sich manche Erreger über anhaftende Erdreste oder auch nur über Tropfen von Pflanzensäften verbreiten. Nach Pflegearbeiten an offensichtlich oder vermutlich erkrankten Pflanzen empfiehlt sich der Einsatz geeigneter Desinfektionsmittel, zumindest aber von heißem Wasser, auch für die Gartenhandschuhe bzw. zum Händewaschen. Und verzichten Sie auf die Verwendung gebrauchter Bindeschnur.

Erforschen Sie die Ursachen der Schädigungen

Wenn Pflanzen kümmern oder welken, kann das viele Ursachen haben. Könnte es womöglich an Standort- oder Pflegefehlern liegen? Topfen Sie ansonsten die Pflanze aus und untersuchen Sie vorsichtig die Wurzeln. Fäulnis, oft mit nachträglichem Pilzbefall verbunden, deutet auf zu nasse Haltung hin. Fraßstellen, Wucherungen und sonstige Deformierungen sind oft das Werk von Parasiten. Ein Befall durch Viren, Bakterien, Wurzelpilze oder Nematoden (Älchen) lässt sich nur schwer identifizieren. Hier können am ehesten ein Gärtner oder der regional zuständige Pflanzenschutzdienst weiterhelfen.

Entfernen Sie frühzeitig kranke Pflanzenteile

Fallen Ihnen schon früh erste Krankheitsanzeichen auf, kann das konsequente Wegschneiden befallener Triebe, Triebteile oder Blütenstände die Ausbreitung des Erregers eindämmen, im günstigsten Fall sogar stoppen. Schneiden Sie kranke Triebe dabei so weit zurück, dass auch innen, d. h. im Triebquerschnitt, keine Krankheitssymptome, etwa braune Verfärbungen, mehr zu erkennen sind.

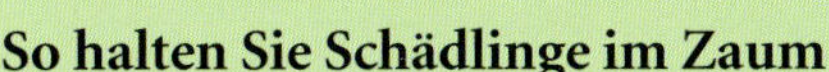
Expertentipp

Entfernen Sie erkrankte Exemplare in gemischten Bepflanzungen am besten gleich komplett.

So halten Sie Schädlinge im Zaum

Ähnlich wie Krankheiten lassen sich auch manche Schädlinge, z. B. Blattläuse, ein wenig im Zaum halten, wenn Sie beim ersten Auftreten besonders stark befallene Partien sofort rigoros entfernen. Doch Vorsicht, Blattläuse & Co. bevorzugen meist die jungen, saftigen Triebe – einige davon braucht die Pflanze noch!
Ansonsten können Sie Schädlinge an robusten Pflanzen mit stabilen Blättern wiederholt mit kräftigem Wasserstrahl abspritzen. Am schonendsten ist freilich das Absammeln bzw. Abstreifen mithilfe eines Papiertuchs. Den sehr fest haftenden Schild- und Wollläusen können Sie mit einer hartborstigen Zahnbürste zu Leibe rücken.

Pflanzenschutzmittel richtig anwenden

Achten Sie beim Einsatz von Pflanzenschutzmitteln peinlich genau auf die Dosierungsangaben, Anwendungs- und Sicherheitshinweise des Herstellers. Bringen Sie die Mittel mit geeigneten Pflanzenschutzspritzen oder einem Zerstäuber aus. Spritzen Sie nur bei weitgehender Windstille und möglichst nicht in der prallen Sonne.
Sofern die Anwendungsempfehlungen nichts anderes besagen, sollten Sie die Blätter – auch auf den Unterseiten – gleichmäßig und tropfnass einsprühen.

Blattläuse

1–5 mm große, grüne, schwarze oder graue Insekten, in Kolonien, an jungen Triebspitzen und Blattunterseiten sitzend und saugend; Blätter oft eingerollt, gekräuselt und klebrig, häufig mit schwarzem Pilzbelag

Das können Sie tun:

Spritzen Sie robuste Pflanzen öfter mit einem scharfen Wasserstrahl ab; streifen Sie bei geringem Befall die Schädlinge mit den Fingern ab; stark befallene Triebe am besten ganz abschneiden; notfalls bienen- und nützlingsschonende Präparate einsetzen.

Spinnmilben, Rote Spinne

Winzige, nur mit der Lupe zu erkennende rundliche Tiere, gelbbraun bis rötlich, saugen an den Blattunterseiten; Saugstellen als gelbe bis silbrige Sprenkel sichtbar, Blätter vergilben und welken

Das können Sie tun:

Spinnmilben treten vorwiegend an sehr heißen, lufttrockenen Plätzen auf, auch bei zu warmer Überwinterung. Stellen Sie befallene Pflanzen kühler und halten Sie sie feuchter (lauwarm abbrausen und öfter besprühen); notfalls mit speziellen Pflanzenschutzmitteln spritzen.

Schild-, Woll- und Schmierläuse

Schildläuse: 1–3 mm groß, rundlich, gelb oder braun, unbeweglich an Stielen und Blättern saugend; Woll- und Schmierläuse: watteähnliche Blattbeläge, klebrige Blätter; bei allen Blattvergilbung und -abfall

Das können Sie tun:

Diese Schädlinge finden sich oft an zu warm überwinterten Kübelpflanzen, sehr häufig an Oleander. Kratzen Sie braune Schilde oder Beläge ab, z. B. mit einer alten Zahnbürste, mit Schmierseife nachbehandeln; bei starkem Befall ölhaltige Präparate spritzen.

Weiße Fliegen

1–2 mm große, weißliche Insekten, an den Blattunterseiten saugend, fliegen bei Blattberührung auf; Blätter vergilben und welken.

Das können Sie tun:

Weiße Fliegen sitzen oft an zu warm überwinterten Pflanzen, häufig an Fuchsien und Wandelröschen. Meiden Sie vorbeugend heiße, schlecht belüftete Standorte. Spritzen Sie bei Befall mehrmals mit Schmierseifenlösung oder setzen Sie ein geeignetes Pflanzenschutzmittel ein.

Häufige Schädlinge und Krankheiten

Dickmaulrüssler

10 mm lange, grauschwarze, dämmerungsaktive Käfer, fressen Blattränder an, mit typischem Kerbfraß; die weißlichen Larven mit hellbraunem Kopf leben in der Topferde und fressen an den Pflanzenwurzeln, was zu plötzlicher Welke führt

Das können Sie tun:

Sammeln Sie die Käfer nach Einbruch der Dunkelheit mithilfe einer Taschenlampe ab; die Larven können biologisch durch parasitäre Nematoden (im Fachhandel zu beziehen) bekämpft werden.

Echter Mehltau

Schadpilz, bildet weißlichen, mehligen Belag auf Blattoberseiten, auch an Blüten und Knospen; häufig z. B. an Begonien, Rosen, Chrysanthemen und Zinnien

Das können Sie tun:

Vermeiden Sie vorbeugend zu hohe Düngung, pflanzen Sie nicht zu dicht und behandeln Sie mehrmals mit Pflanzenstärkungsmitteln; entfernen Sie befallene Pflanzenteile und setzen Sie bei starkem Befall spezielle Pflanzenschutzmittel (z. B. auf Lecithin-Basis) ein.

Grauschimmel

Schadpilz, bildet braungraue, schmierige Beläge auf Blättern und anderen Pflanzenteilen; tritt besonders nach Dauerregen auf; häufig an Begonien und Erdbeeren, vor allem an verletzten und geschwächten Pflanzen

Das können Sie tun:

Achten Sie vorbeugend auf ausgewogene Düngung und pflanzen Sie nicht zu dicht; entfernen Sie die befallenen Pflanzenteile, behandeln Sie die Pfleglinge mehrmals mit Pflanzenstärkungsmitteln und halten Sie die Pflanzen im Allgemeinen luftiger und trockener.

Rost

Schadpilz, der rötliche oder gelbliche Pusteln bildet, meist an den Blattunterseiten, Blattoberseiten hell gefleckt; die Blätter sterben mit der Zeit ab; häufig an Pelargonien, Fuchsien, Nelken und Rosen

Das können Sie tun:

Düngen Sie vorbeugend ausgewogen und halten Sie die Pflanzen nicht zu feucht; entfernen Sie kranke Teile und behandeln Sie mehrmals mit Pflanzenstärkungsmitteln; beseitigen Sie bei starkem Befall die ganze Pflanze.

Attraktive Wuchsformen selbst erziehen

 *Das benötigen Sie*

- Gartenschere
- Drahtschablonen u. Ä. für den Formschnitt
- Gärtner- oder Bastschnur
- für Hochstämmchen Holz-, Tonkin- oder Bambusstab, 20–30 cm länger als die Stammhöhe

 *Diese Zeit brauchen Sie*

Formschnitt: 2–4 Jahre, bis geschlossene Form erreicht ist

Hochstämmchen: 2–3 Jahre für Stammerziehung, ca. 2 Jahre für die Kronenausbildung

Schnittmaßnahmen können eine lang anhaltende Blüte fördern (Seite 245) oder ausgewogenen, gesunden Wuchs unterstützen (Seite 252/253). Doch seit jeher fasziniert Topfgärtner auch die Möglichkeit, durch Schnitt besondere Pflanzengestalten zu formen, wie sie in der Natur nicht vorkommen.
Aus Blattschmuckpflanzen werden durch Formschnitt lebendige Skulpturen, buschige Sträucher entwickeln sich mithilfe der Schere zu baumartigen Hochstämmchen bzw. Kronenbäumchen. Die dazu nötigen Schnitte sind nicht allzu kompliziert, verlangen aber etwas Geduld und Augenmaß. Belohnt wird die Mühe durch interessante, hübsche Wuchsformen, die besondere Akzente setzen. Ich weiß allerdings aus eigener Erfahrung, dass das nicht immer gleich so wird, wie man es sich vorstellt. Jede Art reagiert auf bestimmte Schnittmaßnahmen ein wenig anders, manchmal unterscheiden sich sogar die Sorten oder auch verschiedene Exemplare derselben Art im Austriebsverhalten. »Probeschnitte« an Seitentrieben oder an nicht ganz so wertvollen Pflanzen sind gerade vor drastischen Eingriffen empfehlenswert.

So bringen Sie Blattpflanzen in Form

Topfgehölze und Kübelpflanzen mit dichtem, kräftig grünem Blattwerk wie Buchs oder Lorbeerbaum wirken zwar auch ohne strengen Schnitt charmant. Doch die Möglichkeit, sie mit der Schere in sehr gleichmäßige, fast geometrische oder kunstvolle Formen zu trimmen, hat ihren ganz besonderen Reiz. Auch Brautmyrte, Efeu und Topfgehölze wie Liguster, Eibe oder Stechpalme kommen für den Formschnitt infrage.
Beginnen Sie mit dem Formschnitt möglichst schon an noch jungen Gehölzen. Am besten geht das mit einer Art Schablone, die je nach gewünschter Form (z. B. Kugel, Kegel oder Pyramide) aus kräftigem Draht zurechtgebogen oder z. B. aus zeltartig zusammengebundenen Stäben in Kombination mit Drahtringen, die nach oben hin immer schmäler werden, geformt wird. Stülpen Sie das »Schnittmuster« dann den Pflanzen über bzw. stecken Sie es in den Topf. Alle Triebe, die aus der so markierten Form seitlich und oben herauswachsen, müssen nun immer wieder zurückgestutzt werden.
Junge Pflanzen sollten Sie zunächst noch etwas stärker einkürzen, damit sie sich auch dicht verzweigen. Dann kommt – je nach Wüchsigkeit der Pflanze – die Schere ein- bis dreimal im Jahr zum Einsatz.
Schneiden können Sie vom März bis zum August, wobei die Hauptschnittzeit jedoch im Mai/Juni liegt.

1. Der erste Schritt zum Hochstämmchen

Für erste Versuche mit dieser Schnitterziehung eignen sich z. B. Enzianbaum, Fuchsie, Roseneibisch und Wandelröschen recht gut. Wählen Sie von vornherein eine kräftige Jungpflanze, die schon einen gut ausgebildeten, gerade gewachsenen Haupttrieb hat. Schneiden Sie zunächst immer wieder die Seitentriebe direkt (ohne Stummel) am künftigen Stamm weg, bis die Pflanze die gewünschte Höhe erreicht hat. Lassen Sie jedoch anfangs Blätter, die am Hauptspross austreiben, stehen, bis sich oben ein guter Kronenansatz entwickelt hat. Binden Sie das Stämmchen locker an einen Stützstab an.

2. Die Spitze wird gekappt

Sobald sich in gewünschter Höhe (zwischen 60–140 cm) einige Blattpaare und wenigstens 5 rundum gut verteilte Seitenknospen oder -triebe gebildet haben, entfernen Sie die darüberstehende Spitze mit sauberem, leicht schräg geführtem Schnitt kurz oberhalb einer Seitenknospe. Die obersten Seitentriebe sollen sich dann zum Grundstock einer ansehnlichen Krone entwickeln.

Düngen Sie bis dahin besonders zurückhaltend und im Jahreslauf nur bis Ende Juli, damit der Stamm bis zum Herbst gut verholzen kann. Die anfänglichen Formierungsschnitte können Sie von April bis Juli durchführen, den Schnitt älterer Kronen am besten im Frühling.

3. So erhalten Sie eine schöne Krone

Wenn die Seitentriebe 2–3 Blattpaare ausgebildet haben, sollten auch sie gestutzt werden, damit sie sich gut verzweigen. Schneiden Sie zu diesem Zweck die Spitzen immer wieder ab, wobei die Triebe natürlich zunehmend etwas länger werden dürfen. Je nach Art können Sie durch das Schneiden auch die typische Wuchsform – eher hängend und nach unten weisend oder aufstrebend – betonen, indem Sie anders ausgerichtete Zweige entfernen oder einkürzen. Schneiden Sie auch neue Seitentriebe, die noch aus dem Stamm wachsen, frühzeitig weg.

So schneiden Sie Ihre Kübelpflanzen

Ein regelmäßiger Schnitt hält Kübelpflanzen und Topfgehölze in Form und verhindert, dass sie vorzeitig »vergreisen«. Bedingt durch das unterschiedliche Wuchs- und Austriebsverhalten, gibt es eine Reihe verschiedener Schnittmethoden. Manche Kübelpflanzen werden z. B. schon im Herbst kräftig zurückgeschnitten, falls man sie dunkel überwintern kann. Frühlings- und Frühsommerblüher, z. B. Zierkirschen, dagegen schneidet man am besten erst nach der Blüte.
Gehen Sie im Zweifelsfall ganz behutsam vor, um die Auswirkung Ihrer Eingriffe zu beobachten. Achten Sie vor allem darauf, wo die Pflanze ihre neuen Triebe anlegt und an welchen Sprossen hauptsächlich Blüten entstehen.

 *Das benötigen Sie*

- Gartenschere
- Astsäge
- scharfes Messer zum Nachscheiden unschöner Ränder
- Wundverschlussmittel

 *Diese Zeit brauchen Sie*

10–20 Minuten je Pflanze

 *Der richtige Zeitpunkt*

meist im zeitigen Frühling (Februar/März)

vor dem Einräumen im Herbst schon leichter Rückschnitt möglich

Hauptschnitt bei langtriebigen Pflanzen bevorzugt im Herbst

Gute Schnitttechnik schont die Pflanzen

Schneiden Sie grundsätzlich so, dass die verbleibenden Teile nicht mehr als unbedingt nötig verletzt werden. Verwenden Sie nur sauberes, gut geschärftes Werkzeug, mit dem Sie auch kräftigere Triebe ohne Quetschung oder Splittern der Ränder sauber durchschneiden können. Hier lohnt sich eine gute Gartenschere, die so etwas mit geringem Kraftaufwand erlaubt.
Suchen Sie beim Einkürzen von Trieben eine passende Stelle kurz über einer Knospe. Die sollte möglichst nach außen oder wenigstens seitlich weisen, damit ein daraus entstehender Seitentrieb in die gewünschte Richtung wächst. Setzen Sie die Schere etwa 0,5–1 cm über der Knospe an.
Günstig ist ein leicht schräg geführter Schnitt, sodass die Schnittfläche auf der der Knospe gegenüber liegenden Seite etwas tiefer endet. Stehen jedoch zu beiden Seiten Knospen auf gleicher Höhe, schneidet man gerade.
Sollen Haupttriebe entfernt werden, schneidet man sie möglichst weit unten heraus oder entfernt sie bis zu einem günstig stehenden Seitenzweig. Setzen Sie hierbei und beim Wegschnitt von Seitentrieben die Schere direkt an der Verzweigungsstelle an. Vom weggeschnittenen Trieb bleibt dann gerade noch eine dünne »Scheibe« übrig, keinesfalls ein Stummel.

Expertentipp

Für starke, spröde oder sehr zähe Äste bietet sich statt der Gartenschere besser eine kleine Astsäge an.

Auslichten, wie und wann?

Unter Auslichten versteht man das Entfernen abgestorbener, überalterter, schwacher, ungünstig oder zu dicht stehender Seiten- und Haupttriebe. Das kann je nach Pflanze jährlich oder auch nur alle paar Jahre nötig werden.
Bei jungen Kübelpflanzen und Topfgehölzen beschränkt sich das Auslichten meist auf wenige Triebe, bei älteren Exemplaren müssen Sie ab und zu schon stärker »durchforsten«. Doch Vorsicht, schneiden Sie nicht allzu viele Triebe nur »auf Verdacht« heraus – mancher hat sich so aus Versehen schon der meisten Blütentriebe beraubt. Je nach Art erfolgt der Blütenansatz und Zuwachs an den vorjährigen, diesjährigen oder auch an etwas älteren, mehrjährigen Trieben. Beobachten Sie Ihre Schnittkandidaten daraufhin genau, ehe Sie in stärkerem Maße auslichten.

Wie stark zurückschneiden?

Durch den Rückschnitt, also das mehr oder weniger gleichmäßige Einkürzen aller Triebe, fördern Sie die Verzweigung, den harmonischen Wuchs und die Bildung neuer Blütentriebe. Ein starker Rückschnitt um mindestens ein Drittel ist dann angebracht, wenn junge Pflanzen mit wenigen Seitenzweigen staksig wachsen oder bei älteren Gehölzen die Bildung von Blütentrieben nachlässt. Wenn aber die neuen Sprosse, wie etwa beim Oleander, nur oder hauptsächlich aus der Basis treiben, sollten Sie sich weitgehend auf das Auslichten beschränken.

Langtriebige Arten stutzen

Langtriebige und kletternde Arten werden meist schon im Herbst weitgehend zurückgeschnitten, weil es das Einräumen erleichtert. Zusätzlich kann das gezielte Stutzen einzelner Triebe verhindern, dass sich die Blühzone immer weiter nach außen verschiebt und das Pflanzeninnere verkahlt. Beim Enzianbaum etwa und bei Jasmin-Arten (nicht jedoch beim Winterjasmin) empfiehlt es sich, im Frühling die letztjährigen Triebe auf 2–4 Knospen einzukürzen, bei Fuchsien dagegen bereits im Herbst. Kürzen Sie bei Bougainvilleen vor allem überlange und schwach beblätterte Triebe um etwa zwei Drittel ein. Ein gelegentlicher Rückschnitt aller Triebe um gut ein Drittel fördert harmonischen Wuchs. Bei Passionsblumen stutzt man bevorzugt die älteren Triebe auf 4 Blätter zurück.

Was tun, wenn der Winter naht?

Wenn sich der Flor der letzten Sommerblumen allmählich verabschiedet, beginnt für mehrjährige Kübel- und Topfpflanzen die kritische Zeit. Erste Nachtfröste können je nach Region und Jahr schon gegen Ende September oder aber erst im November auftreten.

Empfindliche Gewächse und noch junge, zarte Pflanzen sollten Sie unbedingt schon vor den ersten Nachtfrösten an ihren Überwinterungsort bringen. Mit älteren Exemplaren robuster Kübelpflanzenarten, z. B. Lorbeerbaum, Feige oder Aukube, können Sie sich noch ein wenig Zeit lassen. Doch auch sie müssen vor den ersten stärkeren Frösten drinnen gut untergebracht sein.

Düngen Sie sämtliche Überwinterungskandidaten ab Anfang August nicht mehr, damit alle neu gebildeten Triebe gut ausgereift in den Winter gehen. Andernfalls bleibt das Gewebe zu weich und ist dann besonders empfindlich gegen Kälte, Krankheiten und Schädlinge.

Die mehr oder weniger winterharten Pflanzen, die draußen recht gut über die Runden kommen, verlangen im Spätwinter und zeitigen Frühling besondere Aufmerksamkeit: Bei warmem Wetter werden sie eventuell zum vorzeitigen Knospen, Blatt- oder Blütenaustrieb angeregt. Folgt dann nochmals eine frostige Phase, sollten Sie die Pflanzen möglichst abdecken.

So kommen robuste Pflanzen draußen heil über den Winter

Topfgehölze und -stauden, die sonst auch frei ausgepflanzt in Gärten wachsen, können Sie über Winter meist draußen lassen. Allerdings sind manche Arten und Sorten bei Gefäßhaltung etwas empfindlicher und werden dann besser drinnen kühl und hell überwintert, besonders in rauen Lagen. Fragen Sie im Zweifelsfall schon beim Pflanzenkauf nach. Voraussetzung für die Überwinterung im Freien sind frostfeste und genügend große Gefäße, in denen die Wurzeln ausreichend von schützender Erde umgeben sind. Rücken Sie die Pflanzen im Herbst an einen geschützten Platz nahe der Hauswand. Wird es dann richtig frostig, muss vor allem der Wurzelballen geschützt werden. Legen Sie dicke Styroporplatten oder Bretter unter das Gefäß und umhüllen Sie es mit alten Wolldecken, Sackleinen, Jutestoff, Noppenfolie, Kokosübertöpfen oder -matten.

Decken Sie bei starken Frösten am besten auch noch die Substratoberfläche mit Laub und Fichtenzweigen, Kokosmaterial oder Zeitungen und Pappe ab. Die Triebe empfindlicher Pflanzen können Sie zusätzlich mit luftdurchlässigen Materialien, z. B. Leintücher oder Abdeckvlies, einhüllen. Vor allem immergrüne Pflanzen müssen an frostfreien Tagen gelegentlich gegossen werden, da sie auch im Winter Wasser verdunsten. Sie sollten im Spätwinter nicht allzu viel direkte Sonne abbekommen.

Wann müssen Kübelpflanzen eingeräumt werden?

Gut entwickelte Oleander oder Olivenbäumchen verkraften kurzzeitig Temperaturen um 0 °C, Lorbeer oder Hanfpalme sogar ein paar Minusgrade. Diese Arten räume ich meist »auf den letzten Drücker« ein, um die schwierige Zeit im Winterquartier möglichst kurz zu halten. Ganz anders dagegen jedoch bei zarten, oft tropischen oder subtropischen Schönheiten wie Roseneibisch, Schönmalve oder Kamelie: Die nehme ich schon nach drinnen, wenn die Nachttemperaturen immer häufiger unter 10 °C fallen. Bringen Sie die Pflanzen nie mit nassem Ballen ins Winterquartier, und untersuchen Sie sie vorher gründlich auf Schädlinge und Krankheiten.

Machen Sie sich den Transport leichter

Häufig empfiehlt es sich, große Kübelpflanzen schon vor dem Einräumen leicht zurückzuschneiden. Ausladende Pflanzen lassen sich besser transportieren, wenn Sie sie locker zusammenbinden. Bei kräftigen bestachelten oder bedornten Trieben können Sie um die Pflanze auch eine Decke oder einen Sack binden. Nutzen Sie für schwere Kübel Transporthilfen wie Sackkarre, Kübelroller oder Gurte mit Tragbügeln.

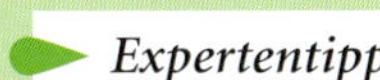

Expertentipp

Stecken Sie bei Agaven vor dem Einräumen ins Winterquartier Korken auf die gefährlichen Spitzen.

So überwintern Sie Ihre Pelargonien

Manche Balkonblumen sind eigentlich mehrjährig und können drinnen überwintert werden. Am häufigsten praktiziert man das bei Pelargonien, die einen hellen, kühlen Winterplatz brauchen. Bringen Sie die Pflanzen vor den ersten Frösten mit nicht allzu feuchtem Ballen ins Haus, nachdem Sie vorher alle welken Blätter und letzte Blüten entfernt haben. Hängepelargonien werden etwa um die Hälfte eingekürzt. Schneiden Sie dann im Februar die Triebe auf 3–4 Augen (Knospen) zurück und topfen Sie die Pflanzen im März neu ein.

Die richtige Pflege im Winterquartier

Wenn Sie für Ihre Balkon- und Kübelpflanzen einen passenden Winterplatz gefunden haben, gibt es bis zum Frühling kaum etwas zu tun. Die Pflanzen legen eine Ruhephase ein und reduzieren ihre Lebensvorgänge auf das Allernötigste. Bei manchen entspricht das ihrem natürlichen Rhythmus, für andere – etwa Immergrüne aus den Tropen – bedeutet das eher eine Zwangspause, die mit besonders viel Fingerspitzengefühl überbrückt werden muss.
Sehr wichtig ist bei allen überwinternden Balkon- und Kübelpflanzen das regelmäßige Nachsehen, zumal sie oftmals an einem weniger frequentierten Ort untergebracht sind. Es kann nicht schaden, wenn Sie sich zwei Tage in der Woche als »Fixtermine« für die Kontrolle vormerken.
Manche Gärtnereien bieten einen Überwinterungsservice für Kübelpflanzen an – sicher keine schlechte Lösung, gerade wenn sich beim ersten Versuch zeigt, dass der von Ihnen gewählte Winterort Ihrer Pflanze nicht bekommt, oder wenn Sie besonders empfindliche Arten ausgewählt haben.

So bringen Sie Ihre Balkon- und Kübelpflanzen richtig unter

In den Pflanzenporträts ab Seite 432 können Sie die jeweiligen Überwinterungsansprüche der einzelnen Arten nachlesen. Sie werden darunter manche finden, die sich dunkel oder relativ warm unterbringen lassen. Doch die Mehrzahl braucht es hell und frostfrei, dazu aber relativ kühl bei einer Temperatur von 4–8 °C.
Das kann einem schon Kopfzerbrechen bereiten. Denn längst nicht jeder verfügt über einen kaum beheizten, gut belichteten Wirtschafts-, Hobby- oder Abstellraum oder gar einen Wintergarten. Da bleiben oft nur Flur oder Treppenhaus. Hier allerdings ist es oftmals recht zugig, was den Pflanzen natürlich auch nicht bekommt. Vielleicht findet sich aber auch ein passender Platz in einer Remise, Garage oder einem Kellerraum. Schlecht isolierte Räume lassen sich notfalls mit einem Elektro-Heizöfchen o. Ä. frostfrei halten. Stellen Sie die Wärmequelle jedoch nicht direkt neben den Pflanzen auf.
Im Allgemeinen gilt: Je weniger Licht, desto kühler sollte es sein – natürlich jeweils innerhalb der in den Pflanzenporträts angegebenen Temperaturspanne.

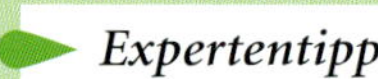
Expertentipp

Lüften Sie die Überwinterungsräume Ihrer Pflanzen an frostfreien und relativ milden Tagen.

Kontrollieren Sie die Feuchtigkeit

Das Gießen im Winterquartier ist eine heikle Sache: Schon ein wenig zu viel des Guten kann Unheil anrichten, völlig austrocknen darf die Erde jedoch auch nicht. Überprüfen Sie das regelmäßig, indem Sie mit dem Finger unter die oberste Substratschicht greifen: Dort sollte es nur ganz leicht feucht sein.
Immergrüne, die ihre Blätter behalten, brauchen etwas mehr Wasser. Bei Laubabwerfenden, die dunkel und sehr kühl stehen, gieße ich dagegen teils den Winter über gar nicht. Geben Sie aber im Zweifelsfall lieber ein klein wenig Wasser – dies erst recht, sobald sich zum Winterende erstes Leben regt.

Entfernen Sie welkes Laub

Beseitigen Sie regelmäßig welke oder abgefallene Blätter, sie könnten zu Infektionsquellen für Krankheiten werden. Fuchsien, Bougainvilleen und einige andere Kübelpflanzen lassen bei zu dunkler Überwinterung nach und nach ihr Laub fallen – kein Grund zur Besorgnis, sie legen eine Ruhepause ein. Versuchen Sie keinesfalls, durch mehr Gießen gegenzusteuern!

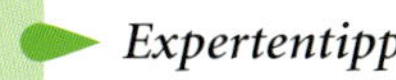

Expertentipp

Gegen Winterende erscheinen manchmal lange, sehr dünne, gelbblättrige »Lichtmangel«-Triebe, die Sie ebenfalls entfernen sollten.

Wann ist die Winterruhe zu Ende?

Die meisten Kübelpflanzen müssen bis zum nächsten Frischluftaufenthalt bis Mitte Mai warten; nur robustere Arten dürfen schon etwas früher ins Freie. Doch die eigentliche Winterruhe endet oft schon im Februar oder März, denn nun ist Umtopfen und Schneiden angesagt. Stellen Sie danach die Pflanzen möglichst ein paar Grad wärmer und vor allem heller auf. Ab April können Sie die Pflanzen abhärten (Seite 237). Bringen Sie beim Ausräumen auch sonnenliebende Pflanzen die ersten 1–2 Wochen zunächst an einen halbschattigen Platz.

Arbeitskalender

Allgemeine Gartenarbeiten

- Vor Frostnächten Winterschutzabdeckungen (Reisig, Laub) bei empfindlichen Pflanzen kontrollieren, wenn nötig erneuern oder vorübergehend Vlies oder Jutesäcke auflegen. ► ***siehe Seite 75***
- Gartenwerkzeug und -geräte überprüfen, falls nötig zur Wartung oder Reparatur geben. ► ***siehe Seite 78/79***
- Zubehör (z. B. Saatschalen, Etiketten, Gartenschnur) ergänzen. ► ***siehe Seite 23***
- Bei Bedarf Bodenuntersuchung durchführen lassen. ► ***siehe Seite 14/15***
- Neue Vogelnistkästen anbringen und alte säubern, am besten noch im Februar. ► ***siehe Seite 76***
- Bei allen Arbeiten nach Schneckeneiern (kleine weiße Knäuel) Ausschau halten und diese vernichten. ► ***siehe Seite 129***
- Noch fehlendes Saat- und Pflanzgut besorgen bzw. bestellen.
- Im März Gehölze, Stauden sowie überwinterte Zweijahresblumen und Gemüse düngen. ► ***siehe Seite 50/51, 108/109***

Arbeiten im Ziergarten

- Bei frostfreiem, trockenem Wetter Beete und Rabatten für Neupflanzungen vorbereiten, Unkrautwurzeln gründlich entfernen, einebnen. ► ***siehe Seite 20/21***
- Eisfreihalter am Teich kontrollieren. ► ***siehe Seite 187***
- Ab Ende Februar/März einjährige Sommerblumen vorziehen. ► ***siehe Seite 28/29***
- Sommer- und herbstblühende Sträucher schneiden. ► ***siehe Seite 64/65***
- Im März letzte Stauden zurückschneiden, Abgestorbenes entfernen, ältere Stauden teilen. ► ***siehe Seite 66***
- Rosen abhäufeln und zurückschneiden. ► ***siehe Seite 58***
- Stauden und zweijährige Blumen pflanzen. ► ***siehe Seite 38/39***

Februar / März

Arbeiten im Nutzgarten

- Bei frostfreiem, trockenem Wetter die ersten Beete mit Hacke, Kultivator und Rechen saatfertig machen, Unkrautwurzeln entfernen. ► *siehe Seite 20/21*
- An frostfreien Tagen Johannisbeeren und andere Obstgehölze auslichten. ► *siehe Seite 123*
- Wenn im Herbst nicht schon erledigt, tiefgründige Bodenlockerung (umgraben oder mit Grabegabel) nachholen. ► *siehe Seite 16*
- Ab Ende Februar/März Gemüse und Kräuter vorziehen. ► *siehe Seite 28/29 und 96/97*
- Im März Steckzwiebeln, Kohl und Kohlrabi pflanzen, Salate am besten im Gewächshaus oder mit Folienschutz.
- Erste Freilandsaaten möglich (z. B. Erbsen, Kresse, Möhren, Radieschen, Rettich, Rübstiel). ► *siehe Seite 30/31*
- Ab März Beerensträucher pflanzen. ► *siehe Seite 122*

Arbeiten auf Balkon und Terrasse

- Drinnen überwinternde Balkon- und Kübelpflanzen regelmäßig auf Feuchtigkeit, Schädlinge und Krankheiten kontrollieren. ► *siehe Seite 256/257*
- Frostschutz draußen überprüfen und wenn nötig verstärken (z. B. Topfisolierung). ► *siehe Seite 254*
- Daußen überwinternde Immergrüne nach Frostperioden gießen.
- Töpfe und Kübel für die Terrasse mit Frühlingsblühern bepflanzen. ► *siehe Seite 408–411*
- Sommerblumen, Gemüse und Kräuter vorziehen. ► *siehe Seite 228–231*
- Kübelpflanzen ab März etwas wärmer stellen. ► *siehe Seite 257*
- Letzte Kübelpflanzen und Topfgehölze zurückschneiden und umtopfen. ► *siehe Seite 218/219 und 252/253*
- Pflanzgefäße reinigen, bei Bedarf neue kaufen. ► *siehe Seite 208/209 und 246*

Arbeitskalender

Allgemeine Gartenarbeiten

- Dicke Winterschutzpackungen entfernen, aber für frostempfindliche Pflanzen bis Mitte Mai Abdeckmaterial (Reisig, Vlies, Säcke) bereithalten. ► *siehe Seite 75*
- Auf Schnecken und erste Anzeichen von sonstigem Schädlingsbefall achten, Schneckeneier und Schnecken aufsammeln. ► *siehe Seite 129*
- Bereits die ersten Unkräuter regelmäßig und gründlich jäten, zwischen Beetreihen lockern. ► *siehe Seite 16/17*
- Bei Wärme und Trockenheit wässern. ► *siehe Seite 50/51*
- Saaten und junge Pflanzen feucht halten, mit Netzen vor Vögeln schützen.
- Rasen erstmals mähen, sofern es nicht noch zu feucht ist. Im Mai düngen und wenn nötig vertikutieren. ► *siehe Seite 52/53*
- Im Mai ist die optimale Zeit für eine Rasenneuanlage. Die Flächen werden schon im April vorbereitet. ► *siehe Seite 32/33*

Arbeiten im Ziergarten

- Besonders robuste Sommerblumen wie Ringelblumen und Kornblumen können Sie ab April direkt ins Beet säen. ► *siehe Seite 30/31*
- Ab April neue Stauden pflanzen, ältere Exemplare teilen. ► *siehe Seite 66*
- Teichfilter überprüfen und Wasserstand einregulieren. ► *siehe Seite 192/193*
- Nach Mitte Mai können die meisten Sommerblumen gepflanzt werden, möglichst vorher abhärten. ► *siehe Seite 237*
- Die Pflanzzeit für wurzelnackte Ziergehölze geht zu Ende.
- Plätze einziehender Zwiebelblumen merken oder markieren, um spätere Beschädigungen zu vermeiden.
- Ab Mitte Mai Knollen von Dahlien, Gladiolen, Begonien und Blumenrohr (*Canna*) pflanzen. ► *siehe Seite 36/37*
- Ab 12 °C Wassertemperatur dürfen Teichfische gefüttert werden.

April / Mai

Arbeiten im Nutzgarten

- Frostempfindliche Obstgehölze wie Kiwi und Wein pflanzen. ► *siehe Seite 338/339*
- Gemüse (Sommer- und Herbstsorten, Fruchtgemüse) rechtzeitig vorziehen oder nach Pflanzen umsehen. ► *siehe Seite 96/97*
- Robuste Gemüse und Kräuter ab April ins Beet säen.
- Folgesaaten von Salat, Radieschen, Möhren u. a. durchführen.
- Gemüse und Kräuter pflanzen, die meisten schon ab April. ► *siehe Seite 114/115 und 116*
- Jungpflanzen von Tomaten, Gurken und anderen Fruchtgemüsen allmählich abhärten, erst nach den »Eisheiligen« (Mitte Mai) pflanzen oder direkt ins Freie säen. ► *siehe Seite 30/31*
- Aufgegangene Saaten auf nötigen Endabstand ausdünnen.
- Saaten mit Netzen vor Vögeln schützen, Kulturschutznetze gegen Insekten auflegen. ► *siehe Seite 129*
- Mulchdecken unter Obstbäumen vor dem Blühbeginn entfernen.

Arbeiten auf Balkon und Terrasse

- Weiterhin Sommerblumen, Gemüse und Kräuter vorziehen.
- Sämlinge pikieren. ► *siehe Seite 231*
- Vorgezogene Jungpflanzen entspitzen. ► *siehe Seite 236/237*
- Düngung bei Kübelpflanzen beginnen. ► *siehe Seite 242/243*
- An warmen Tagen die Pflanzen draußen abhärten. ► *siehe Seite 237*
- Ab Mai Balkonblumen kaufen. ► *siehe Seite 210/211*
- Blumenkästen bepflanzen. ► *siehe Seite 212–215*
- Nach Mitte Mai Kästen und Kübel nach draußen stellen, sofern die Witterung mitmacht. ► *siehe Seite 237*
- Mit besonders empfindlichen Arten besser bis Ende Mai warten.
- Vor drohenden Spätfrösten Abdeckvlies auf die Pflanzen auflegen.
- Stecklinge von Strauchmargerite, Schönmalve, Roseneibisch, Feige und Wandelröschen bewurzeln. ► *siehe Seite 232/233*

Arbeitskalender

Allgemeine Gartenarbeiten

- Wenn gegen Anfang Juni die größte Schneckengefahr vorbei ist, freie Beetflächen und Boden unter Gehölzen mulchen. ► *siehe Seite 17*
- Rasen kann im Juni noch gut angelegt oder nachgesät werden, sofern es nicht zu heiß und trocken ist.
- Regelmäßig gießen, jäten und hacken bzw. Mulchschichten erneuern – dies besonders gründlich, wenn eine Urlaubsreise bevorsteht. ► *siehe Seite 17, 50/51*
- Stets auf erste Anzeichen von Schädlingen und Krankheiten achten, diese frühzeitig mit geeigneten Methoden bekämpfen. ► *siehe Seite 70–73*
- Mitte Juli Blumenwiese mähen.
- Rasen kann im Juli nochmals gedüngt werden.
- Bei großer Hitze und hohen Ozonwerten schwere Gartenarbeiten ruhen lassen – nichts ist so dringend, dass man Sonnenbrand oder Kreislaufprobleme riskieren muss.

Arbeiten im Ziergarten

- Bei Bedarf Sommerblumen und Stauden (Containerpflanzen) nachpflanzen.
- Zweijährige Sommerblumen, wie z. B. Stiefmütterchen oder Tausendschön, vorziehen, bis Anfang/Mitte Juli.
- Direkt aufs Beet gesäte Einjahresblumen ausdünnen (auf mindestens 15–20 cm Abstand, je nach Größe).
- Verblühte und kranke Pflanzenteile regelmäßig entfernen.
- Hohe Stauden und Sommerblumen wenn nötig aufbinden oder stützen. ► *siehe Seite 54/55*
- Im Juli verblühte Stauden zurückschneiden. ► *siehe Seite 62*
- Bis in den Herbst blühende Sommerblumen nochmals düngen.
- Am Teich regelmäßig Algen und ggf. Wasserlinsen entfernen. ► *siehe Seite 198*
- Bei Teichwassertemperaturen über 22 °C Sauerstoff zuführen. ► *siehe Seite 195*

Juni / Juli

Arbeiten im Nutzgarten

- Kohl, Salat und Lauch pflanzen. ► *siehe Seite 112–115*
- Herbst- und Wintergemüse säen, ab Juni oder Juli (je nach Art) pflanzen.
- Saatreihen auf optimale Abstände ausdünnen; angewachsene, etwa 10–20 cm hohe Kohl-, Lauch- und Tomatenpflanzen sowie Erbsen anhäufeln. ► *siehe Seite 115*
- Stabtomaten immer wieder aufbinden und ausgeizen (Achseltriebe ausbrechen). ► *siehe Seite 111*
- Gemüse mit hohem Nährstoffbedarf wie Kohl und Tomaten nochmals düngen. ► *siehe Seite 108/109, 111*
- Reifes Gemüse ernten, letzten Rhabarber bis zum 24. Juni; Kräuter zum Trocknen schneiden. ► *siehe Seite 134/135*
- Obstgehölze bei Trockenheit wässern, sehr dichten Fruchtbehang nach dem natürlichen Fruchtfall im Juni etwas ausdünnen.

Arbeiten auf Balkon und Terrasse

- Düngung bei Balkonblumen beginnen. ► *siehe Seite 242/243*
- Regelmäßig gießen. ► *siehe Seite 240/241*
- Regelmäßig Verblühtes ausschneiden. ► *siehe Seite 244/245*
- Kletterpflanzen aufleiten, große Pflanzen stützen. ► *siehe Seite 245*
- Regelmäßig verkrustete Topferde auflockern. ► *siehe Seite 245*
- Zweijährige, wie Tausendschön und Stiefmütterchen, vorziehen.
- Frühjahrskästen ausräumen, wenn die Pflanzen verblüht sind.
- Je nach Wetterlage die Pflanzen vor sengender Sonne (Markisen o. Ä.) oder Dauerregen (Folienüberspannung) schützen.
- Vor dem Urlaub Gießvertretung (Freunde, Nachbarn, automatische Bewässerung) abklären. Die Pflanzen an einen schattigen Platz rücken. ► *siehe Seite 240*
- Ab Juli Stecklinge von Oleander, Kamelie, Enzianbaum und Hortensie schneiden und bewurzeln. ► *siehe Seite 232/233*

Arbeitskalender

Allgemeine Gartenarbeiten

- Auf frei gewordenen Flächen Gründüngung einsäen. ► *siehe Seite 98/99*
- Regelmäßig gießen, jäten, hacken, mulchen sowie auf Schädlinge und Krankheiten achten, besonders gründlich vor einer geplanten Urlaubsreise. ► *siehe Seite 17 und 50/51*
- Bei großer Hitze und hohen Ozonwerten schwere Gartenarbeiten vermeiden – und den Garten an schattigen Plätzen genießen.
- Ab Ende August bis etwa Mitte September kann Rasen eingesät werden, sofern es nicht noch zu trocken und heiß ist.
- Ab etwa Mitte September zurückhaltender gießen, nur bei Neupflanzungen und längerer Trockenheit häufiger wässern.
- Blumenwiese wenn nötig im September nochmals mähen.

Arbeiten im Ziergarten

- Verblühtes regelmäßig entfernen, verblühte Stauden zurückschneiden. ► *siehe Seite 62*
- Frühlingsblühende Stauden teilen und verpflanzen.
- Im August Zwiebeln von Narzissen, Kaiserkrone, Märzenbecher, und Madonnenlilie stecken. ► *siehe Seite 36/37*
- Ab Mitte August Gehölze und Kübelpflanzen nicht mehr düngen.
- Im September Stauden, zweijährige Sommerblumen und Zwiebelblumen (außer Tulpen und Hyazinthen) pflanzen.
- Samen von Sommerblumen ernten. ► *siehe Seite 67*
- Ab September immergrüne Gehölze pflanzen.
- Wuchernde Seerosenblätter an der Basis abschneiden.

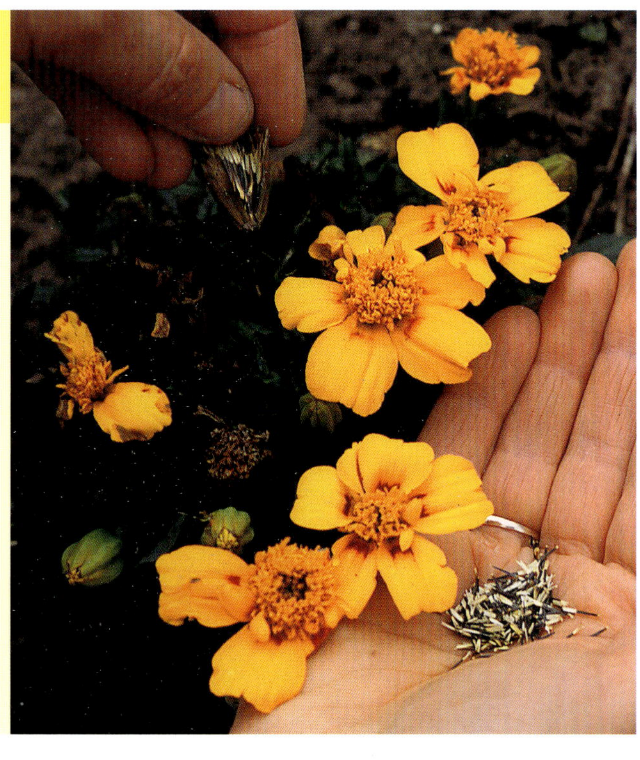

August / September

Arbeiten im Nutzgarten

- Radieschen, Rettich, Rukolasalat, Asiasalate und Kresse können noch bis September gesät werden; ab August Aussaat von Feldsalat und Spinat, ab September Winterportulak.
- Kohlrabi und Winterlauch bis etwa Mitte August setzen.
- Erdbeeren bei Trockenheit gründlich gießen, das fördert die Blütenanlage; neue Pflanzen setzen. ➸ *siehe Seite 124/125*
- Stabtomaten aufbinden, ausgeizen, Spitze des Haupttriebs kappen; Tomatenreife an kühlen Septembertagen mit Plastikhauben fördern und sichern. ➸ *siehe Seite 111*
- Reife Äpfel und Birnen sowie Stein- und Beerenobst pflücken; schwer mit Früchten behangene Zweige stützen.
- Mehrjährige Kräuter teilen und verpflanzen. ➸ *siehe Seite 117*
- Abgeerntete Steinobstbäume und Beerensträucher auslichten.

Arbeiten auf Balkon und Terrasse

- Ab Anfang August bei allen Überwinterungskandidaten die Düngung einstellen, damit die Triebe ausreifen können.
- Balkonblumen weiterhin gießen, düngen und ausputzen. ➸ *siehe Seite 244/245*
- Kletterpflanzen weiter aufleiten und große Pflanzen stützen. ➸ *siehe Seite 245*
- Je nach Wetter Pflanzen vor sengender Sonne oder Dauerregen schützen.
- Im August Stecklinge von Pelargonien, Engelstrompete, Oleander, Zylinderputzer und Bleiwurz schneiden und bewurzeln. ➸ *siehe Seite 232/233*
- Evtl. in Kästen entstandene Lücken durch Spätblüher ersetzen. ➸ *siehe Seite 428/429*
- Erste verblühte Kästen räumen und am besten gleich gründlich sauber machen. ➸ *siehe Seite 246*

Arbeitskalender

Allgemeine Gartenarbeiten

- Gegen Mitte Oktober zum letzten Mal den Rasen schneiden.
- Im Sommer aufgesetzten Kompost nochmals umschichten.
  ► *siehe Seite 19*
- Winterschutzmaterial (z. B. Laub, Fichtenreisig) bereithalten.
  ► *siehe Seite 74/75*
- Neue Pflanzflächen fürs nächste Jahr vorbereiten.
- Bei Bodenbearbeitung und beim Kompostumsetzen Schneckeneier (helle Knäuel) entfernen.
- Vogelnistkästen aufhängen, alte Kästen reinigen.
  ► *siehe Seite 76*
- Vor den ersten Frösten Wasser draußen abstellen, Hähne aufgedreht lassen, isolieren.
- Im Garten und Schuppen aufräumen, im November Geräte reinigen und einwintern. ► *siehe Seite 78/79*
- Verbliebenes Saatgut sortieren, mit Datum versehen, kühl und trocken verwahren. ► *siehe Seite 228/229*

Arbeiten im Ziergarten

- Stauden nach der Blüte zurückschneiden und teilen; hübsche Fruchtstände, Wildstauden und Gräser bis zum Frühling ungeschnitten lassen.
- Stiefmütterchen und Vergissmeinnicht können noch gepflanzt werden, andere Zweijährige besser geschützt überwintern.
- Zwiebeln von Frühlingsblühern vor den ersten Frösten stecken.
  ► *siehe Seite 36/37*
- Dahlien-, Gladiolen- und Begonienknollen sowie Blumenrohr (*Canna*) bei Frostbeginn ausgraben und drinnen überwintern.
  ► *siehe Seite 75*
- Letzte Sommerblumenbeete räumen, sobald die Spätblüher verblüht sind; bei trockenem Wetter den Boden tiefgründig lockern.
- Herbstlaub regelmäßig vom Rasen und vom Teich entfernen.
- Wasserspiele, -pumpen und -filter aus dem Teich ausbauen.

Oktober / November

Arbeiten im Nutzgarten

- Tomaten und andere Fruchtgemüse vor den ersten Frösten ernten; andere reife Gemüse ernten; sollten sie durch frühen Frosteinbruch gefroren sein, mit dem Ernten warten, bis sie wieder aufgetaut sind.
- Bei Gemüse, das noch draußen bleibt, vor Frostnächten Folie oder Vlies auflegen, bei starken Frösten Wurzelbereich mit Laub schützen. ► *siehe Seite 118/119*
- Sichere Saaten nur noch unter Glas möglich, z. B. Radieschen, Rettich, Kopfsalat, Winterportulak.
- Geräumte Beete bearbeiten; stark verunkrautete Beete mit schwarzer Mulchfolie überziehen.
- Obstbäume an der Sonnenseite mit Weißanstrich versehen, um Rindenschäden vorzubeugen. ► *siehe Seite 121*
- Gewächshausscheiben putzen, das verbessert den im Winter so wichtigen Lichteinfall.

Arbeiten auf Balkon und Terrasse

- Verblühte Kästen ausräumen und gleich sauber machen. ► *siehe Seite 246*
- Herbst- und Winterbepflanzung vornehmen. ► *siehe Seite 428–431*
- Im Oktober Zwiebelblumen in Kübel und Kästen pflanzen.
- Empfindliche mehrjährige Pflanzen vor den ersten Frösten einräumen, dann nach und nach – je nach Frostverträglichkeit – alle weiteren Kübelpflanzen. ► *siehe Seite 254/255*
- Draußen überwinternde Pflanzen mit Schutz versehen. ► *siehe Seite 254*
- Vor den ersten Frösten draußen installierte Wasserleitungen frostfest machen.
- Immergrüne bei Trockenheit wässern. ► *siehe Seite 254*

Arbeitskalender

Allgemeine Gartenarbeiten

- Im Garten und Schuppen aufräumen, Werkzeug und Geräte pflegen; überprüfen, ob Neuanschaffungen oder größere Wartungsarbeiten (z. B. bei Rasenmäher, Häcksler) nötig sind. ► *siehe Seite 78/79*
- In Gartenbüchern und -zeitschriften schmökern, interessante Anregungen und Ideen notieren, Kataloge von Pflanzenversendern bestellen, Gartentagebuch auswerten oder ein neues anlegen.
- Bei grimmigem Frost und anhaltender Schneedecke artgerechtes Vogelfutter und Trinkwasser bereitstellen, aber ansonsten die Vögel besser nicht füttern. ► *siehe Seite 77*
- Eventuell Bodenuntersuchungen durchführen lassen. ► *siehe Seite 14*

Arbeiten im Ziergarten

- Winterschutz bei Stauden und zweijährigen Sommerblumen überprüfen, wenn nötig erneuern. ► *siehe Seite 74/75*
- Im Haus überwinterte Pflanzen und Knollen (z. B. von Dahlien) regelmäßig kontrollieren; Welkes, Faules und Krankes entfernen.
- Hauptpflanzzeit für laubabwerfende Gehölze. ► *siehe Seite 40–43*
- Blumenbeete und Rabatten planen, Liste der bevorzugten Pflanzen zusammenstellen und nach Blütezeit ordnen.
- Samentüten vom Vorjahr durchsehen, wenn nötig aussortieren.
- Eisfreihalter am Teich einbauen und bei Frost gelegentlich kontrollieren. ► *siehe Seite 187*
- Immergrüne Gehölze bei Trockenheit wässern.

Dezember / Januar

Arbeiten im Nutzgarten

- Wintergemüse vor Frösten schützen (mit Fichtenreisig, Vlies, Sackleinen, Laub). ► *siehe Seite 118/119*
- Bei häufigem Wechsel zwischen Frost und mildem Wetter bald ernten oder ganze Pflanzen ausgraben und z. B. im Frühbeet lagern, dort Wurzeln in Erde einschlagen.
- Gelagertes Obst und Gemüse auf Fäulnis kontrollieren.
- Anbau- und Beetbelegungsplan erstellen, auf Anbaupausen bestimmter Gemüse (z. B. bei Kohl) achten. ► *siehe Seite 86/87*
- An frostfreien Tagen Obstgehölze schneiden.
- Für frischen Vitamingenuss Gemüsesprosse am Fensterbrett anziehen (Kresse, Erbsen, Sojabohnen).
- Samentüten vom Vorjahr durchsehen, wenn nötig aussortieren.
- Bei mildem, nicht zu nassem Wetter Bodenbearbeiten möglich.

Arbeiten auf Balkon und Terrasse

- Überwinternde Balkon- und Kübelpflanzen regelmäßig kontrollieren. ► *siehe Seite 257*
- Frostschutz im Freien überprüfen und wenn nötig verstärken. ► *siehe Seite 254*
- Immergrüne Gehölze nach Frostperioden wässern.
- Pflanzgefäße gründlich reinigen, soweit nicht schon im Oktober geschehen, ebenso die Arbeitsgeräte. ► *siehe Seite 246*
- In Katalogen und Gartenzeitschriften schmökern, neue Bepflanzungen und Gestaltungen planen.

Pflanzen im Porträt

So finden Sie sich im Porträtteil zurecht

Pflanzenzüchter und Gärtner bemühen sich seit Jahrhunderten, die Gärten der Welt um immer neue Pflanzenarten und -sorten zu bereichern. Durch Kreuzungen und Züchtungen entstand so eine kaum überschaubare Vielfalt von Gartenpflanzen. Allerdings ist solche Fülle gerade für den Einsteiger nicht immer leicht zu durchschauen. Der Porträtteil stellt Ihnen einige der wichtigsten und ausschließlich bewährte Pflanzen vor. Es handelt sich zumeist um pflegeleichte Arten und Sorten, die im Gartenfachhandel gut erhältlich sind.

- Die Porträtkapitel entsprechen den großen Themenbereichen dieses Buches: Im ersten Kapitel finden Sie Zierpflanzen. Das zweite Kapitel widmet sich den Nutzpflanzen. Es folgen die Kapitel über Wasserpflanzen sowie über Balkon- und Kübelpflanzen.
- Innerhalb dieser Kapitel werden die Pflanzen unterschiedlichen Gruppen bzw. Themen zugeordnet. Das erleichtert Ihnen die Auswahl geeigneter Arten für bestimmte Verwendungszwecke.
- Die Porträts werden außerdem durch einige Tabellen ergänzt, in denen Sie besonders empfehlenswerte oder außergewöhnliche Sorten finden.

Zur Auswahl der beschriebenen Zierpflanzen

Der Porträtteil für Zierpflanzen enthält einjährige Sommerblumen, mehrjährige Stauden, Sträucher und Rosen. Er ist nach den folgenden Kriterien aufgebaut:

- **Jahreszeit:** Alle Pflanzen sind auf drei jahreszeitliche Kategorien (Frühling, Sommer, Herbst) verteilt. Das ermöglicht einen gezielten Pflanzenkauf und erlaubt Ihnen, bereits im ersten Jahr nach Anlage des Gartens zu jeder Jahreszeit auf blühende Pflanzen zu blicken.
- **Schauwirkung:** Innerhalb der jahreszeitlichen Kategorien wurden die Pflanzen nach verschiedenen Kriterien gegliedert, die sich aus ihrer Wirkung ergeben. Gehölze, Gräser, Kletterpflanzen usw. wurden daher nicht gesondert aufgeführt, sondern entsprechend ihrer größten Schauwirkung auf die Jahreszeiten »verteilt«.
- **Wuchsformen:** Die Porträts der Rosen gliedern sich nach den wichtigsten Rosengruppen: Strauchrosen, Beet-, Edel-, Zwerg- und Flächenrosen sowie Kletterrosen. Die Gruppen entsprechen den verschiedenen Wuchsformen und sind deshalb für die Eignung der Rosen für bestimmte Gestaltungszwecke im Garten relevant.

Zur Auswahl der beschriebenen Nutzpflanzen

Jeder der drei großen Nutzpflanzengruppen – Obst, Gemüse, Kräuter – ist jeweils ein Unterkapitel gewidmet.

- **Obstarten:** Im ersten Kapitel finden Sie eine Übersicht über die verschiedenen Beerenobstarten. Diese eignen sich bereits für recht kleine Gärten. Weiterhin können Sie sich über die Eigenschaften und Ansprüche der besten Kern- und Steinobstarten und -sorten infomieren.
- **Salate und Gemüsearten:** Das zweite Kapitel stellt Ihnen eine Auswahl gängiger Gemüse vor. Es werden einerseits praktische »Schnellwachser« wie Kresse und Radieschen und pflegeleichte Gemüse wie Spinat und Grünkohl beschrieben, die prompte Gartenerfolge liefern. Aber auch aus dem breiten Spektrum an lohnenden Sommer- und Wintersalaten, Wurzel- und Knollengemüsen, mediterranem und asiatischem Gemüse, das Ihnen hier vorgestellt wird, kann sich schon bald einiges auf Ihren Beeten tummeln und ihre Küche bereichern.
- **Küchen- und Würzkräuter:** Im dritten Kapitel geht es um Kräuter, von denen man wegen ihrer vielfältigen Düfte und Aromen gar nicht genug im Garten haben kann und für die sich auch im kleinsten Garten und selbst auf dem Balkon immer ein Plätzchen findet.

Zur Auswahl der beschriebenen Teichpflanzen

Die Porträts der Teichpflanzen sind nach den Standorten gegliedert, die ein Teich bietet. Entscheidend dabei ist die Wassertiefe. Diese Kriterien erleichtern Ihnen die Auswahl für einen gezielten Pflanzenkauf und erlauben, sich bereits im ersten Jahr nach Anlage des Teiches oder Baches über blühende Pflanzen freuen zu können.
Innerhalb der Gruppen wurden die Pflanzen nach verschiedenen Gesichtspunkten gegliedert, die entweder für die Gestaltung oder für die Funktion der Teichpflanzen wichtig sind. So finden Sie Arten, die den Sauerstoffgehalt des Wassers erhöhen, ebenso wie geeignete Schwimm- und Schwimmblattpflanzen, Seerosen für größere Gewässer und kleine Teiche sowie passende Arten für die Sumpfzone.

- **Wasserpflanzen:** Zu dieser Gruppe zählen alle Arten, die einen Wasserstand ab mindestens 10 Zentimeter brauchen. Dazu gehören Schwimmblattpflanzen, Unterwasserpflanzen und Schwimmpflanzen.
- **Pflanzen für die Sumpfzone:** Diese Arten fühlen sich im Übergangsbereich zwischen Flachwasser und normalem Gartenboden wohl. Der Standort zeichnet sich durch feuchte bis nasse, nur gelegentlich trockenere Böden aus.
- **Pflanzen für den Teichrand:** Hierbei handelt es sich um Pflanzen, die in normalem Gartenboden wachsen. Sie können demnach Ihre Auswahl unter den Staudenporträts im Kapitel »Zierpflanzen auswählen« treffen.

Die Pflanzen (hier: Fackellilien, Hohe Lobelien, Gold-Garben und Sonnenbraut) bestimmen die Atmosphäre des Gartens. Bei der Kombination müssen nicht nur Farbe und Form der Blüten, sondern auch die Standortvorlieben berücksichtigt werden.

Zur Auswahl der Balkon- und Kübelpflanzen

Die Fülle der vorgestellten Pflanzen ist je nach Verwendung in drei große Gruppen unterteilt. Innerhalb dieser drei Großgruppen sind die Porträts nach Blütezeiten, Wuchsgrößen und -formen, verschiedenen Zieraspekten oder sonstigen hilfreichen Auswahlkriterien unterteilt. Damit haben Sie auf einen Blick z. B. die wichtigsten Frühlingsblüher, die prächtigsten Hängepflanzen oder besonders robusten Kübelgewächse beisammen und können vergleichen, was Ihren Wünschen und Anforderungen am meisten entspricht.

- **Balkonpflanzen:** Hierzu zählt alles, was Balkonkästen, Schalen, Töpfe und Ampeln zieren kann. Vorwiegend handelt es sich um nicht allzu große Pflanzen, die sich meist mit anderen Arten in Kästen und sonstigen geräumigen Gefäßen kombinieren lassen – Schönheiten für jeden Balkon, und sei er noch so klein, aber auch Blickpunkte für Terrassen jeglicher Größe. Hier dominieren kurzlebige Blumen, die den ganzen Sommer über verschwenderisch blühen; doch auch für Frühlings-, Herbst- und Winterschmuck ist bei der Auswahl gesorgt.
- **Kübelpflanzen und Topfgehölze:** Die Pflanzen dieser Gruppe begleiten einen – anders als die meisten Balkonblumen – häufig über viele Jahre hinweg. In der Mehrzahl sind es Gehölze, die mit der Zeit teils beachtliche Ausmaße annehmen. Doch zum Glück gibt es auch hier Schmuckstücke mit recht bescheidenem Wuchs, sodass sich auch für Besitzer kleiner Balkone das eine oder andere Passende anbietet. Bei den eigentlichen Kübelpflanzen, die aus wärmeren Gefilden stammen, kommt die Notwendigkeit hinzu, einen geeigneten Überwinterungsplatz zu bieten, der frostfrei und oft auch hell sein muss. Die robusteren Topfgehölze dagegen können häufig mit etwas Schutz draußen überwintert werden.
- **Kräuter, Gemüse, Obst:** Warum nicht das Schöne mit dem Schmackhaften verbinden? Dieses Kapitel stellt Nutzpflanzen vor, die sich gut im Kasten oder Kübel kultivieren lassen. Kräuter, Salate und Tomaten finden problemlos Platz auf jedem Balkon. Und selbst Obstbäume stehen mittlerweile in so kleinwüchsigen Formen zur Verfügung, dass einem saftig frische Früchte im »grünen Wohnzimmer« quasi in den Mund wachsen.

Der Aufbau der einzelnen Pflanzenporträts

Die einzelnen Pflanzenporträts sind der Übersicht halber in einem bestimmten Schema aufgebaut. Je nachdem, ob es sich um Zier-, Nutz-, Wasser-, Balkon- oder Kübelpflanzen handelt, können sich die Kriterien innerhalb des Schemas etwas unterscheiden.

- **Name:** In der Überschrift finden Sie den gängigen deutschen Namen und darauffolgend in kursiver Schrift die international gültige lateinische Bezeichnung. Nach ihr werden die Pflanzen meist im Fachhandel, in Katalogen und Büchern aufgeführt und geordnet. Sie besteht aus mindestens zwei Teilen, sozusagen dem Vor- und Nachnamen. Der erste, großgeschriebene, bezeichnet die Gattung, z. B. *Aster* für Aster. Ihm folgt die Bezeichnung für die Art, z. B. *novae-angliae*. Mit *Aster novae-angliae* ist eindeutig beschrieben, dass es sich um die Raublatt-Aster handelt. Sortennamen, z. B. 'Andenken an Alma Pötschke', stehen in einfachen Anführungszeichen.
- **Höhen- und Breitenangaben** bzw. **Pflanzabstand** erleichtern die Planung für den Aufbau eines Beetes und für Pflanzungen ebenso wie die Kombination von Pflanzen in Kästen und Kübeln. Bedenken Sie jedoch, dass die angegebenen Zahlen immer als Mittelwerte zu verstehen sind, die je nach Sorte, Standort und Boden variieren können. Achten Sie zudem darauf, dass Stauden, zu denen auch die Wasserpflanzen zählen, und Gehölze in den ersten Jahren nach dem Einpflanzen nicht ihre volle Größe erreichen. Ähnliches gilt für Gemüse- und Balkonpflanzen: Selbst wenn die Sämlinge bzw. Jungpflanzen zunächst noch klein sind, wachsen sie über die Saison nur gut heran, wenn sie ausreichend Platz haben, sich zu entfalten.
- **Blütezeit,** bei Nutzpflanzen durch **Erntezeit** ersetzt: Auch diese Angaben sind als Durchschnittswerte zu verstehen, da sie sich je nach Lage und Klima etwas verschieben können.
- **Wassertiefe**: Diese Daten für Teichpflanzen vermitteln die nötige Tiefe von der Wasseroberfläche bis zur Oberseite des Substrates – nicht bis zum Boden der Stufe!
- **Aussehen**: Diese Informationen betreffen das Erscheinungsbild der Pflanze mit Details zum Wuchs, zur Blüte, zu den Blättern sowie ggf. zu Besonderheiten.
- **Pflanzen**: Darunter gibt es die erforderlichen Informationen zum Einpflanzen, wie Bodeneigenschaften, Pflanztermine und Besonderheiten der einzelnen Arten.
- **Pflegen**: Diese Rubrik listet spezielle Ansprüche auf, die das Gießen, Düngen, Rückschnitt etc. betreffen.
- **Gestalten**: Hier finden Sie praxisnahe Tipps, wie die Pflanzen optimal zur Geltung kommen.
- **Besonderheiten:** Bei Rosen spielen Sorte und Standort eine wichtige Rolle. Dazu finden Sie Angaben zur Widerstandsfähigkeit und zur Eignung für knifflige Standorte, wie heiße Plätze, Höhenlagen und Halbschatten.
- **Anbauen:** Diese Hinweise betreffen die Vermehrung von Obst, Gemüse und Kräutern. Beim Obst sind das Angaben über Pflanzung, Befruchtungsverhältnisse und Standraum, bei Salat, Gemüse und Kräutern über Aussaatzeiten und Pflanztermin.
- **Boden**: Die Rubrik nennt die wichtigsten Standortbedingungen für Obst, Gemüse und Kräuter.
- **Ernten:** Hier steht, wann und wie am besten geerntet wird, wie Sie das richtige Reifestadium erkennen oder welche Teile der Pflanze Sie verwenden können.
- **Verwerten:** Diese Angaben informieren darüber, wofür sich die einzelnen Obst-, Gemüse- und Kräuterarten in der Küche am besten eignen.
- **Vorziehen:** Hier finden Sie Angaben zur Anzucht von Balkonblumen aus Samen. Sofern nicht anders angegeben, handelt es sich um Dunkelkeimer (siehe Seite 230).
- **Vermehren:** Bei mehrjährigen Topfpflanzen sind hier die Möglichkeiten genannt, Nachwuchs durch Stecklinge oder andere Vermehrungsmethoden zu gewinnen.
- **Überwintern:** Diese Angaben informieren über die idealen Überwinterungsmöglichkeiten für Kübelpflanzen und Topfgehölze.

Die Bedeutung der verwendeten Piktogramme

Die Piktogramme weisen auf Licht- und Wasserbedürfnisse und besondere Eigenschaften der Pflanze hin.
Der wichtigste Standortfaktor betrifft die Lichtbedürftigkeit der Pflanze. Sonnenpflanzen sind an völlig andere Verhältnisse angepasst als Schattenpflanzen. Obwohl die meisten Pflanzen eine gewisse Spanne an Lichtverhältnissen tolerieren, sollten Sie reine Sonnenpflanzen nicht in den Schatten pflanzen und umgekehrt.

☼ Die Pflanze gedeiht am besten in voller Sonne, d. h., im Laufe des Tages liegt der Standort nie oder nur für 1–2 Stunden im Schatten.

◑ Die Pflanze gedeiht am besten im Halbschatten. Halbschatten ist ein dehnbarer Begriff, er herrscht sowohl im dauerhaft lichten Schatten eines Gehölzes (die Pflanze steht nie in der vollen Sonne) als auch an Orten, die für mehrere Stunden am Tag im Vollschatten liegen.

● Die Pflanze gedeiht sogar noch im Schatten gut. Im Vollschatten (die Sonne scheint niemals) herrschen extreme Bedingungen, die nur von wenigen

Spezialisten toleriert werden (Farne, einige Stauden und Gehölze aus dem Unterwuchs dichter Wälder), während Standorte, die nur für 2–3 Stunden täglich besonnt werden, zwar noch als schattig gelten, aber einen etwas breiteren Spielraum bieten.

Die zweite Gruppe betrifft die Wasserbedürftigkeit. Auch hierbei stellen die Piktogramme den durchschnittlichen Wasserbedarf dar. Bei intensiver Sonneneinstrahlung nimmt der Wasserbedarf aller Pflanzen zu. Gehen Sie daher an heißen Tagen häufiger durch den Garten und achten Sie auf schlaffe Blätter – gießen Sie auch dann, wenn das Piktogramm »wenig« gießen empfiehlt.

- Die Pflanze sollte täglich gegossen werden, bei heißem Wetter ggf. sogar morgens und abends.
- Es reicht aus, wenn die betreffende Pflanze alle 3–4 Tage gegossen wird.
- Die Pflanze kommt natürlicherweise mit wenig Wasser aus und braucht nur bei längerer Trockenheit gezielt gegossen zu werden.

Die dritte Piktogrammgruppe stellt verschiedene Eigenschaften in den Vordergrund, die bei der Auswahl der Art von Bedeutung sein können:

- Die Blütenstängel können geschnitten und in der Vase ins Zimmer gestellt werden.
- Die vorgestellte Art wächst flächenhaft und vermag größere Bereiche eines Beetes abzudecken.
- Einige wenige der vorgestellten Arten vertragen die winterliche Kälte nicht. Daher müssen die Zwiebeln bzw. Knollen im Herbst entnommen und kühl und trocken gelagert werden.
- Teile (z. B. Früchte) oder die ganze Pflanze enthalten giftige/hautreizende Stoffe; achten Sie vor allem auf dieses Zeichen, wenn Kinder im Garten spielen.
- Eine Kultivierung der Pflanze im Topf oder Kübel ist gut möglich.
- Die Rose ist einmalblühend, d. h., sie öffnet ihre Knospen im Juni. Diese Eigenschaft findet man bei Historischen Rosen und Ramblerrosen.
- Die Rose ist öfterblühend. Moderne Sorten zeichnen sich dadurch aus, dass sie nach dem ersten Flor im Juni entweder nachblühen oder sogar durchblühen bis zum ersten Frost.
- Dieses Piktogramm kennzeichnet Pflanzen mit einem guten Duft.
- Die Rosensorte eignet sich gut für die Verwertung der Blüten oder Hagebutten in der Küche.
- Die Rose hat aufgrund ihrer Blütenform die Ausstrahlung nostalgischer, historischer Sorten.

Das Arten- und Sortenangebot an Obst, Gemüse oder Kräutern ist riesengroß. Nehmen Sie sich im Winter Zeit und informieren Sie sich in Katalogen und im Internet.

- Die Früchte bzw. Gemüse können über mehrere Wochen hinweg gelagert werden.
- Die Teile der Pflanze, die geerntet werden, eignen sich zum Trocknen.
- Die Teile der Pflanze, die geerntet werden, eignen sich zum Einfrieren.
- Die Pflanze eignet sich besonders gut für die Gestaltung eines Bachlaufes.
- Diese Pflanzen eignen sich dank ihres hängenden Wuchses für Ampeln und Hängekörbe.

Zierpflanzen auswählen

Blütenpracht im Frühling

Unterschätzen Sie niemals die psychologische Wirkung Ihres Gartens! Wenn die langen, düsteren Wintertage langsam wieder freundlicher aussehen, dann sind die ersten Farbtupfer der Frühblüher das vielleicht beste Mittel, um den Gedanken an Frühlingsmüdigkeit gar nicht erst aufkommen zu lassen. Leuchtendes Rot, strahlendes Gelb oder intensives Blau setzen der Tristesse der kalten Jahreszeit ein fröhlich buntes Ende. Jetzt beginnt die lange, herrliche Zeit des Gartens!

Bis auf wenige Ausnahmen – beispielsweise Wildstauden der heimischen Wälder – handelt es sich bei den Frühlingsblühern um Zwiebel- und Knollenpflanzen, die gespeicherte Nährstoffe für den Austrieb nutzen. Damit haben sie gegenüber anderen Pflanzen zwar einen deutlichen Vorsprung, verbrauchen ihre Energie aber auch rascher. Wenn andere Stauden kräftig wachsen und die ersten Blüten ansetzen, ziehen sich die Frühlingsblüher schon wieder zurück. Sie haben das Licht genutzt, Nährstoffe gebildet und in den Speicherorganen deponiert – bis zum nächsten Jahr. Für den Gärtner sind Zwiebel- und Knollenpflanzen auch deswegen interessant, weil sie bis auf das Einpflanzen im Herbst des Vorjahres kaum Pflege brauchen und verlässlich blühen.

Der Gehölzrand, ein optimaler Standort

Unter laubabwerfenden Sträuchern kommen Frühblüher mit Wildcharakter wie Strahlenanemone, Blausternchen oder Schneeglöckchen optimal zur Geltung. Wenn Sie das Falllaub liegen lassen, bildet sich eine natürliche Mulchschicht, in der sich die Pflanzen besonders wohlfühlen. Treiben die Blätter der Gehölze aus, ist die Blüte der Zwiebel- und Knollenpflanzen meist auch beendet. Am besten überlassen Sie die Pflanzen sich selbst, denn viele breiten sich über Tochterzwiebeln oder Samen aus.

Frühlingsblüher in Beeten und Rabatten

Pflanzen Sie Frühlingsblüher möglichst so ins Beet, dass sie vom Haus aus gut sichtbar sind. Da Zwiebel- und Knollenpflanzen nach dem Einziehen Lücken hinterlassen, sollten Sie sie von vornherein in die Nachbarschaft laubreicher Stauden setzen, die später die offenen Stellen überdecken. Wo das nicht geht, können Sie die Lücken natürlich immer mit einjährigen Sommerblumen füllen oder bepflanzte Kübel aufstellen.

Die ersten Frühlingsboten

Elfenkrokus

Crocus tommasinianus

Höhe/Breite: 10 cm/5–7,5 cm
Blütezeit: Februar–April

Aussehen: Knollenpflanze mit hellvioletten Trichterblüten (Durchmesser 3–4 cm) und leuchtend gelben Staubgefäßen; schmale, grasgrüne Blätter, die im Mai einziehen
Pflanzen: Knollen von Spätsommer bis Herbst mit 5–10 cm Abstand eingraben; eignet sich für jeden normalen, durchlässigen Gartenboden; nicht geeignet für sehr trockene Standorte; sät sich selbst aus und bildet kleinere Kolonien
Pflegen: zur Blütezeit düngen; nur bei längerer Trockenheit gießen
Gestalten: am besten in größeren Gruppen unter Sträuchern oder mit anderen Frühlingsblumen am Rasenrand

Gute Partner

- *Später blühende Krokusse*
- *Schneeglöckchen* • *Winterling*

Winterling

Eranthis hyemalis

Höhe/Breite: 10 cm/6 cm
Blütezeit: Februar–März

Aussehen: Knollenpflanze mit leuchtend gelben, duftenden Schalenblüten (Durchmesser 2–2,5 cm); Blätter handförmig geteilt, frischgrün, ziehen bald ein
Pflanzen: Knollen im Herbst mit 5–10 cm Abstand eingraben (dürfen nicht ausgetrocknet sein!); in frischen und humusreichen Boden, trockener oder verdichteter Boden ist ungeeignet
Pflegen: keine Pflege erforderlich; nur bei längerer Trockenheit gießen
Gestalten: am besten in größeren Gruppen unter lichten Gehölzen; verwildern leicht, da sie sich selbst aussäen und über kurze Ausläufer vermehren

Gute Partner

- *Früh blühende Krokusse*
- *Schneeglöckchen*

Schneeglöckchen

Galanthus nivalis

Höhe/Breite: 10–15 cm/10 cm
Blütezeit: Februar–März

Aussehen: eintriebige Zwiebelpflanze mit nickenden, weißen, zart duftenden Blüten (Durchmesser 1 cm), im Innern der Krone grünliche Streifen
Pflanzen: Zwiebeln im Herbst mit 5–10 cm Abstand eingraben; zur Vermehrung Zwiebeln nach der Blüte ausgraben und neu einpflanzen; braucht frischen, humusreichen, lehmigen Boden, verträgt keine trockenen, sandigen Böden
Pflegen: problemlose Pflanze, die keiner weiteren Pflege bedarf; nur bei längerer Trockenheit gießen
Gestalten: immer in lockeren Gruppen, z. B. unter Gehölzen; bilden im Lauf der Zeit größere Gruppen

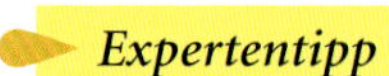

Expertentipp

Schneeglöckchen wuchern stark! Verpflanzen Sie nach der Blüte Zwiebeln vom Rand des Bestandes.

 sonnig  halbschattig  schattig  viel gießen  mäßig gießen

Christrose, Nieswurz

Helleborus-Arten und -Hybriden

Höhe/Breite: 25–60 cm/30–80 cm
Blütezeit: Februar–April

Aussehen: Staudenpflanze mit attraktiven, weißen, gelblich-grünen bis purpurroten Schalenblüten (Durchmesser 4–7 cm), Hybriden auch mit gefleckten Blüten; dunkelgrüne, fächerförmig zerteilte Blätter; mehrere Arten und Sorten
Pflanzen: im Herbst mit 50 cm Abstand in humushaltigen, frischen, lehmigen und möglichst kalkhaltigen Boden setzen
Pflegen: abgestorbene Blätter im Frühling abschneiden, ansonsten ungestört lassen; sparsam mit Kalkdünger düngen; nur bei längerer Trockenheit gießen
Gestalten: als Unterwuchs von blühenden Sträuchern oder zwischen Frühlingsblumen; das hübsche Laub kommt auch nach der Blütezeit zur Geltung

Märzenbecher

Leucojum vernum

Höhe/Breite: 20 cm/10–15 cm
Blütezeit: Februar–April

Aussehen: Zwiebelpflanze; Blüten glockenförmig, weiß, duftend, nickend (Durchmesser 1,5 cm), mit kleinen grünen Flecken auf den Zipfeln; Blätter schmal und saftig grün
Pflanzen: Zwiebeln im Spätsommer bis Herbst mit 10 cm Abstand eingraben; auf feuchte (vor allem bei sonnigem Standort), humushaltige Böden, möglichst Lehm-, aber keine Sandböden; verträgt kurzfristig auch Staunässe
Pflegen: etwas Dünger zur Blütezeit, sonst möglichst ungestört lassen
Gestalten: einer der ersten Blüher im Jahr, daher gut sichtbar als Gruppe unter Gehölzen, am Teichrand oder in Hausnähe pflanzen

Gute Partner

- *Christrose* • *Farne* • *Funkie*
- *Schattengräser* • *Schneeglöckchen*

Weitere schöne Frühblüher

Name	Höhe Wuchsform	Blütenfarbe Blütezeit
Buschwindröschen (*Anemone nemorosa*)	15–25 cm koloniebildende Rhizompflanze	weiß März–April
Kaukasus-Vergissmeinnicht (*Brunnera macrophylla*)	30–50 cm buschige Staude	hellblau März–Mai
Schneeglanz (*Chionodoxa luciliae*)	10–15 cm koloniebildende Zwiebelpflanze	blau mit weißem Auge März
Hohler Lerchensporn (*Corydalis cava*)	15–15 cm Staude, kann verwildern	weiß bis purpurrosa Aril–Mai
Gartenkrokus (*Crocus*-Hybriden)	10–15 cm eintriebige Zwiebelpflanze	weiß, gelb, hellviolett bis blau, auch zweifarbig gestreift März–April
Frühlings-Alpenveilchen (*Cyclamen coum*)	10 cm koloniebildende Knollenpflanze	weiß, rosa, rot Februar–April
Leberblümchen (*Hepatica*-Arten)	10–20 cm teppichbildende Staude	reine Blautöne März–April
Frühlings-Platterbse (*Lathyrus vernus*)	20–30 cm Staude	purpur bis blauviolett und mehrfarbig April–Mai
Frühlings-Gedenkemein (*Omphalodes verna*)	15–25 cm teppichbildende Staude	blau mit weißer Mitte März–Mai
Puschkinie (*Puschkinia scilloides*)	10–15 cm teppichbildende Zwiebelpflanze	weiß bis zart blau mit blauen Streifen März–April

 wenig gießen
 Schnittblume
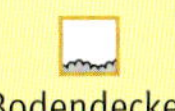 Bodendecker
 nicht winterharte Zwiebelpflanze
 giftig

Bunt gemischt fürs Frühlingsbeet

Strahlenanemone

Anemone blanda

Höhe/Breite: 10–15 cm/8–10 cm
Blütezeit: März–Mai

Aussehen: koloniebildende Knollenpflanze; Blüten blau, auch weiße und rosa Sorten (Durchmesser 2,5–3 cm); Blätter dreiteilig, grasgrün
Pflanzen: Knollen mit 10 cm Abstand im Herbst pflanzen; Boden durchlässig, nicht zu feucht, humos, sehr trockene Standorte sind ungeeignet
Pflegen: völlig problemlos, keine Pflege erforderlich, nur bei längerer Trockenheit gießen
Gestalten: unter Gehölzen, im Vordergrund von Beeten (sollten im Sommer von Stauden bedeckt sein); verwildert durch Bildung von Brutknollen zu attraktiven Gruppen

Gute Partner

- *Buschwindröschen (Anemone nemorosa) und andere Anemonen*
- *kleine Narzissen*

Blaukissen

Aubrieta deltoidea

Höhe/Breite: 5–15 cm/50–60 cm
Blütezeit: April–Mai

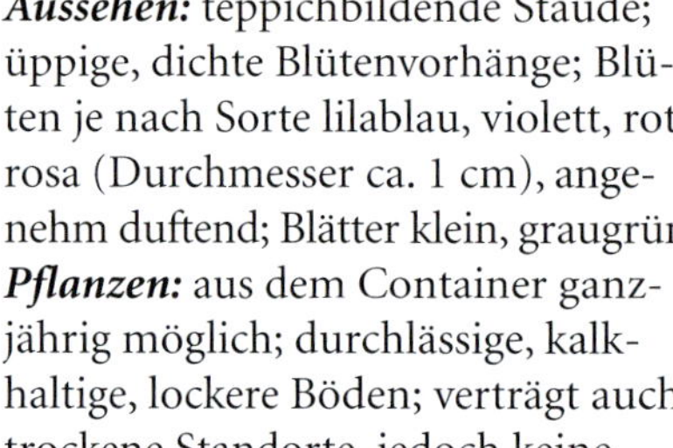

Aussehen: teppichbildende Staude; üppige, dichte Blütenvorhänge; Blüten je nach Sorte lilablau, violett, rot, rosa (Durchmesser ca. 1 cm), angenehm duftend; Blätter klein, graugrün
Pflanzen: aus dem Container ganzjährig möglich; durchlässige, kalkhaltige, lockere Böden; verträgt auch trockene Standorte, jedoch keine schweren Böden
Pflegen: etwas Dünger im Frühling (nicht später), gießen nur bei längerer Trockenheit, Rückschnitt nach der Blüte (sollte möglichst die Polsterform bewahren)
Gestalten: fließend über Mauern, Geländestufen und in Steingärten, auch im Vordergrund von Staudenbeeten

 *Gute Partner*

- *Bartiris* • *Gänsekresse*
- *Schleifenblume* • *blaue Sorten mit Wolfsmilch*

Kaiserkrone

Fritillaria imperialis

Höhe/Breite: 60–100 cm/20–25 cm
Blütezeit: April

Aussehen: eintriebig aufrecht wachsende Zwiebelpflanze; Blüten je nach Sorte gelb, orange oder rot (Durchmesser 4–5 cm), zart duftend; Blätter schmal eiförmig, hellgrün
Pflanzen: Zwiebeln können ab August/September mit 30 cm Abstand eingegraben werden; Boden durchlässig und leicht, nährstoffreich, keine Staunässe
Pflegen: im Frühling düngen, ggf. stäben, Verblühtes sofort und die Reste nach dem Vergilben der Blätter entfernen; Gießen nur bei längerer Trockenheit
Gestalten: setzt – zu kleinen Gruppen arrangiert – zwischen früh blühenden Tulpen oder Narzissen spektakuläre Akzente in frühlingshaften Staudenbeeten

 sonnig
 halbschattig
 schattig
 viel gießen
 mäßig gießen

Schleifenblume
Iberis sempervirens

Höhe/Breite: 15–30 cm/20–25 cm
Blütezeit: April

Aussehen: polsterförmiger Halbstrauch; Blüten sehr üppig, weiß in dichten Trugdolden (Durchmesser bis 1 cm); Blätter länglich, dunkelgrün
Pflanzen: aus dem Container ganzjährig möglich; Boden durchlässig, sandig, nährstoffarm (kein Humus); verträgt Trockenheit; Abstand mindestens 1 m
Pflegen: selten düngen, alte Pflanzen kräftig zurückschneiden, in kalten Wintern mit Reisig abdecken; nur bei längerer Trockenheit gießen; problemlos, wird sehr alt
Gestalten: ideal für Böschungen, über Mauern oder im seitlichen Vordergrund von Rabatten

Gute Partner

- *Bartiris* • *Blaukissen*
- *Steinkraut* • *Tulpen*

Traubenhyazinthe
Muscari armeniacum

Höhe/Breite: 15–20 cm/8–10 cm
Blütezeit: April–Mai

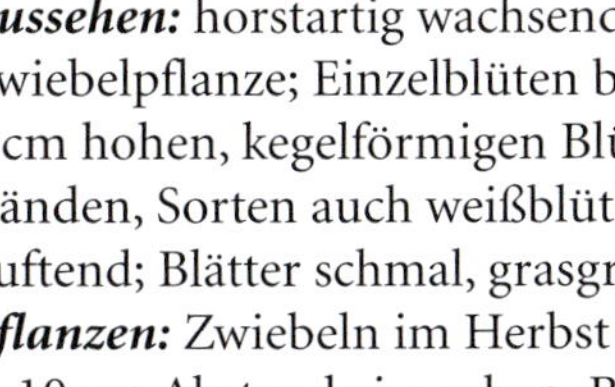

Aussehen: horstartig wachsende Zwiebelpflanze; Einzelblüten blau in 5 cm hohen, kegelförmigen Blütenständen, Sorten auch weißblütig, duftend; Blätter schmal, grasgrün
Pflanzen: Zwiebeln im Herbst mit 5–10 cm Abstand eingraben; Boden gut durchlässig, mäßig trocken
Pflegen: Blätter nach der Blüte zurückziehen lassen; mäßig gießen, verträgt kurzzeitig auch Trockenheit
Gestalten: blüht lange, in Steingärten, unter Sträuchern, verwildert sehr gut, auch hübsch an Wiesenrändern

Expertentipp

Empfehlenswerte Sorten sind 'Blue Spike' (himmelblau) und die duftende 'Cantab' (blüht im Mai).

Blausternchen
Scilla siberica

Höhe/Breite: 10–15 cm/5–8 cm
Blütezeit: März–Mai

Aussehen: teppichbildende Zwiebelpflanze; Blüten hellviolett bis enzianblau (Durchmesser 1–1,5 cm) in Trauben; Blätter schmal, grasgrün
Pflanzen: Zwiebeln im Herbst mit 5–10 cm Abstand eingraben; humose Gartenböden, weder zu feucht noch zu trocken
Pflegen: im Februar Falllaub entfernen, Kompost oder organischen Dünger geben; mäßig gießen; es können Brutzwiebeln abgenommen werden
Gestalten: ideal am Gehölzrand oder mit Narzissen und Tulpen als bunte Gruppe im Beet; breitet sich durch Selbstaussaat aus und verwildert leicht

Expertentipp

Sehr schön wirkt eine Kombination mit den Sorten 'Alba' (weiße Blüten) und 'Rosea' (weiß-rosa Blüten).

 wenig gießen

 Schnittblume

 Bodendecker

 nicht winterharte Zwiebelpflanze

 giftig

Blütenfülle mit Tulpen, Narzissen & Co.

Hyazinthe
Hyacinthus orientalis (Sorten)

Höhe/Breite: 20–30 cm/10–15 cm
Blütezeit: April–Mai

Aussehen: eintriebige Zwiebelpflanze; Sorten in fast allen Farben erhältlich, Einzelblüte 2–3 cm Durchmesser, in 15 cm hohen, dichten Blütenständen, stark duftend; Blätter breit lineal, aufrecht, grasgrün
Pflanzen: Zwiebeln im Herbst mit 15–20 cm Abstand ins Freiland; blühen früher bei Anzucht im Zimmer (dunkel überwintern); mäßig trockener Boden, durchlässig, keinesfalls winterfeucht
Pflegen: keine besondere Pflege; da die Blütenfülle mancher Sorten im Folgejahr nachlässt, besser jährlich neu kaufen und pflanzen
Gestalten: am besten gemischtfarbig in Kübeln, Kästen und Schalen, aber auch für sonnige Rabatten und im lichten Schatten von Gehölzen

Zwergiris
Iris reticulata (Sorten)

Höhe/Breite: 20 cm/5–10 cm
Blütezeit: März

Aussehen: niedrige Zwiebelpflanze, die langsam kleine Gruppen bildet; Blüten blauviolett (Durchmesser 3–4 cm) mit orange-gelben Malen, auch in Weiß und Gelb erhältlich; Blätter schmal lineal, grasgrün
Pflanzen: Zwiebeln im Herbst mit 5–10 cm Abstand ins Freiland (nicht geeignet für sehr raue Regionen); mäßig trockener Boden, unbedingt durchlässig, auch steinig-sandig
Pflegen: während der Blütezeit sparsam düngen, danach stehen lassen; zur Sicherheit im Winter mit Fichtenreisig abdecken
Gestalten: in kleinen gemischtfarbigen Gruppen für Kübel und Kästen, in Steingärten, Steppen- und Geröllbeeten

Narzisse
Narcissus-Hybriden

Höhe/Breite: 10–50 cm/10–15 cm
Blütezeit: März–Mai, je nach Sorte

Aussehen: eintriebige Zwiebelpflanze; große Blüten (Durchmesser 5–7 cm), gelb, auch weiße oder zweifarbige und gefüllte Sorten im Handel, zart duftend; Blätter linealisch, graugrün
Pflanzen: Zwiebeln im Herbst im Abstand von 10–15 cm eingraben; Boden feucht (aber nicht staunass) bis etwas trocken, sandig bis humos, nährstoffreich, ideal sind leicht saure Böden
Pflegen: gießen nur bei Trockenheit im Frühling, selten düngen (organische Dünger zum Austrieb), pflegeleicht, Samenstände abschneiden, Blätter einziehen lassen; Zwiebeln können im Boden bleiben
Gestalten: in Beeten, Kästen, Kübeln und Schalen mit anderen Frühlingsblumen kombinieren

 sonnig
 halbschattig
 schattig
 viel gießen
 mäßig gießen

Einfache Frühe Tulpe

Tulipa-Hybriden

Höhe/Breite: 25–40 cm/10–15 cm
Blütezeit: April

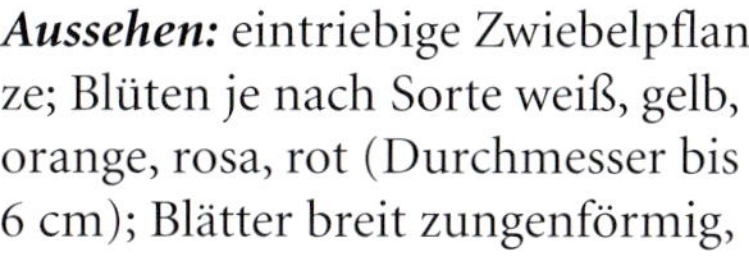

Aussehen: eintriebige Zwiebelpflanze; Blüten je nach Sorte weiß, gelb, orange, rosa, rot (Durchmesser bis 6 cm); Blätter breit zungenförmig, graugrün
Pflanzen: Zwiebeln im Herbst mit 10–15 cm Abstand eingraben; Boden mäßig trocken bis frisch (nicht nass), sandig-lehmig, humusarm
Pflegen: düngen während des Austriebs, Verblühtes entfernen; entweder im Sommer im Beet lassen oder nach dem Einziehen der Blätter Zwiebeln entnehmen und kühl und trocken bis zum Herbst lagern
Gestalten: in frühlingshaften Gruppen, auch in Trögen oder Töpfen, Schnittblume

Expertentipp

Da das Angebot rasch wechselt, sollten Garten-Neulinge am besten nach altbewährten Sorten fragen.

Gefüllte Späte Tulpe

Tulipa-Hybriden

Höhe/Breite: 40–60 cm/10–15 cm
Blütezeit: Mai

Aussehen: eintriebige Zwiebelpflanze; Blüten alle Farben außer reinem Blau, je nach Sorte bis 8 cm Durchmesser; Blätter breit zungenförmig, graugrün
Pflanzen: Zwiebeln im Herbst mit 10–15 cm Abstand eingraben; Boden mäßig trocken bis frisch (nicht nass), sandig-lehmig, humusarm
Pflegen: düngen während des Austriebs, Verblühtes entfernen, Blätter einziehen lassen; hohe Sorten vor Wind schützen (stäben)
Gestalten: als lockere Gruppe im Staudenbeet zusammen mit farblich abgestimmten Blumen des Spätfrühlings

Expertentipp

Besonders bewährte Sorten sind 'Bonanza' (rot mit gelbem Rand) und 'Golden Nice' (gelb).

Papageientulpe

Tulipa-Hybriden

Höhe/Breite: 40–60 cm/10–15 cm
Blütezeit: Mai

Aussehen: eintriebige Zwiebelpflanze; mit auffällig geformten Blütenblättern, Rand zerschlitzt (Durchmesser ca. 8–10 cm), kräftig mehrfarbig, oft geflammt; Blätter breit zungenförmig, graugrün
Pflanzen: Zwiebeln im Herbst im Abstand von 10–15 cm eingraben; jeder nicht zu feuchte, normale Gartenboden
Pflegen: während des Austriebs düngen, Verblühtes entfernen, ggf. stützen; Zwiebeln nach dem Einzug der Blätter entnehmen und kühl bis zum Herbst lagern
Gestalten: wegen der auffallenden Blüten am besten in kleinen Gruppen als Blickpunkt in den Vordergrund setzen

Expertentipp

Empfehlenswert sind u. a. 'Fantasy' (60 cm hoch, lachsrosa) und 'Rococo' (35 cm hoch, karminrot).

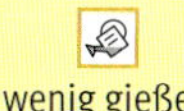 wenig gießen
 Schnittblume
 Bodendecker
 nicht winterharte Zwiebelpflanze
 giftig

Leuchtende Blütenteppiche

Kriechender Günsel

Ajuga reptans

Höhe/Breite: 15–20 cm/bis 50 cm
Blütezeit: April–Mai

Aussehen: heimische Wildstaude; Blüten leuchtend blau (Durchmesser 5–8 mm), in dichten, kerzenartigen Blütenständen), Sorten auch weiß, rosa, purpurrosa; Blätter spatelförmig, bräunlich grün
Pflanzen: als Containerpflanze ganzjährig möglich, Abstand 20–30 cm; Boden frisch bis feucht, nährstoffreich, lehmig, verträgt auch Nässe
Pflegen: im Frühling organisch düngen, wuchert und muss daher regelmäßig zurückgenommen werden; mäßig gießen (an sonnigen Standorten häufiger)
Gestalten: als Waldstaude bestens für naturnahe Wald- oder Strauchbeete geeignet; Sorten mit bunten Blättern als Bodendecker

Gute Partner

- *Elfenblume*
- *große Farne*
- *Frauenmantel*

Gefleckte Taubnessel

Lamium maculatum

Höhe/Breite: 15–40 cm/60 cm
Blütezeit: Mai–Juni

Aussehen: heimische Wildstaude; Blüten lilapurpurn, in Quirlen (Durchmesser bis 1 cm), Sorten auch weiß, rosapurpurn, violettrosa; Blätter eiförmig, gezähnt, graugrün
Pflanzen: als Containerpflanze ganzjährig möglich, Abstand 20–30 cm; Boden frisch bis feucht, locker, nährstoffreich, verträgt aber auch nassen Boden
Pflegen: im Herbst oder Frühling mit Humus mulchen, zu stark ausgebreitete Pflanzen entfernen; auf normalem Gartenboden nur bei längerer Trockenheit gießen
Gestalten: flächig unter Gehölzen oder im Schatten von Mauern und Hecken

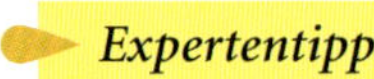

Expertentipp

Sorten mit silbrig panaschierten oder farbigen Blättern wirken heller und hellen düstere Bereiche auf.

Frühlings-Gedenkemein

Omphalodes verna

Höhe/Breite: 15–25 cm/30–60 cm
Blütezeit: März–Mai

Aussehen: starkwüchsige Staude; Blüten leuchtend blau mit weißer Mitte (Durchmesser ca. 1 cm); Blätter eiförmig, grasgrün
Pflanzen: als Containerpflanze ganzjährig möglich, Abstand 30–40 cm; Boden frisch bis feucht, jeder lockere Gartenboden, verträgt auch nassen Boden
Pflegen: im Spätwinter flach mit Humus abdecken und mulchen, wuchert und muss regelmäßig auf die gewünschte Größe zurückgenommen werden; auf normalem Boden ist Gießen nur bei andauernder Trockenheit erforderlich
Gestalten: unter Gehölzen, vor Mauern, im beschatteten Randbereich von Beeten; die Pflanze ist zwar nicht heimisch, passt aber dennoch bestens in naturnahe Anlagen

sonnig

halbschattig

schattig

viel gießen

mäßig gießen

Polsterphlox

Phlox-Subulata-Hybriden

Höhe/Breite: 5–15 cm/bis 60 cm
Blütezeit: April–Mai

Aussehen: polsterbildende Staude; Blüten je nach Sorte weiß, lilablau, violett, rosa und rot (Durchmesser 5–6 mm), blüht sehr üppig; Blätter linealisch, klein, mattgrün
Pflanzen: als Containerpflanze ganzjährig möglich, Abstand 50–60 cm; Boden mäßig trocken bis frisch, durchlässig, nährstoffreich
Pflegen: im Frühling mineralisch düngen, nach der Blüte zurückschneiden; damit das Polster kompakt bleibt (Nachblüte im Herbst möglich); Gießen nur bei längerer Trockenheit
Gestalten: als Bodendecker in Steingärten und auf besonnten Hängen, auf Mauerkronen, als Beeteinfassung von Rabatten; die Kombination verschiedenfarbiger Sorten schafft zur Blütezeit interessante Farbeffekte

Ysander

Pachysandra terminalis

Höhe/Breite: 20–30 cm/60 cm
Blütezeit: April–Mai

Aussehen: immergrüner, an der Basis verholzender Halbstrauch; Blüten weiß, unscheinbar, in kurzen, walzenförmigen Ähren, wenig auffällig; Blätter eiförmig, dunkelgrün
Pflanzen: als Containerpflanze ganzjährig möglich, Abstand 30–40 cm; Boden mäßig trocken bis frisch
Pflegen: äußerst anspruchslos, sparsam organisch düngen; nur bei anhaltender Trockenheit gießen (mehr, wenn der Standort mittags besonnt wird)
Gestalten: anspruchsloser, immergrüner Rasenersatz vor und unter hohen und niedrigen Gehölzen; auch als Sorte mit weiß panaschierten, dekorativen Blättern erhältlich

Expertentipp

Ysander ist auf großen Schattenflächen der beste unter den pflegeleichten Bodendeckern.

Kleines Immergrün

Vinca minor

Höhe/Breite: 10–20 cm/bis 1,2 m
Blütezeit: April–Mai

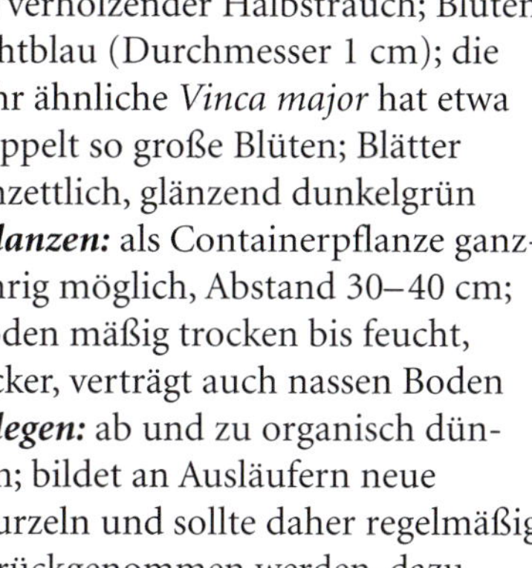

Aussehen: immergrüner, an der Basis verholzender Halbstrauch; Blüten lichtblau (Durchmesser 1 cm); die sehr ähnliche *Vinca major* hat etwa doppelt so große Blüten; Blätter lanzettlich, glänzend dunkelgrün
Pflanzen: als Containerpflanze ganzjährig möglich, Abstand 30–40 cm; Boden mäßig trocken bis feucht, locker, verträgt auch nassen Boden
Pflegen: ab und zu organisch düngen; bildet an Ausläufern neue Wurzeln und sollte daher regelmäßig zurückgenommen werden, dazu Tochterpflänzchen abschneiden und andernorts einpflanzen
Gestalten: guter Bodendecker unter Gehölzen, im Mauerschatten sogar im Vollschatten

Expertentipp

Nur zusammen mit starkwüchsigen Pflanzen gruppieren, da Immergrün schwächere Konkurrenten verdrängt.

wenig gießen

Schnittblume

Bodendecker

nicht winterharte Zwiebelpflanze

giftig

Prachtvolles Frühlingsende

Akelei

Aquilegia vulgaris, A.-Hybriden

Höhe/Breite: 40–60 cm/10–15 cm
Blütezeit: Mai–Juni

Aussehen: relativ kurzlebige Staude; Blüten blau-violett, dazu weiße, hellblaue, rote, rosa und zweifarbige Sorten (Durchmesser ca. 5 cm); Blätter zusammengesetzt, bläulichgrün
Pflanzen: aus dem Container ganzjährige Pflanzung möglich, Abstand 50 cm (einzeln), 30 cm (Gruppe); Boden humusreich, frisch, durchlässig und locker
Pflegen: mäßig gießen, nur einige der auflaufenden Sämlinge stehen lassen (Verjüngung), da sonst die Selbstaussaat überhandnimmt
Gestalten: Wildform am besten in naturnahen Gärten (auch unter Gehölzen), farbigere Sorten als Blickpunkte ins Staudenbeet

Bartnelke

Dianthus barbatus

Höhe/Breite: 50–60 cm/20–30 cm
Blütezeit: Mai–August

Aussehen: zweijährige Blütenpflanze, bildet im ersten Jahr nur Blätter; Blüten je nach Sorte rot bis weiß (Durchmesser ca. 1 cm); Blätter lanzettlich, dunkelgrün
Pflanzen: Aussaat Juni-Juli, Blüte dann im nächsten Jahr (im Winter mit Reisig abdecken); durchlässiger, nährstoffreicher, ansonsten normaler Gartenboden, dicht säen und nach dem Auflaufen ausdünnen
Pflegen: im Frühling des zweiten Jahres mit Mineraldünger düngen
Gestalten: hervorragend für Bauerngärten, zwischen anderen Sommerblumen oder Stauden, gute Schnittblume; hinterlässt nach dem Abblühen eine Lücke

Hohe Bartiris

Iris-Barbata-Hybriden

Höhe/Breite: 60–120 cm/15 cm
Blütezeit: Mai–Juni

Aussehen: horstartig wachsende Staude; Blüten sehr auffällig und groß, alle Farben außer Rot (Durchmesser 8–10 cm); Blätter aufrecht, schwertförmig, graugrün
Pflanzen: Rhizome im Abstand von 20 cm flach einpflanzen (ab Juni nach der Blüte); Boden trocken, durchlässig, humusarm, sandig
Pflegen: abgestorbene Blätter im Frühling entfernen, Verblühtes abschneiden, nur bei längerer Trockenheit gießen; im Frühherbst mineralisch düngen
Gestalten: am besten als mehrfarbige Gruppe (kontrastreich oder Ton in Ton) im Hintergrund eines sonnigen Beetes

Expertentipp

Pflanzen Sie in kleinen Gruppen, damit die Lücken nach der Blütezeit schnell wieder gefüllt werden können.

Gute Partner

- *Frauenmantel* • *Glockenblumen*
- *Stockrosen* • *andere Nelken*

Gute Partner

- *roter Mohn* • *graulaubige Stauden-Wolfsmilch* • *Salbei*

 sonnig
 halbschattig
 schattig
 viel gießen
 mäßig gießen

Vergissmeinnicht

Myosotis sylvatica

Höhe/Breite: 15–30 cm/15 cm
Blütezeit: April–Juni

Aussehen: zweijährige, buschige Blütenpflanze; Blüten himmelblau, je nach Sorte auch andere Blautöne bis gelblich (Durchmesser 5 mm), rosa oder weiß; Blätter lanzettlich, rau, stumpfgrün
Pflanzen: Aussaat im Juli/August direkt am Standort, Blüte im nächsten Jahr; im Winter mit Laub und Reisig abdecken; nährstoffreiche, lockere, humose, feuchte Böden
Pflegen: im Frühling düngen; einmal täglich gießen, vor allem bei höheren Temperaturen; sät sich am geeigneten Standort selbst aus
Gestalten: sehr schön in Bändern zwischen Tulpen, Narzissen und späten Krokussen, im Hintergrund von Strauchbeeten oder an Stellen, die nach der Frühlingsblüte neu bepflanzt werden

Edel-Pfingstrose

Paeonia-Lactiflora-Hybriden

Höhe/Breite: 50–110 cm/60 – 90 cm
Blütezeit: Mai–Juni

Aussehen: langlebige, große Staude; herrliche, große Blüten, rot, rosa, weiß, auch gefüllt oder duftend (Durchmesser ca. 10 cm); Blätter doppelt dreizählig, tiefgrün, auch kupferfarben
Pflanzen: Wurzelstock im Frühherbst flach in den Boden legen, Abstand 1 m, mit 3 cm Erde bedecken; Boden mäßig trocken, nährstoffreich, tiefgründig
Pflegen: im Frühling Kompost oder organischen Dünger geben, ggf. Mulch entfernen, mäßige Düngung; aufbinden, damit die schweren Blüten nicht am Boden liegen; im September Verblühtes entfernen
Gestalten: einzelner Blickpunkt im Staudenbeet oder Bauerngarten

Expertentipp

Pfingstrosen können sehr alt werden. Sie sollten sich daher gut überlegen, wohin Sie die Staude pflanzen.

Türkischer Mohn

Papaver orientale

Höhe/Breite: 30–100 cm/60 cm
Blütezeit: Mai–Juni

Aussehen: imposante Staude mit großen, je nach Sorte weißen, rosa bis roten, allerdings nur kurzlebigen Blüten (Durchmesser bis 15 cm); Blätter groß, fiederartig eingeschnitten, borstig behaart, sattgrün
Pflanzen: aus dem Container ganzjährig im Abstand von 40–50 cm; Boden trocken bis frisch, durchlässig, verträgt keinen nassen Boden
Pflegen: beim Austrieb mineralisch düngen; Verblühtes abschneiden (einige Blüten wegen der hübschen Samenkapseln stehen lassen)
Gestalten: als Blickpunkte in den Beethintergrund (hinterlassen nach der Blüte Lücken), ideal für Bauerngärten

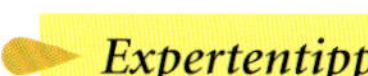

Expertentipp

Die Pflanze bildet eine lange Pfahlwurzel und kann daher nur in jungem Stadium versetzt werden.

 wenig gießen

 Schnittblume

 Bodendecker

 nicht winterharte Zwiebelpflanze

 giftig

Die ersten blühenden Sträucher

Kupfer-Felsenbirne

Amelanchier lamarckii

Höhe/Breite: 5–8 m/3–5 m
Blütezeit: April–Mai

Aussehen: buschiger Großstrauch oder kleiner Baum; cremeweiße Blüten in Trauben; Blätter beim Austrieb kupferrot, dann grün, im Herbst gelb bis orangerot
Pflanzen: ideal zum Pflanzen ist Spätherbst bis Frühling, aus dem Container auch ganzjährig; jeder normale, auch trockene Gartenboden, kalkhaltig
Pflegen: anspruchslos, Gießen nur bei längerer Trockenheit; keine speziellen Schnitt- und Pflegemaßnahmen notwendig
Gestalten: vor allem im Frühling und im Herbst sehr dekorativ in lockeren Blütenhecken oder als Solitär im Gartenhintergrund

Expertentipp

Die Kupfer-Felsenbirne trägt wie die verwandte Kahle Felsenbirne (A. laevis) im Herbst rote, essbare Früchte.

Forsythie

Forsythia x *intermedia*

Höhe/Breite: bis 3 m/bis 2,5 m
Blütezeit: April

Aussehen: buschiger Großstrauch; noch vor dem Blattaustrieb überreich mit gelben Blüten übersät; Blätter klein, mattgrün
Pflanzen: ideal zum Pflanzen ist Spätherbst bis Frühling, aus dem Container auch ganzjährig; jeder normale Gartenboden, frisch, nährstoffreich
Pflegen: regelmäßig organisch düngen, alle 2–3 Jahre ältere Zweige zurückschneiden; Gießen nur bei längerer Trockenheit
Gestalten: in eine Strauchgruppe setzen; die Forsythie muss wegen der prachtvollen Blüten im Frühling gut sichtbar sein, die eher unscheinbaren Blätter sollten danach durch andere Sträucher kaschiert werden

Expertentipp

Als Solitärstrauch sollten Sie die Forsythie regelmäßig in Form schneiden; sie verträgt auch starken Rückschnitt.

Ranunkelstrauch

Kerria japonica 'Pleniflora'

Höhe/Breite: bis 2 m/bis 1,5 m
Blütezeit: Mai

Aussehen: reich blühender Strauch; Blüten gefüllt, goldgelb, in ca. 5 cm dicken, kugeligen Blütenständen; Blätter einfach, oval; Triebe auch im Winter kräftig grün
Pflanzen: ideal zum Pflanzen ist Spätherbst bis Frühling, aus dem Container auch ganzjährig; Boden feucht, nährstoffarm, möglichst schwach sauer bis neutral
Pflegen: anspruchslos, wenig düngen (sonst geringer Blütenansatz), regelmäßig alte und erfrorene Zweige bis zum Boden zurückschneiden
Gestalten: ideal als Bestandteil einer Hecke (dicht!) oder Strauchgruppe; als Solitär weniger geeignet

Expertentipp

Der Ranunkelstrauch bildet Ausläufer, die Sie regelmäßig entfernen sollten, damit er nicht zu sehr wuchert.

 sonnig
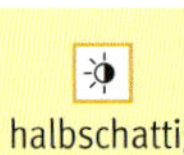 halbschattig
 schattig
 viel gießen
 mäßig gießen

Tulpenmagnolie
Magnolia x soulangeana

Höhe/Breite: bis 6 m/bis 4 m
Blütezeit: April–Mai

Aussehen: größerer Strauch mit unvergleichlich spektakulären Blüten, weiß bis rosa (Durchmesser bis 10 cm); Blätter groß, eiförmig, grün
Pflanzen: ideal zum Pflanzen ist Spätherbst bis Frühling, aus dem Container auch ganzjährig; Boden sauer bis neutral, feucht, nährstoffreich; verträgt weder Trockenheit noch verdichteten Boden
Pflegen: möglichst ungestört lassen, nicht schneiden, im Herbst Wurzelscheibe mulchen; mäßig gießen
Gestalten: als Solitär (auch in relativ kleinen Vorgärten), nach der Blüte allerdings wenig spektakulärer, ausladender Strauch

Expertentipp

Lockern Sie die Wurzelscheibe nicht durch Graben auf, die flachen Wurzeln könnten beschädigt werden.

Japanische Zierkirsche
Prunus serrulata

Höhe/Breite: 4,5 m/4,5 m
Blütezeit: April–Juni

Aussehen: sehr variabler Großstrauch oder Baum, da viele Sorten im Angebot; Blüten weiß bis rosa, einfach bis gefüllt (Durchmesser bis 6 cm), aber alle mit prachtvoller Frühlingsblüte; Blätter sattgrün mit prachtvoller Herbstfärbung
Pflanzen: ideale Pflanzzeit vom Spätherbst bis Frühling, aus dem Container auch ganzjährig; normaler Gartenboden, möglichst durchlässig, humusreich und kalkhaltig
Pflege: keine besonderen Schnitt- oder Pflegemaßnahmen notwendig, wächst am schönsten ungestört; nur bei längerer Trockenheit gießen
Gestalten: wegen der prachtvollen Blüte als Solitär oder gut sichtbar in einer lockeren Hecke

Expertentipp

Sie können wählen zwischen Sorten mit breiten, säulenförmigen oder überhängenden Kronen.

Edelflieder
Syringa vulgaris

Höhe/Breite: bis 6 m/bis 5 m
Blütezeit: Mai

Aussehen: großer Strauch oder Baum mit insgesamt über 900 Sorten in allen Blütenfarben, auch mehrfarbig; Blüten einfach oder gefüllt, duftend, in aufrechten Rispen; Blätter oval, zugespitzt, dunkelgrün
Pflanzen: ideale Pflanzzeit vom Spätherbst bis Frühling, aus dem Container auch ganzjährig; jeder normale, nährstoffreiche Gartenboden, möglichst kalkhaltig; verträgt auch trockene Standorte
Pflegen: zum Austrieb Kalidünger geben, Wildtriebe und Ausläufer entfernen; Verblühtes abschneiden
Gestalten: einzeln als Blickpunkt im Beethintergrund, in Hecken (Blühperioden beim Kauf beachten) und Strauchbeeten

 wenig gießen
 Schnittblume
 Bodendecker
 nicht winterharte Zwiebelpflanze
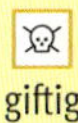 giftig

Die schönsten Sommerblüher

Die Pflanzenauswahl für den Sommer ist nicht zuletzt deshalb so groß und prachtvoll, weil nun Temperaturen herrschen, in denen sich sogar »Exoten« wohlfühlen. Ob Staude oder Strauch, Ein- oder Zweijährige, Blattschmuckpflanze oder Gras – der Sommer hält für jeden Gärtner das Richtige bereit. Allerdings brauchen die Gartenblumen nun auch viel Zuwendung: Sie müssen regelmäßig gegossen, auf Krankheiten untersucht und ihre verwelkenden Blüten abgeschnitten werden.

Mit dem Ausklang des Frühlings beginnt die große Zeit des Gartens – und im Garten. Während die letzten Frühlingsblumen verblassen, treiben die ersten Sommerblüher aus, und hier und da zeigen sich bereits die ersten Blüten. Die Auswahl auf den folgenden Seiten soll Ihnen dabei helfen, die unterschiedlichsten Beete mit einer Grundausstattung von Sommerblumen zu versehen. Nutzen Sie den Spätfrühling/Frühsommer, um im Gartencenter nach geeigneten Containerpflanzen Ausschau zu halten. Noch ist es gut möglich, eine eventuelle Lücke durch die passende Staude zu schließen.

Kaufen Sie nicht planlos

Auch wenn das Angebot an Sommerblumen noch so verlockend erscheint, lassen Sie sich nicht unbedacht zum Kauf »verführen«. Beachten Sie stets das Thema Ihres Beetes: Stimmt der Standort (Sonne bis Schatten)? Passen die Blütenfarben zu den bereits vorhandenen Pflanzen? Fügt sich die Höhe in das wellige Auf und Ab Ihres Beetes ein? Sorgt eine interessante Wuchsform oder hübsches Laub für eine angenehme Auflockerung des Beetes? Ziehen Sie auf jeden Fall auch ein- oder zweijährige Pflanzen in Betracht. Fast immer handelt es sich dabei um reich blühende Arten und Sorten, die gezielt für üppige Farben sorgen. Im Unterschied zu Stauden, die jahrelang am selben Standort verbleiben, werden diese kurzlebigen Vertreter aus der Pflanzenwelt Jahr für Jahr neu eingepflanzt oder ausgesät. Pflanzensamen ist preiswert und vielseitig verwendbar. Beginnen Sie mit einigen wenigen, bewährten Sorten. Notieren Sie günstige und weniger günstige Pflanzen für die Folgejahre (am besten auf die Innenseiten der Samentütchen, dann haben Sie gleich den »Einkaufszettel« fürs nächste Mal). Alternativ bieten viele Gärtnereien vorgezogene Einjährige an, die wie Stauden gepflanzt werden und eine Lücke unmittelbar füllen.

Blütenpracht aus Zwiebeln und Knollen

Riesen-Lauch

Allium giganteum

Höhe/Breite: 80–150 cm/25–30 cm
Blütezeit: Juni–Juli

Aussehen: Zwiebelpflanze mit winzigen rotvioletten Blüten in bis zu 20 cm Durchmesser großen, kugeligen Blütenständen auf hohen, blattlosen Stielen
Pflanzen: Zwiebeln im Herbst des Vorjahres mit 20–30 cm Abstand eingraben; Boden trocken bis frisch, durchlässig, warm (besonnt); kümmert auf kargen Böden
Pflegen: Boden alle zwei Jahre organisch düngen, Blütenstiele nach der Blüte abschneiden (einzelne stehen lassen, um Samen zu gewinnen); nur bei längerer Trockenheit gießen
Gestalten: in kleinen Gruppen zusammen mit anderen, niedrigeren Zierlauch-Arten; auch in Staudenrabatten als attraktiver Blickfang

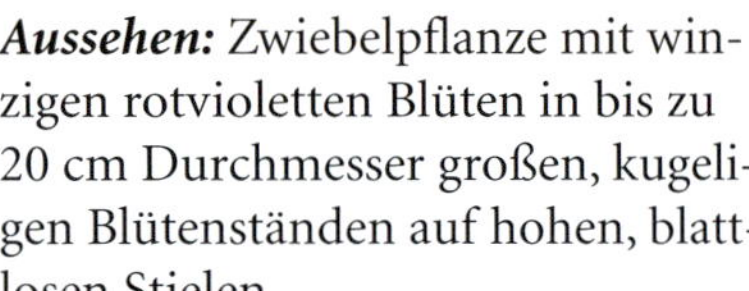

Gute Partner

- *Gräser* • *Katzenminze*
- *Pfingstrosen* • *Storchschnabel*

Montbretie

Crocosmia x *crocosmiiflora*

Höhe/Breite: 60–80 cm/50–60 cm
Blütezeit: Juli–September

Aussehen: Zwiebelpflanze; Blüten rot bis orangerot, in langen, überhängenden, dichten Ähren, duftend; Blätter grasartig, hellgrün
Pflanzen: Zwiebeln im Abstand von 50–60 cm im Frühling eingraben; Boden mäßig trocken bis frisch, durchlässig, nährstoffreich
Pflegen: gelegentlich mineralischen Volldünger geben; nicht ganz winterhart, daher im Herbst abdecken, verträgt keine Winternässe (keinen Mulch aufhäufeln!); Laub im Frühling zurückschneiden; Vermehrung über Tochterzwiebeln möglich
Gestalten: in kleinen Gruppen zwischen Rabattenstauden, wegen der horstartig wachsenden Blätter auch außerhalb der Blüte interessant

Expertentipp

In sehr rauen Gegenden sollten Sie die Zwiebel ausgraben und trocken überwintern.

Dahlie

Dahlia-Hybriden

Höhe/Breite: bis 150 cm/40–80 cm
Blütezeit: Juni–Oktober

Aussehen: Knollenpflanze; viele Sorten und Blütenfarben, außer Blau, vorhanden; Blüten ein-, zwei- oder mehrfarbig, einfach oder gefüllt (Durchmesser bis 25 cm); Blätter länglich-eiförmig, dunkelgrün oder purpurfarben
Pflanzen: Knollen erst ab Ende April pflanzen, Abstand je nach Wuchsbreite; normaler Gartenboden, durchlässig, humusreich – keinesfalls nass
Pflegen: Kalidünger geben; nur bei längerer Trockenheit gießen; hohe Sorten stäben, nach den ersten Frösten zurückschneiden, ausgraben und frostfrei überwintern
Gestalten: einfache Sorten in Bauerngärten, gefüllte in Staudenbeeten, sehr auffällige als Solitär in der Rabatte oder in eigenen Dahlienbeeten

sonnig

halbschattig

schattig

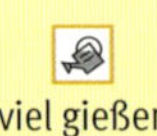
viel gießen

mäßig gießen

Edelgladiole
Gladiolus-Hybriden

Höhe/Breite: 40–140 cm/20–30 cm
Blütezeit: Juni–September

Aussehen: Knollenpflanze in vielen Sorten; Blüten alle Farbtöne bis auf reines Blau, auch zwei- oder mehrfarbig, zu mehreren auf 40–50 cm hohen Blütenständen; Blätter schwertförmig, hellgrün
Pflanzen: Knollen im Mai pflanzen, Abstand 15–20 cm; Boden weder zu nass noch zu trocken, durchlässig, nährstoffreich, humushaltig
Pflegen: nach dem Pflanzen kaliumbetonten Volldünger geben, hohe Sorten stäben, bei längerer Trockenheit gießen; Ende Oktober herausnehmen und trocken und frostfrei überwintern
Gestalten: als Blickpunkt in kleinen Gruppen im Beethintergrund oder am Zaun

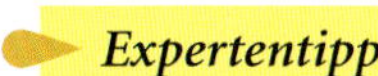 *Expertentipp*

Gladiolen sind zudem sehr schöne und lange haltbare Schnittblumen für große Vasen.

Königs-Lilie
Lilium regale

Höhe/Breite: 60–150 cm/30 cm
Blütezeit: Juli

Aussehen: Zwiebelpflanze; Blüten weiß mit gelbem Schlund, außen zart gestreift, intensiv duftend (Durchmesser ca. 6 cm); Blätter linealisch, dunkelgrün
Pflanzen: Zwiebeln möglichst im Herbst pflanzen, Abstand 20–30 cm; Boden frisch, nährstoffreich, humos, auch kalkhaltig
Pflegen: Austrieb bei Spätfrösten nachts abdecken, im Winter mit Humus und Mulch bedecken, unauffällig stützen; ab dem Spätfrühling auf leuchtend rote Käfer achten und absammeln (diese und ihre Larven fressen die Blätter ab)
Gestalten: als Blickpunkt zwischen niedrigen Stauden oder im Bauerngarten, immer 2–3 nebeneinander

Expertentipp

Es gibt auch Lilienarten, die im Halbschatten gedeihen. Fragen Sie im Fachhandel danach.

Beliebte Dahliensorten

Sorte Gruppe	Blütenfarbe Besonderheit	Wuchshöhe Blütengröße
Einfach blühende Dahlien		
'Andrea' Zwerg-Mignon-Dahlie	gelb gelbe Mitte	20–30 cm 2–4 cm
'Rosa-Zwerg' Zwerg-Mignon-Dahlie	rot gelbe Mitte	20 cm 2–4 cm
'Anna Karina' Mignon-Dahlie	weiß gelbe Mitte	40 cm 5–10 cm
'Roxy' Mignon-Dahlie	weinrot dunkles Laub	40 cm 5–10 cm
'Gartenparty' Hohe Mignon-Dahlie	gelborange gelbe Mitte	60 cm 5–10 cm
'Parkprinzess' Hohe Mignon-Dahlie	rosa gelbe Mitte	60 cm 5–10 cm
Halbgefüllte Dahlien		
'Bishop of Llandaff' Päonienblütige Dahlie	feuerrot dunkles Laub	100 cm 8–15 cm
'Cricket' Halskrausen-Dahlie	rot und gelb zweifarbig	90 cm 7–12 cm
'Comet' Anemonenblütige Dahlie	kastanienbraun	80–100 cm 7–12 cm
Gefüllte Dahlien		
'Golden Horn' Kaktus-Dahlie	orange geöhrte Blüten	80 cm über 15 cm
'Mairo' Schmuck-Dahlie	violett dicht gefüllt	100 cm über 15 cm
'Rotkäppchen' Ball-Dahlie	orangerot dunkles Laub	80–100 cm 10 cm
'Robina' Pompon-Dahlie	rubinrot kugelige Blüte	100 cm 5 cm

 wenig gießen
 Schnittblume
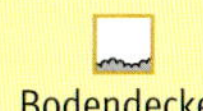 Bodendecker
 nicht winterharte Zwiebelpflanze
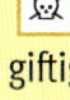 giftig

Einjährige – nicht nur Lückenfüller

Stockrose
Alcea rosea

Höhe/Breite: 1,6–2,2 m/40–60 cm
Blütezeit: Juli–September

Aussehen: zweijährige Sommerblume; Blüten weiß, gelb, rosa, purpurn bis rot, auch zweifarbig, einfach und gefüllt (Durchmesser 6–8 cm), in großen, kerzenartigen Blütenständen; Blätter rundlich, mattgrün
Pflanzen: einjährige Sorten im April/Mai, zweijährige im Juni/Juli aussäen; Boden mäßig trocken bis frisch, durchlässig, nährstoffreich
Pflegen: Boden reichlich organisch düngen, mit Kompost mulchen, hohe Sorten an Einzelstab festbinden; mäßig gießen
Gestalten: klassische Bauerngartenpflanze, entweder in kleinen, farblich abgestimmten Gruppen oder einzeln als hohe Blickpunkte, schön vor Zäunen oder besonnten Mauern

Gute Partner

- *Bauerngartenpflanzen*
- *Phlox*
- *Rittersporn*
- *Schmuckkörbchen*

Ringelblume
Calendula officinalis

Höhe/Breite: 30–70 cm/15–20 cm
Blütezeit: Juni–September

Aussehen: einjährige Sommerblume; Blüten je nach Sorte creme, gelb, orange bis orangerot mit dunkler Mitte (Durchmesser 5 cm), einfach, halbgefüllt und gefüllt; Blätter oval, hellgrün, klebrig
Pflanzen: Aussaat April–Mai (erscheint durch Selbstaussaat in den Folgejahren von allein), nach dem Auflaufen nach Wunsch vereinzeln; Boden nährstoffreich, locker, auch etwas trocken, ziemlich anspruchslos
Pflegen: im Frühling Kompost oder Dünger geben, Verblühtes entfernen
Gestalten: Bauerngartenpflanze, als dichte Gruppe in Blumenbeeten, Begrenzung von Kräuter- und Gewürzbeeten

Expertentipp

Die Ringelblume ist die beste Pflanze, um das Aussäen von Einjährigen zu erlernen; vermehrt sich leicht selbst.

Sommeraster
Callistephus chinensis

Höhe/Breite: 15–90 cm/20–50 cm
Blütezeit: Juli–September

Aussehen: einjährige Sommerblume in großer Sortenvielfalt; Blüten weiß bis creme, gelb, alle Nuancen von Rot über Violett bis Blau, einfach, halbgefüllt und gefüllt, auch pomponartig; Blätter lanzettlich, grob gezähnt, dunkelgrün
Pflanzen: Aussaat März–April im Zimmer und dann nach den Eisheiligen ins Beet oder ab Ende Mai direkt ins Freiland; Boden nährstoffreich, frisch bis feucht, darf nicht austrocknen
Pflegen: im Frühling Volldünger geben, mit Kompost mulchen; regelmäßig gießen
Gestalten: als lockere Schwünge oder im Pulk pflanzen; ideale Begleitpflanze in einer Rabatte

Expertentipp

Saatgut mit einer einzigen Sortenfarbe kann gezielter in das Farbthema eines Beetes eingegliedert werden.

 sonnig
 halbschattig
 schattig
 viel gießen
 mäßig gießen

Ziertabak

Nicotiana sylvestris

Höhe/Breite: 100–150 cm/20–30 cm
Blütezeit: Juni–Oktober

Aussehen: einjährige Sommerblume; Blüten röhrenförmig, weiß, duftend (Durchmesser 5 mm, 1–2 cm lang), in lockeren Trauben; Blätter breit eiförmig, sattgrün
Pflanzen: Aussaat im Zimmer ab März, Jungpflanzen nach den letzten Frösten ab Mai ins Freie; Boden frisch, locker, nährstoffreich
Pflegen: Boden organisch düngen, mit Kompost mulchen, Verblühtes abschneiden; mäßig gießen
Gestalten: wirken sehr zierlich, gut zwischen Rabattenstauden im Mittelgrund des Beetes; ähnlich ist *Nicotiana* x *sanderae* mit weißen, gelben, rosa, roten und violetten Blüten; auch in Kästen und Kübeln

Gute Partner

- *Raublatt-Astern* • *Rittersporn* • *Schleier-Eisenkraut* • *Schmuckkörbchen*

Studentenblume

Tagetes-Patula-Hybriden

Höhe/Breite: 20–50 cm/20–30 cm
Blütezeit: Juni–Oktober

Aussehen: einjährige Sommerblume in vielen Sorten; Blüten gelb, orange, rotbraun, einfach, halbgefüllt und gefüllt (Durchmesser 3–4 cm); Blätter gefiedert, dunkelgrün, mit streng aromatischem Geruch
Pflanzen: Aussaat März–April im Zimmer, nach den Eisheiligen ins Beet oder ab Mai direkt ins Freie; normaler Gartenboden, feucht bis mäßig trocken, verträgt keine Staunässe
Pflegen: anspruchslos, Boden mit wenig organischem Dünger vorbereiten, mit Kompost mulchen, Verblühtes entfernen; mäßig gießen
Gestalten: gefüllte Sorten in Gruppen, einfache Formen teppich- oder bandartig anordnen; hübsche Randbepflanzung, auch für Kübel und Kästen

Zinnie

Zinnia elegans

Höhe/Breite: 30–100 cm/15–30 cm
Blütezeit: Juli–Oktober

Aussehen: einjährige Sommerblume in vielen Sorten; Blüten weiß, gelb, orange, rosa, rot, auch zweifarbig, einfach, halbgefüllt und gefüllt bis fast pomponartig (Durchmesser mehrere cm); Blätter eiförmig, sattgrün
Pflanzen: Aussaat im Haus ab April, ab Ende Mai ins Beet (Zinnien werden häufig vorgezogen angeboten); Boden etwas feucht, nährstoffreich, durchlässig
Pflegen: Boden düngen und mit Kompost abdecken; regelmäßig (täglich) gießen; hohe Sorten stäben, Verblühtes abschneiden
Gestalten: als farblich abgestimmte Gruppe zu anderen Sommerblumen oder Stauden, niedrige Sorten auch in Kästen und Kübeln

Expertentipp

Wegen des verwirrenden Angebots an Sortengruppen sollten Sie sich bei der Auswahl beraten lassen.

 wenig gießen
 Schnittblume
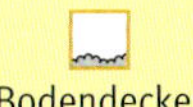 Bodendecker
 nicht winterharte Zwiebelpflanze
 giftig

So blüht es im Frühsommer

Karpaten-Glockenblume

Campanula carpatica

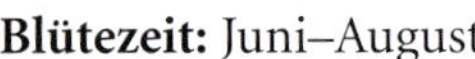

Höhe/Breite: 20–30 cm/40–50 cm
Blütezeit: Juni–August

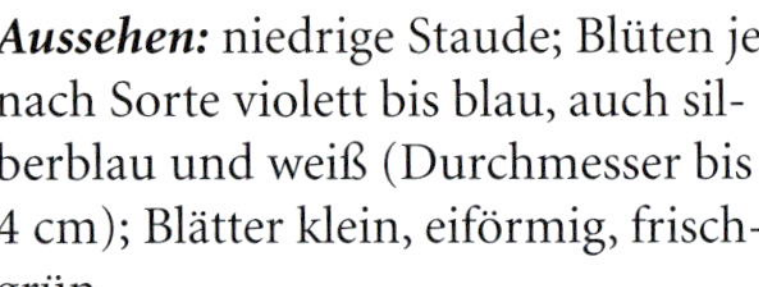

Aussehen: niedrige Staude; Blüten je nach Sorte violett bis blau, auch silberblau und weiß (Durchmesser bis 4 cm); Blätter klein, eiförmig, frischgrün
Pflanzen: als Containerstaude ganzjährig möglich, Abstand 20–30 cm; Boden durchlässig, auch trocken, auf keinen Fall staunass
Pflegen: sehr wenig düngen, sonst verliert die Staude ihre kompakte Wuchsform; zurückschneiden nach der Blüte, Jungpflanzen vor Schneckenfraß schützen; gießen nur in Trockenperioden
Gestalten: als Polster im Steingarten, im Vordergrund von Staudenbeeten, als Einfassung, auch in Fugen von Trockenmauern

Hoher Rittersporn

Delphinium-Elatum-Hybriden

Höhe/Breite: 1,2–2 m/30–60 cm
Blütezeit: Juni–Juli

Aussehen: imposante Staude; Blüten blau bis lila, auch weiß mit weißem oder dunklem Auge, 30–40 cm hohe Blütenstände; Blätter tief gelappt bis handförmig geteilt, frischgrün
Pflanzen: als Containerstaude ganzjährig möglich, Abstand 40–50 cm; Boden nährstoffreich, tiefgründig, lehmig
Pflegen: Volldünger im Spätfrühling, mit unauffälligem Stab stützen, zur Vermehrung teilen, Verblühtes abschneiden, um Nachblüte im August–September anzuregen; mäßig gießen
Gestalten: attraktive Blickpunkte sowohl in klassischen Beeten als auch im Bauerngarten; einzeln oder als kleine Gruppe

Expertentipp

Pflanzen Sie den Rittersporn nicht neben starkwüchsige Stauden oder Gehölze, er kümmert sonst.

Feinstrahl-Aster

Erigeron-Hybriden

Höhe/Breite: 50–80 cm/30–40 cm
Blütezeit: Juni–Juli (September)

Aussehen: horstartig wachsende Staude; Blüten weiß, violett, rosa, rot und lila mit goldgelber Mitte (Durchmesser 6 cm); Blätter lanzettlich, stumpfgrün
Pflanzen: als Containerstaude ganzjährig möglich, Abstand 25–30 cm; Boden frisch, nährstoffreich, durchlässig, nicht zu schwer
Pflegen: nach der Blüte bis zum Boden zurückschneiden und düngen, um Nachblüte im Herbst anzuregen, alle paar Jahre teilen, ggf. stäben; mäßig gießen
Gestalten: viele Sorten in fein abgestimmten Farbnuancen erhältlich, daher als attraktive, farblich abgestimmte Gruppe in einer Rabatte

Gute Partner

- *Indianernessel*
- *Margeriten*
- *Rittersporn*
- *Sonnenbraut*

 sonnig

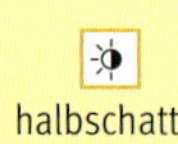 halbschattig

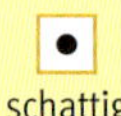 schattig

 viel gießen

 mäßig gießen

Taglilie

Hemerocallis-Hybriden

Höhe/Breite: 40–110 cm/40–60 cm
Blütezeit: Mai–August

Aussehen: horstartig wachsende Staude; Blüten in allen Farbtönen von Cremeweiß über Gelb und Orange bis zu Rosa, Rot und Braunrot, auch zweifarbig (Durchmesser bis 15 cm); Blätter riemenförmig, hellgrün
Pflanzen: als Containerstaude ganzjährig möglich, Abstand 50–60 cm; Boden mäßig trocken bis feucht, nährstoffreich, lehmig; an schattigen Standorten weniger blühfreudig
Pflegen: selten düngen, Verblühtes entfernen (ganz abgeblühte Blütenstiele am Boden abschneiden); mäßig gießen
Gestalten: sehr schön in Kombination mit mittelhohen, farblich abgestimmten Stauden

Expertentipp

Die Blüten halten nur einen Tag, werden aber ständig neu gebildet, sodass die Staude dauerhaft blüht.

Lupine

Lupinus-Polyphyllus-Hybriden

Höhe/Breite: 80–100 cm/50–60 cm
Blütezeit: Juni–Juli

Aussehen: üppig blühende Staude; Blüten weiß, gelb, violett, blau, rosa, rot und zweifarbig (Durchmesser 1–2 cm), in 40–50 cm hohen Blütenständen; Blätter handförmig geteilt, blaugrün
Pflanzen: als Containerstaude ganzjährig möglich, Abstand 30–40 cm; Boden mäßig trocken bis frisch, durchlässig, sandig, humusreich, kein kalkhaltiger Boden
Pflegen: im Frühling mit Kompost versorgen, Verblühtes regelmäßig zurückschneiden, kann nach der Blüte bis fast zum Boden abgeschnitten werden, um einen Neuaustrieb anzuregen; mäßig gießen
Gestalten: typische Staude für Bauern- und Cottage-Gärten, am schönsten in gemischtfarbigen Beeten

Hoher Phlox

Phlox-Paniculata-Hybriden

Höhe/Breite: 50–150 cm/bis 50 cm
Blütezeit: Juni–September

Aussehen: buschig wachsende Staude; Blüten weiß, violett, rosa, rot, karmin, häufig zweifarbig mit weißem oder andersfarbigem Auge (Durchmesser 1,5–2 cm), duftend; Blätter lanzettlich, dunkelgrün
Pflanzen: als Containerstaude ganzjährig möglich, Abstand 20–30 cm; Boden frisch bis feucht, aber durchlässig, nährstoff- und humusreich
Pflegen: im Frühling mit Humus oder organischem Dünger versorgen, hohe Sorten stützen; welkt leicht (Flachwurzler), daher regelmäßig einmal täglich gießen
Gestalten: Gruppen farblich aufeinander abgestimmter Sorten, als Nachbarn weiße oder blaue bis zartviolette blühende Stauden

 wenig gießen

 Schnittblume

 Bodendecker

 nicht winterharte Zwiebelpflanze

 giftig

Hochsommerliche Staudenpracht

Prachtspiere
Astilbe-Arendsii-Hybriden

Höhe/Breite: 60–120 cm/50–80 cm
Blütezeit: Juli–September

Aussehen: buschige Staude; Blüten je nach Sorte weiß, creme, rosa bis dunkelrot, lila, winzig, jedoch in großen, federartigen Blütenständen; Blätter mehrfach gefiedert, gezähnt, dunkelgrün
Pflanzen: als Containerstaude ganzjährig möglich, Abstand 40–60 cm; Boden feucht, lehmig, humusreich, auf keinen Fall heiße (lufttrockene) Standorte
Pflegen: regelmäßig organisch düngen und Kompost in den Boden einarbeiten; reichlich gießen (einmal täglich) und mit fein zerteiltem Strahl übersprühen
Gestalten: ideal für halbschattige Orte und im lichten Baumschatten

Silberkerze
Cimicifuga racemosa

Höhe/Breite: 1,5–2 m/50–90 cm
Blütezeit: Juli–August

Aussehen: buschige Staude; winzige weiße Blüten in 60 cm langen, schmalen Blütenständen; Blätter gefiedert, dunkelgrün
Pflanzen: als Containerstaude ganzjährig möglich, Abstand 40–50 cm; Boden locker, feucht, humusreich, auf keinen Fall besonnt oder trocken
Pflegen: mehrmals mit organischem Dünger versorgen, ansonsten ungestört lassen, da die Staude mehrere Jahre braucht, bis sie ihre volle Schönheit entfaltet; reichlich gießen, bei lang andauernder Trockenheit auch zweimal täglich
Gestalten: als isolierte Gruppe unter Gehölzen oder im Mauerschatten; hellt düstere Ecken auf

Sonnenbraut
Helenium-Hybriden

Höhe/Breite: 60–150 cm/30–50 cm
Blütezeit: Juni–September

Aussehen: reich blühende Staude; Blüten gelb, orange, rot, braun, auch zweifarbig, immer mit sehr dunkler Mitte (Durchmesser 3–4 cm); Blätter lanzettlich, sattgrün
Pflanzen: als Containerstaude ganzjährig möglich, Abstand 30–40 cm; Boden feucht, aber nicht staunass, nährstoffreich, lehmig
Pflegen: Verblühtes entfernen, hohe Formen stäben, ansonsten pflegeleicht; täglich gießen, auch bei lang andauernder Trockenheit sollte der Boden stets feucht bleiben
Gestalten: Sorten mit unterschiedlichen Blühzeiten zusammenstellen, niedrige Formen wegen der samtigen Farben in den Vordergrund, höhere als Gruppe in den Hintergrund

Expertentipp

Für lang andauernde Blüte sollten Sie Sorten mit unterschiedlichen Blütezeiten kombinieren.

Gute Partner

- *Funkien*
- *Kletterpflanzen (Mauern)*
- *Prachtspieren*

 sonnig
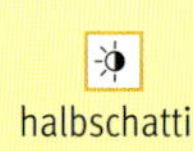 halbschattig
 schattig
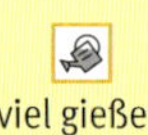 viel gießen
 mäßig gießen

Sommer-Margerite

Leucanthemum x *superbum*

Höhe/Breite: 50–90 cm/30–50 cm
Blütezeit: Juni–September

Aussehen: breite, horstartige Staude; Blüten weiß mit gelber Mitte, je nach Sorte einfach, gefüllt oder halbgefüllt (Durchmesser ca. 5–6 cm); Blätter lanzettlich, glänzend dunkelgrün
Pflanzen: als Containerstaude ganzjährig möglich, Abstand 30–40 cm; Boden frisch, nährstoffreich, locker, weder sandig noch tonig
Pflegen: im Frühling reichlich organisch düngen, nach der Blüte stark zurückschneiden und nochmals düngen (Neuaustrieb und Zweitblüte im Herbst), alle 3–4 Jahre teilen; bei Trockenheit gießen
Gestalten: gruppenweise ins Sommerbeet, das Weiß der Blüte ist mit fast allen Farben kombinierbar; auch am nicht gemähten Wiesenrand

Indianernessel

Monarda-Hybriden

Höhe/Breite: 70–130 cm/20–50 cm
Blütezeit: Juli–September

Aussehen: aufrecht wachsende, nicht sehr langlebige Staude; Blüten in fast allen Rottönen, violett und weiß (Durchmesser 5–7 cm); Blätter schmal eiförmig, gezähnt, dunkelblaugrün, aromatisch duftend
Pflanzen: als Containerstaude ganzjährig möglich, Abstand 30–40 cm; Boden frisch, nährstoffreich, nicht auf schweren, tonigen Böden
Pflegen: im Frühling Kompost ins Beet einarbeiten, organisch düngen, hohe Sorten stäben, im Herbst zurückschneiden, alle 2–3 Jahre teilen; mäßig gießen, nur in Trockenperioden etwas mehr
Gestalten: gruppenweise als Blickpunkt im Staudenbeet

Gute Partner

- *Feinstrahl-Astern* • *Glockenblumen* • *Gräser* • *Schleierkraut*

Sonnenhut

Rudbeckia-Arten

Höhe/Breite: 0,5–2 m/0,5–1m
Blütezeit: Juli–September

Aussehen: langlebige, reich blühende Staude; Blüten leuchtend gelb, meist mit dunkler Mitte, einfach und gefüllt (Durchmesser mehrere cm); Blätter eiförmig oder gelappt, dunkelgrün
Pflanzen: als Containerstaude ganzjährig möglich, Abstand je nach Art 30–60 cm; jeder gute Gartenboden, frisch, möglichst lehmig, locker und nährstoffreich
Pflegen: im Frühling düngen, abgeblühte Stängel entfernen, Jungpflanzen in rauen Regionen im Winter abdecken; täglich gießen, bei lang andauernder Trockenheit muss der Boden feucht bleiben
Gestalten: in Staudenbeeten, in denen kräftige Farben vorherrschen, auch an Zäunen, die als Stütze dienen; unbedingt in Bauern- oder Cottage-Gärten

 wenig gießen
 Schnittblume
 Bodendecker
 nicht winterharte Zwiebelpflanze
 giftig

Blüten mit Wildpflanzencharme

Frauenmantel

Alchemilla mollis

Höhe/Breite: 30–50 cm/40–60 cm
Blütezeit: Juni–August

Aussehen: Blüten grüngelb, klein, in 5–8 cm Durchmesser großen Blütenständen; Blätter rundlich, an den Rändern eingebuchtet, stumpfgrün
Pflanzen: als Containerstaude ganzjährig möglich, Abstand 30–40 cm; sät sich auch selbst aus; Boden nährstoffreich, möglichst lehmig oder tonig, frisch; nicht auf Sand
Pflegen: anspruchslos, im März das abgestorbene Laub des Vorjahres entfernen, im Frühling düngen, Verblühtes abschneiden und die Staude zurückschneiden; eher mäßig gießen
Gestalten: in farbigen Beeten vielseitig als ruhiger Pol kombinierbar, wirkt kontrastreich neben roten und ruhig mit blauen Blüten

Expertentipp

Der früh austreibende Blattschmuck ist nicht nur hübsch, sondern unterdrückt auch das Unkraut.

Wald-Glockenblume

Campanula latifolia

Höhe/Breite: 80–100 cm/50–60 cm
Blütezeit: Juni–Juli

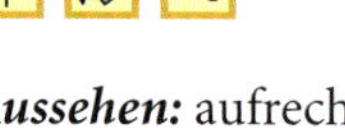

Aussehen: aufrecht wachsende Staude; Blüten blauviolett (Durchmesser 3–4 cm) in lockeren Trauben, auch eine reinweiße Sorte; Blätter länglich eiförmig, behaart, mattgrün
Pflanzen: als Containerstaude ganzjährig möglich, Abstand 40–60 cm; Boden frisch bis feucht, nährstoffreich, humushaltig, verträgt auch feuchtere Böden
Pflegen: im Frühling mit kompostiertem Rinderdung düngen, Austrieb vor Schneckenfraß schützen, im Herbst mulchen; mäßig gießen
Gestalten: für halbschattige Staudenbeete; optimal mit anderen Waldpflanzen unter großen Sträuchern und Bäumen als naturnahes Waldbeet

Gute Partner

- *Farne* • *Funkie* • *Schaublatt*
- *Silberkerze* • *Waldgeißbart*

Schaublatt

Rodgersia podophylla

Höhe/Breite: 80–180 cm/60–75 cm
Blütezeit: Juni–Juli

Aussehen: Blattschmuckstaude; Blüten rahmweiß (Durchmesser wenige mm), in bis zu 50 cm hohen, verzweigten Rispen; Blätter handförmig geteilt, erst bronzefarben, dann dunkelgrün
Pflanzen: als Containerstaude ganzjährig möglich, Abstand ca. 1 m; Boden frisch bis feucht, durchlässig, nährstoffreich, humushaltig, verträgt auch nasse Böden
Pflegen: im Frühling abgestorbene Pflanzenteile zurückschneiden und Boden mineralisch oder organisch düngen, verblühte Rispen abschneiden; reichlich wässern
Gestalten: an Teichrändern oder unter großen Sträuchern, in Gruppen oder als Solitär

Expertentipp

Eine der besten Blattschmuckstauden für Schattenflächen; Sorten in verschiedenen Blattfarben erhältlich.

sonnig · halbschattig · schattig ·  viel gießen ·  mäßig gießen

Sommer-Salbei

Salvia nemorosa

Höhe/Breite: 40–80 cm/30–40 cm
Blütezeit: Mai–August

Aussehen: aufrechte Staude; Blüten hell- bis dunkelviolettblau, klein, in ca. 20 cm langen Ähren, aromatisch duftend, sehr lange haltend; Blätter länglich eiförmig, stumpfgrün
Pflanzen: als Containerstaude ganzjährig möglich, Abstand 20–30 cm; Boden mäßig trocken bis frisch, durchlässig, nährstoffreich, keine schweren Böden
Pflegen: im Frühling organisch düngen, Pflanze nach der Blüte stark zurückschneiden (Nachblüte im September) und düngen; nur bei anhaltender Trockenheit gießen
Gestalten: für Bauerngärten z. B. als Randbepflanzung, als Kontrast zu gelb oder rot blühenden Stauden in Rabatten oder zwischen Rosen

Gute Partner

- *Bartiris* • *Feinstrahl-Astern*
- *Pfingstrosen* • *Rosen*

Königskerze

Verbascum-Hybriden

Höhe/Breite: 1,2–1,8 m/40–60 cm
Blütezeit: Juni–August

Aussehen: kurzlebige Staude; Blüten meist gelb, Sorten auch rosa, purpurn, bernsteinfarben und weiß, in 30–60 cm langen Ähren; Blätter breit oval, graufilzig, in grundständiger Rosette
Pflanzen: als Containerstaude ganzjährig möglich, Abstand 50 cm; Boden trocken bis mäßig trocken, durchlässig, nährstoffarm
Pflegen: Ähren nach der Blüte abschneiden (verlängert das Leben der Staude); nur bei anhaltender Trockenheit gießen
Gestalten: in bunten Bauerngärten oder als Blickpunkt in trockenen Rabatten zwischen orange und gelb gefärbten Sommerblumen

Expertentipp

Die Königskerze kann nur über Samen vermehrt werden. An passenden Stellen sät sie sich leicht selbst aus.

Silbergrauer Ehrenpreis

Veronica spicata ssp. *incana*

Höhe/Breite: 20–40 cm/20–40 cm
Blütezeit: Juni–August

Aussehen: teppichbildende Staude; Blüten dunkelblau bis tiefviolett, klein, in 15 cm langen Ähren; Blätter länglich eiförmig, silbergrau
Pflanzen: als Containerstaude ganzjährig möglich, Abstand 20–30 cm; Boden mäßig trocken bis frisch, durchlässig, mäßig nährstoffreich
Pflegen: nicht düngen, etwas Kompost reicht als Dünger aus; Stängel nach der Blüte zurückschneiden; mäßig gießen
Gestalten: wichtiger als die Blüten ist das graue Laub der Staude, es harmoniert hervorragend mit Beeten in pastellfarbenen Tönen und roten Rosen; gute Ergänzung zu Heide-, Stein- und Steppengärten

 wenig gießen
 Schnittblume
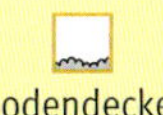 Bodendecker
 nicht winterharte Zwiebelpflanze
 giftig

Stauden mit attraktiven Blättern

Japan-Segge
Carex morrowii

Höhe/Breite: 40–50 cm/30–40 cm
Blütezeit: April

Aussehen: immergrünes Gras; kleine, gelbe Blüten in Ähren; Blätter breit, bogenförmig überhängend-dunkelgrün, die Sorte 'Variegata' mit cremeweißen Randstreifen
Pflanzen: als Containerstaude ganzjährig möglich, Abstand 50 cm; jeder normale Gartenboden, frisch bis feucht, verträgt weder Staunässe noch Trockenheit
Pflegen: gelegentlich organisch düngen; mäßig gießen, bei andauernden Trockenperioden häufiger
Gestalten: zwischen lichten Gehölzen oder im Schatten von Hecken und Mauern, hübsch auch in Waldbeeten oder schattigen Rabatten

Expertentipp

Die bis 150 cm hohe Riesensegge (Carex pendula) können Sie auch auf verdichteten Boden pflanzen.

Blauschwingel
Festuca cinerea

Höhe/Breite: 30–60 cm/20–30 cm
Blütezeit: Juni–Juli

Aussehen: halbkugelige Polster bildendes Gras; graugrüne Blütenrispen; schmale, graugrüne bis stahlblaue Blätter in dichten Horsten, manche Sorten mit intensiv blauen Blättern
Pflanzen: als Containerstaude ganzjährig möglich, Abstand 20–30 cm; Boden mäßig trocken bis trocken, humus- und nährstoffarm, verträgt keine Nässe
Pflegen: im Frühling Verwelktes/Erfrorenes entfernen, Blütenstiele nach der Blüte völlig zurückschneiden; nur bei andauernder Trockenheit gießen
Gestalten: einzeln oder in kleinen Gruppen zwischen Steingartenstauden oder in trockenen Rabatten

 **Gute Partner**

- *Ehrenpreis*
- *Glockenblumen*
- *Hornkraut (Cerastium)*

Funkie, Herzlilie
Hosta-Arten und -Hybriden

Höhe/Breite: bis 120 cm/30–100 cm
Blütezeit: Juni–August

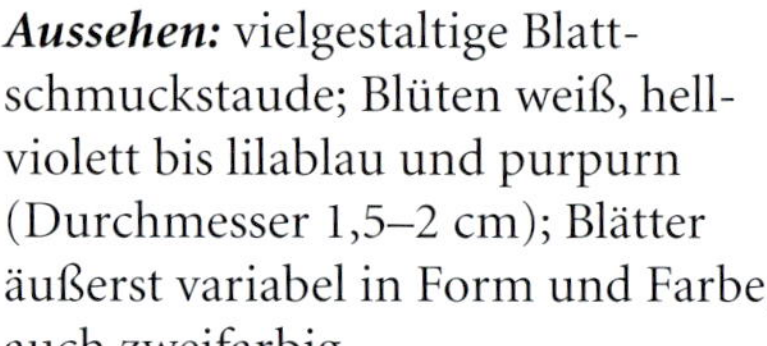

Aussehen: vielgestaltige Blattschmuckstaude; Blüten weiß, hellviolett bis lilablau und purpurn (Durchmesser 1,5–2 cm); Blätter äußerst variabel in Form und Farbe, auch zweifarbig
Pflanzen: als Containerstaude ganzjährig möglich, Abstand je nach Sortenbreite; Boden lehmig, auch feucht, humushaltig
Pflegen: problemlos, im Frühling organischen Dünger (Mulch, Kompost) in den Boden einarbeiten, beim Austrieb unbedingt Schnecken bekämpfen
Gestalten: dauerhafter Blickpunkt unter Gehölzen, an Teichrändern, in absonnigen Staudenbeeten; verdeckt sehr gut einziehende Zwiebelblumen

 **Expertentipp**

Lassen Sie gut angewachsene Pflanzen am besten in Ruhe, sie werden dann sehr alt.

 sonnig
 halbschattig
 schattig
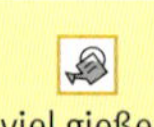 viel gießen
 mäßig gießen

Straußfarn
Matteuccia struthiopteris

Höhe/Breite: 60–140 cm/bis 100 cm
Blütezeit: keine Blütenpflanze

Aussehen: Blattschmuckstaude, die Sporen ausbildet; doppelt gefiederte, frischgrüne Wedel, die trichterartig und relativ starr hochstehen
Pflanzen: als Containerstaude ganzjährig möglich, ideal ist jedoch der Herbst, da der Straußfarn im Folgejahr früh austreibt, Abstand 60–80 cm; Boden frisch bis feucht, locker, humusreich
Pflegen: mit Laubhumus mulchen, alle paar Jahre teilen, da er sich über Ausläufer ausbreitet; bei Trockenheit unbedingt gut wässern
Gestalten: im lichten Schatten waldartiger Gehölze oder unter Hecken, in einem oder wenigen Exemplaren; in zu dichtem Stand fällt die attraktive Wuchsform nicht auf

Gute Partner

- *Funkie*
- *Glockenblumen*
- *Rhododendron*

Lampenputzergras
Pennisetum alopecuroides

Höhe/Breite: 40–100 cm/bis 60 cm
Blütezeit: September–Oktober

Aussehen: schopfartige Horste bildendes Gras; lange Blütenähren mit fedrig wirkenden Grannen über schmalen, überhängenden Blättern (im Herbst goldgelb)
Pflanzen: als Containerstaude ganzjährig möglich, Abstand 60–70 cm; Boden mäßig trocken bis feucht, verträgt keine sehr trockenen, sandigen oder verdichteten Böden
Pflegen: im Frühling zurückschneiden, gelegentlich düngen; bei längerer Trockenheit gießen
Gestalten: als Einzelpflanze im Beet zwischen kleineren Stauden oder auf Hängen kommen die attraktiven, wunderschön überhängenden Ähren am besten zur Geltung

Gute Partner

- *Astern*
- *Frauenmantel*
- *Herbst-Chrysanthemen*

Hirschzungenfarn
Phyllitis scolopendrium

Höhe/Breite: 20–40 cm/20–30 cm
Blütezeit: keine Blütenpflanze

Aussehen: wintergrüne Blattschmuckstaude, die Sporen ausbildet; Blätter hellgrün glänzend, ungeteilt, zungenförmig mit leicht gewelltem Rand, aufrechter Wuchs
Pflanzen: als Containerstaude ganzjährig möglich, zum guten Anwachsen ist der Frühling allerdings besser, Abstand 20–30 cm; Boden frisch bis feucht, durchlässig, humusreich, auf keinen Fall an leicht austrocknenden Standorten
Pflegen: schon beim Pflanzen Torf beimischen, mit Laubkompost mulchen; regelmäßig gießen, in Trockenperioden sogar übersprühen
Gestalten: ideal für schattige, windgeschützte Gartenbereiche; gehört wegen seiner geringen Größe in den Vordergrund

wenig gießen

Schnittblume

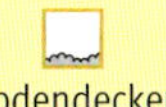
Bodendecker

nicht winterharte Zwiebelpflanze

giftig

Sommerblühende Sträucher

Waldrebe, Clematis
Clematis-Jackmannii-Hybriden

Höhe/Breite: bis 4 m/bis 2 m
Blütezeit: Juli–Oktober

Aussehen: sommergrüne Schlingpflanze; Blüten dunkelblau bis purpurblau, auch rot und rosa (Durchmesser bis 10 cm); Blätter gefiedert, dunkelgrün
Pflanzen: am besten im Frühling, Abstand 20–30 cm, schräg und tief einpflanzen, mit Stab zu einer Kletterhilfe leiten; Boden frisch, humusreich, unbedingt locker
Pflegen: den Fuß der Pflanze gut beschatten, im Frühling organisch düngen, regelmäßig auslichten, Verblühtes entfernen; bei Trockenheit durchdringend wässern
Gestalten: zusammen mit anderen Waldreben (Farbe und Blühperiode abstimmen) oder Kletterrosen, an Wänden, Pergolen oder Bögen

Expertentipp

Clematis-Arten blühen üppiger, haben aber kleinere Blüten und erzeugen ein romantisches Flair.

Perückenstrauch
Cotinus coggygria

Höhe/Breite: bis 5 m/bis 4 m
Blütezeit: Juni–Juli

Aussehen: sommergrüner Großstrauch; winzige, weißliche Blüten in großen, wolkenartigen Rispen, bleiben lange erhalten, daraus entwickeln sich unmittelbar nach der Blüte perückenartige Fruchtstände; Blätter eiförmig, sattgrün, im Herbst orange bis rot
Pflanzen: als Containerstrauch ganzjährig möglich, Abstand 2–3 m; Boden trocken bis frisch
Pflegen: anspruchslos, möglichst nicht schneiden, Boden mulchen und nur wenig gießen
Gestalten: als Blickpunkt innerhalb einer lockeren Gehölzgruppe, im Einzelstand oder im Hintergrund eines Staudenbeetes

Expertentipp

Die Sorte 'Royal Purple' mit ihren tief dunkelrot gefärbten Blättern ist besonders attraktiv.

Waldgeißblatt
Lonicera periclymenum

Höhe/Breite: 5–7 m/bis 3 m
Blütezeit: Mai–Juli

Aussehen: sommergrüne Schlingpflanze; lange Röhrenblüten, weiß, gelb-weiß, lilarot bis purpurn (4–4,5 cm lang), duften abends besonders intensiv, ab August dunkelrote Beeren; Blätter oval, graugrün
Pflanzen: als Containerstrauch ganzjährig möglich, Abstand 30–40 cm, braucht Kletterhilfe; Boden durchlässig, nährstoffreich
Pflegen: anspruchslos, mulchen und im Frühling organisch düngen, gelegentlich zu dichte Triebe auslichten; bei anhaltender Trockenheit gießen
Gestalten: hübsch vor Mauern, über Bögen und Pergolen, wächst auch über Gehölze

 sonnig
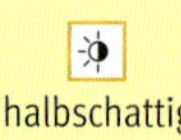 halbschattig
 schattig
 viel gießen
 mäßig gießen

Japanischer Schneeball

Viburnum plicatum f. *tomentosum*

Höhe/Breite: bis 2 m/bis 3 m
Blütezeit: Mai–Juni

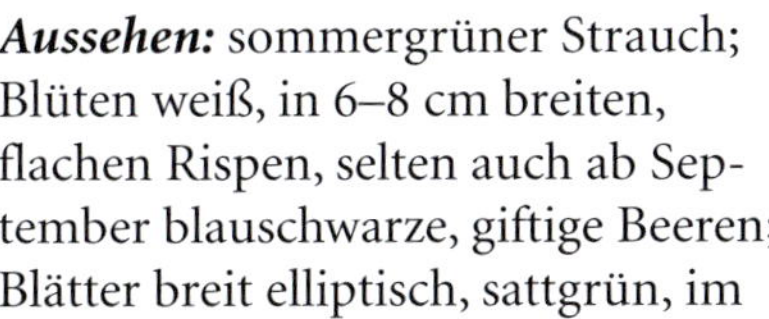

Aussehen: sommergrüner Strauch; Blüten weiß, in 6–8 cm breiten, flachen Rispen, selten auch ab September blauschwarze, giftige Beeren; Blätter breit elliptisch, sattgrün, im Herbst weinrot bis violett
Pflanzen: als Containerstrauch ganzjährig möglich, Abstand 2–3 m; Boden frisch
Pflegen: anspruchslos, gelegentlich organisch düngen, regelmäßig auslichten für eine lockere Form
Gestalten: kommt am besten zusammen mit anderen Sträuchern zur Geltung (Hecke, Gehölzgruppe); im Einzelstand sollte die Wuchsform durch regelmäßiges Auslichten ausgebreitet und locker gehalten werden

Weigelie

Weigela-Hybriden

Höhe/Breite: bis 3 m/bis 3 m
Blütezeit: Mai–Juli

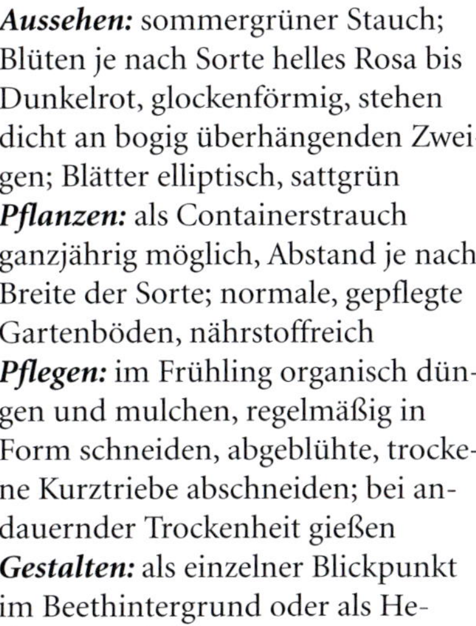

Aussehen: sommergrüner Stauch; Blüten je nach Sorte helles Rosa bis Dunkelrot, glockenförmig, stehen dicht an bogig überhängenden Zweigen; Blätter elliptisch, sattgrün
Pflanzen: als Containerstrauch ganzjährig möglich, Abstand je nach Breite der Sorte; normale, gepflegte Gartenböden, nährstoffreich
Pflegen: im Frühling organisch düngen und mulchen, regelmäßig in Form schneiden, abgeblühte, trockene Kurztriebe abschneiden; bei andauernder Trockenheit gießen
Gestalten: als einzelner Blickpunkt im Beethintergrund oder als Heckenstrauch (verträgt geringeren Abstand zu den Nachbarpflanzen)

Expertentipp

Sehr robuster Strauch, der auch mit schlechterem Stadtklima zurechtkommt.

Weitere sommerblühende Sträucher

Name	Höhe	Blütenfarbe Blütezeit
Schmetterlingsstrauch (*Buddleja davidii;* Sorten)	3–4 m	weiß, rot, blau Juni–August
Schönfrucht (*Callicarpa bodinieri*)	2–3 m	blasslila Juni–Juli
Bartblume (*Caryopteris* x *clandonensis*)	1 m	blau August–Oktober
Säckelblume (*Ceanothus*-Arten)	bis 7 m	blau, rosa Juli–Oktober
Zistrosen (*Cistus*-Arten und -Sorten)	1–2 m	weiß Juni
Blumenhartriegel (*Cornus kousa*)	bis 7 m	weiß Juni
Kronwicke (*Coronilla*-Arten)	1–2 m	gelb Mai–Oktober
Zwergmispel (*Cotoneaster*-Arten)	meist unter 1 m	weiß bis rosa Mai–Juni
Deutzie (*Deutzia*-Arten)	1–2 m	weiß Mai–Juli
Fuchsie (*Fuchsia magellanica* u. a.)	meist unter 1 m	rot bis purpurn Juli–Oktober
Strauchveronika (*Hebe*-Arten)	50 cm	weiß Mai–Juli
Hibiskus (*Hibiscus syriacus;* Sorten)	2–3 m	weiß, blau, rot August–Oktober
Hortensie (*Hydrangea*-Arten)	0,5–3 m	weiß, rot, rosa, violett, blau Juni–September
Kalmie (*Kalmia angustifolia*)	1 m	purpurrot Juni–Juli
Mahonie (*Mahonia*-Arten)	1–3 m	gelb Mai–Juni
Sommerjasmin (*Philadelphus*-Arten)	1–4 m	weiß Juni–Juli
Spierstrauch (*Spirea*-Arten und -Hybriden)	0,5–3 m	weiß, rosa, rot Mai–September

Die besten Rosensorten

Bei den Rosen herrscht eine überwältigende Sortenvielfalt. Mittlerweile spricht man von weltweit über 30 000 Sorten! Da fällt manchmal nicht nur dem Einsteiger die Wahl schwer. Der Trick: Gehen Sie einfach systematisch vor. Der Standort, der Platz im Garten und die Wuchsform sowie die Widerstandsfähigkeit der Rosen sind entscheidend. Der Rest ist Geschmackssache.

Jedes Jahr kommen neue Sorten deutscher und internationaler Rosenzüchter auf den Markt. Die auf den folgenden Seiten vorgestellten Sorten sind zwar nur eine kleine Auswahl. Doch Sie finden darunter v. a. altbewährte Publikumslieblinge und gesunde neue Züchtungen.

Guter Standort – gesundes Wachstum

Je besser die gewählte Rose für den vorgesehenen Platz geeignet ist, desto pflegeleichter wird sie auf Dauer sein. Sie bevorzugt sonnige, aber nicht zu heiße Plätze auf mittelschweren Böden. An Hauswänden oder neben Pflasterbelägen kommt es schnell zu Hitzestaus. Diese fördern den Befall mit Schädlingen und Krankheiten. Achten Sie auf ausreichend Abstand zwischen den Pflanzen, um stehende Luft zu vermeiden. So trocken die Rosen nach Niederschlägen schneller ab – eine Vorbeugung gegen Pilzkrankheiten. Zugig sollte es aber auch nicht sein!

Die Wuchsform bestimmt den Verwendungszweck

Rosen werden in verschiedene Klassen eingeteilt. Diese basieren auf ihrer jeweiligen Wuchsform, die zugleich die Eignung für spezielle Gestaltungsmöglichkeiten vorgibt. Zwergsorten nehmen mit Kübeln und Ampeln vorlieb. Die bis zu 80 cm hohen, klassischen Edelrosen bleiben gerne unter sich, während die vielseitigen Beetrosen mit Stauden kombiniert werden können. Kleinstrauchrosen, auch Flächenrosen genannt, sind besonders robust und pflegeleicht. Die hier vorgestellten Sorten sind wie Beetrosen zu verwenden. Strauchrosen mit 120–200 cm Höhe eignen sich für den Beethintergrund oder solo als Blickfang. Bei den Kletterrosen gibt es die Gruppe der Climber mit straffen, bis 250 cm langen Trieben sowie die Gruppe der Rambler, deren weiche Triebe über 500 cm lang werden können. Erstere eignen sich für Rosenbögen, Mauern und Obelisken, Rambler begrünen Lauben und Pergolen.

Strauchrosen

'Abraham Darby'

Austin 1985

Höhe: 1,5–2 m
Wuchs: langtriebig, überhängend
Blütezeit: Juni–Herbst
Strauchrose

Aussehen: große Blüten, schalenförmig, locker gefüllt und mit einem köstlichen Duft; Blütenfarbe ist eine aparte Kombination aus Aprikotfarben, Rosa und Blassgelb
Besonderheiten: glänzendes, wenig krankheitsanfälliges Laub; in regenreichen Gebieten hängen die nassen, schweren Blüten oft stark über
Gestaltung: meist als Strauchrose verwendet; auch als niedrige Kletterrose an einer Wand oder einem Rankgitter möglich

'Angela'

Kordes 1984

Höhe: 1–1,5 m
Wuchs: breitbuschig-aufrecht
Blütezeit: Juni–Herbst
Strauchrose

Aussehen: lange blühende Rose, die mittelgroßen und regenfesten Blüten stehen in dichten Büscheln zusammen; Einzelblüten schalenförmig, halb gefüllt und von kräftigem Altrosa; dunkelgrünes, sehr widerstandsfähiges Laub; kompakte Anfängerrose
Besonderheiten: ADR-Rose 1984
Gestaltung: 'Angela' eignet sich gut für die Kombination mit Stauden, für niedrige zwanglose Hecken, zur Einzelstellung und zur Pflanzung in Gruppen

'Centenaire de Lourdes'

Delbard-Chabert 1958

Höhe: 1,5–1,8 m
Wuchs: leicht überhängend
Blütezeit: Juni–Herbst
Strauchrose

Aussehen: große, locker gefüllte Blüten in einem leuchtenden Reinrosa mit feinem Duft; erweist sich als robuster Dauerblüher; sehr großes und wenig krankheitsanfälliges Laub; ausgewogener Wuchs, gut verzweigt
Besonderheiten: pollenreiche Blüten spenden Bienen, Hummeln und anderen Insekten wertvolle Nahrung; auch für halbschattige Standorte und Höhenlagen gut geeignet
Gestaltung: für Einzelstellung oder in Gruppen, in Kombination mit anderen Gehölzen und Stauden

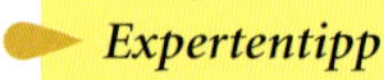

Die »nickenden« Blüten wirken am besten, wenn Sie diese Sorte als Kletterrose verwenden.

- *Steppen-Salbei (Salvia nemorosa) in violett blühenden Sorten*

sonnig

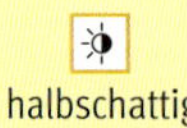
halbschattig

öfter blühend

einmal blühend

für Topfkultur geeignet

'Colette'

Meilland 1993

Höhe: bis 2 m
Wuchs: aufrecht, buschig
Blütezeit: Juni–Herbst
Strauchrose

Aussehen: große, dicht gefüllte Blüten im nostalgischen Stil Alter Rosen, lachsrosa, im Verblühen goldbraune Tönung; starker, fruchtig-spritziger Duft
Besonderheiten: Wuchs im Alter überhängend, der Strauch wird dadurch noch schöner in der Form; durch die gute Frosthärte auch für Höhenlagen geeignet
Gestaltung: ideal zur Einzelstellung oder in Kombination mit anderen Gehölzen, z. B. mit Rotem Perückenstrauch

Expertentipp

Ein »Muss« für Liebhaber romantischer Rosensorten.

'Edenrose 85'

Meilland 1985

Höhe: 1,5 m
Wuchs: kräftig, aufrecht, buschig
Blütezeit: Juni–Herbst
Strauchrose

Aussehen: stark gefüllte, üppig erscheinende Blüten in zartem Cremeweiß und Seidenrosa mit leichtem Duft; recht großes, dichtes Laub, wenig krankheitsanfällig
Besonderheiten: trotz der starken Füllung gut regenfeste Blüten
Gestaltung: aufgebunden an einer Wand oder einer Pergola oder als niedrige Kletterrose; als Gruppe oder einzeln, auch schön als Solitär auf dem Rasen

 *Expertentipp*

Diese Sorte benötigt einen sonnigen Standort, damit sie ihr Potenzial voll entfalten kann.

'Gertrude Jekyll'

Austin 1986

Höhe: bis 1,5 m
Wuchs: kräftig, aufrecht
Blütezeit: Juni–Herbst
Strauchrose

Aussehen: sehr große, rosettenförmige Blüten, dicht gefüllt und von einem kräftigen Rosa; klassischer Duft von Damaszener-Rosen
Besonderheiten: Blüten eignen sich gut für Rosen-Bowle oder für Rosenblüten-Gelee
Gestaltung: gute, widerstandsfähige Anfängerrose für nostalgische Kombinationen mit anderen Duftpflanzen, für die Kübelbepflanzung, zur Einzelstellung und in Gruppen; immer in Nasennähe pflanzen

 Duft
 Schnittblume
 Bodendecker
 Küchenrose
 Nostalgierose

Strauchrosen

'Königin von Dänemark'

Booth 1816

Höhe: bis 1,5 m
Wuchs: kräftig, locker
Blütezeit: Juni
Strauchrose

Aussehen: aus den dicken, rötlichen Knospen dieser *Rosa-alba*-Sorte entwickeln sich große, tiefrosa Blüten mit wunderbarem Duft; perfekte, flache, stark gefüllte, geviertelte Schalen; hübsches, dunkel-graugrünes Laub
Besonderheiten: lange Blütezeit der regenfesten Blüten; Strauch ist auch nach der Blüte noch attraktiv
Gestaltung: einzeln oder in kleinen Gruppen, mit anderen Alten Rosen in lockeren Hecken

'Postillion'

Kordes 1998

Höhe: 1,6 m
Wuchs: kräftig und aufrecht
Blütezeit: Juni–Herbst
Strauchrose

Aussehen: reich erscheinende, mittelgroße, gefüllte Blüten, leuchtend gelb, reichlich duftend; Knospen und verblühende Blüten haben einen warmen Kupferton
Besonderheiten: dunkelgrün glänzendes Laub, widerstandsfähig gegen Pilzkrankheiten; ADR-Rose 1996
Gestaltung: gut geeignet als Einzelstrauch, in Kombination mit anderen Blütensträuchern und zur Kübelbepflanzung

'Rose de Resht'

Einführung aus Persien

Höhe: 80–100 cm
Wuchs: aufrecht, gedrungen
Blütezeit: Juni–Herbst
Strauchrose

Aussehen: kleine, dicht gefüllte, rosettige Blüten, würzig-herber Duft, hell purpurrot; üppiges, dunkelgrünes Laub, wenig krankheitsanfällig, bildet einen schönen Hintergrund für die Blüten; gute, winterharte Sorte für Rosenanfänger
Besonderheiten: kompakter Wuchs macht diese Portland-Rose ideal für kleine Gärten
Gestaltung: eignet sich sowohl als Stammrose, für Kübel, in kleinen Gruppen, einzeln oder als niedrige Hecke; schön auch als Stammrose für die Mitte eines Kräuterbeets

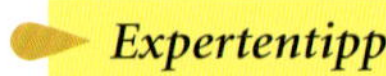
Expertentipp

Ungespritzte Blüten eignen sich gut für Rosenrezepte für die Küche oder die Kosmetik.

Gute Partner

- *Rutenhirse (Panicum virgatum)*
- *Sonnenbraut (Helenium-Hybriden)*

 sonnig
 halbschattig
 öfter blühend
 einmal blühend
 für Topfkultur geeignet

'Royal Show'
Meilland 1983

Höhe: 1,5–2 m
Wuchs: kräftig, überhängend
Blütezeit: Juni–Herbst
Strauchrose

Aussehen: rundliche Knospen öffnen sich zu gut gefüllten, großen Blüten in leuchtendem Johannisbeerrot, sehr farbstabil; glänzendes Blattwerk, ziemlich widerstandsfähig gegen Pilzkrankheiten
Besonderheiten: Blüten erscheinen gleichmäßig vom Sommer bis in den Herbst, reinigen sich gut selbst; liebt frische, raue Standorte; Stauwärme vermeiden
Gestaltung: einzeln oder in Gruppen, für Rosenhecken, auch mit anderen Sorten gemischt

'Vogelpark Walsrode'
Kordes 1988

Höhe: 1,5 m
Wuchs: breitbuschig, locker
Blütezeit: Juni–Herbst
Strauchrose

Aussehen: große, halb gefüllte, zartrosafarbene Blüten, leichter Duft, in lockeren Büscheln, treiben unermüdlich nach, regenfest; glänzendes, zierliches Laub, widerstandsfähig; robuste Einsteigersorte
Besonderheiten: ADR-Rose 1989
Gestaltung: vielseitig verwendbar; einzeln oder in Gruppen, eignet sich aber auch für Pflanzgefäße und zur Kombination mit Stauden

'Weiße Wolke'
Kordes 1993

Höhe: 90–100 cm
Wuchs: breit, ausladend
Blütezeit: Juni–Herbst
Strauchrose

Aussehen: große, halb gefüllte, schalenförmige Blüten mit sichtbaren Staubgefäßen, reinweiß mit lieblichem Duft
Besonderheiten: dichtes, dunkelgrün glänzendes Laub, auffällige Blattadern
Gestaltung: für Gruppen und zur Einzelstellung in kleinen Gärten, auch in Kombination mit blau und gelb blühenden Stauden, z. B. Rittersporn und Taglilie; gut geeignet zur Kübelbepflanzung oder für niedrige Hecken

Expertentipp

Besonders attraktiv in Kombination mit pastellfarben blühenden Stauden.

Beet-, Edel- und Zwergrosen

'Aachener Dom'

Meilland 1982

Höhe: 60–80 cm
Wuchs: aufrecht, buschig
Blütezeit: Juni–Herbst
Edelrose

Aussehen: spitzkugelige Knospen; große, stark gefüllte Blüten in einem hellen Lachsrosa, Duft reichlich und fruchtig; dunkelgrünes, dichtes, ledriges Laub, rötlicher Austrieb
Besonderheiten: gedeiht auch noch auf schlechteren Rosenstandorten; ADR-Rose 1982
Gestaltung: gut geeignet für Gruppen, auch für Rosenrabatten, für Kübel und als Schnittrose

'Alberich'

De Ruiter 1954

Höhe: 30 cm
Wuchs: buschig, kräftig
Blütezeit: Juni–Herbst
Zwergrose

Aussehen: karminrote, leicht gefüllte Blütchen in großen, pyramidalen Dolden; tiefgrünes, glänzendes Laub
Besonderheiten: widerstandsfähige Sorte mit später, aber langer Blütezeit
Gestaltung: für Kübel und Kästen, Gräber und Steingärten, auch als niedrige Stammrose

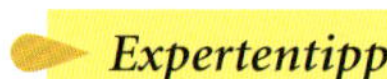

Expertentipp

Aufgrund ihrer guten Gesundheit ist diese Sorte auch für Beetpflanzungen gut geeignet.

'Austriana'

Tantau 1997

Höhe: 60–80 cm
Wuchs: breitbuschig
Blütezeit: Juni–Herbst
Flächenrose

Aussehen: halb gefüllten Schalenblüten in leuchtendem Blutrot, stehen in Dolden; Laub dicht und glänzend
Besonderheiten: Blüten sehr farbstabil, gut selbstreinigend
Gestaltung: sehr gut für größere Flächenpflanzungen und in Gruppen zu Kleingehölzen; auch als Beetrose; 4 Stück pro Quadratmeter

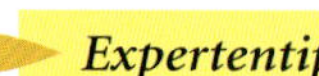

Expertentipp

Diese Rose kommt vor einem dunkelgrünen Hintergrund, z. B. einer Eibe, besonders gut zur Geltung.

 sonnig
 halbschattig
 öfter blühend
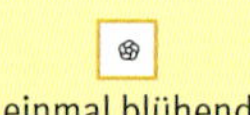 einmal blühend
 für Topfkultur geeignet

'Bernstein Rose'

Tantau 1987

Höhe: 60 cm
Wuchs: kompakt
Blütezeit: Juni–Herbst
Beetrose

Aussehen: rötliche Knospen; mittelgroße, rosettig gefüllte Blüten, würziger Duft, leuchtendes, warmes Bernsteingelb; festes Laub, dunkelgrün und glänzend
Besonderheiten: lange Blütezeit der wetterfesten, nostalgischen Blüten
Gestaltung: in Gruppen oder flächig als Beetrose, auch zur Kübelbepflanzung und als niedrige Stammrose; 6 Stück pro Quadratmeter

'Berolina'

Kordes 1986

Höhe: bis 1 m
Wuchs: kräftig, aufrecht
Blütezeit: Juni–Herbst
Edelrose

Aussehen: lange Knospen; große, stark gefüllte, edel geformte Blüten; zitronengelb mit rötlichem Hauch, typischer Edelrosenduft; Laub dunkelgrün und dicht, kontrastiert gut zu den Blüten
Besonderheiten: ADR-Rose 1986
Gestaltung: einzeln oder in Gruppen, für Kübel, als Stammrose, gute Schnittrose

'Bonica 82'

Meilland 1982

Höhe: 60–80 cm
Wuchs: breitbuschig, locker
Blütezeit: Juni–Herbst
Beetrose

Aussehen: mittelgroße, hellrosa Blüten in kleinen, dichten Büscheln, gut gefüllt und trotzdem regenfest; kleines, festes Laub, sehr widerstandsfähig gegen Pilzkrankheiten
Besonderheiten: ADR-Rose 1982, verträgt sowohl Südlagen als auch Halbschatten; setzt bei heißer Witterung Hagebutten an; sehr frosthart
Gestaltung: als Gruppenrose, auch im Straßenbereich, für Kübel, als Schnittrose, zur Kombination mit Kleingehölzen und Stauden; 4–5 Stück pro Quadratmeter

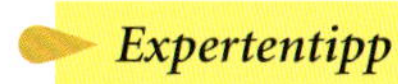

Diese Rosensorte bewährt sich auch an schwierigen Standorten und in Höhenlagen.

Beet-, Edel- und Zwergrosen

'Celina'
Noack 1997

Höhe: 60–80 cm
Wuchs: buschig
Blütezeit: Juni–Herbst
Flächenrose

Aussehen: halb gefüllte Blüten in Büscheln, weiches Hellgelb, Staubgefäße sehr schön sichtbar
Besonderheiten: glänzendes Laub, recht widerstandsfähig gegen Pilzkrankheiten; auch für heiße Lagen geeignet
Gestaltung: guter Flächendecker, auch für Böschungen, zur Kübelbepflanzung und zur Kombination mit niedrigen Stauden; 4 Stück pro Quadratmeter

'Galaxy'
Meilland 1995

Höhe: 50–60 cm
Wuchs: breitbuschig, robust
Blütezeit: Juni–Herbst
Beetrose

Aussehen: mittelgroße, gefüllte Blüten von sehr regelmäßiger, rosettiger Form in schirmförmigen Dolden, rosa Schattierungen auf cremefarbenem Grund
Besonderheiten: interessante Farbgebung; gute Widerstandsfähigkeit gegen Pilzkrankheiten
Gestaltung: sehr gute Rose für die Bepflanzung von Gefäßen, für flächige Pflanzungen, in Gruppen, zur Kombination mit Stauden und Gehölzen; 5–6 Stück pro Quadratmeter

'Gelbe Dagmar Hastrup'
Moore/Meilland 1989

Höhe: 60–80 cm
Wuchs: buschig, aufrecht
Blütezeit: Juni–Herbst
Flächenrose

Aussehen: halb gefüllte, mittelgroße Blüten mit starkem Duft, voll erblüht kräftig gelb, im Abblühen etwas aufhellend; typisches, etwas runzliges Rugosa-Laub, widerstandsfähig gegen Blattkrankheiten
Besonderheiten: Pollenspender für Bienen und andere Insekten; wurzelecht, frosthart, auch salztolerant
Gestaltung: für Einzelstellung oder in Gruppen, auch im Straßenbereich, für Kübel und in Kombination mit Gehölzen und Stauden

Im Kübel ergibt sich mit Polster-Glockenblumen eine reizvolle Farb- und Formenkombination.

- *Storchschnabel (Geranium x cantabrigiense) 'Karmina'*

 sonnig
 halbschattig
 öfter blühend
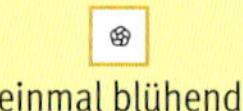 einmal blühend
 für Topfkultur geeignet

‘Heidefeuer’
Noack 1995

Höhe: 50–60 cm
Wuchs: gleichmäßig, aufrecht
Blütezeit: Juni–Herbst
Beetrose

Aussehen: in großer Zahl erscheinende Blüten, mittelgroß, halb gefüllt, leuchtendes Rot
Besonderheiten: kräftiges, dunkelgrünes Laub, sehr widerstandsfähig gegen Blattkrankheiten; robuste Sorte
Gestaltung: durch den sehr gleichmäßigen Wuchs gut für Rosenbeete, flächig oder in Gruppen, als Hochstämmchen oder in Kübeln, zur Grabbepflanzung; 3–4 Stück pro Quadratmeter

‘Heidetraum’
Noack 1988

Höhe: 70–80 cm
Wuchs: buschig, überhängend
Blütezeit: Juli–Spätherbst
Flächenrose

Aussehen: leuchtend karminrosa Blüten in großen Büscheln, halb gefüllt und regenfest; widerstandsfähiges und glänzendes Laub
Besonderheiten: Blüte setzt spät ein, hält aber lange an; ADR-Rose 1990; auch für heiße Südlagen; als Schnittrose geeignet
Gestaltung: für Einzel- oder Gruppenpflanzung, für Kübel, Ampeln und Kästen, als niedrige Stammrose, zur Grabbepflanzung; 2–3 Stück pro Quadratmeter

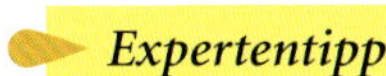

Expertentipp

Eine wichtige »Allround-Rose« für viele Einsatzmöglichkeiten.

‘Leonardo da Vinci’
Meilland 1993

Höhe: 60–80 cm
Wuchs: buschig, aufrecht
Blütezeit: Juni–Herbst
Beetrose

Aussehen: Blüten im Stil der Alten Rosen, stark gefüllt, rosettig geviertelt und mittelgroß; einheitlich dunkelrosa
Besonderheiten: dunkelgrünes, dichtes Laub, wenig anfällig gegen Pilzkrankheiten; Blüten trotz Füllung sehr regenfest, farbstabil
Gestaltung: ideal für flächige Bepflanzungen, aber auch für Kübel, als Stammrose und in Kombination mit Beetstauden und Sommerblumen; 5–6 Stück pro Quadratmeter

Gute Partner

- *Mehliger Salbei (Salvia farinacea)*

 Duft
 Schnittblume
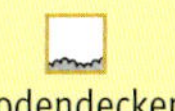 Bodendecker
 Küchenrose
 Nostalgierose

Beet-, Edel- und Zwergrosen

'Nostalgie'

Tantau 1996

Höhe: bis 80 cm
Wuchs: kräftig, buschig
Blütezeit: Juni–Herbst
Edelrose

Aussehen: dunkelrote Knospen; ballförmige, große Blüten, gut gefüllt, angenehmer Duft, Farbverlauf von Kirschrot am Rand bis zu Cremeweiß in der Mitte; Laub stark glänzend und rötlich im Austrieb
Besonderheiten: gut durchblühende Nostalgierose in einmaliger Farbkombination
Gestaltung: einzeln oder in kleinen Gruppen, für romantische Gartensituationen, als Kübelbepflanzung

'Palmengarten Frankfurt'

Kordes 1988

Höhe: ca. 70 cm
Wuchs: breit, überhängend
Blütezeit: Juni–Herbst
Flächenrose

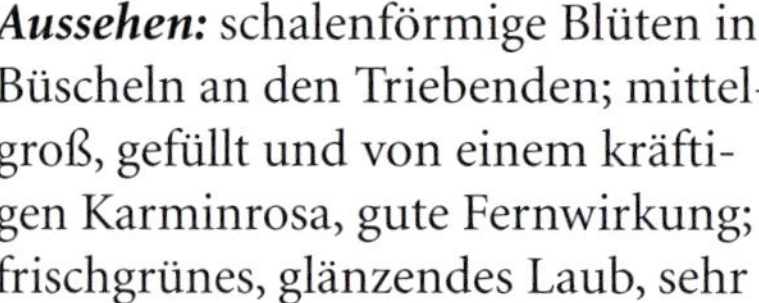

Aussehen: schalenförmige Blüten in Büscheln an den Triebenden; mittelgroß, gefüllt und von einem kräftigen Karminrosa, gute Fernwirkung; frischgrünes, glänzendes Laub, sehr dekorativ und gesund
Besonderheiten: deckt Pflanzflächen schnell ab; robuste Rose auch für ungünstige Lagen
Gestaltung: für kleine oder große Gruppen, zum Überwachsen von Mauerkronen und für Pflanzgefäße geeignet; 2–3 Stück pro Quadratmeter

'Schneeflocke'

Noack 1991

Höhe: 40–50 cm
Wuchs: breitbuschig, verzweigt
Blütezeit: Juni–Herbst
Flächenrose

Aussehen: große Büschel halb gefüllter, reinweißer Blüten, erscheinen schon früh, blühen bis in den Spätherbst hinein; mittelgrünes Laub ist glänzend und gesund
Besonderheiten: besitzt eine hohe Widerstandsfähigkeit gegen Blattkrankheiten; ADR-Rose 1991
Gestaltung: hervorragend als Flächendecker und Beetrose, auch schön als Stammrose, zur Kübelbepflanzung und für Gräber; 4 Stück pro Quadratmeter

Gute Partner

- *Weiß blühender Steppen-Salbei (Salvia nemorosa 'Adrian')*

Gute Partner

- *Unterpflanzung mit Braunelle (Prunella grandiflora 'Loveliness')*

 sonnig
 halbschattig
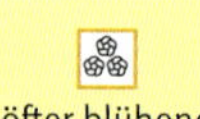 öfter blühend
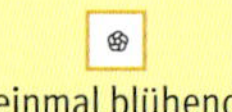 einmal blühend
 für Topfkultur geeignet

'Schöne Dortmunderin'
Noack 1991

Höhe: 60–70 cm
Wuchs: buschig, aufrecht
Blütezeit: Juni–Herbst
Flächenrose

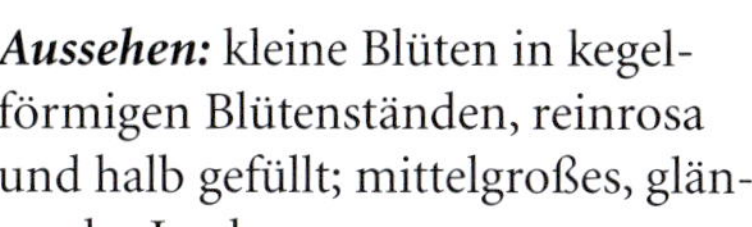

Aussehen: kleine Blüten in kegelförmigen Blütenständen, reinrosa und halb gefüllt; mittelgroßes, glänzendes Laub
Besonderheiten: ADR-Rose 1992; sehr reich und lange blühend, reinigt sich gut selbst; Blüten regenfest; Laub sehr widerstandskräftig
Gestaltung: vielseitig verwendbare Sorte, für einheitlich flächige Pflanzungen in klassischen Rosenbeeten oder auch mit Stauden kombiniert; robuste Rose für Pflanzgefäße; 4 Stück pro Quadratmeter

'Valencia'
Kordes 1989

Höhe: bis 60 cm
Wuchs: breitbuschig, kompakt
Blütezeit: Juni–Herbst
Edelrose

Aussehen: mittelgroße, stark gefüllte Blüten von edler Form, warmer Kupferton; ledriges, frischgrünes Laub
Besonderheiten: Auszeichnung für besonderen Duft
Gestaltung: gute Schnittrose für den Hausgarten, schön auch für Kübel; durch kompakten Wuchs auch in Gruppen mit Beetrosen möglich

'Zwergkönig 78'
Kordes 1978

Höhe: 50 cm
Wuchs: aufrecht, buschig
Blütezeit: Juni–Herbst
Zwergrose

Aussehen: mittelgroße, halb gefüllte Blüten in leuchtendem Blutrot; dichtes, dunkelgrünes Laub
Besonderheiten: Blüten regenfest, gut selbstreinigend
Gestaltung: einzeln oder in Gruppen, zur Grabbepflanzung, für Kübel und andere Pflanzgefäße, als niedrige Stammrose, als niedrige, lockere Hecke oder als Einfassung von Beeten

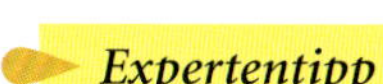

Expertentipp

Pflanzen Sie diese Edelrose in »Nasennähe«, damit Sie ihren Duft voll erleben können!

 Duft
 Schnittblume
 Bodendecker
 Küchenrose
 Nostalgierose

Kletterrosen

'Bobby James'

Sunningdale Nurseries 1961

Höhe: bis 5 m
Wuchs: stark, langtriebig
Blütezeit: Juni
Rambler

Aussehen: unzählige kleine Blüten in großen Büscheln, halb gefüllt, rahmweiß, mit gut sichtbaren Staubgefäßen, intensiver Moschusduft; mittelgrünes, glänzendes, dichtes Laub
Besonderheiten: vitale Kletterrose, wächst auch gut im Halbschatten, setzt im Herbst kleine Hagebutten an
Gestaltung: im Hausgarten meist nur als Einzelexemplar zu verwenden, zur Begrünung von Hauswänden, großen Pergolen und Bäumen

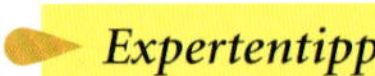

Achtung: Auf der Suche nach dem richtigen Platz sollten Sie die Wuchskraft der Sorte nicht unterschätzen!

'Dortmund'

Kordes 1955

Höhe: 3–4 m
Wuchs: stark, überhängend
Blütezeit: Juni–Herbst
Climber

Aussehen: spitze Knospen; große, einfache Blüten, Blütenblätter gewellt und karmesinrot mit weißer Mitte; glänzendes, tief dunkelgrünes Laub, sehr widerstandsfähig
Besonderheiten: frosthart und zuverlässig, verträgt auch heiße Südlagen, Halbschatten und Höhenlagen; Pollenspender für Bienen und andere Insekten
Gestaltung: zur Berankung von Pergolen, Mauern und Zäunen

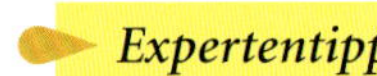

Eine Sorte, mit der man auch an schwierigen Rosen-Standorten glücklich wird.

'Flammentanz'

Kordes 1955

Höhe: 4–5 m
Wuchs: stark, langtriebig
Blütezeit: Juni
Rambler

Aussehen: große Fülle feurig roter, mittelgroßer, gut gefüllter Blüten; Laub dicht und mattgrün
Besonderheiten: besonders robust und widerstandsfähig gegen Krankheiten; frosthart; auch für extrem sonnige Plätze und Höhenlagen gut geeignet
Gestaltung: zum Einwachsen von Rankgerüsten, Pergolen und Rosenbögen, als Blütenkaskade von Mauerkronen herabhängend und zum Verdecken unschöner Wände

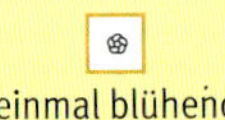

'Kir Royal'

Meilland 1995

Höhe: 2–3 m
Wuchs: buschig, überhängend
Blütezeit: Juni–Herbst
Climber

Aussehen: mittelgroße, halb gefüllte Blütenschalen mit außergewöhnlicher Färbung, Blütenblätter auf zartrosa Grund wie rot übertuscht
Besonderheiten: hellgrünes Laub, außerordentlich widerstandsfähig gegen Krankheiten
Gestaltung: für niedrige Hauswandspaliere und Zäune sowie zur Einzelstellung als Strauch

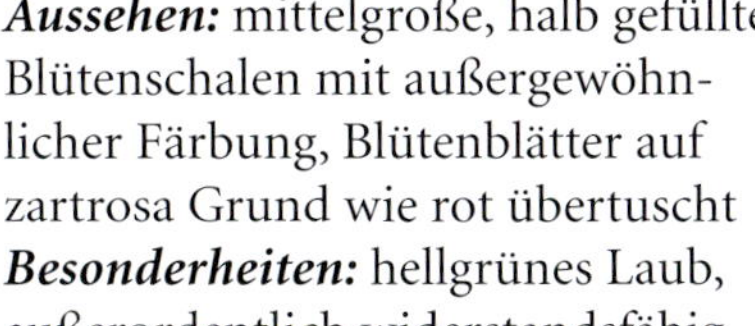

'Maria Lisa'

Brümmer 1925/Liebau 1936

Höhe: bis 3 m
Wuchs: stark, dichtbuschig
Blütezeit: Juni–Juli
Rambler

Aussehen: kleine, einfache Blüten in großen Trauben, rosenrot mit weißer Mitte, lange und reich blühend; Laub mittelgrün und glänzend
Besonderheiten: Blüten sehr haltbar, fallen erst spät ab; Triebe fast stachellos; nicht für sehr kalte Lagen geeignet
Gestaltung: zur Begrünung von Pergolen, Zäunen und kleineren Rosenbögen gut geeignet, aber auch schön als Trauer-Hochstämmchen oder zum Überranken von kräftigen Sträuchern

'Santana'

Tantau 1985

Höhe: 2–3 m
Wuchs: buschig-aufrecht, stark
Blütezeit: Juni–Herbst
Climber

Aussehen: dunkel blutrote Blüten, groß, gut gefüllt und sehr farbbeständig, duften aber nur leicht; ledriges, dunkelgrünes Laub, glänzend und groß
Besonderheiten: fortlaufend nachtreibend mit regenfesten Blüten; robust und frosthart; zuverlässig auch an schwierigen Standorten wie Südlagen
Gestaltung: vielseitig einsetzbar zum Begrünen von Hauswänden, Zäunen etc., auch schön für Kübel und als Hochstämmchen

Gute Partner

- *Rotlaubige Gehölze*
- *dunkelrot blühende Clematissorten*

 Duft
 Schnittblume
 Bodendecker
 Küchenrose
 Nostalgierose

Leuchtende Herbstfarben

Es ist ein weitverbreitetes Vorurteil, dass im Herbst nur das farbige Laub der Gehölze für Farbe im Garten sorgt. Selbstverständlich kann die Auswahl an Herbstblühern nicht mit dem Frühling oder Sommer konkurrieren, aber sie ist immer noch groß genug, um prächtige Beete zu gestalten. Denken Sie nur an die riesige Sortenauswahl an verschiedenfarbigen Astern. Bei geschickter Auswahl der Arten können Sie die Blütezeit sogar bis fast zum ersten starken Frost hinausziehen.

Ab dem Spätsommer und Frühherbst beginnt Ruhe im Garten einzukehren. Die Blüten werden seltener, die meisten Insekten haben sich bereits in die Winterruhe zurückgezogen, und die Außentemperaturen laden nur noch selten zum Kaffeetrinken auf der Terrasse ein. Dennoch ist jetzt nicht die Zeit, sich vorzeitig in den Winter zu träumen. Wenn Sie bei den Sommerblumen regelmäßig Verblühtes entfernt haben, treiben einige davon nun nochmals Blüten aus – wenn auch nicht ganz so üppig wie zur Hauptblütezeit.
Vor allem jedoch schlägt nun die Stunde der eigentlichen Herbstblüher. Während die übrigen Stauden blühten, haben sie die Kraft der Sonne genutzt, um zu wachsen und Blätter zu bilden. Jetzt erst erscheinen ihre Blüten und verwandeln das herbstliche Beet in eine Augenweide.

Planung ist alles

Wegen ihrer späten Blütezeit sollten Sie die Herbstblüher in den Beethintergrund pflanzen, damit die Sommerblüher nicht verdeckt werden. Kleinere, inzwischen verblühte Sommerstauden können stehen bleiben, sie sorgen oftmals mit ihrer Wuchsform für einen interessanten Vordergrund. Zu hohe Sommerblumen sollten Sie zurückschneiden. Die meisten Herbstblüher kommen in Gruppen besonders vorteilhaft zur Geltung, in denen ihre Blüten zu warmen Farbflächen verschmelzen.
Passend zur Jahreszeit sind Gelb-, Gold- und Rottöne – das Angebot lässt kaum Wünsche offen. Achten Sie bei der Pflanzenauswahl auch auf ansprechendes Laub und abwechslungsreiche Wuchsformen. Sollte es aber immer noch an Farbe mangeln, gibt es einen einfachen Trick: Kaufen Sie noch einmal vorgezogene, blühende Pflanzen und bepflanzen Sie damit flache Schalen. Diese kommen dann mitten ins Beet zwischen die anderen Pflanzen. Im Idealfall sollte die Schale unsichtbar bleiben.

Herbstblüher – jedes Jahr neu kombiniert

Löwenmäulchen

Antirrhinum majus

Höhe/Breite: 20–100 cm/15–45 cm
Blütezeit: Juni–September

Aussehen: einjährige Blütenpflanze; Blüten in allen Farben außer Blau, auch zweifarbig (Durchmesser 1–3 cm) in hohen Blütenständen; Blätter schmal eiförmig, sattgrün, leicht klebrig
Pflanzen: Aussaat ab Januar im Zimmer, Pflänzchen ab Mai ins Beet oder ab Ende Mai direkt ins Freiland säen (späte Saaten bis Juli); normaler Boden, locker, nährstoffreich
Pflegen: Boden vor dem Auspflanzen organisch düngen und mit Kompost verbessern, Verblühtes abschneiden, hohe Sorten stäben; mäßig, aber regelmäßig gießen
Gestalten: in bunter Mischung als Farbtupfer in Beeten, hohe Sorten im Hintergrund, niedrige am Rand

Expertentipp

Wenn Sie die Jungpflanzen entspitzen, werden sie buschiger und blühen reichhaltiger.

Schmuckkörbchen

Cosmos bipinnatus

Höhe/Breite: 5–110 cm/50–66 cm
Blütezeit: Juni–Oktober

Aussehen: einjährige Blütenpflanze; Blüten weiß, rosa bis karminrot, gelbe Mitte (Durchmesser ca. 5 cm); Blätter fein gefiedert, hellgrün
Pflanzen: Aussaat ab Ende März im Zimmer, ab Mitte April Jungpflanzen ins Beet oder ab Ende Mai direkt ins Freiland säen; Boden frisch, locker, nährstoffreich
Pflegen: Boden vor dem Auspflanzen organisch düngen und mit Kompost verbessern, hohe Sorten stäben, Verblühtes abschneiden; täglich gießen und stets auf feuchten Boden achten
Gestalten: wunderbar für Bauerngärten, schön als kleine Gruppe im Staudenbeet, auch in Gefäßen

Gute Partner

- *Astern*
- *Indianernessel*
- *Phlox*
- *Spinnenblume*

Herbst-Krokus

Crocus speciosus

Höhe/Breite: 10–15 cm/5–10 cm
Blütezeit: September–November

Aussehen: eintriebige Zwiebelpflanze; Blüten violettblau (Durchmesser ca. 4 cm), Sorten auch weiß, lavendel, dunkel geadert und mit hellem Schlund; Blätter schmal lineal, sattgrün mit weißem Mittelstreifen
Pflanzen: Zwiebeln im Juli-August stecken, danach ungestört lassen, Abstand 5–10 cm; Boden frisch, durchlässig
Pflegen: alle paar Jahre im Herbst düngen, mulchen; die Blätter ziehen ein; nur bei andauernder Trockenheit gießen
Gestalten: immer als lockere Gruppe pflanzen, im Beet zwischen Schatten spendenden Sommerstauden, unter Gehölzen oder am Rasenrand

Expertentipp

Im Sommer vor Sonne schützen und keine starkwüchsigen Stauden in der Nachbarschaft anpflanzen!

 sonnig  halbschattig  schattig  viel gießen 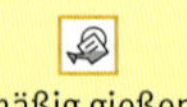 mäßig gießen

Herbst-Alpenveilchen
Cyclamen hederifolium

Höhe/Breite: 10 cm/20–30 cm
Blütezeit: September–Oktober

Aussehen: Knollenpflanze; Blüten weiß, rosa, karminrot (Durchmesser 1–2 cm), duftend, auf unbeblätterten Stielen; Blätter herzförmig, dunkelgrün mit silbriger Zeichnung
Pflanzen: Knollen im Frühling setzen, die Wurzeln müssen nach oben (!) schauen, Abstand 10–20 cm; Boden reichlich mit Laubhumus anreichern, frisch bis mäßig trocken, durchlässig
Pflegen: Standort markieren, denn die Blätter wachsen erst nach der Blüte aus und ziehen im nächsten Frühling ein; in rauen Gegenden im Winter mit Reisig abdecken
Gestalten: gruppenweise unter lichten Sträuchern, zwischen Laubhumus im Waldbeet

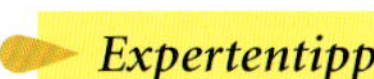
Expertentipp

Achten Sie darauf, dass die Pflanzen nicht von starkwüchsigen Stauden überwuchert werden.

Kapuzinerkresse
Tropaeolum-Hybriden

Höhe/Breite: 30–300 cm/0,5–1 m
Blütezeit: Juli–Oktober

Aussehen: buschige, kriechende oder kletternde einjährige Sommer- und Herbstblume; Blüten gelb, orange, hell- bis dunkelrot, scharlachrot, halbgefüllt und gefüllt (Durchmesser bis 5 cm); Blätter rund, grasgrün, aromatisch duftend
Pflanzen: Aussaat im Zimmer ab März, Anfang Mai ins Freiland oder ab Mai gleich ins Freiland säen; Boden mäßig trocken bis feucht, humos und durchlässig
Pflegen: anspruchslos; bei zu reichen Düngergaben Vermehrung der Blattmasse; mäßig gießen, etwas mehr bei andauernder Trockenheit
Gestalten: kletternde Sorten als Begrünung von Zäunen oder Spalieren, Bodendecker für große Flächen

Expertentipp

Kapuzinerkresse eignet sich wegen der dichten Blattmasse sehr gut zum Begrünen von Komposthaufen.

Eisenkraut, Verbene
Verbena-Hybriden

Höhe/Breite: 20–40 cm/20–40 cm
Blütezeit: Juni–September

Aussehen: einjährige, buschige Sommer- und Herbstblume; Blüten weiß, rosa, lachsfarben, rot, blaurot, violett, oft mit weißem Auge, auch zweifarbig (Durchmesser ca. 1 cm); Blätter schmal eiförmig, dunkelgrün, Oberfläche runzlig
Pflanzen: ab Februar im Zimmer aussäen, Verbenen sind Kaltkeimer (Samen keimen besser, wenn sie in gequollenem Zustand einige Tage im Kühlschrank liegen), ab Ende Mai ins Beet; Boden frisch bis mäßig trocken, durchlässig, nährstoffreich, nicht staunass oder verfestigt
Pflegen: Boden vor dem Auspflanzen organisch düngen, bei Trockenheit gießen
Gestalten: gruppenweise in Lücken auf spätsommerlichen Beeten

Herbst im Staudengarten

Herbst-Eisenhut

Aconitum carmichaelii

Höhe/Breite: 100–140 cm/ca. 40 cm
Blütezeit: September–Oktober

Aussehen: horstartig wachsende Staude; Blüten mittelblau bis lila (Durchmesser 1–2 cm), in bis 30 cm hohen Blütenständen; Blätter drei- bis fünfteilig geschlitzt, sattgrün
Pflanzen: als Containerstaude ganzjährig möglich, Abstand 20–30 cm; Boden ausreichend feucht, darf nicht austrocknen, nährstoffreich
Pflegen: im Frühling reichlich organisch düngen, nach der Blüte ganz zurückschneiden; vor allem bei Trockenheit reichlich gießen
Gestalten: am schönsten am Gehölzrand und im Naturgarten, in halbschattigen Rabatten als Blickpunkt zwischen niedrigeren Stauden

Expertentipp

Der Pflanzensaft des Herbst-Eisenhutes ist giftig, tragen Sie daher beim Schneiden am besten Handschuhe!

Japan-Anemone

Anemone-Japonica-Hybriden

Höhe/Breite: 60–140 cm/0,6–1 m
Blütezeit: August–Oktober

Aussehen: Ausläufer bildende Staude; Blüten zartrosa bis weiß, violettrosa, purpurrosa, karmin- und dunkelrot (Durchmesser ca. 2 cm), auch halbgefüllt; Blätter dreiteilig, stumpfgrün
Pflanzen: als Containerstaude ganzjährig möglich, Abstand 40–50 cm; Boden frisch bis feucht, nährstoff- und humusreich, verträgt auch nassen Boden
Pflegen: mit Kompost, organischem Dünger oder Mist versorgen, im Herbst mulchen, bei Frost abdecken, wuchernde Pflanzen nach Bedarf teilen; reichlich gießen
Gestalten: unter Laubgehölzen oder in schattigen Bereichen von Beeten, auch im Mauerschatten

Gute Partner

- *Farne und Gräser*
- *Eisenhut*
- *Silberkerze*

Raublatt-Aster

Aster novae-angliae

Höhe/Breite: 1–1,6 m/50–70 cm
Blütezeit: September–Oktober

Aussehen: robuste, aufrecht wachsende Staude; Blüten weiß, leuchtend rosa, karmin- und purpurrot, hellrosa, violett bis lavendelblau (Durchmesser meist 2–4 cm); Blätter breit lineal, stumpfgrün, behaart
Pflanzen: als Containerstaude ganzjährig möglich, Abstand 30–40 cm; Boden frisch, nährstoffreich, kurzzeitig auch trocken, keine schweren, verfestigten Böden
Pflegen: im Frühling organisch düngen, gelegentlich Kalidünger, Rückschnitt nach der Blüte; bei anhaltender Trockenheit gießen
Gestalten: im Beethintergrund, am besten in farblich aufeinander abgestimmten, kleinen Gruppen

Expertentipp

Raublatt-Astern sind anspruchsloser und robuster als die ähnlichen Glattblatt-Astern.

 sonnig
 halbschattig
 schattig
 viel gießen
 mäßig gießen

Glattblatt-Aster

Aster novi-belgii

Höhe/Breite: 60–140 cm/50–80 cm
Blütezeit: September–Oktober

Aussehen: aufrecht wachsende Staude in vielen Sorten; Blüten weiß, rosa, karminrot, hell- bis dunkelblau, violett, lila, immer mit gelber bis brauner Mitte (Durchmesser bis 6 cm), bleiben auch bei Regen geöffnet; Blätter lanzettlich, dunkelgrün, glatt
Pflanzen: als Containerstaude ganzjährig möglich, Abstand 30–40 cm; Boden frisch bis feucht, nährstoffreich, humos, lehmig, kein sandiger Boden
Pflegen: im Frühling organisch oder mineralisch düngen, hohe Sorten stäben, nach der Blüte zurückschneiden; regelmäßig gießen
Gestalten: eine der wichtigsten Blütenstauden in herbstlichen Staudenbeeten

Gute Partner

- *andersfarbige Herbst-Astern*
- *Goldrute* • *Chinaschilf*

Purpur-Fetthenne

Sedum telephium

Höhe/Breite: 40–60 cm/bis 60 cm
Blütezeit: Juli–September

Aussehen: breit horstartig wachsende sukkulente Staude; Blüten je nach Hybride und Sorte rosa bis purpur- oder braunrot, Einzelblüte winzig, Blütenstände bis über 30 cm breit; Blätter oval, fleischig, graugrün
Pflanzen: als Containerstaude ganzjährig möglich, Abstand 30–40 cm; Boden trocken bis frisch, durchlässig (möglichst hoher Sand- oder Kiesanteil)
Pflegen: sehr anspruchslos, nur alle 3–4 Jahre düngen
Gestalten: am besten in den Hintergrund von Steingärten oder Staudenbeeten

Expertentipp

Die Blütenstände der Purpur-Fetthenne eignen sich sehr gut für herbstliche Trockensträuße.

Weitere schöne Herbst-Astern

Name	Höhe	Blütenfarbe Blütezeit
Kissenastern (*Aster-Dumosus*-Hybriden)		
'Herbstgruß vom Bresserhof'	50 cm	rosa September
'Jenny'	30 cm	violettpurpurn Sept.–Okt.
'Kassel'	40 cm	karminrot August–Sept.
'Nesthäkchen'	25 cm	rosa September
'Schneekissen'	30 cm	reinweiß September
'Silberblaukissen'	40 cm	blausilbrig September
'Wachsenburg'	50 cm	rosa Sept.–Okt.
Myrtenastern (*Aster ericoides*)		
'Erlkönig'	120 cm	blau Sept.–Okt.
'Ringdove'	90 cm	rosa Sept.–Okt.
'Schneetanne'	100 cm	weiß Sept.–Okt.
Raublatt-Astern (*Aster novae-angliae*)		
'Andenken an Alma Pötschke'	100 cm	lachsrot Sept.–Okt.
'Herbstschnee'	140 cm	weiß Sept.–Okt.
Glattblatt-Astern (*Aster novi-belgii*)		
'Bonningdale White'	100 cm	weiß Sept.–Okt.
'Royal Ruby'	60 cm	violettblau Sept.–Okt.
'Schöne von Dietlikon'	90 cm	violettblau Sept.–Okt.

Herbstlich bunte Blätter

Japanischer Fächerahorn

Acer palmatum

Höhe/Breite: 4–6 m/2–5 m
Blütezeit: Mai–Juni

Aussehen: dekorativer, langsam wachsender Baum oder Großstrauch; Blüten purpurrot in Trauben, später geflügelte Nüsschen; Blätter gelappt, je nach Sorte grün bis dunkelrot, orangerote Herbstfärbung
Pflanzen: als Containergehölz ganzjährig möglich; Boden durchlässig, schwach sauer, etwas feucht
Pflegen: ungestört lassen, nicht beschneiden, nur erfrorene oder beschädigte Zweige entfernen; bei Trockenheit durchdringend gießen
Gestalten: unbedingt als Solitär verwenden, damit Wuchsform und Blätter optimal zur Geltung kommen

Expertentipp

Es gibt insgesamt rund 200 (!) Sorten vom Japanischen Fächerahorn – da fällt die Wahl nicht leicht.

Pampasgras

Cortaderia selloana

Höhe/Breite: 1,2–2,6 m/1,5–1,8 m
Blütezeit: September–Oktober

Aussehen: dekorative Grasstaude; Blüten in silbrigweißen Rispen (50–70 cm hoch); lange Blätter mit scharfen Rändern in hohen Horsten
Pflanzen: als Containerstaude ganzjährig möglich, Abstand 100–150 cm; Boden frisch, durchlässig, nährstoffreich, verträgt auch kurzfristig trockene Standorte
Pflegen: reichlich düngen, im Spätherbst Blätter als Winterschutz zusammendrehen und mit trockenem Laub und Reisig einpacken; gießen nur bei längerer Trockenheit
Gestalten: sehr dominante Pflanze, die genügend Platz braucht und ihre beste Wirkung als Solitär erzielt, daher unbedingt einzeln stellen

Chinaschilf

Miscanthus sinensis

Höhe/Breite: 1–2,7 m/90–100 cm
Blütezeit: September–Oktober

Aussehen: große Horste bildende Grasstaude; Blüten in cremig-weißen, silbrigen, braunen bis braunroten Rispen; schmale lange Blätter an bambusartigen Halmen, leicht überhängend
Pflanzen: als Containerstaude ganzjährig möglich, Abstand 60–100 cm; alle Gartenböden, frisch bis feucht, nährstoffreich
Pflegen: Blätter erst im Frühling vor dem Neuaustrieb zurückschneiden, kräftig düngen, aufgelaufene Sämlinge ausreißen; mäßig gießen, bei andauernder Trockenheit mehr
Gestalten: als Solitär am Gartenteich, als Blickpunkt im Hintergrund eines Beetes

 *Expertentipp*

Die Blätter bleiben den ganzen Winter über attraktiv und sehen bei Raureif besonders zauberhaft aus.

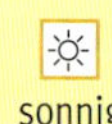 sonnig
 halbschattig
 schattig
 viel gießen
 mäßig gießen

Königsfarn

Osmunda regalis

Höhe/Breite: 60–200 cm/1,2–1,5 m
Blütezeit: keine Blütenpflanze

Aussehen: großer Farn; Blätter frischgrün, doppelt gefiedert mit länglich-eiförmigen Blättchen, gelbe bis gelbbraune Herbstfärbung
Pflanzen: als Containerstaude ganzjährig möglich, am besten jedoch im Frühling, Abstand mindestens 1 m; Boden feucht bis nass, locker, humusreich, sauer
Pflegen: beim Pflanzen Torf beimischen, regelmäßig mit Humus mulchen; vor allem sonnig stehende Farne reichlich gießen, bei anhaltender Trockenheit auch übersprühen
Gestalten: unter Gehölzen, im Hintergrund schattiger Beete, im Spätherbst wegen der Verfärbung der Wedel attraktiver Blickpunkt

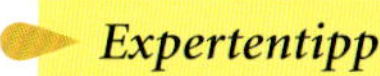

Expertentipp

Der heimische Königsfarn ist geschützt und darf keinesfalls ausgegraben werden!

Wilder Wein

Parthenocissus quinquefolia

Höhe/Breite: bis 15 m/bis 10 m
Blütezeit: Juni–Juli

Aussehen: Kletterstrauch; Blüten unscheinbar, ab September 5–7 mm breite, blauschwarze Früchte; Blätter mit leuchtend karminroter Herbstfärbung (an schattigen Standorten weniger ausgeprägt)
Pflanzen: als Containergehölz ganzjährig möglich, braucht ein Rankgerüst, an das die Jungtriebe festgebunden werden; jeder gepflegte Gartenboden
Pflegen: im Frühling organisch düngen, ungestört wachsen lassen, nur auslichten und störende Zweige entfernen; bei andauernder Trockenheit gießen
Gestalten: zur Begrünung von Fassaden und sichtbaren Mauern

Expertentipp

Die verwandte Jungfernrebe (P. tricuspidata) klettert mit Haftscheiben und braucht keine Kletterhilfe.

Essigbaum

Rhus typhina

Höhe/Breite: bis 4 m/bis 6 m
Blütezeit: Juni–Juli

Aussehen: sommergrüner Laubbaum; Blüten grün in kerzenartigen Rispen, die sich ab August in rötliche Fruchtstände verwandeln; große, gefiederte Blätter, prachtvolle orange-scharlachrote Herbstfärbung
Pflanzen: als Containergehölz ganzjährig möglich; normaler, trockener bis feuchter Boden
Pflegen: anspruchslos, keine besonderen Schnitt- und Pflegemaßnahmen, austreibende Ausläufer sofort entfernen, Baumscheibe mulchen
Gestalten: als Solitär mit reichlich Platz oder in einer tief gestaffelten Hecke oder Gehölzgruppe

Expertentipp

Die Sorte 'Dissecta' trägt farnartig zerteilte Blätter, 'Laciniata' geschlitzte Blätter.

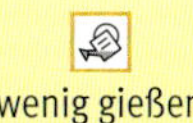
wenig gießen

Schnittblume

Bodendecker

nicht winterharte Zwiebelpflanze

giftig

Das ganze Jahr über grün

Faden-Scheinzypresse
Chamaecyparis pisifera

Höhe/Breite: bis 5 m/bis 4 m
Blütezeit: März–Mai

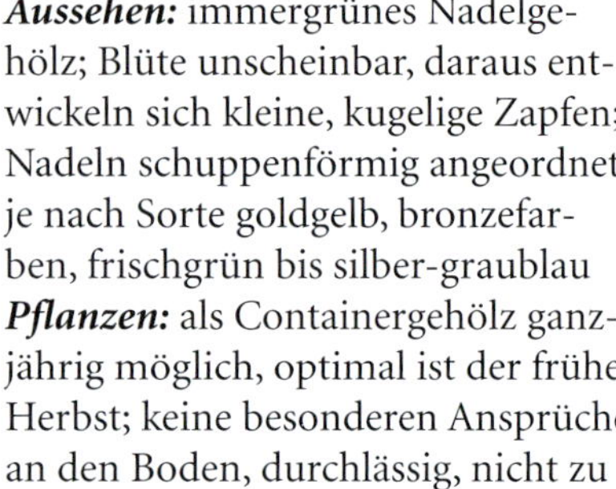

Aussehen: immergrünes Nadelgehölz; Blüte unscheinbar, daraus entwickeln sich kleine, kugelige Zapfen; Nadeln schuppenförmig angeordnet, je nach Sorte goldgelb, bronzefarben, frischgrün bis silber-graublau
Pflanzen: als Containergehölz ganzjährig möglich, optimal ist der frühe Herbst; keine besonderen Ansprüche an den Boden, durchlässig, nicht zu trocken
Pflegen: anspruchslos; gelbnadelige Formen in rauen Wintern vor der Sonne und austrocknenden Winden schützen, an frostfreien Tagen im Winter gelegentlich gießen
Gestalten: flache Zwergformen in Steingärten oder an Hängen

Stechpalme
Ilex aquifolium

Höhe/Breite: 2–5 m/bis 4 m
Blütezeit: Mai

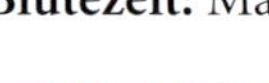

Aussehen: immergrünes Laubgehölz; Blüten weiß, unscheinbar, bildet ab September zahlreiche rote oder orangegelbe Früchte (Durchmesser 7–10 mm, giftig); Blätter glänzend, ledrig, bestachelt, mittel- bis dunkelgrün, je nach Sorte weiß bis gelb gerandet oder graugrün marmoriert
Pflanzen: als Containergehölz ganzjährig möglich, optimal ist der frühe Herbst; Boden frisch, locker, humusreich, verträgt feuchte Böden
Pflegen: im Frühling organisch düngen, Wurzelbereich mulchen, je nach Bedarf in Form schneiden
Gestalten: entweder in Form geschnitten als regelmäßige Hecke oder frei wachsend in lockeren Hecken oder Gehölzgruppen

Wacholder
Juniperus communis

Höhe/Breite: bis 4 m/bis 1 m
Blütezeit: April–Mai

Aussehen: immergrünes Nadelgehölz; unscheinbare Blüten, daraus bilden sich ab September die Beerenzapfen, die im 2. bis 3. Jahr blauschwarz werden; spitze, blaugraue bis blaugrüne Nadeln
Pflanzen: als Containergehölz ganzjährig möglich, optimal ist der frühe Herbst; Boden locker, tiefgründig, mäßig nährstoffreich und trocken
Pflegen: anspruchslos; ältere Säulenwacholder eventuell unauffällig zusammenbinden
Gestalten: säulenförmige Sorten geben großen Heidegärten Höhe, sonst als Solitär; Zwergformen für kleine Heidegärten und Tröge, kriechende Formen als Bodendecker

Expertentipp

Da das Sorten-Angebot sehr umfangreich ist, sollten Sie sich in verschiedenen Baumschulen informieren.

Gute Partner

- *Ginster* • *Glockenheide*
- *Heidekraut* • *Schneeheide*

 sonnig
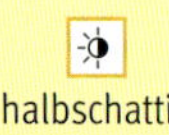 halbschattig
 schattig
 viel gießen
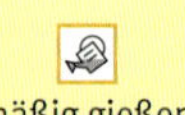 mäßig gießen

Weiß-Fichte

Picea glauca

Höhe/Breite: bis 9 m/bis 2,5 m
Blütezeit: März–April

Aussehen: immergrünes Nadelgehölz, in vielen Sorten von groß bis klein erhältlich; Blüte unscheinbar, daraus bilden sich ab Oktober braune Zapfen ohne Schmuckwert; Nadeln starr, blaugrün und dicht
Pflanzen: als Containergehölz ganzjährig möglich, optimal ist der frühe Herbst; Boden nährstoffreich, frisch bis etwas feucht, toleriert sowohl leicht saure als auch basische Böden
Pflegen: anspruchslos; kein Schnitt, allenfalls störende Triebe herausnehmen; Gießen bei andauernder Trockenheit
Gestalten: die Sorten eignen sich gut für kleine Gärten, Kegelformen als Blickpunkte im Beet, flach wachsende Zwergformen für Steingärten und Tröge, aber auch für Balkonkästen und Kübel

Berg-Kiefer

Pinus mugo

Höhe/Breite: bis 3 m/1–4 m
Blütezeit: April–Mai

Aussehen: immergrünes Nadelgehölz in verschiedenen Sorten; männliche Blüten ährenartig, weibliche unscheinbar, aus ihnen entwickeln sich ab Juli eiförmige, braune Zapfen; starre, zu zweit stehende Nadeln
Pflanzen: als Containergehölz ganzjährig möglich, optimal ist der frühe Herbst; mäßig feuchter, durchlässiger Boden, aber auch trockener, nährstoffarmer Boden
Pflegen: anspruchslos, kein Schnitt, damit die sortentypische Form entstehen kann
Gestalten: Zwergformen passen gut zu Heide- und Steingartenpflanzen oder in Tröge, höhere Sorten als Solitär oder Gruppe

Expertentipp

Fragen Sie beim Kauf einer Berg-Kiefer unbedingt nach der Endgröße der ins Auge gefassten Sorte!

Lebensbaum

Thuja occidentalis

Höhe/Breite: 0,3–10 m/0,4–4 m
Blütezeit: März–Mai

Aussehen: immergrünes Nadelgehölz in vielen Sorten; unscheinbare Blüten, daraus entstehen ab September braune, eiförmige bis längliche Zapfen; schuppenförmige, aromatisch duftende Nadeln, je nach Sorte gelb, bronzefarben, frisch-, dunkel- oder blaugrün, im Winter oft verbraunend
Pflanzen: als Containergehölz ganzjährig möglich, am besten jedoch im Frühherbst; optimal ist tiefgründiger, frischer, durchlässiger Boden
Pflegen: anspruchslos, nur gelegentlich düngen
Gestalten: Säulenformen als einzeln stehende Blickpunkte, Zwergformen in Steingärten, einige Sorten sind auch als Schnitthecken geeignet

wenig gießen

Schnittblume

Bodendecker

nicht winterharte Zwiebelpflanze

giftig

Obst, Gemüse

und Kräuter auswählen

Leckeres Obst für alle Fälle

Obst im Garten – habe ich denn überhaupt Platz dafür? Na klar: Es muss ja nicht ein großer Apfelbaum sein, ein Halbstamm oder Spalierbaum tut es auch. Beerensträucher beanspruchen relativ wenig Platz, sind anspruchslos und pflegeleicht und liefern selbst im kleinen Garten oder auf Terrasse und Balkon meist reiche Ernte. Vielleicht haben Sie auch eine sonnige Hauswand, an der eine Weinrebe oder einige Kiwipflanzen emporranken können?

Knackige Äpfel, süße Birnen, leuchtend rote Kirschen und vielerlei Beeren ernten – selbst in kleineren Gärten ist dies mit den heutigen Sorten, die mit deutlich weniger Standraum auskommen, möglich.
Die Pflanzung eines Obstbaums will wohlüberlegt sein, da er für Jahre an seinem Platz stehen wird. Beerenobst aber findet im kleinsten Garten Platz und benötigt relativ wenig Aufwand und Pflege. Es ist damit geradezu ideal für Küchengarten-Einsteiger. Stachelbeeren, Johannisbeeren, Himbeeren und Brombeeren können bei wenig Platz gut auch als Hecke an Zäunen entlang gepflanzt werden. Erdbeeren und Heidelbeeren gedeihen problemlos auch in Töpfen oder Trögen.

Auf die Sorte kommt es an

Ob Kern- oder Steinobst, große oder kleine Beerensträucher, wichtig ist eine gut durchdachte Sortenwahl. Die Sorte sollte auf jeden Fall zum vorhandenen Standort passen. Wärme liebende Obstarten oder -sorten gedeihen in rauen Nordwestlagen nicht. Als Alternative kommt vielleicht Spalierobst an der Hauswand infrage?
Auch die Bodenbeschaffenheit (siehe Seite 14/15) sollte der ausgewählten Obstart zusagen.
Achten Sie auch auf die angegebenen Erntezeiten und kombinieren Sie verschiedene Obstarten so, dass »Obstschwemmen« vermieden werden.

Obst frisch vom Strauch oder zum Einlagern

Möchten Sie Äpfel für den Winter einlagern oder lieber knackig und frisch vom Baum herunter essen? Werden die Zwetschgen am liebsten süß und saftig gleich verzehrt, oder soll's jede Woche mindestens einmal Zwetschgenkuchen geben? Das vielseitige Beerenobst bietet sich zum Naschen im Garten, frisch vom Strauch herunter, geradezu an und macht besonders Kindern viel Vergnügen.

Süße Beeren – mit und ohne Stacheln

Jostabeere

Ribes x *nidigrolaria*

Höhe: 1,5–2 m
Erntezeit: Juli

Anbauen: am besten im Herbst pflanzen und dabei die Triebe auf ca. 5 Knospen pro Trieb einkürzen; 2–2,5 m^2 Standraum veranschlagen
Boden: nährstoffreich, humos
Pflegen: nach ca. 3 Jahren die starkwüchsigen Sträucher immer wieder auslichten; alte Triebe am Boden zurückschneiden; eine Mulchschicht ist günstig, da die Sträucher flachwurzelnd sind; im Frühling kalibetont und chloridfrei düngen
Verwerten: die sehr großen, vitaminreichen Beeren können frisch verzehrt, zu Marmelade, Saft oder Dessert verarbeitet werden

Rote Johannisbeere

Ribes rubrum

Höhe: 1,5 m
Erntezeit: Juli–August

Anbauen: am besten im Herbst pflanzen und dabei die Triebe auf ca. 5 Knospen pro Trieb einkürzen; 1,5–2 m^2 Standraum veranschlagen; selbstbefruchtend, aber ertragreicher bei Fremdbefruchtung
Boden: nährstoffreich, humos, ausreichend feucht
Pflegen: alte (ca. fünfjährige) Triebe nach der Ernte oder im Winter (März) bis zum Boden zurückschneiden; jedes Jahr 2–3 neue Triebe nachziehen; eine Mulchschicht ist günstig, da die Sträucher flachwurzelnd sind; im Frühling kalibetont und chloridfrei düngen
Verwerten: die Beeren können frisch verzehrt, zu Gelee, Saft oder Dessert verarbeitet werden

Stachelbeere

Ribes uva-crispa

Höhe: 1,5 m
Erntezeit: Juni–Juli

Anbauen: im Herbst pflanzen; brauchen pro Pflanze einen Standraum von ca. 1,5–2 m^2; meist selbstbefruchtend, bei Fremdbefruchtung erfolgen jedoch sicherere Erträge
Boden: nährstoffreich, humos, durchlässig, nicht zu trocken
Pflegen: regelmäßiges Entfernen und Auslichten alter Triebe im Winter (März); Kompostgaben; mulchen
Verwerten: die Beeren können frisch verzehrt, zu Marmelade und Wein verarbeitet oder eingekocht werden (dann noch grün bzw. halbreif ernten, weil die Beeren dann weniger sauer sind und weniger Zucker benötigen)

Expertentipp

Jostabeeren haben eine gute Gesundheit und hohe Widerstandsfähigkeit gegenüber Mehltau und Gallmilben.

Expertentipp

Schwarze und Weiße Johannisbeeren werden ebenso angebaut und gepflegt wie Rote Johannisbeeren.

 sonnig
 halbschattig
 schattig
 viel gießen
 mäßig gießen

Brombeere

Rubus fruticosus

Höhe: 3–5 m
Erntezeit: Juli–Oktober

Anbauen: im Frühling im Abstand von 1–1,5 m pflanzen, Basisknospen ca. 5 cm mit Erde bedecken; einen Standraum von 1,5–2 m² pro Pflanze veranschlagen; an 2–3 Spanndrähten bis zur Höhe von 1,6 m ziehen; selbstbefruchtend
Boden: locker, humos, ausreichend feucht, aber keinesfalls staunass
Pflegen: im August Seitentriebe der Ranken auf 3 Knospen einkürzen; nach der Ernte die abgetragenen Triebe abschneiden und als Winterschutz im Spalier hängen lassen
Verwerten: die Beeren erscheinen an den zweijährigen Trieben und können frisch verzehrt, zu Marmelade, Gelee, Saft oder Wein verarbeitet werden

Expertentipp

Es gibt auch stachellose Sorten, die jedoch oft weniger aromatisch sind.

Taybeere

Rubus fruticosus x *Rubus idaeus*

Höhe: 3–4 m
Erntezeit: Juli–August

Anbauen: im Frühling im Abstand von 1–1,5 m pflanzen, Basisknospen ca. 5 cm mit Erde bedecken; einen Standraum von 1–1,5 m² pro Pflanze veranschlagen; 5–6 kräftige Triebe an 2–3 Spanndrähten bis zur Höhe von 1,6 m ziehen; selbstbefruchtend
Boden: locker, humos, ausreichend feucht, nicht staunass
Pflegen: im August Seitentriebe der Ranken auf 3 Knospen einkürzen, die abgetragenen Triebe des letzten Jahres im Frühling abschneiden
Verwerten: die großen Früchte erscheinen an den dreijährigen Trieben und schmecken roh etwas fad; sie lassen sich jedoch hervorragend zu Gelee, Marmelade oder Saft verarbeiten

Expertentipp

Setzen Sie Taybeeren an eine geschützte Stelle, da das Holz frostempfindlich ist.

Himbeere

Rubus idaeus

Höhe: 1,5–2 m
Erntezeit: Juni–Juli

Anbauen: im Herbst oder Frühling pflanzen, die Basisknospen 5 cm mit Erde bedecken; einen Standraum von 1–2 m² pro Pflanze veranschlagen; an 2–3 waagerechten Drähten ziehen, ideal auch als v-förmiges Spalier in Nord-Süd-Richtung; selbstbefruchtend
Boden: nährstoffreich, durchlässig, humos, pH-Wert ca. 6, ausreichend feucht, nicht staunass
Pflegen: mit Laub- oder Rindenkompost mulchen; mäßig düngen (kalibetont, chloridfrei)
Verwerten: die Früchte entstehen an den zweijährigen Trieben, die beim Ernten gleich mit abgeschnitten werden; für Frischverzehr, Gelee-, Marmeladen-, Saft- oder Weinzubereitung geeignet

Expertentipp

Es gibt auch zweimal tragende Sorten (beim Schnitt beachten!).

 wenig gießen

 für Topfkultur geeignet

 lagerfähig

 kann getrocknet werden

 kann eingefroren werden

Beeren am Boden und am Spalier

Kiwi

Actinidia chinensis

Höhe: 4–8 m
Erntezeit: Oktober–November

Anbauen: im späten Frühling (Mai) im Abstand von 3–4 m an (wind-) geschützte SO- oder SW-Wände pflanzen; ca. 20 m² Standraum pro Pflanze veranschlagen; es müssen männliche und weibliche Pflanzen gesetzt werden (manchmal sind beide auch auf eine Pflanze veredelt)
Boden: humos, tiefgründig, pH-Wert ca. 6, ausreichend feucht
Pflegen: Triebe hochbinden; erst bei nachlassender Fruchtgröße Seitentriebe im Juni nach dem 6. Blatt über den Früchten kappen; Dünger/Kompostgaben im Frühling und im Juni; Winterschutz zumindest in den ersten Standjahren; Früchte vor Sonnenbrand schützen
Verwerten: frisch verzehren oder zu Marmelade oder Bowle verarbeiten

Expertentipp

Gut ausgereifte Früchte sind im Kühlschrank 5–6 Monate lagerfähig.

Schwarze Apfelbeere

Aronia melanocarpa

Höhe: 1–1,5 m
Erntezeit: August

Anbauen: im Herbst oder Frühling im Abstand von 100 x 100 cm pflanzen; bildet viele Ausläufer, die von der Mutterpflanze abgetrennt und wieder eingesetzt werden können; selbstbefruchtend
Boden: wächst auf fast allen Böden
Pflegen: der breitbuschig wachsende Strauch ist anspruchslos und frosthart; er benötigt keinen regelmäßigen Schnitt (nur abgestorbene Triebe entfernen)
Verwerten: die zur Vollreife glänzend schwarzen, herb-säuerlichen Früchte sind ausgesprochen vitaminreich und können zu Kompott, Marmelade, Fruchtdesserts oder Saft verarbeitet werden

Erdbeere

Fragaria x ananassa

Höhe: 15–25 cm
Erntezeit: Juni–Juli

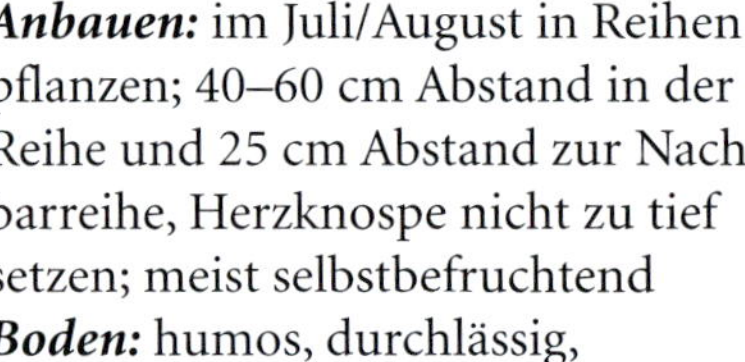

Anbauen: im Juli/August in Reihen pflanzen; 40–60 cm Abstand in der Reihe und 25 cm Abstand zur Nachbarreihe, Herzknospe nicht zu tief setzen; meist selbstbefruchtend
Boden: humos, durchlässig, pH-Wert ca. 6
Pflegen: Kompost- oder Langzeitdüngergabe im Frühling und im Juli/August; mulchen; nach Fruchtansatz mit Stroh unterlegen; im Juni/Juli Ausläufer zur Neupflanzung abnehmen bzw. auf jeden Fall entfernen; im August/September gut gießen
Verwerten: die reifen Früchte können frisch verzehrt oder zu Marmelade, Gelee, Kuchenbelag oder Bowle verarbeitet werden

Expertentipp

Es gibt auch Sorten, die im Herbst ein zweites Mal tragen, jedoch meist nur ein Jahr kultiviert werden.

Kultur-Heidelbeere

Vaccinium corymbosum

Höhe: 40–80 cm
Erntezeit: Juli–September

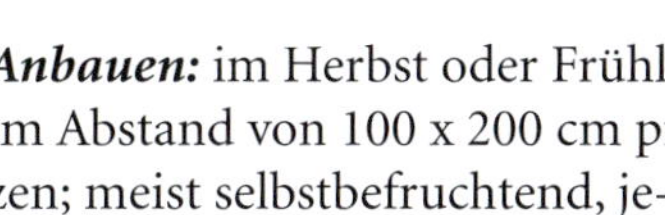

Anbauen: im Herbst oder Frühling im Abstand von 100 x 200 cm pflanzen; meist selbstbefruchtend, jedoch ertragreicher, wenn mehrere Sorten gepflanzt werden
Boden: humos, durchlässig, sauer (pH-Wert 4–5)
Pflegen: mulchen; nach den ersten Standjahren regelmäßig auslichten, alte Triebe entfernen; im April chloridfrei düngen; 3–5 Wochen vor der Ernte ausreichend wässern
Verwerten: erst nach ca. 5 Jahren Standzeit tragen die Sträucher reichlich Früchte, die frisch verzehrt oder zu Marmelade, Gelee, Kuchenbelag, Saft oder Wein verarbeitet werden können

Expertentipp

Setzen Sie einzelne Sträucher in Gefäße mit Walderde und Rindenkompost und graben Sie sie ein.

Preiselbeere

Vaccinium vitis-idaea

Höhe: 15–30 cm
Erntezeit: Juli und Oktober

Anbauen: im Herbst oder Frühling im Abstand von 30 x 30 cm pflanzen; meist selbstbefruchtend, jedoch ertragreicher, wenn mehrere Sorten gepflanzt werden
Boden: humos, pH-Wert 3–5
Pflegen: nur gelegentlich alte und abgestorbene Triebe entfernen; mit Rindenkompost, Walderde o. Ä. mulchen; vor Winterbeginn nochmals ausreichend wässern
Verwerten: die säuerlich-herben, vitaminreichen Früchte können frisch verzehrt oder zu Marmelade, Kompott, Kuchenbelag verarbeitet werden

Expertentipp

Preiselbeeren eignen sich gut als niedrige Unterpflanzung für Kultur-Heidelbeeren.

Tafeltraube

Vitis vinifera

Höhe: 2–6 m
Erntezeit: August–Oktober

Anbauen: im Frühling pflanzen; einen Standraum von 2,5–4 m² pro Pflanze veranschlagen; beim Pflanzen auf das erste Auge zurückschneiden und Veredlungsstelle leicht mit Erde bedecken; auf jeden Fall geschützte, windstille Plätze in Süd-, Südost- oder Südwestlage wählen; selbstbefruchtend
Boden: durchlässig, keine Staunässe und extreme Trockenheit, ansonsten anspruchslos
Pflegen: regelmäßig im Frühling Triebe auf 2–4 Augen pro Austrieb einkürzen; nach dem Austreiben waagerecht oder fächerförmig an Drähte heften; im Juli nichttragende Triebe und Laub einkürzen, damit die Früchte ausreichend Sonne zum Ausreifen bekommen
Verwerten: die reifen Früchte eignen sich zum Frischverzehr oder zur Herstellung von Saft und Wein

wenig gießen

für Topfkultur geeignet

lagerfähig

kann getrocknet werden

kann eingefroren werden

Obst von A(pfel) bis Z(wetschge)

Quitte

Cydonia oblonga

Höhe: 2–5 m
Erntezeit: Oktober

Anbauen: im Herbst oder Frühling pflanzen; einen Standraum von ca. 5–25 m² für den stark wachsenden Baum veranschlagen; selbstbefruchtend
Boden: durchlässig, nicht zu kalkreich, nicht zu trocken
Pflegen: anspruchslos; ein fachgerechter Pflanzschnitt und das gelegentliche Auslichten des alten Holzes sind ausreichend
Verwerten: die apfel- oder birnenförmigen, aromatischen Früchte sind nur gekocht genießbar und können zu Kompott, Marmelade, Gelee (eher früher ernten) oder Mischsäften mit Äpfeln oder Birnen oder Likör (etwas später ernten) verarbeitet werden

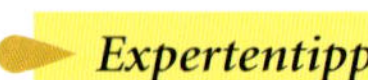
Expertentipp

Mit ihren großen weißen Blüten sind Quitten auch wundervolle Blütenbäume.

Apfel

Malus 'Winterglockenapfel'

Höhe: 5–8 m je nach Wuchsform
Erntezeit: Oktober

Anbauen: im Herbst oder Frühling pflanzen; einen Standraum von ca. 20 m² für die sehr starkwüchsige Sorte veranschlagen; für Spindel oder Busch eher ungeeignet; eine andere Sorte als Pollenspender pflanzen (z. B. 'Gloster')
Boden: humusreich, lehmig, feucht
Pflegen: ein fachgerechter Pflanzschnitt und regelmäßiges Auslichten sind ratsam
Verwerten: die Früchte können frisch verzehrt, zu Kompott oder Saft verarbeitet, aber auch eingelagert werden

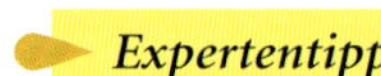
Expertentipp

Beachten Sie, dass zum Einlagern der Äpfel die Temperatur nicht unter 4 °C fallen sollte.

Süßkirsche

Prunus avium

Höhe: 2–10 m je nach Wuchsform
Erntezeit: Mai–Juli

Anbauen: im Herbst oder Frühling mit einem Standraum von ca. 20 m² pro Baum pflanzen und eine Pollenspendersorte dazusetzen, die zur selben Zeit blüht; gute Befruchtersorten sind 'Van' und 'Hedelfinger'
Boden: leicht, sandig bis lehmig, durchlässig, gut durchlüftet, nicht staunass
Pflegen: fachgerechter Pflanzschnitt; gelegentliches Auslichten kurz nach der Ernte; im Winter Stämme gegen Frostrisse kalken; Blüte spätfrostempfindlich
Verwerten: die »Knorpelkirschen« haben ein eher knackiges Fleisch, die »Herzkirschen« ein weiches, weshalb sie bei viel Regen nicht so schnell aufplatzen; Früchte für Frischverzehr und zur Bereitung von Gelee, Kompott, Kuchen und Saft geeignet

Sauerkirsche

Prunus cerasus

Höhe: 2–10 m je nach Wuchsform
Erntezeit: Juli–August

Anbauen: im Herbst oder Frühling mit einem Standraum von ca. 10–15 m^2 pro Baum pflanzen; die meisten Sorten sind selbstbefruchtend; 'Schattenmorelle' ist eine gute Befruchtersorte
Boden: durchlässig, auch auf leichten Sandböden, nicht zu nass
Pflegen: fachgerechter Pflanzschnitt und regelmäßiger Verjüngungsschnitt, v. a. die abgeernteten, herabhängenden Zweige zurückschneiden; sehr frosthart
Verwerten: das saftige, säuerliche Fruchtfleisch ist weich und platzt daher bei Regen kaum auf; reife Früchte für Frischverzehr und zur Herstellung von Gelee, Kompott, Kuchen und Saft geeignet

Hauszwetschge

Prunus domestica 'Hauszwetschge'

Höhe: 2–8 m je nach Wuchsform
Erntezeit: September–Oktober

Anbauen: Pflanzung im Herbst oder Frühling mit ca. 20 m^2 Standraum pro Pflanze; die Sorte ist selbstbefruchtend
Boden: sandig bis lehmig, durchlässig, gut durchlüftet, verträgt auch feuchtere und etwas schwerere Böden
Pflegen: rasch- und starkwüchsig, ertragreich; fachgerechter Pflanzschnitt und ein gelegentlicher Verjüngungsschnitt sind ratsam
Verwerten: die saftigen, gut steinlösenden Früchte können frisch verzehrt oder zu Kuchen, Kompott, Marmelade, Zwetschgenmus und Saft verarbeitet werden

Birne

Pyrus 'Conference'

Höhe: 2–8 m je nach Wuchsform
Erntezeit: September

Anbauen: im Herbst oder Frühling mit einem Standraum von 5–12 m^2 pflanzen; am besten als Spalierbaum, da die Früchte dann besser ausreifen; eine andere Sorte als Pollenspender setzen, z. B. 'Gute Luise' oder 'Köstliche aus Charneu'
Boden: tiefgründig, nährstoffreich, warm, geschützt
Pflegen: fachgerechter Pflanzschnitt und regelmäßiger Auslichtungsschnitt sind ratsam
Verwerten: die sehr saftigen, aromatischen Früchte sind etwas lagerfähig, wenn sie noch hart gepflückt werden; ansonsten für Frischverzehr, Kompott und Saft

Expertentipp

Sehr steil stehende Astgabeln sollten Sie durch entsprechenden Schnitt vermeiden, da sie leicht ausbrechen.

 wenig gießen

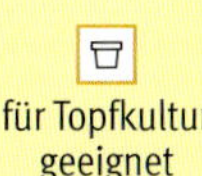 für Topfkultur geeignet

 lagerfähig

 kann getrocknet werden

 kann eingefroren werden

Süßes Obst für sonnenverwöhnte Plätze

Aprikose, Marille

Prunus armeniaca

Höhe: 1,5–4 m je nach Wuchsform
Erntezeit: Juli–August

Anbauen: im Herbst oder Frühling pflanzen; einen Standraum von ca. 15 m^2 veranschlagen; gute Standorte sind leicht geneigte Nordhänge, weil die Bäume dort nicht so früh austreiben, Holz und Blüte sind frostgefährdet; selbstbefruchtend
Boden: locker, lehmig, ausreichend durchfeuchtet
Pflegen: fachgerechter Pflanzschnitt, ansonsten wenig schneiden; Stämme im Winter gegen Frostschäden kalken; Wandspaliere im Frühling mit Sonnenschutz versehen, damit sie nicht so früh austreiben
Verwerten: die aromatischen, meist gut steinlösenden Früchte eignen sich zum Frischverzehr, für Kuchen, Kompott, Marmelade, Gelee, Saft und Likör

Mirabelle

Prunus domestica 'Mirabelle Nancy'

Höhe: 1,5–6 m je nach Wuchsform
Erntezeit: August/September

Anbauen: im Herbst oder Frühling pflanzen; pro Pflanze einen Standraum von 20 m^2 veranschlagen; die Sorte ist selbstbefruchtend
Boden: sandig bis lehmig, durchlässig, gut durchlüftet, etwas feucht
Pflegen: ein fachgerechter Pflanzschnitt und gelegentliches Auslichten sind ratsam; der starkwüchsige Baum bildet eine breite Krone aus; bei viel Regen können die Früchte vermehrt platzen
Verwerten: die aromatischen, gut steinlösenden Früchte eignen sich zum Frischverzehr, für Kompott, Marmelade, Gelee, Saft und Likör

Reneklode

P. domestica 'Oullins Reneclaude'

Höhe: 2–8 m je nach Wuchsform
Erntezeit: August

Anbauen: im Herbst oder Frühling pflanzen; pro Pflanze einen Standraum von 20 m^2 veranschlagen; die Sorte ist selbstbefruchtend
Boden: sandig bis lehmig, durchlässig, gut durchlüftet, etwas feucht
Pflegen: rasch- und starkwüchsig, robust und ertragreich, bildet eine große Krone aus; ein fachgerechter Pflanzschnitt und gelegentliches Auslichten sind ratsam; bei viel Regen können die Früchte vermehrt platzen
Verwerten: die süßen, saftigen Früchte werden hauptsächlich frisch verzehrt oder zu Kompott, Marmelade oder Saft verarbeitet

Expertentipp

Mit einem Anbau am Spalier erzielen Sie wesentlich bessere Erträge.

 sonnig
 halbschattig
 schattig
 viel gießen
 mäßig gießen

Pfirsich

Prunus persica

Höhe: 2–6 m je nach Wuchsform
Erntezeit: Juli–September

Anbauen: im Frühling an einen windgeschützten Standort pflanzen und einen Standraum von ca. 15 m² pro Pflanze veranschlagen; nur in klimatisch milden Gegenden anbauen; meist selbstbefruchtend, jedoch sicherere Erträge, wenn eine zweite Sorte gepflanzt wird
Boden: durchlässig, nährstoffreich, humos, verträgt keine Staunässe oder extreme Trockenheit
Pflegen: regelmäßiger Schnitt nach der Ernte; Fruchtausdünnung bei zu starkem Behang; Kompostgaben; Wässern zur Fruchtausbildung
Verwerten: Früchte zum Frischverzehr, für Kompott oder Saft

Expertentipp

Wählen Sie weißfleischige Sorten, die weniger anfällig für die Kräuselkrankheit sind.

Nektarine

Prunus persica var. *nucipersica*

Höhe: 2–5 m je nach Wuchsform
Erntezeit: Juli–August

Anbauen: im Frühling an einen windgeschützten Standort pflanzen; einen Standraum von ca. 10 m² pro Pflanze veranschlagen; nur in klimatisch milden Gegenden anbauen; meist selbstbefruchtend, jedoch sicherere Erträge, wenn eine zweite Sorte gepflanzt wird
Boden: durchlässig, nährstoffreich, humos, verträgt keine Staunässe und extreme Trockenheit
Pflegen: regelmäßiger Schnitt nach der Ernte; Fruchtausdünnung bei zu starkem Behang; Kompostgaben; Wässern zur Fruchtausbildung
Verwerten: die saftigen, aromatischen Früchte werden frisch verzehrt oder für Desserts verwendet

Weitere Obstsorten

Sorten	Eigenschaften
'Bruno'	mittelstark wachsende Kiwi; nur in warmen Gegenden ertragreich; Frucht länglich
'Boskoop's Glorie'	mehltauresistente blaue Tafeltrauben
'Phoenix'	mehltauresistente weiße Tafeltrauben
'Retina'	typische, besonders krankheitsresistente Spätsommerapfelsorte zum baldigen Verzehr; pflückreif August–September
'Waltz'	Spätsommerapfelsorte vom »Ballerina-Typ«; pflückreif September–Oktober, lagerfähig
'Frühe aus Trevoux'	ertragreiche Birnensorte zum baldigen Verbrauch; pflückreif Anfang September, genussreif 2 Wochen nach der Ernte
'Pastorenbirne'	typische Winterbirnensorte zum Lagern mit großen Früchten; pflückreif ab Oktober, genussreif Dezember–Januar; für warme Standorte
'Konstantinopeler Quitte'	sehr aromatische, robuste, anspruchslose Apfelquitte
'Bereczki-Quitte'	Birnenquitte, etwas weniger aromatisch, aber leichter zu verarbeiten als Apfelquitte, da nicht so hart
'Ontariopflaume'	große, ovale, grüngelbe, aromatische Pflaume; reif im August; selbstbefruchtend
'Ungarische Beste'	mittelgroße, runde, gelbe Aprikose mit roten Backen, fest, saftig; reif im August
'Große Grüne Reneclaude'	große, runde, gelbgrüne Reneklaude, bei Vollreife violettrot, fest, saftreich; reif im August–September
'Früher Roter Ingelheimer'	mittelgroßer, gelbroter Pfirsich mit weißlich gelbem Fruchtfleisch, saftig, aromatisch; reif im Juli–August

Salate & Gemüse – garantiert gartenfrisch!

Gemüse und Salat bekommen Sie wahrscheinlich im Laden nur selten so frisch und knackig wie aus dem eigenen Garten – weshalb sich der Anbau Ihrer Lieblingssalate und Lieblingsgemüse schon auf kleinen Flächen durchaus lohnt.
Haben Sie ausreichend Platz in Ihrem Küchengarten und Lust auf mehr, dann steigen Sie tiefer ins vielfältige Gemüsesortiment ein.
Je größer die Artenvielfalt im Garten ist, umso besser wächst und gedeiht es auf Ihren Beeten.

Selbst wer kein großer Fan von Gemüse ist oder aus Zeitgründen keinen umfangreichen Nutzgarten pflegen möchte, kann sich zumindest mit frischen Salaten aus dem eigenen Garten versorgen.

Ab Mai beginnt die Salatsaison im Garten

Ab Mai können Sie bereits ein vielfältiges Salatsortiment im Garten aussäen oder anpflanzen. Schnitt- und Pflücksalate sind am einfachsten zu kultivieren und können außerdem über längere Zeit laufend geerntet werden. Viele Arten und Sorten, z. B. Endivie, Feldsalat sowie Rukola, liefern sogar noch lange in den Herbst und Winter hinein gesundes Grün, können mit einer Vlies- oder Reisigabdeckung überwintern und dann im zeitigen Frühling bereits schon wieder geerntet werden.

Gemüse von altbekannt bis trendig

Welches Gemüse Sie in Ihrem Garten kultivieren, richtet sich in erster Linie nach dem Platz, Ihren persönlichen Vorlieben und der Zeit, die Sie für die Pflege Ihres Gemüsegartens aufbringen möchten.
Völlig unproblematisch und schnell wachsend sind z. B. Radieschen und Kresse. Sie wachsen auch auf kleinen Flächen oder in den Lücken zwischen anderem Gemüse, aber auch im Blumenkasten. Wollen Sie länger etwas von Ihrem Gemüse haben, sollten Sie ein Beet für Grün- und Rosenkohl reservieren, die Sie sogar noch nach den ersten Frösten und im Winter ernten und einlagern können. Oder vielleicht soll's eher knackiges Sommergemüse, extravagantes Trendgemüse oder scharfes Lauch- und Zwiebelgemüse sein?
Haben Sie sich Ihre Lieblingsgemüsearten ausgesucht, dann überlegen Sie, welche Arten Sie am besten zusammen auf ein Beet setzen, damit in Ihrem Küchengarten alles gesund und prächtig gedeiht.

Bunte Sommersalate

Radicchio
Cichorium intybus var. *foliosum*

Pflanzabstand: 25 x 20 cm
Erntezeit: September–März

Anbauen: für eine Ernte im selben Jahr vorgezogene Jungpflanzen von Ende April–Ende Juli setzen; für Überwinterung und Frühlingsernte im Juli/August direkt aussäen, nach dem Aufgehen auf 12 cm vereinzeln
Boden: humos, tiefgründig, nicht zu trocken
Pflegen: vor dem Pflanzen Kompost in den Boden einarbeiten, ca. 3 Wochen danach Kopfdüngung (wenig Stickstoff); Blätter der Wintersorten im Spätherbst auf 1/3 einkürzen, mit Reisig oder Vlies abdecken
Ernten: bei Wintersorten im Frühling die neu austreibenden Rosetten ernten; nicht in praller Sonne ernten

Expertentipp

Achtung: Es gibt Sorten, die offene Blattrosetten und andere, die kleine Köpfe ausbilden.

Kopfsalat
Lactuca sativa var. *capitata*

Pflanzabstand: 25 x 25 cm
Erntezeit: Mai–Oktober

Anbauen: ideale Kultur für die erste und letzte Nutzung von Frühbeet, Gewächshaus oder Folientunnel im Frühling und Herbst; ab Februar/März aussäen, in Töpfe pikieren, ab 4 Laubblättern pflanzen (nicht zu tief!); ab Mai ins Freie; Folgesaaten alle 2–3 Wochen bis Juli
Boden: humos, durchlässig, nicht zu trocken, kalkhaltig
Pflegen: vor dem Pflanzen den Boden mit Kompost anreichern; ca. 3 Wochen danach Kopfdüngung (wenig Stickstoff); mulchen
Ernten: ernten, wenn sich feste Köpfe gebildet haben, neigt sonst zum Schossen; Salat ist nitratärmer, wenn er nachmittags geerntet wird

Wählen Sie passende Früh-, Sommer- und Herbstsorten, damit es zu keinem »Salat-Engpass« kommt.

Eissalat/Krachsalat
Lactuca sativa var. *capitata*

Pflanzabstand: 30 x 40 cm
Erntezeit: Mai–Oktober

Anbauen: vorgezogene Jungpflanzen ab Mitte Mai setzen oder ab März im Gewächshaus oder unter Folie selbst aussäen und pikieren; Folgesaaten alle 2–3 Wochen bis Juli
Boden: humos, durchlässig, nicht zu trocken
Pflegen: vor dem Pflanzen Kompost einarbeiten; ca. 3 Wochen danach Kopfdüngung (wenig Stickstoff, sonst Nitratanreicherung im geernteten Salat); mulchen
Ernten: schosst nicht so schnell wie Kopfsalat, kann daher länger auf dem Beet bleiben; erntereife Köpfe je nach Sorte sehr fest und schwer; achten Sie darauf, dass die Köpfe bei der Ernte fest sind, aber noch nicht anfangen, spitz auszulaufen

sonnig
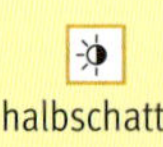
halbschattig

schattig

viel gießen
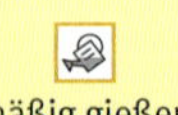
mäßig gießen

Pflücksalat

Lactuca sativa var. *crispa*

Pflanzabstand: 30 x 30 cm
Erntezeit: Mai–September

Anbauen: von März bis Ende Juli direkt aufs Beet säen oder vorgezogene Jungpflanzen von April bis Anfang August setzen
Boden: humos, durchlässig, nicht zu trocken, kalkhaltig
Pflegen: vor dem Pflanzen den Boden mit Kompost anreichern; wenig Stickstoff zuführen; mulchen
Ernten: mehrmals einzelne Blätter ernten, die ständig nachwachsen, wenn der Herztrieb beim Ernten nicht verletzt wird, oder auch die ganze junge Pflanze abschneiden; nitratärmer, wenn Sie nachmittags ernten

Expertentipp

Die rotblättrigen Sorten färben sich bei großen Temperaturunterschieden zwischen Tag und Nacht stärker aus.

Römischer Salat/Bindesalat

Lactuca sativa var. *longifolia*

Pflanzabstand: 30 x 30 cm
Erntezeit: Juni–August

Anbauen: vorgezogene Jungpflanzen ab Mai auspflanzen oder an Ort und Stelle aussäen, letzter Saat- und Pflanztermin Mitte/Ende Juli
Boden: humos, durchlässig, nicht zu trocken, kalkhaltig
Pflegen: vor dem Pflanzen Kompost in den Boden einarbeiten; nur wenig Stickstoff düngen; mulchen
Ernten: schosst nicht so schnell wie Kopfsalat, kann daher länger auf dem Beet bleiben; bildet längliche, hochgeschlossene Köpfe, die je nach Sorte mehr oder weniger fest geschlossen sind

Expertentipp

Der Bindesalat ist wegen seiner Hitzeverträglichkeit und Schossfestigkeit ideal für den Sommeranbau.

Weitere Sommersalate

Sorten	Eigenschaften
'Maikönig'	frühester Kopfsalat für Freilandanbau; feste, gelbgrüne Köpfe mit rotem Blattrand
'Newton'	besonders fester Kopfsalat für frühen Freiland- und Sommer-/Herbstanbau
'Ovation'	besonders fester, widerstandsfähiger Kopfsalat für frühen Freiland- und Sommer-/Herbstanbau
'Pirat'	mittelfrüher Sommer(kopf)salat; mittelgroße, braunrote Köpfe
'Rotkäppchen'	Kopfsalat mit braunroten Blättern; für die ganze Freilandsaison
'Laibacher Eis'	goldgelber Eissalat mit braunem Rand
'Pablo'	rotbrauner Eissalat
'Sioux'	rotbrauner Eissalat für Frühling und Herbst
'Fredo'	dunkelgrüner Römischer Salat; knackig, mehltautolerant
'Little Leprechaun'	braunroter Römischer Salat, für Frühlings-, Frühsommer- und Herbstanbau
'Valmaine'	großer, sehr widerstandsfähiger Römischer Salat; für Frühlings-, Frühsommer- und Herbstanbau
'Teufelsohren'	granatroter Romanasalat
'Roter von Verona'	Radicchio zum Überwintern; bildet im Herbst grüne, erst im folgenden Frühling rote Blätter
'Palla rossa'	Radicchio mit weinrot oder rot-grün gesprenkelten Blättern
'Feuille de chêne rouge'	braunroter Eichblattsalat
'Red sails'	intensiv roter Eichblattsalat
'Lollo rosso'	rotbrauner Pflücksalat
'Lollo bionda'	gelbgrüner Pflücksalat

Salatvergnügen im Winter

Endiviensalat
Cichorium endivia

Pflanzabstand: 30 x 40 cm
Erntezeit: Juni–November

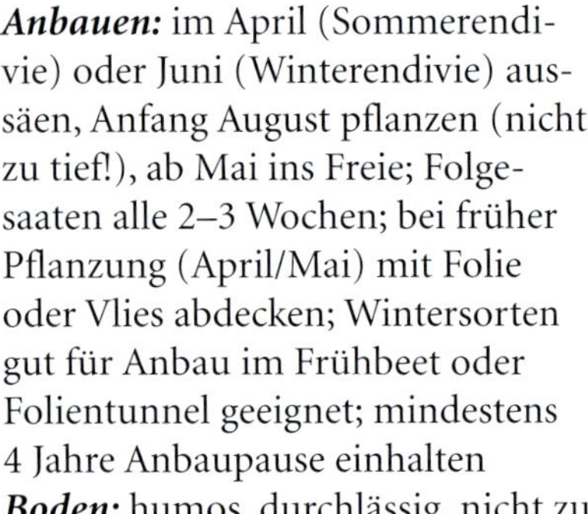

Anbauen: im April (Sommerendivie) oder Juni (Winterendivie) aussäen, Anfang August pflanzen (nicht zu tief!), ab Mai ins Freie; Folgesaaten alle 2–3 Wochen; bei früher Pflanzung (April/Mai) mit Folie oder Vlies abdecken; Wintersorten gut für Anbau im Frühbeet oder Folientunnel geeignet; mindestens 4 Jahre Anbaupause einhalten
Boden: humos, durchlässig, nicht zu trocken, tiefgründig
Pflegen: Düngung auf 2 Gaben verteilen, keinen frischen organischen Dünger und nur wenig Stickstoff geben; mulchen
Ernten: durch Zusammenbinden der fertigen Köpfe oder enges Pflanzen erhalten Sie besonders helle, zarte Innenblätter

Expertentipp

Beachten Sie, dass die Friséesorten mit gekrausten Blättern etwas nässeempfindlicher sind.

Löffelkraut
Cochlearia officinalis

Pflanzabstand: 15 x 20 cm
Erntezeit: Mai–Oktober

Anbauen: im April/Mai oder August/September ca. 1 cm tief ins Freie säen, locker mit Erde bedecken und anschließend mit einem Holzbrett festdrücken; gut wässern, bis zum Aufgehen der Pflänzchen nicht austrocknen lassen
Boden: humos, nicht zu leicht, ausreichend feucht; wächst gut an Bach- oder Teichrändern
Pflegen: regelmäßig von Unkraut befreien, insbesondere nochmals vor der Überwinterung; ab Mitte Dezember abdecken
Ernten: die Pflanze ist winterhart, überdauert mehrere Jahre und kann den ganzen Winter über frisch geerntet werden; es werden laufend die unteren Blätter geerntet

Expertentipp

In einer Glasschale gekeimte Samen können wie Sprossen verwendet werden.

Rukola, Salatrauke
Eruca sativa

Pflanzabstand: 15 x 20 cm
Erntezeit: Mai–Oktober

Anbauen: von März bis September ca. 1 cm tief in Reihen aussäen, nur leicht mit Erde bedecken und gleichmäßig feucht halten; Folgesaaten alle 2 Wochen; frisches Saatgut keimt nur schlecht; jährlich die Anbaufläche wechseln
Boden: humos, durchlässig, nicht zu trocken
Pflegen: anspruchslos, braucht keine Düngung; für Winterernte Pflanzen mit Vlies oder Reisig abdecken
Ernten: ab 15–20 cm Bestandshöhe laufend junge Blätter vor der Blüte ernten; nicht zu tief abschneiden, damit die Pflanze weiterwächst, wegen möglicher Nitratanreicherung in den Blättern möglichst nachmittags an sonnigen Tagen ernten

Expertentipp

Die Wilde Rauke (Eruca selvatica) mit gezähntem Laub wächst langsamer.

 sonnig
 halbschattig
 schattig
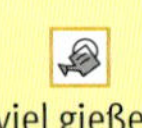 viel gießen
 mäßig gießen

Gartenkresse

Lepidium sativum

Reihenabstand: 10 cm
Erntezeit: Mai–Oktober

Anbauen: von März–September direkt ins Freie säen, Samen in Reihen ausstreuen und leicht andrücken, mit etwas Erde abdecken, kräftig angießen; Folgesaaten alle 2 Wochen; Standort nach 2–3 Jahren wechseln; Kressekultur auch im Gewächshaus, im Frühbeet und auf der Fensterbank möglich (in Saatschalen auf feuchtem Vliespapier u. Ä.)
Boden: humos, durchlässig
Pflegen: völlig anspruchslos, braucht keine Düngung und keimt sehr schnell
Ernten: bereits nach 2–3 Wochen können Sie das erste Grün ernten

Expertentipp

Mit Kresse lassen sich in Beeten und Schalen oder »Kressetieren« aus Ton schöne Muster und Formen aussäen.

Winterspinat

Spinacia oleracea

Pflanzabstand: 20 x 3 cm
Erntezeit: April–Dezember

Anbauen: von September–Anfang Oktober ca. 3–4 cm tief im Freien aussäen; mindestens 3 Jahre Anbaupause (auch nach Mangold oder Rote Bete) einhalten
Boden: humos, nicht zu trocken, tiefgründig, kalkhaltig
Pflegen: gleichmäßig feucht halten (senkt die Nitratanreicherung); regelmäßig hacken (Bodenlockerung, Unkrautbekämpfung); Kompost einarbeiten; nur wenig Stickstoff düngen; mit Reisig oder Vlies abdecken oder unter Folientunnel oder im Gewächshaus kultivieren
Ernten: vor dem Erscheinen der ersten Blütenknospen ernten (wird sonst bitter); kann als Gemüse und Salat verwendet werden

Expertentipp

Es gibt auch Sorten für den Früh-, Sommer- und Herbstanbau.

Feldsalat/Ackersalat

Valerianella locusta

Pflanzabstand: 15 x 3 cm
Erntezeit: Oktober–März

Anbauen: für die Sommer- und Herbsternte im Juli/ August ca. 2 cm tief ins Freie säen; im September aussäen zur Überwinterung; sehr lockeren Boden vor der Saat mit einem Holzbrett festdrücken; die Saat bis zum Aufgehen der Pflänzchen nicht austrocknen lassen; verwenden Sie am besten mehltauresistente Sorten
Boden: humos, nicht zu leicht, kalkhaltig
Pflegen: regelmäßig von Unkraut befreien, vor allem auch vor der Überwinterung; ab Mitte Dezember mit Vlies oder Reisig abdecken
Ernten: den ganzen Winter über frisch ernten; so abschneiden, dass die Rosetten erhalten bleiben

 wenig gießen

 für Topfkultur geeignet

 lagerfähig

 kann getrocknet werden

 kann eingefroren werden

Asiatische Gemüse und Salate

Essbarer Zierkohl

Brassica oleracea 'Kyoti'

Pflanzabstand: 40 x 50 cm
Erntezeit: August–Dezember

Anbauen: im Juni ins Frühbeet oder ins Freie säen und die Samen in zweifacher Samenstärke mit Erde bedecken, andrücken und gleichmäßig feucht halten; Jungpflanzen Ende Juni/Juli pikieren; mindestens 4 Jahre Anbaupause (auch zu anderen Kohlarten, Spinat, Rettich) einhalten
Boden: humus- und strukturreich, nicht zu trocken, kalkhaltig
Pflegen: Boden gleichmäßig feucht halten (mulchen); organisch und mineralisch düngen, ausreichend mit Stickstoff versorgen
Ernten: die Blätter färben sich erst in ihren typischen Farben (weiß, rosa, violett) aus, wenn die Nachttemperaturen auf 10 °C sinken

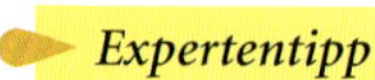

Die dekorative Pflanze für Garten, Balkon und Terrasse überrascht mit einem zarten Brokkoli-Aroma.

Chinakohl

Brassica rapa ssp. *chinensis*

Pflanzabstand: 30 x 40 cm
Erntezeit: Juni–Dezember

Anbauen: ab April im Gewächshaus oder Frühbeet aussäen oder von Anfang Juli bis Anfang August 2–3 cm tief direkt ins Freie säen; Pflanzen nach dem Auflaufen vereinzeln; mindestens 3 Jahre Anbaupause (auch zu anderen Kohlarten, Spinat, Rettich) einhalten
Boden: humus- und strukturreich, nicht zu trocken, kalkhaltig
Pflegen: Boden gleichmäßig feucht halten (mulchen); organisch und mineralisch düngen (Starkzehrer), ausreichend Stickstoff; zur Hauptwachstumszeit ausreichend wässern
Ernten: ernten, wenn sich schöne große Köpfe gebildet haben; der Blütentrieb im Inneren des Kopfes sollte nicht länger als 5–10 cm sein; manchmal ist eine Ernte bis in den Winter hinein möglich, da die Pflanzen kurzzeitige Fröste bis -6 °C vertragen

Chin. Senfkohl/Pak Choi

Brassica rapa ssp. *chinensis* 'Pak Choi'

Pflanzabstand: 30–40 cm
Erntezeit: Juni–Dezember

Anbauen: ab Mitte Juli bis Anfang August 2–3 cm tief direkt ins Freie säen und Pflanzen nach dem Auflaufen vereinzeln; besser nur die kleinen Pflänzchen verwenden, da die großen meist schlecht anwachsen; mindestens 3 Jahre Anbaupause (auch zu anderen Kohlarten, Spinat, Rettich) einhalten
Boden: humus- und strukturreich, optimal sind sandige Lehmböden; nicht zu trocken oder staunass
Pflegen: Boden gleichmäßig feucht halten (mulchen); organisch und mineralisch düngen; während des Hauptwachstums ausreichend wässern; Pflanzen halten sich auf dem Beet bis zum ersten Frost
Ernten: vorsichtig ernten, damit die fleischigen Blätter nicht beschädigt werden

Expertentipp

Pflanzen Sie schossfeste Sorten (z. B. 'Jai Choi F_1', 'Hypro F_1').

 sonnig
 halbschattig
 schattig
 viel gießen
 mäßig gießen

Speisechrysantheme

Chrysanthemum coronarium

Pflanzabstand: 15 x 15 cm
Erntezeit: Juli–September

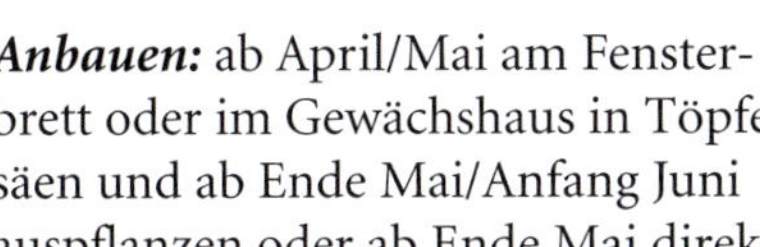

Anbauen: ab April/Mai am Fensterbrett oder im Gewächshaus in Töpfe säen und ab Ende Mai/Anfang Juni auspflanzen oder ab Ende Mai direkt ins Freie säen
Boden: humus- und strukturreich, nicht zu trocken, nährstoffreich
Pflegen: Boden vor der Kultur mit Kompost versorgen; regelmäßiger Rückschnitt (oder Ernte) sorgt für kompakten Wuchs; vor Schnecken schützen
Ernten: ernten Sie die fleischigen jungen Blätter laufend, sie werden gedünstet oder roh als ungewöhnliches Würzkraut der fernöstlichen Küche verwendet; auch die Blüten sind essbar, sie sind essenzielle Zutat für den chinesischen Chrysanthemen-Feuertopf

Spargelsalat

Lactuca sativa var. *angustana*

Pflanzabstand: 25 x 30 cm
Erntezeit: Juni–September

Anbauen: ab Februar am Fensterbrett oder im Gewächshaus aussäen und ab Ende April/Anfang Mai auspflanzen oder im März/April direkt ins Freie säen; bei niedrigen Temperaturen mit Vlies abdecken; Nachsaat im Sommer, bei zu hohen Temperaturen keimen die Samen allerdings nur schlecht
Boden: humos, durchlässig, locker, nahrhaft
Pflegen: vor der Pflanzung Kompostgabe; ca. 3 Wochen danach Kopfdüngung, nur wenig Stickstoff geben; mulchen
Ernten: die jungen Blätter können als Salat gegessen werden, hauptsächlich werden aber die Stängel roh oder gedünstet verwendet

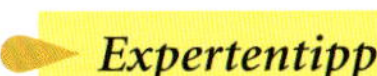
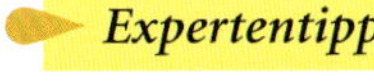

Expertentipp

Die Sorte 'Chinesische Keule' hat besonders starke Stängel mit bis zu 5 cm Durchmesser.

Shii-Take

Lentinula edodes

Anbauzeit: Mai–September
Erntezeit: Mai–September

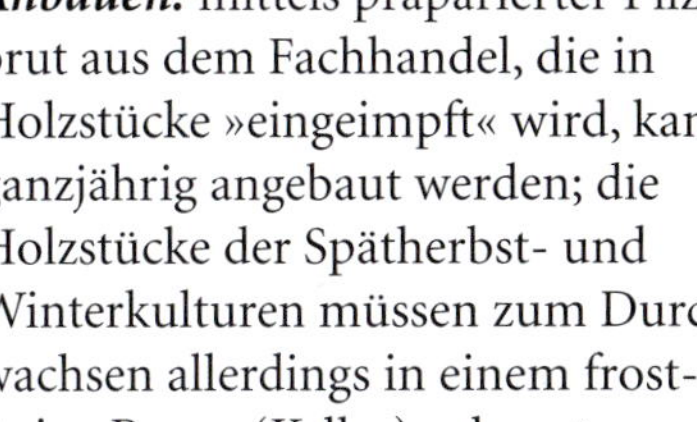

Anbauen: mittels präparierter Pilzbrut aus dem Fachhandel, die in Holzstücke »eingeimpft« wird, kann ganzjährig angebaut werden; die Holzstücke der Spätherbst- und Winterkulturen müssen zum Durchwachsen allerdings in einem frostfreien Raum (Keller) gelagert werden; damit das Pilzmyzel gleichmäßig im Holz wächst, sind Temperaturen von 12–28 °C nötig
Kultur: auf Laubholzstücken
Pflegen: Holzstücke an einem halbschattigen und windgeschützten Platz aufstellen; gleichmäßig feucht halten; vor Schnecken schützen
Ernten: am besten wird bei Temperaturen von 14–24 °C geerntet; wenn die Pilzhüte waagerecht abstehen, haben sie die optimale Erntereife; der schmackhafte, feine Pilz gilt in Asien als »Lebenselixier«

 wenig gießen

 für Topfkultur geeignet

 lagerfähig

 kann getrocknet werden

 kann eingefroren werden

Gemüse voll im Trend

Buntstieliger Mangold

Beta vulgaris var. *cicla*

Pflanzabstand: 40 x 35 cm
Erntezeit: (Mai) Juli–Oktober

Anbauen: von April–August etwa 2–3 cm tief in Reihen ins Freie aussäen; nach dem Aufgehen auf 20 cm vereinzeln; spätere Aussaaten (von Juli–September) können in milden Gegenden überwintern; mindestens 3 Jahre Anbaupause einhalten (auch nach Spinat und Roter Bete)
Boden: tiefgründig, humos, nicht zu trocken
Pflegen: vor der Pflanzung Kompost einarbeiten; wenig Stickstoff, bei Mangelerscheinungen Bordünger einsetzen; mulchen; überwinternde Pflanzen mit Vlies oder Reisig abdecken
Ernten: wenn die Blätter voll ausgebildet sind, Stiele von außen nach innen abschneiden oder abbrechen

Expertentipp

Sorgen Sie für gleichmäßige Bodenfeuchte – dann bleiben die Blattstiele besonders zart!

Romanesco-Kohl

Brassica oleracea

Pflanzabstand: 40 x 50 cm
Erntezeit: Mai–November

Anbauen: ab Mai/Juni ins Freie säen und mit ca. 0,5 cm Erde bedecken; gleichmäßig feucht halten; mindestens 4 Jahre Anbaupause einhalten (auch zu anderen Kohlarten)
Boden: humus- und strukturreich, nicht zu trocken, kalkhaltig
Pflegen: für gleichmäßige Bodenfeuchtigkeit sorgen, z. B. durch Mulchen; organisch und mineralisch düngen (Starkzehrer), ausreichend mit Stickstoff versorgen
Ernten: ernten, wenn die geometrisch geformten Köpfe ihre hellgrüne Farbe deutlich ausgebildet haben

Expertentipp

Der Romanesco-Kohl ist feiner und aromatischer im Geschmack als »herkömmlicher« Blumenkohl.

Violetter Blumenkohl

B. oleracea var. *botrytis* 'Graffiti'

Pflanzabstand: 40 x 50 cm
Erntezeit: Juli–Oktober

Anbauen: von März–April im Frühbeet oder Gewächshaus, ab Mai auch im Freien aussäen; Jungpflanzen pikieren, ab April auspflanzen, tief setzen; späteste Pflanzung Mitte Juli; mindestens 4 Jahre Anbaupause einhalten (auch zu anderen Kohlarten, Spinat und Rettich)
Boden: humus- und strukturreich, nicht zu trocken, kalkhaltig
Pflegen: für gleichmäßige Bodenfeuchte sorgen (mulchen); organisch und mineralisch düngen (Starkzehrer), ausreichend mit Stickstoff versorgen
Ernten: wenn die großen Köpfe sich in ein leuchtendes Violett ausgefärbt haben, sind sie erntereif; wundern Sie sich nicht: Werden sie gekocht, färben sich die Köpfe grün

Erdbeerspinat

Chenopodium capitatum

Pflanzabstand: 10 x 20 cm
Erntezeit: Juli–Oktober

Anbauen: von Mitte März bis Anfang August 2–3 cm tief in Reihen aussäen und nach dem Auflaufen vereinzeln; werden einzelne Pflanzen stehen gelassen, damit sie blühen und fruchten können, säen sie sich auch selbst aus
Boden: humus, sandig-lehmig
Pflegen: relativ anspruchslos; vor der Aussaat Boden mit Kompost versorgen
Ernten: laufend einzelne Blättchen oder ganze junge Pflanze vor der Blüte ernten; Blätter können wie Spinat gegart oder roh als Salat gegessen werden; die kleinen roten Früchte schmecken entfernt wie Erdbeeren

Expertentipp

Die fruchtenden Pflanzen sind auf dem Beet oder in Kübeln und Trögen eine attraktive Zierde.

Igelgurke/Kiwano

Cucumis metuliferis

Pflanzabstand: 120 x 30 cm
Erntezeit: Juli–September

Anbauen: ab Mitte April auf der Fensterbank oder im Gewächshaus in Töpfe säen und ab Ende Mai auspflanzen; in weniger mildem Klima günstiger unter Folientunnel oder im Gewächshaus kultivieren
Boden: humos, locker, leicht erwärmbar, nährstoffreich
Pflegen: vor dem Anbau Kompost leicht in den Boden einarbeiten; Jungpflanzen 2-triebig an Schnüren hochziehen; für gleichmäßige Bodenfeuchte sorgen, daher am besten mulchen; gut vor Schnecken schützen
Ernten: geerntet wird, wenn die Früchte von Grün auf Gelb umfärben; wenn sie ganz gelb sind, sind die Samen schon zu hart

Expertentipp

Sie können die Früchte an einem kühlen, trockenen Ort (nicht im Kühlschrank) über Monate aufbewahren.

Andenbeere

Physalis edulis/P. peruviana

Pflanzabstand: 50 x 90 cm
Erntezeit: Juli–November

Anbauen: ab Ende April pflanzen (ins Freie erst ab Ende Mai), Standort möglichst hell und windgeschützt wählen
Boden: humus- und strukturreich, nährstoffreich, nicht zu trocken
Pflegen: nur 2–3 kräftige Triebe stehen lassen; in milden Gegenden problemlos im Freien zu ziehen, ab Mitte Oktober ausgraben, zurückschneiden und dunkel und frostfrei überwintern; in raueren Gegenden im Gewächshaus halten
Ernten: die orangefarbenen Früchte können roh gegessen und für Dessert, Kuchen, Marmelade verwendet werden

Expertentipp

Ernten Sie die Früchte immer mit den braunen Hüllblättern, dann halten sie sich länger.

Gemüse méditerranée

Toskanischer Palmkohl

Brassica oleracea 'Nero di Toskana'

Pflanzabstand: 30 x 40 cm
Erntezeit: Juli–Oktober

Anbauen: ab April bis spätestens Ende Juni in Reihen von 15–20 cm Abstand oder ins Freie säen und nach 3–4 Wochen in Töpfe setzen oder auf sonnige Beete verpflanzen; mindestens 3 Jahre Anbaupause (auch andere Kohlarten) einhalten
Boden: humos, nährstoffreich, nicht zu trocken
Pflegen: Boden gleichmäßig feucht halten (z. B. durch Mulch); bis Ende September mit reifem Kompost oder Mineraldünger versorgen und bis dahin auch ausreichend gießen
Ernten: es werden die langen, schmalen Blätter geerntet und ähnlich wie Wirsing oder Grünkohl verwendet

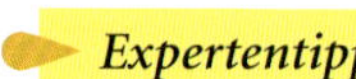

Expertentipp

Palmkohl kann milde Winter bis -15 °C überdauern und blüht dann mit Tulpen und Narzissen.

Brokkoli

Brassica oleracea var. *italica*

Pflanzabstand: 40 x 50 cm
Erntezeit: Juni–Oktober

Anbauen: vorgezogene Jungpflanzen ab April ins Beet setzen oder von April–Juli direkt ins Freie säen und anschließend vereinzeln; mindestens 3 Jahre Anbaupause (auch zu anderen Kohlarten) einhalten
Boden: humos, nährstoffreich, nicht zu trocken, vor der Pflanzung mit Kompost versorgen
Pflegen: für gleichmäßige Bodenfeuchte sorgen (z. B. durch Mulch); organische Düngung auf zwei Gaben verteilen; durch Vliesabdeckung bessere Ausreife und Ernteverfrühung; Brokkoli ist sehr frosthart, er kann bis in den Winter hinein auf dem Beet bleiben
Ernten: ernten, bevor sich die Blütenknospen öffnen, zuerst den Haupt»kopf« herausschneiden, dann die nochmals austreibenden Seitentriebe ernten

Honigmelone

Cucumis melo

Pflanzabstand: 100 x 30 cm
Erntezeit: Juli–September

Anbauen: ab April am Fenster oder im Gewächshaus in Töpfe säen und ab Ende Mai in gelockerten Boden pflanzen; am besten im Gewächshaus kultivieren, da die Pflanze sehr wärmebedürftig ist
Boden: humos, locker, leicht erwärmbar, nährstoffreich
Pflegen: vor dem Anbau Kompost leicht in den Boden einarbeiten; Jungpflanzen vor Schnecken schützen; an Schnüren hochleiten und die Seitentriebe nach dem ersten Blatt regelmäßig einkürzen; mulchen
Ernten: wenn die Früchte den typischen Melonenduft verströmen, ist exakt Zeit zum Ernten; lassen Sie pro Pflanze höchstens ein halbes Dutzend Früchte heranreifen

Expertentipp

Bedecken Sie den Boden unter den Pflanzen mit schwarzer Mulchfolie, das erhöht die Bodentemperatur.

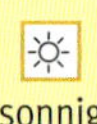 sonnig
 halbschattig
 schattig
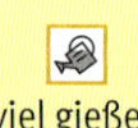 viel gießen
 mäßig gießen

Zucchini

Cucurbita pepo

Pflanzabstand: 80 x 80 cm
Erntezeit: Juli–September

Anbauen: ab April am Fenster oder im Gewächshaus in Töpfe säen und ab Mitte Mai auspflanzen oder direkt ab Mitte Mai ins Freie säen
Boden: humos, nährstoffreich
Pflegen: während des Wachstums zweimal mit organischem Volldünger oder Kompostgaben düngen (Starkzehrer); nicht von oben auf die Blätter gießen; durch Mulchen für gleichmäßige Bodenfeuchte sorgen (z. B. mit Stroh); Jungpflanzen vor Schnecken schützen
Ernten: die Früchte können von ganz klein bis 20 cm Länge geerntet werden; nicht zu groß werden lassen, sie schmecken sonst fad; auch die Blüten sind essbar

Expertentipp

Testen Sie auch einmal gelbfrüchtige, gestreifte und runde (»Rondini«) Zucchinisorten.

Artischocke

Cynara scolymus

Pflanzabstand: 100 x 100 cm
Erntezeit: September, Juni/Juli

Anbauen: ab Februar/März im Gewächshaus oder am Fensterbrett aussäen, Ende Mai auspflanzen; Einzelpflanzen können 3–4 Jahre kultiviert werden; Standort regelmäßig wechseln
Boden: locker, tiefgründig (Wurzeln bis 60 cm tief), humos, nährstoffreich
Pflegen: während der ganzen Wachstumszeit regelmäßig düngen (Kompost, organische Fertigdünger); im Herbst ausgraben, frostfrei überwintern oder zurückschneiden und ca. 30 cm hoch gut mit Laub, Erde etc. abdecken
Ernten: ernten Sie die Blütenköpfe, solange die Schuppenblätter noch eng anliegen

Aubergine/Eierfrucht

Solanum melongena

Pflanzabstand: 50 x 50 cm
Erntezeit: Juni–September

Anbauen: im Februar im Gewächshaus oder am Fensterbrett aussäen, nach 2 Wochen pikieren, ab April verpflanzen, ins Freie erst ab Ende Mai; Standort regelmäßig wechseln, nicht als Folgekultur von Tomaten oder Kartoffeln pflanzen
Boden: humos, tiefgründig, nährstoffreich
Pflegen: organisch oder flüssig düngen (Starkzehrer), chloridfrei; nicht von oben gießen; nach dem erstem Fruchtansatz Haupttrieb kappen und überzählige Blätter und Triebe entfernen (siehe Tomate Seite 356)
Ernten: Frucht mit Blütenkelch und Stiel ernten

 *Expertentipp*

Damit Auberginen gut ansetzen und auch ausreifen, sollten Sie sie am besten im Gewächshaus anbauen.

 wenig gießen

 für Topfkultur geeignet

 lagerfähig

 kann getrocknet werden

 kann eingefroren werden

Tomaten & Co.

Gemüse-Paprika

Capsicum annuum

Pflanzabstand: 40 x 60 cm
Erntezeit: Juli–September

Anbauen: ab März am Fensterbrett oder im Gewächshaus aussäen, nach ca. 2 Wochen in Töpfe pikieren, ab Mitte Mai pflanzen, tief setzen; 3– 4 Jahre Anbaupause (auch nach Tomaten und Kartoffeln)
Boden: tiefgründig, humos, leicht erwärmbar, nährstoffreich
Pflegen: vor der Pflanzung Kompost oder verrotteten Stallmist einarbeiten; 2- bis 3-mal nachdüngen; höhere Sorten an Stäben aufbinden
Ernten: entweder noch grün ernten, wenn die Frucht fest und glänzend und entsprechend groß ist, oder vollreif ernten, d. h. nach sortentypischer Ausfärbung

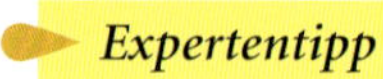

Expertentipp

Sie sollten Paprika nur in sehr milden Gegenden im Freien anbauen, ansonsten lieber im Gewächshaus.

Gurke

Cucumis sativus

Pflanzabstand: 120 x 30 cm
Erntezeit: Juli–September

Anbauen: ab April am Fenster oder im Gewächshaus in Töpfe säen und ab Ende Mai in gelockerten Boden auspflanzen oder ab Ende Mai direkt ins Freie säen und später vereinzeln; 4 Jahre Anbaupause einhalten
Boden: humos, locker, leicht erwärmbar, nährstoffreich
Pflegen: vor dem Anbau Kompost leicht in den Boden einarbeiten; Jungpflanzen vor Schnecken schützen; Salatgurken an Drahtgittern oder Schnüren hochziehen; für gleichmäßige Bodenfeuchte sorgen, am besten mulchen
Ernten: Salatgurken sind 2 Wochen nach der Blüte erntereif; Einlegegurken je nach gewünschter Größe ernten, Früchte nicht gelb werden lassen oder später als »Senfgurken« verwenden

Tomate

Lycopersicon esculentum

Pflanzabstand: 50 x 80 cm
Erntezeit: Juli–Oktober

Anbauen: Ende Februar/Anfang März am Fenster oder im Gewächshaus aussäen, in Töpfe pikieren und ab Ende April pflanzen (ins Freie erst ab Ende Mai), tief setzen; Standort jährlich wechseln
Boden: humos, nährstoffreich
Pflegen: vor dem Anbau Kompost einarbeiten; beim Pflanzen und im Juli organischen Volldünger geben; Pflanzen an Stäben aufbinden; Triebe in den Blattachseln regelmäßig ausbrechen; Spitze des Haupttriebes kappen, sobald die ersten Früchte angesetzt werden (Ausnahme: Buschtomaten); nicht von oben auf das Laub gießen
Ernten: vollreif ernten; grüne Früchte sind roh giftig, können aber im Zimmer nachreifen

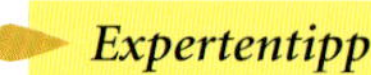

Expertentipp

Für Balkon oder Terrasse eignen sich Busch- und Cocktailtomaten am besten.

Buschbohne

Phaseolus vulgaris var. *nanus*

Pflanzabstand: 40 x 8 cm
Erntezeit: Juli–Oktober

   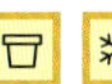 

Anbauen: ab April Aussaat in Töpfe im Gewächshaus oder auf dem Fensterbrett, ab Mitte Mai auspflanzen oder ab Mitte Mai direkt ins Freie säen (Horst- oder Dibbelsaat), Samen ca. 3 cm tief stecken; dreijährige Anbaupause (auch zu anderen Hülsenfrüchten) einhalten
Boden: locker, humos, durchlässig, kalkhaltig (im Herbst kalken)
Pflegen: Pflanzen an der Stängelbasis mit lockerer Erde anhäufeln; chloridarm düngen; Bohnen (und andere Hülsenfrüchte) reichern den Boden mit Stickstoff an, daher abgeerntete Pflanzen nur abschneiden und die Wurzeln im Boden lassen
Ernten: Bohnen nur gekocht verwenden, roh sind sie in größeren Mengen giftig

Erbse

Pisum sativum

Pflanzabstand: 40 x 5 cm
Erntezeit: Mai/Juni–August

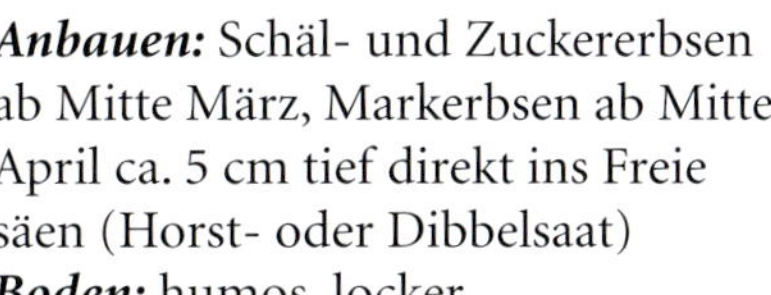

Anbauen: Schäl- und Zuckererbsen ab Mitte März, Markerbsen ab Mitte April ca. 5 cm tief direkt ins Freie säen (Horst- oder Dibbelsaat)
Boden: humos, locker
Pflegen: Saat mit Netzen vor Vögeln schützen; Pflanzen an der Stängelbasis mit Erde anhäufeln; höhere Sorten mit Reisig stützen; Erbsen reagieren empfindlich auf frische organische Düngung und frisches Kalken; Erbsen reichern den Boden mit Stickstoff an, daher abgeerntete Pflanzen abschneiden und die Wurzeln im Boden lassen
Ernten: von Zucker- und Markerbsen nur junge, zarte Hülsen ernten, rohe Erbsen sind in größeren Mengen giftig

Expertentipp

Warten Sie 3–4 Jahre, bis Sie wieder Erbsen (oder andere Hülsenfrüchte) an den gleichen Platz setzen.

Weitere Hülsen- und Fruchtgemüsesorten

Sorten	Eigenschaften
'Reine des Pourpres'	Buschbohne mit schwarzroten Schoten
'Purple King'	Buschbohne mit schwarzroten Schoten
'Blauhilde'	Stangenbohne mit schwarzroten Schoten
'Kapuziner-erbse'	Erbse mit schwarzroten Schoten
'Grünes Zebra'	Stabtomate mit grüngelb gestreiften Früchten
'Schwarze Pflaume'	Stabtomate mit großen, schwarzroten Früchten
'Sweet Million'	sehr ertragreiche, leuchtend rote Cocktailtomate
'Mirabell'	sehr robuste, gelbe Cocktailtomate
'Balkonstar'	kompakte, ertragreiche Buschtomate
'Goldene Königin'	goldgelbe mittelgroße Stabtomate
'Frühzauber'	sehr frühe rote Stabtomate
'Tigerella'	Stabtomate mit roten Früchten mit orangefarbenen Streifen
'Tanja'	bitterstofffreie, robuste Salatgurke; für Anbau im Freien geeignet
'Marketmore'	bitterstofffreie, robuste Salatgurke; für Anbau im Freien geeignet
'Mavras'	Gemüse-Paprika mit gelben, früh reifenden Früchten; für Freilandanbau geeignet
'Pusztagold'	Gemüse-Paprika mit roten, dickfleischigen, tomatenförmigen Früchten
'Liebesapfel'	Gemüse-Paprika mit schwarzvioletten Früchten
'Spanischer Pfeffer'	Chili mit kurzen, feuerroten, sehr scharfen Schoten; sehr ertragreich
'Ecuador Purple'	Chili mit erst violetten, dann gelb, orange und schließlich rot werdenden Schoten
'Golden Eggs'	Aubergine mit fast reinweißen, hühnereigroßen, sehr dekorativen Früchten
'Eierfrucht'	Aubergine mit weißen, eierförmigen Früchten

wenig gießen

für Topfkultur geeignet

lagerfähig

kann getrocknet werden

kann eingefroren werden

Würzige Zwiebeln & Lauche

Gemüsezwiebel

Allium cepa

Pflanzabstand: 20 x 5 cm
Erntezeit: Juli–August

Anbauen: ab Ende März junge Steckzwiebeln direkt ins Beet stecken (Aussaat dauert deutlich länger); mindestens 5 Jahre Anbaupause einhalten
Boden: locker, humos, durchlässig
Pflegen: nur bei Trockenheit gießen; Boden zwischen den Reihen vorsichtig lockern; keinen frischen organischen Dünger verwenden, auf gute Kaliumversorgung achten
Ernten: erste Zwiebeln schon ab Juni ernten; Haupternte (zum Einlagern), wenn das Laub welkt: zum Lagern gut abtrocknen lassen; junges Laub ist auch essbar

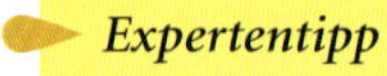

Säen Sie die Sorten zum Überwintern ab Mitte August aus, dann können Sie schon ab dem folgenden April ernten.

Winterheckzwiebel

Allium fistulosum

Pflanzabstand: 40 x 40 cm
Erntezeit: März–Oktober

Anbauen: ab April direkt aufs Beet säen oder von April–Juni Brutzwiebeln von älteren Pflanzen abnehmen und büschelweise einsetzen
Boden: locker, durchlässig
Pflegen: bei Trockenheit gießen; keine frische organische Düngung; die mehrjährigen Zwiebelstöcke alle 3–4 Jahre teilen und neu pflanzen
Ernten: liefert das erste Zwiebelgrün im Frühling; in erster Linie werden die Blätter geerntet, die wie Schnittlauch verwendet werden; die Zwiebeln sind auch essbar, aber nicht sehr ergiebig

Mögen Sie's lieber milder im Geschmack? Dann versuchen Sie doch die rotstielige Variante.

Lauch/Porree

Allium porrum

Pflanzabstand: 30 x 15 cm
Erntezeit: Juni–April

Anbauen: vorgezogene Jungpflanzen der Sommersorten von Mitte April–Mitte Mai pflanzen und mit Vlies abdecken; tief setzen und anhäufeln; Herbstsorten im Mai/Juni, Wintersorten im August pflanzen
Boden: tiefgründig, humos, locker
Pflegen: vor der Pflanzung Kompost oder verrotteten Stallmist einarbeiten; zweimal mineralisch nachdüngen; Winterlauch vor Frosteintritt anhäufeln und mit Reisig oder Vlies abdecken
Ernten: zum Ernten die Pflanzen mit Spaten oder Grabegabel anheben, aus der Erde ziehen und die Wurzeln abschneiden

 sonnig
 halbschattig
 schattig
 viel gießen
 mäßig gießen

Knoblauch

Allium sativum

Pflanzabstand: 30–80 cm
Erntezeit: Juli–September

Anbauen: im März die Zehen der Frühlingssorten und im Oktober die der Wintersorten ca. 5 cm tief in den Boden stecken; Anbaufläche von Jahr zu Jahr wechseln, auch im nächsten Jahr keine anderen Zwiebelgewächse auf demselben Beet anbauen
Boden: humos, locker, keine nassen, schweren Böden
Pflegen: anspruchslos; in der Mischkultur ein idealer Partner zu Möhren; kann auch gut zwischen Erdbeeren gesteckt werden
Ernten: ernten, wenn das untere Drittel der Pflanzen gelb wird und einzutrocknen beginnt; zum Lagern gut trocknen

Expertentipp

Besonders schöne Knoblauchknollen ernten Sie, wenn es im Juli warm und trocken ist.

Bärlauch

Allium ursinum

Pflanzabstand: 30–40 cm
Erntezeit: April–Mai

Anbauen: Vermehrung erfolgt durch Zwiebeln, die im August/September in den Boden gesteckt werden; auch die Teilung älterer Stöcke ist möglich
Boden: humos, nährstoffreich, feucht
Pflegen: anspruchslos und pflegeleicht; heimische Wildpflanze, die an schattigen und etwas feuchten Plätzen im Garten gut gedeiht und sich sehr schnell selbst vermehrt
Ernten: geerntet werden Blätter vor der Blüte, ebenso die Blüten, grüne Samen und junge Zwiebeln; nicht in zu großen Mengen essen, steigert den Blutdruck

Expertentipp

Bärlauch zieht nach dem Verblühen ein, d. h., das Laub verschwindet.

Knobiflirt

Tulbaghia violacea

Pflanzabstand: 30 x 40 cm
Erntezeit: Juni–Oktober

Anbauen: vorgezogene Pflanzen ab Mitte/Ende Mai auspflanzen oder kräftige Pflanzen durch Teilung im Frühling vermehren oder ganzjährig im Topf halten
Boden: humos, sandige Lehmböden, nicht zu trocken oder staunass
Pflegen: Boden vor dem Auspflanzen mit Kompost versorgen; im Freien ist die Pflanze nicht winterhart und muss ab Oktober ins helle und kühle Winterquartier umziehen; der Geruch der dicken, fleischigen Wurzeln lässt Wühlmäuse das Weite suchen
Ernten: es können laufend Blätter und Blüten geerntet werden (am Fensterbrett sogar ganzjährig)

Expertentipp

Im Gewächshaus ist Knobiflirt ein guter Partner zu Tomaten, die er vor weißer Fliege schützt.

wenig gießen

für Topfkultur geeignet

lagerfähig

kann getrocknet werden

kann eingefroren werden

Knollen, die's in sich haben

Kohlrabi

Brassica oleracea var. *gongylodes*

Pflanzabstand: 30 x 25 cm
Erntezeit: Juli–August

Anbauen: ab Februar Pflänzchen vorziehen, in Töpfe pikieren, ab April ins Freie setzen, nicht zu tief pflanzen; von April–Mitte Juni direkt aufs Beet säen; mindestens 3 Jahre Anbaupause (auch zu anderen Kohlarten und Spinat) einhalten
Boden: humos, nährstoffreich, nicht zu trocken
Pflegen: für gleichmäßige Bodenfeuchtigkeit sorgen (Mulchen); organische Düngung auf 2 Gaben während des Wachstums verteilen
Ernten: Knollen nicht zu spät ernten, sie werden sonst holzig; auch das Laub kann verwendet werden

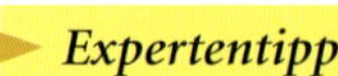

Bringen Sie Farbe ins Beet mit grünen, fast weißen, blau- und rotvioletten Sorten.

Knollenfenchel

Foeniculum vulgare var. *azoricum*

Pflanzabstand: 30 x 20 cm
Erntezeit: Juli–Oktober

Anbauen: von Mitte Mai–Anfang Juli 1,5–2 cm tief direkt aufs Beet säen; zu dicht stehende Pflanzen auf ca. 15–20 cm Abstand vereinzeln oder vorgezogene Jungpflanzen ab Mitte Mai auspflanzen; mindestens 3 Jahre Anbaupause einhalten (auch zu anderen Doldenblütlern)
Boden: humos, weder zu leichte noch zu schwere, nasse Böden sind geeignet
Pflegen: am besten nach gut mit Kompost versorgter Vorkultur anbauen, da Knollenfenchel frische organische Düngung nicht verträgt
Ernten: spätestens Ende Oktober/Anfang November ernten; drohen vorher Nachtfröste, Knollen mit Laub, Stroh oder Vlies abdecken

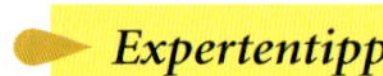

Warten Sie nicht zu lange mit der Ernte, sonst verliert Fenchel sein Aroma.

Topinambur

Helianthus tuberosus

Pflanzabstand: 50 x 60 cm
Erntezeit: Oktober–November

Anbauen: Knollen mit mindestens 2 Knospen im zeitigen Frühling oder Herbst etwa 5–10 cm tief pflanzen, je schwerer der Boden, desto höher; nach dem Austrieb wie Kartoffeln mehrmals anhäufeln
Boden: etwas kalkhaltig, locker, mit Kompost angereichert, lehmige und tonige Böden
Pflegen: bei Trockenheit gießen, v. a. im Spätsommer (ab August), wenn die Knollen gebildet werden; bei zu hoher Stickstoffversorgung faulen die Knollen; junge Triebe vor Schnecken und Knollen vor Wühlmäusen schützen; nach der Blüte bzw. im Spätherbst zieht die Pflanze ein
Ernten: wenn im Herbst das Kraut abstirbt, die Knollen ernten und einige Knollen für die nächste Ernte im Boden lassen

Süßkartoffel

Ipomoea batatas

Pflanzabstand: 30 x 20 cm
Erntezeit: September–Oktober

Anbauen: Knollen oder Teilstücke davon (mit mindestens einem Auge) ab Januar in Kisten mit lockerer Erde in einem hellen, warmen Raum vortreiben, nicht über 25 °C; auf ausreichende Bodenfeuchte achten; ab April windgeschützt auspflanzen
Boden: humos, locker, nicht zu feucht
Pflegen: im Sommer ausreichend wässern und flüssig düngen; bei Temperaturen unter 10 °C stirbt die Pflanze ab; für die mehrere Meter langen Triebe ist eine Kletterhilfe erforderlich
Ernten: die Süßkartoffeln sind reif, wenn beim Aufschneiden die Schnittstelle rasch trocknet

Expertentipp

Probieren Sie »Buntblatt-Süßkartoffeln« als dekorative Rankpflanzen, die im Herbst auch eine beachtliche Menge an Knollen liefern.

Rettich

Raphanus sativus var. *niger*

Pflanzabstand: 20 x 15 cm
Erntezeit: August–November

Anbauen: von April (Sommersorten) bis August (Herbst-/Wintersorten) direkt aufs Beet aussäen, nach dem Aufgehen zu dicht stehende Pflanzen auf 10–25 cm Abstand vereinzeln; 3 Jahre Anbaupause einhalten – auch zu Radieschen und Kohl
Boden: leicht, locker, humusreich
Pflegen: für eine gleichmäßige Bodenfeuchte sorgen; nur wenig Stickstoff düngen, borhaltigen Mineraldünger verwenden, 2–3 Gaben während des Wachstums
Ernten: bei frühen Sorten kann die Ernte durch Abdeckung mit Vlies oder Folientunnel bereits ab Juni erfolgen; Winterrettiche ab Ende Oktober/Anfang November ernten

Gute Partner

- *Kresse*
- *Salat*
- *Spinat*
- *Tomate*

Radieschen

Raphanus sativus var. *sativus*

Pflanzabstand: 10 x 8 cm
Erntezeit: Mai–September

Anbauen: von März–August (Frühlings- und Sommersorten) max. 1 cm tief direkt aufs Beet säen, nach dem Aufgehen zu dicht stehende Pflanzen auf 5–10 cm vereinzeln; mindestens 3 Jahre Anbaupause einhalten (auch zu Rettich oder Kohl)
Boden: humos, locker
Pflegen: gut als Folge-, Zwischen- und Markiersaat zu verwenden, die nicht extra gedüngt zu werden braucht (Schwachzehrer); immer für gleichmäßig feuchten Boden sorgen; keinen frischen organischen Dünger verwenden
Ernten: im Frühling kann unter Vlies oder Folientunnel bereits ca. 6 Wochen nach der Aussaat geerntet werden; im Sommer sind Radieschen schon 4 Wochen nach der Saat erntereif

wenig gießen

für Topfkultur geeignet

lagerfähig

kann getrocknet werden

kann eingefroren werden

Gemüse zum Lagern

Knollensellerie

Apium graveolens

Pflanzabstand: 40 x 40 cm
Erntezeit: September–Oktober

Anbauen: gekaufte, vorgezogene Jungpflanzen frühestens ab Mitte Mai auspflanzen; gerade so tief setzen, wie sie zuvor im Anzuchtbeet gestanden sind; 2 Jahre lang Anbaupause (auch zu anderen Doldenblütlern) einhalten
Boden: humos, mittelschwer, mit guter Wasserhaltefähigkeit
Pflegen: chloridhaltigen Kaliumdünger oder Kompost verwenden, Düngung auf 3 Gaben während des Wachstums aufteilen, bei Mangelerscheinungen speziellen Bordünger (Borax) geben; vor allem zur Zeit der Knollenausbildung von Mitte August–Oktober gut gießen
Ernten: spätestens Ende Oktober ernten; Knollen lassen sich im Keller gut lagern

Rote Bete/Rote Rübe

Beta vulgaris var. *vulgaris*

Pflanzabstand: 25 x 8 cm
Erntezeit: August–Oktober

Anbauen: von Ende April–Juni direkt aufs Beet säen (2–3 cm tief), Saatgut gut andrücken; nach dem Aufgehen zu dicht stehende Pflanzen auf ca. 6–8 cm Abstand vereinzeln oder ab Mai (vom Gärtner) vorgezogene Jungpflanzen setzen; 2 Jahre lang Anbaupause (auch zu Spinat und Mangold) einhalten
Boden: humos, tiefgründig, nicht zu schwer, nicht zu kalkreich
Pflegen: Kompost- oder Mineraldüngung, nicht frisch kalken, bei Mangelerscheinungen Bordünger geben
Ernten: Ernte zum Frischverzehr ab August; zum Einlagern gegen Ende Oktober ernten

Gute Partner

- *Blumenkohl* • *Brokkoli*
- *Buschbohnen* • *Chinakohl*

Rosenkohl

Brassica oleracea var. *gemmifera*

Pflanzabstand: 50 x 60 cm
Erntezeit: September–Dezember

Anbauen: gekaufte, vorgezogene Jungpflanzen von Ende April–Ende Juni setzen oder ab April direkt aufs Beet säen und anschließend vereinzeln; mindestens 3 Jahre Anbaupause (auch zu anderen Kohlarten und Spinat) einhalten
Boden: humus- und strukturreich, nicht zu leicht
Pflegen: für gleichmäßige Bodenfeuchtigkeit und reichlich organische und mineralische Düngung (Starkzehrer) sorgen, nicht zu viel Stickstoff; Anhäufeln erhöht die Standfestigkeit
Ernten: bei frühem Anbau (Ernte September–November) erhält man durch »Köpfen« der Spitzenknospe größere Röschen

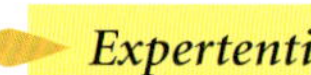

Rosenkohl verträgt kurzzeitig Frost, daher können Sie ihn manchmal den ganzen Winter hindurch ernten.

Grünkohl

Brassica oleracea var. *sabellica*

Pflanzabstand: 50 x 50 cm
Erntezeit: Oktober–Februar

Anbauen: im Juni/Juli vorgezogene Jungpflanzen setzen oder von Mitte Mai–Juli 2 cm tief direkt ins Freie säen; bei Aussaat wie Spinat ernten, bei Pflanzung ganze Pflanzen ernten, mindestens 3 Jahre Anbaupause (auch zu anderen Kohlarten) einhalten
Boden: humos, etwas lehmig, kalkhaltig
Pflegen: Boden gleichmäßig feucht halten (z. B. durch Mulchen); organische und mineralische Düngung auf 2 Gaben verteilen
Ernten: geerntet wird, wenn die Blätter noch jung und frisch sind und einige Zeit Frost bekommen haben

Gute Partner

- *Bohnen* • *Erbsen* • *Lauch*
- *Rote Bete* • *Salat*

Winterkürbis

Cucurbita maxima

Pflanzabstand: 200 x 150 cm
Erntezeit: Oktober

Anbauen: ab März am Fenster oder im Gewächshaus aussäen und ab Mai auspflanzen oder ab Mitte Mai direkt ins Freie säen; gute Standorte sind am Fuß eines Komposthaufens oder auf Hoch- und Hügelbeeten; 3–4 Jahre Anbaupause einhalten
Boden: humos, nährstoffreich, warm; vor dem Anbau Kompost leicht in den Boden einarbeiten
Pflegen: während des Wachstums zweimal mit organischem Volldünger oder Kompost düngen (Starkzehrer); gleichmäßig feucht halten (Mulchen!); Seitentriebe bei 60–100 cm kappen, weil sonst zu viel Blattmasse gebildet wird; Holzbrettchen oder Stroh unter die Früchte legen, damit sie nicht faulen
Ernten: im Spätherbst vollreif ernten, wenn der Stiel verholzt, aber unbedingt noch vor dem ersten Frost; auch die Blüten sind essbar

Möhre/Karotte

Daucus carota ssp. *sativus*

Pflanzabstand: 25 x 5 cm
Erntezeit: Juni–Oktober

Anbauen: von März–Mitte Juli (Früh-, Sommer- und Lagersorten) 1–2 cm tief direkt aufs Beet säen; Radieschen als Markiersaat verwenden, da Möhren oft langsam keimen (3–4 Wochen); auf ca. 10 cm Abstand vereinzeln; mindestens 3 Jahre lang Anbaupause einhalten (auch zu anderen Doldenblütlern)
Boden: locker, leicht, sandig, humos
Pflegen: Boden gleichmäßig feucht halten; kalium- und magnesiumreiche Düngung; nicht frisch kalken, keine frischen organischen Dünger verwenden
Ernten: fortlaufend ernten, sobald Möhren groß sind; Lagermöhren erst gegen Ende Oktober–Anfang November ernten

Gute Partner

- *Knoblauch* • *Lauch* • *Salat*
- *Schnittlauch* • *Zwiebeln*

wenig gießen

für Topfkultur geeignet

lagerfähig

kann getrocknet werden

kann eingefroren werden

Kräuter – Duft & Aroma

Kräuter passen in jeden Garten, ob auf die Gemüsebeete, in die Staudenrabatte oder in einen schönen Topf – Hauptsache, Sie haben immer einen ausreichend großen Vorrat und eine entsprechend reichhaltige Auswahl davon angebaut!
Es ist immer gut, die würzigen Multitalente möglichst frisch zur Hand zu haben, denn dann entfalten sich ihre spezifischen Aromen am intensivsten.

Kräuter lassen sich auch in den kleinsten Gärten kultivieren und sind ebenso gut als Topf- und Kübelpflanzen für Terrasse und Balkon geeignet. Zwar wachsen einige von ihnen auch recht gut im Halbschatten, dennoch sollten Sie den meisten von ihnen einen möglichst sonnigen Platz reservieren. Je mehr Sonne und Wärme sie nämlich abbekommen, umso höher ist ihr Gehalt an Aromastoffen, d. h., umso feiner und geschmackvoller werden Kräutergerichte und Kräutertees. Viele Kräuter bevorzugen magere, leichte Böden, weshalb sie auf eigenen kleinen Beeten oder in Pflanzgefäßen oft besser gedeihen als auf stark gedüngten Gemüsebeeten.

»Alltäglich« oder mediterran oder asiatisch?

Schon ganz einfache und herkömmliche Gerichte werden mit frischen Kräutern wie Dill, Petersilie und Schnittlauch verfeinert, sodass Sie solche »alltäglichen« Kräuter immer parat haben sollten.
Südliches Flair im Garten und auf dem Balkon zaubern Sie ganz leicht mit Basilikum, Estragon, duftendem Lavendel und Rosmarin. Diese »Sonnenkinder« brauchen besonders geschützte und warme Plätze und einen leichten, etwas sandigen Boden. Auch hier gilt: Was frisch vom Garten in die Küche kommt, ist meist ungleich aromatischer als gekaufte Kräuterbüschel.
Wer dem aktuellen Trend zur gesunden asiatischen Küche folgen und seine Zutatenliste auch mit frisch geernteten Kräutern aus dem eigenen Garten erweitern möchte, dem stehen z. B. Koriander, Perilla oder Thai-Basilikum zum Säen und Pflanzen zur Verfügung.
Und damit auch die Kleinsten ihr Vergnügen am Garten entdecken können, legen Sie doch einfach ein »Kinderbeet« an. Setzen Sie Schokoladenblume, Süßdolde & Co. ein, die große und kleine Leckermäuler zum Schnuppern und Probieren einladen.

Kräuter für alle Tage

Schnittlauch
Allium schoenoprasum

Pflanzabstand: 15–30 cm
Erntezeit: April–November

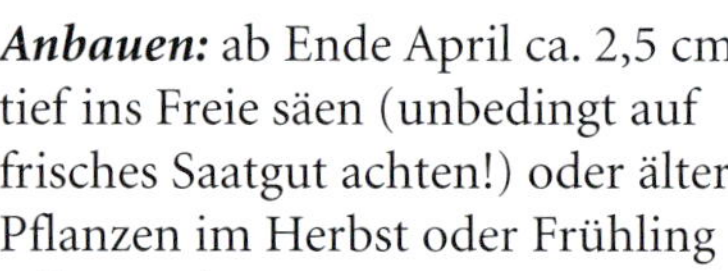

Anbauen: ab Ende April ca. 2,5 cm tief ins Freie säen (unbedingt auf frisches Saatgut achten!) oder ältere Pflanzen im Herbst oder Frühling teilen und versetzen
Boden: humos, nährstoffreich, ausreichend feucht
Pflegen: Boden vor der Pflanzung mit Kompost versorgen und gut auflockern; keinen frischen organischen Dünger verwenden
Ernten: zum Ernten die Blätter bzw. Stängel vor der Blüte ca. 2 cm über dem Boden abschneiden; auch die Blüten können geerntet und zum Würzen verwendet werden

Dill
Anethum graveolens

Pflanzabstand: 10–15 cm
Erntezeit: Juni–September

Anbauen: ab April direkt ins Freie säen, gerne als Folgekultur nach einem Starkzehrer; auch eine Aussaat im Balkonkasten ist möglich, die Pflanzen werden dann allerdings nur ca. 40 cm hoch; sät sich am guten Standort auch selbst aus
Boden: locker, humos, warm
Pflegen: Dill nicht verpflanzen, weil dies nicht ohne Verletzung und Verlust der feinen Faserwurzeln möglich ist
Ernten: laufend die Blätter und das ganze Kraut ernten, ebenso halbreife Blütendolden und reife Samenkörner

Liebstöckel
Levisticum officinale

Pflanzabstand: Einzelpflanze
Erntezeit: Mai–Oktober

Anbauen: ab März ins Freie säen oder selbst geernteten, frischen Samen im August aussäen; Jungpflanzen im April oder September setzen; gedeiht auch gut im großen Topf oder Balkonkasten
Boden: humos, nährstoffreich, tiefgründig
Pflegen: die groß werdende Pflanze braucht unbedingt ausreichend Standraum; gelegentlich mit einer Kompostgabe versorgen; gelbe Blätter sind meist ein Zeichen für Nährstoffmangel oder Trockenheit
Ernten: laufend frische Blätter ernten

Expertentipp

Setzen Sie erst nach einer Anbaupause von 3 Jahren wieder Zwiebelgewächse auf dasselbe Beet.

Gute Partner

- *Buschbohnen* • *Erbsen*
- *Gurken* • *Kohl* • *Kopfsalat*
- *Stangenbohnen*

Expertentipp

Estragon gedeiht neben Liebstöckel besonders gut.

 sonnig
 halbschattig
 schattig
 viel gießen
 mäßig gießen

Petersilie

Petroselinum crispum

Pflanzabstand: 10–15 cm
Erntezeit: Mai–November

Anbauen: ab März ins Frühbeet oder ab Ende April direkt ins Freie säen, nicht verpflanzen; es kann mehrere Wochen dauern, bis die Samen keimen; Anbaufläche von Jahr zu Jahr wechseln, sonst Wuchshemmung
Boden: humos, nährstoffreich, durchlässig, nicht zu trocken
Pflegen: gelegentlich mit einer Kompostgabe versorgen; kann im Winter mit Vlies abgedeckt und dann weiter geerntet werden; nicht neben Salat setzen
Ernten: laufend frische Blättchen (glatt oder gekraust) von den Blattstielen zupfen

Salbei

Salvia officinalis

Pflanzabstand: 30 x 30 cm
Erntezeit: ganzjährig

Anbauen: ab Februar Aussaat im Gewächshaus oder ab Mai direkt ins Freie; Jungpflanzen ab Mai mit 30 cm Abstand pflanzen; Vermehrung durch Stecklinge im Sommer
Boden: trocken, durchlässig, kalkhaltig
Pflegen: gelegentlich mit Kompost und Kali düngen; Rückschnitt im Frühling auf 1/3 bis 1/2, um die Pflanze kompakt zu halten; kann auch gut im Steingarten, im Topf oder Kübel gepflanzt werden
Ernten: fortlaufend frische junge Blätter und Triebspitzen ernten (am aromatischsten kurz vor der Blüte); Blüten ebenfalls zum Würzen

Thymian

Thymus vulgaris

Pflanzabstand: 30 x 30 cm
Erntezeit: April–Oktober

Anbauen: ab Februar ins Frühbeet oder ab April ins Freie säen; Lichtkeimer; kann auch durch Stecklinge (Mai–August) oder Absenker (April/Mai) vermehrt werden
Boden: steinig oder sandig, trocken, warm, keine Staunässe
Pflegen: manchmal nicht ganz winterhart, daher Abdeckung mit Reisig oder Vlies empfehlenswert; eignet sich gut für Pflanzung in Töpfen und Schalen, für den Steingarten, eine Trockenmauer oder als niedrige Beeteinfassung
Ernten: junge Triebspitzen und Blätter, die kurz vor der Blüte am aromatischsten sind; auch die Blüten sind essbar

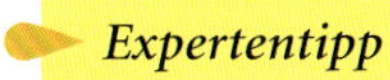

Versuchen Sie auch die würzige Wurzelpetersilie; sie wird im Herbst geerntet.

- *Bohnen*
- *Erbsen*
- *Fenchel*
- *Kohl*
- *Möhren*

wenig gießen

für Topfkultur geeignet

lagerfähig

kann getrocknet werden

kann eingefroren werden

Asiatisches Würzvergnügen

Chinesischer Schnittlauch

Allium odorum

Pflanzabstand: 10–15 cm
Erntezeit: April–November

Anbauen: von April bis August direkt im Freien aussäen oder im Winter im Topf kultivieren
Boden: humos, nährstoffreich, ausreichend feucht
Pflegen: Boden vor der Pflanzung mit Kompost versorgen und gut auflockern; keinen frischen organischen Dünger verwenden; äußerst winterfest und langlebig
Ernten: die Blätter bzw. Stängel vor der Blüte wie Schnittlauch ernten (knoblauchähnliches Aroma); auch die Blüten und die grünen Samenkapseln können geerntet und zum Würzen verwendet werden

Expertentipp

Die wie Schnittlauch zu verwendende Pflanze ist wichtiger Bestandteil der asiatischen Küche.

Koriander

Coriandrum sativum

Pflanzabstand: 10–15 cm
Erntezeit: Juni–August

Anbauen: ab März in Reihen direkt ins Beet säen, Keimdauer 2–3 Wochen; ab 15 cm Pflanzenhöhe vereinzeln; setzen Sie erst nach 2–3 Jahren wieder Koriander auf dasselbe Beet
Boden: kalkhaltig, leicht, warm
Pflegen: eine gelegentliche Kompostgabe und Kalidüngung sind förderlich; Koriander gedeiht auch gut im Topf oder im Balkonkasten
Ernten: frische Blätter und ganzes Kraut werden laufend vor der Blüte geerntet; reife Samenkörner zum Trocknen und Würzen ernten, wenn sie sich braun verfärben

Gute Partner

- *Gurken*
- *Kohl*

Houttonia

Houttuynia cordata 'Chamaeleon'

Pflanzabstand: 10–15 cm
Erntezeit: Juni–September

Anbauen: vorgezogene Pflanzen kaufen und im Herbst oder Frühling setzen oder kräftige Pflanzen im Frühling teilen und frisch einsetzen
Boden: humos, nährstoffreich, ausreichend feucht bzw. sogar etwas sumpfig
Pflegen: Boden vor der Pflanzung mit Kompost versorgen; je feuchter der Boden, desto wuchskräftiger die Pflanze, d. h., auf trockenerem Standort nicht ganz so ausbreitungsfreudig; bildet Wurzelausläufer; in rauen Gegenden evtl. im Winter mit Laub oder Mulch abdecken
Ernten: laufend frische Blätter als Würzkraut für asiatische Suppen, Gemüse und Fleischgerichte ernten

Expertentipp

Die Pflanze ist ein hervorragender Bodendecker an feuchten, halbschattigen Plätzen.

 sonnig
 halbschattig
 schattig
 viel gießen
 mäßig gießen

Thai-Minze

Mentha spec. 'Thai'

Pflanzabstand: 30 x 30 cm
Erntezeit: Juni–August

Anbauen: Jungpflanzen kaufen und im Abstand von 30 cm setzen oder im Frühling durch Wurzelausläufer oder Teilung vermehren
Boden: humos, leicht, feucht
Pflegen: gelegentliche Kompostgabe; bei Rostpilzbefall total zurückschneiden, bei ständigem Befall oder Schwachwüchsigkeit Anbauplatz wechseln; gedeiht auch gut im Topf oder Kübel
Ernten: fortlaufend frische Blätter und Triebspitzen bis kurz vor der Blüte ernten

Gute Partner

- *Möhren*
- *Salat*
- *Tomaten*

Thai-Basilikum

Ocimum basilicum 'Thai'

Pflanzabstand: 30 x 30 cm
Erntezeit: Juni–September

Anbauen: ab März auf der Fensterbank oder ins warme Frühbeet aussäen; Samen nur andrücken und nicht mit Erde bedecken (Lichtkeimer); ab Mitte Mai in Töpfe pikieren oder auch dann direkt ins Freie säen (Schneckenschutz!)
Boden: humos, sandig bis lehmig
Pflegen: empfindlich gegen anhaltende Nässe und Kälte, daher am besten in Töpfen oder Schalen kultivieren; nicht an zugige Plätze pflanzen oder stellen; Jungpflanzen vor Schnecken schützen; guter Partner zu Tomatenpflanzen
Ernten: laufend frische junge Triebspitzen ernten, die vor der Blüte am aromatischsten sind; auch Blüten sind essbar

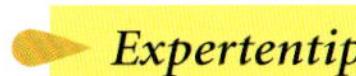

Expertentipp

Die besonders würzige und wüchsige Sorte hat ein feines Anisaroma.

Perilla (Shiso)

Perilla frutescens

Pflanzabstand: 30 x 30 cm
Erntezeit: Juni–September

Anbauen: ab Anfang Mai direkt ins Freie säen und die Pflänzchen nach ca. 3 Wochen vereinzeln; im Abstand von ca. 30 cm pflanzen
Boden: humos, etwas nährstoffreich, warm
Pflegen: Boden vor der Pflanzung mit Kompost versorgen und auflockern; für gleichmäßige Bodenfeuchtigkeit sorgen; Jungpflanzen vor Schnecken schützen
Ernten: laufend frische junge Blätter und Triebspitzen ernten, die vor der Blüte am aromatischsten sind; auch Blüten sind essbar; traditionell japanisches Gewürz, vor allem für Sushi

wenig gießen

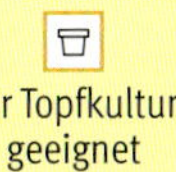
für Topfkultur geeignet

lagerfähig

kann getrocknet werden

kann eingefroren werden

Kräuter des sonnigen Südens

Französischer Estragon

Artemisia dracunculus var. *sativa*

Pflanzabstand: Einzelpflanze
Erntezeit: Juni–August

Anbauen: von Juli bis August durch Stecklinge oder Teilung vermehren
Boden: humos, nahrhaft, ausreichend feucht, warm
Pflegen: meist genügt eine Pflanze; Austrieb im Frühling oft erst spät; in rauen Gegenden etwas frostgefährdet, daher ist im Winter eine leichte Abdeckung mit Reisig empfehlenswert
Ernten: junge Blätter und Triebspitzen (mit Knospen) ernten; ab dem 2. Standjahr entwickeln die Pflanzen deutlich mehr Aroma

Lavendel

Lavandula angustifolia

Pflanzabstand: 40 x 40 cm
Erntezeit: Juni–September

Anbauen: ab Februar in Saatschalen am Fensterbrett säen und ab Mai ins Freie setzen oder von Juni–August Stecklinge schneiden und bewurzeln lassen
Boden: locker, humos, warm, möglichst mager, leicht kalkhaltig
Pflegen: durch Rückschnitt im April alle 2–3 Jahre um 1/2 bis 1/3 behält der Strauch eine schöne kompakte Form; auf sehr kalkarmen Standorten alle 1–2 Jahre Magnesiumkalk in den Boden einarbeiten; eignet sich auch gut für den Anbau im Topf oder Kübel, für Beeteinfassungen und zur Unterpflanzung von Rosen
Ernten: es werden junge Blätter, Triebspitzen und Blüten geerntet

Genoveser Basilikum

Ocimum basilicum 'Genoveser'

Pflanzabstand: 50 x 50 cm
Erntezeit: Juni–September

Anbauen: ab März in Saatschalen auf der Fensterbank oder ins warme Frühbeet säen, Samen nur andrücken und nicht mit Erde bedecken (Lichtkeimer); ab Mitte Mai in Töpfe pikieren und ab Ende Mai auspflanzen oder dann auch direkt ins Freie säen (Schneckenschutz!)
Boden: humos, sandig/lehmig, warm
Pflegen: bei genügend Wärme enorm raschwüchsig und relativ unempfindlich; Wuchshemmung bei anhaltender Nässe und Kälte; sehr schneckenanfällig, daher am besten Anbau in Töpfen und Schalen
Ernten: laufend frische junge Triebspitzen ernten, die vor der Blüte am aromatischsten sind; auch Blüten sind essbar

- *Liebstöckel*
- *Möhren*
- *Petersilie*

DAS Basilikum für Tomatensalat und Pesto – davon sollten Sie immer genügend Pflanzen haben!

 sonnig
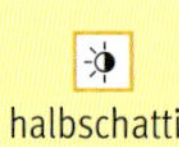 halbschattig
 schattig
 viel gießen
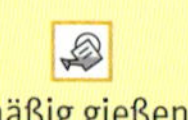 mäßig gießen

Griechischer Oregano

Origanum vulgare ssp. *hirtum*

Pflanzabstand: 25 x 25 cm
Erntezeit: Juli–September

Anbauen: Aussaat ab März im Gewächshaus und ab Mitte Mai mit 25 cm Abstand auspflanzen oder ab April direkt ins Freie, Lichtkeimer; Vermehrung auch durch Wurzelausläufer oder Stockteilung
Boden: trocken, durchlässig, nährstoffarm, kalkhaltig, warm, keine Staunässe
Pflegen: im Frühling Rückschnitt kurz über dem Boden; Flachwurzler; sehr winterfest; ideal zur Bepflanzung von Kästen und Kübeln
Ernten: fortlaufend frische Blätter und Triebspitzen ernten, während der Blüte am aromatischsten (dann zum Trocknen ernten); Blüten auch essbar

Rosmarin

Rosmarinus officinalis

Pflanzabstand: 50 x 50 cm
Erntezeit: März–Oktober

Anbauen: Vermehrung am besten durch Stecklinge im Juli/August, die sich in sandigem Substrat gut bewurzeln lassen
Boden: durchlässig, leicht, trocken
Pflegen: am besten in großen Topf oder Kübel pflanzen, der im Sommer evtl. auch ins Beet ausgepflanzt werden kann; kalibetonte Düngung; nur in sehr milden Gegenden frosthart, ansonsten Überwinterung in einem hellen und kühlen Raum (2–8 °C), ab Mitte Mai wieder ins Freie stellen; gedeiht gut in der Nachbarschaft von Salbei
Ernten: es werden Blätter und Triebspitzen und Blüten geerntet

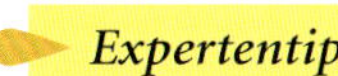

Expertentipp

Die graulaubige, etwas breitwüchsige Sorte 'Arp' ist bis -22 °C winterfest.

Griechischer Bergtee

Sideritis syriaca

Pflanzabstand: 10 x 15 cm
Erntezeit: Mai–September

Anbauen: ab März am Fensterbrett oder ins warme Frühbeet aussäen oder ab Mitte Mai auch direkt ins Freie säen
Boden: durchlässig, mager, etwas kalkhaltig, leicht, trocken, auf keinen Fall zu feucht
Pflegen: am besten in großen Topf oder Kübel pflanzen, der im Sommer evtl. auch ins Beet ausgepflanzt werden kann; bei humos-sandigem und durchlässigem Boden in sonniger Lage, z. B. in der Kräuterspirale, ist die Pflanze jedoch problemlos im Freien zu halten und überwintert dort auch
Ernten: es werden die graufilzigen Blätter und Triebspitzen und die gelbgrünen Blütenkerzen geerntet

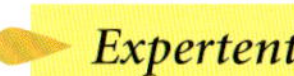

Expertentipp

Eignet sich gut als Tee mit mildem, zimtartigem Aroma bei Erkältung oder zur Entspannung.

wenig gießen

für Topfkultur geeignet

lagerfähig

kann getrocknet werden

kann eingefroren werden

Kräuter, die Kindern Spaß machen

Schokoladenblume
Berlandiera lyriata

Pflanzabstand: 30 x 30 cm
Blütezeit: Juni–September

Anbauen: die Samen keimen sehr langsam und ungleichmäßig, daher besser vorgezogene Jungpflanzen kaufen und ab Mitte/Ende Mai ins Freie setzen
Boden: durchlässig, leicht, auf keinen Fall zu feucht
Pflegen: am besten in großen Topf oder Kübel pflanzen, der im Sommer evtl. auch ins Beet ausgepflanzt werden kann; Überwinterung in einem hellen und kühlen Raum (2–8 °C), ab Ende Mai wieder ins Freie stellen; in milden Gegenden (Weinbauklima) Überwinterung mit Reisig- oder Vliesabdeckung auch im Freien möglich
Ernten: die Pflanze ist nur zum Schnuppern, nicht zum Essen geeignet; ihr ausgeprägtes Schokoladenaroma allerdings ist »umwerfend«

Gummibärchenblume
Cephalophora aromatica

Pflanzabstand: 40 x 40 cm
Blütezeit: Juni–Oktober

Anbauen: ab Mitte April am Fensterbrett oder im warmen Frühbeet aussäen und ab Mitte Mai auspflanzen oder ab Ende April auch direkt ins Freie säen oder zugekaufte Pflanzen ab Ende Mai ins Freie setzen
Boden: durchlässig, leicht, mager, trocken, warm, auf keinen Fall zu feucht
Pflegen: am besten im Balkonkasten oder Kübel als aromatische Sommerpflanze kultivieren, die nicht überwintert, sondern im nächsten Jahr wieder neu ausgesät wird
Ernten: die Pflanze ist nur zum Schnuppern, nicht zum Essen geeignet; die Blüten duften beim Zerreiben stark aromatisch nach Gummibärchen

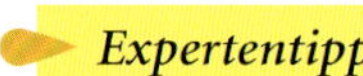

Expertentipp

Die eher unscheinbaren Einzelblüten liefern in ihrer Vielzahl einen duftenden Dauerflor bis zum Frost.

Schokoladenkosmee
Cosmos atrosanguineus

Pflanzabstand: 15–25 cm
Blütezeit: Juni–Oktober

Anbauen: ab Mitte April am Fensterbrett oder im warmen Frühbeet aussäen und ab Mitte Mai auspflanzen oder ab Ende April auch direkt ins Freie säen oder zugekaufte Pflanzen oder überwinterte Wurzelknollen ab Ende April ins Freie setzen
Boden: durchlässig, leicht, auf keinen Fall zu feucht
Pflegen: die Wurzelknollen in einem hellen und kühlen Raum (2–8 °C) ähnlich wie Dahlienknollen überwintern und ab Ende April wieder auspflanzen
Ernten: die Pflanze ist nur zum Schnuppern, nicht zum Essen geeignet; sie überzeugt aber mit leicht herbem Zartbitterschokoladenaroma

Expertentipp

Die burgunderrote Blütenpracht hält sich bis zum ersten Frost!

Zitronenmelisse

Melissa officinalis

Pflanzabstand: 40 x 40 cm
Erntezeit: Juni–August

Anbauen: ab Februar/März am Fensterbrett oder im Gewächshaus aussäen und ab Mai auspflanzen oder Jungpflanzen kaufen oder große Pflanzen teilen; ca. alle 4 Jahre den Standort wechseln
Boden: locker, tiefgründig (Wurzeln bis 30 cm tief), humos, nährstoffreich, warm, nicht zu trocken
Pflegen: mit gelegentlichen Kompostgaben versorgen; mulchen; gedeiht auch gut im Staudenbeet, in großen Töpfen oder Kübeln; auch bei nur gelegentlicher Ernte regelmäßig stark zurückschneiden
Ernten: fortlaufend frische Blätter und Triebspitzen ernten; zum Trocknen ernten, bevor die Pflanzen zu blühen beginnen

Schokoladen-Minze

Mentha x *piperita* 'Chocolate'

Pflanzabstand: 20 x 20 cm
Erntezeit: Juni–August

Anbauen: Jungpflanzen kaufen und im Abstand von 20 cm setzen oder im Frühling durch Teilung großer Einzelpflanzen vermehren
Boden: humos, etwas nährstoffreich, leicht, feucht
Pflegen: gelegentliche Kompostgabe; bei Rostpilzbefall total zurückschneiden, bei ständigem Befall oder Schwachwüchsigkeit Anbauplatz wechseln; gedeiht auch gut im Topf oder Kübel
Ernten: fortlaufend frische Blätter und Triebspitzen bis kurz vor der Blüte ernten

Süßdolde/Myrrhenkerbel

Myrrhis odorata

Pflanzabstand: Einzelpflanze
Erntezeit: Mai–Juli

Anbauen: im Herbst in Saatschalen aussäen und diese im Dezember/Januar ins Freie stellen, da Frostkeimer; im März die Saatschalen am Fensterbrett aufstellen und langsam an höhere Temperaturen gewöhnen; ab Mitte Mai auspflanzen
Boden: humos, etwas nährstoffreich, gleichmäßig feucht
Pflegen: mit gelegentlichen Kompostgaben versorgen; mulchen; gedeiht auch im Staudenbeet, Topf und Kübel
Ernten: die frischen Blätter und Stängel können fortlaufend geerntet werden, später auch die noch grünen Samen

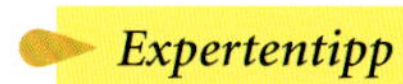

Mit ihrer an Lakritze erinnernden Süße sind vor allem Stängelstückchen begehrte Naschereien.

Teichpflanzen auswählen

So grünt's und blüht's im Wasser

Die dreidimensionale Welt unter Wasser wird nur durch die Pflanzen, die sich darin wohlfühlen, sinnlich erfahrbar. Wir sehen die spiegelnde Oberfläche, ohne zunächst erahnen zu können, was darunterliegt. Erst frei im Wasser treibende, beblätterte Stängel, schwimmende Blätter oder leise schwankende Blüten machen uns deutlich, dass hier ein ganz eigener Lebensraum mit »negativen« Höhenstufen existiert.

Alle Wasserpflanzen zeichnen sich dadurch aus, dass sie Nährstoffe und Kohlendioxid direkt aus dem Wasser aufnehmen. Daher fehlt ihnen das weit verzweigte Wurzelsystem der Landpflanzen, und Spaltöffnungen für den Gasaustausch werden nur in den Überwasser-Blättern gebildet. Eine interessante anatomische Anpassung sind die Luftkammern in Blättern und Stängeln: Sie sorgen für den nötigen Auftrieb und stabilisieren die Position des Pflanzenkörpers – dafür brauchen sie keine stabilen Festigungsgewebe wie die Landpflanzen.

Pflanzen für tiefes und flaches Wasser

Wasserpflanzen lassen sich unterschiedlich gliedern. In der gärtnerischen Praxis hat sich eine Gliederung nach den Tiefenstufen als sinnvoll erwiesen.

In der **Tiefwasserzone**, die bei 60–80 cm Wassertiefe beginnt, leben drei Pflanzentypen:

- Schwimmblattpflanzen wurzeln im Boden und treiben Jahr für Jahr lange Stiele mit auf dem Wasser schwimmenden Blättern aus.
- Unterwasserpflanzen bilden keine Wurzeln, sondern schweben frei im Wasser. Sie überstehen den Winter in Form von Überwinterungseinheiten (z. B. Samen, Knospen), die zu Boden sinken.
- Schwimmpflanzen treiben wie kleine Flöße auf der Oberfläche, ohne sich im Grund zu verankern. Auch sie bilden Überwinterungsorgane oder müssen (bei tropischen Arten) außerhalb des Teiches überwintern.

In der **Flachwasserzone**, die sich zwischen 10–40 cm Wassertiefe erstreckt, liegt die Zone des Röhrichts. Hier finden sich besonders viele Arten mit stark wuchernden Ausläufern und/oder Wurzelstöcken. In der gärtnerischen Praxis profitieren wir von dem breiten Angebot, müssen den Pflanzen allerdings auch Grenzen setzen (Wurzelsperren), damit sie ihre Nachbarn nicht überwuchern.

Liefern Sauerstoff – Unterwasserpflanzen

Raues Hornblatt

Ceratophyllum demersum

Höhe/Breite: bis 2 m lange Stängel
Blütezeit: Juni–Juli
Wassertiefe: ab 50 cm

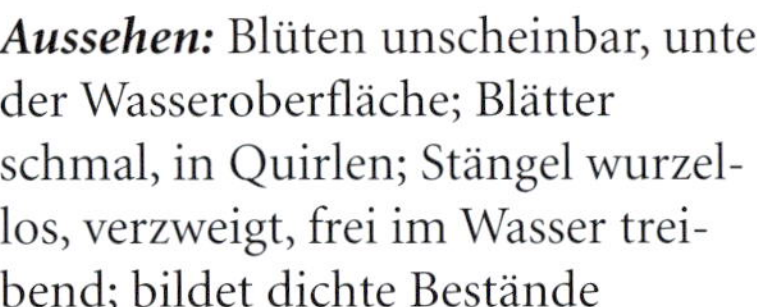

Aussehen: Blüten unscheinbar, unter der Wasseroberfläche; Blätter schmal, in Quirlen; Stängel wurzellos, verzweigt, frei im Wasser treibend; bildet dichte Bestände
Pflanzen: ab April/Mai; Triebstücke aus dem Transportbeutel einfach ins Wasser legen oder an einen Stein binden; mäßig nährstoffreiches bis nährstoffreiches Wasser
Pflegen: nicht erforderlich; zu stark wuchernde Pflanzen abfischen und kompostieren; kann im Winter im Teich bleiben (bildet absinkende Winterknospen)
Gestalten: gestalterisch von untergeordneter Bedeutung, wirkt aber recht dekorativ und natürlich

Zwischen den Blättern verstecken sich viele Kleintiere.

Kanadische Wasserpest

Elodea canadensis

Höhe/Breite: bis 1 m lange Stängel
Blütezeit: blüht nicht
Wassertiefe: ab 20 cm

Aussehen: wintergrün, im Schlammboden gründend, vermehrt sich nur vegetativ über natürliche Bruchstücke des Sprosses; blüht nur in ihrer Heimat; Blätter schmal, dicht in Quirlen stehend
Pflanzen: ab April/Mai; in den Boden drücken oder an Stein ins Wasser absenken; oft eingeschleppt durch Wasserpflanzen; verträgt breites Spektrum von Wasserhärten
Pflegen: vermehrt sich sehr stark (»Pest«) und muss daher regelmäßig ausgelichtet werden, sonst unterdrückt sie andere Unterwasserpflanzen; in großen Naturteichen schwer zu kontrollieren
Gestalten: als Sauerstoffproduzent und zur Reinigung von Wasser bestens geeignet; trägt wegen des wucherndes Wuchses aber nur bedingt zur Gestaltung bei

Tausendblatt

Myriophyllum-Arten

Höhe/Breite: bis 1 m lange Stängel
Blütezeit: Juli–September
Wassertiefe: ab 50 cm

Aussehen: Blüten weißlich-rosa in kleiner Ähre, die aus dem Wasser herausragt; Stängel aufrecht, verzweigt, völlig unter Wasser, können auch auf der Oberfläche schwimmen; Blätter fein zerteilt, in Quirlen
Pflanzen: ab April/Mai; bewurzelte Triebe in den Boden setzen; anspruchslos, bevorzugen aber saures, nährstoffreiches Wasser; verträgt breites Spektrum von Wasserhärten
Pflegen: in großen Naturteichen ungestört lassen, gelegentlich auslichten; in kleineren Teichen regelmäßig kontrollieren und auslichten (auch aus dem Schlammgrund ziehen, da sie sich flächenhaft ausbreiten)
Gestalten: die Blätter sehen im klaren Wasser sehr natürlich aus; Blüten unscheinbar, aber recht dekorativ

sonnig | halbschattig |  schattig

Dichtblättriges Fischkraut
Groenlandia densa

Höhe/Breite: 30 cm
Blütezeit: Juni–September
Wassertiefe: 30–100 cm

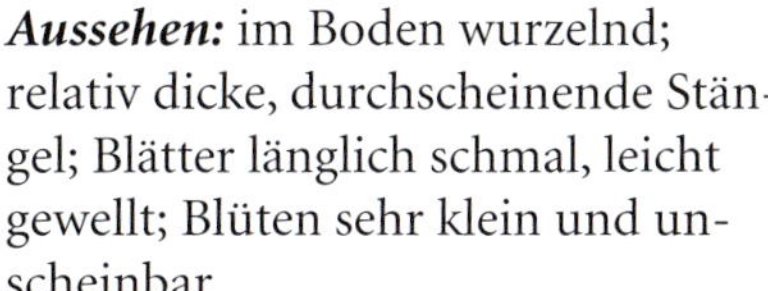

Aussehen: im Boden wurzelnd; relativ dicke, durchscheinende Stängel; Blätter länglich schmal, leicht gewellt; Blüten sehr klein und unscheinbar
Pflanzen: ab April/Mai, auch in langsam fließende Bäche; Wurzeln in den Schlammboden drücken; braucht unbedingt sauberes, mäßig nährstoffreiches Wasser; verträgt breites Spektrum von Wasserhärten
Pflegen: möglichst ungestört lassen; starkwüchsig, daher überzählige Triebe entfernen; winterhart
Gestalten: gestalterisch eher unscheinbar, aber wichtiger Sauerstoffproduzent

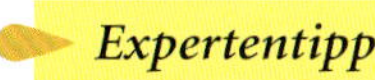

Expertentipp

Geschützte heimische Wasserpflanze, deren Vorkommen auf sauberes Wasser von guter Qualität hinweist.

Wasserhahnenfuß
Ranunculus aquatilis

Höhe/Breite: über 1 m lange Stängel
Blütezeit: Juni-September
Wassertiefe: 30–80 cm

Aussehen: Stängel teilweise auf der Wasseroberfläche schwimmend; Unterwasserblätter fadenförmig, Schwimmblätter ab dem Frühsommer, rundlich bis nierenförmig; Blüten weiß, einfach, knapp über dem Wasser
Pflanzen: ab April/Mai; in den Schlamm setzen; optimal ist nährstoffreiches Wasser mit leichter Bewegung (Bach oder Pumpensog); am natürlichen Standort in kalkreichen, harten Gewässern
Pflegen: problemlos, nur auslichten; kann nach einigen Jahren verschwinden und sich nur noch durch Selbstaussaat verbreiten
Gestalten: sehr dekorativ zur Blütezeit, wenn die Blüten über der Wasseroberfläche schweben; bestens geeignet für Bachläufe mit tieferen Bereichen und langsamer Strömung – die Stängel bewegen sich mit der Strömung

Wasserschlauch
Utricularia vulgaris

Höhe/Breite: lange Stängel
Blütezeit: Juni–August
Wassertiefe: 30–50 cm, auch tiefer

Aussehen: wurzellos, frei treibende Stängel mit stark zerschlitzten Blättern, Blüten 10 cm über Wasser
Pflanzen: ab April/Mai; ins Wasser legen; nährstoffarme Gewässer, möglichst weiches Wasser; auch in langsam fließenden Bächen und im flachen Uferbereich
Pflegen: problemlos, gelegentlich auslichten, da nur mäßig wachsend; überwintert mit absinkenden Winterknospen
Gestalten: interessant aussehende, schwebende Stängel; Fleisch fressende Pflanze mit Fangblasen (mit Lupe zu erkennen), gutes Beobachtungsobjekt für Kinder

Expertentipp

Kinder dürfen die Pflanze für Untersuchungen nicht selbst aus dem Wasser holen – Gefahr!

Schwimmpflanzen

Feenmoos

Azolla caroliniana

Höhe/Breite: 2–3 cm/2–3cm
Blütezeit: keine Blüte
Wassertiefe: ab 30 cm

Aussehen: Teppiche bildender Schwimmfarn mit dunkelgrüner bis roter Blattfärbung, Blätter eingeschnitten; verzweigte Sprosse
Pflanzen: nach den letzten Nachtfrösten (Ende Mai) auf die Wasseroberfläche setzen; nährstoffreiche Gewässer
Pflegen: regelmäßiges Abfischen entfernt Biomasse aus dem Teich; Feenmoos darf sich nicht ungezügelt ausbreiten, weil es das Wasser stark beschattet; tropischer Farn, der in kalten Wintern erfriert, daher einige Exemplare in einer Schale hell und kühl überwintern
Gestalten: vor allem zur Nährstoffverarmung und als Algenkonkurrent wichtig; die im Wind schaukelnden Pflanzen tragen allerdings auch zur Dekoration bei; Konkurrenz mit Schwimmblattpflanzen möglichst vermeiden

Wasserhyazinthe

Eichhornia crassipes

Höhe/Breite: 25–40 cm/ca. 30 cm
Blütezeit: Juli–September
Wassertiefe: ab 30 cm

Aussehen: Teppiche bildende, ungewöhnliche Schwimmpflanze mit Luftblasen in den Blattstielen; Blätter aufrecht aus dem Wasser ragend; Blüten in walzenförmigem Blütenstand, rosa bis rosaviolett
Pflanzen: nach den letzten Nachtfrösten (Ende Mai) auf das Wasser setzen; nährstoffreiches Wasser; verträgt breites Spektrum an Wasserhärten
Pflegen: breitet sich sehr stark aus, daher regelmäßig wuchernde Ableger an den Ausläufern abschneiden und entnehmen; tropische Wasserpflanze, die bei etwa 10 °C hell überwintern muss
Gestalten: wegen der starken Ausbreitung nur für große Naturteiche; sehr dekoratives Blattwerk und hübsche Blüten, gibt Teichen mit Bambus oder großen Blattpflanzen ein subtropisches Ambiente

Wasserlinse

Lemna minor u. a. Arten

Höhe/Breite: flach/1 cm
Blütezeit: April–Mai
Wassertiefe: ab 30 cm

Aussehen: Teppiche bildend; rundliche, schwimmende Blättchen an stark reduzierten Sprossen mit winzigen, hängenden Wurzeln; Blüten klein und unscheinbar
Pflanzen: ab dem Frühling auf das Wasser setzen (stellen sich häufig von selbst als Verunreinigung zusammen mit anderen Wasserpflanzen ein); nur in nährstoffreichen Gewässern
Pflegen: äußerst robust und bei genügend Nährstoffen (Stickstoff im Wasser) stark wuchernd; unbedingt regelmäßig abfischen, sonst verdunkeln sie das Wasser; winterhart
Gestalten: obwohl Wasserlinsen vielfach als »Unkraut« gelten, bieten sie einige Vorteile: sie erinnern an nostalgische, alte Dorfteiche, entziehen dem Wasser Nährstoffe und unterdrücken Algenwuchs; als kleine schwimmende Inseln kultivieren

sonnig

halbschattig

schattig

Wassersalat, Muschelblume

Pistia stratiotes

Höhe/Breite: 5–10 cm/15–20 cm
Blütezeit: blüht so gut wie nie
Wassertiefe: ab 30–50 cm

Aussehen: salatartige Blattrosetten, Blätter abgerundet mit gut sichtbaren Adern; Blüten grün und unscheinbar (nicht in unseren Breiten); ins Wasser hängende Wurzeln
Pflanzen: nach den letzten Nachtfrösten (ab Ende Mai) auf das Wasser setzen, möglichst sonnige Standorte; nährstoffreiches, warmes Wasser, wächst in breitem Spektrum von Wasserhärten
Pflegen: am besten ungestört lassen; Ausläufer können abgetrennt werden; ab dem Spätsommer bilden sich kleine Tochterpflanzen, die in Torfmull feucht, hell und warm überwintert werden (sicherer ist jährlicher Neukauf)
Gestalten: interessant für Kinder sind die abperlenden Wassertropfen, die die Oberfläche nicht benetzen; tropisches Ambiente auch für üppig bepflanzte Zierteiche oder Terrassenkübel

Schwimmfarn

Salvinia natans

Höhe/Breite: 10–15 cm lange Triebe
Blütezeit: blüht nicht
Wassertiefe: 20–50 cm

Aussehen: regelmäßig ovale Blättchen an kurzen, kaum verzweigten Trieben, schwimmend; keine Wurzeln oder Blüten, die Wurzelfunktion übernimmt ein umgewandeltes Blatt; einjährige Farnpflanze, die mit absinkenden Sporen überwintert
Pflanzen: ab April/Mai auf das Wasser setzen; nährstoffreiches Wasser; verträgt breites Spektrum von Wasserhärten
Pflegen: pflegeleicht; relativ starkwüchsig, daher wuchernde Exemplare etwas eindämmen; ab dem Spätsommer/Herbst zur Sicherheit Pflanzen mit Sporenbehältern (an den umgewandelten Blättern) sammeln, in flachen Schalen im Keller überwintern
Gestalten: die kleinen Schwimmblättchen bewegen sich leicht im Spiel des Windes; frei auf dem Wasser oder zwischen Schwimmblättern

Krebsschere

Stratiotes aloides

Höhe/Breite: 20–30 cm/20–30 cm
Blütezeit: Mai–Juli
Wassertiefe: 50–100 cm

Aussehen: in Rosetten steif aus dem Wasser ragende, schmale Blätter, Rand sägeartig gezähnt; frei schwimmend, im Flachwasser auch wurzelnd; Blüten weiß, kurz über der Wasseroberfläche
Pflanzen: ab April/Mai; Jungpflanzen in den Boden drücken; mäßig nährstoffreiche bis nährstoffreiche Gewässer, möglichst hart (kalkhaltig); im Herbst sinken die Rosetten zu Boden, überwintern und steigen im nächsten Frühling wieder auf
Pflegen: pflegeleicht; Vermehrung über die Ausläufer
Gestalten: die verwurzelten Exemplare kommen am besten im Flachwasserbereich zwischen Röhricht zur Geltung; auch als Formkontrast zu flach aufliegenden Schwimmblättern, schön in Kombination mit Seerosen

Schwimmblattpflanzen

Froschbiss

Hydrocharis morsus-ranae

Höhe: Blüte bis 20 cm aufragend
Blütezeit: Juni–August
Wassertiefe: 20–50 cm

Aussehen: fast runde, schwimmende Blätter mit Einschnitt am Stiel, 5–6 cm Durchmesser, in einer Blattrosette; im Grund verwurzelt; Ausläufer bildend; Blüten auf blattlosen Stielen, weiß, 2–3 cm Durchmesser
Pflanzen: ab April/Mai; in Pflanzkörben oder direkt in den Grund der Flachwasserzone setzen; nährstoffreiches Wasser
Pflegen: starkwüchsig, daher an den Ausläufern trennen und überzählige Pflanzen entnehmen; winterhart durch absinkende Winterknospen
Gestalten: attraktive, seerosenartige Schwimmblätter und auffallend schneeweiße Blüten; allerdings nur für größere Teichanlagen geeignet; wichtig zur Wasserklärung in Schwimmteichen

Mummel, Gelbe Teichrose

Nuphar lutea

Höhe: Blüte 10–15 cm aufragend
Blütezeit: Mai–Juli
Wassertiefe: 50–100 cm, auch tiefer

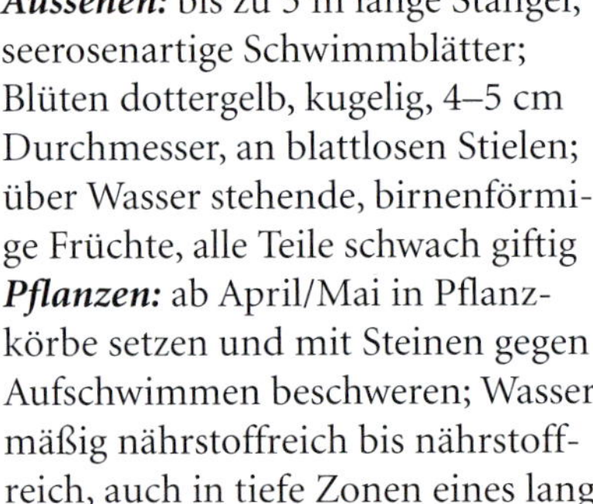

Aussehen: bis zu 5 m lange Stängel; seerosenartige Schwimmblätter; Blüten dottergelb, kugelig, 4–5 cm Durchmesser, an blattlosen Stielen; über Wasser stehende, birnenförmige Früchte, alle Teile schwach giftig
Pflanzen: ab April/Mai in Pflanzkörbe setzen und mit Steinen gegen Aufschwimmen beschweren; Wasser mäßig nährstoffreich bis nährstoffreich, auch in tiefe Zonen eines langsam fließenden Bachlaufes
Pflegen: wuchert sehr stark, daher am besten für große, naturnahe Teiche; Zuwachs regelmäßig reduzieren
Gestalten: Ersatz für Seerosen, die deutlich sonnigere Standorte benötigen

Expertentipp

Für kleine Teiche ist die Kleine Teichrose (Nuphar pumila) besser geeignet.

Gewöhnliche Seekanne

Nymphoides peltata

Höhe: Blüten 10 cm aufragend
Blütezeit: Juni–September
Wassertiefe: ab 50 cm

Aussehen: meterlange kriechende oder schwimmende Ausläufer; seerosenartige, rundliche Schwimmblätter mit Einschnitt am Stiel, oberseits dunkelgrün bis braun, 6–10 cm Durchmesser; Blüten bis 7 cm im Durchmesser, goldgelb mit bewimperten Blütenblättern
Pflanzen: ab April/Mai in Pflanzkörbe; nährstoffreiches Wasser; verträgt breites Spektrum von Wasserhärten; etwa 1–2 Pflanzen pro m²
Pflegen: kann in die Sumpfzone einwandern und sich zusätzlich durch Samen vermehren; wuchert sehr stark, muss daher regelmäßig an den Ausläufern getrennt und ausgelichtet werden; winterhart
Gestalten: nicht für kleine Teiche geeignet; für Naturteiche gute Ergänzung zur dichten Uferbepflanzung aus Röhricht, Kalmus, Schwertlilie und Schwanenblume

sonnig

halbschattig

schattig

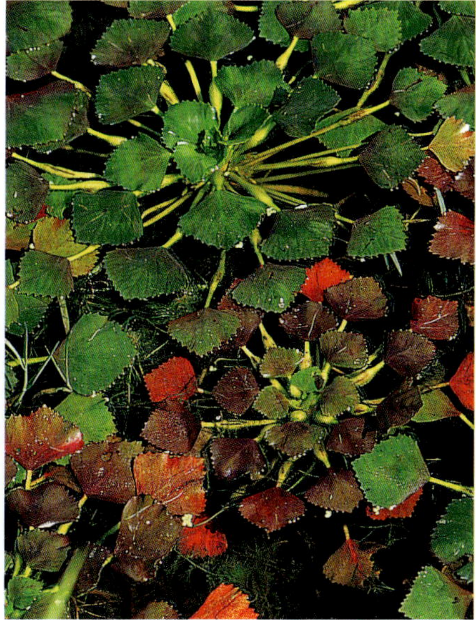

Flutendes Laichkraut

Potamogeton natans

Höhe: Blüten ca. 10 cm aufragend
Blütezeit: Juni–August
Wassertiefe: 40–100 cm

Aussehen: über den Boden kriechendes Rhizom; Blätter großenteils untergetaucht, nur die oberen schwimmen auf der Wasseroberfläche, oval, spitz zulaufend, ca. 10 cm lang; Blüten in einer kompakten, walzenförmigen Ähre, grünlich-weiß bis rötlich
Pflanzen: ab April/Mai; wegen des Ausbreitungsdrangs nur in Pflanzkörben; kommt auch in weniger nährstoffreichem Wasser zurecht
Pflegen: erst im Herbst zurückschneiden; nicht für kleine Teiche
Gestalten: der Schmuckwert ist eher gering, aber die Pflanze gehört wegen ihrer ökologischen Bedeutung in größere Naturteiche

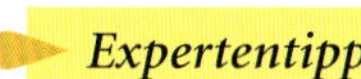

Expertentipp

Weniger stark wuchert das Krause Laichkraut (P. crispus).

Wassernuss

Trapa natans

Breite: 40–50 cm
Blütezeit: Juli–August
Wassertiefe: 40–80 cm

Aussehen: wurzelt im Teichgrund, Stängel verzweigt und an den Knoten bewurzelt; Blätter gestielt, in einer Rosette, Blattstiele mit Schwimmkörpern, Blätter rautenförmig, gezähnt, färben sich im Herbst rot; Blüten in den Blattachseln, weißlich; dunkelbraune, vierstachelige Steinfrucht
Pflanzen: einjährig; vorkultivierte Pflanzen ab April/Mai, Früchte etwas früher in den Teichgrund setzen; sauberes, nährstoffreiches Wasser, möglichst weich, auch in langsam fließende Bachläufe
Pflegen: im Herbst die Rosetten absammeln und die Früchte im Teich versenken (einige feucht und vor Frost geschützt im Keller lagern)
Gestalten: die regelmäßigen Blattrosetten wirken sehr dekorativ, vor allem wegen der Verfärbung im Herbst

Weitere Schwimmblattpflanzen

Name	Wassertiefe	Aussehen Besonderheiten
Südafrikanische Wasserähre (*Aponogeton distachyos*)	50–80 cm	schmale Blätter, 20 cm lang; Blüte mit Vanilleduft
Herzlöffel (*Caldesia parnassiifolia*)	15–35 cm	weiße Blüten in Rispenähren
Wasserstern (*Callitriche palustris*)	Sumpfzone bis 50 cm	Blätter bilden auf dem Wasser einen Stern; wintergrün; verträgt Schatten
Schwimm-Sumpfdotterblume (*Caltha natans*)	20–40 cm	hübsche gelbe Blüten
Froschkraut (*Luronium natans*)	20–40 cm	Blätter löffelförmig; Blüten weiß, lang gestielt, selten; braucht weiches Wasser
Japanische Teichrose (*Nuphar japonica*)	50–100 cm	längliche Schwimm- und herzförmige Unterwasserblätter
Goldkeule (*Orontium aquaticum*)	30–50 cm	nur in tiefgründigem Boden; goldgelbe Blütenkolben
Schwimm-Knöterich (*Persicaria amphibia*)	20–60 cm	schmale Schwimmblätter; rosa Blüten, wuchert nicht
Wasser-Lebermoos (*Riccia fluitans*)	20–90 cm	Moos, das dicht unter der Wasseroberfläche schwimmt; auch eine Landform

Winterharte Seerosen – robust und schön

Weiße Seerose

Nymphaea alba

Blütendurchmesser: 9–12 cm
Blütezeit: Juni–September
Wassertiefe: 70–120 cm und tiefer

Aussehen: armdickes Rhizom; bis 40 cm große Schwimmblätter, ledrig, grün; Blüten weiß, zahlreiche Blütenblätter, gelbe Staubblätter, wohlriechend; alle Teile schwach giftig
Pflanzen: ab Mai bis Mitte Juni; in Pflanzkörbe (mindestens 10 Liter Inhalt), in großen Naturteichen auch direkt in den Bodenschlamm
Pflegen: im Frühling in Lehmkügelchen gekneteten Dünger oder Langzeitdünger (z. B. Hornspäne) in die Erde der Körbe drücken; gelbe Blätter oder Blätter mit Fraßspuren entfernen; im Herbst absinkende Blätter entfernen; winterhart
Gestalten: heimische Seerose, die sich stark ausbreitet und nur in großen Naturteichen ihren Platz findet

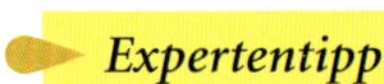

Expertentipp

Nur nach Beratung durch einen Fachmann pflanzen.

Seerose

Nymphaea-Hybriden

Blütendurchmesser: bis 25 cm
Blütezeit: Juni–September
Wassertiefe: ab 25–300 cm

Aussehen: schwimmende Blätter an langen Stielen; Blüten in Farbe und Größe sehr variabel (siehe nebenstehende Tabelle)
Pflanzen: ab Mai bis Mitte Juni; in Pflanzkörbe (mindestens 5–10 Liter Inhalt) oder direkt in den Bodengrund; beim Kauf der Sorten sehr genau auf die Angaben zur Wassertiefe achten, da dieser Wert unbedingt eingehalten werden muss
Pflegen: im Frühling in Lehmkügelchen gekneteten Dünger oder Langzeitdünger (z. B. Hornspäne) in die Erde der Körbe drücken; gelbe Blätter oder Blätter mit Fraßspuren entfernen; im Herbst absinkende Blätter entfernen; winterhart
Gestalten: obwohl Seerosen isoliert auf der Wasseroberfläche schwimmen, sollten Sie die Blütenfarbe auf die Uferbepflanzung abstimmen

Wohlriechende Seerose

Nymphaea odorata

Blütendurchmesser: ca. 10 cm
Blütezeit: Juni–September
Wassertiefe: 50–80 cm

Aussehen: Rhizome flach auf dem Boden liegend; rötliche Stängel, Blätter etwa 20 cm im Durchmesser; Blüte reinweiß, tassenförmig, zugespitzte Blütenblätter
Pflanzen: ab Mai bis Mitte Juni; in Pflanzkörbe (mindestens 5 Liter Inhalt) oder direkt in den Bodengrund; pro Pflanze 1,5 m^2
Pflegen: im Frühling in Lehmkügelchen gekneteten Dünger oder Langzeitdünger (z. B. Hornspäne) in die Erde der Körbe drücken; gelbe Blätter oder Blätter mit Fraßspuren entfernen; im Herbst absinkende Blätter entfernen; winterhart
Gestalten: unempfindliche Seerose mit hübscher, sehr natürlich aussehender Blüte; in mittelgroßen Teichen eine bessere Wahl als die heimische Weiße Seerose

 sonnig

 halbschattig

 schattig

Cape Cod Teichrose

Nymphaea odorata var. *rosea*

Blütendurchmesser: 12 cm
Blütezeit: Juni–September
Wassertiefe: 50–70 cm

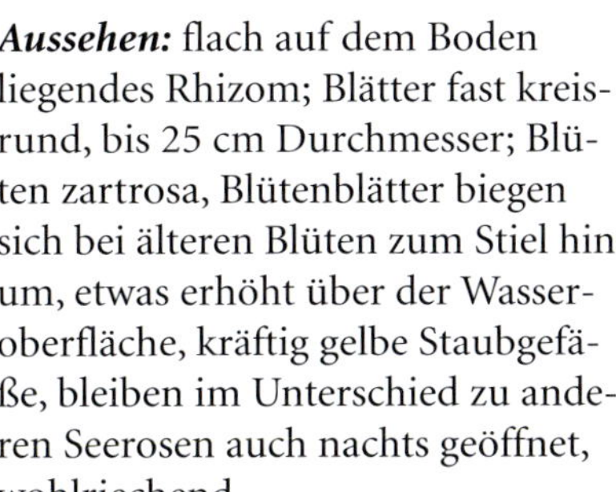

Aussehen: flach auf dem Boden liegendes Rhizom; Blätter fast kreisrund, bis 25 cm Durchmesser; Blüten zartrosa, Blütenblätter biegen sich bei älteren Blüten zum Stiel hin um, etwas erhöht über der Wasseroberfläche, kräftig gelbe Staubgefäße, bleiben im Unterschied zu anderen Seerosen auch nachts geöffnet, wohlriechend
Pflanzen: ab Mai bis Mitte Juni; in Pflanzkörbe (mindestens 5 Liter Inhalt) oder direkt in den Bodengrund; pro Pflanze 1,5 m²
Pflegen: im Frühling in Lehmkügelchen gekneteten Dünger oder Langzeitdünger (z. B. Hornspäne) in die Erde der Körbe drücken; gelbe Blätter oder Blätter mit Fraßspuren entfernen; im Herbst absinkende Blätter entfernen; winterhart
Gestalten: natürlich entstandene Hybride aus den USA; attraktive Farbe und bestechend guter Duft

Knollige Seerose

Nymphaea tuberosa 'Richardsonii'

Blütendurchmesser: 12–13 cm
Blütezeit: Juni–September
Wassertiefe: 65–90 cm

Aussehen: Blätter fast kreisrund, 20–35 cm, Blattstiele rot gestreift; Blüten reinweiß, sehr edel geformt, wirken wie gefüllt, gelbe Staubblätter, etwas erhöht über der Wasseroberfläche, Blüte nur vom Vormittag bis frühen Nachmittag geöffnet
Pflanzen: ab Mai bis Mitte Juni; in Pflanzkörbe (mindestens 5–10 Liter Inhalt) oder direkt in den Bodengrund; pro Pflanze 2 m²
Pflegen: im Frühling in Lehmkügelchen gekneteten Dünger oder Langzeitdünger (z. B. Hornspäne) in die Erde der Körbe drücken; gelbe Blätter oder Blätter mit Fraßspuren entfernen; im Herbst absinkende Blätter entfernen; sehr wüchsige Sorte, kann leicht geteilt werden; winterhart
Gestalten: wirkt sehr edel, ohne Begleiter auf offenen Wasserflächen

Weitere winterharte Seerosensorten

Name	Wassertiefe	Blütenfarbe Durchmesser
'Amabilis'	50–80 cm	zartrosa 16–17 cm
'Berthold'	40 cm	zart- bis intensivrosa 7–9 cm
'Chrysantha'	ab 20 cm	gelb bis orange 6–8 cm
'Colonel A. J. Welch'	100–200 cm	kanariengelb 20 cm
'Exquisita'	50–80 cm	korallenrosa 13 cm
'Fritz Junge'	50–80 cm	pfirsichrosa 18 cm
'Froebelii'	25–50 cm	karminrot 8–10 cm
'Gladstoniana'	80–200 cm	reinweiß 20 cm
'Hollandia'	80 cm und tiefer	rosarot 20 cm
'James Brydon'	50–80 cm	kirschrot 14 cm
'Lily Pons'	40–80 cm	rosa, gefranst 15 cm
'Marliacea Carnea'	50–80 cm	weiß 18 cm
'Moorei'	25–50 cm	hellgelb 10–15 cm
'Newton'	50–80 cm	zinnoberrot 10–12 cm
'Perry's Dwarf Red'	40–60 cm	kirschrot 10 cm
'Pink Porcelain'	50 cm	zartrosa 15 cm
'Sunny Pink'	80–100 cm	pfirsichfarben 20 cm
'Walter Pagels'	20–50 cm	cremeweiß 10 cm

Seerosen für kleine Teiche und Kübel

Weiße Seerose
Nymphaea alba var. *minor*

Blütendurchmesser: 4–16 cm
Blütezeit: Juni–September
Wassertiefe: 40–70 cm

Aussehen: eine kleine Form von *N. alba*; Blätter kreisrund, kräftig grün; Blüte reinweiß, öffnet sich vormittags (10 Uhr) bis zum Nachmittag; Früchte werden am schraubig eingedrehten Stiel zu Boden gezogen
Pflanzen: ab Mai bis Mitte Juni; in Pflanzkörbe oder direkt in den Bodengrund eines Kübels; entwickelt sich besser in etwas tieferem Wasser (ab 50 cm)
Pflegen: im Frühling in Lehmkügelchen gekneteten Dünger oder Langzeitdünger (z. B. Hornspäne) in die Erde der Körbe drücken; gelbe Blätter oder Blätter mit Fraßspuren entfernen; im Herbst absinkende Blätter entfernen; mäßig wüchsig; winterhart
Gestalten: die Schmuckwirkung liegt vor allem im Blattwerk; weniger Blüten als bei der Art

Kleine (Glänzende) Seerose
Nymphaea candida

Blütendurchmesser: 8–10 cm
Blütezeit: Juni–August
Wassertiefe: 25–50 cm

Aussehen: dunkelgrüne, runde Blätter (20 cm Durchmesser); Blüten weiß, heben sich einige Zentimeter über die Wasseroberfläche, öffnen sich nicht so weit wie bei anderen Seerosen, Narbenspitzen rot
Pflanzen: ab Mai bis Mitte Juni; in Pflanzkörbe (ca. 5 Liter) oder direkt in den Bodengrund eines Kübels; verträgt auch etwas tieferes (50–80 cm) und kühles Wasser
Pflegen: im Frühling in Lehmkügelchen gekneteten Dünger oder Langzeitdünger (z. B. Hornspäne) in die Erde der Körbe drücken; gelbe Blätter oder Blätter mit Fraßspuren entfernen; im Herbst absinkende Blätter entfernen; relativ wüchsig, daher muss sie in Zierteichen gut kontrolliert werden; winterhart
Gestalten: die kleinen Blüten kommen am besten in der Nähe eines Betrachters zur Geltung, wo sie hell zwischen den Blättern leuchten

Seerose
Nymphaea x *pygmaea* 'Helvola'

Blütendurchmesser: 2,5 cm
Blütezeit: Juni–September
Wassertiefe: 20–25 cm

Aussehen: nicht winterharte Seerose; Blätter dunkel-olivgrün, rot bis rotbraun streifig und gefleckt; Blüte sternförmig, hellgelb
Pflanzen: ab Mai bis Mitte Juni; in Pflanzkörbe oder direkt in den Bodengrund eines Kübels
Pflegen: im Frühling in Lehmkügelchen gekneteten Dünger oder Langzeitdünger (z. B. Hornspäne) in die Erde der Körbe drücken; gelbe Blätter oder Blätter mit Fraßspuren entfernen; schwachwüchsig; überwintern in einem frostfreien hellen Raum (nicht beheiztes Gewächshaus, Wintergarten)
Gestalten: eine der besten Seerosen für die Anzucht im Kübel; achten Sie bei der Kombination mit anderen Kübelpflanzen darauf, dass die gelben Blüten gut zur Geltung kommen – z. B. durch Kombination mit blau blühenden Stauden am Ufer

sonnig | halbschattig |  schattig

Seerose
Nymphaea x *laydekeri* (Sorten)

Blütendurchmesser: ca. 10 cm
Blütezeit: Juni–September
Wassertiefe: 25–50 cm

Aussehen: Blätter mehr elliptisch als rund, bei 'Purpurata' zunächst rötlich, später dunkelbraun; Blüten hell-lilarosa, innen dunkler ('Lilacea') oder kräftig dunkelrot mit weißen Zeichnungen ('Purpurata'), Blüten tassenförmig geöffnet, duftend; abgebildet ist die Sorte 'Lilacea' (auch 'Lilacina')
Pflanzen: ab Mai bis Mitte Juni; in Pflanzkörbe oder direkt in den Bodengrund eines Kübels
Pflegen: im Frühling in Lehmkügelchen gekneteten Dünger oder Langzeitdünger (z. B. Hornspäne) in die Erde der Körbe drücken; gelbe Blätter oder Blätter mit Fraßspuren entfernen; schwachwüchsig
Gestalten: alle Sorten sehr blühwillig, bestens für flache Zierteiche oder Kübel auf der Terrasse geeignet

Vierkantige Seerose
Nymphaea tetragona

Blütendurchmesser:2,5 cm
Blütezeit: Juni–September
Wassertiefe: 10–25 cm

Aussehen: Blätter dunkelgrün, bis 17 cm Durchmesser; Blüten sternförmig, reinweiß, duftend, die Basis der Knospen ist deutlich vierkantig
Pflanzen: ab Mai bis Mitte Juni; in Pflanzkörbe oder direkt in den Bodengrund eines Kübels; Jungpflanzen 19 cm, ausgewachsene 25 cm tief
Pflegen: im Frühling in Lehmkügelchen gekneteten Dünger oder Langzeitdünger (z. B. Hornspäne) in die Erde der Körbe drücken; gelbe oder Blätter mit Fraßspuren entfernen; schwachwüchsig; winterhart; samt sich in geeigneten Teichen selbst aus
Gestalten: die zierlichste Seerose, die sogar noch in flachen Schalen wächst (dann aber nicht im Freien überwintern)

Expertentipp

Im Handel wird diese Art auch als Nymphaea x pygmaea 'Alba' angeboten.

Sternseerose
Nymphaea stellata

Blütendurchmesser: 5–10 cm
Blütezeit: Juni–Juli
Wassertiefe: 30–60 cm

Aussehen: nicht winterharte, tropische Seerose; Blätter länglich, sattgrün; Blüten sternförmig mit schmalen, spitz zulaufenden Blütenblättern, stehen auf langen Stielen über der Wasseroberfläche, blassblau bis lila mit fahlgelben Staubblättern
Pflanzen: nur an sonnigen Standorten und in Wasser, das über 20 °C warm ist (Zierteiche ggf. sogar mit Heizschlangen, um die Wassertemperatur zu halten); ab Mai in Pflanzkörbe mit Lehm, Sand und Torfmull pflanzen; Jungpflanzen kommen mit geringer Wassertiefe aus
Pflegen: im Frühling in Lehmkügelchen gekneteten Dünger oder Langzeitdünger (z. B. Hornspäne) in die Erde der Körbe drücken; gelbe oder Blätter mit Fraßspuren entfernen; im Herbst aus dem Becken nehmen und kühl überwintern (10–15 °C)
Gestalten: am besten in Wintergärten oder auf besonnten Terrassen

Stars im flachen Wasser

Schwanenblume
Butomus umbellatus

Höhe/Breite: 50–100 cm/ 30–40 cm
Blütezeit: Juni–Juli
Wassertiefe: 0–30 cm

Aussehen: Staude; grasartige Polster; Blätter dreikantig, bis 1 cm breit, grasartig; Blüten in einer Dolde auf blattlosem Stängel, weiß bis rosa, dunkler geadert
Pflanzen: ab Mai; von der Sumpfzone bis ins flache Wasser hinein, im Sumpf direkt, auf Tiefenstufe im Korb; braucht nährstoffreichen Boden, kommt aber mit breitem Spektrum an Härtegraden zurecht
Pflegen: im Frühling auslichten und ggf. teilen, falls sie zu stark wuchert
Gestalten: in kleinen Gruppen vor der Röhrichtzone pflanzen, damit die Blüten zur Geltung kommen

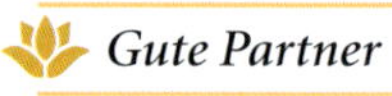

Gute Partner

- *Froschlöffel* • *Kalmus*
- *Pfeilkraut* • *Sumpfschwertlilien*

Schlangenwurz, Sumpfkalla
Calla palustris

Höhe/Breite: 15–20 cm/15–20 cm
Blütezeit: (Mai) Juni–Juli
Wassertiefe: 0–20 cm

Aussehen: Blätter treiben direkt aus dem kriechenden Rhizom aus, keine ausgeprägten Stängel; Blätter lang gestielt, rundlich bis herzförmig, ca. 10 cm breit; Blüten in einem gelblich-grünen Kolben, Schmuckwert hat das schneeweiße Hochblatt; rote Beeren im Herbst (giftig)
Pflanzen: ab Ende April; Rhizom flach auf das Substrat legen (wuchert kaum, kein Pflanzkorb erforderlich) und mit flachem Stein beschweren
Pflegen: pflegeleicht; abgestorbene Blätter entfernen, Rhizom bei Bedarf kürzen (damit gleichzeitig Vermehrung); kann im Winter absterben
Gestalten: interessante Pflanze für den Übergang zwischen Sumpf und Flachwasser; mit heimischen Pflanzen kombinieren (Bachbunge, Felberich, Fieberklee)

Wasserfeder
Hottonia palustris

Höhe/Breite: 20–40 cm/rasenartig
Blütezeit: Juni–Juli
Wassertiefe: 0–40 cm

Aussehen: wintergrün; Spross und Blätter bleiben unter Wasser; Blüten an kahlen Stielen bis 40 cm über der Wasseroberfläche, weiß bis zartrosa, in entfernt stehenden Quirlen
Pflanzen: ab Ende April/Mai; verträgt etwas Schatten; braucht unbedingt weiches Wasser und möglichst saures Substrat (Moorpflanze)
Pflegen: wuchert nur mäßig; sollte ein Rückschnitt (Frühling) erforderlich sein, auf Tiere achten, die zwischen den Blättern Schutz suchen
Gestalten: die im Winter grünen Blätter bieten einen hübschen Anblick im Teich; gut für Moorbeete zwischen Froschlöffel und Pfeilkraut

Expertentipp

Kann sich in die Sumpfzone ausbreiten und Landformen bilden (auch bei fallendem Wasserstand).

sonnig 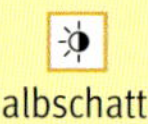 halbschattig  schattig

Bachminze, Wasserminze

Mentha aquatica

Höhe/Breite: 20–50 cm/Ausläufer
Blütezeit: Juli–September
Wassertiefe: 0–15 cm

Aussehen: sommergrüne Staude; bildet Ausläufer, die bis ins Wasser wachsen können; Blätter gegenständig, eiförmig zugespitzt, manchmal rot überlaufen; Blüten in dichten, köpfchenförmigen Quirlen, rosa bis purpurn
Pflanzen: ab Ende April/Mai; vor allem in kleineren Wassergärten möglichst in feste Pflanzkörbe setzen; mäßig nährstoffreiches Substrat, aber breites Spektrum von Wasserhärten
Pflegen: wuchert relativ stark über die Ausläufer, die daher regelmäßig abgeschnitten werden müssen (über bewurzelte Abschnitte ist eine Vermehrung möglich)
Gestalten: kann ohne die Einschränkung durch eine Wurzelbarriere Teichränder begrünen; in kleineren Wassergärten im Pflanzkorb mit Gauklerblume, Schwertlilien oder Blutweiderich kombinieren

Fieberklee

Menyanthes trifoliata

Höhe/Breite: 15–30 cm/Ausläufer
Blütezeit: Mai–Juni
Wassertiefe: 0–30 cm

Aussehen: sommergrüne Staude; kriechendes Rhizom, das sich auch ins Wasser erstrecken kann; Blätter lang gestielt, auffallend dreigeteilt, aber deutlich größer als Klee; Blüten schneeweiß mit lang ausgefransten Rändern, in Trauben, Knospen rosa
Pflanzen: ab Mai; optimal ist nicht zu nährstoffreiches Substrat und weiches, leicht saures Wasser (Moorpflanze); in den Sumpfbereich pflanzen, breitet sich von hier aus
Pflegen: pflegeleicht; Ausbreitung der Ausläufer im Auge behalten, ggf. bewurzelten Abschnitt abschneiden und ab Mai/Juni neu einpflanzen
Gestalten: äußerst attraktive Sumpf- und Flachwasserpflanze

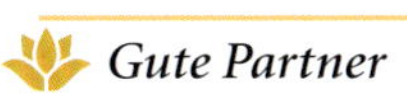
Gute Partner

- *Froschlöffel*
- *Kalmus*
- *Teichsimse*

Zungen-Hahnenfuß

Ranunculus lingua

Höhe/Breite: 60–150 cm/Ausläufer
Blütezeit: Juni–Juli
Wassertiefe: 0–40 cm

Aussehen: Staude, die unter dem Eis grün bleibt; Stängel aufrecht, Ausläufer hohl; Blätter zungenförmig schmal, zugespitzt, ganzrandig bis gezähnt; Blüten glänzend, dottergelb, 2–4 cm Durchmesser
Pflanzen: ab Ende April/Mai; mäßig nährstoffreiches Substrat; verträgt breites Spektrum an Wasserhärten; wegen der starken Ausdehnung in Pflanzkörbe setzen, in großen Teichen an Stein binden und absenken
Pflegen: sehr robuste Pflanze, muss allerdings wegen ihrer Wüchsigkeit regelmäßig kontrolliert werden; Ausläufer komplett entfernen, da sie auch aus Bruchstücken austreiben
Gestalten: natürlicher Ufer- und Flachwasserbewuchs zwischen Röhricht (Rohrkolben), Hechtkraut, Fieberklee und Uferpflanzen der Feuchtzonen (z. B. Mädesüß, Blutweiderich)

Die Natur lässt grüßen

Kalmus

Acorus calamus

Höhe/Breite: 80–100 cm/Ausläufer
Blütezeit: Juli–August
Wassertiefe: 0–25 cm

Aussehen: sommergrüne Staude mit dickem Rhizom; Blätter schwertförmig, steif aufrecht, kräftig ausgeprägte Mittelrippe, die Sorte 'Variegatus' hat längs gestreifte Blätter; winzige Blüten in seitlich stehenden, gelbgrünen Kolben
Pflanzen: ab Ende April/Mai; nährstoffreiches Substrat; in kleinen Wassergärten nur im Pflanzkorb einsetzen, um die wuchernden Ausläufer kontrollieren zu können; verträgt auch schwach fließende Gewässer
Pflegen: pflegeleicht; abgestorbene Blätter entfernen; Ausläufer regelmäßig eindämmen
Gestalten: an Bachläufen als ungewöhnliche Uferpflanze, nicht für kleine Wassergärten geeignet

- *Simse*
- *Zwerg-Rohrkolben*

Gewöhnlicher Froschlöffel

Alisma plantago-aquatica

Höhe/Breite: 20–90 cm/30–40 cm
Blütezeit: Juni–September
Wassertiefe: 0–25 cm

Aussehen: sommergrüne, horstig wachsende Staude; Blätter bis 40 cm über der Wasseroberfläche, lang gestielt, löffelförmig (Wasserblätter bandförmig); Blüten an nackter, sehr lockerer Rispe (bis 40 cm hoch), weiß; schwach giftig (Milchsaft)
Pflanzen: ab Ende April/Mai; nährstoffreiches Substrat; verträgt breites Spektrum an Wasserhärten; kann auch in kleineren Wassergärten direkt ins Substrat gepflanzt werden
Pflegen: erst im Frühling zurückschneiden; breitet sich auch durch Samen aus (Blütenstände abschneiden, falls das nicht gewünscht wird)
Gestalten: vielseitig verwendbar im Übergangsbereich zwischen Röhricht und Wasser, z. B. neben Zwerg-Rohrkolben mit Schwanenblume und Schwertlilien; die trockenen Blüten-/Fruchtstände bilden auch im Winter hübsche Blickfänge

Tannenwedel

Hippuris vulgaris

Höhe/Breite: 20–40 cm/Ausläufer
Blütezeit: Juni–August
Wassertiefe: 10–30 cm

Aussehen: sommergrüne Staude; im tieferen Wasser lange, weiche Unterwasserblätter, im Flachwasser aufrechte Triebe mit nadelförmigen Blättchen; Blüten unscheinbar und nicht ins Auge fallend
Pflanzen: ab Ende April/Mai; mäßig nährstoffreiches Substrat und breites Spektrum von Wasserhärten wird vertragen; wegen der stark wuchernden Ausläufer in Pflanzkörbe setzen oder Wurzelsperre anlegen
Pflegen: pflegeleicht; die wichtigste Arbeit ist das regelmäßige Abschneiden der Ausläufer (bewurzelte Stücke zur Vermehrung)
Gestalten: die dicht an dicht stehenden Triebe machen den Tannenwedel zu einem interessanten Element des Flachwasserbereiches – vor dem Röhricht, aber auch um Folien und Filtertonnen zu verstecken

Brunnenkresse

Nasturtium officinale

Höhe/Breite: 10–30 cm/50–60 cm
Blütezeit: Mai–September
Wassertiefe: 0–15 cm

Aussehen: meist immergrüne Staude mit polsterförmigem Wuchs; Stängel reich verzweigt; Blätter rundlich bis oval, frischgrün; Blüten in dichten Dolden, weiß bis helllila
Pflanzen: ab Ende April/Mai; nährstoffreiches, sandiges Substrat; breites Spektrum von Wasserhärten; braucht kühles, sauberes, möglichst fließendes Wasser, daher am besten am Rand von Bachläufen pflanzen
Pflegen: pflegeleicht; bleibt relativ kompakt, gelegentlich auslichten; Vermehrung über bewurzelte Triebe
Gestalten: sehr natürlich aussehende Bachrandpflanze; wirkt weniger durch die Blüten als die frischen, kompakten Blattpolster

Expertentipp

Die Blätter sind reich an Vitamin C und passen bestens in Wildkräutersalate und Suppen.

Bachbunge

Veronica beccabunga

Höhe/Breite: 20–30 cm/Polster
Blütezeit: April–Juli
Wassertiefe: 0–15 cm

Aussehen: sommergrüne Staude; niederliegende bis aufrechte Stängel, die sich an den Knoten bewurzeln; Blätter eiförmig, etwas ledrig; Blüten in lockeren Rispen, hell- bis dunkelblau
Pflanzen: ab Ende April/Mai; benötigt nährstoffreichen, möglichst kalkhaltigen Boden, verträgt aber ein breites Spektrum an Wasserhärten; in kleinen Anlagen mit Wurzelsperre, an Bachrändern in den Uferbereich pflanzen
Pflegen: pflegeleicht; allenfalls wuchernde Triebe abschneiden; wird das Verblühte abgeschnitten, kommt es zur Nachblüte
Gestalten: hübsche Dekoration im Quellbereich eines Baches, wo sie den Wasserausfluss rasch überwuchert; auch um Folienränder und Kapillarsperre zu verdecken

Weitere Pflanzen für das Flachwasser

Name	Wuchsform	Blütenfarbe Blütezeit
Lanzettblättriger Froschlöffel (*Alisma lanceolatum*)	Horst	weiß Juli–August
Binsen-Schneide (*Cladium mariscus*)	Ausläufer (extrem)	braun Aug.-Sept.
Sumpfsimse (*Eleocharis palustris*)	Polster (extrem wuchernd)	braun Mai–August
Schachtelhalm (*Equisetum hyemale*)	Ausläufer (extrem)	braun ab Mai
Gottes-Gnadenkraut (*Gratiola officinalis*)	Polster (stark wuchernd)	rosa Juni–August
Eidechsenschwanz (*Houttuynia cordata*)	Ausläufer	weiß Juni–August
Blaue Schwertlilie (*Iris laevigata*)	Horst	blau Juni–Juli
Sumpf-Hornklee (*Lotus uliginosus*)	Polster	rot, später gelb Juni–Juli
Straußblütiger Gilbweiderich (*Lysimachia thyrsiflora*)	Ausläufer (stark)	gelb Mai–Juni
Affenblume (*Mimulus ringens*)	Ausläufer (mäßig)	blau Juli–August
Hechtkraut (*Pontederia cordata*)	Ausläufer (schwach)	blau Juni–September
Sumpfblutauge (*Potentilla palustris*)	schwimmende Ausläufer (stark)	rot Mai–Juni
Schmales Pfeilkraut (*Sagittaria sagittifolia*)	Ausläufer (stark)	weiß und violett Juli
Zwerg-Igelkolben (*Sparganium natans*)	Ausläufer (mäßig)	grün Juni–September
Sumpffarn (*Thelypteris palustris*)	Ausläufer (mäßig)	Farngewächs

Schilf und Röhricht

Steife Segge

Carex elata

Höhe/Breite: 60–100 cm/60–80 cm
Blütezeit: April–Mai
Wassertiefe: 0–15 cm

Aussehen: mehrjähriges Gras, winterhart; Polster mit steif aufrechten Blättern, scharfrandig; kompakte grüne Ähren
Pflanzen: ab Ende April/Mai; mäßig nährstoffreiches Substrat; verträgt breites Spektrum an Wasserhärten; bildet aber große Bulten
Pflegen: kann sich durch Samen stark verbreiten; um die Segge einzudämmen, Fruchtstände bereits Ende Mai abschneiden
Gestalten: für große Naturteiche eine schöne Bereicherung der Röhrichtzone; auch für die biologische Reinigung von Schwimmteichen; Gartencenter bieten häufig die kleinere (60 cm) und noch etwas dekorativere Sorte 'Bowles Golden' an

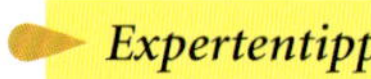

Expertentipp

Fragen Sie im Fachgeschäft auch nach anderen Seggen-Arten für den Uferrand und die Sumpfzone.

Hohes Zypergras

Cyperus longus ssp. *longus*

Höhe/Breite: bis 100 cm/Ausläufer
Blütezeit: Juni–Juli
Wassertiefe: 10–25 cm

Aussehen: winterhartes Gras, Ausläufer treibend; Blätter palmenartig ausgebreitet; Blüten braun in großen Rispen
Pflanzen: ab Ende April/Mai; nährstoffreiches Substrat; verträgt breites Spektrum an Wasserhärten; in kleineren Teichen besser in einen Pflanzkorb setzen
Pflegen: obwohl es gewöhnlich winterhart ist, wird in raueren Regionen Winterschutz empfohlen (zusammenbinden und mit Reisig abdecken); nach dem Winter die erfrorenen Triebe abschneiden
Gestalten: wirkt prachtvoll als Solitär, etwas entfernt von anderen Röhrichtpflanzen; idealer Partner von Rohrkolben

Expertentipp

Für kleinere Teiche eignet sich das nicht winterharte, kleinere Zypergras Cyperus gracilis.

Wasser-Schwaden

Glyceria maxima 'Variegata'

Höhe/Breite: 50–70 cm/Ausläufer
Blütezeit: Juli–September
Wassertiefe: 0–15 cm

Aussehen: ausdauerndes, sehr wüchsiges Gras, bildet dichte Horste, mit starker Ausläuferbildung, winterhart; Blätter schmal, längs weiß-grün gestreift; Rispen bis 120 cm hoch, grünlich-braun
Pflanzen: ab Ende April/Mai; nährstoffreiches Substrat; verträgt breites Spektrum an Wasserhärten; nur in sehr große Naturteiche oder in Schwimmteiche direkt pflanzen, sonst mit Wurzelbarriere oder in Pflanzkörben einsetzen
Pflegen: regelmäßig den Zuwachs begrenzen; nach dem Winter erfrorene Blätter abschneiden
Gestalten: sehr dekorative Blattpflanze; als Solitär in großen Kübeln für den Terrassen-Wassergarten oder als Farb- und Formkontrast zwischen anderen Röhrichtpflanzen; die Art eignet sich nur als Uferbefestigung (wuchert extrem stark)

Gewöhnliche Teichsimse

Schoenoplectus (Scirpus) lacustris

Höhe/Breite: 1–2 m/Ausläufer
Blütezeit: Juli–September
Wassertiefe: 10–60 cm

Aussehen: Sauergras mit stark ausgeprägter Ausläuferbildung, winterhart; dunkelgrüne, fingerdicke, rund geschlossene Blätter, die nach außen überhängen; Blüten dunkelbraun
Pflanzen: ab Ende April/Mai; nährstoffreiches Substrat; verträgt breites Spektrum an Wasserhärten; unbedingt mit Wurzelsperre oder in Pflanzkorb setzen; sehr variabel in Bezug auf die Wassertiefe, kommt auch in Tiefen über 1 m zurecht
Pflegen: Zuwachs begrenzen (auch auf der Wasserseite), gelegentlich ausputzen
Gestalten: in üblichen Gartenteichen als eine Röhrichtpflanze neben anderen, in großen Teichen als biologische Kläranlage

Gute Partner

- *Rohrkolben* • *Schilf (Phragmites)* • *Schwertlilien*

Ästiger Igelkolben

Sparganium erectum

Höhe/Breite: 60–80 cm/Ausläufer
Blütezeit: Mai–Juli
Wassertiefe: 0–30 cm

Aussehen: sommergrüne Rhizomstaude mit starker Ausläuferbildung, winterhart; aufrechte, kräftige Stängel mit grasartig schmalen, steifen Blättern; Blütentriebe verzweigt, seitlich herausragend und vom Laub überragt, in kugeligen, grünlichen Blütenständen, oberster Ast oft mit ausschließlich männlichen Blüten
Pflanzen: ab Ende April/Mai; nährstoffreiches Substrat, kalkhaltig, verträgt aber relativ breites Spektrum von Wasserhärten; nur in größeren Teichen direkt, sonst mit Wurzelbarriere oder in Pflanzkübel setzen
Pflegen: wächst rasch zu dichtem Bestand, daher regelmäßig Ausläufer abschneiden; im Frühling erfrorene Triebe und Blätter abschneiden
Gestalten: bildet einen sehr natürlichen Übergang zwischen dem Röhricht (neben Rohrkolben) und dem Flachwasser

Zwerg-Rohrkolben

Typha minima

Höhe/Breite: 40–60 cm/Ausläufer
Blütezeit: Mai–Juni
Wassertiefe: 0–15 cm

Aussehen: winterharte Staude; zierlicher Wuchs mit bandartig schmalen Blättern, innen flach, Außenseite halbrund; weibliche Blüten in einem kugeligen, dunkelbraunen Kolben, männliche Ähre mit den Staubblättern schmaler, hinfällig
Pflanzen: ab Ende April/Mai; nährstoffarmes Substrat und kalkreiches, hartes Wasser; wuchert nur mäßig, kann daher auch in mittelgroßen Teichen direkt in die Sumpfzone gepflanzt werden; in kleinen Teichen besser in Pflanzkorb setzen
Pflegen: pflegeleicht; Ausbreitung der Ausläufer kontrollieren
Gestalten: anders als bei den großen Arten gehen die dunkelbraunen Kolben bereits im September verloren; in kleinen Wassergärten der beste Ersatz für »echten« Rohrkolben (zu Bachbunge, Froschlöffel oder Felberich); auch als Solitär im Kübel

Die schönsten Pflanzen für die Sumpfzone

Die Sumpfzone bildet den Übergang zwischen freiem Wasser und festem Land. Hier siedeln sowohl die eher landgebundenen als auch die stärker ans Wasser angepassten Stauden. Sowohl in der Natur als auch im »künstlichen« System eines Gartenteiches zeigt sich hier eine große Vielfalt an Blütenfarben, -formen und -größen. Der vielleicht größte Vorzug für den Gärtner liegt jedoch darin, dass sich Sümpfe auch gänzlich ohne Teiche und somit völlig ungefährlich für Kinder herstellen lassen.

Der Übergang zwischen dem Flachwasserbereich und der Sumpfzone ist fließend. Sie beginnt bei etwa 10 cm Wassertiefe und reicht ungefähr 10 cm über die Wasseroberfläche. Der Boden ist ständig feucht bis nass, trocknet in der Natur gelegentlich aber auch aus. Bei niedrigem pH-Wert gleichen die Bedingungen einem sauren Torfmoor, bei höherem pH einem mehr kalkhaltigem Sumpf. Die Sumpfzone kann an der Kapillarsperre direkt in den trockeneren Uferrandbereich übergehen.
Eine Pflanzenauswahl für die Sumpfzone vorzustellen, ist besonders schwierig, denn die Auswahl ist naturgemäß groß. Die im Folgenden aufgeführten Beispiele sollen Ihnen daher nur Anregungen liefern – die endgültige Gestaltung Ihrer Sumpfzone bleibt Ihnen überlassen.

Perfekt angepasst!

Die Stauden der Sumpfzone haben sich mit den Bedingungen ihres Lebensraums arrangiert:

- Zur besseren Durchlüftung sind ihre Organe mit weiten Luftkanälen durchzogen. Die Stängel vieler Pflanzen zeigen im Querschnitt ein lockeres, fast schwammartiges Gewebe.
- Die Blätter haben Spaltöffnungen, sind vor Verdunstung geschützt und gleichen damit den Blättern normaler Landpflanzen.
- Viele Sumpfpflanzen bilden, ähnlich wie ihre Nachbarn aus der Flachwasserzone, aggressiv kriechende Wurzelstöcke oder Ausläufer, die z. T. bis ins Flachwasser hinein wachsen. Halten Sie die besonders wüchsigen Arten durch Wurzelsperren oder Pflanzkübel im Zaum – das beugt Ärger und Arbeit vor.

Bei den Pflanz- und Pflegearbeiten in der Sumpfzone ist übrigens besondere Vorsicht geboten, denn die spitze Zinke einer Hacke ist schnell durch die flach lagernde Folie gedrungen und hat ein Loch gerissen.

Frühblüher im Sumpf

Sumpfdotterblume

Caltha palustris

Höhe/Breite: 20–30 cm/40–50 cm
Blütezeit: März–Juni
Wassertiefe: bis 20 cm

Aussehen: sommergrüne, horstig wachsende Staude; fleischige Stängel; Blätter herzförmig, sattgrün, gezähnt; goldgelbe, einzeln stehende Schalenblüten mit 5 Blütenblättern; schwach giftig
Pflanzen: ab April; Boden möglichst lehmhaltig und nährstoffreich, kommt aber auch mit mäßig nährstoffreichem Boden zurecht; kaum Ansprüche an die Wasserhärte; mit Wasserkontakt ins Substrat pflanzen
Pflegen: wüchsig, problemlos; alle paar Jahre teilen; wenn Sumpfdotterblumen auseinanderfallen (lange Triebe), ist der Standort zu dunkel
Gestalten: gehört zu den ersten Stauden, die Farbe an Teiche und Bäche bringen, daher den Standort so wählen, dass er auch vom Fenster aus zu sehen ist; zwischen Röhricht, neben Sumpf-Vergissmeinnicht oder Primeln

Sumpfwolfsmilch

Euphorbia palustris

Höhe/Breite: 60–100 cm/80–100 cm
Blütezeit: April–Juni
Wassertiefe: bis 10 cm

Aussehen: horstig wachsende, sommergrüne Staude; aufrechte, verzweigte Stängel, im Herbst purpurrot; Blätter länglich-oval, frischgrün, im Herbst mit rot überlaufenen Blatträndern; Blüten klein mit auffallend gelben Hochblättern; aus der gesamten Pflanze tritt bei Verletzung giftiger Milchsaft aus
Pflanzen: ab April; Boden möglichst tiefgründig, mäßig nährstoffreich; keine großen Ansprüche an die Wasserhärte; ins Substrat pflanzen mit Kontakt zum Wasser
Pflegen: wüchsig, gelegentlich teilen (Handschuhe tragen)
Gestalten: wenn möglich als Solitär im Uferbereich einsetzen; so platzieren, dass die ungewöhnliche Herbstfärbung gut zur Geltung kommt

Sumpfschwertlilie

Iris pseudacorus

Höhe/Breite: 80–100 cm/30–40 cm
Blütezeit: Mai–Juli
Wassertiefe: bis 20 cm

Aussehen: sommergrüne, horstig wachsende Rhizomstaude, kriechendes Rhizom; Stängel aufrecht, fleischig; Blätter schwertförmig, etwas steif; mehrere große, gelbe Blüten am Stängelende; schwach giftig
Pflanzen: ab April/Mai; Rhizom in größeren Teichen direkt ins Substrat setzen, möglichst nährstoffreich; breites Spektrum an Wasserhärten; kann sich ins Flachwasser ausbreiten; in kleinen Teichen besser in Pflanzkörbe (Rhizom wandert)
Pflegen: gewähren lassen; bei Exemplaren, die sich zu sehr ausbreiten, Rhizome teilen und neu pflanzen; auch aus Samen zu vermehren
Gestalten: sowohl für die Sumpfzone als auch den Flachwasserbereich (neben Zungenhahnenfuß oder Froschlöffel) zu verwenden; die relativ großen, hoch stehenden Blüten sind auch aus der Ferne zu sehen

Amerik. Sumpfschwertlilie

Iris versicolor

Höhe/Breite: 70–80 cm/20–30 cm
Blütezeit: Juni–Juli
Wassertiefe: bis 20 cm

Aussehen: schwertförmige Blätter, am Grund rötlich-purpurn; bildet Rhizome, horstiger Wuchs, Stängel unten verzweigt; je Stängel 2–3 Blüten, 5 cm groß, violett bis purpurn, in Sorten auch rötlich bis weiß
Pflanzen: Rhizome nach der Blüte flach und horizontal einpflanzen; verträgt Staunässe; Boden humusreich und sauer (neutraler Boden wird vertragen); kann im Beet kurzfristig sogar Trockenheit aushalten
Pflegen: anspruchslos und pflegeleicht; nach der Blüte im Spätsommer, spätestens im Frühling zurückstutzen; Rhizomteilung zur Vermehrung im zeitigen Frühling; im Frühling gut feucht halten; düngen nur, wenn die Blüte nachlässt
Gestalten: bestens mit anderen Schwertlilienarten und Pflanzen für feuchte Standorte zu kombinieren; bleibt relativ kompakt, daher auch für kleine Teiche geeignet

Gelbe Scheinkalla

Lysichiton americanus

Höhe/Breite: 40–50 cm/30–40 cm
Blütezeit: Mai–Juni
Wassertiefe: bis 15 cm

Aussehen: sommergrüne Staude mit kriechendem Rhizom; Blüten in einem aufrechten Kolben, umgeben von einem großen, vorne offenen, weißen Hochblatt; die Blätter erscheinen erst später in einer Rosette; alle Pflanzenteile sind giftig
Pflanzen: ab Ende April/Mai; Boden tiefgründig, nährstoff- und humusreich; ideal ist lichter Schatten von Gehölzen; weiches bzw. leicht saures Wasser ist optimal, eine gewisse Wasserhärte wird aber toleriert
Pflegen: die im Sumpf stehenden Pflanzen sollten regelmäßig mit organischem Langzeitdünger versorgt werden; in den ersten Jahren durch Laub und Reisig vor Frost schützen
Gestalten: prachtvoll und exotisch in kleinen Gruppen; kann in Zierteichen die einzige Bepflanzung sein; auch für kleine Teiche mit ostasiatischem Flair

Sumpfveilchen

Viola palustris

Höhe/Breite: 5–12 cm/15–20 cm
Blütezeit: April–Juni
Wassertiefe: bis in den Sumpf

Aussehen: zierliche, sommergrüne Staude, breitet sich mäßig über unterirdische Ausläufer aus; Blätter nierenförmig, breiter als lang; Blüten etwa 1,5 cm groß, blasslila bis lilarosa, nicht duftend
Pflanzen: ab April; direkt ins Substrat ohne direkten Kontakt zum Wasser; braucht sauren Moorboden (nicht für die Sumpfzone an Teichen mit hartem, kalkreichem Wasser)
Pflegen: keine Pflege erforderlich
Gestalten: in Sumpf- und Moorbeete, in den Randbereich von Sumpfzonen; in kleinen Gruppen pflanzen, damit die Blütenfarbe als Fläche zur Geltung kommt; auch in Terrassenkübel mit feuchter Moorerde

Expertentipp

Achten Sie darauf, dass die zierliche Pflanze von »Nachbarn« nicht überwuchert wird.

Schnittblume

giftig

für Bachlauf geeignet

Sommerblüher im Sumpf

Zwerg-Mädesüß

Filipendula palmata 'Nana'

Höhe/Breite: 20–60 cm/40–50 cm
Blütezeit: Juli–August
Wassertiefe: bis an den Wasserrand

Aussehen: sommergrüne, lockere Staude; Stängel aufrecht, verzweigt; Blätter handförmig gefiedert; Blüten tiefrosa in lockeren Rispen, die aus der Entfernung »fedrig« wirken
Pflanzen: ab April; direkt ins Substrat pflanzen, nährstoffreich bis mäßig nährstoffreich, lehmig bis tonig; wenig anspruchsvoll an die Wasserhärte
Pflegen: Verblühtes abschneiden; Stängel im Herbst zurückschneiden; alle paar Jahre teilen
Gestalten: keine ausgesprochene Teichpflanze, passt aber vom Charakter her gut in den Uferbereich (das heimische Mädesüß, *Filipendula ulmaria*, bildet dichte Bestände an Bachläufen); zu 2–3 Exemplaren an Bachläufen oder in Kombination mit rot blühenden Sommerblumen (Blutweiderich) an den Uferbereich im Übergang zum trockeneren Teichrand

Blutweiderich

Lythrum salicaria

Höhe/Breite: 70–120 cm/50–60 cm
Blütezeit: Juli–September
Wassertiefe: bis 20 cm

Aussehen: sommergrüne Staude, verholzender Wurzelstock, der keine Ausläufer bildet; Stängel aufrecht, vierkantig; Blätter schmal, am Grund abgerundet; Blüten purpurrot in 10–15 cm hohen, walzenförmigen Blütenständen
Pflanzen: ab April; direkt in mäßig nährstoffreiches Substrat; kann auch in einem Pflanzkorb ins Flachwasser zwischen Röhrichtpflanzen gesetzt werden; wenig anspruchsvoll an die Wasserhärte
Pflegen: Stängel im Frühling zurückschneiden, sonst anspruchslos
Gestalten: gute Wahl für den Hintergrund einer Sumpfzone oder eines Sumpfbeetes

Expertentipp

Die angebotenen Sorten eignen sich nicht alle für die direkte Nähe zum Wasser (beim Kauf nachfragen)!

Gelbe Gauklerblume

Mimulus luteus

Höhe/Breite: 30–40 cm/30–40 cm
Blütezeit: Juni–September
Wassertiefe: bis 10 cm

Aussehen: sommergrüne Staude, schwach ausläufertreibend; Stängel niederliegend bis aufrecht; Blätter eiförmig-oval; Blüten zu mehreren am Stängelende, leuchtend gelb, roter Schlund, ungewöhnlich geformt
Pflanzen: ab April; direkt ins Substrat; ideal ist ein sonniger Platz mit kalkreichem Wasser/Boden, verträgt aber auch geringere Wasserhärte und etwas Schatten
Pflegen: pflegeleicht, da sie sich kaum ausbreitet; allerdings kann die Samenbildung zum Problem werden; zu dichte Bestände im Frühsommer auslichten
Gestalten: kontrastreich z. B. mit Blutweiderich oder blau blühenden Stauden im Randbereich oder farblich abgestimmt kombinieren

Akeleiblättrige Wiesenraute

Thalictrum aquilegifolium

Höhe/Breite: 80–120 cm/60–80 cm
Blütezeit: Mai–Juli
Wassertiefe: bis in den Sumpf

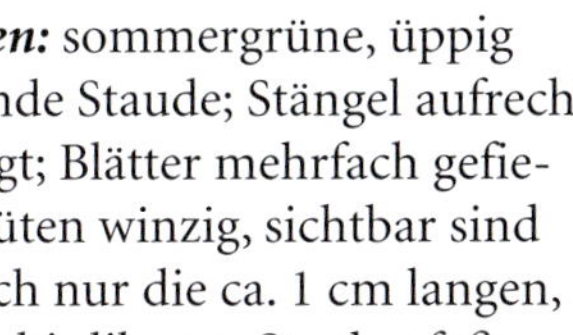

Aussehen: sommergrüne, üppig wachsende Staude; Stängel aufrecht, verzweigt; Blätter mehrfach gefiedert; Blüten winzig, sichtbar sind eigentlich nur die ca. 1 cm langen, zartrosa bis lilarosa Staubgefäße; großer, verzweigter Blütenstand, der sehr luftig-fedrig wirkt
Pflanzen: ab April; direkt ins Substrat, aber nicht in direkte Nähe zum Wasser, braucht feuchten, mäßig nährstoffreichen Boden; wenig anspruchsvoll an die Wasserhärte
Pflegen: pflegeleicht; im Herbst oder Frühling zurückschneiden
Gestalten: vom Einsatz an Teich und Bach sehr ähnlich dem Mädesüß, allerdings etwas mehr in den trockeneren Bereich verschoben; auch die Kombination der beiden ist möglich (Blütezeitstaffelung)

Langblatt-Ehrenpreis

Veronica longifolia

Höhe/Breite: 40–120 cm/ variabel
Blütezeit: (Juni) Juli–September
Wassertiefe: bis in den Sumpf

Aussehen: sommergrüne Staude; Stängel aufrecht, nicht oder wenig verzweigt; Blätter schmal-länglich, stark zugespitzt, am Rand gezackt; Blüten in bis 25 cm hohem, lockerem Blütenstand, oft verzweigt, hell- bis lilablau, Sorten auch weiß oder blau blühend
Pflanzen: ab April; direkt ins Substrat, nicht in direktem Kontakt mit dem Wasser. nährstoffreicher Boden
Pflegen: pflegeleicht; Verblühtes abschneiden, im Herbst oder Frühling zurückschneiden; alle zwei Jahre mit organischem Langzeitdünger versorgen, alle drei bis vier Jahre teilen
Gestalten: passt gut zu blau bis rot blühenden Sumpfstauden

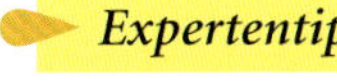

Expertentipp

Die Pflanze ist jetzt unter dem Namen Pseudolysimachion longifolium ssp. longifolium im Handel.

Weitere Sommerstauden für den Sumpf

Name	Wuchsform	Blütenfarbe Blütezeit
Sumpf-Schafgarbe (*Achillea ptarmica*)	Ausläufer (mäßig stark)	weiß Juli–August
Rote Seidenpflanze (*Asclepias incarnata*)	horstig	violett Juli–September
Rotes Mädesüß (*Filipendula rubra*)	Ausläufer (mäßig stark)	rosarot Juli–August
Schwalbenwurz-Enzian (*Gentiana asclepiadea*)	horstig	blau Aug.–Sept.
Lungen-Enzian (*Gentiana pneumonanthe*)	horstig	blau Aug.–Sept.
Sumpfeibisch (*Hibiscus moscheutos*)	horstig	rosa bis rot Aug.–Sept.
Geflügeltes Johanniskraut (*Hypericum tetrapterum*)	horstig	gelb Juli–August
Japanische Sumpf-schwertlilie (*Iris-Kaempferi-*Hybriden)	horstig	viele Juni–Juli
Rote Lobelie (*Lobelia fulgens*)	horstig	rot Juli–August
Blaue Kardinals-lobelie (*Lobelia siphilitica*)	horstig	blau Juli–August
Gauklerblume (*Mimulus*-Hybriden)	Ausläufer (schwach)	gelb und rot, fleckig Juni–August
Tibet-Primel (*Primula florindae*)	horstig	gelb Juli–August

 Schnittblume

 giftig

 für Bachlauf geeignet

Herbstblüher im Sumpf

Schlangenkopf

Chelone obliqua

Höhe/Breite: 70–90 cm/40–50 cm
Blütezeit: Juni (Juli)–Oktober
Wassertiefe: bis in den Sumpf

Aussehen: sommergrüne Staude, bildet Ausläufer, ist aber nur mäßig wüchsig; Stängel aufrecht, kaum verzweigt; Blätter breit oval, zugespitzt, gezackter Rand, dunkelgrün; Blüten bis 2 cm lang, rosarot, erinnern in der Form an einen Schlangenkopf, bleiben lange stehen
Pflanzen: ab April; direkt ins nährstoff- und humusreiche Substrat, nicht in direktem Kontakt mit dem Wasser
Pflegen: in rauen Regionen Winterschutz erforderlich (Laub, Reisig), in milden Regionen kann die Pflanze bis zum Winter stehen bleiben
Gestalten: die großen Blüten und das kräftige Grün der Blätter machen den Schlangenkopf zu einem wertvollen Partner im Sumpfbeet

Gute Partner

- *Astern* • *Hoher Phlox*
- *Sumpfwolfsmilch*

Wasserdost

Eupatorium cannabinum

Höhe/Breite: 100–140 cm/60–80 cm
Blütezeit: Juli–September
Wassertiefe: bis 10 cm

Aussehen: horstig wachsende, sommergrüne Staude; Stängel aufrecht, unverzweigt; Blätter 3–5-teilig, gezackt; Blütenköpfchen sehr klein, in dichten Doldentrauben, rosa bis kupferrot (selten auch weiß)
Pflanzen: ab April; direkt ins nährstoffreiche Substrat, bevorzugt leicht basische Böden, daher nicht für saure Moorbeete geeignet; verträgt zwar eine leichte Überflutung, sollte aber dennoch nicht direkt ans Wasser gepflanzt werden
Pflegen: pflegeleicht; als Wintervorbereitung zurückschneiden
Gestalten: wegen der Höhe besser in den Hintergrund; ideal für Naturteiche, die einen leicht verwilderten Eindruck machen sollen; Blütenfarbe unaufdringlich, aber auch aus der Entfernung noch gut zu sehen

Kardinalslobelie

Lobelia cardinalis

Höhe/Breite: 60–100 cm/40–50 cm
Blütezeit: Juli–September
Wassertiefe: bis 20 cm

Aussehen: sommergrüne Staude, schwachwüchsig; Stängel aufrecht, unverzweigt; Blätter länglich bis rund, oft rot überlaufen; Blüten leuchtend dunkelrot (»kardinalrot«)
Pflanzen: ab Ende April/Mai; möglichst nahe ans Wasser direkt ins Substrat pflanzen (die Wurzeln sollten sich ins Wasser ausbreiten dürfen); wenig anspruchsvoll an die Wasserhärte
Pflegen: Winterschutz ist notwendig, Abdecken mit Laub und Reisig; ins Flachwasser gewachsene Exemplare überstehen den Winter meist ohne Schutz; wüchsige Nachbarn gut eindämmen
Gestalten: wichtiger Spätblüher, dessen weit sichtbares Rot gut auf die Nachbarn abgestimmt werden sollte, z. B. vor spät blühenden Taglilien (gelb, orange-rot), Gräsern; als kleine Gruppe wie ein Solitär

Poleiminze
Mentha pulegium

Höhe/Breite: 20–30 cm/ Ausläufer
Blütezeit: Juli–September
Wassertiefe: bis 10 cm

Aussehen: sommergrüne Staude mit kriechenden Ausläufern, die rasenartige Polster bildet; Stängel aufrecht, selten niederliegend; Blätter hellgrün, eiförmig; Blüten in dichten Blütenständen in den oberen Blattachseln, rosa bis violett; die Pflanze duftet aromatisch, schwach giftig
Pflanzen: ab April; direkt ins mäßig nährstoffreiche Substrat; wenig anspruchsvoll an die Wasserhärte; in kleinen Sumpfzonen unbedingt mit Wurzelsperre pflanzen
Pflegen: pflegeleicht, winterhart; Ausbreitung eindämmen
Gestalten: kommt als Einzelpflanze nicht besonders zur Geltung, kleine Gruppen wachsen zu Duftrasen zusammen, die sich vom Wasser bis in den trockenen Bereich erstrecken; attraktiv als Kontrast zu den steifen Blättern der Schwertlilie

Sumpf-Vergissmeinnicht
Myosotis palustris

Höhe/Breite: 20–30 cm/20–30 cm
Blütezeit: Mai–September
Wassertiefe: bis 20 cm

Aussehen: sommergrüne Staude, schwache Ausläuferbildung; Stängel aufrecht, verzweigt; Blätter länglich, glänzend; Blüten himmelblau, gelbes Auge in lockeren Blütenständen
Pflanzen: ab April; in nährstoffreiches Substrat in direkter Nähe zum Wasser; wenig anspruchsvoll an die Wasserhärte; kann auch in den trockneren Bereich des Ufers gepflanzt werden
Pflegen: pflegeleicht; sät sich frei aus und kann sich dadurch wuchernd ausbreiten
Gestalten: gute Begleitstaude, sowohl z. B. für Schwertlilien und Sumpfdotterblumen in der feuchteren Zone als auch z. B. für Etagenprimeln in der trockeneren Zone

Expertentipp

Art und Sorten werden auch als Saatgut angeboten und können direkt ausgesät werden.

Sumpfherzblatt
Parnassia palustris

Höhe/Breite: 10–20 cm/20 cm
Blütezeit: Juli–September
Wassertiefe: bis in den Sumpf

Aussehen: sommergrüne Staude, horstiger, schwacher Wuchs; Stängel steif aufrecht, vierkantig; Grundblätter lang gestielt, herzförmig, nur ein Stängelblatt (kann auch fehlen); Blüten weiß, 1–3 cm groß; zwiebelartige Winterknospen
Pflanzen: ab April; direkt ins Substrat, nicht direkt ans Wasser; gedeiht nur optimal in nährstoffarmem Substrat
Pflegen: pflegeleicht; wüchsige Nachbarpflanzen unter Kontrolle halten
Gestalten: heimische Sumpfpflanze von eher unscheinbarem Aussehen; fügt sich allerdings bestens in spezielle Moorbeete zwischen niedrigen *Carex*-Arten ein; am Teich nur in naturnahen Anlagen

Gräser, Schilf & Co. im Sumpf

Pfahlrohr
Arundo donax

Höhe/Breite: 2–3 m/ bis 2 m
Blütezeit: September–Dezember
Wassertiefe: bis 20 cm

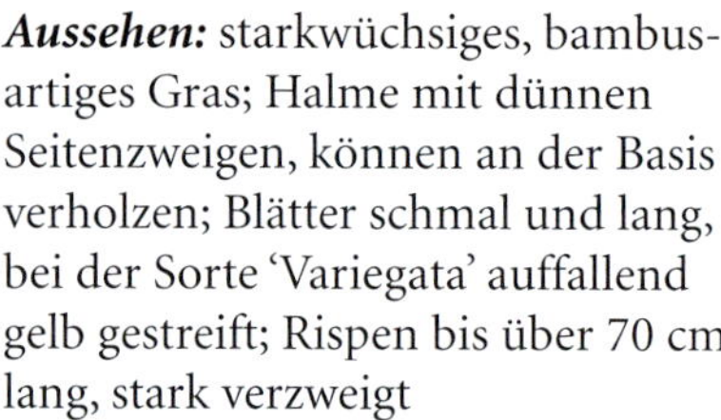

Aussehen: starkwüchsiges, bambusartiges Gras; Halme mit dünnen Seitenzweigen, können an der Basis verholzen; Blätter schmal und lang, bei der Sorte 'Variegata' auffallend gelb gestreift; Rispen bis über 70 cm lang, stark verzweigt
Pflanzen: ab Ende April/Mai; mäßig nährstoffreiches Substrat; im Kübel oder mit Wurzelbarriere pflanzen, an die Grenze zwischen Sumpf und Wasser; auch im Kübel auf die oberste Flachwasserstufe
Pflegen: nicht völlig winterhart (Sorte noch empfindlicher); Basis mit Laub abdecken und Halme zusammenbinden; erst im Frühling oberhalb der Wasseroberfläche abschneiden
Gestalten: äußerst dekoratives Schilf für große, natürliche Anlagen; auch als Solitär für feuchten Kübel auf der Terrasse

Zypergras-Segge
Carex pseudocyperus

Höhe/Breite: 60–90 cm/50–60 cm
Blütezeit: Mai–August
Wassertiefe: bis 10 cm

Aussehen: sommergrün, bildet lockere Horste; Stängel dreikantig; Blätter scharf, bis 12 mm breit; bis 10 cm hohe Blütenstände mit männlichen und weiblichen Ähren, überhängend
Pflanzen: ab April; direkt ins nährstoffreiche Substrat an die Grenze zwischen Wasser und Sumpfzone; wenig anspruchsvoll in Bezug auf die Wasserhärte
Pflegen: pflegeleicht; über Winter stehen lassen und im Frühling die erfrorenen Blätter abschneiden; samt sich reichlich aus, daher die Ausbreitung regulieren
Gestalten: zu mehreren als »Schilf« in kleineren Anlagen; sehr gutes biologisches »Klärwerk« in Natur- oder Schwimmteichen

Schmalblättriges Wollgras
Eriophorum angustifolium

Höhe/Breite: 30–50 cm/ Ausläufer
Blütezeit: April–Juni
Wassertiefe: bis 20 cm

Aussehen: sommergrünes Gras; Stängel rund; Blätter schmal, rund mit Längsrinne; Ährchen unauffällig (April), gefolgt von weißen, wolligen Fruchtständen (Mai–Juni)
Pflanzen: ab April; direkt ins Substrat nur in größeren Anlagen (wuchert stark), sonst im Pflanzkübel oder mit Wurzelbarriere; braucht mäßig nährstoffreiches Substrat, kalkfrei und sauer, in den dauerfeuchten Bereich zwischen Teich und Sumpfzone
Pflegen: pflegeleicht, allenfalls die Ausbreitung eindämmen
Gestalten: das perfekte Gras für saure Moorbeete oder Teiche mit moorigem Ufer; insbesondere die Fruchtstände wirken sehr natürlich

Expertentipp

Das Breitblättrige Wollgras (E. latifolium) wuchert nicht und eignet sich daher besser für kleinere Anlagen.

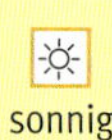
sonnig

halbschattig

schattig

Flatterbinse
Juncus effusus

Höhe/Breite: 40–60 cm/ Ausläufer
Blütezeit: Juli–August
Wassertiefe: bis 10 cm

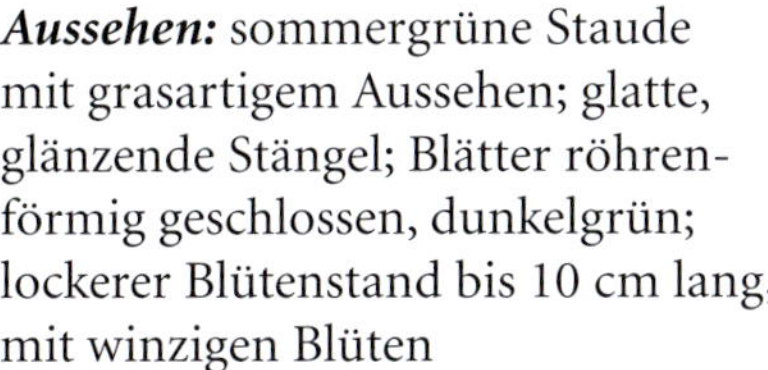

Aussehen: sommergrüne Staude mit grasartigem Aussehen; glatte, glänzende Stängel; Blätter röhrenförmig geschlossen, dunkelgrün; lockerer Blütenstand bis 10 cm lang, mit winzigen Blüten
Pflanzen: ab April; die Art wuchert relativ stark und muss mit Wurzelbarriere gepflanzt werden, in den dauerfeuchten Randbereich zwischen Wasser und Sumpfzone; braucht tonhaltigen, sauren Moorboden
Pflegen: pflegeleicht, allerdings nicht sehr langlebig, daher alle 3–4 Jahre teilen und neu einpflanzen
Gestalten: hübsche Moorpflanze; noch wirkungsvoller sind die Sorten mit farbigen ('Aureus Striatus', gelb gestreift) oder gedrehten Blättern ('Spiralis')

Blaues Pfeifengras
Molinia caerulea

Höhe/Breite: 40 cm/40 cm
Blütezeit: August–September
Wassertiefe: bis in den Sumpf

Aussehen: wintergrün, tief wurzelnd, horstig wachsend; Blätter schmal, dunkel-blaugrün, überhängend, verfärbt sich im Herbst; Halme mit den Blütenständen bis 1 m hoch, steif aufrecht, dunkelbraun
Pflanzen: ab April; direkt ins Substrat, vom trockenen Uferbereich bis in die Sumpfzone, aber nicht in direktem Kontakt mit Wasser; Boden nährstoffarm
Pflegen: pflegeleicht; im Frühling ausputzen
Gestalten: möglichst in den Hintergrund und als Formkontrast zu anderen Blattpflanzen (Farne, Schaublatt, Funkien); kommt als Konkurrent zu starken Blütenfarben schlechter zur Geltung

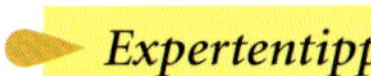

Expertentipp

Das Pfeifengras ist in mehreren verschiedenfarbigen Sorten erhältlich, die sich schön kombinieren lassen.

Gewöhnliches Schilf
Phragmites australis

Höhe/Breite: 1,6–2,5 m/ Ausläufer
Blütezeit: Juli–August
Wassertiefe: bis 15 cm

Aussehen: wintergrüne Rhizomstaude; straff aufrechte Halme, relativ breite Blätter, nach außen neigend
Pflanzen: ab Mai/Juni, auch Aussaat ist möglich, allerdings selten; breitet sich extrem stark aus (Ausläufer im Wasser und unterirdisch), daher unbedingt mit Barriere oder in einen festen Kübel pflanzen; im äußersten Flachwasserbereich
Pflegen: pflegeleicht, allenfalls die Ausbreitung kontrollieren; zur Vermehrung bewurzelte Ausläufer abtrennen; empfindlich gegenüber Beschädigung der Halme
Gestalten: im Einzelstand als Röhrichtpflanze, als Insel in größeren Teichen (in erhöht stehenden Körben); zu ihren Füßen Fieberklee, Froschlöffel; zur biologischen Wasserreinigung in Schwimmteichen

Balkon- und K

ibelpflanzen auswählen

Balkonpflanzen

Auf den folgenden Seiten finden Sie mehr als 60 Balkonpflanzen im Porträt. Dazu kommen etliche Kurzvorstellungen im tabellarischen Überblick. Und dennoch kann dies unmöglich komplett sein: Denn immer wieder werden neue Pflanzen auf dem Markt eingeführt und erlangen zumindest kurzzeitig Popularität. Oder früher beliebte, fast vergessene Arten erleben ein Comeback. Wer die Fülle des Angebots nutzt und öfter Neues ausprobiert, hat gute Chancen für noch mehr Balkonspaß.

Schon im Frühling eröffnen die ersten zarten Blüten, etwa von Krokussen oder Schneeglöckchen, die Blühsaison. Ihnen folgen prächtige Blüher wie Tulpen, Ranunkeln oder Hyazinthen, die teils mit späterer Blütezeit einen nahtlosen Übergang zum bunten Sommerflor schaffen. Manche Sommerblumen sind früher dran als die meisten anderen: Die zweijährigen Arten wie Tausendschön oder Goldlack wachsen schon im Vorjahr heran und blühen bereits im Frühling. Damit sind sie ideale Partner für die früh blühenden Zwiebel- und Knollenblumen.

Bis zum Herbst im Blütenrausch

Die sommerliche Blütenpracht ist natürlich das »Herzstück« der Balkonbepflanzung – schließlich begleitet sie tagtäglich den Aufenthalt draußen. Einige Pflanzengruppen spielen dabei unbestritten die wichtigsten Rollen:

- Die einjährigen Sommerblumen, die im Frühling aus Samen angezogen werden, meist ab Juni bis in den Herbst hinein üppig blühen und schließlich nach den ersten Frösten absterben. Viele dieser Arten wachsen in ihrer wärmeren Heimat eigentlich mehrjährig, werden bei uns aber besser jedes Jahr neu gesät bzw. gepflanzt.
- Daneben gibt es unter den Einjährigen Arten mit besonderen Eigenschaften, die die Gestaltungsmöglichkeiten erweitern; so die schnellwüchsigen Kletterpflanzen und sehr attraktive Blattschmuckpflanzen.
- Stauden wie Astilben oder Bergenien sind ausdauernde Pflanzen, an denen man sich auch in Gefäßkultur über mehrere Jahre erfreuen kann. Sie bereichern das Balkonsortiment vor allem mit schattenverträglichen Arten, mit Früh- und Spätjahresblühern und Blattschmuckpflanzen.
- Zwerggehölze finden als junge Pflanzen und in kleinwüchsigen Formen auch Platz in Balkonkästen oder Schalen. Besondere Bedeutung haben immergrüne Arten, oft mit zierenden Früchten, als Herbst- und Winterschmuck.

Zarte, anmutige Frühlingsboten

Tausendschön
Bellis perennis

Höhe: 15–20 cm
Blütezeit: März–Juni

Aussehen: zweijährige Sommerblume mit kompakter Blattrosette; Blüten weiß, rosa, rot, meist gefüllt, auch pompon- oder knopfartig; Blätter spatelförmig, hellgrün
Vorziehen: Aussaat im Juni/Juli, Lichtkeimer; halbschattig stellen, in Einzeltöpfe pikieren
Pflanzen: im Herbst (Winterschutz, Erde nicht austrocknen lassen) oder Frühling mit 10–15 cm Abstand
Pflegen: mäßig gießen, nur an warmen Tagen reichlich; alle 2 Wochen düngen; verwelkte Blüten regelmäßig entfernen
Gestalten: schöner Begleiter für Frühlingszwiebelblumen, hübsch im Kontrast zu blau oder gelb blühenden Pflanzen

Gute Partner

- *Hyazinthen* • *Narzissen*
- *Traubenhyazinthen* • *Vergissmeinnicht*

Krokus
Crocus-Arten

Höhe: 5–10 cm
Blütezeit: Februar–März

Aussehen: aufrecht wachsende Knollenpflanze mit kurzen Blütenstielen; Blüten gelb, weiß, rosa, purpurrot, violett, auch mehrfarbig, becher- oder kelchförmig; Blütezeit je nach Art und Sorte unterschiedlich; Blätter linealisch, sattgrün
Pflanzen: im zeitigen Frühling gekaufte Pflanzen mit 10 cm Abstand einsetzen oder Knollen im September/Oktober 6–8 cm tief stecken, dann draußen mit Reisigabdeckung oder drinnen dunkel und kühl überwintern
Pflegen: zurückhaltend gießen; nach Blühbeginn einmal düngen
Gestalten: besonders attraktiv, wenn verschiedenfarbige Arten und Sorten kombiniert werden

Schneeglöckchen
Galanthus nivalis

Höhe: 10–15 cm
Blütezeit: Februar–März

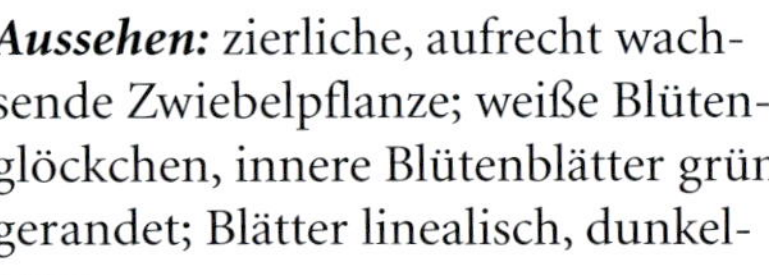

Aussehen: zierliche, aufrecht wachsende Zwiebelpflanze; weiße Blütenglöckchen, innere Blütenblätter grün gerandet; Blätter linealisch, dunkelgrün
Pflanzen: im zeitigen Frühling gekaufte Pflanzen mit 4 cm Abstand einsetzen oder Zwiebeln im September 10 cm tief stecken, draußen mit Reisigabdeckung oder drinnen dunkel und kühl überwintern
Pflegen: ab dem Austrieb hell bis halbschattig stellen, mäßig gießen; nach Blühbeginn einmal düngen
Gestalten: als sehr zeitige Frühlingsblüher besonders reizvoll, hübsch zusammen mit Krokussen in Schalen und Kästen

Expertentipp

Im Herbst unter Gehölze im Kübel gesteckte Zwiebeln belohnen mit zeitigen Frühlingsgrüßen.

Vergissmeinnicht
Myosotis sylvatica

Höhe: 15–25 cm
Blütezeit: April–Juni

Aussehen: buschige, kompakte, zweijährige Sommerblume; zahlreiche kleine Einzelblüten in vielen Blautönen, rosa oder weiß; Blätter spatelförmig, kurz behaart, hellgrün
Vorziehen: Aussaat im Juli/August, dann halbschattig aufstellen, später einzeln in Töpfe pikieren
Pflanzen: im Herbst (Winterschutz) oder Frühling mit 15 cm Abstand
Pflegen: an warmen Tagen reichlich gießen, aber nicht nass halten; Düngen nicht nötig
Gestalten: blaue Vergissmeinnicht sind ein hübscher Kontrast zu weißen, gelben und roten Frühlingsblühern; ihr buschiger Wuchs lockert die straffen Formen von Zwiebelblumen auf

Gute Partner

- *Goldlack* • *Narzissen* • *Primeln*
- *Stiefmütterchen* • *Tausendschön*
- *Tulpen*

Kissenprimel
Primula vulgaris ssp. *vulgaris*

Höhe: 5–15 cm
Blütezeit: März–Mai

Aussehen: kissenartig wachsende, einjährig gezogene Staude mit Blattrosette; Blüten in allen Farben außer reinem Blau, aber inkl. Violett, auch mehrfarbig, tellerförmig, in Dolden; Blätter spatelförmig, wellig, frischgrün
Pflanzen: ab Februar vorgezogene Pflanzen kaufen und mit 15–20 cm Abstand einsetzen
Pflegen: gleichmäßig leicht feucht halten; Düngen nicht nötig
Gestalten: sehr attraktiv ist eine Mischung verschiedenfarbiger Sorten in flachen Schalen; Primeln passen gut zu farblich abgestimmten Tulpen, Narzissen und Hyazinthen

Expertentipp

Wenn Sie einen Garten haben, können Sie die Primeln nach der Blüte auspflanzen.

Mini-Stiefmütterchen
Viola-Cornuta-Hybriden

Höhe: 10–15 cm
Blütezeit: April–Juli (Herbst)

Aussehen: zweijährige Sommerblume mit kompaktem, teils überhängendem Wuchs; Blüten alle Farben, meist mehrfarbig, oft mit bunten »Gesichtern«, klein, sehr zahlreich; Blätter länglich-eiförmig, dunkelgrün
Vorziehen: bei Aussaat im Juli helle, kühle Überwinterung nötig, damit die Pflanzen nicht in die Höhe schießen; am besten vorgezogene Pflanzen kaufen
Pflanzen: im März/April mit 10–20 cm Abstand
Pflegen: an warmen Tagen reichlich, sonst mäßig gießen; höchstens einmal düngen; verwelkte Blütenstiele abschneiden
Gestalten: hübsche Begleiter als Unterpflanzung von spät blühenden Tulpen und Narzissen

mäßig gießen

wenig gießen

für Ampeln und Hängekörbe

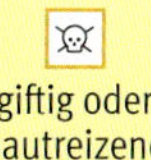
giftig oder hautreizend

Opulente Frühlingsblüher

Goldlack

Erysimum cheiri

Höhe: 25–35 cm
Blütezeit: April–Juni

Aussehen: aufrecht wachsende, buschig verzweigte, zweijährige Sommerblume; Blüten gelb, orange, rot, braun, 2–3 cm groß, in Trauben, einfach oder gefüllt, honigartig duftend; Blätter linealisch, sattgrün
Vorziehen: Aussaat Mai–Juli, dann einzeln in Töpfe pikieren
Pflanzen: im Herbst (Winterschutz geben) oder Frühling mit 15–20 cm Abstand
Pflegen: gleichmäßig leicht feucht halten; alle 2 Wochen düngen; Verblühtes regelmäßig entfernen
Gestalten: etwas nostalgisch wirkende Pflanzen, die besonders schön in Farbmischungen wirken und sich für den Duftbalkon gut eignen; sehr hübsch auch zusammen mit Vergissmeinnicht und Hyazinthen

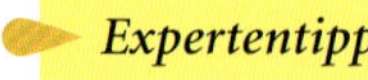

Expertentipp

Wählen Sie für Kästen und Schalen kompakte Sorten (z. B. 'Zwergbusch'- oder 'Bedder'-Serie) aus.

Hyazinthe

Hyacinthus orientalis

Höhe: 20–30 cm/10–15 cm
Blütezeit: April–Mai

Aussehen: straff aufrecht wachsende Zwiebelpflanze; Blüten in nahezu allen Farben, in großen, walzenförmigen Blütenständen mit betörendem Duft; Blätter riemenförmig, hellgrün
Pflanzen: im Oktober Zwiebeln 15–20 cm tief stecken oder im Frühling bereits vorgetriebene Pflanzen kaufen und einsetzen, Abstand 15 cm
Pflegen: eingepflanzte Zwiebeln zunächst frostfrei und dunkel unterbringen, Erde nicht austrocknen lassen; bei Austrieb hell stellen, mäßig gießen, nach Blühbeginn einmal düngen; abgeblühte Blütenstände abschneiden
Gestalten: sehr schön mit Zweijährigen wie Tausendschön, Vergissmeinnicht oder Goldlack

Expertentipp

Bei Hyazinthen und anderen Zwiebelblumen enthalten meist nur die Zwiebeln Giftstoffe.

Narzisse

Narcissus-Arten

Höhe: 10–40 cm/10–15 cm
Blütezeit: März–Mai (je nach Sorte)

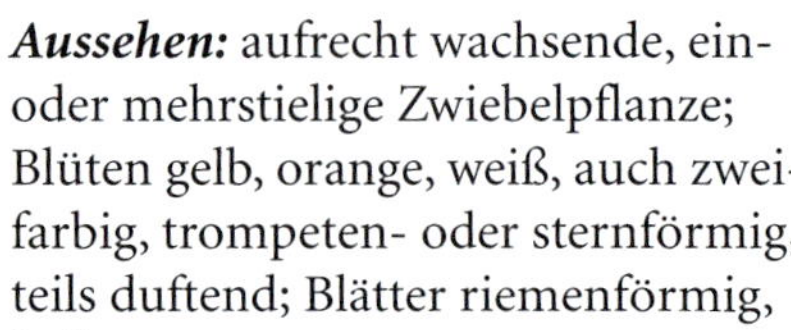

Aussehen: aufrecht wachsende, ein- oder mehrstielige Zwiebelpflanze; Blüten gelb, orange, weiß, auch zweifarbig, trompeten- oder sternförmig, teils duftend; Blätter riemenförmig, hellgrün
Pflanzen: im Frühling gekaufte Pflanzen mit 10 cm Abstand einsetzen oder Zwiebeln im September 5–10 cm tief stecken, frostfrei und dunkel überwintern
Pflegen: ab dem Austrieb hell bis halbschattig stellen; leicht feucht halten; nach Blühbeginn einmal düngen
Gestalten: Narzissen stets in kleinen Gruppen pflanzen; bei Kombination mit anderen Arten unterschiedliche Blütezeiten der Narzissensorten beachten

 sonnig

 halbschattig

 schattig

 viel gießen

Ranunkel

Ranunculus asiaticus

Höhe: 15–60 cm
Blütezeit: Dezember–April

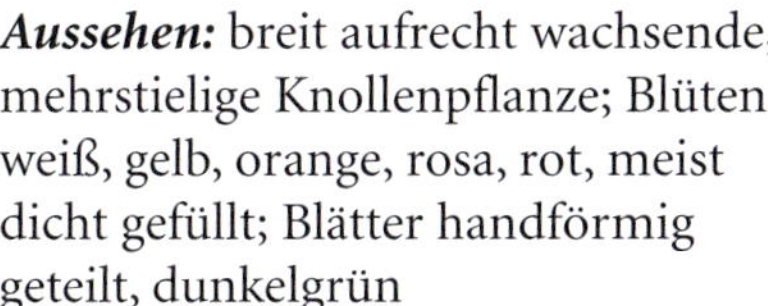

Aussehen: breit aufrecht wachsende, mehrstielige Knollenpflanze; Blüten weiß, gelb, orange, rosa, rot, meist dicht gefüllt; Blätter handförmig geteilt, dunkelgrün
Pflanzen: gekaufte Pflanzen ab April mit 20 cm Abstand einsetzen oder die klauenartigen Knollen im Frühling oder Herbst höchstens 5 cm tief stecken (»Klauenspitzen« nach unten!); bei Herbstpflanzung frostfrei und dunkel überwintern
Pflegen: gleichmäßig feucht halten; alle 1–2 Wochen schwach dosiert düngen
Gestalten: besonders prächtig und weithin leuchtend in gemischten Blütenfarben in großen Schalen

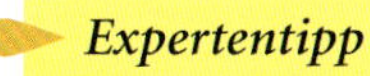

Expertentipp

Kräftige Knollen können Sie später im Garten auspflanzen, bis dahin sollten sie kühl gelagert werden.

Tulpe

Tulipa-Arten und -Hybriden

Höhe: 10–40 cm/10–15 cm
Blütezeit: März–Mai (je nach Sorte)

Aussehen: aufrecht wachsende, eintriebige Zwiebelpflanze; Blüten alle Farben außer Blau, auch mehrfarbig, teils duftend, glockig bis trichterförmig, Wildtulpen auch sternförmig; Blätter lanzettlich, graugrün, je nach Sorte auch gestreift oder gefleckt
Pflanzen: im zeitigen Frühling gekaufte Pflanzen mit 10 cm Abstand einsetzen oder Zwiebeln im September 10 cm tief stecken, frostfrei und dunkel überwintern, Erde nicht austrocknen lassen
Pflegen: mäßig feucht halten; nach Blühbeginn einmal düngen; verblühte Stiele bis zur Hälfte abschneiden
Gestalten: immer in kleinen Gruppen zu 4–5 Stück pflanzen

Stiefmütterchen

Viola x *wittrockiana*

Höhe: 15–25 cm
Blütezeit: März–Juni (auch Herbst)

Aussehen: zweijährige, buschig und kompakt wachsende Sommerblume; Blüten alle Farben, auch mehrfarbig, klein- oder großblumig; Blätter eirund bis länglich-lanzettlich, dunkelgrün
Vorziehen: aus Samen im Juni/Juli; halbschattig stellen, in Einzeltöpfe pikieren
Pflanzen: im Herbst (Winterschutz) oder Frühling mit 10–15 cm Abstand einsetzen
Pflegen: mäßig gießen, an warmen Tagen reichlich; alle 2 Wochen düngen; Verblühtes entfernen
Gestalten: wirken am schönsten flächig in Farbmischungen; untermalen hervorragend höhere Zwiebelblumen; auch für die Herbstbepflanzung geeignet

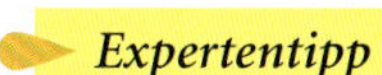

Expertentipp

Achten Sie darauf, dass im Herbst gepflanzte Stiefmütterchen nicht austrocknen.

mäßig gießen

wenig gießen

für Ampeln und Hängekörbe

giftig oder hautreizend

Prächtige Hängepflanzen

Zweizahn, Goldfieber

Bidens ferulifolia

Höhe: 15–30 cm
Blütezeit: Mai–Oktober

Aussehen: einjährig kultivierte Staude, breit überhängend, mit bis zu 1 m langen Trieben; Blüten goldgelb, sternförmig; Blätter doppelt gefiedert, dunkelgrün
Vorziehen: meist nur als Jungpflanze angeboten; Anzucht aus Samen von Januar–März; Stecklinge im August oder von überwinterten Exemplaren im Januar–März schneiden
Pflanzen: ab Mitte Mai mit 25–30 cm Abstand einsetzen; sehr wuchskräftig, daher nicht mit schwachwüchsigen Pflanzen kombinieren
Pflegen: hoher Wasserbedarf; wöchentlich düngen oder beim Pflanzen Langzeitdünger geben
Gestalten: sehr attraktiv mit blauen, violetten oder roten Hängepetunien und -verbenen

Expertentipp

Sehr wuchskräftige Pflanze, die allzu zarte Partner verdrängen und schnell überwuchern kann.

Zauberglöckchen

Calibrachoa-Hybriden

Höhe: 20–30 cm
Blütezeit: Mai–Oktober

Aussehen: einjährig kultivierte Staude mit hängender, rundlich ausladender Wuchsform; Blüten rot, blau, violett, gelb, orange, weiß, klein, trichterförmig, sehr zahlreich; Blätter klein, spatelförmig, klebrig
Vorziehen: entfällt; nur als Jungpflanzen im Handel
Pflanzen: ab Mitte Mai mit 25–30 cm Abstand in Substrat mit niedrigem pH-Wert (um 5,5), am besten Petunienerde, einsetzen
Pflegen: feucht, aber nicht nass halten, mit kalkarmem Wasser gießen; alle 1–2 Wochen düngen; kein Ausputzen nötig; neuere Sorten sind regen- und windfest
Gestalten: schön mit großblütigen Hängepetunien oder Wandelröschen

Hängepelargonie

Pelargonium-Peltatum-Gruppe

Höhe: 25–35 cm
Blütezeit: Mai–Oktober

Aussehen: meist einjährig kultivierte Halbsträucher, halb oder ganz hängend, bis 1,5 m Trieblänge; Blüten rot, rosa, lila, weiß, auch zweifarbig, einfach oder gefüllt; Blätter schildförmig, fleischig, frischgrün
Vorziehen: samenvermehrbare Sorten selten; Stecklingsschnitt im August oder im Februar/März möglich
Pflanzen: ab Mitte Mai mit 20–30 cm Abstand einsetzen
Pflegen: gleichmäßig feucht halten; wöchentlich düngen; verwelkte Blütenstiele ausbrechen (bei selbstreinigenden Sorten nicht nötig); zum Überwintern Mitte August Düngung einstellen, vor dem Frost hell bei 2–5 °C unterbringen
Gestalten: vielfältig kombinierbar

Expertentipp

Botanisch richtig ist der Name »Pelargonie«, im Volksmund heißen die Pflanzen allerdings »Geranien«.

 sonnig
 halbschattig
 schattig
 viel gießen

Hängepetunie

Petunia-Hybriden

Höhe: 15–30 cm
Blütezeit: Mai–Oktober

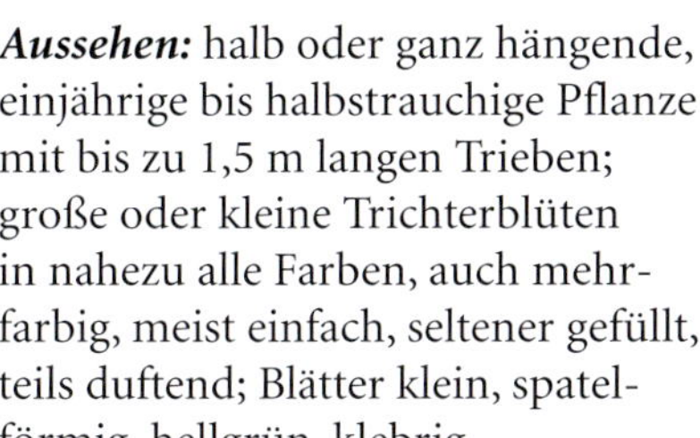

Aussehen: halb oder ganz hängende, einjährige bis halbstrauchige Pflanze mit bis zu 1,5 m langen Trieben; große oder kleine Trichterblüten in nahezu alle Farben, auch mehrfarbig, meist einfach, seltener gefüllt, teils duftend; Blätter klein, spatelförmig, hellgrün, klebrig
Vorziehen: nur bei F_1-Hybridsorten möglich, Anzucht Januar–März
Pflanzen: ab Mitte Mai mit 20–30 cm Abstand am besten in spezielle Petunienerde einsetzen
Pflegen: gut feucht, jedoch nicht nass halten, möglichst kalkarmes Wasser verwenden; kein Ausputzen oder Rückschnitt erforderlich
Gestalten: hübsch mit Fächerblume, Verbenen oder Kapkörbchen

Expertentipp

Achtung beim Kombinieren, manche Sorten, z. B. die 'Surfinia'-Petunien, sind sehr starkwüchsig.

Hängeverbene

Verbena-Hybriden

Höhe: 20–25 cm
Blütezeit: Juni–Oktober

Aussehen: einjährig kultivierte Staude, halb oder ganz hängend; kleine Einzelblüten, blau, violett, rot, rosa, weiß, in doldenartigen Ähren; Blätter länglich-eiförmig, Rand gezackt, dunkelgrün
Vorziehen: schwierig, besser Jungpflanzen kaufen
Pflanzen: ab Mitte Mai mit 20–30 cm Abstand einsetzen
Pflegen: gut feucht, aber keinesfalls staunass halten; wöchentlich düngen; Verblühtes entfernen
Gestalten: die farbkräftigen, starkwüchsigen Hängeverbenen, z. B. aus der 'Tapien'-, 'Temari'- oder 'Tukana'-Gruppe, harmonieren am besten mit robusten Partnern wie Goldtaler, Zauberglöckchen oder Zweizahn

Weitere blühende Hängepflanzen für Kästen und Ampeln

Name	Höhe Trieblänge	Blütenfarbe Blütezeit
Für sonnige Plätze:		
Blaues Gänseblümchen (*Brachyscome iberidifolia*)	20–30 cm bis 30 cm	violett, rosa Juli–September
Hängepolster-Glockenblume (*Campanula poscharskyana*)	15–20 cm bis 60 cm	hellviolett, blau Juni–Oktober
Blaue Mauritius (*Convolvulus sabatius*)	15–25 cm bis 1 m	hellblau,-violett Mai–Oktober
Elfenspiegel (*Nemesia*-Hybriden)	15–30 cm bis 1,5 m	viele Farben Mai–September
Schwarzäugige Susanne (*Thunbergia alata*)	30–50 cm bis 1,5 m	gelb, orange, weiß Juni–Oktober
Für sonnige bis halbschattige Plätze:		
Knollenbegonie (*Begonia-Tuberhybrida*-Gruppe)	15–35 cm bis 40 cm	weiß, rosa, gelb Mai–Oktober
Kaskadenblume (*Centradenia*-Hybriden)	20–25 cm bis 70 cm	rosa, pink April–September
Zigarettenblümchen (*Cuphea ignea*)	25–30 cm bis 30 cm	rot-weiß Mai–Oktober
Fächerblume (*Scaevola saligna*)	20–30 cm bis 1 m	violett, blau Mai–Oktober
Schneeflockenblume (*Sutera diffusus*)	20–25 cm bis 1 m	weiß, zartrosa Mai–Oktober
Kapuzinerkresse (*Tropaeolum majus*)	25–30 cm bis 1 m	gelb, orange, rot Juli–Oktober
Für halbschattige bis schattige Plätze:		
Fuchsie (*Fuchsia*-Hybriden) Hängesorten	20–30 cm bis 40 cm	rot, lila, rosa, weiß Mai–Oktober

mäßig gießen

wenig gießen

für Ampeln und Hängekörbe

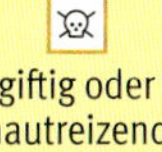
giftig oder hautreizend

Die Klassiker unter den Balkonpflanzen

Knollenbegonie

Begonia-Tuberhybrida-Gruppe

Höhe: 15–35 cm
Blütezeit: Mai–Oktober

Aussehen: breit aufrecht oder hängend wachsende Knollenpflanze; Blüten in allen Farben außer Blau, meist gefüllt, Hängesorten oft kleinblumig; Blätter spitz-oval, fleischig, oliv- bis dunkelgrün, auch rötlich
Vorziehen: Knollen (mit der bauchigen Seite nach unten) im Februar/März einpflanzen, hell bei 20 °C und feucht halten
Pflanzen: nach Mitte Mai mit 20–25 cm Abstand einsetzen
Pflegen: gut feucht halten (aber keine Staunässe!); alle 2 Wochen schwach dosiert düngen; Verblühtes entfernen; Überwinterung der Knollen luftig und trocken bei 5–10 °C
Gestalten: hübsche Begleiter sind Männertreu und Duftsteinrich

Expertentipp

Mit gelb-orange-roten Mischungen bringen Sie auch in dunkle Balkonecken Farbe.

Pantoffelblume

Calceolaria integrifolia

Höhe: 20–30 cm
Blütezeit: Mai–September

Aussehen: einjährig gezogener, buschiger, leicht überhängender Halbstrauch; Blüten gelb, auch rötlich gefleckt, »pantoffelartig« in Rispen; Blätter länglich-oval, frischgrün
Vorziehen: samenvermehrbare Sorten im Januar/Februar bei 15 °C anziehen; sonst aus Stecklingen, Schnitt im August/September, hell bei 5–10 °C überwintern
Pflanzen: ab Mitte Mai mit 20–25 cm Abstand einsetzen
Pflegen: gut feucht halten; wöchentlich schwach dosiert düngen; Verblühtes regelmäßig entfernen; möglichst regengeschützt aufstellen
Gestalten: klassische Kombination: mit roten Pelargonien und blauem Männertreu

Gute Partner

- *Begonien* • *Feuersalbei*
- *Leberbalsam* • *Männertreu*
- *Pelargonien* • *Vanilleblume*

Fuchsie

Fuchsia-Hybriden

Höhe: 20–40 cm
Blütezeit: Mai–Oktober

Aussehen: buschig aufrechter, halb hängender oder hängender Strauch; Blüten rot, rosa, blauviolett, weiß, auch zweifarbig, trichterartige Glöckchen, einfach oder gefüllt; Blätter spitz-oval, sattgrün, aber auch buntlaubig
Vorziehen: aus Stecklingen, Schnitt im Frühling oder Spätsommer
Pflanzen: ab Mitte Mai mit 20–25 cm Abstand einsetzen
Pflegen: vor Wind schützen; stets feucht halten; bis Mitte August wöchentlich düngen; Verblühtes entfernen; hell oder dunkel bei 6 °C überwintern
Gestalten: niedrige und hängende Sorten für Kästen und Ampeln, hohe Sorten auch als Kübelpflanzen

Expertentipp

Sehr schöne Pflanze für schattige Plätze; Kübelpflanzen wirken als Hochstämmchen sehr attraktiv.

sonnig  halbschattig  schattig  viel gießen

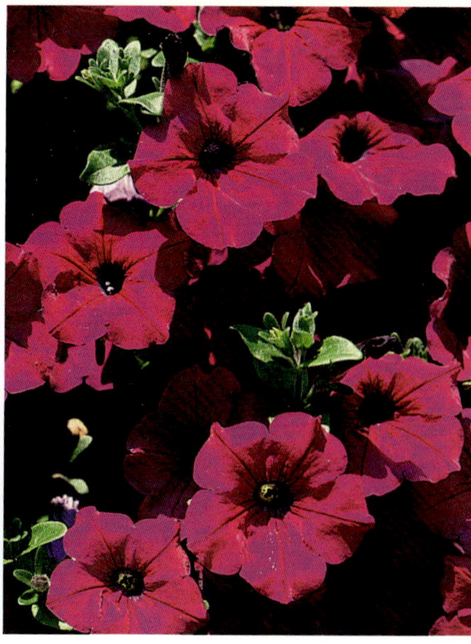

Fleißiges Lieschen

Impatiens-Hybriden

Höhe: 20–40 cm
Blütezeit: Mai–Oktober

Aussehen: einjährig kultivierte Staude, buschig bis breitwüchsig, auch überhängend; Blüten bei *Walleriana*-Hybriden weiß, rosa, pink, bei *Neuguinea*-Hybriden auch orange, violett, einfach oder gefüllt; Blätter spitz-eiförmig, glänzend dunkelgrün, auch bronzefarben
Vorziehen: aus Samen im Februar/März oder aus Stecklingen im Spätsommer oder Frühling; Jungpflanzen entspitzen
Pflanzen: Ende Mai mit 20–30 cm Abstand einsetzen
Pflegen: regengeschützt aufstellen; stets feucht halten; alle 2 Wochen schwach dosiert düngen; für bessere Verzweigung ab und zu entspitzen
Gestalten: Farbmischungen wirken sehr attraktiv in großen Schalen

Expertentipp

Fleißige Lieschen stehen leicht beschattet am besten. Meiden Sie prallsonnige Standorte.

Aufrechte Pelargonie

Pelargonium-Zonale-Gruppe

Höhe: 30–35 cm
Blütezeit: Mai–Oktober

Aussehen: teils einjährig kultivierter, aufrecht wachsender, buschiger Halbstrauch; Blüten rosa, rot, orange, lila, violett, weiß, auch zweifarbig, einfach oder gefüllt; Blätter rundlich, leicht behaart oder glatt
Vorziehen: samenvermehrbare Sorten im Dezember/Januar säen (hell bei 20–24 °C); Stecklingsschnitt im August oder im Februar/März
Pflanzen: ab Mitte Mai mit 20–25 cm Abstand
Pflegen: mäßig feucht halten; wöchentlich düngen, Verwelktes entfernen; Mitte August Düngung einstellen, hell bei 2–5 °C überwintern
Gestalten: als dominierende Leitpflanzen oder als Begleiter mit vielen Arten kombinierbar

Gute Partner

- *Duftsteinrich* • *Harfenstrauch*
- *Kapaster* • *Pantoffelblume*
- *Zwergmargerite*

Aufrechte Petunie

Petunia-Hybriden

Höhe: 20–30 cm
Blütezeit: Mai–September

Aussehen: buschig aufrecht oder leicht überhängend wachsende, einjährige Sommerblume; Blüten in allen Farben, auch mehrfarbig, trichter- oder tellerförmig, groß- oder kleinblumig, einfach oder gefüllt; Blätter klein, spatelförmig, hellgrün, klebrig
Vorziehen: aus Samen ab Januar (–März), einzeln in Töpfe pikieren
Pflanzen: ab Mitte Mai mit 20–30 cm Abstand einsetzen
Pflegen: gut feucht halten; wöchentlich düngen; Verblühtes entfernen
Gestalten: sehr attraktiv in violettweißer Mischung oder als markante Begleitpflanze für hohe Arten wie Ziertabak, Strauchmargeriten, Pelargonien

Expertentipp

Diese Petunien sind weniger wetterfest als Hängepetunien *(Seite 413)**. Möglichst regengeschützt aufstellen.*

 mäßig gießen

 wenig gießen

 für Ampeln und Hängekörbe

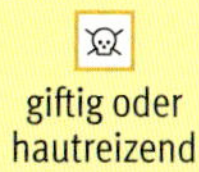 giftig oder hautreizend

Robuste und wetterfeste Schönheiten

Leberbalsam

Ageratum houstonianum

Höhe: 15–25 cm
Blütezeit: Mai–Oktober

Aussehen: einjährig kultivierter, breitbuschiger und kompakter Halbstrauch; Blüten blau, violett, pink, rosa, weiß, Doldentrauben mit rundlichen Blütenköpfchen; Blätter herzförmig bis eirund, sattgrün
Vorziehen: Aussaat ab Januar–März, bald pikieren
Pflanzen: ab Mitte Mai mit 15–20 cm Abstand einsetzen
Pflegen: gleichmäßig feucht halten; alle 2 Wochen düngen; Verblühtes regelmäßig wegschneiden; windfest und regentolerant
Gestalten: verträglicher Begleiter, der sich mit den meisten anderen Balkonblumen kombinieren lässt; eignet sich gut als Vorpflanzung zu höheren Arten am Kastenrand

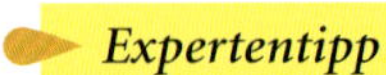

Expertentipp

Leberbalsam können Sie auch überwintern (hell, bei 10–15 °C) und im Frühling über Stecklinge vermehren.

Goldtaler, Goldmünze

Asteriscus maritimus

Höhe: 25–30 cm
Blütezeit: April/Mai–Oktober

Aussehen: meist einjährig kultivierte, leicht überhängende Staude; Blüten goldgelb, wie kleine Sonnenblumen; Blätter klein, linealisch, kräftig grün
Vorziehen: aus Kopfstecklingen ohne Blütenknospen, die ab August geschnitten werden; hell und kühl überwintern
Pflanzen: ab Mitte Mai mit 20–25 cm Abstand einsetzen
Pflegen: gleichmäßig feucht halten; wöchentlich düngen; Verblühtes regelmäßig wegschneiden; regenfest, verträgt pralle Sonne; kann hell bei ca. 10 °C überwintert werden
Gestalten: schön als leicht hängende »Eckpflanze« im Kasten oder als Vorpflanzung in großen Schalen

Expertentipp

Vorsicht, der Goldtaler wächst recht kräftig und kann schwachwüchsige Pflanzen überwuchern.

Astilbe, Prachtspiere

Astilbe-Arten

Höhe: 20–60 cm
Blütezeit: Juni–September

Aussehen: aufrecht und buschig wachsende Staude; Blüten rot, rosa oder weiß, in kerzen- oder büschelartigen Rispen; Blätter mehrfach gefiedert, dunkelgrün
Vorziehen: Aussaat und Teilung im Frühling möglich, für den Balkon besser jedoch Jungpflanzen kaufen
Pflanzen: ab April, Zwergastilben im Kasten mit 20–25 cm Abstand einsetzen
Pflegen: stets gut feucht halten; jährlich im Frühling mit etwas Langzeitdünger versorgen; Überwinterung draußen mit Winterschutz oder frostfrei, hell oder dunkel
Gestalten: höhere Sorten einzeln in Töpfe setzen; rosa, rote und weiße Sorten kombinieren

Gute Partner

• Bergenien • Efeu • Farne • Fuchsien • Funkien • kleine Immergrüne

 sonnig  halbschattig 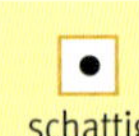 schattig  viel gießen

Kapaster

Felicia amelloides

Höhe: 20–50 cm
Blütezeit: Mai–Oktober

Aussehen: meist einjährig gehaltene, polsterartig bis buschig wachsende Staude; margeritenähnliche Blüten, hellblau mit gelber Mitte, in großer Zahl; Blätter klein, länglich-oval, rauhaarig, dunkelgrün
Vorziehen: aus Stecklingen, die im August/September geschnitten werden; hell und kühl überwintern; Jungpflanzen entspitzen, um einen buschigen Wuchs zu erzielen
Pflanzen: ab Mitte Mai mit 20–25 cm Abstand einsetzen
Pflegen: gleichmäßig leicht feucht halten; alle 2 Wochen düngen; Überwinterung möglich (hell, bei 10–22 °C)
Gestalten: für gemischte Kästen, aber auch allein als Kübelpflanze

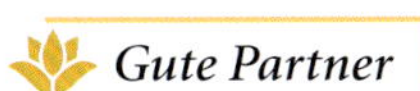

Gute Partner

- *Elfenspiegel* • *Pantoffelblumen* • *Pelargonien* • *Petunien* • *Studentenblumen* • *Zwergmargeriten*

Studentenblume

Tagetes-Arten und -Hybriden

Höhe: 15–30 cm
Blütezeit: Mai–Oktober

Aussehen: aufrecht wachsende, kompakte bis buschige, einjährige Sommerblume; Blüten gelb, orange, rot, rotbraun, auch mehrfarbig; *T. tenuifolia* mit einfachen Blütenkörbchen, *T.-Patula*-Hybriden meist gefüllt bis pomponartig, herb duftend; Blätter gefiedert, sattgrün
Vorziehen: Aussaat ab Januar–März
Pflanzen: ab Mitte Mai mit 15–25 cm Abstand einsetzen
Pflegen: mäßig feucht halten; wöchentlich düngen; Verblühtes regelmäßig entfernen; wind- und regenfest, vor allem *T. tenuifolia*
Gestalten: sehr vielfältig kombinierbar, besonders hübsch mit blauen und violetten Partnern oder farbenprächtig mit roten Blühern

Expertentipp

Achtung, die Pflanzen enthalten Stoffe, die unter Sonneneinwirkung Hautreizungen verursachen können.

Weitere robuste Balkonpflanzen

Name	Höhe Wuchsform	Blütenfarbe Blütezeit
Regentolerant, wetterfest:		
Fächerblume (*Scaevola saligna*)	20–30 cm hängend	violett, blau Mai–Oktober
Außerdem: Elfenspiegel, moderne Sorten (S. 420), Elfensporn (S. 422), Hängepetunien (S. 413), Hängeverbenen (S. 413), Pelargonien, ungefüllte Sorten (S. 412 und 415), Zauberglöckchen (S. 412), Zweizahn (S. 412)		
Windfest:		
Gelbe Zwergmargerite (*Coleostephus multicaulis*)	20–25 cm buschig	gelb Mai–September
Weiße Zwergmargerite (*Hymenostemma paludosum*)	15–30 cm buschig	weiß Mai–Oktober
Schneeflockenblume (*Sutera diffusus*)	20–25 cm hängend	weiß, zartrosa Mai–Oktober
Außerdem: Eisbegonie (S. 422), Elfensporn (S. 422), Kapkörbchen (S. 421), Pelargonien (S. 412 und 415), Zauberglöckchen (S. 412), Zweizahn (S. 412)		
Für pralle Sonne (leider meist regenempfindlich):		
Mittagsgold (*Gazania*-Hybriden)	20–25 cm rosettig	gelb, Rottöne, weiß Juni–Oktober
Strohblume (*Helichrysum bracteatum*)	30–40 cm buschig	gelb, Rottöne, weiß Juni–Oktober
Gelbes Gänseblümchen (*Thymophylla tenuiloba*)	15–20 cm breit überhängend	gelb Juni–Oktober
Außerdem: Kapkörbchen (S. 421), Mittagsblume (S. 420), Portulakröschen (S. 423), Zweizahn (S. 412)		
Schattenverträglich:		
Bergenie (*Bergenia*-Arten)	20–50 cm breitbuschig	rosa, rot, weiß März–Mai
Funkie (*Hosta*-Arten)	30–60 cm horstartig	weiß, lila, violett Juli–August
Außerdem: Fleißiges Lieschen (S. 415), Fuchsie (S. 414), Knollenbegonie (S. 414)		

Vielseitige Begleiter

Löwenmäulchen

Antirrhinum majus

Höhe: 10–30 cm
Blütezeit: Juni–September

Aussehen: buschig bis polsterartig, auch hängend wachsende, einjährige Sommerblume; Blüten gelb, orange, rot, rosa, weiß, auch zweifarbig, in Trauben, mit typischer »Mäulchen«-Form; Blätter zahlreich, klein, linealisch, sattgrün
Vorziehen: aus Samen ab Januar; bei Jungpflanzen Mitteltriebe entspitzen, um einen buschigen Wuchs zu erzielen
Pflanzen: ab Mai mit 20 cm Abstand einsetzen
Pflegen: mäßig feucht halten, keinesfalls zu nass; alle 2 Wochen schwach dosiert düngen; verblühte Triebe wegschneiden
Gestalten: oft in Farbmischungen und in pastelligen Tönen angeboten; lässt sich vielfältig kombinieren

Blaues Gänseblümchen

Brachyscome iberidifolia

Höhe: 20–30 cm
Blütezeit: Juli–September

Aussehen: einjährige, halb hängende, breitwüchsige Sommerblume; margeritenähnliche Blüten, blau, violett, purpurn, rosa, weiß, mit gelber Mitte, duftend; Blätter zartfiedrig, hellgrün
Vorziehen: Aussaat im März/April
Pflanzen: ab Mitte Mai mit 15–20 cm Abstand einsetzen
Pflegen: gleichmäßig feucht halten; alle 2 Wochen schwach dosiert düngen, bei starken Blattaufhellungen Eisenpräparat verabreichen; Verblühtes regelmäßig entfernen
Gestalten: in gemischten Kästen am vorderen oder seitlichen Rand einsetzen; sehr attraktiv in hängenden Ampeln oder als Unterpflanzung für Hochstämmchen

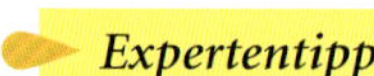

Sie können auch die ähnliche, aber mehrjährige Brachyscome multifida wählen; diese lässt sich überwintern.

Feinstrahl-Aster

Erigeron karvinskianus

Höhe: 20–30 cm
Blütezeit: Juni–Juli (September)

Aussehen: meist einjährig kultivierte, breit kissenartig und teilweise überhängend wachsende Staude; Blüten anfangs weiß, dann rosa bis rot, gänseblümchenähnlich, klein und zahlreich; Blätter verkehrt eiförmig bis länglich, klein, stumpfgrün
Vorziehen: Aussaat ab Januar–März, Lichtkeimer
Pflanzen: ab Mitte Mai mit 20–30 cm Abstand einsetzen
Pflegen: mäßig feucht halten; alle 2 Wochen düngen; Verblühtes regelmäßig entfernen; kann hell und frostfrei überwintert werden, zuvor lange Triebe einkürzen
Gestalten: zarter, verträglicher Begleiter für nicht allzu starkwüchsige Balkonblumen; bringt zartes, luftiges Flair in mediterrane oder naturnahe Pflanzungen

sonnig

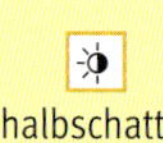
halbschattig

schattig

viel gießen

Männertreu, Lobelie

Lobelia erinus

Höhe: 10–20 cm
Blütezeit: Mai–Oktober

Aussehen: einjährig kultivierte, buschig bis polsterartig oder hängend wachsende Staude; Blüten blau, violett, rosa, teils mit weißem Auge oder weiß, klein, sehr zahlreich; Blätter klein, linealisch, dunkelgrün
Vorziehen: Aussaat Januar–März, Lichtkeimer; in Büscheln in Töpfe pikieren
Pflanzen: ab Mitte Mai mit 20 cm Abstand einsetzen
Pflegen: gleichmäßig feucht halten; alle 2 Wochen schwach dosiert düngen; Verblühtes abschneiden
Gestalten: passt als Füllpflanze und Vorpflanzung (Hängeformen) am Kasten- oder Schalenrand zu fast allen Sommerblumen; hübsch als Hochstämmchen-Unterpflanzung

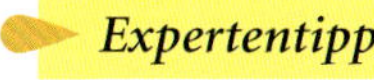

Expertentipp

Wenn Sie die Pflanze nach dem ersten Flor um 1/3 zurückschneiden, treibt sie reichlich neue Blüten.

Duftsteinrich

Lobularia maritima

Höhe: 8–15 cm
Blütezeit: Juni–Oktober

Aussehen: einjährige, polsterartig und leicht überhängend wachsende Sommerblume; Blüten weiß, rosa, violett, klein, in bis zu 5 cm langen Trauben, mit leichtem Honigduft; Blätter schmal, dunkelgrün
Vorziehen: Aussaat im März/April
Pflanzen: ab Mitte Mai mit 15 cm Abstand einsetzen
Pflegen: mäßig feucht halten; bei Nachlassen des ersten Flors zurückschneiden, danach einmal düngen, damit die Pflanze wieder kräftig austreibt und Knospen bildet
Gestalten: schmucke Füllpflanze am vorderen oder seitlichen Kastenrand und in gemischten Schalen; schöner Begleiter für aufrecht wachsende Duftpflanzen (z. B. Vanilleblume oder Duftwicke); eignet sich auch zur Unterpflanzung von Hochstämmchen

Husarenknöpfchen

Sanvitalia procumbens

Höhe: 8–15 cm
Blütezeit: Juni–Oktober

Aussehen: einjährige Sommerblume mit überhängenden, verzweigten Trieben; Blüten gelb, meist mit schwarzer Mitte, sternförmig, knopfartig, zahlreich; Blätter klein, oval bis lanzettlich, hellgrün
Vorziehen: Aussaat im März
Pflanzen: ab Mitte Mai mit 10–15 cm Abstand einsetzen
Pflegen: stets leicht feucht halten; alle 2 Wochen schwach dosiert düngen; verblühte Triebe regelmäßig wegschneiden; vor Regen schützen
Gestalten: sehr hübsch als Begleiter rot, blau oder violett blühender Blumen; als hängende Vorpflanzung am Kastenrand, zur Unterpflanzung von Kübelpflanzen und als Ampelpflanze sehr gut geeignet

mäßig gießen

wenig gießen

für Ampeln und Hängekörbe

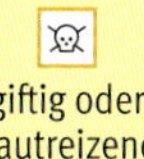
giftig oder hautreizend

Besonders farbkräftige Blüher

Dahlie

Dahlia-Hybriden

Höhe: 20–45 cm
Blütezeit: Mai/Juni–Oktober

Aussehen: aufrecht wachsende, buschige Knollenpflanze; Blüten weiß, gelb, rosa, pink, rot, oft in Farbmischungen, einfach, halbgefüllt oder gefüllt; Blätter eiförmig, dunkelgrün oder dunkelpurpurn
Vorziehen: samenvermehrbare Sorten im Februar/März, je 2–3 Samenkörner in Töpfe säen
Pflanzen: ab Mitte Mai mit 30 cm Abstand einsetzen
Pflegen: bei Hitze reichlich gießen, aber nicht nass halten; wöchentlich düngen; Verblühtes regelmäßig abschneiden; hohe Sorten stützen; möglichst windgeschützt aufstellen
Gestalten: niedrige, kompakte Sorten in gemischten Farben in Balkonkästen oder Schalen kombinieren

Mittagsblume

Dorotheanthus bellidiformis

Höhe: 5–15 cm
Blütezeit: Juli–September

Aussehen: einjährige Sommerblume mit flach ausgebreitetem, polsterartigem Wuchs; Blüten weiß, gelb, orange, rosa, rot, violett, margeritenähnlich; Blätter klein, linealisch, dickfleischig
Vorziehen: im März/April einzeln in Töpfe säen; auch Saat Anfang Mai direkt in den Balkonkasten möglich
Pflanzen: ab Mitte Mai mit 10 cm Abstand einsetzen
Pflegen: fast trocken halten; nicht düngen
Gestalten: passt gut zu anderen sonnenhungrigen Blumen wie Portulakröschen; meist in Farbmischungen angeboten, die in Schalen sehr schön zur Geltung kommen

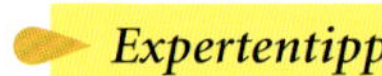

Mittagsblumen brauchen viel Sonne und einen regengeschützten Standort, damit sich die Blüten öffnen.

Elfenspiegel

Nemesia-Hybriden

Höhe: 15–30 cm
Blütezeit: Mai–September

Aussehen: einjährige, buschig oder hängend wachsende Sommerblume; Blüten in allen Farben, zu mehreren in Doldentrauben, teils duftend; Blätter klein, lanzettlich, gezähnt, dunkelgrün
Vorziehen: Aussaat im März/April, einmal pikieren oder ab Mitte Mai direkt in den Kasten
Pflanzen: ab Mitte Mai mit 15–20 cm Abstand einsetzen
Pflegen: mäßig gießen; Rückschnitt nach der ersten Blüte im Juni/Juli bewirkt einen Nachflor; nur nach Rückschnitt düngen; windgeschützt aufstellen
Gestalten: zu Farbmischungen passen Begleiter wie Männertreu und Duftsteinrich

 **Expertentipp**

Neuere Sorten (z. B. 'Karoo'-, 'Sunsatia'-Serie) müssen nicht ausgeputzt und zurückgeschnitten werden.

 sonnig

 halbschattig

 schattig

 viel gießen

Kapkörbchen

Osteospermum-Hybriden

Höhe: 20–40 cm
Blütezeit: Mai–Oktober

Aussehen: einjährig kultivierte Staude mit buschigem bis kissenartigem, aufrechtem Wuchs; Blüten weiß, gelb, orange, rosa, rot, lila, margeritenähnlich, öffnen sich nur bei Sonne; Blätter lanzettlich, sattgrün
Vorziehen: über Stecklinge, die im Januar/Februar geschnitten werden, jedoch schwierig
Pflanzen: gekaufte Jungpflanzen ab Mitte Mai mit 15–20 cm Abstand einsetzen
Pflegen: leicht feucht halten, nicht vernässen; alle 2 Wochen düngen; ab Ende Juni Verblühtes wegschneiden; regengeschützt platzieren
Gestalten: schön mit anderen sonnenhungrigen Blumen, z. B. Gazanien, Mittagsblumen, Kapaster

Feuersalbei

Salvia splendens

Höhe: 20–30 cm
Blütezeit: Mai–September

Aussehen: einjährig kultivierte Staude mit aufrecht buschigem Wuchs; rote, violette und lachsrosa Lippenblüten in einfachen oder verzweigten Blütentrauben; Blätter mittelgroß, eiförmig zugespitzt, frischgrün
Vorziehen: Aussaat im Februar/März; Jungpflanzen bei 8 cm Höhe entspitzen, die Triebspitzen können als Stecklinge gepflanzt werden
Pflanzen: ab Mitte Mai mit 20–30 cm Abstand einsetzen
Pflegen: gleichmäßig feucht halten; wöchentlich schwach dosiert düngen; welke Blütenstände regelmäßig wegschneiden
Gestalten: hübsch mit gelben, blauen oder weißen Partnern, z. B. Studentenblumen und Männertreu

Expertentipp

Platzieren Sie Feuersalbei möglichst regen- und windgeschützt, dann blüht er am schönsten.

Weitere farbintensive Blüher

Name	Höhe Wuchsform	Blütenfarbe Blütezeit
Für sonnige Plätze:		
Gelbe Zwergmargerite (*Coleostephus multicaulis*)	20–25 cm buschig	gelb Mai–September
Mittagsgold (*Gazania*-Hybriden)	20–25 cm rosettig	gelb, Rottöne, weiß Juni–Oktober
Sonnenblume (*Helianthus annuus*)	40–60 cm aufrecht	gelb, orange, rotbraun Juli–Oktober
Strohblume (*Helichrysum bracteatum*)	30–40 cm buschig	gelb, Rottöne, weiß Juni–Oktober
Wandelröschen (*Lantana camara*)	30–50 cm buschig	gelb, orange, rot Juni–Oktober
Sterntalerblume (*Melampodium paludosum*)	20–40 cm buschig	gelb Mai–September
Flammenblume (*Phlox drummondii*)	15–30 cm buschig	weiß, gelb, rosa, violett Juli–September
Gelbes Gänseblümchen (*Thymophylla tenuiloba*)	15–20 cm überhängend	gelb Juni–Oktober
Zinnie (*Zinnia*-Arten)	15–30 cm buschig	viele Farben Juli–September
Für sonnige bis halbschattige Plätze:		
Gauchheil (*Anagallis monelli*)	10–25 cm hängend	blau, rot Juni–Oktober
Ringelblume (*Calendula officinalis*)	15–30 cm aufrecht	gelb, orange Juni–Oktober
Becherblume (*Nierembergia hippomanica*)	15–20 cm polsterartig	blau, violett, rot, weiß Juli–Oktober
Kapuzinerkresse (*Tropaeolum majus*)	25–30 cm buschig, hängend	gelb, orange, rot Juli–Oktober

mäßig gießen

wenig gießen

für Ampeln und Hängekörbe

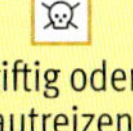
giftig oder hautreizend

Dezentes Farbenspiel

Eisbegonie

Begonia-Semperflorens-Gruppe

Höhe: 15–30 cm
Blütezeit: Mai–Oktober

Aussehen: einjährig kultivierte Staude mit aufrechtem, kompaktem Wuchs; Blüten weiß, rosa, rot, auch zweifarbig, meist einfach, auch gefüllt; Blätter schief-eiförmig, dickfleischig, sattgrün, teils auch braunrot oder bronzefarben, glänzend
Vorziehen: durch Aussaat im Winter, jedoch schwierig, besser Jungpflanzen kaufen
Pflanzen: ab Mitte Mai mit 15–25 cm Abstand einsetzen
Pflegen: gut feucht halten, bei sonnigem Stand reichlich gießen, aber nicht vernässen; alle 2–3 Wochen schwach dosiert düngen; Verblühtes abzupfen
Gestalten: sehr schön sind Kombinationen aus hellblütigen Sorten mit dunkel gezeichnetem Laub

Gute Partner

- *Buntnesseln* • *Fuchsien*
- *Pantoffelblumen* • *Petunien*
- *Vanilleblume*

Glockenblume

Campanula-Arten

Höhe: 10–30 cm
Blütezeit: Juni/Juli–September

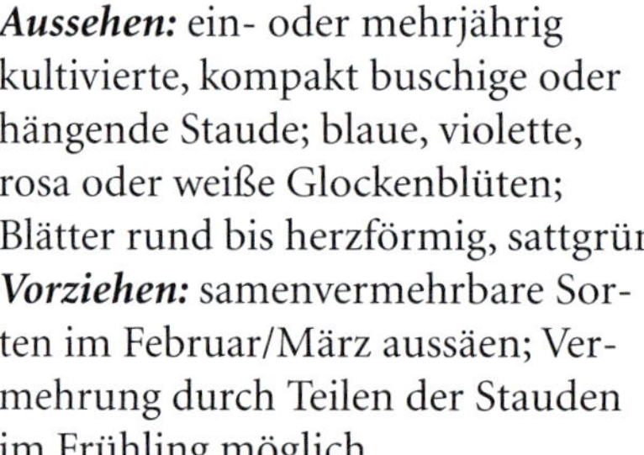

Aussehen: ein- oder mehrjährig kultivierte, kompakt buschige oder hängende Staude; blaue, violette, rosa oder weiße Glockenblüten; Blätter rund bis herzförmig, sattgrün
Vorziehen: samenvermehrbare Sorten im Februar/März aussäen; Vermehrung durch Teilen der Stauden im Frühling möglich
Pflanzen: ab April mit 20–30 cm Abstand einsetzen
Pflegen: mäßig feucht halten; alle 2 Wochen düngen; verblühte Triebe wegschneiden; hell und frostfrei überwintern
Gestalten: die Karpaten-Glockenblume (*C. carpatica*, Bild) ziert Kästen und Schalen; *C. portenschlagiana* und *C. poscharskyana* (hängend und starkwüchsig) sind schöne Ampelpflanzen

Elfensporn

Diascia-Hybriden

Höhe: 25–30 cm
Blütezeit: Mai–Oktober

Aussehen: meist einjährig kultivierte, buschig kompakte Staude mit teils überhängenden Trieben; zahlreiche kleine Blüten, Rosa- und Rottöne, weiß; Blätter klein, stängelumfassend, rundlich, hellgrün
Vorziehen: Samen werden selten angeboten, Aussaat im Januar–März
Pflanzen: nach Mitte Mai mit 20 cm Abstand einsetzen
Pflegen: gleichmäßig feucht halten; alle 2 Wochen düngen; verwelkte Blütenstiele wegschneiden; regen- und windverträglich; kann hell bei 8–10 °C überwintert werden
Gestalten: attraktiv in Ampeln, auch in Kästen und Schalen und als Hochstämmchen-Unterpflanzung

Gute Partner

- *Blaue Mauritius* • *Duftsteinrich*
- *Husarenknöpfchen* • *Männertreu* • *Nierembergie*

 sonnig

 halbschattig

 schattig

 viel gießen

Vanilleblume

Heliotropium arborescens

Höhe: 30–60 cm
Blütezeit: Mai–September

Aussehen: ein- bis mehrjährig kultivierte, kompakt und buschig wachsende Staude; Blüten blau, violett, in großen Dolden, duften abends besonders intensiv; Blätter oval-zugespitzt, runzlig, dunkelgrün
Vorziehen: Aussaat im Februar/März (Lichtkeimer), Jungpflanzen entspitzen; Schnitt von Stecklingen im Herbst oder Frühling
Pflanzen: ab Mitte Mai mit 25 cm Abstand einsetzen
Pflegen: gleichmäßig leicht feucht halten; wöchentlich düngen; Verblühtes entfernen; regengeschützt aufstellen; Hochstämmchen hell bei 12–15 °C überwintern
Gestalten: eignet sich sehr gut für Duftbalkone oder mediterrane Gestaltungen, in kompakter Form für gemischte Kästen, als Hochstämmchen gezogen in Kübeln und Töpfen

Ziertabak

Nicotiana x sanderae

Höhe: 30–35 cm
Blütezeit: Juli–September

Aussehen: einjährige, aufrecht wachsende, buschige Sommerblume; Blüten weiß, creme, gelb, rosa, rot, violett, oft in pastelligen Farben, aber auch kräftig getönt, Röhren mit sternförmiger Krone, manche Sorten mit süßem Abendduft; Blätter lanzettlich, etwas gewellt, dunkelgrün
Vorziehen: Aussaat Februar/März (Lichtkeimer), am besten zweimal pikieren
Pflanzen: ab Mitte Mai mit 25–30 cm Abstand einsetzen
Pflegen: hoher Wasserbedarf; wöchentlich düngen; verwelkte Blütenrispen wegschneiden
Gestalten: niedrige Sorten für gemischte Kästen oder große Schalen, immer in Grüppchen zu 2–3 pflanzen; hochwüchsige Sorten auch einzeln oder zu zweien in Töpfen

Portulakröschen

Portulaca grandiflora

Höhe: 10–15 cm
Blütezeit: Juni–August

Aussehen: einjährige, niederliegend bis überhängend wachsende Sommerblume; schalenförmige Blüten, gelb, orange, rot, pink, rosa oder weiß, Blütenblätter seidenartig dünn, öffnen sich nur bei Sonne; Blätter nadelartig, fleischig, hellgrün
Vorziehen: Aussaat März–Mai; nach Anfang Mai auch Saat direkt in den Balkonkasten möglich
Pflanzen: ab Mitte Mai mit 15 cm Abstand einsetzen
Pflegen: zurückhaltend gießen; alle 4–6 Wochen düngen; regengeschützt platzieren
Gestalten: stets in leuchtend pastellfarbenen Mischungen angeboten, die trotz ihres niedrigen Wuchses auch ohne Begleiter Kästen, Schalen oder Ampeln schmücken

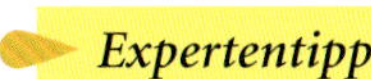

Expertentipp

Portulakröschen sollten Sie nur mit Arten kombinieren, die keinen hohen Wasserbedarf haben.

Zierendes Blattwerk

Bergenie

*Bergenia cordifolia, B.-*Hybriden

Höhe: 20–50 cm
Blütezeit: März–Mai

Aussehen: breitbuschig wachsende Blattschmuckstaude; rosa, rote oder weiße Blütenglöckchen in dichten Trugdolden; Blätter glänzend grün oder dunkelrot, auch über Winter
Pflanzen: ab Mai bis Herbst; kleine Exemplare in gemischten Herbstpflanzungen mit 25 cm Abstand, größere einzeln oder zu wenigen in Töpfe setzen
Pflegen: nur leicht feucht halten; Überwinterung draußen, in rauen Lagen mit Winterschutz; im Frühling mit Langzeitdünger versorgen
Vermehren: Teilung nach der Blüte möglich
Gestalten: robuster Pflanzenschmuck für jede Saison

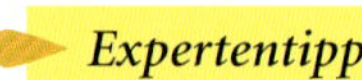

Expertentipp

Für die Balkonbepflanzung empfehle ich die Sorten 'Bressingham Ruby' (rotes Laub) und 'Baby Doll'.

Efeu

Hedera helix

Höhe: bis 5 m
Blütezeit: September

Aussehen: immergrüner, kletternder oder hängender Strauch; Blüten gelbgrün (nur an älteren Exemplaren, aus ihnen entstehen hochgiftige, schwarze Beeren); junge Blätter drei- bis fünflappig, ältere rautenförmig, grün, auch weiß oder gelb gemustert
Pflanzen: junge Exemplare für Kästen und Ampeln fast ganzjährig; als Kletterpflanze im Kübel bevorzugt im Frühling
Pflegen: mäßig feucht halten; im April/Mai Langzeitdünger geben; Überwinterung draußen, mit Winterschutz
Vermehren: durch Stecklinge
Gestalten: auch als hängende Beipflanze in Kästen und Ampeln; hübsch als Klettergehölz für Kübel

Expertentipp

Leiten Sie kletternden Efeu am Rankgerüst hoch, seine Haftwurzeln könnten sonst der Fassade schaden.

Harfenstrauch

Plectranthus forsteri

Höhe: 15–30 cm
Blütezeit: August–September

Aussehen: einjährig kultivierte Staude mit bis zu 2 m langen, hängenden Trieben; Blüten unscheinbar, weiß; Blätter herzförmig, sattgrün, meist weiß gerandet, herb duftend
Pflanzen: ab Mitte Mai mit 20–30 cm Abstand einsetzen
Pflegen: mäßig feucht halten; bis Mitte August alle 2 Wochen düngen; Überwinterung möglich (hell, bei 10 °C), vorher lange Triebe zurückschneiden
Vermehren: über Stecklinge, Schnitt im März/April, für buschigeren Wuchs Jungpflanzen entspitzen
Gestalten: hübscher, allerdings starkwüchsiger Begleiter für Sommer- und Herbstblüher wie Pelargonien oder Chrysanthemen

Expertentipp

Der Harfenstrauch heißt auch »Mottenkönig«, da sein Geruch Motten und Mücken vertreiben soll.

 sonnig
 halbschattig
 schattig
 viel gießen

Silberblatt
Senecio cineraria

Höhe: 20–30 cm
Blütezeit: blüht im 1. Jahr nicht

Aussehen: einjährig kultivierter Halbstrauch; Blätter je nach Sorte grün-, grau- oder weißsilbrig, tief gelappt oder geschlitzt
Pflanzen: ab Mitte Mai für die Sommerbepflanzung oder im Spätsommer für die Herbstbepflanzung mit 20–30 cm Abstand einsetzen
Pflegen: nur leicht feucht halten; alle 2 Wochen schwach dosiert düngen; regengeschützt aufstellen
Vermehren: aus Samen ab Januar–März
Gestalten: Ruhepunkt zwischen bunten Pflanzungen; schön in dezent-noblen Blau-Rosa-Weiß-Kombinationen; aber auch für reine Blattschmuckpflanzungen; sehr hübsch in herbstlichen Pflanzungen zusammen mit Kissenastern, Topf-, Besen- oder Schneeheide

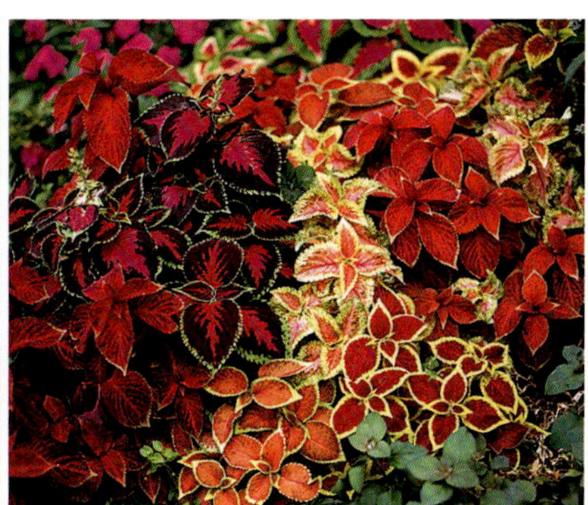

Buntnessel
Solenostemon scutellarioides

Höhe: 20–40 cm
Blütezeit: Juli–September

Aussehen: meist einjährig kultivierte, buschige Staude; Blüten unscheinbar, blauweiß, in Rispen; Blätter ei- bis herzförmig, meist mehrfarbig, gemustert in verschiedenen Grün-, Rot-, Rosa- und Gelbtönen
Pflanzen: ab Mitte Mai mit 20–25 cm Abstand einsetzen
Pflegen: gleichmäßig feucht halten; alle 2 Wochen düngen; falls Blütenrispen erscheinen, gleich ausbrechen
Vermehren: aus Samen im Januar/Februar oder über im Herbst oder Frühling geschnittene Stecklinge
Gestalten: wirkt sehr attraktiv in Kombination verschieden gefärbter Sorten; hübsch auch einzeln in Töpfen

Gute Partner

- *Blaues Gänseblümchen*
- *Gauchheil* • *Männertreu*
- *Sterntalerblume*

Weitere Blattschmuckpflanzen

Name	Höhe Wuchsform	Blattfarbe
Für sonnige Plätze:		
Zierdost (*Origanum vulgare* 'Aureum')	bis 30 cm buschig bis hängend	gelbgrün
Ziersalbei (*Salvia officinalis* in Sorten)	bis 30 cm buschig	gelbgrün, weißgrün und rötlich
Heiligenkraut (*Santolina*-Sorten)	bis 30 cm buschig	silbrig
Gamander (*Teucrium*-Sorten)	bis 30 cm buschig	sattgrün, silbrig grün
Für sonnige bis halbschattige Plätze:		
Hängebambus (*Agrostis stolonifera* 'Green Twist')	bis 1,3 m hängend	hellgrün
Günsel (*Ajuga reptans* in Sorten)	bis 60 cm kriechend bis hängend	rötlich, purpurn, graugrün oder weißrandig
Stacheldrahtpflanze (*Calocephalus brownii*)	bis 30 cm buschig bis hängend	silbrig, grau
Silberöhrchen (*Dichondra argentea* 'Silver Falls')	bis 1,2 m hängend	silbrig
Gundermann (*Glechoma hederacea* 'Variegata')	bis 2 m hängend	grün, silbrig weiß gerandet
Lakritzkraut (*Helichrysum petiolare* in Sorten)	bis 50 cm buschig,halb hängend	silbrig oder grüngelb
Für halbschattige bis schattige Plätze:		
Taub- und Goldnessel (*Lamium maculatum, L. galeobdolon*)	bis 50 cm kriechend bis hängend	silbriggrün, gelbgrün

mäßig gießen

wenig gießen

für Ampeln und Hängekörbe

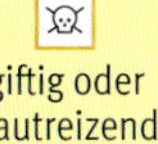
giftig oder hautreizend

Grüner und blühender Sichtschutz

Glockenrebe

Cobaea scandens

Höhe: bis 4 m
Blütezeit: Juli–Oktober

Aussehen: meist einjährig kultivierte Kletterpflanze; Blüten violett, rot, blau oder weiß, glockenförmig; Blätter dunkelgrün, gefiedert, an den Enden zu Wickelranken umgebildet
Vorziehen: im März, je 2 Samen hochkant in einen Topf stecken
Pflanzen: ab Mitte Mai mit 50–70 cm Abstand einsetzen
Pflegen: hoher Wasserbedarf; alle 2 Wochen (stickstoffarm) düngen oder zur Pflanzung Langzeitdünger geben; Abkneifen der Triebspitzen sorgt für stärkere Verzweigung
Gestalten: sehr hübsch wirkt es, wenn Sie je eine violette und weiße Sorte links und rechts der Balkontür aufstellen und die Pflanzen oben zusammenwachsen lassen

Vorsicht, die Glockenrebe kann durch ihren starken und schnellen Wuchs andere Pflanzen bedrängen.

Japanischer Hopfen

Humulus japonicus

Höhe: 2–4 m
Blütezeit: Juli/August

Aussehen: einjährige Schlingpflanze; Blüten unscheinbar; Blätter groß, fünf- bis siebenlappig, kräftig grün, bei der Sorte 'Variegata' weißbunt
Vorziehen: Aussaat im Februar/März, einzeln in Töpfe pikieren
Pflanzen: ab Mitte Mai mit 40–50 cm Abstand einsetzen
Pflegen: bei sonnigem Stand reichlich gießen, aber Staunässe vermeiden; alle 6–8 Wochen düngen; Spalier oder Draht als Kletterhilfe anbieten
Gestalten: bietet schon wenige Wochen nach der Pflanzung dichten Sicht- und Windschutz; verdeckt schnell unansehnliche Fassaden oder Geländer; auch für Nordseiten geeignet

Expertentipp

Beachten Sie beim Vorziehen: Alle Kletterpflanzen brauchen schon im Anzuchttopf kleine Stützstäbe.

Prunkwinde

Ipomoea tricolor

Höhe: 2–3 m
Blütezeit: Juli–Oktober

Aussehen: einjährig kultivierte, schnell wachsende Schlingpflanze; Blüten blau oder purpurn mit gelbweißem Schlund, trichterförmig, schließen sich oft schon nachmittags; Blätter herzförmig zugespitzt, sattgrün
Vorziehen: Aussaat im März/April, einzeln in Töpfe pikieren; Jungpflanzen entspitzen
Pflanzen: ab Mitte Mai mit 30–50 cm Abstand einsetzen
Pflegen: stets gut feucht, aber nicht nass halten; alle 1–2 Wochen düngen; Standort möglichst wind- und regengeschützt; für ausreichende Kletterhilfe sorgen
Gestalten: besonders attraktiv mit gelb oder weiß blühender Unterpflanzung, z. B. Husarenknöpfchen oder Duftsteinrich

Duftwicke

Lathyrus odoratus

Höhe: 1,5–2 m
Blütezeit: Juni–September

Aussehen: einjährige Kletterpflanze; Blüten rosa, rot, lila, weiß, apricot, in lockeren Trauben, intensiv duftend; Blätter dreiteilig, stumpf hellgrün, leicht behaart
Vorziehen: Aussaat im Februar/ März, 3–4 Körner pro Topf; ab Mitte April auch Saat direkt ins Gefäß möglich; Jungpflanzen entspitzen
Pflanzen: ab Mitte Mai mit 20–30 cm Abstand einsetzen
Pflegen: gleichmäßig feucht halten; wöchentlich düngen; Verblühtes regelmäßig entfernen; windgeschützt aufstellen
Gestalten: häufig in bunten Prachtmischungen angeboten; buschige Sorten (20–40 cm hoch) auch für gemischte Kästen

Expertentipp

Die Pflanze gilt nur als gering giftig; halten Sie aber die etwas giftigeren Samen von Kindern fern.

Schwarzäugige Susanne

Thunbergia alata

Höhe: 1–2 m
Blütezeit: Juni–Oktober

Aussehen: einjährig gehaltene Schlingpflanze; Blüten gelb, orange, weiß, meist mit schwarzem Auge; Blätter lang gestielt, herzförmig, frischgrün
Vorziehen: Aussaat ab Februar–März, 3–4 Körner pro Topf; Jungpflanzen entspitzen
Pflanzen: ab Mitte Mai mit 20–40 cm Abstand einsetzen
Pflegen: gleichmäßig feucht halten, aber Staunässe unbedingt vermeiden; alle 2 Wochen düngen; gelegentlich stutzen, damit sich die Pflanze besser verzweigt; möglichst wind- und regengeschützt aufstellen
Gestalten: attraktive, nicht allzu starkwüchsige Kletterpflanze; eignet sich ohne Stütze auch als Hängepflanze für Ampeln und gemischte Kästen

Weitere einjährige Kletterpflanzen

Name	Höhe Wuchsform	Blütenfarbe Blütezeit
Für sonnige Plätze:		
Adlumie (*Adlumia fungosa*)	bis 3 m Ranker	weiß, zartrosa Juni–August
Maurandie, Schlinglöwenmaul (*Asarina barclaiana*)	bis 3 m Ranker	rosa, violett, blau Juni–Oktober
Ballonrebe (*Cardiospermum halicacabum*)	bis 3 m Ranker	grün/Zierfrüchte Juni–August
Zierkürbis (*Cucurbita pepo*)	bis 4 m Ranker	gelb/Zierfrüchte Juni–September
Helmbohne (*Dolichos lablab*)	bis 4 m Schlinger	violett, weiß Juli–September
Schönranke (*Eccremocarpus scaber*)	bis 4 m Ranker	rot, orange Juli–September
Sternwinde (*Ipomoea lobata*)	bis 3 m Schlinger	gelb, rot Juni–September
Trichterwinde (*Ipomoea purpurea*)	bis 3 m Schlinger	blau, rot, rosa Juli–Oktober
Flaschenkürbis (*Lagenaria siceraria*)	bis 4 m Ranker	weiß/Zierfrüchte Juli–September
Rosenkleid (*Rhodochiton atrosanguineus*)	bis 3 m Ranker	rot, violett Juni–Oktober
Für sonnige bis halbschattige Plätze:		
Feuerbohne (*Phaseolus coccineus*)	bis 3 m Schlinger	weiß, rot Juni–September
Kapuzinerkresse (*Tropaeolum majus*)	bis 3 m Ranker	gelb, orange, rot Juli–Oktober
Kanarische Kresse (*Tropaeolum peregrinum*)	bis 3 m Ranker	gelb Juli–Oktober

mäßig gießen

wenig gießen

für Ampeln und Hängekörbe

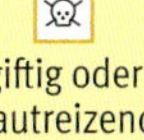
giftig oder hautreizend

Schmucke Blütenpracht im Spätjahr

Kissenaster

Aster-Dumosus-Hybriden

Höhe: 15–35 cm
Blütezeit: September–Oktober

Aussehen: kompakte Polster bildende Staude; Blüten in allen Farben außer Gelb, zahlreich; Blätter klein, linealisch, dunkelgrün
Pflanzen: im August/September mit 20–30 cm Abstand einsetzen
Pflegen: mäßig feucht halten; nach Überwinterung (hell und frostfrei oder draußen mit Winterschutz) im Frühling mit Langzeitdünger versorgen, ggf. im Sommer nachdüngen
Vermehren: durch Teilung im Frühling oder Stecklinge im Frühsommer
Gestalten: blaue, violette und weiße Sorten sind besonders wertvoll, da sie zwischen den vielen Rosa- und Rottönen des Herbstes vermitteln

Gute Partner

- *Fetthenne* • *Herbst-Chrysanthemen* • *Sommerastern* • *Topfheide*

Sommeraster

Callistephus chinensis

Höhe: 15–35 cm
Blütezeit: Juli–Oktober

Aussehen: buschig oder breit aufrecht wachsende, einjährige Sommerblume; Blüten weiß, rosa, rot, violett oder blau, oft mit auffälliger gelber Mitte, meist gefüllt, halbkugelig bis pomponartig; Blätter klein, lanzettlich, dunkelgrün
Pflanzen: ab Mitte Mai mit 20–25 cm Abstand einsetzen
Pflegen: bei Hitze kräftig gießen, sonst mäßig feucht halten; wöchentlich düngen; Verblühtes regelmäßig entfernen
Vermehren: aus Samen im März/April
Gestalten: für Sommer- und Herbstbepflanzungen

Expertentipp

Für Balkonkästen eignen sich sogenannte Zwerg-, Topf- oder Beetastern (bis 20 cm hoch) am besten.

Herbst-Chrysantheme

Chrysanthemum x *grandiflorum*

Höhe: 20–40 cm
Blütezeit: September–November

Aussehen: meist einjährig kultivierte Staude mit buschig verzweigtem Wuchs; Blüten: alle Farben außer Blau, einfach, gefüllt oder pomponartig, groß- oder kleinblumig; Blätter tief eingeschnitten, dunkel- bis graugrün, aromatisch duftend
Pflanzen: im August/September mit 20–30 cm Abstand einsetzen
Pflegen: gleichmäßig feucht halten; nach voller Blütenentfaltung einmal düngen; Verwelktes entfernen; Überwinterung lohnt nicht
Vermehren: ganzjährig über Grundstecklinge möglich
Gestalten: bunt gemischt in großen Schalen sehr dekorativ; für Kästen und Schalen niedrige Sorten wählen, hochwüchsige für Kübel und Tröge

Gute Partner

- *Harfenstrauch* • *Silberblatt*
- *weiße Topf- oder Besenheide*
- *weiße oder blaue Kissenastern*

sonnig

halbschattig

schattig

viel gießen

Herbst-Zeitlose
Colchicum-Hybriden

Höhe: 10–25 cm
Blütezeit: August–Oktober

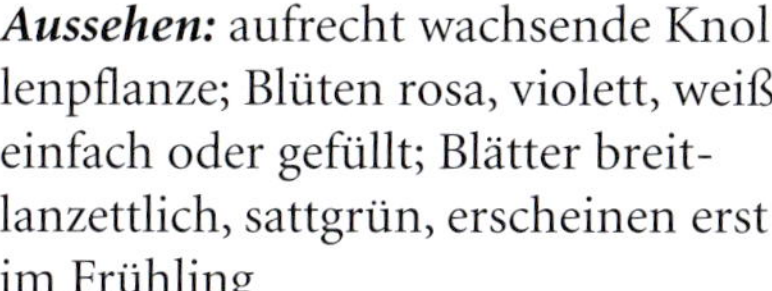

Aussehen: aufrecht wachsende Knollenpflanze; Blüten rosa, violett, weiß, einfach oder gefüllt; Blätter breitlanzettlich, sattgrün, erscheinen erst im Frühling
Pflanzen: im Juli–August Knollen 10–15 cm tief stecken oder gekaufte Pflanzen einsetzen; Abstand von Knollen und Pflanzen 15–20 cm
Pflegen: gleichmäßig feucht halten (keine Staunässe!); Überwinterung frostfrei und dunkel, mit Winterschutz auch draußen; Pflanzen dann ab Frühlingsaustrieb bis Juni alle 3 Wochen düngen, nicht jedoch während der Blüte
Vermehren: entfällt bei Gefäßkultur
Gestalten: in kleinen Gruppen pflanzen; schön z. B. mit Besenheide

Expertentipp

Vorsicht, die Herbst-Zeitlose ist hochgiftig! Nicht verwenden, wenn kleine Kinder im Haus sind.

Topfheide
Erica gracilis

Höhe: 20–30 cm
Blütezeit: September–Dezember

Aussehen: einjährig kultivierter Halbstrauch, aufrecht und buschig verzweigt wachsend; rote, rosa oder weiße Blütenglöckchen, sehr üppig in dichten Trauben; Blätter klein, nadelförmig, dunkelgrün
Pflanzen: ab Ende August mit 20–25 cm Abstand einsetzen
Pflegen: gleichmäßig feucht halten, am besten nur mit kalkarmem Wasser gießen; wenig frosthart
Vermehren: entfällt, da nur einjährig kultiviert
Gestalten: in herbstlichen Kästen und Schalen attraktiver Partner für Kissenastern, Herbst-Chrysanthemen, Sommerastern und Zwerggehölze; hübsch auch als Unterpflanzung für herbstblühende Topfgehölze wie Strauchveronika

Fetthenne
Sedum telephium

Höhe: 30–50 cm
Blütezeit: September–Oktober

Aussehen: aufrecht und buschig wachsende Staude; Blüten rosa, purpurrot, klein, zahlreich in großen Dolden; Blätter rundlich oval, fleischig, hellgrün
Pflanzen: im Sommer Containerpflanzen einsetzen, einzeln in Töpfe oder mit 30–40 cm Abstand
Pflegen: mäßig feucht halten; bei Pflanzung mit Langzeitdünger versorgen, nach Überwinterung (hell und frostfrei oder draußen mit Winterschutz) ab Frühling bis August alle 4 Wochen düngen; abgeblühte Triebe im Frühling zurückschneiden
Vermehren: über Stecklinge, die sich leicht und schnell bewurzeln, Schnitt im Frühling/Frühsommer; auch Teilung möglich
Gestalten: besonders schön in dekorativen Kübeln

 mäßig gießen

 wenig gießen

 für Ampeln und Hängekörbe

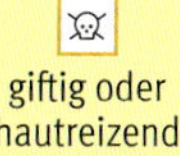 giftig oder hautreizend

Blüten- und Fruchtschmuck im Winter

Besenheide

Calluna vulgaris

Höhe: 20–30 cm
Blütezeit: je nach Sorte Juni–Dez.

Aussehen: immergrüner, aufrecht bis niederliegend wachsender Zwergstrauch; kleine Glöckchenblüten, rosa, weiß, rot, violett; Blätter klein, schuppenförmig, sattgrün
Pflanzen: im Sommer oder Frühherbst mit 10–20 cm, für Dauerbepflanzung 25–40 cm Abstand; in mit Sand vermischte Rhododendronerde
Pflegen: mit kalkarmem Wasser gießen; kann draußen überwintert werden, Schutz nur bei starken Frösten nötig; im Frühling um etwa 1/3 zurückschneiden und Rhododendrondünger geben
Vermehren: durch Stecklinge im August/September
Gestalten: für Sommer- und Herbstbepflanzungen

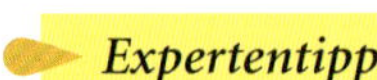

Expertentipp

»Knospenblüher«-Sorten öffnen ihre Blüten nicht ganz und zeigen so bis in den Winter hinein Farbe.

Schneeheide

Erica carnea

Höhe: 15–35 cm
Blütezeit: je nach Sorte Dez.–April

Aussehen: immergrüner, buschig bis polsterartig wachsender Zwergstrauch; Blüten rosa, weiß, rot, violett; Blätter klein, nadelartig, grün
Pflanzen: im September/Oktober mit 30 cm Abstand in mit Sand vermischte Rhododendronerde
Pflegen: mit kalkarmem Wasser gießen; kann draußen überwintert werden (Gefäße mit geringem Erdinhalt jedoch isolieren); im Frühling mit Rhododendrondünger versorgen, bei Bedarf bis August 1–2-mal nachdüngen
Vermehren: durch Stecklinge im Sommer
Gestalten: wertvoller Winterblüher, bunter Blickpunkt zwischen Zwerggehölzen

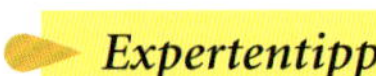

Expertentipp

Denken Sie daran: Schnee- und Besenheide auch im Winter an frostfreien Tagen gießen.

Topfmyrte

Gaultheria mucronata

Höhe: 50–80 cm
Blütezeit: Mai–Juni

Aussehen: immergrüner, breitbuschig wachsender Kleinstrauch; Blüten weißlich bis rosa; Blätter klein, oval, glänzend dunkelgrün; ab Herbst kugelige Beeren, rot, rosa oder weiß, leicht giftig
Pflanzen: im Frühling oder Herbst in Rhododendronerde einsetzen, in gemischten Kästen mit 30 cm Abstand
Pflegen: gleichmäßig leicht feucht halten (enthärtetes Wasser); bis August alle 8 Wochen Rhododendrondünger geben; Überwinterung draußen, mit gutem Schutz, in rauen Lagen besser drinnen (hell, kühl); alle 2–3 Jahre zurückschneiden
Vermehren: durch Stecklinge im Frühling
Gestalten: junge Pflanzen für gemischte Winterkästen, größere einzeln in Töpfen

 sonnig

 halbschattig

 schattig

 viel gießen

Scheinbeere

Gaultheria procumbens

Höhe: bis 20 cm
Blütezeit: Juni–Juli

Aussehen: immergrüner, horstartig flach ausgebreitet wachsender Zwergstrauch; weißrosa Blütentrauben; Blätter oval, glänzend dunkelgrün, im Winter bronzefarben; ab September rote, kugelige Beeren, leicht giftig
Pflanzen: im Frühling oder Herbst einzeln oder mit 30 cm Abstand in mit Sand vermischte Rhododendronerde einsetzen
Pflegen: nur leicht feucht halten (enthärtetes Wasser); bis August alle 8 Wochen Rhododendrondünger geben; Überwinterung draußen, wenn nötig mit Winterschutz; nur störende Triebe wegschneiden
Vermehren: durch Teilung oder Aussaat im Frühling
Gestalten: schöner Begleiter für andere Zwerggehölze und Schneeheide

Christrose

Helleborus niger

Höhe: 15–30 cm
Blütezeit: Dezember–März

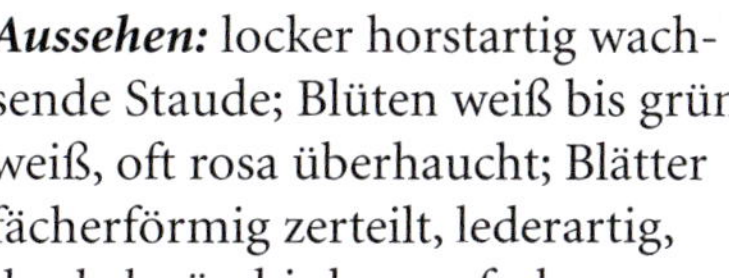

Aussehen: locker horstartig wachsende Staude; Blüten weiß bis grünweiß, oft rosa überhaucht; Blätter fächerförmig zerteilt, lederartig, dunkelgrün bis bronzefarben
Pflanzen: ab Oktober mit 20–30 cm Abstand einsetzen
Pflegen: nur leicht feucht halten; Überwinterung draußen, ggf. Topf isolieren; nach der Blüte verwelkte Blätter entfernen; zu Austriebsbeginn düngen
Vermehren: entfällt bei Gefäßkultur
Gestalten: schön in Gesellschaft kleiner Skimmien und mit Zwergnadelgehölzen; gedeiht in saurer Erde weniger gut, deshalb mit Heiden oder Topfmyrte besser in getrennten Töpfen kombinieren

 *Expertentipp*

Die Helleborus-Hybriden mit oft rosa oder roten Blüten blühen erst ab Februar.

Skimmie

Skimmia japonica

Höhe: 50–100 cm
Blütezeit: April–Mai

Aussehen: immergrüner, breitbuschig wachsender Zwergstrauch; Blüten klein, weißrosa, in dichten Rispen; Blätter groß, lorbeerähnlich; bei der reinen Art und manchen Sorten ab Herbst lange haftende rote, kugelige Früchte; andere Sorten, z. B. 'Rubella', sind hübsche Frühlingsblüher mit weißrosa Blütenrispen
Pflanzen: im Frühling oder Herbst einsetzen, kleine Pflanzen in gemischten Kästen mit 25–30 cm Abstand
Pflegen: ab Frühsommer reichlich gießen; bis Mitte August alle 4 Wochen düngen; Überwinterung draußen, ggf. mit Winterschutz; nur störende Triebe wegschneiden
Vermehren: durch Stecklinge im Herbst
Gestalten: gut für Dauerbepflanzungen in Kästen und Schalen geeignet

Kübelpflanzen und Topfgehölze

Schon im 17. Jahrhundert wurde es in Mitteleuropa zur gärtnerischen Leidenschaft: das Kultivieren fremdländischer Gehölze in Kübeln, also in großen Töpfen. So konnten wärmeliebende Gewächse – erst aus dem Mittelmeerraum, später aus aller Herren Länder – den Winter über an einen geschützten Platz gebracht und dadurch dauerhaft gehalten werden. Heute bietet sich uns eine enorme Vielfalt an aparten Kübelpflanzen, denen der Sommeraufenthalt draußen meist gut bekommt.

Ab Mitte Mai bis etwa Mitte Oktober können die meisten der Schönheiten aus Südeuropa, Südamerika, Asien, Afrika oder Ozeanien Terrasse und Balkon zieren. Viele davon stecken auch mal einen trüben oder kühlen Sommer recht gut weg. Doch anhaltende Temperaturen unter 0 °C vertragen die wenigsten Kübelpflanzen.

Langjährige Begleiter

Kübelpflanzen werden im Idealfall viele Jahre lang Ihr »grünes Wohnzimmer« schmücken. Die Anschaffung (siehe auch Seite 206/207) will deshalb gut überlegt sein:

- Prüfen Sie nicht nur, ob ein passender Sommerstandort zur Verfügung steht – auch ein geeigneter Überwinterungsplatz ist nötig, und dies fast ein halbes Jahr lang. Der muss in den meisten Fällen hell und kühl, aber frostfrei sein. Zum Glück gibt es einige Ausnahmen, wie sich den Porträts (Rubrik »Überwintern«) entnehmen lässt.
- Über die Jahre werden viele Pflanzen recht groß und breit; auch dann muss der Platz am Sommerstandort wie im Winterquartier noch reichen. Bevorzugen Sie für Balkone eher kompakte, langsam wachsende Arten. Ein Trost: Die Pflanzen lassen sich häufig einfach durch Stecklinge vermehren, sodass die Nachkommenschaft eine zu groß gewordene Schönheit ersetzen kann.
- Mit zunehmendem Wachstum werden auch die Kübel immer größer und schwerer. Das kann die Tragfähigkeit der Balkonkonstruktion stark belasten, zumindest aber zu einem gewaltigen Transportproblem werden.

Dies alles gilt weitgehend auch für Topfgehölze, nämlich für Sträucher, kleine Bäume oder Halbsträucher, die sonst in unseren Gärten gepflanzt werden. Sie bieten den Vorteil, dass sie mehr oder weniger frosthart sind. So können sie häufig ohne oder mit nur leichtem Winterschutz (vor allem Topfisolierung, siehe auch Seite 254/255) draußen bleiben. Voraussetzung dafür sind frostfeste Gefäße.

Klassiker im Kübel

Strauchmargerite

Argyranthemum frutescens

Höhe: 0,5–1,5 m
Blütezeit: Mai–Oktober

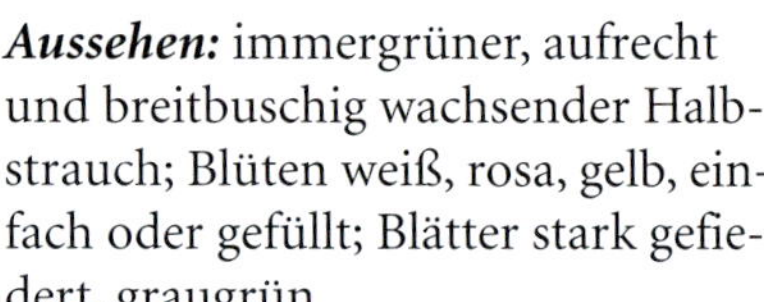

Aussehen: immergrüner, aufrecht und breitbuschig wachsender Halbstrauch; Blüten weiß, rosa, gelb, einfach oder gefüllt; Blätter stark gefiedert, graugrün
Pflegen: an heißen Tagen reichlich gießen; bis August wöchentlich düngen; braune Blätter entfernen; Verblühtes regelmäßig abschneiden oder nach dem ersten Hauptflor Triebe um 1/3 einkürzen
Überwintern: so hell wie möglich bei 4–8 °C, leicht feucht halten; notfalls dunkel, dann vorher um die Hälfte zurückschneiden und fast trocken halten
Vermehren: durch Stecklinge im Frühling
Gestalten: kompakte, niedrige Sorten eignen sich für Balkonkästen

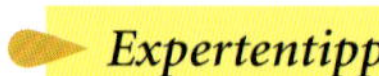

Expertentipp

Die Strauchmargerite blüht bei hellem Stand auch über Winter – besonders üppig im Wintergarten.

Engelstrompete

Brugmansia-Arten und -Hybriden

Höhe: bis 2,5 m
Blütezeit: Juli–September

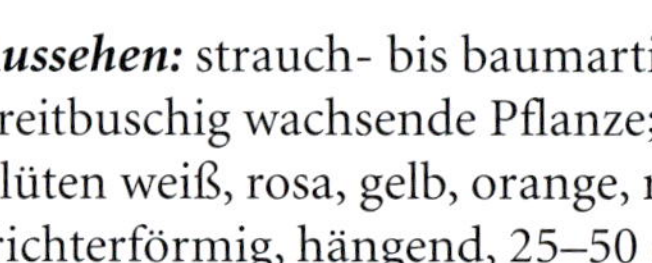

Aussehen: strauch- bis baumartige, breitbuschig wachsende Pflanze; Blüten weiß, rosa, gelb, orange, rot, trichterförmig, hängend, 25–50 cm lang, abends mit intensivem Duft; Blätter groß, eiförmig bis länglich, sattgrün
Pflegen: sehr hoher Wasserbedarf; bis August wöchentlich düngen; Verblühtes und welke Blätter regelmäßig entfernen; braucht einen windgeschützten Standort
Überwintern: hell oder dunkel bei 4–12 °C, vor dem Einräumen zurückschneiden; in jedem Frühling umtopfen, wenn nötig auslichten
Vermehren: durch Stecklinge von Frühling bis Herbst
Gestalten: weiße Sorten wirken besonders edel

Expertentipp

Vorsicht, in allen Teilen hochgiftig, kann Hautreizungen und Kopfschmerzen (Duft) verursachen.

Kamelie

Camellia-Arten und -Hybriden

Höhe: bis 1,5 m
Blütezeit: Januar–April

Aussehen: immergrüner, buschiger Strauch mit teils überhängenden Trieben; Blüten weiß, rosa, rot, auch zweifarbig, bis 12 cm, einfach oder gefüllt; Blätter breit eiförmig, glänzend dunkelgrün
Pflegen: mäßig feucht halten (enthärtetes Wasser verwenden); wöchentlich Rhododendrondünger geben; ab Erscheinen der Knospen (etwa Ende Juli) Gießen reduzieren und Düngung einstellen
Überwintern: vor Frosteintritt hell stellen, bis zum Öffnen der Blüte kühl, während der Blüte bei etwa 15 °C halten, wenig gießen; bei Frühlingstrockenheit wässern
Vermehren: durch Stecklinge im Sommer
Gestalten: im Sommer dekorative Blattschmuckpflanze; blüht am schönsten im Wintergarten

 sonnig

 halbschattig

 schattig

 viel gießen

Zitrusbäumchen

Citrus-Arten

Höhe: 0,5–1,5 m
Blütezeit: März–August

Aussehen: immergrüner Strauch oder Baum; Blüten weiß bis rosa, bei hellem Stand fast ganzjährig; Blätter ledrig, oval, dunkelgrün glänzend; gelbe oder orange Früchte
Pflegen: gleichmäßig feucht halten (enthärtetes Wasser!); bis August wöchentlich düngen; größere Pflanzen stützen
Überwintern: früh einräumen, hell bei 4–8 °C unterbringen, wenig gießen, häufig lüften; erst Ende Mai nach draußen stellen; Rückschnitt nur alle paar Jahre, falls erforderlich
Vermehren: durch Stecklinge im Frühling/Sommer (schwierig), auch durch Abmoosen
Gestalten: kann auch als Hochstämmchen gezogen werden

Expertentipp

Recht pflegeleicht und schwachwüchsig ist die Calamondin-Orange (x Citrofortunella microcarpa).

Oleander

Nerium oleander

Höhe: 1,5–2,5 m
Blütezeit: Juni–Oktober

Aussehen: immergrüner, breitbuschig wachsender Strauch mit lockerer Verzweigung; Blüten rosa, weiß, rot, gelb, einfach oder gefüllt, in Doldentrauben; Blätter lanzettlich, ledrig, dunkelgrün
Pflegen: reichlich gießen, Topfuntersetzer mit Wasser füllen; bis August wöchentlich düngen; benötigt einen regengeschützten Platz; häufig auf Schild- und Blattläuse kontrollieren
Überwintern: hell bei 4–8 °C, fast trocken halten, vorher kahle und zu lange Triebe wegschneiden
Vermehren: durch Stecklinge im Sommer, bewurzeln in Wasser gut
Gestalten: wo Platz ist, möglichst 2–3 Exemplare mit verschiedenen Blütenfarben zusammenstellen

Expertentipp

Vorsicht, alle Pflanzenteile sind sehr giftig. In Haushalten mit Kleinkindern besser den Oleander meiden!

Passionsblume

Passiflora caerulea

Höhe: 1–2 m
Blütezeit: April–Oktober

Aussehen: immergrüner Kletterstrauch mit rankenden Trieben; Blüten weiß mit violett-weiß-blauem Strahlenkranz, bei Sorten auch rötlich, bis 10 cm Durchmesser; Blätter gelappt, dunkelgrün, glänzend
Pflegen: an heißen Tagen reichlich gießen; bis August wöchentlich düngen; Triebe an Stäben oder Ringen im Topf oder an Klettergerüst hochleiten; möglichst geschützten Platz wählen
Überwintern: vor dem Einräumen lange Ranken zurückschneiden, hell bei 2–10 °C und fast trocken halten
Vermehren: über Stecklinge im Frühling oder Samen
Gestalten: aparte Blütenpflanze, die am schönsten in Einzelstellung wirkt

mäßig gießen

wenig gießen

für Ampeln und Hängekörbe

giftig oder hautreizend

Stattliche Blüher mit exotischem Flair

Schmucklilie
Agapanthus-Hybriden, *A. praecox*

Höhe: bis 1,2 m
Blütezeit: Juli–August

Aussehen: teils immergrüne Staude mit breiten Blatthorsten und aufrechten Blütenstielen; Blüten blau, violett oder weiß, trichterförmig, sehr zahlreich in Dolden; Blätter riemenförmig, hellgrün
Pflegen: an heißen Tagen reichlich gießen, aber Staunässe vermeiden; bis August alle 1–2 Wochen düngen
Überwintern: mäßig hell bei 4–8 °C, immergrüne Formen leicht feucht halten, laubabwerfende fast trocken (Laub nach Absterben entfernen); selten umtopfen, in nur wenig größere Gefäße
Vermehren: durch Teilung der Pflanze im Frühling
Gestalten: wirkt nur harmonisch in breiten Kübeln

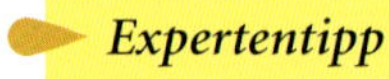

Expertentipp

Zu warme Überwinterung, stickstoffreiche Düngung und häufiges Umtopfen mindern die Blühfreude.

Bougainvillee
Bougainvillea glabra, B.-Hybriden

Höhe: 1–3 m
Blütezeit: April/Juni–September

Aussehen: sommergrüner Strauch, wächst aufrecht oder kletternd, mit langen, verholzenden und bedornten Trieben; Blüten weiß, klein, aber von auffälligen lila, weißen oder orangen Hochblättern umgeben; Blätter oval zugespitzt, sattgrün
Pflegen: an heißen Tagen reichlich gießen; bis August wöchentlich düngen; an stabilen Stäben im Topf oder an Rankgerüst hochziehen; vor dem Einräumen zurückschneiden
Überwintern: hell bei 8–12 °C
Vermehren: durch halbreife Stecklinge im Frühling (schwierig)
Gestalten: kann als Kletterpflanze mit Stützstäben strauchig oder als Hochstämmchen gezogen werden

Zylinderputzer
Callistemon citrinus

Höhe: 1–2,5 m
Blütezeit: Mai–Juli

Aussehen: immergrüner, buschig bis straff aufrecht wachsender, recht schnellwüchsiger Strauch; rote, lange Staubfäden, dicht gedrängt in flaschenbürstenartigen, aufrechten Blütenständen; Blätter lanzettlich, lang, ledrig, frischgrün
Pflegen: im Sommer reichlich gießen (kalkarmes Wasser verwenden!); alle 2 Wochen Rhododendrondünger geben; bei jüngeren Pflanzen Triebe für buschigen Wuchs des Öfteren einkürzen; in Rhododendronerde topfen
Überwintern: hell bei 5–10 °C, notfalls auch etwas dunkler
Vermehren: durch Stecklinge im Spätsommer, Jungpflanzen mehrmals entspitzen
Gestalten: sehr hübsch in blau oder weiß glasiertem Kübel und in Verbindung mit anderen mediterranen Kübelpflanzen

Enzianbaum
Lycianthes rantonnetii

Höhe: 1,5–2,5 m
Blütezeit: Juli–Oktober

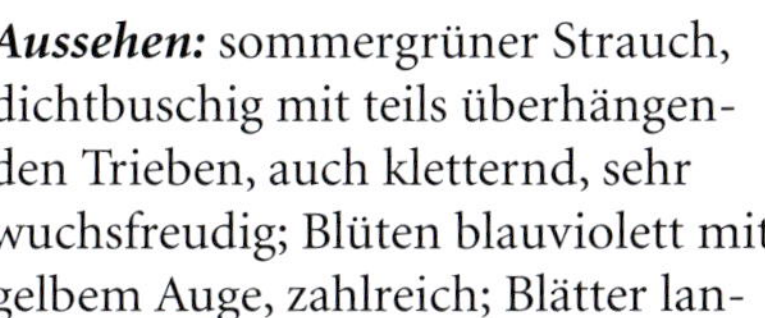

Aussehen: sommergrüner Strauch, dichtbuschig mit teils überhängenden Trieben, auch kletternd, sehr wuchsfreudig; Blüten blauviolett mit gelbem Auge, zahlreich; Blätter lanzettlich, hellgrün
Pflegen: hoher Wasserbedarf; bis August wöchentlich düngen; junge Pflanzen öfter stutzen
Überwintern: vor dem Einräumen um die Hälfte zurückschneiden, dunkel bei 4–10 °C und fast trocken halten; im März umtopfen, heller und wärmer stellen
Vermehren: durch halbreife Stecklinge im Sommer
Gestalten: sehr reizvoll als Hochstämmchen mit gelb, rot oder weiß blühender Unterpflanzung

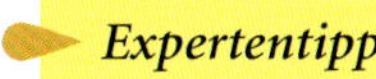

Expertentipp

Kürzen Sie die langen, dünnen Peitschentriebe im Sommer ein, um einen kompakteren Wuchs zu erhalten.

Bleiwurz
Plumbago auriculata

Höhe: 0,5–2 m
Blütezeit: Juni–Oktober

Aussehen: immergrüner, locker buschig wachsender Strauch mit überhängenden, etwas brüchigen Trieben; Blüten hellblau, hellviolett, weiß, klein, in doldenartigen Ständen; Blätter klein, lanzettlich, hellgrün, unterseits hell bestäubt
Pflegen: bei Hitze reichlich gießen, aber Staunässe vermeiden; bis August alle 2 Wochen düngen; verwelkte Blüten entfernen; Triebe bei Bedarf stützen; gelegentlich auslichten; wind- und regengeschützt platzieren
Überwintern: hell bei 4–8 °C; notfalls dunkel, dann jedoch vor dem Einräumen stark einkürzen
Vermehren: durch Stecklinge im Spätsommer
Gestalten: sehr attraktiv als Hochstämmchen; junge Pflanzen auch für Ampeln und Balkonkästen

Gewürzrinde
Senna corymbosa

Höhe: 1–2,5 m
Blütezeit: Juni–Oktober

Aussehen: immergrüner, aufrecht wachsender, verzweigter Strauch; Blüten gelb, sehr zahlreich in Doldentrauben; Blätter unpaarig gefiedert, lang, lanzettlich, frischgrün
Pflegen: gut feucht halten, aber nicht vernässen; bis August wöchentlich düngen; Verblühtes entfernen
Überwintern: nicht zu früh einräumen, verträgt leichten Frost; hell bei 2–5 °C unterbringen; notfalls – nach Rückschnitt vor dem Einräumen – auch dunkel, dann nach Blattabwurf fast trocken halten
Vermehren: durch Stecklinge
Gestalten: lässt sich auch als Hochstämmchen ziehen, wirkt dann aber oft etwas sparrig; besser untere Seitentriebe belassen

Imposanter Blattschmuck

Zierbanane

Ensete ventricosum

Höhe: 2–3 m
Blütezeit: blüht im Kübel kaum

Aussehen: immergrüne Großstaude, wächst palmenartig mit hohlem Scheinstamm; Blätter bis 3 m lang, breit oval, dunkelgrün, teils mit rötlicher Mittelrippe
Pflegen: gleichmäßig feucht, aber nicht nass halten; bis August wöchentlich düngen; windgeschützten Standort wählen
Überwintern: so hell wie möglich bei 10–15 °C; bei lichtärmerem Stand vor dem Einräumen bis auf Herzblätter zurückschneiden, bei 10 °C halten, wenig gießen und auf gar keinen Fall ins »Herz«
Vermehren: durch Samen ab Januar–April, langwierig
Gestalten: sehr eindrucksvolle Blattschmuckpflanze, braucht aber viel Platz; auf der Terrasse hübsch mit Engelstrompete oder Palmen

Lorbeerbaum

Laurus nobilis

Höhe: 1–2 m
Blütezeit: April–Mai

Aussehen: immergrüner Baum oder Strauch, langsam wachsend; Blüten grünlich gelb, unauffällig, nur an ungeschnittenen Pflanzen; Blätter elliptisch, ledrig, dunkelgrün glänzend
Pflegen: gleichmäßig feucht halten; bis August alle 1–2 Wochen düngen
Überwintern: spät einräumen, verträgt etwas Frost; hell, notfalls auch dunkel, bei 0–6 °C halten, wenig gießen; kann schon Mitte April wieder nach draußen
Vermehren: durch Stecklinge (Anzucht langwierig)
Gestalten: eignet sich für Formschnitt; dazu nicht scheren, sondern die Triebe im Spätsommer oder Frühling einzeln einkürzen

Expertentipp

Die Blätter des Lorbeerbaums können Sie den ganzen Sommer als Würze für die Küche ernten.

Kanarische Dattelpalme

Phoenix canariensis

Höhe: 1–3 m
Blütezeit: blüht im Kübel kaum

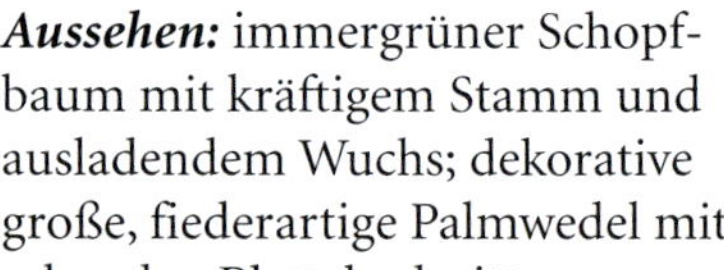

Aussehen: immergrüner Schopfbaum mit kräftigem Stamm und ausladendem Wuchs; dekorative große, fiederartige Palmwedel mit schmalen Blattabschnitten
Pflegen: Staunässe ebenso wie Ballentrockenheit (verursacht braune Spitzen) unbedingt vermeiden; bis August alle 2–3 Wochen düngen; vertrocknete Wedel abschneiden
Überwintern: hell bei 5–10 °C, fast trocken halten; beim Ausräumen im Mai zunächst beschattet stellen, erst nach etwa 2 Wochen vollsonnig
Vermehren: durch Aussaat im Frühling, langwierig
Gestalten: wirkt und wächst nur harmonisch in entsprechend breitem Kübel, am besten als Blickfang einzeln aufstellen

 sonnig  halbschattig  schattig  viel gießen

Bambus

Phyllostachys, Fargesia u. a.

Höhe: 1–3 m
Blütezeit: blüht selten

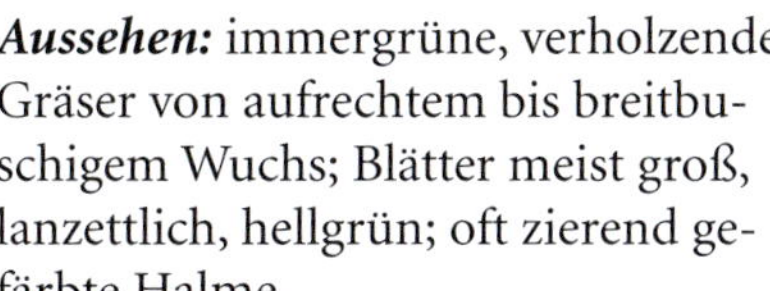

Aussehen: immergrüne, verholzende Gräser von aufrechtem bis breitbuschigem Wuchs; Blätter meist groß, lanzettlich, hellgrün; oft zierend gefärbte Halme
Pflegen: gleichmäßig gut feucht halten, doch Staunässe vermeiden; bis August alle 4 Wochen düngen; für windgeschützten Standort sorgen
Überwintern: hell bei 5–10 °C, wenig gießen, aber für hohe Luftfeuchtigkeit sorgen; im Frühling ältere Halme herausschneiden
Vermehren: durch Teilung im Frühling
Gestalten: Kamelien, Rhododendren oder Hortensien als Nachbarn ergeben ein reizvolles Ensemble mit ostasiatischem Flair

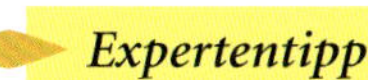

Expertentipp

Topfen Sie die Pflanzen alle 2–4 Jahre im Frühling in möglichst breite Kübel um.

Hanfpalme

Trachycarpus fortunei

Höhe: 1,5–4 m
Blütezeit: Juni–Juli

Aussehen: immergrüner Schopfbaum, der mit der Zeit breit ausladend wird; Blüten grünlich oder gelb in Rispen, jedoch nur bei älteren Pflanzen; Blätter über 50 cm lang, fächerartig unterteilt, glänzend grün
Pflegen: mäßig feucht halten; bis August alle 3–4 Wochen düngen
Überwintern: verträgt etwas Frost, spät einräumen, zuvor braune Wedel unten abschneiden; dunkel und bei 0–8 °C halten oder an hellem Platz als Zimmerpflanze, wenig gießen; nach dem Ausräumen Mitte April zunächst schattig stellen
Vermehren: durch Aussaat, jedoch sehr langwierig
Gestalten: sehr attraktive, langsam wachsende Palme

Expertentipp

Junge Hanfpalmen sollten am besten halbschattig stehen, ältere Exemplare dagegen sonnig.

Palmlilie

Yucca aloifolia, Y. elephantipes

Höhe: 1–4 m
Blütezeit: August–September

Aussehen: immergrüner Schopfbaum mit straff aufrechtem Wuchs und schlankem Stamm; Blüten cremeweiß in Rispen an einem langen Schaft, jedoch nur bei älteren Pflanzen; Blätter lang, schwertförmig, dunkelgrün, mit bedornten Spitzen
Pflegen: mäßig feucht halten; bis August alle 4 Wochen düngen; braune Blätter abschneiden; zu groß gewordene Exemplare treiben nach Rückschnitt (Absägen) neu aus
Überwintern: hell bei 5–10 °C, fast trocken halten
Vermehren: durch Kopf- oder Stammstecklinge (Triebstücke) im Sommer, Stecklinge schattig stellen
Gestalten: für südamerikanische oder mediterrane Arrangements

Expertentipp

Beim Einkürzen abgesägte Stammteile lassen sich gut als Stecklinge verwenden.

Kompakte Schönheiten

Schönmalve

Abutilon-Arten und -Hybriden

Höhe: 1–3 m
Blütezeit: April–Oktober

Aussehen: teils immergrüner Strauch mit aufrechtem, sparrig verzweigtem Wuchs; große Blütenkelche, gelb, orange, rot, rosa oder weiß, blüht bei hellem Stand ganzjährig; Blätter groß, ahornähnlich gelappt, hellgrün
Pflegen: im Sommer gut feucht halten; bis August alle 1–2 Wochen düngen; Verblühtes entfernen; möglichst wind- und regengeschützt und nicht in praller Sonne aufstellen
Überwintern: hell bei 5–10 °C
Vermehren: durch Stecklinge oder Aussaat im Frühling; Jungpflanzen mehrmals entspitzen
Gestalten: schön auch als Hochstämmchen; manche Arten und Sorten haben dekorativ gelb oder weiß gefleckte Blätter

Rosetten-Dickblatt

Aeonium arboreum

Höhe: bis 1 m
Blütezeit: Januar–Februar

Aussehen: immergrüne Sukkulente mit baumartig verzweigtem Wuchs; Blüten gelb, in großen Blütenständen, selten, nur an älteren Exemplaren; dickfleischige grüne Blattrosetten, bei der Sorte 'Atropurpureum' braun- bis schwarzrot
Pflegen: nur gießen, wenn oberste Erdschicht abgetrocknet ist; bis August alle 2 Wochen mit Kakteendünger düngen
Überwintern: hell bei 10–12 °C, fast trocken halten; notfalls an hellem Platz warm als Zimmerpflanze
Vermehren: über Kopfstecklinge (ganze Rosetten mit Stammstück)
Gestalten: sehr attraktiv in Terrakotta- oder blau glasierten Töpfen

Gute Partner

Buschige Sommerblumen wie Tagetes oder Vanilleblume als Nachbarn in getrennten Töpfen.

Indisches Blumenrohr

Canna-Indica-Hybriden

Höhe: 0,3–1,5 m
Blütezeit: Juni–Oktober

Aussehen: nicht winterharte Staude von aufrechtem Wuchs; Blüten rot, orange, rosa, gelb, weiß, auch zweifarbig, um 10 cm lang; Blätter groß, aufrecht, frisch- oder blaugrün, rötlich oder bronze, in breiter Rosette
Pflegen: im Sommer reichlich gießen; bis August wöchentlich düngen; Verblühtes entfernen
Überwintern: Triebe nach dem ersten Frost auf Handbreite zurückschneiden, die knolligen Rhizome herausnehmen, abtrocknen lassen, in Torf oder Sand legen, dunkel bei 5–10 °C aufbewahren; im März einpflanzen, warm und hell aufstellen
Vermehren: durch Teilung der Rhizome im Frühling
Gestalten: sehr attraktiv in Kombination verschiedener Blüten- und Blattfarben; niedrige Sorten eignen sich auch für große Schalen

Chinesischer Roseneibisch

Hibiscus rosa-sinensis

Höhe: 1–2 m
Blütezeit: März–Oktober

Aussehen: immergrüner, aufrecht und breitbuschig wachsender Strauch; Blüten gelb, orange, rot, rosa oder weiß, groß, trichterartig, einfach oder gefüllt; Blätter spitz oval, glänzend dunkelgrün
Pflegen: feucht, aber nicht nass halten; bis August wöchentlich düngen; Verblühtes entfernen; Hochstämmchen stützen; möglichst nicht in praller Sonne, wind- und regengeschützt platzieren
Überwintern: hell bei 12–16 °C, zurückhaltend gießen; ältere Exemplare im Frühling etwa um die Hälfte zurückschneiden
Vermehren: durch Stecklinge im Mai
Gestalten: als Busch wie als Hochstämmchen sehr ansprechend

Expertentipp

Der Roseneibisch sollte möglichst selten umgestellt werden, denn das führt oft zu Knospenabwurf.

Hortensie

Hydrangea macrophylla

Höhe: 0,5–1,5 m
Blütezeit: Mai–Juli

Aussehen: sommergrüner, aufrecht und breitbuschig wachsender Strauch; Blüten rosa, rot, blau, weiß, in bis zu 20 cm großen Dolden; Blätter groß, oval zugespitzt, hell- bis dunkelgrün
Pflegen: reichlich gießen (enthärtetes Wasser verwenden!); bis August alle 2 Wochen Rhododendrondünger geben; Verblühtes regelmäßig entfernen
Überwintern: verträgt etwas Frost; hell oder dunkel bei 2–8 °C halten, Ballen nicht ganz austrocknen lassen; im Frühling umtopfen (Rhododendronerde) und heller stellen
Vermehren: durch Stecklinge im Frühsommer
Gestalten: sehr schöne Bereicherung für halbschattige Plätze

Brautmyrte

Myrtus communis

Höhe: 0,5–1,5 m
Blütezeit: Juni–Oktober

Aussehen: immergrüner, dichtbuschig verzweigter Strauch; Blüten weiß, klein, sternförmig, duftend; Blätter klein, lanzettlich, ledrig, kräftig dunkelgrün, beim Zerreiben aromatisch duftend; zuweilen blauschwarze Beeren
Pflegen: gleichmäßig feucht halten, Trockenheit wie Staunässe unbedingt vermeiden, kalkarmes Wasser verwenden; bis August wöchentlich düngen (Rhododendrondünger); in leicht saures Substrat topfen; junge Pflanzen häufig entspitzen
Überwintern: hell bei 5–10 °C
Vermehren: durch Stecklinge im Spätsommer oder Frühling
Gestalten: verbreitet in Grüppchen mit Oleander und Zitrusbäumchen mediterranes Flair

Recht robuste Kübelzierden

Aukube
Aucuba japonica

Höhe: 0,5–1,5 m
Blütezeit: März–April

Aussehen: immergrüner, aufrechter, breitbuschiger Strauch; Blüten rötlich, in Rispen, unauffällig; Blätter bis 20 cm lang, eiförmig zugespitzt, glänzend, grün-gelb gefleckt oder gepunktet; teils leuchtend rote (giftige) Beeren
Pflegen: gut feucht halten; bis August alle 4 Wochen düngen; möglichst regengeschützter Platz
Überwintern: verträgt etwas Frost, spät einräumen; hell und gerade frostfrei stellen, wenig gießen; ab April wieder ausräumen
Vermehren: durch halbreife Stecklinge im Frühling und Sommer
Gestalten: zählt zu den attraktivsten Blattschmuckpflanzen

Expertentipp

Nach einer zu warmen Überwinterung treten häufig Blattfleckenkrankheiten auf.

Zwergpalme
Chamaerops humilis

Höhe: 1–3 m
Blütezeit: März–Juni

Aussehen: immergrüner Schopfbaum mit kompaktem, strauchartigem, mehrstämmigem Wuchs; Blüten gelbgrün, rispenartig (nur bei älteren Exemplaren); fächerartige, über 50 cm breite, blaugrüne Wedel
Pflegen: gleichmäßig feucht halten; bis August wöchentlich düngen; möglichst regengeschützter Platz
Überwintern: erst einräumen, wenn Fröste drohen; hell oder notfalls dunkel bei etwa 5 °C halten, an sehr hellem Platz auch etwas wärmer, wenig gießen
Vermehren: durch Teilung im Frühling
Gestalten: sehr schöne Kübelpalme für mediterrane Gestaltungen, langsam wachsend

Expertentipp

Die Stiele der Zwergpalme sind dornig, wickeln Sie die Pflanze daher beim Transport am besten ein.

Korallenstrauch
Erythrina crista-galli

Höhe: 1–2 m
Blütezeit: Juli–September

Aussehen: sommergrüner, aufrechter und locker buschig wachsender Strauch mit dickem Stamm und unzähligen, oft dornigen Trieben; Blüten kräftig korallenrot, in langen Trauben; Blätter länglich oval, ledrig, dunkelgrün
Pflegen: hoher Wasserbedarf; bis August alle 2 Wochen düngen
Überwintern: dunkel bei 5–8 °C, vor dem Einräumen die eintrocknenden Triebe dicht am Stamm oder auf 4 Augen zurückschneiden; im Frühling ab dem Neuaustrieb heller und wärmer stellen, gießen
Vermehren: durch Stecklinge oder Aussaat im Frühling
Gestalten: kommt besonders gut vor einer weißen Wand oder in Nachbarschaft gelber Sommerblumen zur Geltung

 sonnig  halbschattig  schattig  viel gießen

Echte Feige

Ficus carica

Höhe: 1–2,5 m
Blütezeit: (Mai–)September

Aussehen: sommergrüner Strauch oder kurzstämmiger Baum; Blüten im Innern kleiner »Krüge«, aus denen sich unter günstigen Bedingungen Früchte entwickeln; Blätter groß, ledrig, handförmig gelappt, kräftig grün
Pflegen: bei Hitze reichlich gießen; bis August wöchentlich düngen
Überwintern: verträgt etwas Frost, spät einräumen; hell, notfalls dunkel, bei 2–8 °C, wenig gießen; ab April ausräumen
Vermehren: durch Stecklinge im Frühling
Gestalten: sehr ansehnliche Blattschmuckpflanze mit mediterranem Charme

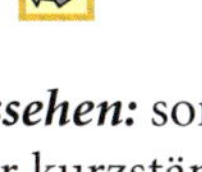

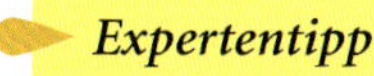

Expertentipp

Stellen Sie Feigen beim Ausräumen die ersten 1–2 Wochen leicht beschattet auf, erst dann in die volle Sonne.

Wandelröschen

Lantana camara

Höhe: 0,3–1,5 m
Blütezeit: Juni–Oktober

Aussehen: immergrüner, buschiger Strauch mit teils überhängenden Trieben; zahlreiche kleine Blüten in Köpfchendolden, »wandeln« meist ihre Farbe, z. B. von Rosa nach Rot oder Gelb nach Orange, auch weiße und violette Töne; Blätter eiförmig, runzlig, dunkelgrün
Pflegen: gleichmäßig feucht halten, bis August alle 2 Wochen düngen; Verblühtes und grüne Beeren regelmäßig entfernen
Überwintern: hell bei 6–10 °C, nach Rückschnitt im Herbst auch dunkel, dann fast trocken halten; Triebe vor dem Einräumen oder im Frühling um die Hälfte zurückschneiden
Vermehren: durch Stecklinge im Frühling
Gestalten: sehr schön als Hochstämmchen; kleine Formen bzw. junge Pflanzen eignen sich auch gut für gemischte Balkonkästen

Neuseeländer Flachs

Phormium tenax

Höhe: 1–1,5 m
Blütezeit: August–September

Aussehen: immergrüne, horstartig wachsende Staude; rötliche Blütenrispen, nur an älteren Exemplaren; Blätter lang, schmal, schwertförmig, je nach Sorte grün, rötlich, gelb oder weiß gestreift, anfangs straff aufrecht, mit den Jahren überhängend
Pflegen: am sonnigen Platz reichlich, sonst mäßig gießen; bis August wöchentlich düngen
Überwintern: verträgt leichten Frost, spät einräumen; hell oder dunkel bei 4–10 °C halten, wenig gießen; vertrocknete Blätter regelmäßig entfernen
Vermehren: durch Teilung im Frühling
Gestalten: attraktive Blattschmuckpflanze; sehr ansprechend in viereckigen Terrakottatöpfen; in großem Kübel mit Sommerblumen oder Efeu unterpflanzen

Attraktive Topfgehölze

Buchs

Buxus sempervirens 'Suffruticosa'

Höhe: 0,3–1 m
Blütezeit: April–Mai

Aussehen: immergrüner, dichtbuschiger Kleinstrauch; Blüten klein, grünlich, duftend; eiförmige, glänzende, dunkelgrüne Blättchen
Pflegen: mäßig feucht halten; bis Mitte August alle 4 Wochen düngen; Formschnitt am besten Ende Mai und im August
Überwintern: draußen, bei starken Frösten mit Winterschutz; an frostfreien Tagen mit handwarmem Wasser gießen, wenn die Topferde sehr trocken ist
Vermehren: durch Stecklinge im Frühsommer
Gestalten: kann fast beliebig geformt werden; attraktiv sind runde Buchskugeln in Ton- oder Terrakottatöpfen, besonders hübsch als »Pärchen« links und rechts einer Tür

Schlingknöterich

Fallopia baldschuanica

Höhe: 3–6 m
Blütezeit: Juli–Oktober

Aussehen: sommergrüne, schnellwüchsige Schlingpflanze; Blüten weiß bis zartrosa, klein, in langen Rispen, duftend; Blätter herzförmig, dunkelgrün
Pflegen: im Sommer reichlich gießen; bis August alle 2 Wochen düngen; stabile Kletterhilfe nötig; radikaler Rückschnitt möglich und alle 3–5 Jahre empfehlenswert
Überwintern: draußen, mit Winterschutz
Vermehren: durch Stecklinge, Schnitt kurz vor der Blüte
Gestalten: begrünt durch üppigen Wuchs und Seitentriebbildung auch größere Flächen und sorgt rasch für Sichtschutz; durch reichen, luftig wirkenden Flor sehr ansehnlich

Expertentipp

Vorsicht, der Schlingknöterich kann Regenrinnen und Fallrohre schädigen; diese regelmäßig freischneiden.

Zierkirsche

Prunus serrulata, P. subhirtella

Höhe: 1,5–3 m
Blütezeit: März–April/Mai

Aussehen: sommergrüner Strauch oder Baum mit schlankem bis breit ausladendem Wuchs; Blüten weiß, hell- oder dunkelrosa, einfach oder gefüllt; Blätter oval, dunkelgrün
Pflegen: mäßig feucht halten; im Frühling Langzeitdünger geben; aus der Veredlungsunterlage wachsende Wildtriebe entfernen; bei Bedarf nach der Blüte zurückschneiden
Überwintern: draußen, in rauen Lagen mit Winterschutz
Vermehren: entfällt, meist veredelt
Gestalten: wunderschön als Hochstämmchen, unterpflanzt mit Frühlingszwiebelblumen; oftmals mit prächtiger Färbung des Herbstlaubs

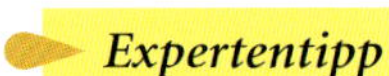

Expertentipp

Achten Sie auf schwachwüchsige, möglichst für Topfkultur ausgewiesene Zierkirschensorten.

 sonnig
 halbschattig
 schattig
 viel gießen

Rhododendron, Azalee

Rhododendron-Arten und -Hybriden

Höhe: 0,5–1 m
Blütezeit: je nach Sorte April–Juni

Aussehen: immergrüner, breitbuschiger Strauch; Blüten rot, rosa, lila, weiß oder gelb, in doldenartigen Trauben; Blätter dunkelgrün glänzend, derb
Pflegen: im Frühling/Sommer reichlich gießen, sonst nur leicht feucht halten (enthärtetes Wasser!); von April–Juni alle 3–4 Wochen Rhododendrondünger geben; verwelkte Blütenstände ausbrechen; in Rhododendronerde pflanzen; windgeschützt aufstellen
Überwintern: draußen mit Winterschutz
Vermehren: entfällt bei Kübelkultur
Gestalten: kleine 'Diamant'-Azaleen für Kästen, größere Formen einzeln in breite Töpfe setzen

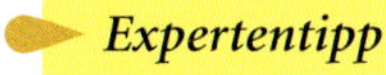

Expertentipp

Rhododendron mag keine pralle Sonne, platzieren Sie ihn daher bevorzugt im Halbschatten.

Rose

Rosa in Sorten

Höhe: 0,3–1,5 m
Blütezeit: Juni–Oktober

Aussehen: sommergrüner Strauch mit buschigem oder kriechend bis hängendem Wuchs; Blüten alle Farben außer Blau, meist gefüllt, teils duftend; Blätter unpaarig gefiedert, dunkelgrün
Pflegen: mäßig feucht halten; im Frühling Langzeitdünger geben oder bis Ende Juli wöchentlich düngen; verwelkte Blütenstände regelmäßig wegschneiden
Überwintern: draußen mit gutem Schutz, in rauen Lagen besser frostfrei und hell, notfalls dunkel; im Frühling zurückschneiden
Vermehren: entfällt, da veredelt
Gestalten: für Kübel niedrige Beet-, Hochstamm- oder Bodendeckerrosen verwenden; Zwergrosen auch mit 25 cm Abstand in Kästen

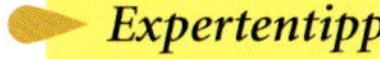

Expertentipp

Nicht direkt vor eine helle Südwand stellen, hier drohen Hitzestau und erhöhter Schädlingsbefall.

Weitere attraktive Topfgehölze

Name	Höhe Standort	Farbe/Zierde Blütezeit
Blütengehölze		
Bartblume (*Caryopteris* x *clandonensis*)	50–100 cm sonnig	blau, blauviolett August–Oktober
Ginster, Geißklee (*Genista, Cytisus*)	30–60 cm sonnig	gelb April–Juli
Lavendel (*Lavandula angustifolia*)	30–90 cm sonnig	blau, violett, weiß Juni–August
Fingerstrauch (*Potentilla fruticosa*)	60–100 cm sonnig	gelb, weiß, rosa Juni–Oktober
Hängekätzchenweide (*Salix caprea* 'Pendula')	bis 1,5 m sonnig bis halbschattig	gelb, silbrig März–April
Herbstflieder (*Syringa microphylla*)	bis 2 m sonnig	rosa Juni–September
Gehölze mit Blatt- oder Fruchtschmuck		
Heckenkirsche (*Lonicera nitida, L. pileata*)	bis 80 cm sonnig bis halbschattig	immergrün, purpurne bzw. violette Beeren
Kirschlorbeer (*Prunus laurocerasus*)	1–1,5 m sonnig bis schattig	glänzende Blätter, immergrün, weiße Blüten
Feuerdorn (*Pyracantha*-Hybriden)	bis 2 m sonnig bis halbschattig	wintergrün, gelbe oder orange Früchte
Klettergehölze		
Waldrebe (*Clematis*-Hybriden)	bis 3 m sonnig bis halbschattig	viele Farben je nach Sorte Früh- oder Spätsommer
Wilder Wein (*Parthenocissus*-Arten)	bis 6 m sonnig bis halbschattig	rotes Herbstlaub, schwarzblaue Beeren
Winterjasmin (*Jasminum nudiflorum*)	1–3 m sonnig bis halbschattig	gelb Januar–März

Zwergnadelgehölze: die Dauergrünen

Balsamtanne

Abies balsamea 'Nana'

Höhe/Breite: 30–40 cm/40–60 cm
Wuchs: flachkugelig, breit

Nadeln: oben dunkelgrün, unten zwei weiße Streifen, bis 1,5 cm lang, dicht stehend, leicht duftend
Pflegen: mäßig feucht halten; im Frühling Langzeitdünger geben, im Juni/Juli nachdüngen; hitzeempfindlich, nicht vor helle Südwand stellen
Überwintern: draußen; Gefäße, wenn nötig, isolieren
Gestalten: schön für Tröge, breite Kübel oder große Schalen
Weitere Sorten: Zwerg-Korktanne, *Abies lasiocarpa* 'Compacta', kegelförmig, 60 cm, blaugrün; für Trogbepflanzung

Zwerg-Fadenscheinzypresse

Chamaecyparis pisifera 'Filifera'

Höhe/Breite: 30–40 cm/30–40 cm
Wuchs: kegelförmig

Nadeln: dicht stehend, an fadenförmigen, überhängenden Zweiglein, bei 'Filifera Aurea Nana' (Bild) goldgelb gefärbt
Pflegen: gleichmäßig feucht halten; im Frühling Langzeitdünger geben, im Juni/Juli nachdüngen
Überwintern: draußen; Gefäße, wenn nötig, isolieren
Gestalten: für Tröge, als junge Pflanze auch für gemischte Winterkästen
Weitere Sorten: *Chamaecyparis lawsoniana* 'Ellwoodii' (kegelförmig, aufrecht), 'Minima Glauca' (rundlich, blaugrün); *Chamaecyparis obtusa* 'Nana gracilis' (kegelförmig)

Zwerg-Wacholder

Juniperus squamata 'Blue Star'

Höhe/Breite: 20–40 cm/50–60 cm
Wuchs: breitrund, stark verzweigt

Nadeln: silbrigblau, dicht stehend und sehr fein, spitz
Pflegen: gleichmäßig feucht halten; im Frühling Langzeitdünger geben, im Juni/Juli nachdüngen
Überwintern: draußen; Gefäße, wenn nötig, isolieren
Gestalten: für Tröge und breite Kübel, jung in gemischten Winterkästen; hübsche Kulisse für rote, rosa und gelbe Blüten
Weitere Sorten: *Juniperus chinensis* 'Plumosa Aurea' (gelb, buschig); *Juniperus communis* 'Meyer' (silbriggrün, säulenförmig), 'Repanda' (silbriggrün, polsterartig breit)

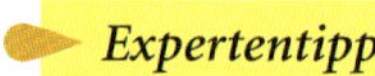

Expertentipp

Düngen Sie alle Nadelgehölze am besten mit einem speziellen Koniferendünger.

Gute Partner

Im Winter rote Schneeheide, im Sommer schön neben Topfrosen und zwischen blühenden Kübelpflanzen.

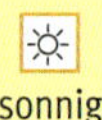 sonnig
 halbschattig
 schattig
 viel gießen

Zuckerhut-Fichte

Picea glauca 'Conica'

Höhe/Breite: 30–50 cm/20–40 cm
Wuchs: kegelförmig

Nadeln: bläulich grün, bis 1 cm lang, locker beisammenstehend
Pflegen: bei Hitze reichlich gießen; im Frühling Langzeitdünger geben, im Juni/Juli nachdüngen
Überwintern: draußen; Gefäße, wenn nötig, isolieren
Gestalten: für Tröge oder gemischte Kästen
Weitere Sorten: *Picea abies* 'Little Gem' (grün, halbkugelig); *Picea glauca* 'Echiniformis' (blaugrün, flachkugelig); *Picea omorika* 'Nana' (grün, kegelförmig); *Picea pungens* 'Glauca Globosa' (silbrigblau, flachkugelig)

Expertentipp

Leicht beschatteter Stand vorteilhaft; nicht vor helle, heiße Südwand stellen (erhöhte Spinnmilbengefahr).

Zwerg-Kiefer

Pinus-mugo-Sorten

Höhe/Breite: 20–40 cm/40–60 cm
Wuchs: halbkugelig bis kugelig

Nadeln: dunkelgrün, bis 4 cm lang, in Büscheln
Pflegen: gleichmäßig feucht halten; im Frühling Langzeitdünger geben, im Juni/Juli nachdüngen
Überwintern: draußen; Gefäße, wenn nötig, isolieren
Gestalten: für Tröge oder Kästen; schön auch als Begleiter mediterraner Kübelpflanzen
Weitere Sorten: *Pinus densiflora* 'Kobold' (grün, kugelig); *Pinus mugo* 'Humpy' (siehe Bild), 'Gnom', 'Mops', 'Mini Mops', 'Pumilio'; *Pinus pumila* 'Glauca' (blaugrün, breitbuschig)

Zwerg-Lebensbaum

Thuja occidentalis 'Danica'

Höhe/Breite: 20–40 cm/20–40 cm
Wuchs: kugelig

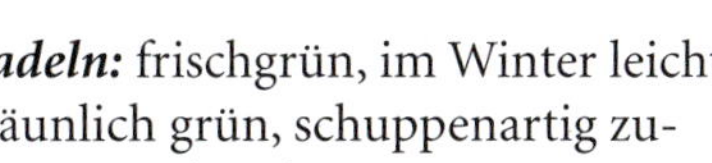

Nadeln: frischgrün, im Winter leicht bräunlich grün, schuppenartig zusammenstehend
Pflegen: gleichmäßig feucht halten; im Frühling Langzeitdünger geben, im Juni/Juli nachdüngen; möglichst regengeschützt aufstellen
Überwintern: draußen; Gefäße, wenn nötig, isolieren
Gestalten: für Winterkästen, große Schalen und Töpfe
Weitere Sorten: *Thuja occidentalis* 'Recurva Nana' (grün, breitkugelig), 'Rheingold' (gelb, kegelförmig), 'Sunkist' (gelb, kegelförmig), 'Tiny Tim' (grün, kugelig)

 **Expertentipp**

Gelbnadelige Sorten eignen sich gut, um Winterbepflanzungen aufzuhellen.

 mäßig gießen

 wenig gießen

 für Ampeln und Hängekörbe

 giftig oder hautreizend

Kräuter, Gemüse, Obst

Aromatische Kräuter, saftige Tomaten, knackige Äpfel – von Balkon oder Terrasse frisch auf den Tisch: Wer solche Gaumenfreuden einmal genossen hat, der kommt leicht auf den Geschmack. Tatsächlich gedeihen viele Nutzpflanzen recht gut im Kübel oder Balkonkasten. Die Ernten können freilich keine Vorratslager füllen. Doch den Bedarf an frischen Kräutern können Sie mit einem kleinen Topfgärtchen durchaus decken, und schon ein wenig Balkongemüse liefert manch leckere Mahlzeit.

Über zwei Dinge muss man sich beim Anbau von Nutzpflanzen auch auf dem Balkon oder der Terrasse im Klaren sein:

- Fast alle Kräuter, Gemüse- und Obstarten brauchen Sonne, um wohlschmeckendes Erntegut zu liefern.
- Regelmäßige und sorgfältige Pflege ist hier noch wichtiger als bei Zierpflanzen. Größere Nachlässigkeiten bringen einen nicht selten um das ganze Erntevergnügen.

Erntespaß für Einsteiger

Recht unproblematisch ist im Allgemeinen die Kultur von Kräutern. Sie kommen mit relativ wenig Erde und Düngung aus und sind bescheiden in ihren Platzansprüchen. Einjährige Kräuter werden häufig in praktischen Saatscheiben angeboten, die man einfach in den Topf oder Balkonkasten legt, leicht mit Erde abdeckt und bis zur Keimung gut feucht hält.

Auch die meisten Gemüse, die auf Seite 454/455 vorgestellt werden, bereiten im Anbau kaum Schwierigkeiten, wenn man ihre Ansprüche beachtet. Für Gemüse-Einsteiger empfiehlt sich der Kauf vorgezogener Pflanzen, sofern nicht, wie etwa bei Radieschen, direkt ins Gefäß gesät wird. Für hochwachsende Tomaten, Zucchini und andere größer werdende Arten sind recht geräumige Kübel mit genügend Erdinhalt nötig.

Das gilt erst recht für Obstgehölze. Das zunehmende Angebot kleinwüchsiger Obstformen macht nicht nur die Kübelkultur vieler Arten möglich, sondern auch die Pflege einfacher. Manche Zwergformen kommen ganz ohne Schnitt aus, Säulenformen mit wenig Schnittmaßnahmen. Lassen Sie sich das gleich beim Kauf möglichst genau erläutern. Ansonsten empfehle ich Ihnen für den Schnitt die Beratung durch erfahrene Gärtner, da sich hier das Vorgehen je nach Art, Erziehungsform und Alter der Gehölze stark unterscheidet.

Beliebte und bewährte Küchenkräuter

Schnittlauch
Allium schoenoprasum

Höhe: 20–30 cm
Erntezeit: April–November

Aussehen: mehrjähriges Würzkraut, das dichte Horste aus röhrenförmigen, dunkelgrünen Blättern bildet; ab Juni erscheinen hellviolette Blütendolden an kräftigen Schäften
Anziehen: Aussaat im März–April, Sämlinge dann büschelweise (10–20 Pflänzchen) in Töpfe oder Kästen pflanzen; ab April nach draußen stellen, bei Frost abdecken
Pflegen: gleichmäßig gut feucht halten; bis August alle 2 Wochen düngen; wenn mehr Blattentwicklung gewünscht, Blüten ausbrechen; hell und kühl überwintern, dabei fast trocken halten; alle 2–3 Jahre im Frühling oder Herbst teilen und neu einpflanzen
Ernten: Blätter ab etwa 6 Wochen nach Aussaat 2 cm über Erdoberfläche abschneiden, dann erst wieder Neuaustrieb entwickeln lassen

Dill
Anethum graveolens

Höhe: 50–100 cm
Erntezeit: ab Juni fortlaufend

Aussehen: einjähriges, aufrecht wachsendes Würzkraut mit fein gefiederten, hellgrünen Blättern und kleinen hellgelben Blütchen in lockeren Dolden
Anziehen: Aussaat breitwürfig ab April–Juli, in hohe Kästen oder Töpfe; Sämlinge bei dichtem Aufgang leicht ausdünnen, vor Spätfrösten bis Mai mit Vlies schützen; kann als Beipflanze zu anderen Kräutern oder Gemüse gepflanzt werden
Pflegen: nur leicht feucht halten; Düngung nicht nötig
Ernten: möglichst junge Blätter den ganzen Sommer über; Samenernte lohnt bei Topfkultur kaum, doch wenn man die Pflanzen wachsen lässt, erscheinen im Sommer zierende gelbe Blütendolden

Gartenkresse
Lepidium sativum

Höhe: 20–30 cm
Erntezeit: fast ganzjährig

Aussehen: aufrecht wachsende, einjährige Würz- oder Salatpflanze mit hellgrünen, zunächst länglich eiförmigen, später gefiederten Blättchen
Anziehen: ab März–September alle 2 Wochen in Folgesaaten, direkt in Kästen oder Schalen; Samen breitwürfig ausstreuen, nur andrücken und leicht mit Erde bedecken
Pflegen: gleichmäßig feucht halten; nicht düngen; gedeiht bei genügend Wärme auch im Schatten
Ernten: meist schon 10 Tage nach der Aussaat kann man die jungen Triebe, sobald etwa 6 cm groß, direkt über der Erdoberfläche abschneiden; wird bei zu später Ernte sowie bei längerer Trockenheit unangenehm scharf

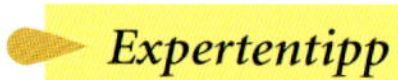

Kresse lässt sich als »Bodendecker« gut mit anderen Kräutern und Gemüsen kombinieren.

 sonnig
 halbschattig
 schattig
 viel gießen

Basilikum
Ocimum basilicum

Höhe: 20–40 cm
Erntezeit: Juni–September

Aussehen: einjähriges, buschig aufrecht wachsendes Würzkraut mit eiförmig zugespitzten, gewölbten, je nach Sorte glänzend grünen, roten oder rotbraunen Blättern; Blüten klein, weiß, erscheinen ab Juli
Anziehen: Aussaat Ende März/April, Lichtkeimer, nicht abdecken; Sämlinge pikieren; nach Mitte Mai – in rauen Lagen erst Ende Mai – in Töpfe oder Balkonkasten pflanzen, 25 cm Abstand
Pflegen: vor kühlen Mainächten mit Vlies schützen; gleichmäßig feucht halten; alle 4 Wochen düngen; regen- und windgeschützt aufstellen
Ernten: Blätter und junge Triebe den ganzen Sommer über; zuerst Triebspitzen ernten, Pflanze wächst dann buschiger; schmeckt vor der Blüte am aromatischsten

Oregano, Dost
Origanum vulgare

Höhe: 20–60 cm
Erntezeit: Mai–September

Aussehen: breitwüchsiger, sommergrüner Halbstrauch; Blätter klein, eiförmig zugespitzt, etwas rau, sattgrün, aromatisch duftend; ab Juli kleine rosa, rotviolette oder weiße Blüten in Trugdolden
Anziehen: Aussaat ab März, Lichtkeimer; in breite Gefäße setzen, 20–30 cm Abstand; nährstoffarmes Substrat (z. B. Pikiererde), Sand untermischen; ab Anfang Mai nach draußen stellen, vor Frost schützen
Pflegen: nur leicht feucht halten; keine Düngung; im Oktober zurückschneiden und mit Winterschutz draußen oder drinnen frostfrei und mäßig hell überwintern
Ernten: Blätter und junge Triebspitzen fortlaufend pflücken; Aroma während der Blüte am intensivsten

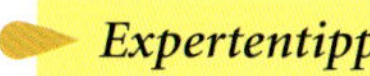

Expertentipp

Stellen Sie den Oregano so sonnig wie möglich auf. Zum Trocknen wird er in der Blüte geerntet.

Petersilie
Petroselinum crispum

Höhe: 20–40 cm
Erntezeit: fast ganzjährig

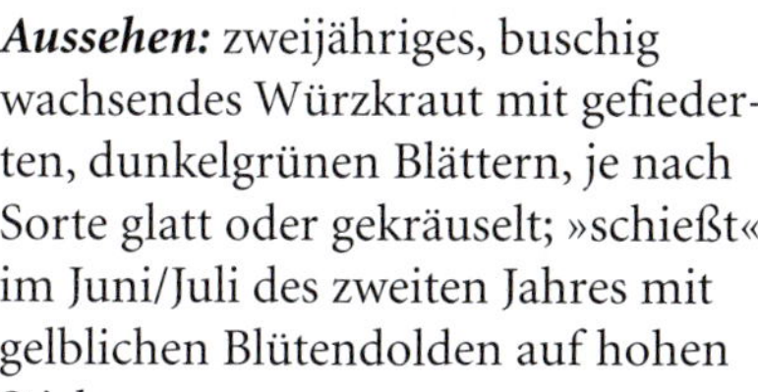

Aussehen: zweijähriges, buschig wachsendes Würzkraut mit gefiederten, dunkelgrünen Blättern, je nach Sorte glatt oder gekräuselt; »schießt« im Juni/Juli des zweiten Jahres mit gelblichen Blütendolden auf hohen Stielen
Anziehen: Aussaat ab Mitte März–Juni direkt ins Gefäß (Keimdauer bis zu 5 Wochen); Pflänzchen auf 10 cm Abstand vereinzeln; ab April nach draußen stellen, vor Frostnächten abdecken
Pflegen: gleichmäßig feucht halten; alle 2 Wochen schwach dosiert düngen; draußen mit Winterschutz oder an gerade frostfreiem Platz hell überwintern
Ernten: 8–10 Wochen nach Aussaat, bei Märzsaat ab Juni; Blätter fortlaufend ernten, bis kurz vor der Blüte im zweiten Jahr

Würzkräuter für Gourmets

Borretsch

Borago officinalis

Höhe: 60–80 cm
Erntezeit: Juni–September

Aussehen: einjähriges, buschig wachsendes Würzkraut mit großen, runzligen und behaarten Blättern; ab Juni erscheinen auf hohen Stängeln dekorative blaue Blüten in lockeren Trauben
Anziehen: April–Juni direkt in mindestens 20 cm hohe Kästen oder Töpfe säen, Samen gut mit Erde abdecken; Sämlinge auf 25–30 cm Abstand ausdünnen, nur kräftige stehen lassen
Pflegen: an sonnigen Tagen reichlich gießen; alle 4 Wochen schwach dosiert düngen; Verblühtes entfernen
Ernten: junge Blätter den ganzen Sommer über; auch die Blüten sind essbar und können zur Dekoration verwendet werden

Currykraut

Helichrysum italicum

Höhe: 25–50 cm
Erntezeit: Mai–August

Aussehen: mehrjähriges, buschig wachsendes Würzkraut mit kleinen, schmalen, grauen Blättchen; ab Juli gelbe Blütenköpfchen
Anziehen: Aussaat März–Mai, ab Mitte Mai in Tröge oder große Kästen (25–35 cm Abstand) oder einzeln in Töpfe pflanzen; Substrat mit Sand vermischen
Pflegen: nur leicht feucht halten, verträgt zeitweilig Trockenheit; nach der Blüte zurückschneiden und drinnen frostfrei und hell überwintern; zum Wachstumsbeginn schwach dosiert düngen
Ernten: junge Blätter und Triebe fortlaufend; blühende Pflanzen verlieren an Aroma; duftet und schmeckt tatsächlich nach Curry

Rosmarin

Rosmarinus officinalis

Höhe: 40–100 cm
Erntezeit: März–Oktober

Aussehen: breitbuschiger, dicht verzweigter, immergrüner Strauch; Blätter nadelartig, blaugrün, aromatisch duftend; ab März an den Triebspitzen blaue bis violette Blüten
Anziehen: Aussaat langwierig; besser Jungpflanzen kaufen, einzeln in Töpfe setzen; Stecklingsvermehrung im Juli/August möglich
Pflegen: gleichmäßig leicht feucht halten; bis August alle 8 Wochen düngen; hell bei 2–8 °C überwintern, erst nach Mitte Mai nach draußen stellen; im Frühling nach Wachstumsbeginn düngen; ältere Pflanzen nur selten umtopfen
Ernten: Blätter und Triebspitzen fortlaufend; zum Trocknen Ernte der Blätter im Sommer

Gute Partner

- *Ringelblume* • *Studentenblume*
- *Tomate* • *Zucchini*
- *Pflück- und Schnittsalat*

Expertentipp

Attraktive, duftende Kübelpflanze mit blauen Blüten, passt gut in mediterrane Arrangements.

 sonnig
 halbschattig
 schattig
 viel gießen

Salbei

Salvia officinalis

Höhe: 30–60 cm
Erntezeit: ganzjährig

Aussehen: breitbuschiger Halbstrauch; Blätter länglich oval, runzlig, graugrün, würzig durftend; ab Juni blauviolette Lippenblüten
Anziehen: Aussaat ins Gefäß ab Februar, später Jungpflanzen auf 30 cm vereinzeln; oder 1–2 Pflanzen pro Topf setzen; Stecklingsvermehrung im Sommer möglich
Pflegen: nur leicht feucht halten; vollsonnig und warm platzieren; draußen mit Schutz oder drinnen hell und frostfrei überwintern; im Frühling auf 1/3 bis 1/2 zurückschneiden, danach schwach dosiert düngen
Ernten: junge, zarte Blätter fortlaufend pflücken; zum Trocknen Triebe kurz vor der Blüte schneiden

Expertentipp

Die Sorte 'Tricolor' wirkt mit ihren gelb-weiß-rötlich gemusterten Blättern besonders attraktiv.

Bohnenkraut

Satureja hortensis

Höhe: 30–40 cm
Entezeit: Juni–Oktober

Aussehen: buschig wachsendes, einjähriges Würzkraut mit schmalen, stark duftenden, hellgrünen Blättern; ab Juni hellviolette Blütchen
Anziehen: zum Vorziehen Aussaat im April (Lichtkeimer), nach Mitte Mai pflanzen; oder Mitte Mai direkt in Kästen säen, auf 25 cm Abstand vereinzeln; Folgesaaten bis Anfang Juni
Pflegen: vor kühlen Mainächten mit Vlies schützen; gleichmäßig leicht feucht halten; in der Wachstumszeit einmal schwach dosiert düngen; windgeschützt aufstellen
Ernten: junge Triebe fortlaufend; kurz vor und während der Blüte am aromatischsten; zum Trocknen blühende Triebe schneiden

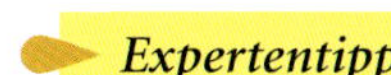

Expertentipp

Auch das mehrjährige Bohnenkraut (Satureja montana) lässt sich gut in Töpfen ziehen.

Thymian

Thymus vulgaris

Höhe: 20–40 cm
Erntezeit: April–Oktober

Aussehen: immergrüner Halbstrauch, buschig bis polsterartig wachsend; Blätter klein, schmal, dunkelgrün; ab Mai kleine rosa bis violette Blüten
Anziehen: Aussaat langwierig; am besten Jungpflanzen kaufen, im Mai mit 20 cm Abstand einsetzen; bei älteren Pflanzen Stecklingsvermehrung im Sommer, durch Absenker (April/Mai) und durch Teilung im Frühling möglich
Pflegen: nur leicht feucht halten; möglichst sonniger Stand; Überwinterung drinnen, hell, kühl und fast trocken halten; im Frühling zurückschneiden, danach schwach dosiert düngen
Ernten: junge Blätter und Triebspitzen abschneiden; kurz vor der Blüte am aromatischsten, dann auch Schnitt für Trocknung

mäßig gießen

wenig gießen

für Ampeln und Hängekörbe

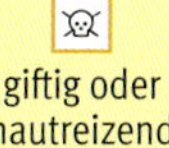
giftig oder hautreizend

Beliebte Balkongemüse

Zucchini
Cucurbita pepo

Höhe: 50–60 cm
Erntezeit: Juli–September

Aussehen: einjähriges Fruchtgemüse von ausladendem Wuchs; Blätter groß, hellgrün oder silbrig gefleckt, rau behaart; ab Juni große goldgelbe bis orange Trichterblüten
Anziehen: ab April 2 Körner pro Topf säen, nach Aufgang schwächere Pflanze entfernen; in breite Kübel pflanzen, nach Mitte Mai nach draußen stellen; 1–2 Pflanzen in der Regel ausreichend
Pflegen: stets gut feucht halten, aber nicht vernässen, nicht in die Blüten gießen; wöchentlich düngen
Ernten: ab etwa 6 Wochen nach der Pflanzung; reife Früchte fortlaufend ernten, höchstens 20 cm lang werden lassen

Expertentipp

Früchte nicht abreißen oder abbrechen, sondern abschneiden, das schont Frucht und Pflanze.

Rukola, Salatrauke
Eruca sativa

Höhe: 10–20 cm
Erntezeit: Mai–Oktober

Aussehen: einjährig kultivierte Salatpflanze, bildet Rosette aus gelappten oder tief gekerbten, länglichen, dunkelgrünen Blättern; ab Juni kleine gelbe Blütchen auf hohen Stängeln
Anziehen: Aussaat fortlaufend ab März bis September direkt ins Gefäß; in Reihen mit 15–20 cm Abstand oder breitwürfig, Samen nur ganz leicht mit Erde bedecken
Pflegen: gleichmäßig feucht, aber nicht nass halten, Staunässe vermeiden; 1–2 Wochen nach Aussaat einmal schwach dosiert düngen
Ernten: 3–5 Wochen nach der Aussaat; Blätter ernten, solange sie noch jung und zart sind, ältere Blätter schmecken im Sommer schnell unangenehm scharf

Pflück- und Schnittsalat
Lactuca sativa var. *crispa*

Höhe: 20–30 cm
Erntezeit: ab April/Mai

Aussehen: einjährig kultivierte Salatpflanze mit lockeren oder dichten Blattrosetten; Blätter glatt oder gekraust, ganzrandig oder gebuchtet, grün, rötlich oder braun
Anziehen: ab Februar/März im Haus; Schnittsalat in 2 Reihen oder breitwürfig direkt in Kästen; Pflücksalat vorziehen und mit 25–30 cm Abstand pflanzen; mit Schutz ab April ins Freie; Folgesaaten bei Schnittsalat bis April, Pflücksalat bis Juli
Pflegen: gleichmäßig feucht, keinesfalls nass halten; nach jedem Schnitt schwach dosiert nachdüngen
Ernten: ab 4–6 Wochen nach Aussaat; bei Schnittsalat ganze Pflanze, von Pflücksalat fortlaufend die untersten Blätter ernten

sonnig

halbschattig

schattig

viel gießen

Tomate

Lycopersicon esculentum

Höhe: 25–150 cm
Erntezeit: Juli–Oktober

Aussehen: einjähriges Fruchtgemüse, je nach Sorte hochwüchsig, buschig oder hängend; Blätter grob gefiedert, dunkelgrün, aromatisch duftend; ab Mai gelbe Blüten in lockeren Trauben
Anziehen: Aussaat Ende Februar/März; einzeln in Töpfe pikieren; in große Gefäße pflanzen, Abstand mindestens 35 cm; nach Mitte Mai ins Freie
Pflegen: hohe Sorten an Stab aufbinden; gut feucht halten; wöchentlich düngen; bei Stabtomaten in den Blattachseln entstehende Triebe regelmäßig ausbrechen (ausgeizen), nach Bildung des 5. Blütenstands Spitze des Haupttriebs kappen
Ernten: vollreife Früchte pflücken

Expertentipp

Alle grünen Pflanzenteile, auch unreife, noch grüne Früchte, enthalten ein giftiges Alkaloid.

Radieschen

Raphanus sativus var. *sativus*

Höhe: 10–15 cm
Erntezeit: Mai–September

Aussehen: einjährig kultiviertes Knollengemüse mit unterschiedlichen Knollenformen und -farben; Blätter oval, rau behaart, dunkelgrün
Anziehen: ab Ende März–August direkt in Kästen oder Schalen säen, alle paar Wochen in Folgesaaten; für Frühlings- und Sommersaat verschiedene Sorten (Beschriftung der Samentüten beachten); nach Aufgang entwickelte Pflänzchen auf 6–8 cm ausdünnen
Pflegen: gleichmäßig feucht halten, Düngung nicht nötig
Ernten: im Frühling etwa 6, im Sommer 3–4 Wochen nach der Saat; nicht zu lange warten, sonst werden die Knollen »pelzig«; immer dickste Radieschen zuerst ernten

Gute Partner

- *Borretsch* • *Mangold* • *Salat*
- *Petersilie* • *Tomate*

Weitere Gemüse für die Kultur im Gefäß auf Balkon und Terrasse

Name	Pflanzzeit Abstand	Erntezeit
Kohlrabi (*Brassica oleracea* var. *gongylodes*)	ab April 25–30 cm	ab Juni
Brokkoli (*Brassica oleracea* var. *italica*)	Ende Mai–Juni 35–40 cm	Juli–September
Asia-Salate (*Brassica*-Arten)	ab Mai 30 cm	ab Juli
Mangold (*Beta vulgaris* ssp. *cicla*)	Direktsaat Ende April–Juni auf 20–30 cm ausdünnen	Juli–Oktober
Kürbis (*Cucurbita pepo*)	Mitte bis Ende Mai einzeln in große Kübel	ab Juni
Artischocke (*Cynara scolymus*)	Mitte bis Ende Mai einzeln in große Kübel	geschlossene Blütenköpfchen ab Juli
Paprika (*Capsicum annuum*)	Mitte bis Ende Mai einzeln in große Kübel	ab Ende Juli
Feuerbohne, Stangenbohne (*Phaseolus coccineus, Phaseolus vulgaris*)	Mitte Mai 2–3 Körner oder Pflanzen in großen Kübeln an Stützen hochziehen	ab Juli
Buschbohne (*Phaseolus vulgaris* var. *nanus*)	Saat ab Mai, Pflanzung ab Mitte Mai 30–40 cm	ab Juli
Winterportulak (*Montia perfoliata*)	Direktsaat oder Pflanzung September–April 20 cm	fortlaufend, winterhart

mäßig gießen

wenig gießen

für Ampeln und Hängekörbe

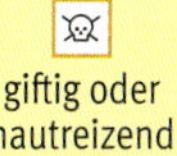
giftig oder hautreizend

Balkon- und Kübelobst

Erdbeere
Fragaria-Arten

Höhe: 15–25 cm
Erntezeit: Juni–Oktober

Aussehen: mehrjährige, buschige bis hängende Staude, meist mit Ausläufern; Blüten ab Mai, weiß bis rosa; Blätter dreizählig, dunkelgrün
Pflanzen: Juli–September oder Frühling, einzeln in große Gefäße oder mit 30 cm Abstand in Kästen; alle 2–3 Jahre neue Pflanzen bzw. Ausläufer einsetzen
Pflegen: gleichmäßig feucht halten; im Frühling Langzeitdünger geben; im Herbst und Frühling welke Blätter entfernen; draußen mit Schutz überwintern
Geeignete Sorten: zahlreiche kleinfrüchtige (Monatserdbeeren) und großfrüchtige Sorten; Hängeerdbeeren (bis 40 cm lange Ausläufer); Klettererdbeeren (bis 140 cm, brauchen ein Gerüst)

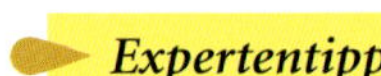
Expertentipp

Im August/September gut gießen, denn dann werden die neuen Blüten angelegt.

Apfel
Malus domestica

Höhe: 1–2,5 m
Erntezeit: August–Oktober

Aussehen: sommergrüner Baum mit ganz verschiedenen Wuchsformen (Säulenäpfel, Spindelbusch, Zwergpyramide); Blüten weiß bis rosa, in Büscheln, April/Mai; Blätter eiförmig zugespitzt, sattgrün, glänzend
Pflanzen: um eine Befruchtung sicherzustellen, sind 2–3 verschiedene Sorten nötig; beim Einpflanzen muss die verdickte Veredlungsstelle eine Handbreit über der Substratoberfläche stehen
Pflegen: gleichmäßig feucht halten; im Frühling Langzeitdünger geben, im Juni ggf. nachdüngen; draußen geschützt überwintern; braucht je nach Baumform regelmäßigen Schnitt
Geeignete Sorten: »Ballerina«-Sorten (schmal, bis 2,5 m hoch) wie 'Bolero', 'Polka'; Zwerg-Äpfel (nur etwa 1 m hoch); ansonsten fast alle Sorten auf schwachwüchsigen Unterlagen

Sauerkirsche
Prunus cerasus

Höhe: 1–2,5 m
Erntezeit: Juni–Juli

Aussehen: sommergrüner Baum in verschiedenen Wuchsformen; Blüten weiß, in dichten Büscheln, April/Mai; Blätter elliptisch, fein gesägt, ledrig, dunkelgrün
Pflanzen: Sorten meist selbstfruchtbar, also keine Bestäubersorte nötig; beim Einpflanzen muss die verdickte Veredlungsstelle eine Handbreit über der Substratoberfläche stehen
Pflegen: gleichmäßig feucht halten; im Frühling Langzeitdünger geben; nach der Ernte mäßiger Rückschnitt (außer bei Zwerg-Kirschen), lange, durchhängende Zweige einkürzen; draußen geschützt überwintern
Geeignete Sorten: spezielle Zwerg-Kirschen (nur etwa 1 m hoch) oder mäßig wüchsige Sorten wie 'Gerema' und 'Morellenfeuer' auf schwach wachsenden Unterlagen

 sonnig
 halbschattig
 schattig
 viel gießen

Pfirsich, Nektarine

Prunus persica

Höhe: 1–2,5 m
Erntezeit: je nach Sorte Juni–Okt.

Aussehen: sommergrüner Baum in verschiedenen Wuchsformen; hellrosa Blüten, März/April; Blätter schmal eiförmig, dunkelgrün
Pflanzen: meist selbstfruchtbar; im Frühling eintopfen, mit Veredlungsstelle über der Substratoberfläche
Pflegen: zur Blüte- und Fruchtzeit reichlich, sonst mäßig gießen; im Frühling Langzeitdünger geben; bei Buschbäumen regelmäßiger Schnitt nach der Ernte, bei Zwergformen nicht erforderlich; Überwinterung draußen mit gutem Schutz oder drinnen hell und kühl
Geeignete Sorten: spezielle Zwerg-Pfirsiche und -Nektarinen; früh reifende Sorten wie 'Früher Roter Ingelheimer' und 'Nektarose'

Expertentipp

Pfirsiche und Nektarinen sind besonders kälteempfindlich; bei Frösten zur Blütezeit abdecken.

Birne

Pyrus communis

Höhe: 1–2 m
Erntezeit: Ende August–Oktober

Aussehen: sommergrüner Baum in verschiedenen Wuchsformen; weiße Blüten, April/Mai; Blätter oval zugespitzt, ledrig, glänzend dunkelgrün
Pflanzen: zur Befruchtung sind 2–3 verschiedene Sorten nötig; in kalkarmes, leicht saures Substrat so pflanzen, dass die Veredlungsstelle über der Substratoberfläche sitzt
Pflegen: gleichmäßig feucht halten; im Frühling Langzeitdünger geben, im Juni ggf. nachdüngen; fruchttragende Zweige stützen; draußen mit Schutz überwintern; regelmäßiger Schnitt nötig (außer Zwerg-Birnen)
Geeignete Sorten: 'Gute Luise', 'Vereinsdechant' (beide gute Bestäubersorten), 'Tongern', 'Julibirne'

Rote Johannisbeere

Ribes rubrum

Höhe: 1–1,5 m
Erntezeit: Juli–August

Aussehen: sommergrüner, breitbuschiger Strauch, auch Hoch- oder niedriges Fußstämmchen; Blüten grünlich, in hängenden Trauben, April/Mai; Blätter spitz herzförmig, dreilappig, sattgrün
Pflanzen: selbstfruchtbar (keine Bestäubersorte nötig); vorzugsweise in leicht saure Erde setzen
Pflegen: gleichmäßig gut feucht halten; im Frühling Langzeitdünger geben, bis August alle 8 Wochen nachdüngen; Hochstämmchen stützen; nach der Ernte ältere Triebe auslichten, bei Hochstämmchen Triebe um 1/3 einkürzen; draußen mit Schutz überwintern
Geeignete Sorten: 'Jonkher van Tets', 'Weiße Versailler'

Expertentipp

Die Sorten sind zwar selbstfruchtbar, eine zweite Sorte verbessert aber den Fruchtansatz.

Kleines ABC der Fachausdrücke

Einige der im Text genannten Fachausdrücke sind nicht jedermann geläufig und werden daher hier erklärt.

Alge: Untergetaucht lebende, ein- oder mehrzellige grüne Pflanzen.
Algenblüte: Massenhafte Vermehrung von → Algen in Teichen mit hohem Nährstoffgehalt. Sie färben das Wasser grün.
Absenker: Bodennaher (oft auch schon von selbst auf dem Boden aufliegender) vorjähriger Trieb, der nach unten gebogen und in die Erde eingegraben wird. An der Umbiegungsstelle werden Wurzeln ausgebildet. Nach der Bewurzelung werden diese Triebe von der → Mutterpflanze abgetrennt (z. B. Salbei, Lavendel, Johannisbeeren, Stachelbeeren).
ADR-Prüfung: Allgemeine Deutsche Rosenneuheitenprüfung, 1950 erstmals durchgeführt. Seit 1985 Widerstandsfähigkeit als Hauptkriterium.
Alte Rose: Entweder zeitliches Einteilungskriterium für Rosen, die vor 1867 entstanden sind oder stilistische Einteilung nach Aussehen.
Anbaupause: Pflanzenarten, die auf Wurzelausscheidungen u. Ä. ihrer eigenen → Art »allergisch«, d. h. mit Wachstumshemmungen reagieren. Es braucht eine meist mehrjährige Anbaupause, bis sie wieder auf derselben Fläche angebaut werden dürfen.
Anhäufeln: An der Basis einer Pflanze wird Erde, Laub oder → Mulchmaterial zu einem kleinen Hügel aufgehäuft. Anhäufeln kann als Winterschutz (z. B. für Rosen) oder als Stabilisierung der Pflanzen dienen.
Art: Bezeichnet in der botanischen Gliederung des Pflanzenreichs die »Pflanze als solche«. Feuersalbei (*Salvia splendens*) und Echter Salbei (*Salvia officinalis*) z. B. sind zwei deutlich unterscheidbare Arten der → Gattung Salbei (*Salvia*), von denen es jeweils wieder verschiedene → Sorten gibt. Die Individuen einer Art stimmen in allen wesentlichen Merkmalen miteinander überein. Siehe auch → botanischer Name.
Auge: In den Blattachseln und an der Basis der Triebe von → Stauden und → Gehölzen sitzen »schlafende« → Knospen, die Augen. Daraus können neue → Seitentriebe austreiben.
Ausläufer: Manche Pflanzen (z. B. Erdbeeren) bilden oberirdische → Seitentriebe, die sich selbst bewurzeln und zu neuen Pflanzen werden. Als Ausläufer werden aber auch unterirdische Austriebe aus dem Wurzelstock genannt, z. B. bei Himbeeren oder Wildrosen.
Auslichten: Schnittmaßnahme, die dazu dient, die Wuchsform eines → Gehölzes aufzulockern. Beim Auslichten werden schwache oder quer wachsende Triebe entfernt.
Ausströmer: Teichtechnik, die für die Erhöhung des Sauerstoffgehaltes im Wasser sorgt.
Ballen: Die Erde rund um die Wurzeln, die durch Seitenwurzeln und das Geflecht aus Feinwurzeln zusammengehalten wird.
Baum: → Gehölz mit einer deutlichen Ausprägung von Stamm und Krone.
biologisches Gleichgewicht: Die störungsfreie Gemeinschaft aller Lebewesen in einem biologischen System (z. B. einer Teichlandschaft).
Blattstielranker: Kletterpflanzen, die mit Hilfe fadenförmig verlängerter Blattstiele in die Höhe klettern.
Blähton: Durch Brennen bei hohen Temperaturen aufgeblähte Tonkügelchen, die als → Substrat bei Hydrokultur Verwendung finden. Die leichten Kügelchen eignen sich gut als wasserausgleichende Dränage in Töpfen und Kästen.
Blindtrieb: Bezeichnung für einen Trieb, der keine Blüten bildet.
Blühperiode: Die Phase im Leben einer Pflanze, in der natürlicherweise die Blüten ausgebildet werden. Schneidet man → Verblühtes regelmäßig ab, kommt es häufig zu einer zweiten Blühperiode.
Boden, durchlässig: Ein Boden, der von seiner Struktur her bis in tiefere Schichten locker ist, mit hohem Sand- und/oder → Humusanteil und frei von Verdichtungen. Wasser erreicht schnell die Wurzeln, Überschusswasser versickert bald.
Boden, humos: Ein humoser Boden enthält reichlich organische Substanz, die → Nährstoffe liefert, und ein reges Bodenleben, welches die Nährstoffe aufschließt und für die Pflanzen verfügbar macht.
Boden, kalkhaltig: Kalkhaltige oder alkalische Böden weisen einen Säuregrad oder → pH-Wert über 7 auf.
Boden, strukturreich: Strukturreiche Böden enthalten viel grobes organisches Material und Bodenbestandteile möglichst unterschiedlicher Größe und Körnung.
Boden, tiefgründig: In einem tiefgründigen Boden können die Pflanzenwurzeln ohne Behinderung durch dichte Lehm- oder Gesteinsschichten gut bis in ca. 80 cm Tiefe vordringen.
Bodendecker: → Gehölze oder → Stauden mit flächigem Wuchs. Sie bedecken den Boden so dicht, dass Unkräuter unterdrückt werden.
Bodenmüdigkeit: Nach mehrjähriger Kultur einer Pflanze auf einem Standort kümmern nachgepflanzte Gewächse derselben → Art am gleichen Platz. Dieses Phänomen gibt es z. B. bei Rosen und Petersilie.
botanischer Name: Dieser wissenschaftliche Pflanzenname setzt sich aus dem groß geschriebenen → Gattungsnamen (z. B. *Bellis*) und dem

klein geschriebenen → Artnamen (z. B. *perennis*) zusammen. Der botanische Name *Bellis perennis* benennt international verständlich und zweifelsfrei das Gänseblümchen bzw. Tausendschön, das umgangssprachlich noch viele weitere Bezeichnungen wie etwa Maßliebchen trägt. Der zweiteilige botanische Name kann durch Angaben zu einer Varietät (Abkürzung var.), einer Unterart (Subspezies, Abkürzung subsp. oder ssp.) oder Form (Abkürzung f.) ergänzt werden.

Breitsaat: Breitwürfiges Aussäen des Saatgutes, das dann entweder eingearbeitet oder festgedrückt wird. Die Pflanzen müssen nach dem Austreiben ausgedünnt werden (schwache Pflanzen entfernen).

Brunnen: Fließendes Wasser aus einem künstlichen Zulauf, das in einen Trog oder eine Schale fließt und zumindest kurz darin stehen bleibt.

Buschbaum: Niedrige Baumform, bei der sich ein deutlicher Kronenansatz über einem geraden Stamm befindet (bei Obstbäumen ca. 40–60 cm über dem Boden).

Chlorose: Gelbfärbung der Blätter, meist aufgrund von Eisenmangel.

Climber: Eine Gruppe von Kletterrosen. Im Unterschied zu → Ramblern meist öfter blühend, steiftriebiger und großblumiger.

Container: Kunststoffbehälter für → Stauden und → Gehölze.

Containerpflanze: Besondere Angebotsform bei → Gehölz- und → Stauden-Jungpflanzen. Sie werden in der Gärtnerei von vornherein in Plastiktöpfen angezogen. Sie haben einen kompakten, gut durchwurzelten → Ballen und lassen sich fast das ganze Jahr über pflanzen.

Denitrifikation: Natürlicher Abbauprozess, in dem Mikroorganismen unter Luftabschluss das → Nitrat aus organischen Quellen in gasförmigen Stickstoff (N_2) umwandeln, der in die Luft entweicht.

Depotdünger: Auch → Langzeitdünger genannt. Es handelt sich um gekörnte mineralische Dünger in einer durchlässigen Harzhülle. Die → Nährstoffe werden langsam und temperaturabhängig abgegeben.

Dibbelsaat: Fleckenweises Ausbringen mehrerer Samenkörner, sodass mehrere Pflanzen in einem Horst beieinander stehen (z. B. Bohnen).

Dünger, mineralischer: Industriell hergestellter Dünger, der alle (Volldünger) oder bestimmte Mineralien (Spezialdünger) enthält. Er gibt seine → Nährstoffe rasch an Boden und Pflanzen ab. Er wird meist in Form von Körnchen oder flüssig angeboten. Mineralischer Dünger wirkt in der Regel schneller als organischer.

Dünger, organischer: Natürlich entstandener Dünger wie Stallmist, → Kompost, pflanzliches → Mulchmaterial, → Gründüngung und Fertigprodukte wie Guano. Organische Dünger wirken langsamer und über einen längeren Zeitraum.

Dunkelkeimer: Pflanzen, deren Samen nur im Dunkeln keimen. Sie müssen bei der Aussaat mit Erde bedeckt werden (siehe Angaben auf der Samentüte).

einfach blühend: Ungefüllte Blüte mit nur einem Kreis von Blütenblättern, der die Staubblätter und Stempel umhüllt, wie z. B. bei Wildrosen.

Einjährige: »Echte« einjährige Pflanzen kommen im Jahr der Aussaat zur Blüte und, soweit man sie lässt, zur Samenbildung. Danach sterben sie ab. Hierzu zählen neben zahlreichen → Sommerblumen viele Gemüse und Kräuter. Unter den Balkonblumen gibt es aber auch viele Pflanzen, die in ihrer wärmeren Heimat als → Stauden, → Halbsträucher oder → Sträucher wachsen, bei uns jedoch nur einjährig gezogen werden.

einmal blühende Rose: Rosen, die nur eine Blütezeit pro Jahr (meist im Frühsommer) haben.

Eisfreihalter: Ringförmiges Gerät aus hartem Styropor mit einem Styropor-Deckel. Es verhindert das Zufrieren des Teiches im Winter.

Eisheilige: Tage zwischen dem 12. und 15. Mai, benannt nach den Kalenderheiligen Pankratius, Servatius, Bonifatius und Sophia. Um diese Zeit stellten sich früher sehr regelmäßig noch einmal Nachtfröste ein. Nach der Wetterstatistik ist das heutzutage seltener der Fall. Trotzdem hat sich der Termin »nach den Eisheiligen« als Stichtag für das Ausräumen von Kästen und Kübelpflanzen bewährt. Auch im letzten Monatsdrittel (ab 20. Mai) tritt häufig nochmals nasskalte Witterung auf, was bei empfindlichen Pflanzen zu beachten ist.

Entgeizen: Ausbrechen von Blütentrieben aus den Blattachseln (z. B. Tomaten). Auf diese Weise »investiert« die Pflanze alle → Nährstoffe in die bereits vorhandenen Früchte und bildet keine neuen Blüten mehr aus.

Entspitzen: Ausbrechen oder Abschneiden der Spitzenknospe. Dadurch wird der Austrieb von → Seitentrieben gefördert, die Pflanze wird buschiger und blüht besser.

Eutrophierung: Damit wird die zunehmende Belastung eines Gewässers durch → Nährstoffe (vor allem → Nitrate und Phosphate) bezeichnet.

Fadenalge: Mehrzellige → Algen, die größere, fadenförmige Einheiten bilden.

Faulgas: Schwefelhaltige Gase, die bei Zersetzungsprozessen im Schlamm des Teichbodens unter Luftabschluss entstehen. Sie riechen unangenehm und sind giftig für Organismen, die im Wasser leben.

Filter: Alle Arten von Reinigungsgeräten, die das Teichwasser von Schmutz befreien (angetrieben durch eine Pumpe). Gute Filter sind mehrstufig aufgebaut: Mechanische Filter entfernen schwebende Teilchen, biologische Filter arbeiten mit Mikroorganismen, die Schadstoffe abbauen, und sogenannte Zeolith-Filter entfernen die Giftstoffe aus dem Wasser.
Flachwurzler: Pflanzen, deren Wurzeln sich flach und dicht unter der Erdoberfläche ausbreiten (häufig bei Pflanzen für trockene Standorte).
Flächenrose: Auch Bodendecker- oder Kleinstrauchrose genannt. Diese → Sorten wachsen meist ausgebreitet und sind für flächige Pflanzungen geeignet.
Flor: Blüte, Gesamtheit der Blüten. Bei manchen Pflanzen kann man deutlich eine Phase des Hauptflors und einen etwas schwächeren Nachflor unterscheiden.
Fontäne: Von einer Pumpe angetriebener Wasserstrahl, der ohne weitere Hilfsmittel aufsteigt und wieder zu Boden stürzt. Die Form der Fontäne wird durch die Austrittsdüse(n), ihre Höhe durch die Leistung der Pumpe bestimmt.
Förderhöhe: Unabhängig vom Gefälle gibt dieser Wert den absoluten Höhenunterschied zwischen Wasserspiegel des Auffangbeckens und der Quelle an. Welche Förderhöhe eine Pumpe bewältigen kann, hängt von ihrer Leistung und dem Gesamtvolumen des geförderten Wassers ab (Rohrquerschnitt und -länge).
Fotosynthese: Fähigkeit der Pflanzen, aus Wasser und Kohlendioxid der Luft organischen Zucker herzustellen. Die Energie wird vom Sonnenlicht geliefert; als Lichtsammler fungiert das Blattgrün (Chlorophyll).
Fremdbefruchtung: Pflanzen (v. a. Obstgehölze) brauchen zur Befruchtung ihrer Blüten eine andere → Sorte als → Pollenspender, die exakt zur selben Zeit blüht.
Fußstämme: Stammrosen mit 40 cm Stammhöhe.
Gattung: In der botanischen Gliederung des Pflanzenreichs eine Gruppe von → Arten mit einer Reihe von gemeinsamen Merkmalen. Verschiedene Arten derselben Gattung können oft miteinander gekreuzt werden (→Hybride).
Gefälle: Die »Schräge« eines Bachlaufes, d. h. die Abnahme der Höhe mit der Länge (10 % Gefälle entsprechen 10 cm Höhenverlust auf 1 m Fließstrecke; 20 % entsprechen 20 cm auf 1 m).
gefüllt blühend: Blüte mit mehreren Blütenblattkreisen. Anders als bei → einfach blühenden Pflanzen kommen weitere Blütenblattkreise hinzu. Je nach deren Anzahl wirken die Blüten halb oder ganz gefüllt und somit mehr oder weniger üppig.
Gehölz: Pflanzen mit verholzten Stämmen und Trieben (→ Bäume und → Sträucher).
Geranie: Verbreitete Bezeichnung für Pelargonien, die streng genommen falsch ist. Die seit Jahrhunderten beliebten Pflanzen wurden anfangs als Storchschnabel-Art (→ Gattung *Geranium*) angesehen, doch schon seit 1789 zählen sie botanisch zur Gattung *Pelargonium.*
Gesamthärte: Die Menge aller im Wasser gelösten Mineralsalze. Sie setzt sich zusammen aus der → Karbonathärte und der Nicht-Karbonathärte (NKH). Die NKH besteht aus Salzen der Schwefelsäure (Sulfate). Sie wird in deutschen Härtegraden (° dH) angegeben. Siehe auch → Wasserhärte.
Gründüngung: Pflanzen, die zur Bodenverbesserung auf einer freien Fläche ausgesät werden. Sie verhindern die Austrocknung des Bodens, unterdrücken Unkräuter, verbessern die Bodenstruktur und liefern obendrein → Nährstoffe.
Haftscheibe: Aus dem Spross von Kletterpflanzen wachsende Saugorgane, die sich am Untergrund verankern und die Pflanze ohne Kletterhilfe befestigen.
Hagebutte: Früchte der Rosen. Die sogenannten Nüsschen (Samen) werden von einem fleischigen Mantel umschlossen. Stark gefüllte Rosen setzen meist keine Früchte an.
halbimmergrün: So nennt man → Gehölze, die bei genügend Wärme und Licht über Winter ihr Laub behalten, es jedoch unter ungünstigen Bedingungen abwerfen.
halbreifer Steckling: Leicht verholzte → Stecklinge, deren Rinde aber noch nicht ganz hart ist. Bei manchen → Gehölzen und Kübelpflanzen das optimale Stadium für den → Stecklingsschnitt.
Halbschatten: Kennzeichnet einen Pflanzenstandort, der entweder etwa die Hälfte des Tages im Schatten liegt oder ganztägig leicht beschattet ist.
Halbstamm: Baumform, bei der sich ein deutlicher Kronenansatz über einem geraden Stamm befindet. Bei Obstbäumen liegt dieser ca. 100–120 cm über dem Boden, bei Rosen in 90 cm Höhe.
Halbstrauch: → Mehrjährige Pflanzen, bei denen die Sprossbasis mit der Zeit verholzt, die oberen Sprossteile dagegen krautig bleiben, z. B. Lavendel oder Pelargonien.
Hauptnährstoff: Mineralische → Nährstoffe, die Pflanzen in größeren Mengen benötigen: Stickstoff (Abkürzung N), Phosphor (P), Kalium (K) sowie Magnesium (Mg), Kalk bzw. Calcium (Ca) und Schwefel (S). Teils wird auch Eisen (Fe) dazugerechnet (auch → Spurennährstoff).

Haupttrieb: Stärkster Trieb einer Pflanze, von dem seitliche Triebe abzweigen.
Hochstamm: Baumform, bei der sich ein deutlicher Kronenansatz über einem geraden Stamm befindet (bei Obstbäumen ca. 160–180 cm über dem Boden).
Humus: Nährstoffreiche obere Bodenschicht, die aus verrottetem organischem Material entsteht.
Hybride: Kreuzung aus zwei oder mehr → Arten, die die Vorzüge ihrer unterschiedlichen Eltern in sich vereint, z. B. die *Petunia*-Hybriden. Solche Hybriden sind wie eigenständige → Arten anzusehen. Daneben gibt es auch Kreuzungen verschiedener → Sorten wie die bei → einjährigen Blumen und bei Gemüse häufig angebotenen F_1-Hybriden.
immergrün: Pflanzen, vor allem → Gehölze, die im Gegensatz zu den Laubabwerfenden oder → Sommergrünen ihre Blätter rund ums Jahr behalten. Manche werfen jedoch bei ungünstigen Bedingungen das Laub über Winter ab (→ halbimmergrün). Andere tun dies fast regelmäßig im Frühling und werden dann als »wintergrün« bezeichnet.
Kapillarsperre: Mit Kies gefüllte Rinne im Übergang vom Teich zum Land. Sie trennt die direkte Verbindung zwischen Wasser und Erde (durch die Folie). Ohne Kapillarsperre würde die Erde ständig Wasser aus dem Teich saugen.
Karbonathärte: Die Konzentration von Karbonatsalzen (Salze der Kohlensäure mit Kalzium und Magnesium) im Wasser, ausgedrückt in Härtegraden (° dH). Karbonate wirken wie ein Puffer und können zum Anstieg des → pH-Wertes führen.
Kaskadenrose: Auf Stämme mit 140 cm Stammhöhe werden → Ramblerrosen veredelt, deren Triebe stark überhängen. Solche Stammrosen werden auch Trauerrosen genannt.
Kompost: Humusartige Erde, die bei der Kompostierung organischer Abfälle entsteht. Er wird auch als nährstoffreiche Beetauflage verwendet.
Knolle: Unterirdisches Speicherorgan von → Stauden, das aus Sprossen oder Wurzeln entsteht. Knollen (z. B. Dahlien) werden wie → Zwiebeln verwendet und je nach Blütezeit im Frühling (Dahlien, Gladiolen) oder im Herbst (Alpenveilchen) gesetzt.
Knospe: Vor dem Austrieb sind Blätter, Blüten und → Seitentriebe von Hüllblättern umgeben. In diesem Stadium nennt man sie Knospe.
Konifere: → Gehölze, deren Blätter als Nadeln ausgebildet sind.
Kopfsteckling: → Stecklinge, die von Triebenden gewonnen werden.
Langzeitdünger: → Depotdünger.
Laube: Offenes Gartengebäude mit durchbrochenen Seitenwänden, meist mit grünen oder blühenden rankenden Pflanzen bewachsen.
Lichtkeimer: Pflanzen, deren Samen zum Keimen eine bestimmte Lichtmenge benötigen. Solche Samen dürfen nicht in die Erde eingegraben werden (Angaben auf den Samentüten beachten).
Mehrjährige: → Stauden oder → Gehölze, die im Verlauf mehrerer Jahre immer wieder neu austreiben, blühen und fruchten.
Moor: Sumpfiges → Substrat, das durch einen sauren → pH-Wert gekennzeichnet ist.
Mulch: Deckschicht für Beete und freie Erdflächen. Mulch hält Bodenfeuchtigkeit zurück, unterdrückt Unkräuter und verbessert die Bodenstruktur. Als Mulchmaterial dienen Rasenschnitt, Laub, zerkleinerte Baumrinde und Zweige.
Mutterpflanze: Ausgewachsene, gesunde Pflanze, von der Jungpflanzen z. B. in Form von → Stecklingen abgenommen werden.
Nährstoff: Bodenmineralien, die für das Wachstum der Pflanzen erforderlich sind.
Naturteich: Teich mit Tiefenstufen, der durch die Bepflanzung ein möglichst naturnaher Charakter verliehen wird.
Nitrat: Salz des Stickstoffs ($-NO_3$). Nitrate entstehen bei mikrobiologischem Abbau von organischer Substanz und stellen einen wichtigen Pflanzennährstoff dar, der gut aufgenommen werden kann. Reichert sich bei Überdüngung in Pflanzen und Böden an und wird leicht ausgewaschen. Ein hoher Nitratgehalt im Teich führt zur Vermehrung von → Algen und ist der erste Schritt zur → Eutrophierung.
Nitrifikation: Stufe im natürlichen Abbauprozess organischen Materials. In den ersten Stufen werden die Eiweiße von Pflanzen und Tieren zu giftigen Stickstoffverbindungen (z. B. Ammoniak) zersetzt, andere Bakterien wandeln diese Stoffe in das ebenfalls giftige Nitrit und schließlich in → Nitrat um.
Nutzpflanze: Gemüse, Salate, Gewürze und Heilpflanzen, auch Obstgehölze.
öfter blühende Rose: Rosen, die vom Frühsommer bis Herbst wiederholt blühen.
Okulation: → Veredlungs- und Vermehrungsmethode. Hierbei werden → Knospen (→ Augen) von Edelsorten in Wildlingsunterlagen eingesetzt.
Oxidator: Stromloses Teichzusatzgerät, das für zusätzliche Sauerstoffzufuhr sorgt.
panaschiert: Weiß-grün oder gelbgrün gefleckte Blätter.
Pergola: Offene Balkenkonstruktion ohne Seitenteile, z. B. über einer Terrasse; häufig bewachsen.

pH-Wert: Messwert für den Säuregrad von → Boden oder Wasser, der z. B. mit Indikatorstäbchen (Drogerie, Fachhandel) ermittelt werden kann. Ein pH-Wert von 7 bedeutet neutral, Werte darunter geben saures Milieu an, bei Werten über 7 (bis 14) spricht man von basisch oder alkalisch. Hohe pH-Werte deuten auf einen hohen Kalkgehalt hin, deshalb gedeihen kalkempfindliche Pflanzen wie Rhododendren nur in → saurem Substrat. Der optimale Wert für Gartenpflanzen und für einen Teich liegt in der Regel zwischen 6,5 und 8,5.
Pikieren: Vereinzeln der kleinen, aus dem Samen gekeimten Pflänzchen. Durch das Pikieren bekommt die Einzelpflanze mehr Licht und besseren Zugang zum → Substrat.
pilliertes Saatgut: Samen, der vom Hersteller mit einer Hüllmasse (z. B. pulverisiertes Holz- oder Steinmehl) umgeben wurde. Das erlaubt eine problemlose Aussaat.
Pollenspender: Obstsorte, die bei → fremdbefruchteten Obstgehölzen rechtzeitig zur Blütezeit den Pollen zur Befruchtung liefert.
Pumpenkennlinie: Grafische Darstellung (Kurve), um die Leistung einer Pumpe anzugeben. In einem Koordinatensystem wird die geförderte Wassermenge (Liter pro Minute) gegen die → Förderhöhe (in Metern) aufgetragen. An der Kurve lässt sich ablesen, wie viel Liter Wasser die spezielle Pumpe bis in beispielsweise 5 m Höhe pumpen kann. Den Schnittpunkt von Förderhöhe und Menge auf der Kennlinie bezeichnet man als Betriebspunkt.
Quellstein: Mit einem Loch versehene Steine, aus denen mit Hilfe einer Pumpe Wasser hervortritt.
Rabatte: Besondere Form eines Staudenbeetes. Meist entlang von Wegen, Mauern oder Zäunen angelegt.
Rambler: Kletterrosen, die im Unterschied zu → Climbern meist einmal blühend, weich- und langtriebig sowie kleinblumiger sind.
Reihensaat: Aussaat in Reihen, die eine bessere Standraumverteilung, Hackpflege und Unkrautbekämpfung ermöglicht. Reihenabstand und Saattiefe sind artspezifisch und auf den Saatgutpackungen angegeben.
Rhizom: Fleischig verdickter Wurzelstock (eigentlich ein umgewandelter Spross), in dem eine → Staude → Nährstoffe speichert. Rhizome wachsen dicht unter oder sogar an der Oberfläche und tragen zur Ausbreitung einer Pflanze bei.
Röhricht: Der Flachwasserbereich im Übergang zum sumpfigen Ufer, in dem schilfartige Pflanzen wie Rohrkolben, Schilfrohr oder Teichsimsen wachsen. Während die → Stauden mit den Wurzeln unter Wasser stehen, ragen Spross und Blätter aus dem Wasser heraus.
Rotte: Die Zersetzung organischer Abfälle mit Hilfe von Bodenorganismen wird als Rotte bezeichnet.
Sämling: Junge, aus einem Samen gekeimte Pflanze. Bildet zuerst typische Keimblätter aus, die sich deutlich von den später erscheinenden Laubblättern unterscheiden.
saures Substrat: → Substrat mit niedrigem → pH-Wert.
Schaumdüse: An eine Pumpe angeschlossene Düse, die das Wasser mit Luft anreichert, so dass ein »schaumig« wirkender, nicht sehr hoher Strahl entsteht. Bestens geeignet, um das Teichwasser mit Sauerstoff zu versorgen.
Schlingpflanze: Kletterpflanzen (z. B. Hopfen, Stangenbohnen oder Trichterwinden), die sich durch kreisende Wachstumsbewegungen der sich verlängernden Sprossachse an Stützen in die Höhe winden.
Schmutzwasserpumpe: Pumpe, deren Vorfilter und Pumpenkammer Partikel bis zu einer bestimmten Größe durchlassen.
Schwachzehrer: Gemüse werden ihrem → Nährstoffbedarf entsprechend in Schwach- und → Starkzehrer eingeteilt. Schwachzehrer benötigen wenig → Nährstoffe. Zu ihnen zählen z. B. Buschbohnen.
Schwebalge: Ein- oder wenigzellige → Algen, die in sehr nährstoffreichen Teichen auftreten und im Wasser »schweben«.
Schwimmblatt: Flach auf dem Wasser schwimmende Blätter von Seerosen und anderen Schwimmblattpflanzen. Sie sind über einen kräftigen, nachgiebigen Stiel mit dem → Rhizom verbunden, der auch bei Wellengang nicht abreißt. Große Luftkammern in den Blättern sorgen für den nötigen Auftrieb.
Schwimmblattpflanze: → Wasserpflanze mit → Schwimmblättern.
Schwimmpflanze: → Wasserpflanze, die ohne Verankerung am Grund auf dem Wasser treibt. Für den Auftrieb sorgen Luftkammern/Luftblasen in Stängeln, Blattstielen oder Blättern.
Seitentrieb: Aus den → Knospen des → Haupttriebes entwickeln sich je nach → Art unterschiedlich verzweigte → Seitentriebe. In der Regel tragen sie die Blüten.
selbstansaugend: Bezeichnung für Pumpen, die oberhalb des Wasserspiegels stehen. Sie »saugen« Wasser an und verbrauchen relativ viel Strom. Die üblichen Pumpen für den Wassergarten sind nicht selbstansaugend, ihre Ansaugöffnung muss also tiefer liegen als der Wasserspiegel.
selbstbefruchtend: Pflanzen (v. a. Obstgehölze), bei denen die Befruchtung der Blüten innerhalb ein und derselben Pflanze bzw. → Sorte stattfinden kann.

selbstreinigend: Selbstreinigende → Arten und → Sorten werfen ihre verwelkten Blüten von selbst ab oder verstecken sie unter dichtem Blattwerk. Das regelmäßige Ausputzen ist somit nicht erforderlich.
Skimmer: Ins Wasser gesenktes Gerät, das Oberflächenwasser absaugt und die darauf schwimmenden Stäube, Blütenblätter und Blütenstaub entfernt. Das Material wird in einem Siebeinsatz gesammelt. Der regelmäßige Gebrauch eines Skimmers senkt die Gefahr, dass organischer Abfall zum Teichboden absinkt.
Sommerblume: Alle kurzlebigen Blüher, die nur eine Vegetationsperiode überdauern, nämlich → Einjährige und → Zweijährige. Außerdem zählt man in der Praxis → mehrjährige Blumen dazu, die bei uns nicht winterhart sind.
sommergrün: Andere Bezeichnung für Laub abwerfend; dies im Gegensatz zu → immergrünen Gehölzen.
Sorte: So werden Zuchtformen einer Kulturpflanzenart genannt. Sorten werden nach internationalen Regeln durch Einzelanführungsstriche oder ein vorgesetztes cv. gekennzeichnet (*Malus* 'Jonathan'). Sorten können sich nicht nur in der Blütenfarbe und -größe, sondern auch in Wuchshöhe und -form sowie in ihren Standortansprüchen (z.B. beim Lichtbedarf) unterscheiden.
Spalier: Flache und platzsparende Erziehungsform eines Obstgehölzes an einer Wand oder an einem Zaun.
Spreizklimmer: Kletterpflanzen (z. B. Brombeere, Kletterrosen), die mit rückwärts gerichteten → Seitentrieben, → Stacheln, Dornen oder Kletterhaaren emporwachsen.
Springbrunnen: Mit einer Pumpe betriebenes Wasserspiel. Freie Springbrunnen werden eigentlich als → Fontäne bezeichnet.
Sprossranker: Kletterpflanzen (z. B. Weinrebe, Erbsen), die mit Hilfe verlängerter Sprossteile klettern.
Spurennährstoff: Mineralische → Nährstoffe, die Pflanzen nur in kleinen Mengen benötigen, die aber für Wachstum, Blüte und Gesundheit trotzdem essenziell sind, z. B. Eisen (Fe), Mangan (Mn) und Zink (Zn). Gute Volldünger sollten neben den → Hauptnährstoffen auch alle wichtigen Spurennährstoffe in ausgewogenem Verhältnis enthalten.
Stachel: Auf der Außenhaut der Triebe sitzende Auswüchse, die sich leicht abbrechen lassen, z. B. bei Rosen (im Gegensatz zu Dornen, die aus dem Holzteil wachsen, z. B. bei Schlehen).
Starkzehrer: Gemüsearten, die einen hohen → Nährstoffbedarf haben. Dazu zählt z. B. Kohl.
Staude: → Mehrjährige, krautige (nicht verholzende) Pflanzen. Dank ausdauernder Wurzeln oder Wurzelstöcke (→ Rhizome) treiben sie nach – meist winterlicher – Ruhepause immer wieder neu aus. Auch → Zwiebel- und → Knollenblumen zählen im botanischen Sinn zu den Stauden.
Staunässe: In Senken oder Böden mit tiefer liegenden, tonigen Schichten oder stark verdichteten Böden kann das Regenwasser nicht abfließen und verbleibt zwischen den Bodenteilchen – Staunässe ist die Folge. Staunässe kann auch in Pflanzgefäßen entstehen, wenn das → Substrat ständig mit Wasser gesättigt oder gar »übersättigt« ist. Staunässe ist sehr gefährlich für alle Nicht-Wasserpflanzen, da die Wurzeln bald faulen und absterben können, ebenso → Zwiebeln und → Knollen.
Steckholz: → Stecklinge von unbelaubten, ausgereiften, in der Regel einjährigen Trieben laubabwerfender Sträucher.
Steckling: Meist diesjährige Triebspitzen von Kräutern und → Gehölzen, die nicht mehr ganz weich, aber auch noch nicht verholzt sind. In Wasser oder Erde gesteckt, können sie sich bewurzeln, → Knospen und Triebe bilden und zu neuen, kompletten Pflanzen heranwachsen (z. B. Rosmarin, Lavendel, Oleander).
Strauch: → Gehölz mit mehreren → Haupttrieben, die sich zu → Seitentrieben verzweigen.
Strauchbeet: Beete, die mit → Sträuchern bepflanzt sind. In die Zwischenräume passen im Frühling → Zwiebelpflanzen, im Sommer Schattenstauden.
Substrat: Heißt eigentlich »Nährboden«. Im Gartenbau werden damit Mischungen aus Torf, Ton, Humus- oder Torfersatzstoffen bezeichnet, die dem Gärtner als Topf- und Vermehrungserden dienen. Man spricht aber auch bei Gartenboden von Substrat.
Sukkulente: Pflanzen, die in dicken, fleischigen Blättern viel Wasser speichern können, was auf eine Herkunft aus trockenen, wüstenähnlichen Regionen hindeutet. Beispiele: Agave, Dickblatt.
Sumpfpflanze: Pflanzen, die im Grenzbereich zwischen Wasser und Land wachsen. Sie brauchen dauerhaft feuchten → Boden – einige können auch ins Wasser einwachsen –, vertragen aber auch eine begrenzte, kurzfristige Trockenheit des Bodens.
Tauchpumpe: Vollständig untergetauchte Pumpen. Sie gehören zu den besonders einfach zu handhabenden und robusten Pumpen.
Tiefwurzler: Pflanzen, die eine sehr weit in den Boden reichende Hauptwurzel und wenige Nebenwurzeln ausbilden.
Teicherde: Nährstoffarme Mischung aus Sand und Lehm im Verhältnis 3:1 zum Bepflanzen von Unterwasser-

Körben. Teicherde wird auch als Fertigmischung angeboten.
Teilsteckling: → Stecklinge ohne Triebende, d. h. aus dem mittleren Triebteil gewonnen.
Teichsauger: Staubsauger, der Wasser und den darin schwebenden Schmutz ansaugen kann.
Tochterpflanze: Aus → Ausläufern, → Absenkern oder → Stecklingen entstehende neue Pflanzen.
Totholz: Durch Krankheit, Frost oder Alter abgestorbene, nicht mehr austriebsfähige Triebe.
Trockenmauer: Aus Natursteinen, ohne Mörtel aufgeschichtete, niedere Mauer. In mit Erde gefüllte Zwischenräume pflanzt man Trockenheit liebende → Stauden oder Gewürze.
Unterlage: Wildform oder Kultursorte, die im Obstbau oder bei Rosen als Wurzelbildner dient. Auf die Unterlage wird die Edelsorte veredelt.
Unterwasserpflanze: Teichpflanze, die vollständig untergetaucht bleibt. Unterwasserpflanzen erfüllen eine wichtige Funktion, da sie das Wasser mit Sauerstoff aus ihrer → Fotosynthese anreichern.
vegetative Vermehrung: Vermehrung von Pflanzen ohne Nutzung der Samen. Möglich nur bei → Stauden und → Gehölzen. Dabei werden Ableger, abgetrennte → Rhizomstücke oder → Ausläufer eingepflanzt. Auch durch Teilen von Wurzelballen lassen sich → Stauden vegetativ vermehren.
Verblühtes: Sobald die Blütenblätter verwelken, setzt der nährstoffzehrende Prozess der Samen- und Fruchtbildung ein. Wird Verblühtes regelmäßig entfernt, »investiert« die Pflanze meist in eine neue Blüte.
Veredlung: Die meisten Obstsorten und Rosen werden veredelt, d. h., auf einer robusten → Unterlage, die die Wurzel ausbildet, wächst die Edelsorte, die als Stamm- sowie als Kronenbildner fungiert und die Früchte bzw. Blüten liefert.
Veredlungsstelle: An dieser Stelle wird bei Obstgehölzen und Rosen die → Okulation an der Wildlingsunterlage durchgeführt. Sie ist besonders frostempfindlich und muss daher einen Winterschutz bekommen.
Vertikutierer: Mit hand- oder motorbetriebenen Geräten wird die Grasnarbe senkrecht eingeschnitten. Damit wird verfilzter Rasen entfernt und der Wasserabfluss verbessert.
Vlies: Aus Kunststoff hergestellte Bahnen, die unter der Teichfolie ausgebreitet werden: Sie schützen die relativ empfindliche Folie vor mechanischer Beschädigung durch Steine und Wurzeln. Dünne Gartenvliese dienen dagegen über Gemüsebeeten als Schutz vor Kälte und Schädlingen bzw. als Frostschutz z. B. für die Kronen von Hochstammrosen.
Wasserhärte: Eine andere Bezeichnung für die → Gesamthärte des Wassers. Sie ergibt sich vor allem aus dem Anteil an Kalk und Magnesium, der im Wasser gelöst ist, und wird in »deutschen Härtengraden« (°dH) gemessen. Die Härte des Leitungswassers schwankt je nach Region zwischen 0 °dH und 30 °dH. Weiches Wasser ist für fast alle Pflanzen günstiger, für kalkempfindliche wie z. B. Kamelien ist es zwingend.
Wasserpflanze: Pflanze, die zeitlebens im Wasser lebt.
Wedel: Blätter von Farnen.
Wildtrieb: Bei veredelten → Gehölzen treiben manchmal aus der Pfropfunterlage Wildtriebe aus. Sie müssen entfernt werden.
wurzelechte Rose: Rosen, die nicht → veredelt, sondern durch → Stecklinge vermehrt werden. Sie wachsen also auf ihrer eigenen Wurzel.
Wurzelhals: Übergang zwischen Wurzeln und oberirdischen Trieben.
Wurzelsperre (Wurzelbarriere): In den Boden eingelassene Bahn aus Kunststoff (selten Metall), die das seitliche Wuchern von → Stauden verhindert. Auch große Töpfe aus Plastik können als einfache Wurzelsperre dienen.
Wurzelausläufer: Unterirdische → Seitentriebe einer → Mutterpflanze, an deren Enden sich → Tochter- oder Jungpflanzen entwickeln (z. B. Pfefferminze, Himbeeren).
Wurzelkletterer: Kletterpflanzen, die Haftwurzeln als Kletterhilfe entwickeln, z. B. Efeu.
Wurzelschnittling: Abgetrennte Wurzelstücke mit einem austriebsfähigen → Auge oder einer → Knospe, die sich zu neuen Pflanzen entwickeln können.
Zapfenstelle: Bei Hochstammrosen die Stelle am unteren Ende des Stämmchens, an der die übrigen Triebe der → Unterlage zugunsten des späteren Stämmchens abgeschnitten werden.
Zierteich: Geometrische, formale Teichanlage, bei der das Schwergewicht auf der ästhetischen Wirkung, weniger auf der Bepflanzung beruht.
zweihäusig: Pflanzenart, bei der männliche und weibliche Blüten auf verschiedenen Pflanzen wachsen (z. B. Sanddorn).
Zweijährige: Pflanzen, die im ersten Jahr aus dem Samen austreiben, Blüten und Samen aber erst im Folgejahr bilden. Sie werden meist im Sommer gesät, blühen nach Überwinterung im darauf folgenden Jahr und sterben nach der Samenreife ab. Dazu zählen z. B. Stiefmütterchen, Tausendschön, Goldlack und Petersilie.
Zwiebel: Speicherorgan aus fleischigen Blättern, die einen ruhenden Spross umgeben. Nach der Blüte bilden die grünen Blätter neue Nährstoffvorräte für das Folgejahr aus.

Hilfreiche Literatur und Adressen

Hilfe und Anregungen bei allen gärtnerischen Problemen bieten Organisationen und Verbände, Zeitschriften und Bücher.
Legen Sie schriftlichen Anfragen stets einen frankierten Rückumschlag bei.

Bodenuntersuchungen:

Auskunft über Institutionen in Ihrer Nähe erteilt:
Verband Deutscher Landwirtschaftlicher Untersuchungs- und Forschungsanstalten, c/o LUFA Speyer
Obere Langgasse 40,
67346 Speyer,
www.vdlufa.de

Pflanzenschutz:

Einige Bundesländer haben Gartenakademien eingerichtet. Diese bieten ein qualitativ sehr hochwertiges Angebot für den Freizeitgärtner. Alle Gartenakademien sind erreichbar über www.Gartenakademien.de

Bundesamt für Landwirtschaft, Fachbereich Zertifizierung, Pflanzen- und Sortenschutz
Mattenhofstraße 5,
CH–3003 Bern
www.blw.admin.ch

Österreichische Agentur für Gesundheit und Ernährungssicherheit GmbH
Spargelfeldstraße 191,
A –1220 Wien,
www.ages.at

Pflanzenschutzmittel, Erden, Dünger:

COMPO GmbH & Co. KG
Beratungsservice,
Gildenstraße 38,
48157 Münster,
www.compo-hobby.de

Floragard Vertriebs GmbH für Gartenbau
Gerhard-Stalling-Straße 7,
26135 Oldenburg,
www.floragard.de

W. Neudorff GmbH KG
An der Mühle 3,
31860 Emmerthal,
www.neudorff.de

Scotts Celaflor GmbH & Co. KG
Wilhelm-Theodor-Römheld-Str. 28,
55130 Mainz,
www.celaflor.de

Verbände:

Bund deutscher Baumschulen e.V.
Bismarckstraße 49,
25421 Pinneberg,
www.bund-deutscher-baumschulen.de

Bund deutscher Staudengärtner
Godesberger Allee 142–148,
53175 Bonn,
www.stauden.de

Bundesverband Schwimmbad & Wellness e.V.
An Lyskirchen 14,
50676 Köln,
www.bsw-web.de

Deutsche Gartenbaugesellschaft 1822 e.V.,
Claire-Waldoff-Str. 7,
10117 Berlin,
www.dgg1822.de

Gesellschaft der Wassergartenfreunde e.V.
Am Rübsamenwühl 22,
67346 Speyer,
www.wassergarten.de

Österreichische Gartenbaugesellschaft
Siebeckstr. 14,
A–1220 Wien,
www.garten.or.at

Verband Deutscher Garten-Center e.V.
Carl-Bosch-Str. 19,
53501 Grafschaft-Ringen
www.garten-center.de

Pflanzenversand:

Baldur-Garten GmbH
Albert-Einstein-Allee 4–6,
64625 Bensheim,
www.baldur-garten.de

Blumenschule
Augsburger Straße 62,
86956 Schongau,
www.blumenschule.de

Dehner GmbH & Co. KG
Donauwörther Str. 5,
86641 Rain am Lech,
www.dehner.de

Gärtner Pötschke
Beuthener Straße 4,
41561 Kaarst,
www.poetschke.de

Staudengärtnerei Gaissmayer
Jungviehweide 3,
89257 Illertissen,
www.gaissmayer.de

TOM-GARTEN
Erfurter Saatguthaus Rhenania GmbH
Im Weidboden 12,
57629 Norken,
www.tom-garten.de

Zwiebelblumen:

Albrecht Hoch OHG
Potsdamer Str. 40
14163 Berlin,
www.albrechthoch.de

Staudengärtnerei Bornhöved
Plöner Straße 10,
24619 Bornhöved,
www.staudengaerten.de

Albert Treppens & Co Samen GmbH
Berliner Straße 84–88,
14169 Berlin,
www.treppens.de

Rosen:

W. Kordes' Söhne
Rosenstraße 54,
25365 Klein Offenseth-Sparrieshoop,
www.kordes-rosen.de

Noack Rosen
Im Waterkamp 12,
33334 Gütersloh,
www.noack-rosen.de

Rosenhof Schultheis GbR
Bad Nauheimer Straße 3–7,
61231 Bad Nauheim-Steinfurth,
www.rosenhof-schultheis.de

Rosen Tantau Vertrieb GmbH & Co. KG
Tornescher Weg 13,
25436 Uetersen,
www.rosen-tantau.com

Saatgut:

Kiepenkerl
Bruno Nebelung GmbH & Co.,
Freckenhorster Str. 32,
48351 Everswinkel,
www.kiepenkerl.de

Samentraum Gassmann GmbH
Alter Pfarrhof,
Friedhofstr. 5,
27321 Wulmstorf,
www.samentraum.de

Kübelpflanzen:

Flora Mediterranea
Königsgütler 5,
84072 Au/Hallertau,
www.floramediterranea.de

flora toskana
Schillerstraße 25,
89278 Nersingen,
www.flora-toskana.de

Zeitschriften:

FLORA GARTEN
Gruner + Jahr AG & Co. KG,
20444 Hamburg

Gärtnern leicht gemacht
Living & More Verlag GmbH,
Böheimstraße 8,
86153 Augsburg

Gartenpraxis
Eugen Ulmer KG,
Wollgrasweg 41,
70599 Stuttgart

Garten + Haus
Österreichischer Agrarverlag,
Sturzgasse 1a,
A–1140 Wien

GartenZeitung
Deutscher Bauernverlag GmbH,
Wilhelmsaue 37,
10713 Berlin

Kraut & Rüben
DLV GmbH,
Lothstraße 29,
80797 München

mein schöner Garten
Burda Senator Verlag GmbH,
Postfach 1520,
77605 Offenburg

Schweizer Garten
Zeitschrift der deutsch-schweizerischen Gartenbauvereine,
Seftigenstr. 310,
CH–3084 Wabern

Weiterführende Literatur:

BdB Handbuch VI: *Obstgehölze*
Fördergesellschaft »Grün ist Leben« Baumschulen GmbH, Pinneberg,
www.bdb-shop.de

Haas, H.: *Pflanzenschnitt*
Gräfe und Unzer Verlag, München

Hensel/Jany/Kluth/Mayer/Späth: *Das große GU Praxishandbuch Garten*
Gräfe und Unzer Verlag, München

Hensel, W.: *Blattschönheiten*
Gräfe und Unzer Verlag, München

Hertle B.: *Kiesgärten*
Gräfe und Unzer Verlag, München

Hertle/Kiermeier/Nickig: *Das große Praxishandbuch Gartenblumen*
Gräfe und Unzer Verlag, München

Hudak, R.: *Obst & Gemüse*
Gräfe und Unzer Verlag, München

Kötter, E.: *Das große GU Praxishandbuch Kräuter*
Gräfe und Unzer Verlag, München

Rau, H.: *Rosen*
Gräfe und Unzer Verlag, München

Arten- und Sachregister

Halbfett gesetzte Seitenzahlen verweisen auf Abbildungen.

T

U

V

Bildnachweis

Angermayer: 077-3, 170-3; **Baumjohann:** 114-1, 117-3, 121-1, 127-2, 128-1, 261-2; **Becker:** 61-1, 285-2, 291-2, 295-1, 304-3, 329-1; **Blickwinkel/Schmidbauer:** 132; **Borstell:** 083, 089, 091-3, 092-2, 093-2, 107, 141, 143-2, 147-1, 160, 161-1, 161-3, 175, 309, 310-1, 310-2, 314-2, 316-1, 318-1, 319-2, 319-3, 321-2, 332-333, 341-1, 356-3, 357-2, 359-2, 363-2, 369-2, 377; **Caspersen:** 086; **deCuveland:** 400-1; **Dr. Buchter:** 092-1, 130-2, 135-1; **Fischer:** 342-1, 367-1; **FloraPress:** 2-3, 4, 7, 070-2, 244-2, 397-1; **Floraprint:** 422-1, 426-2; **GAP:** 6, 105, 273; **Gardena:** 016-1, 021-1, 023-2, 037-1, 052-1, 052-2, 151-1, 184-2, 187-3, 240; **Gartenfoto:** 96; **GBA:** 124-1, 124-2; **GettyImages:** 8-9; **Groß:** 171-4; **Hack:** 162-1, 162-2, 163-1, 163-2, 163-3, 164-1, 164-2, 165-1, 165-2, 165-3, 178-2; **Hagen:** 192; **Hecker:** 379-1, 392-3, 399-2, 403-1; **Henseler:** 072-2, 073-2, 129-3, 131-3, 248-1, 248-2, 248-3, 248-4, 249-1, 249-2, 249-3, 249-4; **Himmelhuber:** 044-2, 045-1, 114-2, 201-2, 201-3, 358-2, 361-3; **IPO:** 065-2; **Jahreiß:** 010-011, 013, 025, 047, 202/203, 205, 209, 210-1, 210-2, 211-1, 214-1, 214-2, 215-1, 215-2, 215-3, 218-1, 219-3, 220, 221-1, 221-3, 222-1, 222-2, 223-3, 227, 234-1, 235-1, 235-2, 235-3, 236-2, 237-1, 239, 242, 243-1, 243-2, 243-3, 246-1, 246-2, 247-1, 247-2, 247-3, 251-1, 251-2, 251-3, 252, 253-3, 255-2, 256, 257-1, 257-2, 276-277, 279, 293, 323, 404-405, 407, 433, 449; **Juniors/Steimer:** 187-2; **Kahl:** 188-2, 188-3, 189-1; **Kremer:** 044-4, 045-2; **Krieg:** 120-1; **Kuttig:** 126-2, 127-3; **Labhart:** 170-1, 383-2, 396-1; **Laux:** 118-2, 337-1, 338-1, 339-1, 339-2, 339-3, 348-3, 349-2, 349-3, 351-2, 351-3, 353-1, 354-2, 356-2, 357-1, 358-1, 359-1, 360-2, 368-2, 368-3, 369-1, 371-1, 371-3, 378-2, 378-3, 380-3, 382-2, 387-2, 388-3, 389-2, 391-1, 396-2, 400-2; **Leute:** 313-2, 316-2, 318-2; **Limbrunner:** 171-1, 200-1, 201-1, 386-1, 401-1; **Limbrunner/König:** 386-3, 402-1; **Margraf:** 073-3; **Majerus:** 270/271; **Mein schöner Garten:** 37-2, 41-3, 150-3, 194-2, 196; **Nickig:** 091-2, 113-3, 119-2, 144-2, 146-1, 147-2, 169-1, 169-2, 183-3, 280-1, 280-2, 280-3, 281-1, 281-2, 282-1, 282-2, 282-3, 283-1, 283-2, 283-3, 284-3, 285-1, 285-3, 286-1, 286-2, 286-3, 287-2, 287-3, 288-1, 288-3, 289-1, 289-2, 289-3, 290-1, 290-2, 291-1, 291-3, 294-1, 294-2, 294-3, 295-2, 296-1, 296-2, 296-3, 297-1, 297-2, 297-3, 298-1, 298-2, 298-3, 299-1, 299-2, 299-3, 300-1, 300-2, 300-3, 301-1, 301-2, 301-3, 302-1, 302-2, 303-1, 303-2, 303-3, 304-1, 304-2, 305-1, 305-2, 305-3, 306-3, 307-1, 307-2, 319-1, 324-1, 324-2, 324-3, 325-3, 326-1, 326-2, 326-3, 327-1, 328-1, 328-2, 328-3, 329-2, 330-1, 330-2, 330-3, 331-1, 331-2, 331-3, 335, 336-1, 336-2, 336-3, 337-2, 345, 346-3, 347-2, 350-1, 352-1, 352-3, 354-1, 355-2, 363-1, 367-2, 368-1, 369-3, 370-1, 370-3, 372-1, 372-3, 373-1, 373-2, 397-1, 399-1, 408-3, 450-2, 450-3, 451-1; **Peither:** 189-2; **Petrowski:** 385-2; **Pforr:** 091-1, 099-1, 109, 130-1, 133-1, 133-2, 170-2, 170-4, 171-3, 198-1, 340-1, 349-1, 353-2, 355-1, 360-4, 361-1, 361-2, 366-2, 370-2, 378-1, 381-2, 382-1, 383-1, 386-2, 392-1, 393-2, 395, 396-3, 400-3, 401-3, 403-2, 403-3, 413-2, 415-3, 420-3, 421-2; **Pötschke:** 359-3; **Redeleit:** 014, 015, 016-2, 017-1, 017-2, 018, 019-1, 019-2, 019-3, 020-1, 020-2, 021-2, 021-3, 022-2, 022-3, 022-4, 023-1, 023-3, 023-4, 026, 027, 028-1, 028-2, 029-1, 029-2, 029-3, 030, 031-1, 031-2, 031-3, 032-1, 032-2, 033-1, 033-2, 033-3, 034, 035-1, 035-2, 035-3, 036, 037-3, 038-1, 038-2, 039-1, 039-2, 039-3, 042-1, 042-2, 043-1, 043-2, 043-3, 049, 051-1, 051-2, 051-3, 053-1, 053-2, 053-3, 054, 055-1, 055-2, 055-3, 056-1, 057-1, 057-2, 057-3, 058, 059-1, 059-2, 059-3, 061-2, 062-1, 062-2, 063-1, 063-2, 063-3, 064-1, 064-2, 065-1, 065-3, 066-1, 066-2, 067-1, 067-2, 067-3, 068-1, 068-2, 069-1, 069-2, 069-3, 070-1, 071-1, 071-2, 071-3, 074-1, 075-1, 075-2, 075-3, 076, 077-1, 078-1, 078-2, 079-1, 079-2, 079-3, 093-1, 093-3, 099-2, 099-3, 100, 101-1, 101-2, 101-3, 102-1, 102-2, 103-1, 103-2, 103-3, 104-1, 105-1, 105-2, 105-4, 108, 110-1, 110-2, 111-1, 111-2, 111-3, 113-1, 115-1, 115-2, 115-3, 115-4, 116-1, 116-2, 117-1, 120-2, 121-3, 122, 123-1, 123-2, 123-3, 125-1, 125-3, 126-1, 129-1, 129-2, 134-1, 134-2, 142-2, 143-3, 144-1, 148-1, 150-1, 150-2, 150-4, 151-2, 151-3, 151-4, 154, 156, 158-1, 158-2, 159-1, 159-2, 159-3, 166-1, 166-2, 167-1, 167-2, 168, 174, 176-1, 176-2, 177-1, 177-2, 177-3, 178-1, 179-1, 179-2, 180, 181-1, 181-2, 181-3, 182-1, 182-2, 183-1, 184-1, 185-1, 185-2, 185-3, 186, 187-1, 190-1, 190-2, 191-1, 191-2, 191-3, 193-1, 193-2, 193-3, 195-1, 195-2, 195-3, 197-1, 198-2, 199-1, 199-2, 199-3, 200-2, 216-1, 216-2, 217-1, 217-2, 217-3, 258-1, 258-2, 259-1, 260-1, 260-2, 261-1, 262-1, 262-2, 263-1, 264-1, 264-2, 265-1, 266-1, 266-2, 267-1, 268-1, 268-2, 269-1, 269-2, 288-2, 351-1, 358-3, 360-3, 361-4, 366-3; **Reinhard:** 044-1, 044-3, 045-3, 045-4, 048, 077-2, 084, 097, 112, 113-2, 119-1, 119-3, 127-1, 135-2, 135-3, 139, 140, 142-1, 145-1, 145-2, 145-3, 147-3, 149-2, 149-3, 153, 161-2, 188-1, 189-3, 197-3, 224-3, 275, 290-3, 306-2, 312-1, 312-3, 313-3, 317-1, 317-2, 320-2, 320-3, 325-2, 329-3, 338-2, 340-3, 343-1, 343-2, 348-1, 348-2, 350-3, 352-2, 353-3, 354-3, 355-3, 356-1, 360-1, 362-2, 362-3, 363-3, 366-1, 367-3, 371-2, 372-2, 384-3, 388-1, 389-1, 390-1, 390-3, 392-2, 393-1, 393-3, 397-2, 397-3, 398-2, 444-2, 446-1, 446-2, 446-3; **Sammer:** 056-2, 074-2, 455-2; **Sauer:** 380-1; **Schaefer:** 072-1, 073-1, 131-2; **Schneider-Will:** 050-1, 060-1, 060-2, 085, 087, 090, 098, 128-2, 169-3, 311-1, 311-3, 312-2, 314-3, 315-1, 315-2, 316-3, 318-3, 320-1, 321-1, 321-3, 341-2;

Seidl: 310-3, 311-2, 314-1, 317-3; **Stein:** 424-1, 456-3; **Stemmerich:** 313-1; **Stockfood/Shulevsky:** 095; **Stork:** 017-3, 022-1, 040-1, 040-2, 041-1, 041-2, 050-2, 104-2, 104-3, 118-1, 131-1, 194-1; **Strauß:** 080-081, 104-4, 105-3, 117-2, 121-2, 125-2, 133-3, 146-2, 155, 157, 173, 206, 207, 211-2, 211-3, 212, 213-1, 213-2, 213-3, 218-2, 219-1, 219-2, 221-2, 223-1, 223-2, 224-1, 224-2, 224-4, 225-1, 225-2, 225-3, 225-4, 228, 229, 230-1, 230-2, 231-1, 231-2, 231-3, 232-1, 232-2, 233-1, 233-2, 233-3, 234-2, 236-1, 237-2, 241, 244-1, 245-1, 245-2, 245-3, 250, 253-1, 253-2, 254, 255-1, 255-3, 257-3, 259-2, 263-2, 265-2, 267-2, 284-1, 287-1, 302-3, 306-1, 325-1, 337-3, 338-3, 340-2, 341-3, 342-2, 342-3, 346-1, 346-2, 347-1, 350-2, 362-1, 365, 373-3, 374-375, 379-2, 380-2, 381-1, 381-3, 384-1, 384-2, 385-1, 387-1, 387-3, 388-2, 389-3, 390-2, 391-2, 398-1, 398-3, 401-2, 402-2, 402-3, 408-1, 408-2, 409-1, 409-2, 409-3, 410-1, 410-2, 410-3, 411-1, 411-2, 411-3, 412-1, 412-2, 412-3, 413-1, 414-1, 414-2, 414-3, 415-1, 415-2, 416-1, 416-2, 416-3, 417-1, 417-2, 418-1, 418-2, 418-3, 419-1, 419-2, 419-3, 420-1, 420-2, 421-1, 422-2, 422-3, 423-1, 423-2, 423-3, 424-2, 424-3, 425-1, 425-2, 426-1, 426-3, 427-1, 427-2, 428-1, 428-2, 428-3,429-1, 429-2, 429-3, 430-1, 430-2, 430-3, 431-1, 431-2, 431-3, 434-1, 434-2, 434-3, 435-1, 435-1, 435-3, 436-1, 436-2, 436-3, 437-1, 437-2, 437-3, 438-1, 438-2, 438-3, 439-1, 439-2, 439-3, 440-1, 440-2, 440-3, 441-1, 441-2, 441-3, 442-1, 442-2, 442-3, 443-1, 443-2, 443-3, 444-1, 444-3, 445-1, 445-2, 447-1, 447-2, 447-3, 450-1, 451-2, 451-3, 452-1, 452-2, 452-3, 453-1, 453-2, 453-3, 454-1, 454-2, 454-3, 455-1, 456-1, 456-2, 457-1, 457-2, 457-3; **Strauß/GBA:** 136-137, 143-1, 179-3, 197-2, 379-3; **Strobel BKN:** 315-3; **Willemse/Bakker:** 284-2; **Zeininger:** 171-2, 382-3.

Syndication: www.jalag-syndication.de

Die Autoren

Dr. Wolfgang Hensel ist habilitierter Botaniker und arbeitete viele Jahre in Forschung und Lehre an den Universitäten Bonn und Münster. Seit 1990 ist er als freier Autor und Übersetzer tätig. Er hält fortlaufend Gartenkurse und Vorträge zu gärtnerischen, botanischen und ökologischen Themen. Von ihm stammen die Kapitel »Den Garten anlegen und pflegen«, »Gewässer anlegen und pflegen«, »Zierpflanzen auswählen« und »Teichpflanzen auswählen«.

Renate Hudak ist Diplom-Ingenieurin für Gartenbau. Nach mehreren Berufsjahren u.a. in Baumschulen und Garten-Planungsbüros ist sie heute im Botanischen Garten Augsburg tätig und dort für Bürgerberatung, Öffentlichkeits- und Pressearbeit zuständig. Renate Hudak gibt außerdem Seminare rund um Garten, Natur und Pflanzen. Sie verfasste die Kapitel »Den Küchengarten anlegen und pflegen« und »Obst, Gemüse und Kräuter auswählen«.

Alois Leute ist gelernter Zierpflanzengärtner und Diplom-Ingenieur für Landespflege. Er ist in einer Garten- und Landschaftsbaufirma beschäftigt. Rosen sind seine Lieblingspflanzen. Die Porträts stammen aus seiner Feder.

Joachim Mayer ist Garten- und Naturjournalist. Sein fundiertes Wissen auf diesem Gebiet verdankt er seiner lang-jährigen Tätigkeit als Gärtner und sei-nem Studium der Agrarwissenschaft. Er ist Autor der Kapitel zu Balkon & Terrasse.

Dank

Verlag und Autoren danken der W. Neudorff GmbH KG in Emmenthal und der Gardena International GmbH in Ulm für die freundliche Unterstützung.

Verlag und die Fotografen Jahreiß / Wunderlich danken für die freundliche Unterstützung bei der Fotoproduktion: Fam. Aghte, Selb; S. Bonnekamp, Rehau; Fam. Brandl, Marktredwitz-Lorenzreuth; Fam. Dupré, Hohenberg; Fam. Fliessner, Selb; Gärtnerei Gramsch, Marktredwitz; R. Hacker, Arzberg; Fam. Hammerschmidt, Selb; Fam. Heine, Selb; Fam. Hellus, Selb; Fam. Jahreiß, Selb; Fam. Jemelka, Selb; Fam. Köhler, Hohenberg; H. Lehmann, Waldershof-Poppenreuth; Fr. Mähner, Hohenberg; M. Markowski, Selb; Fam. Meier, Selb; Fam. Mondrzik, Selb; T. Müller, Marktredwitz-Lorenzreuth; Fam. Nürnberger, Selb; Fam. Peetz, Oberkotzau; R. Pflaum, Arzberg; Fam. Pfortner, Hohenberg; B. Pohl, Selb; Gärtnerei Pollak, Selb; Fam. Rußwurm, Hohenberg; Fam. Schmidt, Selb; N. Skala, Selb; R. Voss, Selb; Fam. Wolfrum, Marktredwitz-Lorenzreuth; Fam. Wunderlich, Marktredwitz-Lorenzreuth; G. Wunderlich, Selb.

Projektleitung: Angelika Holdau
Redaktion: Michael Eppinger, Angelika Holdau
Lektorat: Sonnhild Bischoff, Silke Kluth
Bildredaktion: Silvia Ebbinghaus, Daniela Jelinek, Petra Ender
Umschlaggestaltung und Layout: independent Medien-Design, Horst Moser, München
Produktion: Claudia Labahn
Satz: Bernd Walser Buchproduktion, München
Reproduktion: Longo AG, Bozen
Druck: Firmengruppe APPL, aprinta druck, Wemding
Bindung: Conzella, Pfarrkirchen

ISBN 978-3-8338-2233-9

2. Auflage 2011

Ein Unternehmen der
GANSKE VERLAGSGRUPPE

Unsere Garantie

Alle Informationen in diesem Ratgeber sind sorgfältig und gewissenhaft geprüft. Sollte dennoch einmal ein Fehler enthalten sein, schicken Sie uns das Buch mit dem entsprechenden Hinweis an unseren Leserservice zurück. Wir tauschen Ihnen den GU-Ratgeber gegen einen anderen zum gleichen oder ähnlichen Thema um.

Liebe Leserin und lieber Leser,

wir freuen uns, dass Sie sich für ein GU-Buch entschieden haben. Mit Ihrem Kauf setzen Sie auf die Qualität, Kompetenz und Aktualität unserer Ratgeber. Dafür sagen wir Danke! Wir wollen als führender Ratgeberverlag noch besser werden. Daher ist uns Ihre Meinung wichtig. Bitte senden Sie uns Ihre Anregungen, Ihre Kritik oder Ihr Lob zu unseren Büchern. Haben Sie Fragen oder benötigen Sie weiteren Rat zum Thema? Wir freuen uns auf Ihre Nachricht!

Wir sind für Sie da!
Montag–Donnerstag: 8.00 – 18.00 Uhr;
Freitag: 8.00 – 16.00 Uhr
Tel.: 0180-5 00 50 54*
Fax: 0180-5 01 20 54*
E-Mail: leserservice@graefe-und-unzer.de

*(0,14 €/Min. aus dem dt. Festnetz/ Mobilfunkpreise maximal 0,42 €/Min.)

P.S.: Wollen Sie noch mehr Aktuelles von GU wissen, dann abonnieren Sie doch unseren kostenlosen GU-Online-Newsletter und/oder unsere kostenlosen Kundenmagazine.

GRÄFE UND UNZER VERLAG
Leserservice
Postfach 86 03 13
81630 München